JN436489

조직 행동론

원리와 응용

윤성두

ORGANIZATIONAL BEHAVIOR

박영사

현대 사회는 '조직의 사회'라 불릴 만큼, 인간의 삶은 다양한 형태의 조직과 긴밀히 연결되어 있다. 기업, 정부기관, 비영리조직, 지역공동체 등 조직은 사회의 기능을 수행하고 개인의 삶을 조직하는 핵심 구조로 자리잡고 있으며, 그 규모와 영향력은 날로 확대되고 있다. 특히 디지털 기술의 발전, 글로벌 경쟁 심화, 인구 고령화, 노동의 유연화, ESG와 같은 윤리적 · 사회적 가치의 부상은 조직의 본질과 운영 방식에 근본적인 변화를 일으키고 있다. 이러한 변화 속에서 조직은 단순한 구조적 틀을 넘어 생명력 있는 유기체로 진화하고 있으며, 구성원 간의 상호작용, 정보의 흐름, 환경과의 적응능력, 내적 동기 유발 구조 등이 조직의 성과와 존속 가능성에 결정적인 영향을 미친다. 조직은 더 이상 정태적 구조가 아니라, 복잡적응계(Complex Adaptive System)로 이해되어야 하며, 이러한 관점은 조직을 연구하고 이해하는 접근방식에도 전환을 요구하고 있다.

조직은 구성원에게 급여, 직무, 사회적 소속감, 자아실현의 기회를 제공하며, 구성원은 자신의 시간, 지식, 기술, 열정을 조직에 제공한다. 이러한 관계는 단순한 경제적 교환을 넘어, 심리적 계약(psychological contract), 조직 몰입(organizational commitment), 정체성(identity)과 같은 비가시적인 상호작용의 장(場)을 형성한다. 따라서 오늘날 조직을 이해한다는 것은 개인의 심리,

집단의 역동, 구조적 요인, 환경과의 적응까지 포괄적으로 분석하는 통합적 사고를 요구한다. '조직행동론(Organizational Behavior)'은 바로 이처럼 다층적이고 복합적인 조직현상을 탐구하는 학문이다. 조직행동론은 심리학, 사회학, 경영학, 인류학, 신경과학, 디지털 기술 등 다양한 분야의 연구 성과를 통합하여 개인-집단-조직의 행동 양상을 설명하고 예측하며, 궁극적으로 조직의 효과성과 구성원의 삶의 질을 함께 향상시키는 데 기여하고자 한다.

본서는 특히 기업조직을 중심으로 하여, 조직행동에 대한 기본 이론과 실제 적용 방법을 보다 쉽게 이해할 수 있도록 구성하였다. 조직이론에 대한 이론적 설명에 그치지 않고, 실제 기업 환경에서 나타나는 사례와 전략을 통해 이론과 실천의 간극을 좁히고자 하였다. 또한, 조직을 단지 생산적 단위가 아닌 사회적 공동체로 이해하고, 인간 중심적 조직 운영이라는 관점을 반영하였다. 본서의 구성은 다음과 같이 4부 13장으로 체계화하였다.

제1부 조직행동의 기초에서는 조직과 조직행동론의 개념, 연구 접근법, 역사적 전개, 이론적 관점 등을 다룸으로써 조직현상을 분석하는 기본 틀을 제시한다. 제2부 개인 수준의 조직행동에서는 개인의 성격, 태도, 지각, 동기, 학습, 스트레스와 같은 심리적 요소들이 조직 내 행동과 성과에 어떻게 영향을 미치는지를 분석한다. 제3부 집단 수준의 조직행동에서는 집단의 형성과 발전, 리더십, 권력, 집단 의사결정, 조직 내 커뮤니케이션, 집단 간 갈등 등을 다루며, 구성원 간 관계와 상호작용의 동태를 조망한다. 제4부 조직 수준의 조직행동에서는 조직문화, 조직구조, 조직변화와 혁신, 조직개발, 디지털 조직, ESG, 하이브리드 워크와 같은 최신 주제를 포함하여 조직을 둘러싼 환경과의 적응, 생존, 성장 전략을 고찰한다.

본서는 대학에서 조직행동론을 처음 접하는 학생들은 물론, 조직운영에 실질적인 통찰이 필요한 관리자, 실무자, 정책 담당자들에게도 도움이 될 수 있도록 다음과 같은 원칙을 바탕으로 집필하였다.

첫째, 학문적 기반 위에 실천적 시사점을 제공하고자 하였다. 둘째, 최신

이론과 동향을 반영하여, 급변하는 조직 환경에 대응할 수 있도록 구성하였다. 셋째, 이해하기 쉬운 서술을 통해 조직을 바라보는 통찰력을 누구나 갖출 수 있도록 하였다.

끝으로, 본서가 출간되기까지 물심양면으로 지원해주신 경희대학교 경영대학원, 한국농어촌경영연구원의 동료 교수님들과 연구원들, 그리고 조직행동론 교육에 열정을 가지고 조언을 아끼지 않으신 많은 선·후배 교수님들께 깊은 감사를 드린다. 특히, 본서의 교정과 출간을 위해 도움을 주신 박영사의 대표님과 임직원 여러분, 그리고 본서의 출간을 응원해주신 많은 지인들과 사랑하는 가족에게 깊은 감사를 전한다. 본서는 조직을 이해하고 더 나은 조직을 만들어가고자 하는 모든 이들에게 작은 길잡이가 되기를 바란다. 앞으로도 독자 여러분의 비판과 조언을 겸허히 수용하며, 보다 나은 개정판으로 보답할 것을 약속드린다.

2026년 1월

경영연구원에서

윤 성 두

차 례

PART 02 개인 수준의 행동

CHAPTER 03 개인 차이의 이해

CHAPTER 04 지각과 귀인

CHAPTER 09 집단과 팀의 관리

CHAPTER 10 의사소통

ORGANIZATIONAL BEHAVIOR

PART 01

조직행동론의 개요

CHAPTER 01 조직과 조직이론의 이해
CHAPTER 02 조직행동론의 연구방법

CHAPTER

01

조직과 조직이론의 이해

section 01 조직의 개념과 특성

인류는 태곳적부터 협업을 통해 생존하고 발전해 왔다. 오늘날에도 우리는 출근하자마자 사무실, 학교, 병원, 행정기관, 또는 협동조합 등 다양한 '조직'이라는 사회적 단위 안에서 하루의 대부분을 보낸다. 이처럼 인간의 삶은 조직과 뗄 수 없는 밀접한 관계를 이루고 있으며, 조직은 단지 어떤 제도나 건물의 이름이 아닌, 인간의 활동과 상호작용이 체계적으로 구성된 구조이다. 현대사회가 '조직사회(organizational society)'라 불리는 이유도 이와 같은 배경에서 출발한다. 조직의 수는 셀 수 없을 만큼 많지만, 각 조직이 동일한 방식으로 운영되는 것은 아니다. 어떤 조직은 성공적으로 성장하여 외부로부터 인정받고 영향력을 확대하는 반면, 어떤 조직은 내·외부 갈등과 리더십 부재, 구성원 이탈 등의 요인으로 인해 점차 약화되거나 결국 해체되기도 한다. 그렇다면 왜 어떤 조직은 생존하고 성장하는 반면, 다른 조직은 쇠퇴하고 소멸하는가? 이 질문에 답하기 위해서는 조직이란 무엇인가에 대한 본질적 이해가 선행되어야 한다.

1. 조직의 기본 개념(버나드의 협동체계론)

조직의 개념을 정립하는 데 중요한 기여를 한 학자는 체스터 버나드(C. I. Barnard)이다. 그는 저서 『The Functions of the Executive(1938)』에서 조직을 "특정 목적을 달성하기 위해 의식적으로 조정된 활동 또는 힘의 체계(consciously coordinated activities or forces of two or more persons)"라고 정의하였다. 이 정의는 조직을 단순히 여러 사람이 모인 집합체로 보지 않고, 공동의 목적을 이루기 위해 의도적이고 의식적으로 조정된 협동체계(cooperative system)로 바라본다는 점에서 조직 이론사에 큰 전환을 가져왔다. 버나드는 인간이 자신의 역량만으로는 달성할 수 없는 목표를 이루기 위해 타인과의 협력이 필요하며, 이러한 협력이 조직의 출발점이 된다고 보았다. 즉, 인간의 의사결정 능력은 한계가 있고, 자원의 제약도 있기 때문에 다수의 개인이 상호 보완적인 관계 속에서 힘과 활동을 조정하여 하나의 목적을 달성하려는 노력이 바로 그것이 조직인 것이다.

2. 조직의 성립 요건(공식조직의 세 가지 요소) (Chester I. Barnard의 관점 중심)

조직이 성립되기 위해서는 단순히 사람들 간의 물리적 모임이나 기술적 시스템의 통합만으로는 부족하다. 조직이 '공식조직(formal organization)'으로서 기능하고 존속하기 위해서는 특정한 내적 요건이 충족되어야 하며, 이에 대한 대표적인 이론으로는 체스터 버나드(Chester I. Barnard)가 제시한 '공식조직의 3요소'가 있다. 그는 조직을 단지 기능적 기구가 아닌, 인간의 의지와 상호작용이 통합된 협동체계로 보았으며, 다음의 세 가지 요건을 제시하였다.

1) 공동목적(Common Purpose)

조직은 구성원들이 공유하는 명확한 목표를 기반으로 운영된다. 이 목적은 조직 전체의 정체성을 결정짓는 핵심 기준이자, 구성원들의 방향성을 통합하는 나침반과 같은 역할을 한다. 기업조직의 경우, '이윤 추구'와 '시장 점유율 확대'가 대표적인 목적이 될 수 있으며, 비영리조직이라면 '사회적 가치 실현'이나 '공익 증진'이 될 수 있다. 버나드는 조직이 성립하기 위해서 반드시 "공유된 목적"이 존재해야 하며, 이 목적이 구성원들에게 수용 가능하고 매력적이어야 한다고 강조했다. 현대 조직에서도 조직의 비전과 미션, 전략 목표는 구성원들의 활동을 하나로 모으는 '목표 설정 장치'로 기능한다. 특히 MZ세대 이후의 구성원들은 단순히 생계유지를 위한 목적보다도 '일의 의미(meaningful work)'와 조직의 사회적 존재 이유(purpose-driven organization)를 중요하게 여긴다. 현대 조직은 단순히 목표를 정하는 수준에서 그치지 않고, 그 목표가 얼마나 정당하고 설득력 있는가, 그리고 구성원들이 이를 공감하고 자발적으로 수용하는가에 주목해야 한다. 그렇지 않을 경우, 구성원들의 내면적 이탈(engagement disengagement) 현상이 발생할 수 있다.

2) 공헌의욕(Willingness to Contribute)

버나드는 조직을 '협동(cooperation)'의 산물로 보았기 때문에, 각 구성원이 조직에 기꺼이 자신을 '공헌(contribute)'하려는 자발적 의지를 가장 핵심적인 요소로 보았다. 이는 단순히 노동력 제공이나 지시 수용이 아닌, 자신의 시간, 노력, 기술, 감정노동 등을 조직에 기꺼이 제공하고자 하는 심리적 태도를 의미한다. 구성원의 공헌의욕은 조직의 리더십, 보상체계, 조직문화, 성장 기회 등에 의해 크게 영향을 받는다. 예컨대, 리더가 구성원을 존중하지 않거나 공정성이 결여된 인사제도가 있을 경우, 구성원의 자발적 공헌의욕은 급격히 저하된다. 현대 조직은 이에 대한 대응으로 임파워먼트(empowerment), 참여적 리더십, 경력개발 기회 부여, 정체성 기반 조직문화 등을 통해 구성원의 자발적 동기부여를 유도하고 있다. 조직은 구성원의 공헌을 '기정사실'로 간주해서는 안 되며, 그들의 공헌의욕을 유도하고 유지하기 위한 환경과 조건을 지속적으로 제공해야 한다. 이와 관련하여 '심리적 계약(psychological contract)' 개념이 등장하였고, 이는 구성원들이 조직과 맺는 보이지 않는 기대와 약속의 구조로 설명된다.

3) 의사소통(Communication)

의사소통은 공동목적과 공헌의욕을 현실화하는 수단이자, 조직 내 모든 기능의 전제가 된다. 버나드는 조직 내 의사소통이 명확하고, 신속하며, 조직 전체에 일관되게 전달되어야 한다고 보았다. 의사소통이 단절되거나 왜곡되면, 목적에 대한 오해, 상호 신뢰의 붕괴, 협동의 해체 등이 발생할 수 있다. 현대 조직에서 의사소통의 중요성은 더욱 강조되고 있다. 조직은 더 이상 단일 장소에서만 활동하지 않으며, 원격근무, 글로벌 협업, 세대 간 차이 등으로 인해 정보의 흐름과 해석에 있어서 다양한 문제가 발생할 수 있다. 이에 따라 기업은 '열린 커뮤니케이션', '리더의 피드백 문화', '디지털 협업 플랫폼 도입', '데이터 기반 커뮤니케이션' 등을 통해 새로운 방식의 의사소통 체계를 구축하고 있다. 조직 내 커뮤니케이션은 단순한 전달과 정보공유를 넘어, 공감과 신뢰 형성, 협동의 매개, 문화적 동질감 형성의 핵심 메커니즘으로 작용한다. 바람직한 조직은 구성원 간 수평적이고 투명한 커뮤니케이션 구조를 구축하여 심리적 안전감(psychological safety)을 조성한다.

3. 조직의 존속 조건(공헌과 유인의 균형)

조직의 지속적인 생존과 성장을 위해서는 구성원이 조직에 공헌하는 만큼, 조직도 구성원에게 이에 상응하는 유인(inducement) 또는 보상(reward)을 제공해야 한다. 이는 바너드가 제시한 '조직의 대내적 균형(internal equilibrium)' 개념으로 정리될 수 있다. 구성원이 조직에 제공하는 시간, 노동, 기술, 감정 노동 등의 자원은 개인에게 있어 하나의 비용 또는 희생(cost)으로 인식된다. 반면, 조직이 제공하는 유인은 급여, 복리후생, 승진기회, 일의 의미, 동료와의 관계, 자율성 등 물리적·심리적 보상을 포함한다. 이 두 요소가 균형을 이룰 때, 즉 다음의 공식이 성립될 때 조직은 안정적으로 유지된다.

조직의 존속과 성장 = 유인 ≥ 공헌

이 균형이 무너지면 구성원은 조직에 대한 심리적 계약이 깨졌다고 느끼며, 결국 이직하거나 무기력한 태도로 전환하게 된다. 최근 MZ세대는 금전적 보상만큼이나 '일의 의미', '워라밸(Work–Life Balance)', '사회적 기여' 등을 중시하며, 이는 조직이 제공해야 할 유인의 다변화를 요구하는 현실적 배경이 되고 있다.

4. 조직의 또 다른 정의(Hicks의 상호작용 구조론) (H. G. Hicks의 이론 중심)

조직의 개념에 대해 또 다른 구조적이고 실천적인 정의를 제시한 학자는 H. G. Hicks이다. 그는 조직을 "다수의 인간들이 목표 달성을 위하여 상호작용하는 구조화된 체계(a structured system of interactions among people aimed at achieving goals)"로 정의하였다. 이 정의는 조직을 정적인 구조가 아닌, 인간 간의 동적인 상호작용의 총체로 보는 점에서 실천적 관점에 강점을 가진다. Hicks는 모든 조직이 다음과 같은 다섯 가지 공통된 특성을 지닌다고 보았다. 각 특성은 조직의 작동 원리와 본질을 이해하는 데 필수적인 요소이며, 현대 조직에서도 여전히 유효하다.

1) 조직은 다수의 인간으로 구성되어 있다.

조직은 본질적으로 '사람의 집합체'이다. 이는 조직의 가장 기본적인 전제이며, 기계적·기술적 시스템이나 인공지능이 발달한 현재에도 여전히 유효하다. 구성원이 존재하지 않는 조직은 의미를 잃게 된다. 최근 들어 '조직은 기술이 아니라 사람 중심으로 운영되어야 한다'는 인본주의적 HRM 관점이 부각되며, '인재 확보'가 기업 경쟁력의 핵심 요소로 인식되고 있다.

2) 구성원들은 서로 상호작용한다.

조직 구성원은 고립된 존재가 아니라, 공동의 목적 아래 상호 영향을 주고받는 존재이다. 이 상호작용은 협업, 피드백, 조율, 감정교류 등의 형태로 나타난다. 특히 최근에는 비언어적 커뮤니케이션, 온라인 협업, 다문화적 상호작용 등 '비전통적' 상호작용의 중요성도 확대되고 있다.

3) 상호작용은 구조화되어 있다.

구성원 간 상호작용은 자율적이되 무질서하지 않다. 역할과 책임, 권한과 보고체계, 업무 흐름 등은 일정한 규칙과 절차에 따라 구조화된다. 즉, 조직은 무질서한 인간군이 아니라 의도적 질서를 가진 사회시스템이다. 현대 조직에서는 이 구조화를 바탕으로 애자일 조직, 매트릭스 조직 등 다양한 형태의 구조 개편이 이루어지고 있다.

4) 각 구성원은 고유한 개인 목표를 가지고 있다.

Hicks는 조직 내 구성원이 단지 조직의 목표만을 추구하는 존재가 아니라, 각자 고유한 개인적 목표(personal objectives)를 가진다고 보았다. 이 목표는 경제적 욕구, 자아실현, 소속감, 권력 욕구 등 다양하며, 구성원이 조직에 지속적으로 참여하는 이유이기도 하다. 따라서 조직은 구성원의 개인 목표를 무시하거나 배제해서는 안 되며, 이를 수용하고 존중하는 전략이 필요하다.

5) 조직 목표는 개인 목표와 양립 가능한 형태여야 한다.

가장 중요한 관점은, 조직의 공동목표가 구성원의 개인목표와 반드시 일치하지는 않지만, 양립 가능(compatible)해야 한다는 점이다. 구성원이 조직 활동을 통해 자신의 욕구나 비전을 실현할 수 있다고 느낄 때, 그는 조직에 자발적으로 참여하고 몰입한다. 반면, 개인의 목표가 조직의 목표와 충돌하거나 억압될 경우, 구성원은 심리적 이탈 또는 물리적 이직을 선택하게 된다.

현대 조직에서는 개인의 동기와 조직의 전략을 정렬(alignment)시키는 '성과관리 시스템(PMS)'과 'OKR', '경력개발 프로그램', '목표 기반 평가제도' 등의 실천도구를 활용하고 있다. 구성원이 조직 안에서 자신의 정체성과 가치를 실현할 수 있을 때, 조직은 생명력을 가지게 된다. 정리 해보면, Hicks의 이론은 조직을 '인간 간의 상호작용이 구조화된 협동 체계'로 정의하며, 개인과 조직 간 목표의 조율, 조직 내 상호작용의 질, 구조적 질서를 핵심 요소로 제시하였다. 이 관점은 조직을 '사람의 집합체'가 아닌, '가치를 지닌 사람들 간의 생태계'로 이해하는 현대적 관점과 일치한다.

5. 조직은 관계와 의미의 총합체

버나드와 힉스의 이론은 수십 년이 지났음에도 불구하고 여전히 조직의 본질을 설명하는 데 유효하다. 다만, 오늘날의 조직은 다음과 같은 변화된 환경에 놓여 있다.

- **디지털 전환**(Digital Transformation): 의사소통의 방식이 AI, 클라우드, 협업 플랫폼 등으로 변화하며 조직의 경계가 모호해졌다.
- **ESG 경영**: 사회적 가치, 환경 책임, 윤리적 지배구조가 조직 생존의 핵심 조건이 되고 있다.
- **심리적 계약과 정서적 유대**: 구성원은 단지 경제적 보상이 아닌, 정체성의 실현, 의미 있는 과업을 추구한다.
- **하이브리드 근무**: 시간과 공간을 초월한 협력이 요구되며, 전통적인 물리적 조직구조의 재정의가 필요하다.

이러한 흐름 속에서 조직은 더 이상 단순한 '업무 수행 단위'가 아니라, 가치와 의미가 형성되는 심리적 공간(psychological and relational space)으로 이해되어야 한다. 그리고 이를 가능하게 하는 주체는 '사람'이다. 조직의 본질은 결국 인간의 협동에 있으며, 조직행동론은 이를 해석하고 개선하는 가장 핵심적인 학문이라 할 수 있다.

표 1-1 버나드(C. I. Barnard)와 힉스(H. G. Hicks)의 조직 성립 요건 비교표

구분	버나드(C. I. Bernard)	힉스(H. G. Hicks)
조직 정의	"특정 목적을 달성하기 위한 의식적으로 조정된 활동 또는 힘의 체계" (Consciously coordinated activities or forces)	"다수의 인간들이 목표 달성을 위해 상호작용하는 구조화된 체계"
이론적 초점	협동체계(Cooperative System)	상호작용과 구조적 질서 중심
조직 성립의 핵심요소	① 공동목적(Common Purpose) ② 공헌의욕(Willingness to Contribute) ③ 의사소통(Communication)	① 다수의 구성원 ② 구성원 간 상호작용 ③ 구조화된 상호작용 ④ 개인 목표의 존재 ⑤ 양립 가능한 조직목표
구성원의 위치	조직의 목적 실현을 위한 자발적 협동 주체 (공헌을 제공하고 유인을 요구하는 교환의 주체)	조직목표와 개인 목표의 연결고리의 행동의 동인(motivator)을 내재한 행위자
조직 유지의 조건	유인(Inducement) ≥공헌(Contribution) → 대내적 균형(Internal Equilibrium)	조직목표와 개인 목표 간 양립 가능성 확보
현대적 적용 시사점	-심리적 계약의 형성 -공정한 보상과 참여 기회 제공 -조직 내 커뮤니케이션의 전략적 중요성	-목표기반 경영(MBO, OKR 등) -퍼포먼스 정렬(Goal Alignment) -유연한 조직구조와 상호작용 환경설계
대표 저서	『The Functions of the Executive』(1938)	『Organization Theory and Behavior』 등

section 02 조직에 대한 인간관의 진화

1. 조직 내 인간관의 변화와 경영 패러다임

조직 내에서 인간을 어떻게 바라보는가 하는 문제는 단순한 철학적 논쟁이 아니라, 실제로 조직의 구조와 제도, 리더십 스타일, 인사관리 방식, 동기부여 체계, 조직문화 등에 광범위한 영향을 미치는 핵심적 전제이다. 인간에 대한

기본 관점은 곧 조직을 어떻게 설계하고 운영할 것인가에 대한 전략적 방향성을 결정짓는 기초가 되기 때문이다. 역사적으로 조직에서의 인간에 대한 관점은 사회, 경제, 기술, 심리학, 교육학 등 여러 요인의 영향을 받아 변천되어 왔으며, 이는 조직이 어떤 형태로 구성되고, 구성원을 어떻게 동기화하며, 성과를 어떻게 관리하는지를 결정하는 중심축으로 작용해 왔다.

1) 고전적 경영이론과 '합리적 인간'의 패러다임

20세기 초 산업혁명의 확산과 함께 조직은 대규모 생산을 기반으로 한 기계적 시스템으로 전환되었다. 이 시기의 대표 이론가인 프레더릭 윈슬로 테일러(F. W. Taylor)는 과학적 관리론(scientific management)을 통해 인간을 효율성과 생산성을 극대화하기 위한 경제적 도구로 간주하였다. 그는 인간을 "게으르며, 정확한 지시 없이는 비효율적으로 행동하는 존재"로 이해했고, 이를 극복하기 위한 외적 통제와 차등 성과급 제도를 제안하였다. 이 시기의 인간관은 '합리적 경제인(Rational Economic Man)'이라는 전제를 중심으로 구성되었다. 즉, 조직 구성원은 경제적 보상을 최대화하기 위해 합리적으로 행동하며, 조직은 명확한 규칙, 엄격한 지시, 세분화된 직무를 통해 인간의 행동을 예측 가능하게 만들 수 있다는 믿음을 전제하였다.

대표 사례

자동차 산업의 포드 시스템(Fordism)은 작업을 분할하고, 시간과 동작을 측정하여 최적의 효율을 도출하는 방식으로 인간을 기계의 부속품처럼 다루었다. 이러한 방식은 대량생산과 비용 절감이라는 측면에서 탁월한 성과를 거두었으나, 인간 소외, 창의성 억제, 직무 불만이라는 부작용을 낳기도 했다.

2) 인간관계론의 등장과 '사회적 인간'에 대한 재인식

1920년대에 진행된 호손실험(Hawthorne Studies)은 조직에서 인간을 단지 경제적 유인에 의해 움직이는 존재가 아니라, 사회적 관계 속에서 정체성과 동기를 형성하는 감정적 존재임을 밝혀내며 기존의 경제적 인간관을 전면적으로 재조명하였다. 이 실험을 주도한 엘튼 메이요(Elton Mayo)와 그의 동료들은, 작업 조건보다 비공식적 상호작용, 인정, 소속감, 집단규범이 구성원의 행동과 성과에 더 큰 영향을 미친다고 결론지었다. 이에 따라 인간은 '사회적 인간(Social Man)'으로 재정의되었으며, 조직은 구성원이 상호작용을 통해 감정적 안정과 자존감을 확보하는 공간으로 이해되기 시작했다. 리더십 스타일도 하향식 지시 중심에서 관계 중심, 참여 중심, 커뮤니케이션 중심으로 변화하기 시작하였다. 이 시기는 감정노동, 조직문화, 비공식 집단, 동료 관계 등 비경제적 요소가 조직성과에 영향을 미친다는 사실이 주목되었으며, 이후 심리학·사회학적 접근이 본격적으로 조직이론에 편입되는 계기가 되었다.

3) 행동과학과 '자아실현 인간'의 부상

1950년대 이후, 심리학, 사회학, 인류학, 인지과학 등의 학문이 경영학과 결합되며 조직 내 인간관은 다시 한 단계 확장된다. 대표적인 예로 매슬로우(A. H. Maslow)의 욕구계층이론, 허즈버그(F. Herzberg)의 동기－위생이론, 맥그리거(D. McGregor)의 XY이론, 아지리스(C. Argyris)의 미성숙－성숙 이론 등이 등장했다. 이들은 인간을 자기통제, 자기개발, 자기실현의 능력을 가진 존재로 인식하며, 조직은 인간이 자신의 잠재력을 실현할 수 있도록 돕는 '성장의 장'이 되어야 한다고 강조하였다. 이 관점에서 중요한 것은 자율성, 의미 있는 일, 책임의 부여, 경력 개발, 참여의 기회 등이었으며, 이는 직무 재설계(job redesign), 직무풍요화(job enrichment), MBO(목표관리)와 같은 제도로 이어졌다. 조직은 더 이상 인간을 '관리의 대상'으로만 보지 않고, 파트너십과 주체성을 전제로 한 '조직 구성원'으로 재정의하기 시작하였다. 구성원의 성장이 곧 조직의 성장이라는 인식이 이 시기에 정착되었다.

4) 현대 조직에서의 '복합적 인간관'과 유연한 인적자원관리

현대 조직은 다세대 구성원, 다양성(D&I), 디지털화, 글로벌 협업, ESG 경영 등 복잡한 환경 속에서 운영된다. 이에 따라 조직 내 인간에 대한 관점도 더 이상 단일한 모델로 설명되지 않는다. 인간은 상황에 따라 경제적, 사회적, 심리적, 문화적 요인에 동시에 반응하는 복합적 존재(Complex Man)로 인식되며, 다음과 같은 특징을 가진다.

- 인간의 동기는 고정적이지 않으며 개인적 상황, 생애주기, 직무 특성, 조직문화 등에 따라 변화한다.
- 구성원은 경제적 보상과 더불어 자율성, 소속감, 목적의식, 일의 의미를 중시한다.
- 직무의 복잡성, 리더의 특성, 조직의 구조 등에 따라 동기 유발 요인이 달라진다.
- 디지털 세대는 일－삶 균형, 유연근무제, 피드백 문화, 가치 중심 조직을 선호한다.

현대의 조직은 구성원의 다양성과 유연성을 전제로 한 인사제도(예: 선택적 복지제도, 맞춤형 경력개발, 하이브리드 근무체계, 임파워먼트 기반 리더십 등)를 도입하고 있으며, 이는 복합적 인간관에 대한 실천적 반영이라 할 수 있다.

5) 인간관의 변화가 조직에 주는 실천적 의미

인간에 대한 조직의 관점은 곧 조직운영의 철학과 전략의 방향을 결정짓는다. 단기적인 생산성과 효율만을 중시하는 기계적 인간관은 단기 성과에는 유효할 수 있으나, 창의성과 자율성이 핵심이 되는 지식기반 사회에서는 한계를 보인다. 반면, 인간의 다양성과 성장 가능성을 인정하는 접근은 장기적인 성과, 조직의 유연성, 구성원의 몰입과 만족, 지속가능성을 확보하는 데 효과적이다. 따라서 현대 조직은 다음의 통합적 관점이 요구된다.

- 인간은 '수동적 존재'가 아니라 참여하는 공동 창조자이다.
- 구성원은 단일한 동기로 설명되지 않으며, 맥락적 관리와 유연한 리더십이 필요하다.
- 인간관은 조직의 문화, 제도, 시스템 전반의 설계 철학에 영향을 미친다.

표 1-2 요약 정리 비교표

시대	주요 인간관	대표이론	경영 패러다임
고전기	합리적 경제인	과학적 관리론, 관료제	효율, 규율, 통제
인간관계론기	사회적 인간	호손실험, 감정이론	집단, 관계, 정서
행동과학기	자아실현 인간	욕구이론, XY이론	성장, 자율, 동기
현대	복합적 인간	다양성 기반 인사전략	유연성, 맞춤형 조직

2. 인간관의 유형별 이해

1) 합리적 경제인 가설(Rational Economic Man)

합리적 경제인 가설은 산업화 초기의 전통적 관리이론과 과학적 관리론에서 출발한 인간관으로, 인간을 경제적 유인을 극대화하기 위해 합리적으로 행동하는 존재로 전제한다. 이 관점은 프레더릭 테일러(F. W. Taylor)의 과학적 관리론, 막스 베버의 관료제 이론 등 초기 조직이론에 널리 적용되었으며, 다음과 같은 특징을 갖는다.

첫째, 인간은 본질적으로 '게으르고' '일을 기피하는 존재'이며, 외부에서 주어지는 금전적 보상이나 통제 없이는 스스로 일을 하지 않는다는 전제를 가진다.

둘째, 조직 구성원은 자신의 최대 경제적 이익을 추구하며, 감정이나 정서는 합리성을 방해하는 요소로 간주된다.

셋째, 따라서 조직은 구성원의 행동을 정해진 규칙과 보상으로 통제해야 하며, 감정, 자율성, 창의성 등은 조직 내에서 최소화하거나 배제되어야 한다.

이러한 인간관은 대량생산체계, 군대식 지휘계통, 규칙 중심의 관리자 통제에 적합한 이론적 토대가 되었으며, 작업표준화, 시간·동작연구, 차등 성과급 제도와 같은 제도로 이어졌다. 오늘날에도 일부 제조 기반 산업이나 일상 반복 업무(예: 콜센터, 물류, 단순조립 등)에서는 이 가설의 관점이 여전히 적용되기도 하지만, 창의성과 자율성이 요구되는 지식기반 조직, 스타트업, R&D조직에서는 이 관점이 한계를 드러낸다. 인간을 기계적 생산 단위로만 간주할 경우, 직무몰입 저하, 번아웃, 조직 이탈 등 부작용이 발생하게 된다.

2) 사회인 가설(Social Man)

산업화가 진전되고 인간의 심리·사회적 요인이 조직 성과에 미치는 영향이 주목되면서 등장한 관점이 바로 '사회인 가설'이다. 이 관점은 인간을 사회적 상호작용과 관계 속에서 욕구를 충족하고 동기화되는 존재로 이해한다. 즉, 인간은 단지 금전적 유인을 좇는 합리적 경제인이 아니라, 소속감, 존중, 관계의 안정성을 중시하는 사회적 존재이다. 이 이론의 대표적 학자 E. Mayo는 호손실험(Hawthorne Studies)을 통해, 생산성은 단지 조명이나 작업조건 개선만으로 설명되지 않으며, 비공식집단 내 상호작용과 감정적 지지가 결정적인 역할을 한다고 주장하였다. 사회인 가설의 핵심 내용은 다음과 같다.

첫째, 인간은 타인과의 사회적 관계 속에서 자아를 실현하고 동기를 유발받는다.

둘째, 구성원은 관리자에 의한 직접적 통제보다는 동료집단의 인정, 관계의 질, 소속감에 더 민감하게 반응한다.

셋째, 비공식 집단은 구성원 간의 연대감을 형성하며, 조직 내 공식적 구조를 보완하거나 방해할 수 있는 이차적 권력구조를 형성한다.

오늘날의 조직에서는 이 가설이 매우 중요해지고 있다. 심리적 안전감(psychological safety), 팀워크 기반 업무 운영, 조직문화 및 감성지능 기반 리더십은 이 가설을 실천적으로 반영하는 사례들이다. 특히, MZ세대는 경제적 유인보다 관계의 질, 상호 존중, 자율성, 일과 삶의 균형을 중요한 동기요인으로 인식하고 있으며, 조직은 이러한 변화를 반영한 구성원 경험관리(Employee Experience Management)가 요구된다.

3) 복합인 가설(Complex Man)

복합인 가설은 인간을 단일한 특성으로 정의할 수 없으며, 다양한 욕구와 동기를 복합적으로 지닌 존재로 인식한다. 인간은 상황, 환경, 경험, 생애주기, 조직 내 역할 변화 등에 따라 다른 행동양식을 보이며, 조직 내에서도 시기와 맥락에 따라 다양한 동기유형으로 변화한다. 이 가설의 핵심적 주장은 다음과 같다.

첫째, 인간의 욕구는 고정적이지 않고, 연령, 역할, 조직 경험에 따라 변화한다.

둘째, 개인의 동기나 행동은 외부 유인뿐 아니라, 자율성, 성장 욕구, 자기실현, 정체성 등 내적 요인에 의해서도 유발된다.

셋째, 조직의 특성, 부서의 문화, 직무의 특성에 따라 동일한 구성원도 다른 동기를 가지며, 같은 리더십이나 보상제도에 대해 개인별로 다른 반응을 보인다.

넷째, 구성원은 조직에서의 경험과 학습을 통해 변화하며, 초기의 동기 유형에서 성숙형으로 발전하기도 한다.

복합인 가설은 현대 인적자원관리(HRM) 및 조직행동론의 이론적 기반이 된다. 동기부여 이론(매슬로우, 허즈버그, 자율성 이론 등), 성장 중심 경력개발 시스템, 맞춤형 보상 전략(Total Rewards), 다세대 구성원 관리 등은 모두 이 가설을 전제로 설계된다.

3. Argyris의 미성숙-성숙 이론(Immaturity-Maturity Theory)

조직 내 인간에 대한 보다 심층적인 이해를 제시한 학자 중 한 명은 미국의 조직심리학자 크리스 아지리스(Chris Argyris)이다. 그는 인간이 조직 안에서 어떻게 성장하고 변화하는지를 심리적 성숙이라는 틀로 설명하였으며, 조직 내 인간의 행동을 '미성숙(immaturity)'에서 '성숙(maturity)'으로 이동하는 일련의 발달과정으로 보았다. 이는 인간을 고정된 성격의 소유자가 아니라, 지속적으로 변화하고 성장하는 존재로 파악한 점에서, 당시의 경영학 및 심리학계에 큰 영향을 미쳤다. 아지리스에 따르면, 조직 구성원은 시간이 흐르고 환경에 적응하면서 점진적으로 성숙해지는 성향을 가지며, 조직은 이러한 변화 경로에 부합하는 구조와 문화, 리더십, 직무설계를 갖추어야 한다고 주장하였다. 다시 말해, 조직이 인간의 성숙 방향을 억압하거나 제한할 경우, 구성원은 무기력해지고 조직에 대한 심리적 이탈이 발생할 수 있다는 것이다.

1) 미성숙-성숙 이론의 주요 차원

아지리스는 인간의 성격이 〈표 1-3〉과 같은 7가지 차원에서 미성숙 상태에서 성숙 상태로 이행한다고 설명하였다. 이 차원은 단지 심리학적 성향을 구분하기 위한 기준이 아니라, 조직 내 인간의 동기, 태도, 행동을 해석하고 예측하는 데 중요한 기준이 된다.

표 1-3 아지리스의 미성숙·성숙 상태 비교표

구분	미성숙 상태	성숙 상태
활동성	수동적이며 지시 대기	능동적이며 자발적 행동
독립성	타인 의존적	자율적, 자기주도적
자기인식	낮음(자각 부족)	높음(자기이해와 통찰 보유)
관심의 폭	제한됨(즉각적, 단기적)	확장됨(장기적, 다차원적)
감정 표현	억제 또는 미성숙	조절 가능, 정서적 안정
책임 수용	회피적, 외부 탓 경향	적극적 수용, 문제 해결 지향
인간관계	종속적 관계 지향	상호존중 기반의 대등한 관계 선호

이러한 차원은 반드시 일률적으로 나타나는 것이 아니며, 개인은 특정 영역에서는 성숙하더라도 다른 영역에서는 미성숙할 수 있다. 또한 성숙 상태는 정적인 완성형이 아니라, 끊임없이 개인적·환경적 상호작용에 의해 조정되고 확장되는 동적인 개념이다.

2) 연령과 무관한 성숙의 연속선

아지리스의 가장 중요한 통찰 중 하나는, 인간의 성숙은 나이와 무관하게 발생할 수 있는 심리적 진화라는 점이다. 그는 "모든 어린아이가 미성숙한 것은 아니며, 모든 성인이 성숙한 것도 아니다"라고 하며, 성숙의 수준은 개인의 자기인식 수준, 환경 자극, 조직문화, 학습 경험 등에 따라 결정된다고 보았다.

이는 성숙이 단순히 생물학적 나이의 함수가 아닌, 심리적 자율성과 책임감, 자기주도성의 발달 정도로 설명되어야 한다는 점에서 오늘날의 교육학, 리더십 이론, 경력개발 이론 등과도 깊은 관련이 있다.

3) 조직 환경과 성숙의 상호작용

아지리스는 조직이 구성원의 성숙을 촉진하는 환경을 제공하지 못할 경우, 다음과 같은 문제들이 발생한다고 경고하였다.

- 구성원의 자율성과 창의성이 억압되고, 심리적 위축이나 방어기제가 형성된다.
- 공식적 지시와 감독만으로 구성원을 통제하려는 경향이 강화되어, 신뢰 기반 조직문화가 약화된다.
- 구성원은 조직의 목적에 내재적으로 몰입하지 않고, 생계유지를 위한 '수동적 순응자'로 전락한다.

따라서 조직은 구성원이 성장할 수 있는 여지를 열어두어야 하며, 성숙을 유도할 수 있는 참여적 리더십, 권한위임, 피드백 중심의 커뮤니케이션, 도전적 직무 설계 등을 통해 개인의 주체성을 끌어내야 한다.

예시

최근의 '임파워먼트(empowerment)' 기반 리더십, 자율출퇴근제, 자기주도적 경력개발제도(IDP), 피어 리뷰(peer review) 기반 성과관리 등은 모두 구성원의 성숙을 조직이 어떻게 촉진할 수 있을지를 고민한 결과물이다.

4) 현대 조직에서의 적용 가능성

아지리스의 미성숙-성숙 이론은 특히 오늘날의 지식노동 환경, MZ세대 구성원, 학습조직, 프로젝트 중심 조직 등에서 매우 유효한 이론적 틀을 제공한다. 성숙한 조직 구성원은 단순히 지시를 따르는 존재가 아니라, 자기 주도적으로 과제를 해결하고, 리더와 대등하게 피드백을 주고받으며, 자신의 경력과 정체성을 조직 안에서 통합하는 존재로 활동한다. 또한 이 이론은 다음과 같은 현대적 개념들과도 밀접하게 연결된다.

- **심리적 계약**(Psychological Contract): 구성원이 조직과 맺는 비공식적 기대와 약속은 성숙한 인식에서 비롯된다.
- **정체성 기반 리더십**(Identity-Based Leadership): 구성원의 자기인식 수준이 높을수록 리더십 참여 가능성이 커진다.
- **ESG 조직문화**: 구성원은 성숙할수록 자신의 직무를 사회적 가치 실현과 연결지으려는 경향이 크다.
- **자기결정 이론**(Self-Determination Theory): 인간의 자율성, 유능감, 관계 욕구가 조직 성과와 직결된다는 점에서 성숙 이론과 공명한다.

section 03 조직행동론의 의의

인간은 조직의 중심이며, 조직을 움직이는 핵심 동력이다. 과거 산업혁명 이후의 조직에서는 인간이 기계와 같은 존재로 간주되었고, 단순히 물리적 노동력을 제공하는 '도구'로 인식되었다. 그러나 20세기 중반 이후, 특히 제2차 세계대전 이후의 산업구조와 노동시장 변화 속에서 조직을 운영하던 관리자들과 학자들은 점차 인간이 물리적 자원이나 기계적 요소와는 본질적으로 다르며, 그 행동과 심리에 대한 이해 없이는 조직의 유효성과 지속가능성을 확보할 수 없다는 사실을 깨닫게 되었다. 그 결과로 등장한 학문이 바로 조직행동론(Organizational Behavior)이다. 조직행동론은 인간을 조직이라는 구조와 시스템 속에서 이해하려는 시도에서 출발하며, 개인의 특성과 행동, 집단의 상호작용, 조직 차원의 구조 및 문화가 인간의 행동에 어떤 영향을 미치는지를 체계적으로 연구한다. 이 학문은 인간의 심리와 행동에 관한 이론을 단순히 설명하는 데 그치지 않고, 조직의 성과 향상과 인간의 삶의 질 제고라는 이중적 목표를 지향한다.

오늘날 조직행동론은 구성원의 욕구와 동기를 충족시키면서도 조직의 목표 달성에 기여할 수 있도록 하는 전략을 모색하는 학문으로 진화하고 있으며, 경영학의 하위 분야를 넘어 독립적인 통합학문으로 자리 잡고 있다. 그 적용 범위는 인사관리, 리더십, 조직문화, 변화관리, 갈등해결, 의사결정, 직무설계, 커뮤니케이션 등 매우 광범위하며, 실제 조직 현장에서 실무적 효용성을 제공하는 데 초점을 맞추고 있다.

1. 조직행동론의 성립과 배경

1) 조직행동론의 성립

조직행동론이 하나의 학문으로 성립하게 된 배경에는 경영학 내부의 학문적 전환, 교육 커리큘럼의 변화, 그리고 사회과학과 행동과학의 융합이라는 역사적 흐름이 존재한다. 특히 조직행동론은 20세기 중반 이후 인간 중심의 경영 패러다임이 확산되면서, 경영학 내에서 인간의 행동을 체계적으로 연구하고자 하는 흐름 속에서 탄생하였다. 1950년대 후반, 미국에서는 경영대학 교육에 대한 근본적인 반성이 이루어졌으며, 이 과정에서 Ford Foundation[1])의 지원을 받아 Gordon과 Howell이 1959년에 발표한 보고서 《Higher Education for Business》는 결정적인 전환점을 마련하였다. 이 보고서는 미국의 경영대학들이 여전히 기술적 기능 중심의 교육에 머무르고 있으며, 변화하는 사회와 조직 현실에 적절히 대응하지 못하고 있다고 비판하였다. 보고서에서는 경영학이 진정한 전문직 학문으로 나아가기 위해서는 기존의 교육과정을 대폭 수정하고, 인문학, 수학, 사회과학, 행동과학 등을 핵심 교과로 포함시켜야 한다고 주장하였다. 이러한 지적은 단순한 교육 개혁을 넘어서, 경영학의 이론적 기반을 인간 중심으로 재정립하라는 요청이었다.

Gordon과 Howell의 보고서는 미국 내 주요 경영대학원에 강력한 영향을 미쳤으며, 그 결과 경영학 커리큘럼에 행동과학 과목이 대거 편입되었다. 이는 인간행동에 대한 학문적 관심을 강화시키는 계기가 되었고, 조직 내 인간행동에 대한 연구가 본격화되면서 'Organizational Behavior(조직행동)'라는 새로운 연구 영역이 등장하게 되었다. 초기의 조직행동 연구는 심리학, 특히 산업심리학에 그 뿌리를 두고 있었으나, 이후 사회학, 인류학, 정치학 등의 이론과 방법론이 결합되면서 조직 내에서의 인간행동을 다면적이고 종합적으로 탐구하는 학문으로 확장되었다. 다시 말해, 조직행동론은 단순히 '경영학 내 심리학적 접근'이 아니라, 조직이라는 복합적 체계 속에서 인간이 어떻게 사고하고 행동하며, 이들이 조직의 성과와 문화에 어떤 영향을 미치는지를 종합적으로 분석하고 설명하려는 독립적이고 다학제적인 학문으로 발전해 온 것이다. 따라서 조직행동론은 1960년대를 전후로 학문적 독립성과 체계를 갖추게 되었으며, 이후 경영학 내에서 핵심 연구 분야로 자리 잡았다. 초기에는 주로 미국을 중심으로 발전하였으나, 점차 전 세계적으로 확산되었고, 오늘날에는 디지털 기술, 다양성 관리, 감성지능, ESG 경영 등 새로운 조직 현상을

---

1) Ford Foundation은 1936년 미국 자동차 산업의 창시자인 헨리 포드(Henry Ford)와 그의 아들 에드셀 포드(Edsel Ford)에 의해 설립된 세계 최대 규모의 민간 자선 재단 중 하나이다. 본부는 뉴욕에 있으며, 사회 정의, 교육, 인권, 민주주의, 예술, 개발도상국 지원 등 다양한 글로벌 이슈에 재정적 지원을 제공하는 독립적 민간 재단이다.

설명하고 해결하는 데 중요한 이론적 기반이 되고 있다.

2) 조직행동론의 배경

조직행동론은 특정한 이론이나 방법론에만 근거한 학문이 아니라, 다양한 철학적, 심리학적, 과학적 사조의 영향을 받아 형성된 통합 학문이다. 그 배경에는 인간을 이해하고자 했던 고전적 철학에서부터 현대의 실증적 연구 방법론까지 다양한 지적 전통이 자리하고 있다. 이 중에서도 실존주의, 신행동주의, 인본주의 심리학, 과학주의는 조직행동론의 이론적 기초를 구성하는 중요한 축이라 할 수 있다. 우선 실존주의(Existentialism)는 인간을 본질이나 유형으로 환원하지 않고, 특정한 상황 속에서 자유롭고 주체적으로 존재하는 존재로 이해한다. 실존주의는 조직행동론에 있어 인간이 조직 내에서 단순히 명령에 따르는 피지배적 존재가 아니라, 스스로 의미를 부여하고 자기결정권을 행사하는 독립적 주체임을 강조하는 철학적 배경을 제공한다. 특히 구성원의 자율성, 선택, 책임, 주체성이라는 개념은 오늘날 조직에서 개인의 몰입과 자기실현을 중시하는 이론의 철학적 토대가 되며, 리더십 이론, 조직문화 연구, 직무동기 이론 등과도 밀접하게 연결된다.

한편, 신행동주의(Neo－Behaviorism)는 전통적 행동주의의 단점을 보완하며 조직행동론의 주요 심리학적 기반이 되었다. 고전적 행동주의는 자극(S)－반응(R) 모형을 통해 인간 행동을 기계적으로 설명하려 하였으나, 인간의 인지적 요소와 주체성을 설명하지 못한다는 한계가 있었다. 이에 따라 인간의 행동을 자극과 반응 사이에 위치한 '유기체(Organism)'의 인지적 해석과 동기부여 과정을 포함해 설명하는 S－O－R(Stimulus－Organism－Response) 모형이 등장하였고, 이는 조직행동론의 대표 이론인 기대이론, 목표설정이론, 경로－목표이론, 학습강화 이론 등으로 이어졌다. 신행동주의는 인간 행동이 외적 자극에 의해 자동적으로 발생하는 것이 아니라, 개인의 기대, 지각, 태도, 학습 등의 내적 요소에 의해 매개된다는 점을 강조함으로써 조직 내 인간 행동의 보다 실제적인 이해를 가능하게 하였다.

또한, 인본주의 심리학(Humanistic Psychology)은 인간을 수동적인 존재가 아니라 자기실현을 추구하는 적극적이고 성장 가능한 존재로 이해한다. A. H. Maslow의 욕구위계이론, Carl Rogers의 인간중심 접근 등은 조직행동론에서 인간을 존엄성과 가치를 지닌 존재로 인식하도록 하였고, 이로 인해 동기부여 이론, 직무풍요화, 인간중심 리더십 등 다양한 이론이 발전하게 되었다. 인본주의는 특히 조직이 구성원을 관리의 대상이 아니라 '함께 성장해야 할 파트너'로 이해하도록 하는 데 중요한 영향을 미쳤다. 또한 인간의 의미추구 성향, 존중 욕구, 자율성의 중요성은 최근 등장하는 심리적 계약, 조직시민행동, 감성리더십 등의 이론 발전에도 핵심적 역할을 하고 있다.

마지막으로, 과학주의(Scientism)는 조직행동론이 학문으로서의 엄밀성을 갖추도록 하는 데 결정적인 역할을 했다. 조직행동론은 인간의 행동을 경험적으로 설명하고자 하며, 이를 위해 관찰 가능성, 측정 가능성, 변수의 명확한 정의, 재현성, 예측 가능성, 설명력 등의 과학적 기준을 적용한다. 그러나 조직행동론은 단순한 실증주의에 머물지 않고, 질적 연구, 문화 해석, 사례연구, 내러티브 분석 등 다양한 연구 방법론을 수용하면서 인간 행동의 복합성과 조직의 맥락적 특성을 통합적으로 이해하려고 한다. 이러한 '과학성과 해석성의 융합'이 조직행동론을 독특하고 풍부한 학문으로 진화시켰으며, 이는 오늘날 조직 변화, 디지털 전환, 심리적 안전, 세대 갈등과 같은 복잡한 조직 문제를 다루는 데 있어 중요한 접근법이 되고 있다.

결론적으로, 조직행동론의 배경은 단일한 철학이나 이론에 근거한 것이 아니라, 인간을 보다 입체적이고 다면적으로 이해하려는 다양한 학문적 흐름이 융합된 결과이다. 이러한 이론적 토대 위에서 조직행동론은 현대 조직의 복잡성과 인간의 심리·행동의 다양성을 해석하고 설명하며, 궁극적으로 조직의 성과 향상과 구성원의 삶의 질 제고라는 목표를 동시에 추구하는 실천적 학문으로 자리 잡게 되었다.

2. 조직행동론의 학문적 성격

조직행동론은 조직 내 인간 행동을 과학적으로 분석하고, 이를 통해 조직의 효과성과 구성원의 삶의 질을 동시에 향상시키고자 하는 학문이다. 초기에는 이론적 정립이 부족하고, 기존 경영학과의 융합도 미흡하여 학문으로서의 독자성을 확보하는 데 많은 어려움을 겪었지만, 수십 년간의 연구 축적과 다양한 실증적 접근을 통해 점차 독립된 학문 영역으로 자리 잡게 되었다. 현재 조직행동론은 명확한 개념적 틀과 연구방법론을 갖춘 학문으로 정착되었으며, 그 학문적 성격은 다음과 같은 여러 측면에서 특징지어질 수 있다.

첫째, 조직행동론은 종합적인 응용학문(interdisciplinary applied science)이다.

조직행동론은 단일 학문에서 출발한 것이 아니라, 인간행동을 연구하는 여러 사회과학 분야(특히 심리학, 사회학, 문화인류학 등)의 이론과 방법론을 통합하여 발전하였다. 예를 들어, 동기부여와 학습, 인지, 성격과 같은 주제는 심리학적 접근을 기반으로 하며, 집단 간 상호작용, 조직문화, 권력과 정치적 행동 등은 사회학과 인류학적 시각에서 설명된다. 이처럼 조직행동론은 다양한 학문 분야의 이론적 자산을 활용하여 조직 내 인간 행동을 통합적으로 분석하며, 경영학 내에서도 가장 융합적인 학문 중 하나로 평가된다. 또한 이 학문은 단지 이론적 설명에 그치지 않고, 실질적으로 조직 문제를 해결하는 데 적용 가능한 실천적 지식을 창출한다는 점에서 응용학문으로서의 성격을 지닌다. 따라서 조직행동론은 이론적 다학문성과 실천적 응용성을 동시에 갖춘 융합학문이라 할 수 있다.

둘째, 조직행동론은 성과 지향적인 실천학문(pragmatic, performance-oriented discipline)이다. 조직행동론은 단순히 인간의 행동을 기술하고 해석하는 데 그치지 않고, 이를 통해 조직의 성과를 향상시키는 데 기여하는 것을 궁극적인 목적으로 삼는다. 특히 기업 조직에서는 경제적 성과(예를 들어 생산성, 수익성, 고객만족도, 시장 점유율 등)를 중시하기 때문에, 조직행동론은 인간 행동의 이해를 바탕으로 경영성과 향상을 도모하는 실천적 도구로서 활용된다. 또한 성과지향적 성격은 개인의 직무성과, 집단의 협업 성과, 조직 전체의 전략 실행력 등 다양한 수준에서 구체적으로 드러나며, 이는 목표관리(MBO), 성과관리 시스템(PMS), 팀 기반 조직 설계, 리더십 개발 프로그램 등과 같은 조직 실천으로 연결된다. 따라서 조직행동론은 결과 창출을 위한 실행 가능성과 실용성을 강조하는 경영학적 접근의 핵심 분야이다.

셋째, 조직행동론은 인본주의적이고 규범적인 학문(humanistic and normative discipline)이다. 조직행동론은 조직의 경제적 성과를 중시하는 동시에, 조직 구성원의 인간적 욕구, 자율성, 존엄성, 성장 가능성 등도 매우 중요하게 고려한다. 이러한 접근은 인간을 수단이 아닌 목적 그 자체로 존중하는 인본주의(humanism)적 관점에 기반하며, 특히 Maslow의 욕구이론, Herzberg의 동기-위생 이론, McGregor의 X-Y이론 등에서 잘 드러난다. 또한 조직행동론은 단순히 있는 그대로의 인간 행동을 기술하거나 설명하는 데 그치지 않고, 바람직한 조직행동을 유도하고 조직 내 인간관계를 보다 긍정적인 방향으로 변화시키려는 규범적(normative) 성격을 갖는다. 예컨대, 윤리적 리더십, 심리적 안전, 조직시민행동(OCB), 감성지능(EQ) 등의 연구는 단순한 관찰을 넘어 '어떻게 행동해야 하는가'에 대한 지향점을 담고 있다. 이처럼 조직행동론은 인간을 중심에 둔 가치지향적 접근을 통해 조직과 사회 모두에 기여하고자 한다.

넷째, 조직행동론은 과학적 방법론과 상황적 접근(contingency approach)을 강조하는 경험과학이다. 조직행동론은 과학적 연구 방법에 기반하여 인간 행동을 체계적으로 탐구한다. 이를 위해 실증적 조사, 실험, 통계분석, 사례연구, 인터뷰, 서베이 등 다양한 연구기법이 사용되며, 이론의 검증과 예측 가능성을 확보하고자 한다. 특히 조직행동론은 인간행동을 단일 원리나 보편적 법칙으로 설명하기보다는, 특정 상황(context)에서 어떤 요인이 행동에 영향을 미치는지를 분석하는 상황적 접근법을 채택하고 있다. 이 접근법은 '어떤 행동이나 관리기법도 모든 상황에서 항상 효과적인 것은 아니다'라는 전제를

표 1-4 조직행동론의 학문적 성격 요약

특성 구분	주요 내용 요점
분석 수준	개인, 집단, 조직 수준을 포괄하여 행동 분석
종합적 학문	심리학, 사회학, 인류학 등 행동과학 지식 기반
인본주의 지향	인간의 존엄, 자율성, 직무만족, 감정, 성장 중시
성과 지향	조직성과, 직무성과, 협업효율 등 실천적 목적 강조
외부환경 인식	환경 변화에 대한 민감성, 유연한 대처 강조
과학적 방법론	실증적·실험적 연구조사방법 기반 이론 정립
실천 지향성	문제 해결과 현장 적용을 중시하는 실용 학문

바탕으로 하며, 조직의 특성, 문화, 환경, 리더십 유형, 구성원의 성향에 따라 다른 전략과 조치가 필요하다는 점을 강조한다. 이는 조직행동론이 이론적 엄밀성과 실천적 적응성을 함께 추구하고 있음을 보여주는 대표적인 특성이라 할 수 있다.

종합적으로 볼 때 조직행동론은 인간의 행동을 조직이라는 맥락 속에서 분석하고 응용하려는 융합적이고 실천적인 학문이다. 그 분석 수준은 개인, 집단, 조직 전반을 포괄하며, 이론적 기반은 심리학·사회학·인류학과 같은 행동과학에 두고 있다. 연구 방법은 과학적이고 실증적이며, 동시에 실제 조직 현장에 적용 가능한 실천성을 강조한다. 또한 경제적 성과와 인간적 가치의 조화를 추구하면서, 보다 윤리적이고 지속가능한 조직 운영을 설계하려는 규범적 지향을 내포하고 있다. 이러한 다층적이고 융합적인 성격 때문에, 조직행동론은 현대 경영학에서 가장 역동적이며 실제 적용이 활발한 분야로 자리매김하고 있다.

section 04 조직행동론의 분석수준 및 연구과제

조직행동론은 조직 내 인간의 행동을 체계적으로 분석하고 설명하려는 응용사회과학이다. 조직은 단일한 단위가 아니라, 개인이 모여 집단을 이루고, 이러한 집단들이 상호작용하는 가운데 전체 조직체를 형성하는 복합적 구조이다. 따라서 조직행동론은 인간 행동을 하나의 단일 수준에서 분석하는 데 그치지 않고, 개인 수준, 집단 수준, 그리고 조직 전체 수준이라는 세 가지 분석 수준으로 구분하여 다층적으로 접근한다. 이와 같은 분석 틀은 인간의 행동을 보다 정밀하고 통합적으로 이해하게 하며, 실질적인 조직 개선 및 변화 전략 수립에 이론적 토대를 제공한다.

1. 개인 행동의 수준

조직행동 연구에서 가장 기초적이고 핵심적인 분석 단위는 '개인'이다. 물리학에서 원자가 물질의 최소 단위이듯, 조직에서도 인간이라는 단위는 그 조직의 모든 역학적 작용의 출발점이 된다. 개인은 각기 고유한 성격, 가치관, 태도, 지각 방식, 동기구조 등을 가지고 있으며, 이와 같은 개인적 특성은 조직 내 행동과 성과에 직접적인 영향을 미친다. 개인 수준에서의 연구는 주로 다음과 같은 주제를 포함한다.

첫째, 지각과 인지에 관한 연구이다. 사람들은 조직 내 타인의 행동을 해석하고 평가하며, 이 과정에서 후광효과, 고정관념, 투사, 선택적 지각과 같은 오류가 발생한다. 이러한 인지 왜곡은 인사평가, 리더십 판단, 대인관계 등에 부정적 영향을 줄 수 있으며, 조직행동론은 이를 교정하는 방안을 제시한다.

둘째, 학습과 행동 변화에 대한 탐구이다. 인간은 환경과의 상호작용 속에서 학습하고, 특정 자극에 대해 반복적으로 반응하며 새로운 행동을 습득한다. 조직에서는 행동주의 심리학의 원리를 활용하여 구성원의 바람직한 행동을 강화하고, 바람직하지 않은 행동을 약화시키기 위한 강화이론이나 사회학습이론 등이 적용된다.

셋째, 태도의 형성과 변화를 분석한다. 직무만족, 조직몰입, 이직의도 등의 태도는 구성원의 행동을 결정짓는 핵심 요소이며, 이는 조직 성과와도 밀접히 연결되어 있다. 조직행동론은 태도가 어떻게 형성되며, 어떤 방식으로 변화 가능한지를 분석하고, 그 과정에서 인지부조화이론이나 태도-행동 일치 이론 등을 활용한다.

넷째, 성격과 개인차에 관한 연구이다. 인간의 성격은 비교적 안정된 행동 패턴을 형성하며, 이는 의사결정 방식, 갈등대처전략, 리더십 유형에 큰 영향을 준다. Big Five 성격이론, MBTI, HEXACO 모델 등은 조직에서 개인을 이해하는 데 널리 활용되는 대표적 성격이론이다.

다섯째, 동기부여 이론을 통해 인간행동의 동인을 탐색한다. 구성원이 자발적으로 행동하고 과업에 몰입하도록 만들기 위해 조직은 다양한 동기이론(예: Maslow의 욕구이론, Herzberg의 2요인 이론, Vroom의 기대이론, Adams의 공정성 이론)을 바탕으로 적절한 동기 전략을 설계한다.

여섯째, 스트레스와 직무만족에 대한 이해이다. 현대 조직은 빠른 변화, 복잡한 과업, 불확실한 환경 속에서 구성원에게 지속적인 긴장을 요구한다. 이로 인해 심리적 스트레스, 번아웃, 정서적 고갈 등이 발생할 수 있으며, 조직은 이를 관리하기 위한 직무 재설계, 유연근무, 정서관리 프로그램 등을 통해 구성원의 복지를 증진시키고자 한다.

2. 집단 행동의 수준

개인의 행동은 집단이라는 맥락 속에서 더욱 복잡하고 역동적으로 나타난다. 조직은 단순히 개인의 집합이 아니라, 구성원 간의 상호작용을 통해 집단의 규범과 구조, 역학을 형성하는 '사회적 시스템'이다. 따라서 집단 수준의 분석은 개인 간 관계, 집단 내 상호작용, 의사결정 과정, 갈등, 리더십 등을 중심으로 이루어진다.

첫째, 집단의 구조와 유형에 대한 탐구이다. 집단은 공식적 집단과 비공식적 집단으로 나뉘며, 구성원 간의 역할, 지위, 규범, 응집성은 집단의 효과성과 몰입에 영향을 미친다. 집단응집성이 지나치게 높으면 집단사고(Groupthink)와 같은 비합리적 의사결정이 유발될 수 있으며, 이러한 현상을 방지하기 위한 리더의 역할이 중요하다.

둘째, 대인관계와 권력관계에 대한 분석이다. 집단 내에서 구성원들은 상호작용을 통해 신뢰를 형성하거나 갈등을 겪으며, 권력과 영향력의 구조는 조직 정치 및 리더십의 기초가 된다. 조직행동론은 공식적 권한과 비공식적 영향력, 권력 유형(강압적, 합법적, 준거적 등)을 분석하며, 건강한 권력 구조 형성의 전략을 모색한다.

셋째, 의사소통과 정보 흐름의 분석이다. 효과적인 의사소통은 협업과 갈등관리의 기반이며, 위계적 커뮤니케이션, 수평적 협업, 비공식적 네트워크 등 다양한 형태로 존재한다. 의사소통의 장애 요인과 이를 극복하기 위한 전략(예: 피드백 체계, 경청 훈련, 메타커뮤니케이션 등)은 조직성과에 직접적 영향을 미친다.

넷째, 의사결정과 문제해결에 관한 탐구이다. 집단 의사결정은 다양한 의견을 통합하고 창의적 해결책을 도출할 수 있는 장점이 있지만, 동시에 책임회피, 다수의 오류 가능성 등 단점도 존재한다. 이러한 한계를 극복하기 위해 브레인스토밍, 명목집단기법(NGT), 델파이 기법 등이 활용된다.

다섯째, 집단 간 갈등과 협상의 이해이다. 갈등은 조직 내 자원배분, 목표 충돌, 커뮤니케이션 실패 등 다양한 원인으로 발생하며, 이를 기능적으로 관리할 경우, 조직 혁신과 창의성 촉진에 기여할 수 있다. 조직행동론은 갈등의 유형과 원인을 진단하고, 협상, 중재, 갈등관리 스타일을 통해 해결책을 제시한다.

여섯째, 리더십 이론과 스타일의 탐색이다. 집단 내에서 리더는 구성원의 행동을 조율하고 동기를 부여하며, 과업성과를 책임지는 중심축이다. 조직

행동론은 특성이론, 행동이론, 상황이론, 거래적·변혁적 리더십 이론 등 다양한 리더십 모델을 통해 집단행동에 미치는 영향을 분석하고, 효과적인 리더십 개발을 위한 전략을 제공한다.

3. 조직 전체의 수준

조직 수준에서의 분석은 조직이라는 복잡한 시스템이 외부환경과 상호작용하면서 변화하고 진화하는 과정을 다룬다. 이는 거시적 차원의 조직구조, 조직문화, 변화관리, 조직과 환경의 적합성 등 포괄적 요소들을 포함하며, 단순한 내부 분석을 넘어 전략적 시사점을 제공하는 차원이라 할 수 있다.

첫째, 조직문화와 조직분위기이다. 조직분위기는 구성원들이 조직을 통해 느끼는 심리적 상태이며, 조직문화는 구성원들이 공유하는 가치와 신념 체계이다. 강한 조직문화는 일관된 행동을 유도하고, 약한 문화는 혼란을 유발할 수 있으며, 문화의 유형과 변화전략은 조직 유효성에 영향을 미친다.

둘째, 조직구조의 설계와 조정이다. 조직은 특정 목적을 달성하기 위해 구조화된 시스템이며, 이는 권한의 분배, 의사결정의 분산 정도, 부서 간 연계 방식에 따라 다양하게 나타난다. 기능별 조직, 사업부제, 매트릭스 구조 등은 각각 장단점을 가지며, 기술, 환경, 전략에 따라 적절한 구조를 설계하는 것이 중요하다.

셋째, 조직변화와 조직개발(OD)이다. 현대 조직은 끊임없이 변화하는 외부환경에 대응하기 위해 내부 구조와 문화를 조정할 필요가 있다. 이때 변화에 대한 저항을 극복하고 효과적인 변화 전략을 실행하는 것이 핵심이며, Lewin의 3단계 변화모형, Kotter의 8단계 변화 전략 등은 대표적인 이론이다.

넷째, 조직과 환경의 상호작용 분석이다. 조직은 폐쇄체계가 아닌 개방체계로 존재하며, 외부 환경(예: 경제, 기술, 법률, 정치, 사회문화)과 끊임없이 상호작용한다. 적합성이론, 자원기반이론(RBV), 제도주의 이론 등은 조직이 외부환경과 얼마나 효과적으로 조화를 이루는지를 분석하는 틀을 제공한다.

이와 같이 조직행동론은 개인, 집단, 조직 수준의 세 가지 분석 단계를 중심으로 구성되며, 각 수준은 독립적이면서도 상호 연결되어 조직 전체의 행동을 설명하고 예측하는 데 기여한다. 본 교재는 이들 분석 수준 중 특히 개인과 집단 수준의 이슈들에 초점을 두고, 실제 조직 운영과 구성원 관리에 실질적으로 적용할 수 있는 이론과 전략을 제시하고자 한다.

section 05 조직행동론의 접근방법

조직행동론의 중심 과제는 조직 내 인간의 행동을 과학적으로 이해하고 설명하는 것이다. 조직의 성과와 유효성은 구성원의 행동에 의해 좌우되며, 따라서 인간의 행동이 어떠한 요인에 의해 결정되는지를 규명하는 것이 조직행동론의 출발점이다. 가장 기본적인 가정은 다음의 수식으로 표현된다.

$$B = f(P \times E)$$

여기서 B는 행동(Behavior), P는 개인(Person), E는 환경(Environment)을 의미하며, 함수 f는 단순한 수학적 연산이 아니라, 개인(P)과 환경(E) 간의 상호작용 방식, 메커니즘, 혹은 관계의 형태를 나타낸다. 행동은 개인과 환경 간의 상호작용 함수로 설명될 수 있다. 이와 같은 공식은 인간 행동을 이해하는 데 있어 개인 요인과 환경 요인의 복합적인 상호작용이 중요하다는 사실을 시사한다.

예를 들어 병원에서 간호사가 환자에게 친절하게 대하는 행동은 단지 개인의 성격이나 습관 때문만이 아니라, 업무환경, 환자의 수, 상사의 요구, 시설 장비의 상태 등 환경적 요인들과 밀접하게 연결되어 있다. 또한 이러한 환경 요인은 간호사의 행동을 촉진하거나 억제하는 역할을 하며, 반대로 간호사 자신이 능동적으로 환경을 조정하거나 개선하는 경우도 존재한다. 이는 행동이 단지 외부 자극의 반응으로만 이루어지는 것이 아니라, 주체적인 해석과 반작용의 결과로서 구성된다는 점을 보여준다. 이처럼 인간 행동을 설명할 때 분석의 초점을 어디에 두느냐에 따라 조직행동론은 크게 두 가지 접근법으로 나뉜다.

첫째는 미시적 접근법(micro approach)으로 개인과 집단 수준의 행동을 중심으로 분석하며, 둘째는 거시적 접근법(macro approach)으로 조직 전체의 구조, 제도, 기술 등 시스템 수준의 요인을 중심으로 다룬다. 이 절에서는 그중에서도 미시적 접근법에 초점을 맞추어, 인간행동을 설명하는 네 가지 주요 심리학적 모형을 체계적으로 서술하고자 한다.

1. 조직행동론의 미시적 접근법

조직행동론의 미시적 접근법은 개인과 집단 수준에서의 인간 행동을 분석하는 데 중점을 둔 이론적 틀이다. 구성원의 성격, 가치관, 인지, 감정, 학습과 같은 심리적 요인과 이들이 소속된 집단의 역동성, 역할 구조, 상호작용 양식 등을 중심으로 조직 내 행동을 설명한다. 미시적 접근을 설명하는 대표적 심리학적 모형은 다음과 같다. (1) 행동주의적 모형, (2) 정신분석학적 모형, (3) 인지론적 모형, (4) 사회학습론적 모형. 이들은 공통적으로 인간 행동을 개인과 환경의 상호작용 함수로 보고 있으나, 강조하는 요인과 설명 방식에는 차이가 있다.

1) 행동주의적 모형(Behavioristic Model)

행동주의적 모형은 인간 행동을 환경 자극에 대한 조건반사적 반응으로 간주한다. 이 접근은 인간의 내면 심리나 자율적 판단보다는, 자극-반응 간의 인과관계와 결과를 중심으로 행동을 설명한다는 점에서 실증적이며 실용적이다. 이 이론은 I. Pavlov의 고전적 조건화와 E. Thorndike의 효과의 법칙을 바탕으로 발전했으며, B. F. Skinner의 조작적 조건화 개념에 의해 조직적으로 체계화되었다. 스키너는 인간 행동이 특정 자극(S)에 대한 반응(R)으로 나타나고, 그 반응에 따른 결과(C)에 따라 그 행동이 강화(Rf)된다고 보았다. 강화는 긍정적 보상이나 부정적 처벌을 포함하며, 동일한 자극에 대한 미래 행동의 발생 확률을 조절한다. 예를 들어, 직원이 성실하게 일한 결과로 상사로부터 인정이나 보상을 받는다면, 이후에도 성실한 행동이 반복될 가능성이 높아진다. 반대로, 동일한 노력에도 불구하고 부정적 피드백이나 무반응이 주어질 경우, 해당 행동은 약화된다.

이 모형의 강점은 행동의 관찰 가능성과 예측 가능성이다. 즉, 내면 상태나 의식과 같은 주관적인 요소보다 실제로 관찰되는 행동에 집중함으로써 조직관리의 실무에 직접 적용할 수 있다. 특히 보상 설계, 성과관리, 행동코칭, 업무 피드백 시스템 등에서 효과적으로 활용된다. 행동주의적 접근은 인간을 수동적 존재로 보는 한계가 있으나, 반복 학습과 외적 동기에 기반한 행동 변화의 가능성을 보여주며 조직 내 행동관리의 핵심 기초로 기능한다.

2) 정신분석학적 모형(Psychoanalytic Model)

정신분석학적 모형은 인간의 행동이 무의식적인 갈등, 성격 구조, 그리고 내면의 긴장에 의해 형성된다고 본다. 이 이론의 대표자인 S. Freud는 인간의 정신세계를 원초아(id), 자아(ego), 초자아(superego)로 구분하고, 이 세 요소 간의 무의식적 상호작용이 인간의 모든 행동을 결정짓는다고 주장하였다. 원초아는 본능적 욕구와 즉각적인 쾌락을 추구하며, 자아는 현실의 논리와 조건을 고려하여 행동을 조율하고, 초자아는 내면화된 윤리적 기준이나 도덕성을 대표한다. 이 세 요소는 끊임없이 충돌하며, 이 갈등은 인간의 무의식 속에서 내적 긴장으로 축적되어 행동에 영향을 준다. 예를 들어, 조직 내에서 권위적인 상사에게 반발하고 싶지만, 현실적으로 이를 억제하는 경우, 해당 감정은 무의식 속에 억눌리며, 이후 스트레스로 전환되거나 우회된 방식으로 행동으로 표출될 수 있다.

정신분석학적 모형은 비합리적 행동, 감정 과잉 반응, 반복되는 갈등,

저항행동 등 기존의 논리로 설명하기 어려운 조직 내 행동 현상들을 해석하는 데 유용하다. 또한 감정노동, 스트레스 관리, 조직상담, 리더십 개발 등의 분야에서도 구성원의 내면 심리를 이해하고 대응 방안을 모색하는 데 기여할 수 있다. 다만 과학적 검증이 어렵고 실증적 자료가 부족하다는 비판도 존재하지만, 인간의 깊은 내면과 감정적 갈등을 이해하는 데 여전히 중요한 접근법으로 간주된다.

3) 인지론적 모형(Cognitive Model)

인지론적 모형은 인간의 행동이 외부 자극보다도 자극에 대한 인지적 해석과 내면의 사고 과정에 의해 결정된다는 관점에 근거한다. 인간은 정보를 수용하고 해석하며 판단하는 능동적 존재로 간주되며, 사고, 기대, 신념, 태도, 가치, 동기 등의 인지적 요소들이 행동을 결정짓는 중심 요인으로 작용한다. 예를 들어, 어떤 직원이 상사의 피드백을 '성장을 위한 조언'으로 해석할 경우에는 동기부여가 되지만, 동일한 피드백을 '비난'으로 해석하면 방어적 태도를 보일 수 있다. 이러한 차이는 개인이 가진 기존의 인지구조(cognitive structure)나 과거 경험, 기대, 자존감 등의 요소에 따라 달라진다. 인지구조란 다양한 인지 요소들이 상호 연계되어 형성된 사고체계를 의미하며, 이는 정보 해석과 행동 반응에 직접적인 영향을 미친다.

이 모형은 조직행동론의 여러 핵심 주제와 밀접한 관련이 있다. 예를 들어, 직무만족, 조직몰입, 리더십 인식, 조직공정성 인식 등은 모두 구성원의 주관적 해석과 기대를 반영한다. 인지론적 모형은 조직 내에서 커뮤니케이션 전략, 변화관리, 성과관리, 교육훈련 등에서 구성원의 내면 반응을 고려한 개입 방안을 제시하며, 보다 심층적인 조직 이해를 가능하게 한다.

4) 사회학습론적 모형(Social Learning Model)

사회학습론적 모형은 행동주의적 모형과 인지론적 모형의 통합적 관점을 바탕으로 인간 행동을 보다 포괄적으로 설명하고자 한다. 이 이론의 대표자인

A. Bandura는 인간의 행동이 개인요인(인지), 행동, 환경 간의 지속적인 상호작용에 의해 결정된다고 보며, 이를 상호결정론(reciprocal determinism)이라 하였다. 사회학습론에서는 인간은 단지 자극에 반응하는 수동적 존재가 아니라, 자신의 행동을 통해 환경을 변화시키고, 그 환경의 변화가 다시 개인의 행동과 인지에 영향을 미치는 역동적 피드백 시스템 속에 존재한다고 본다. 예를 들어, 적극적인 구성원이 조직문화에 긍정적인 영향을 미치고, 변화된 문화가 다시 그의 자기효능감과 행동양식에 긍정적 영향을 미치는 식이다.

이 이론은 관찰학습(observational learning), 대리강화(vicarious reinforcement), 자기효능감(self-efficacy)과 같은 개념들을 포함한다. 조직에서는 교육훈련, 멘토링, 리더십 개발, 조직문화 형성 등 다양한 영역에서 사회학습 이론이 널리 활용되고 있다. 구성원은 동료나 상사의 행동을 관찰하고, 그에 대한 결과를 인지함으로써 학습하며, 이는 단순한 경험 기반 학습을 넘어서는 사회적 학습의 형태를 반영한다. 사회학습론적 모형은 현대 조직의 복잡한 인간관계와 빠른 변화 속에서 유연하고 적응력 있는 인재를 육성하고, 자기주도적 학습과 팀 기반 협력문화를 형성하는 데 있어 핵심적인 이론적 토대를 제공한다.

2. 조직행동론의 거시적 접근법

조직행동론은 전통적으로 조직 내에서 인간이 어떻게 행동하고 상호작용하는지를 분석해 왔으며, 그 초점은 주로 개인이나 집단 수준에 맞춰져 있었다. 다시 말해, 초기 조직행동론은 개인의 동기, 태도, 지각, 리더십, 팀의 역동성 등 미시적 차원의 심리학적, 사회심리학적 변수에 중점을 두었다. 이는 조직행동론의 형성기에 핵심적인 역할을 했던 심리학자들과 사회심리학자들의 영향에서 비롯된 것으로, 인간의 내면적 동기나 대인관계에 관한 관심이 조직 자체의 구조나 시스템보다 우위에 있었음을 보여준다. 그러나 시간이 흐르며 조직이라는 실체 자체를 분석 대상으로 삼고자 하는 요구가 점차 커졌다. 특히 과학적 관리론, 고전적 조직이론, 관리과정론 등 경영학적 전통을 이어온 관리학파는 조직을 하나의 합리적 체계로 보고, 조직 차원에서의 효율성과 구조, 공식적 권한체계, 분업과 조정 같은 문제에 관심을 기울여 왔다. 이러한 관심은 이후 등장한 사회학자들과 조직이론가들에 의해 한층 더 발전하였다.

사회학자들은 조직이 단순히 개인이나 집단의 집합체를 넘어서, 사회적, 구조적, 환경적 맥락 속에서 자율성과 지속성을 가지는 체계라는 점에 주목하였다. 특히 1960년대 이후, 시스템 이론(system theory)과 개방체계(open system) 접근을 바탕으로 조직을 환경과 지속적으로 상호작용하는 살아 있는 유기체로 바라보는 시각이 확산되었다. 이러한 시각은 조직을 단지 폐쇄된 기술적 구조가 아니라, 외부 환경과 정보, 자원, 인력 등을 교환하고 조정하면서 생존하고 성장하는 동적 실체로 이해하게 만들었다. 이와 더불어 상황이론(contingency theory)의 대두는 조직구조나 전략이 정형화된 정답이 있는 것이 아니라, 조직이 처한 상황적 조건(기술, 시장, 규모, 환경변동성 등)에 따라 달라져야 한다는 점을 부각시켰다. 상황이론은 조직의 행동과 성과를 분석함에 있어 맥락적 변수의 중요성을 강조하였고, 이러한 통찰은 곧 거시적 조직행동론의 정착으로 이어졌다.

따라서 거시적 조직행동론(macroscopic OB)은 조직을 분석 단위로 삼고, 그 조직이 갖는 구조, 기술, 문화, 권력, 변화, 환경과의 관계 등 조직 단위의 행동 현상과 상호작용을 중점적으로 연구한다. 이는 전통적인 개인 및 집단 수준의 행동연구와는 구별되는 차원이다. 예를 들어, 한 조직이 위기상황에서 어떻게 변화 전략을 수립하고, 환경에 적응하며, 내부 구조를 재설계하는가와 같은 질문은 거시적 조직행동의 대표적 연구 주제가 된다. 거시적 접근법은 조직을 보다 넓은 사회체계와 연계하여 분석함으로써, 미시적 접근이 다루기 어려운 조직문화, 권력과 정치, 조직변화, 구조설계, 전략적 정렬 등의 이슈를 포괄할 수 있다. 이와 같은 관점은 특히 조직 전반의 적합성과 효과성, 그리고 환경 적응력을 평가하고자 할 때 필수적이다.

그럼에도 불구하고, 거시적 조직행동론은 미시적 접근법과 상호 배타적인 것이 아니다. 오히려 두 접근은 분석 수준과 강조점이 다를 뿐, 궁극적으로는 조직 내 인간 행동을 보다 깊이 있고 입체적으로 이해하기 위해 상호보완적으로 활용될 수 있어야 한다. 예컨대, 조직구조의 변화는 구성원의 동기와 태도에 영향을 주고, 반대로 구성원들의 집단 행동이나 리더십 유형은 조직의 전략 실행에 영향을 미친다. 정리해 보면 거시적 접근은 조직을 전체 시스템으로 바라보며, 구조, 기술, 문화, 외부 환경과의 상호작용 등을 통해 조직의 행동을 설명하고자 한다. 이는 미시적 접근이 다루지 못하는 조직 단위의 복잡성과 전략적 대응을 이해하는 데 필수적이며, 조직설계와 혁신, 변화관리, 지속 가능성 등 현대 조직의 핵심 과제 해결에 이론적 기반을 제공한다.

section 06 조직행동론의 역사적 배경

1. 전통적 경영이론

조직행동론의 역사적 전개는 산업화의 진전에 따라 조직을 보다 효율적이고 합리적으로 운영하고자 했던 초기 경영사상에서 출발한다. 특히 전통적 경영이론은 19세기 말부터 20세기 초까지의 급격한 산업 발전과 대량생산 체계의 확산 속에서 조직관리의 효율성을 제고하기 위한 시도로 등장하였다. 이 시기의 대표적 경영이론은 세 가지로 구분되며, 각각은 과학적 관리법(Scientific Management), 관리론적 경영이론(Administrative Management Theory), 그리고 관료제 이론(Bureaucratic Theory)이다. 이들 이론은 경영학의 태동기에서 조직을 분석하는 틀을 제공하며, 이후 조직행동론의 전개에 중요한 기초를 마련하였다.

1) 과학적 관리법(Scientific Management)

과학적 관리법은 미국의 공업화가 급속히 진전되던 20세기 초, 산업 현장에서의 작업 비효율성과 노사 간의 구조적 갈등을 해결하기 위한 실천적 노력의 일환으로 등장하였다. 이 이론은 프레더릭 윈슬로 테일러(Frederick Winslow Taylor)에 의해 체계화되었으며, 그는 당시 공장 시스템의 무계획적이고 주먹구구식 작업 방식이 조직 전체의 생산성과 작업자의 동기 모두를 저해하고 있다고 보았다. 당시의 공장들은 성과급제를 도입하고 있었지만, 작업의 표준화가 결여되어 있었기 때문에 노동자들은 자신이 수행해야 할 적정 작업량을 예측하기 어려웠고, 이에 따라 성과 보상에 대한 불신과 조직적 태업, 작업 거부 등 다양한 형태의 비협조적 태도가 빈번하게 발생하고 있었다. 테일러는 이러한 문제의 핵심이 단지 임금단가의 수준에 있는 것이 아니라, 하루 동안 달성해야 할 표준작업량이 명확히 설정되어 있지 않다는 점에 있다고 진단하였다. 그는 이를 해결하기 위해 '생산의 과학화'라는 원칙을 제시하였으며, 이를 실현하기 위한 구체적인 방법으로 시간연구(Time Study)와 동작연구(Motion Study)를 도입하였다. 이 연구들은 인간의 작업을 구성하는 기본 단위를 세분화하고 정량적으로 측정함으로써, 불필요한 동작을 제거하고 표준작업량을 설정하는 데 활용되었다. 이를 통해 테일러는 각 작업에 필요한 정확한 시간과 동작을 정립하고, 과업(Task)의 개념을 명확히 하였다. 그는 과학적 관리의 핵심을 다음의 네 가지 원칙으로 요약하였다.

첫째, 일일 최고 과업의 설정(a large daily task)을 통해 작업자의 목표와 기대치를 명확히 제시하고자 하였으며, 둘째, 표준적인 작업 조건의 확립(standard conditions)을 통해 누구나 동일한 기준 아래 공정하게 평가받도록 하였다. 셋째, 성과에 대한 보상(high pay for success)은 근로자의 동기를 유도하고 생산성을 높이기 위한 장치로 활용되었고, 넷째, 작업 실패 시 불이익(loss in case of failure)은 책임의식을 강화하고 업무 집중도를 높이는 기능을 수행하였다.

이 네 가지 원칙은 단순히 보상 체계를 정비하는 수준을 넘어, 작업의 객관화, 표준화, 합리화를 추진하는 중요한 전환점이 되었다. 과학적 관리법은 이론적 원칙에만 머물지 않고, 구체적인 제도로서 조직 내에 실현되었다.

대표적인 사례로 다음 네 가지를 들 수 있다.

첫째, 차별적 성과급제(Differential Piece-Rate System)는 표준 작업량을 달성한 근로자에게는 높은 임률을, 그렇지 못한 근로자에게는 낮은 임률을 지급하는 방식으로, 성과 중심의 보상체계를 제도화하였다. 이 방식은 근로자의 동기를 유발하고, 개별 성과에 따라 공정한 보상이 이루어지도록 유도하였다.

둘째, 기획부 제도의 설치(Planning Department System)는 기존 현장 중심의 즉흥적 의사결정에서 벗어나, 생산계획, 작업 조건의 표준화, 시간연구를 통한 과업 설정 등을 전담하는 부서를 도입함으로써 관리의 전문성과 체계성을 강화하였다. 이는 작업자와 관리자 간의 기능적 분업을 통해 각각의 책임을 명확히 하고, 조직의 운영 효율을 높였다.

셋째, 기능식 직장 제도(Functional Foremanship)는 기존의 라인형 조직(line organization)에서 모든 기능을 단일 직장이 담당하던 구조를 개편하여, 작업 준비, 속도 통제, 검사, 수리, 지시, 시간 및 원가 관리, 교육 등 총 8가지 기능을 전문화된 직장들이 분담하게 하였다. 이는 작업관리의 세분화와 전문화를 촉진하였으며, 현대적 의미의 매트릭스 조직 또는 기능별 조직 구조의 기초를 제공하였다.

넷째, 작업지시표 제도(Instruction Card System)는 작업자에게 표준화된 작업 순서, 방법, 시간 등이 명시된 지시서를 제공함으로써 업무 수행의 일관성과 예측 가능성, 그리고 학습 효과를 높이고자 하였다. 이 제도는 표준작업의 실질적 실행 수단으로, 숙련도와 무관하게 일정 수준의 성과를 확보할 수 있는 기반이 되었다.

종합적으로 볼 때, 테일러의 과학적 관리법은 경험과 직관에 의존하던 전통적 작업방식에서 벗어나, 과학적 분석과 수치화에 기반한 조직 운영 방식을 도입함으로써, 당시 산업 현장의 생산성 향상과 관리 효율성을 크게 제고하였다. 특히, 그가 제시한 표준화된 작업설계와 차등 보상 체계는 오늘날에도 여전히 생산관리, 직무설계, 성과평가 등의 분야에서 널리 활용되고 있다. 그러나 이러한 접근은 인간을 단순한 '기계적 노동력'으로 간주하고,

심리적, 사회적 요인에 대한 고려가 부족했다는 한계도 함께 지닌다. 이러한 비판은 이후 인간관계론(Human Relations Theory)의 등장을 자극하였으며, 조직행동론의 연구가 단순한 효율성 분석을 넘어, 인간의 동기, 감정, 관계, 커뮤니케이션 등의 사회심리적 요소로 확장되는 계기를 마련하였다.

2) 관리론적 경영이론(Administrative Management Theory)

관리론적 경영이론은 과학적 관리법이 주로 현장 작업자와 생산 공정의 효율성에 초점을 둔 데 비해, 조직 전체를 총괄하고 조정하는 관리자의 역할과 관리 활동의 체계화에 초점을 맞춘 이론이다. 이 이론의 대표자는 프랑스의 광산회사 경영자였던 앙리 파욜(Henri Fayol)로, 그는 1916년에 저술한 『산업의 일반관리론(Administration Industrielle et Générale)』을 통해 경영관리의 일반 원칙과 기능을 체계화하였다. Fayol은 기업의 본질적 활동을 여섯 가지로 분류하였다. (1) 기술적 활동(생산, 제조, 가공), (2) 영업적 활동(구매, 판매, 교환), (3) 재무적 활동(자본 조달 및 관리), (4) 보전적 활동(재화와 종업원 보호), (5) 회계적 활동(통계, 회계보고, 원가관리), (6) 관리적 활동(계획, 조직, 충원, 지휘, 통제). 그는 이 중 특히 관리적 활동을 가장 핵심적인 기능으로 보았으며, 이를 구체적으로 다음의 다섯 가지 기능으로 정리하였다. 계획(Planning), 조직(Organizing), 충원(Staffing), 지휘(Directing), 통제(Controlling). 이 다섯 가지는 오늘날의 경영학 교과서에서도 여전히 조직운영의 기본 관리기능으로 제시되고 있다.

또한 Fayol은 모든 관리자들이 준수해야 할 14가지의 관리원칙을 〈표 1－5〉와 같이 제시하였는데, 이는 경험에 기반한 실천적 규범으로서 조직의 질서, 공정성, 안정성, 단결 등을 강조하는 내용을 포함하고 있다. 예컨대 분업(Specialization), 권한과 책임(Authority and Responsibility), 명령통일(Unity of Command), 질서(Order), 공정성(Equity), 단결심(Esprit de Corps) 등의 원칙은 조직 내 효율성과 인간적 배려를 동시에 추구하는 관리자의 역할을 강조하였다.

Fayol은 이러한 원칙들이 결코 절대적인 것이 아니며, 조직의 상황과

표 1-5 Fayol의 관리일반원칙

원 칙	내 용
분업 (division of work)	분업은 주의와 노력을 기울여야 할 작업의 수를 줄임으로써, 똑같은 노력으로 더 훌륭하고 많은 생산을 하기 위해서 이루어진다.
권한과 책임 (authority and responsibility)	권한이란 명령을 할 수 있는 권리이며, 책임은 권한을 행사함에 따라 수반되는 것이다.
규율(discipline)	규율이란 기업과 종업원 사이의 행동에 대한 계약이며 복종관계로, 조직의 순조로운 운영을 위해서는 어느 정도의 규율이 필요하다.
명령의 통일 (unity of command)	한 사람의 하급자는 항상 한 사람의 직속상급자로부터 명령을 받고 보고를 해야 한다.
지휘의 통일 (unity of direction)	한 가지 목표를 가진 개개의 활동집단은 하나의 계획과 한 사람의 상사를 가져야 한다.
공익우선 (subordination of individual interest to general interest)	개인이나 소집단의 이익이 사회나 조직 전체의 이익보다 먼저 추구되어서는 안 된다.
보상(remuneration of personnel)	조직이 종업원의 충성과 지원을 얻기 위해서는 적절한 보상체제를 갖추어야 한다.
집권화 (centralization)	의사결정 권한이 상위 몇 사람에게 집중되어 있는 것을 말하는데 분업과 마찬가지로 조직경영에 있어서 집권화 역시 필요하다.
계층적 연결 (scalar chain)	조직은 최고경영자로부터 최하급자에 이르기까지 공식적인 계층적 구조가 형성되어 명령과 보고의 의사소통이 이루어져야 한다.
질서 (order)	조직 내의 제 활동이 차질 없이 이루어지기 위해서는 모든 인적, 물적 자원이 제자리에 놓여 있어야 한다는 것으로 곧 적재적소의 원칙을 의미한다.
공정성 (equity)	친절과 정의의 개념을 합한 것이 공정성이므로 대인관계에서 애정과 공정한 처리를 하도록 해야 한다.
재임기간의 안정 (stability of tenure of personnel)	빈번한 인력의 변경이나 개편은 조직경영에 비능률을 초래하므로 재임기간을 보장해야 한다.
주도권(initiative)	사업계획을 창안해서 실행하는 힘이 바로 주도권인데, 조직의 모든 계층에서 주도권이 열정적으로 집중되어야 한다.
단체정신 (esprit de corps)	생산성을 향상시키려면 구성원 상호간의 단결이 중요한데, 그것은 개인들 사이의 조화로부터 나오게 된다.

자료: H. Fayol(1949), *Industrial Management*, London:Sir Issac Pitman & Sons, pp. 20-41.

맥락에 따라 유연하게 적용되어야 한다고 강조하였다. 그는 또한 관리란 단순히 명령하고 지시하는 것이 아니라, 조직의 목표 달성을 위해 자원을 합리적으로 조정하고 구성원을 지도하는 종합적 기능임을 분명히 하였다.

이러한 관리론적 경영이론은 조직을 운영하는 데 있어 관리자의 기능과 역할의 중요성을 부각시켰고, 현대 경영이론의 기초를 다지는 데 크게 기여하였다. 특히 조직의 전체적인 구조화, 계층제, 공식적 규칙과 절차 등의 개념은 이후의 관료제 이론과 구조적 조직이론으로 이어지는 이론적 발전에 중요한 영향을 미쳤다.

3) 관료제

관료제(bureaucracy, 또는 bureaucratic management)란 독일의 사회학자이자 역사학자인 막스 베버(Max Weber)가 제시한 이상적인 조직 운영 모델로서, 전통적 조직이론(고전적 이론)의 핵심 기초를 이루는 이론이다. 관료제는 흔히 '비효율적이고 경직된 조직운영 방식'으로 오해되기 쉽지만, 베버가 처음 구상한 관료제는 조직의 효율성을 극대화하기 위한 가장 합리적인 구조로 설계되었다. 이는 수단과 목적 사이의 합리성(means-to-ends rationality)을 기반으로 하여, 대규모 조직이 어떻게 정교하게 운영되어야 하는지를 제시한 이론적 청사진이라 할 수 있다. 베버는 이상적인 조직은 '합리성'과 '법적 정당성'을 바탕으로 작동해야 하며, 그 전제 아래에서 조직의 권한구조, 계층관계, 규칙의 표준화, 인사제도, 책임체계 등이 체계적이고 예측 가능하며 안정적으로 작동해야 한다고 보았다. 이러한 관료제는 단순히 규범적으로 가장 바람직한 조직이 아니라, 분석적 이상형(ideal type)으로 설정된 모형이며, 특히 조직 내 권한체계와 역할 구조에 초점을 두고 있다. 베버가 제시한 관료제의 주요 특성은 다음의 열 가지(①~⑩) 항목으로 요약된다.

① 관료들의 비개인적이며 공식적인 의무

관료제에서의 직무는 사적 이해관계로부터 철저히 분리되며, 모든 업무는 문서화된 공식 규정과 절차에 따라 수행된다. 이는 개인적 감정, 친분, 정서적 요인 등에 의한 판단을 배제하고, 객관성과 공정성에 기반한 업무처리를 가능케 한다.

② 명확하게 정의된 서열체계

조직은 명확한 위계적 계층(hierarchy)으로 구성되어 있으며, 각 계층은 상하 관계를 통해 권한과 책임이 분명하게 구분된다. 이 계층 구조는 명령체계의 일관성을 유지하고, 책임소재를 명확히 하여 의사결정의 명료성과 실행력을 강화한다.

③ 명확하게 정의된 능력

직무수행을 위해 요구되는 능력과 자격은 명확하게 규정되며, 구성원의 선발 및 배치는 해당 기준에 따라 이루어진다. 이는 조직 내 능력주의(merit system)를 실현하며, 인사상의 객관성을 확보하게 한다.

④ 자유로운 계약관계

관료와 조직은 상호 자발적인 계약에 의해 고용관계를 맺으며, 계약은 일정한 규칙과 법적 기준하에 성립된다. 이는 근대적 법치행정의 기반을 반영하며, 고용의 자율성과 법적 안정성을 동시에 확보한다.

⑤ 선거가 아닌 임명제

조직 내 직책은 다수의 의사에 의한 선거가 아니라, 상위자의 판단이나 기준에 따라 임명된다. 이는 직위의 전문성과 지속성을 확보하고, 불필요한 정치적 간섭을 줄이는 효과가 있다.

⑥ 관료에게 주는 고정봉급

관료는 해당 직무와 직위에 상응하는 정해진 급여(고정급)를 받으며, 이는 조직 내에서의 책임과 권한 수준에 따라 공식적으로 결정된다. 보상의 기준이 직무의 가치와 책임성에 근거하기 때문에 보상에 대한 예측성과 정당성이 확보된다.

⑦ 관료의 유일하고 원초적인 직업

관료직은 전업(full-time)으로 간주되며, 조직 내 직무는 개인에게 있어 가장 중요한 본업으로 설정된다. 이는 관료로 하여금 조직에 전념하게 하고, 직무몰입과 조직충성도를 강화하는 역할을 한다.

⑧ 경력체계

관료는 일정한 경력 시스템에 따라 승진하거나 이동하며, 인사제도는 경력 연공과 능력 중심으로 운영된다. 이 구조는 조직 내부의 인적자원 개발과 숙련도의 누적, 조직 내 학습조직화를 촉진한다.

⑨ 행정의 수단으로부터의 분리

조직의 자원, 예산, 장비 등은 공적 자산(public asset)으로 간주되며, 개인은 이를 사적으로 사용하거나 소유할 수 없다. 이를 통해 행정의 청렴성, 투명성, 공공성이 보장된다.

⑩ 엄격하고 체계적인 규율

모든 업무는 공식화된 규칙과 절차에 따라 수행되며, 위반 시 명확한 제재가 따른다. 이러한 규율은 조직 운영의 일관성과 질서 유지, 내부 통제 기능 강화에 기여한다.

가. 관료제의 순기능

관료제는 조직의 안정성과 효율성을 제고하는 다양한 긍정적 기능을 가진다. 조직이론가 C. Perrow는 관료제가 다음과 같은 유익한 역할을 한다고 설명하였다.

첫째, 업무의 표준화와 예측 가능성 확보

업무 절차와 규칙이 표준화되어 있기 때문에 구성원들의 행동을 일정하게 통제할 수 있고, 전체 조직의 운영이 효율적이고 안정적으로 유지된다. 특히 의사결정 기준이 명확하여 업무수행의 일관성이 확보된다.

둘째, 능력 기반의 인사제도 구축

관료제는 직무에 필요한 자격과 능력에 따라 구성원을 선발하므로 연고 주의나 정실주의를 방지할 수 있다. 이는 인사제도의 객관성과 공정성을 확보하며, 조직의 신뢰성과 효율성을 제고한다.

셋째, 장기고용과 기술 축적

비판자들은 관료제가 무사안일주의를 초래한다고 보지만, 반대로 관료제는 구성원에게 고용안정성과 경력개발의 기회를 제공한다. 일본기업들의 종신고용제는 관료제의 장점을 잘 보여주는 사례로, 조직몰입과 생산성을 동시에 향상시켰다.

넷째, 역할 명확성과 책임한계 설정

규칙과 절차, 권한의 구조화는 조직 내 역할모호성(role ambiguity)을 줄이고, 구성원 각자가 무엇을 어떻게 해야 하는지를 명확히 인식하게 한다. 책임의 소재가 분명하므로, 문제 발생 시 신속한 대응이 가능하다.

나. 관료제의 역기능

반면, 조직학자 W. G. Bennis는 관료제가 다음과 같은 9가지의 역기능을 초래할 수 있다고 비판하였다. 이는 현대의 유연한 조직문화와 대조적으로 작용하며, 조직혁신에 장애가 될 수 있다.

첫째, 개인적 성장과 인격 발달의 제약

관료제는 규칙 중심의 행동을 강요하기 때문에 개인의 창의성과 자율성을 억제하며, 성숙한 인격 발달의 기회를 제한할 수 있다.

둘째, 순응과 집단사고(group thinking)의 조장

위계질서 속에서 구성원은 상급자의 판단에 순응하게 되며, 비판적 사고가 억제되어 집단사고가 발생할 가능성이 커진다.

셋째, 비공식 조직과 돌발상황 대응 부족

공식적 구조에 지나치게 의존하다 보면 비공식적 관계망이나 예외적 상황에 대한 대응능력이 떨어질 수 있다.

넷째, 사법적 절차의 부재

내부 분쟁이나 불합리한 처우에 대해 구성원이 의지할 수 있는 공정한 사법 절차가 부족하다면, 조직은 구성원의 권리를 충분히 보장하지 못한다.

다섯째, 기능 간 갈등의 조정 미흡

기능별 분업과 부서 간 구분은 오히려 조직 내 갈등을 유발할 수 있으며, 이를 해결하기 위한 공식적 조정 메커니즘이 부족한 경우 비효율로 이어진다.

여섯째, 커뮤니케이션의 왜곡

상하 간의 의사소통이 계층의 벽에 의해 왜곡되거나 단절되어, 혁신적 아이디어나 중요 정보가 전달되지 않는 문제가 발생할 수 있다.

일곱째, 불신과 보복 심리의 확산

과도한 감시와 통제는 구성원 간의 신뢰를 해치고, 보복의 두려움으로 인해 자유로운 의견 개진이 어려워진다.

여덟째, 외부 지식의 수용 한계

새로운 기술이나 과학자의 유입 시 조직 내 기존 규칙과 문화가 이질성을 배척하게 되어 변화에 적응하기 어려워진다.

표 1-6 고전적 관리이론의 특성 비교

구분	과학적 관리법	관리론적 경영이론	관료제
대표학자	F. W. Taylor	H. Fayol	M. Weber
주요 특성	한 가지 최선의 방법, 금전적 동기	관리기능 정의, 분업, 계층	규칙 중심, 비인간화, 분업, 계층, 권한 구조
초점	근로자	관리자	전체 조직
주요 혜택	생산성 향상	효율성	구조와 규칙의 명확성, 일관성, 합리성
대표 단점	사회적 욕구의 간과	환경 변화 무시	지나친 합리성, 경직성, 느림

자료: Don Hellriegel & John W. Slocum, Jr.(1988), Management, Addison Wesley Publication Co., p. 51.

아홉째, 인간성의 소외와 기계화

구성원은 점차 조직에 의해 비인간화되고 조건화된 존재로 전락하여, 감정과 개성을 억제한 채 기계적인 존재로 변모한다.

2. 인간관계론의 연구

1) 이론적 배경과 등장

20세기 초 산업사회는 급속한 기계화와 분업의 확산으로 대규모 공장 시스템이 정착되었고, 이에 따라 조직 관리의 중심도 인간을 관리의 대상으로 보는 기계론적 시각이 지배적이었다. 특히 프레더릭 테일러(F. W. Taylor)의 과학적 관리법은 생산성을 극대화하기 위해 작업의 표준화, 시간-동작연구, 차별적 성과급제를 강조하며 "최선의 한 가지 방법"을 찾고자 했다. 그러나 이러한 접근은 인간을 수단화하고, 심리적·사회적 요인을 무시함으로써 점차 한계에 직면하게 되었다. 이러한 기계적 관리 방식에 대한 반성적 문제의식 속에서 등장한 것이 바로 인간관계론(Human Relations Theory)이다. 인간관계론은 조직 내 인간을 단순한 노동력으로 보지 않고, 감정과 관계, 동기, 소속감 등 다차원적인 심리사회적 존재로 이해하려는 관점으로, 이는 경영학의 패러다임을 근본적으로 전환시키는 계기가 되었다.

2) 호손실험(Hawthorne Experiments)의 전개

인간관계론의 이론적 기반은 1924년부터 1932년까지 약 8년간 미국 Western Electric Company의 호손(Hawthorne) 공장에서 진행된 실험에서 비롯되었다. 이 실험은 Harvard 대학교의 엘튼 메이요(Elton Mayo) 교수와 F. J. 뢰슬리스버거(Roethlisberger) 등이 주도하였으며, 조직 내 인간행동의 본질을 밝히고자 한 일련의 체계적인 연구였다. 호손실험은 총 4단계에 걸친 실험을 통해 인간 행동이 단순히 물리적 조건이나 금전적 유인에 따라 결정되지 않으며, 심리적·사회적 요인, 즉 작업장의 분위기, 상사와의 관계, 소속 집단의 영향력이 매우 중요하다는 사실을 실증적으로 밝혀냈다.

(1) 조명실험(1924.11~1927.4)

호손실험의 출발점은 조명이라는 물리적 작업환경 조건이 생산성에 미치는 영향을 분석하는 것이었다. 실험은 작업장의 조도를 밝게 하거나 어둡게 하는 방식으로 설계되었으며, 조도 변화에 따른 작업능률을 측정했다. 그러나 실험 결과는 조도를 조정할 때마다 생산성이 향상되는 경향을 보였고, 심지어 조도를 낮추어도 생산성이 향상되는 역설적 결과가 도출되었다. 이는 조명 그 자체보다도, "관찰되고 있다"는 사실이 작업자의 심리에 영향을 미친 것이라는 가설을 제기하게 되었다. 즉, 연구자의 관심과 관찰 그 자체가 구성원의 행동에 변화를 유도한다는 이른바 "호손 효과(Hawthorne Effect)"가 밝혀진 것이다.

(2) 릴레이 조립실험(1927.4~1929.6)

이 실험에서는 6명의 여성 작업자를 대상으로 근무조건을 다양하게 변화시키며 생산성의 변화를 관찰하였다. 실험조건에는 근무시간 단축, 휴식시간 도입, 간식 제공, 임금 인센티브, 작업환경 개선 등이 포함되었다. 하지만 실험 결과는 생산성이 일관되게 향상되었음에도 불구하고, 어떤 조건이 결정적으로 생산성 향상에 기여했는지 뚜렷한 인과관계가 나타나지 않았다. 실험 대상자 들이 자신의 의견을 존중받고 있다는 느낌, 소수 집단으로서의 유대감, 감독자의 태도 변화, 심리적 안정감 등이 내재적 동기유발 요인으로 작용하였다는 점이 부각되었다.

(3) 면접실험(1928.9~1930.5)

릴레이 조립실험의 결과를 보완하고자 약 2만 1천여 명의 종업원을 대상으로 개별 심층 면접을 실시하였다. 이 과정에서 근로자들은 상사나 작업환경에 대한 감정, 불만, 스트레스, 기대감 등을 자유롭게 표현할 수 있었고,

실험자들은 조직 내 심리적 조건과 사회적 관계의 중요성을 발견하게 되었다. 특히 이 실험을 통해 인간의 태도는 단순히 외적 조건보다도 인정, 존중, 참여, 관계에 의해 훨씬 큰 영향을 받는다는 사실이 입증되었다. 근로자들은 감정적인 안정과 자기 존재의 인정 여부에 민감하게 반응하며, 조직 내에서의 경험과 인간관계가 생산성에 결정적 영향을 미친다는 사실을 확인하였다.

④ 배선작업 관찰(1931.11~1932.5)

이 실험은 작업장 내 비공식적 관계망과 사회적 규범의 존재를 발견하게 된 결정적인 연구였다. 작업자들은 공식적인 지시나 규정과는 별도로, 자연발생적으로 형성된 소집단 내에서 암묵적인 규칙과 기대를 공유하고 있었으며, 이는 일의 속도나 작업기준, 상호감시와 제재에도 영향을 주고 있었다.

이러한 발견은 공식적인 제도와 별개로 조직 내에는 비공식 조직(informal organization)이 존재하며, 이는 때때로 공식 조직보다 더 강한 행동통제력을 행사한다는 점을 확인시켜주었다.

3) 인간관계론의 주요 결론

이상의 실험을 통해 인간관계론은 다음과 같은 결론에 도달하였다.

① 작업능률을 좌우하는 것은 물리적 조건뿐 아니라 심리적·정서적 요인도 함께 작용한다. 생산성은 단순히 조명, 환기, 근무시간 등 물리적 환경이나 임금, 복지 같은 금전적 조건만으로 설명될 수 없으며, 종업원의 태도, 감정, 사기, 상사와의 관계, 동료와의 유대감 등 심리적·사회적 요인이 복합적으로 작용한다. 이는 조직 구성원의 주관적 경험과 조직문화가 중요한 동기유발 요인이라는 점을 시사한다.

② 노동은 개인의 활동이 아니라 집단의 활동이다. 작업장에서의 행동은 독립적인 개인 차원보다는, 구성원이 속한 집단의 규범, 분위기, 기대에 의해 결정된다. 구성원들은 소집단 내에서의 사회적 관계, 응집력, 동질감에 따라 행동을 조정하며, 이는 조직 성과에 직접적으로 연결된다.

③ 종업원의 태도와 감정은 비공식 조직 및 사회적 관계에 의해 영향을

받는다. 조직 내에는 공식적인 명령체계 외에도 동료 집단, 사내 네트워크, 비공식 리더 등 다양한 사회적 관계망이 존재하며, 이들이 종업원의 심리상태와 직무몰입에 결정적 역할을 한다. 조직 내 리더십과 커뮤니케이션의 질은 이와 같은 관계망을 통해 실제로 작동된다.

④ 사회적 안정감과 귀속욕구는 생산성 향상의 주요 요소이다. 인간은 본능적으로 어딘가에 속하고 싶어 하며, 자신의 존재가 조직 내에서 인정받고 존중받고 있다는 느낌을 가질 때 심리적 안정감을 얻는다. 이 같은 사회적 욕구가 충족되면 자발성과 책임감이 고양되어 조직에 대한 몰입과 생산성으로 이어진다.

4) 인간관계론의 학문적 기여

인간관계론은 과학적 관리법이나 관리론적 접근이 간과했던 '인간 그 자체'에 대한 이해를 조직이론에 통합하였다는 점에서 중요한 전환점이 되었다. 인간관계론의 가장 큰 공헌은 다음과 같다.

- 인간의 감정, 관계, 심리, 태도를 경영학의 분석 범주에 포함시켰다.
- 비공식 조직의 존재와 그 기능을 이론적으로 정당화하였다.
- 구성원을 사회적, 정서적, 상호작용적 존재로 간주하고, 조직 내 동기의 근원을 새롭게 설명하였다.
- 이후 행동과학(Behavioral Science) 접근으로의 전환을 가능하게 하였다.

인간관계론은 이처럼 경영학의 초점을 사람 중심의 이해로 전환시킨 이론적 전환점으로, 이후 동기부여 이론(예: 매슬로우의 욕구단계설, 허즈버그의 2요인 이론), 리더십 이론, 조직문화, 조직행동론 등 조직 내 인간행동에 대한 미시적 연구의 기초를 마련하였다.

3. 조직을 보는 현대적 관점

1) 시스템 관점

시스템(system)이란 여러 구성요소들이 유기적으로 결합하여 하나의 목적을 향해 작동하는 통합적 단위로 정의된다. 이는 단순한 부분들의 집합이 아닌, 각 요소 간 상호작용을 통해 전체적인 기능과 가치를 창출하는 복합체라 할 수 있다. 이러한 시스템 관점은 현대 조직이론에서 조직을 단일하고 독립적인 존재가 아니라, 다양한 내부 하위시스템과 외부 환경과의 상호작용 속에서 존재하고 변화하는 '열린 유기체(open system)'로 이해하게 한다. 따라서 경영조직을 시스템적으로 접근하는 것은 조직이 어떻게 복잡한 하위구조로 이루어져 있으며, 그 하위시스템들이 어떻게 조화를 이루며 전사적 목적을 성취하는가에 주목하는 방식이라 할 수 있다.

(1) 시스템의 특성

첫째, 전체성(wholism)의 원리

시스템 관점에서 조직은 단순한 부분들의 총합이 아니라, 각 부문 간의 유기적인 결합을 통해 '부분의 합보다 큰 전체(the whole is greater than the sum of its parts)'를 형성한다. 이는 조직 내 시너지(synergy) 개념으로 표현되며, 각 부서와 기능이 조화를 이루어 예기치 못한 새로운 가치를 창출하는 힘을 의미한다. 오늘날의 조직은 전문화된 하위기능들이 독립적으로 작동하는 것이 아니라, 복잡한 상호의존성 속에서 통합적 성과를 지향한다. 따라서 전략 수립이나 조직 개편, 성과관리 등의 모든 활동은 전사적 관점에서 '전체 최적화'를 목표로 설계되어야 한다.

둘째, 목적성(objective)의 원리

조직은 단순한 생존을 넘어, 명확한 목적과 전략적 방향성을 지닌 존재이다. 전통적으로 조직은 단일한 목표를 추구하는 것으로 간주되었지만,

현대 조직은 다양한 이해관계자와의 관계 속에서 다목적적(multiple-purpose) 특성을 지닌다. 즉, 조직은 생존과 수익의 극대화 외에도 지속가능성, 사회적 가치, 구성원의 성장 등 다양한 목표를 동시에 추구하게 되며, 이들의 균형이 조직의 장기적 유효성에 핵심적 요소가 된다. 이를 위해 조직은 자원과 역량을 전략적으로 배분하고, 각 부문 간의 목표 간 조화를 이루도록 통합적 조정 메커니즘을 갖추어야 한다.

셋째, 부분 간 상호관련성과 상호의존성

조직은 다양한 기능적 부서와 계층으로 구성되어 있으며, 이들 하위 시스템은 독립적으로 존재하지 않고 상호작용을 통해 조직의 전체성과를 도출한다. 예컨대, 생산 부문의 산출은 영업 부문의 투입이 되며, 인사 부문의 인력 배치가 기술혁신의 성패를 좌우할 수 있다. 이러한 상호의존성은 변화가 특정 영역에 국한되지 않고 조직 전반에 파급효과를 가져온다는 점에서 시스템적 관점이 중요하다. 특히 현대 조직에서는 디지털 기술과 정보의 흐름이 각 기능을 긴밀하게 연결시키고 있어, 부문 간 협업과 조율의 중요성이 더욱 강조된다.

넷째, 개방성(openness)의 원리

현대 조직은 외부 환경과 지속적으로 상호작용하며 생존하고 성장하는 개방 시스템(open system)이다. 조직이 안정성과 성장을 동시에 도모하기 위해서는 시장 변화, 정책 변화, 기술 발전, 고객 요구 등의 외부 요인을 민감하게 감지하고, 이에 유연하게 대응할 수 있어야 한다. 이를 위해 환경 분석, 유연한 구조 설계, 변화관리, 학습조직화 등이 요구되며, 조직은 끊임없이 외부와의 경계면에서 정보를 수집하고 이를 내부 변화로 전환시키는 피드백 시스템을 작동시켜야 한다.

다섯째, 통제와 피드백의 원리

조직이 불확실하고 변화무쌍한 환경 속에서도 목표를 향해 안정적으로 운영되기 위해서는 자기조절적 통제 메커니즘이 필수적이다. 이는 피드백

(feedback)을 기반으로 한 순환구조로, 투입(Input) → 전환(Transformation) → 산출(Output) → 피드백의 순환을 통해 지속적인 개선과 적응이 이루어진다. 피드백은 성과 측정과 문제 진단, 전략 수정, 자원 재배분 등 조직의 핵심관리 기능을 뒷받침하며, 오늘날에는 데이터 기반의 실시간 분석과 AI 기반 경보 시스템 등이 이를 보완하고 있다.

(2) 조직의 통합시스템

시스템 이론의 선구자인 F. E. Kast와 J. E. Rosenzweig는 조직을 하나의 통합된 전체시스템으로 이해하고, 이를 구성하는 다섯 가지 주요 하위시스템을 제시하였다. 이 구성은 조직의 복잡성과 유기성을 이해하는 데 매우 유용하며, 현대 조직이론과도 일맥상통한다.

첫째, 목표-가치 하위시스템

조직이 추구하는 목적과 가치는 조직 구성원들의 행동 방향성과 결정 기준에 영향을 미친다. 이 하위시스템은 조직의 미션, 비전, 윤리, 사회적 책임 등과 관련되어 있으며, 특히 ESG 경영, 지속가능성, 공정성 등의 개념이 강조되는 최근 경영환경에서 더욱 중요성이 커지고 있다.

둘째, 기술적 하위시스템

이는 조직이 업무를 수행하는 데 사용하는 기술, 장비, 절차, 노하우 등을 포함한다. 특히 디지털 트랜스포메이션, 인공지능, 자동화 기술 등의 도입은 기술시스템의 성격을 크게 변화시키고 있으며, 이에 따라 조직 구조와 인력 운영방식도 함께 진화하고 있다.

셋째, 사회·심리적 하위시스템

개인과 집단의 행동양식, 동기, 감정, 리더십, 조직문화 등 비공식적 요소들이 포함된다. 이는 구성원들의 몰입도와 창의성, 팀워크에 영향을 미치며, 최근 조직심리학 및 긍정조직이론의 발전은 이 하위시스템의 중요성을 더욱 부각시키고 있다.

넷째, 구조적 하위시스템

조직의 공식적인 구조, 권한과 책임의 분배, 정보 흐름, 의사결정 체계 등을 포함하며, 전략과 조직문화, 기술적 시스템과 밀접하게 연결되어 있다. 특히 매트릭스 구조, 프로젝트 기반 구조, 하이브리드 구조 등 현대적 조직 설계 방식은 이러한 구조 시스템의 유연성과 정렬성을 동시에 추구한다.

다섯째, 관리적 하위시스템

조직 전체의 방향을 설정하고 조정하는 기능으로서, 계획, 조직화, 지휘, 통제 등의 고전적 관리기능 외에도 전략적 의사결정, 리스크 관리, 혁신추진 기능이 여기에 포함된다. 최근에는 시스템적 사고와 데이터 기반의 관리, 변화주도 역량 등이 핵심 역량으로 부각되고 있다.

이러한 시스템적 관점에서 보면, 전통적인 조직이론들은 각기 특정 하위시스템에 초점을 맞추어 발전해 왔다. 예컨대, 고전적 관리이론이나 과학적 관리론은 구조적·관리적 하위시스템에 집중하였고, 인간관계론과 행동과학은 사회·심리적 하위시스템에 주목하였으며, 관리과학은 기술적 하위시스템에 기반하여 발전하였다. 그러나 오늘날의 조직은 이러한 분절적 시각을 넘어서, 다섯 가지 하위시스템이 어떻게 통합되고 상호작용하는가에 대한 총체적 접근이 필요하다. 이는 곧 시스템이론의 본질이며, 조직을 통합적이고 동태적인 개방 시스템으로 이해하는 현대 경영의 핵심 관점이 된다.

2) 상황이론(Contingency Theory)

조직을 둘러싼 환경은 과거 어느 때보다 복잡하고 변화무쌍하다. 특히 디지털 전환, 글로벌 경쟁, ESG 요구, 정책 리스크, 인구구조 변화와 같은 외부 요인들은 조직의 생존 전략과 운영 방식에 결정적인 영향을 미친다. 이러한 맥락 속에서, 조직을 이해하는 데 있어 고정된 이상적 조직구조를 제시하기보다는, 조직이 처한 상황에 맞추어 적절하게 설계되고 운영되어야 한다는 관점이 대두되었으며, 이를 이론적으로 정립한 것이 바로 상황이론(contingency theory)이다.

상황이론은 조직의 성과와 효율성은 조직 외부의 환경적 조건과 내부적 특성 간의 '적합성(fit)'에 의해 결정된다고 보며, 조직이 처한 환경과 기술, 규모 등의 맥락에 따라 그에 상응하는 구조와 관리 방식이 선택되어야 함을 강조한다. 다시 말해, 모든 조직에 일률적으로 적용 가능한 '최선의 구조(best structure)'는 존재하지 않으며, 환경이 변화하면 조직 구조도 이에 맞춰 변화해야 한다는 점에서 상황이론은 조직설계의 실천성과 현실 적응력을 중시하는 이론이라 할 수 있다.

(1) 상황이론의 기본적 특성

상황이론은 다음과 같은 이론적 특성과 분석 지향점을 기반으로 발전해 왔다.

무엇보다도, 상황이론은 조직 현상을 설명함에 있어 '결과 중심(result-oriented)'의 시각을 채택한다. 이는 조직의 제도나 구조가 어떤 설계 의도하에 만들어졌는가보다, 그것이 실제로 어떠한 기능적 결과를 초래하였는가를 중심으로 평가해야 한다는 입장이다. 이러한 관점은 조직이론을 단순한 구조적 설명에 머무르게 하지 않고, 조직성과나 효율성에 실질적인 기여를 할 수 있는 '유효한 관리시스템'과 '조직운영 전략'을 도출해내는 데 중요한 의미를 지닌다. 또한 상황이론은 조직을 고립된 폐쇄체계가 아닌 환경과 상호작용하는 동태적 존재로 본다. 환경과의 적합성이 중요하다는 이론적 전제하에, 상황이론은 특히 환경의 불확실성, 기술의 복잡성, 조직의 성장 규모 등 외적 조건과 조직의 구조적 설계, 권한 배분, 업무 흐름 등 내적 특성 간의 상관관계를 중점적으로 분석한다. 기술이 단순하고 환경이 안정적인 경우에는 표준화와 집권화된 구조가 유리할 수 있으나, 환경이 급변하고 기술이 복잡한 경우에는 유연성과 분권화된 구조가 더욱 효과적일 수 있다는 것이 대표적인 설명 방식이다. 아울러, 상황이론은 조직을 행위 주체로 인식한다. 즉 조직은 단순히 외부 조건에 수동적으로 적응하는 존재가 아니라, 주체적으로 환경을 해석하고 이에 맞춰 전략을 선택하며 구조를 설계해나가는 '전략적 행동자(strategic actor)'로 간주된다. 이러한 접근은 리더십, 권력, 정치, 갈등과 같은 요소들도 조직 설계 과정에 영향을 미치는 변수로 다루게 하며, 조직의 내부 정치성과 조정 메커니즘을 이론에 통합하는 기반이 되었다.

상황이론은 또한 중범위 이론(middle-range theory)을 지향한다. 이는 극히 좁은 특수상황에 국한된 이론이나, 지나치게 포괄적이어서 실증적 설명력이 부족한 일반이론의 한계를 보완하기 위한 이론적 전략이다. 조직규모, 기술, 환경 등 특정 변수들을 중심으로 상황적 적합성을 분석하는 방식은 경영 현장에서 바로 적용할 수 있는 실천적 도구로서 유용하다. 이처럼 상황이론은 조직과 환경의 관계를 실증적으로 분석하고, 조직의 구조와 행동양식을 '상황에 따라' 맞춤형으로 조율하는 경영적 합리성을 제공함으로써 현대 조직이론의 주류로 자리 잡았다.

(2) 상황이론의 기본모형

상황이론은 조직의 성과를 결정짓는 핵심 요인으로 '상황변수'와 '조직특성 변수' 간의 적합성을 강조하며, 이를 통해 조직성과를 설명하고 예측하려 한다. 이 모형의 기본 구조는 크게 두 가지 요소군으로 구성된다.

첫째, 상황변수(contingency variables)는 조직이 외부 환경 속에서 직면하는 조건들을 의미하며, 일반적으로 환경, 기술, 조직의 규모 등이 이에 해당한다.

① 환경(environment)은 조직을 둘러싼 외부조건을 포괄하는 개념으로, 고객의 요구, 경쟁 강도, 법·제도, 정치적 안정성, 사회문화적 트렌드 등이 포함된다. 환경의 안정성과 불확실성 수준은 조직구조와 전략 방향에 중대한 영향을 미친다. 예컨대 예측 가능하고 안정적인 환경에서는 고도로 공식화된 구조가 유리하지만, 변화가 심한 환경에서는 의사결정의 분권화와 유연한 팀구조가 더 적합하다.

② 기술(technology)은 조직이 업무를 수행하고 산출물을 생산하는 과정에서 사용하는 모든 도구와 지식을 포함한다. 광의의 기술은 조직의

목적 달성을 위한 지식, 프로세스, IT 시스템을 포함하며, 협의의 기술은 물리적 생산수단, 기계장치 등을 지칭한다. 기술이 단순할수록 표준화된 구조가 효과적이며, 기술이 복잡하고 상호의존성이 클수록 유기적 구조가 요구된다.

③ 조직규모(size)는 조직의 크기와 관련된 변수로, 보통 인력 수, 예산 규모, 사업 영역 등으로 측정된다. 조직규모가 커질수록 구조는 더욱 분화되고, 관료적 특성이 강해지며, 이로 인해 관리의 복잡성도 증가한다. 이에 따라 조정 메커니즘의 정교화와 공식화의 수준이 높아지는 경향이 있다.

둘째, 조직특성변수(structural characteristics)는 조직이 실제로 취하고 있는 구조적 형태를 의미하며, 복잡성(complexity), 공식화(formalization), 집권화(centralization) 등으로 분류된다.

① 복잡성은 조직의 내부 분화 정도를 말하며, 수직적(계층 수), 수평적(부서 수), 지역적(지리적 분산) 차원에서 측정된다. 복잡성이 높을수록 다양한 기능을 수행할 수 있지만, 조정과 통합의 부담도 커진다.

② 공식화는 업무 수행 방식과 역할, 규범, 절차 등이 얼마나 명문화되어 있는지를 의미한다. 공식화된 조직은 규칙 기반 운영이 가능하여 안정성과 일관성을 제공하지만, 급격한 환경 변화에는 유연하게 대응하기 어려울 수 있다.

③ 집권화는 의사결정 권한이 어느 계층에 집중되어 있는지를 나타낸다. 상위 계층에 집중된 구조는 빠른 통제가 가능하지만, 현장 대응력이 떨어질 수 있으며, 반대로 분권화된 구조는 창의성과 환경 적응력을 제고하는 데 유리하다.

이러한 변수들 간의 조합과 상호작용을 통해 조직은 자신이 처한 상황에 맞는 최적의 구조를 형성하고자 하며, 상황이론은 이러한 구조적 설계와 성과 간의 인과관계를 이론적으로 규명하려 한다. 상황이론은 조직에 대한 획일적 접근이 아닌, '상황 맞춤형 전략과 구조 설계'를 강조한다는 점에서 현대 경영환경에 부합하는 실천적 이론이다. 특히 불확실성과 복잡성이 높아지는 디지털 시대, ESG 경영의 부상, 조직의 하이브리드화와 같이 빠르게 변화하는 환경 속에서는 상황이론의 적용 가능성과 이론적 의의가 더욱 강조되고 있다. 따라서 조직의 효과성을 높이기 위해서는 단지 전통적 모형을 따르기보다는, 구체적인 맥락과 조건을 분석하고, 이에 최적화된 구조와 관리전략을 선택하는 역량이 필수적이라 할 수 있다.

CHAPTER

02 조직행동론의 연구방법

section 01 과학과 조직행동론의 과학성

과학(science)이란 우리가 직면하고 있는 다양한 현상 속에 내재된 진리를 체계적이고 논리적인 방법을 통해 탐구하고 규명하는 과정이다. 이는 단순히 '정답'을 찾는 행위가 아니라, 현상을 설명하고 예측하며, 이를 바탕으로 새로운 지식을 축적해 나가는 일련의 탐색적 활동을 의미한다. 따라서 과학은 그 대상이 자연현상이든, 사회현상이든 간에 '지식을 얻는 과정의 합리성과 체계성'에 그 본질이 있다. 조직행동론이 포함된 사회과학은 인간의 행동과 사회 내 상호작용을 연구 대상으로 삼는 학문 영역이다. 그러나 이러한 인간 중심의 사회현상은 자연현상과는 달리 예측하기 어렵고 반복 가능성이 낮으며, 무엇보다도 인간의 의식과 가치, 감정이 개입되어 있어 단순한 법칙화나 일반화가 어렵다는 특성을 지닌다. 이로 인해 사회과학이 과연 자연과학과 같은 수준의 객관성과 과학성을 지닐 수 있는가에 대해서는 오랜 기간 동안 학계 내에서 논쟁이 지속되어 왔다.

그럼에도 불구하고, 과학의 핵심은 '무엇을 연구하느냐'가 아니라 '어떻게 연구하느냐'에 있다. 다시 말해, 사회과학도 경험적 증거에 기반하여 체계적으로 지식을 축적해 나간다면 과학으로서의 요건을 충분히 충족할 수 있다는 것이 오늘날 일반적으로 수용되는 입장이다. 실제로 사회과학자들은 연구

대상을 체계적으로 관찰하고, 변수 간의 관계를 분석하며, 이를 통해 이론과 모형을 구성함으로써, 사회현상 속에서도 일정한 규칙성과 설명력을 갖춘 이론체계를 발전시켜 왔다.

조직행동론 역시 그러한 사회과학적 전통 위에 자리 잡고 있으며, 인간의 행동에 대한 체계적 관찰, 측정, 이론화, 검증의 과정을 통해 조직 내에서의 인간행동을 과학적으로 설명하고자 한다. 예컨대, 특정 리더십 스타일이 종업원의 직무만족도에 어떠한 영향을 미치는지, 직무 스트레스가 이직률과 어떤 관련이 있는지를 실증적 데이터로 분석하고 이론화하는 과정은 전형적인 과학적 연구과정이라 할 수 있다. 사회과학이 과학으로서 성립되기 위해 갖추어야 할 핵심 특성은 다음과 같다.

첫째, 논리성(logical)은 과학적 연구의 기초이다. 연구주제의 설정에서부터 가설의 수립, 자료 수집, 분석, 결론 도출에 이르기까지 모든 과정이 논리적 일관성을 갖추어야 한다. 이는 단순한 주장이나 직관에 의존하지 않고, 체계적이고 추론 가능한 방식으로 연구가 전개되어야 함을 의미한다.

둘째, 결정성(deterministic)은 연구가 특정 결론이나 설명력을 지향한다는 점에서 중요하다. 물론 사회과학의 많은 결론은 절대적인 진리가 아니라, 통계적·확률적으로 유의미한 수준에서 도출된 가설 검증의 결과이다. 그러나 이러한 확률적 지향 자체가 사회과학의 특징이자 강점이라 할 수 있다.

셋째, 일반화 가능성(generalizability)은 특정 연구 결과가 다른 시간, 장소, 집단에서도 적용 가능한지를 의미한다. 연구자는 연구 설계 단계에서부터 결과의 외적 타당성을 고려해야 하며, 일반화 가능한 이론과 모형의 개발은 학문 발전에 중요한 기여를 한다.

넷째, 실증성(empirical)은 사회과학이 경험적 현실을 대상으로 한다는 것을 뜻한다. 신학이나 형이상학과 달리, 사회과학은 관찰 가능한 인간 행동과 사회적 상호작용을 연구의 대상으로 삼으며, 이들은 모두 감각적 또는 경험적 수단을 통해 접근 가능해야 한다.

다섯째, 재생 가능성(replicability)은 동일한 조건 하에서 연구가 반복되었을 때 유사한 결과가 도출되어야 한다는 원칙이다. 이는 연구의 신뢰성을 확보하는 기준이며, 연구자가 제시한 이론이나 가설이 단지 우연한 결과가 아닌지를 판단하는 근거가 된다.

여섯째, 수정 가능성(changeable)은 사회과학 이론이 고정불변의 진리가 아님을 인정하고, 새로운 증거에 따라 이론이나 결론이 수정될 수 있음을 전제로 한다. 이는 지식이 '잠정적' 성격을 띠며, 과학이 끊임없이 진화하는 체계라는 점을 반영한다.

일곱째, 객관성(objectivity)은 연구자가 자신의 가치판단이나 정치적, 윤리적 입장을 최대한 배제하고, 중립적 입장에서 데이터를 수집하고 해석해야 함을 의미한다. 이는 특히 인간을 대상으로 하는 사회과학에서 필수적인 연구 윤리의 원칙이다.

여덟째, 간주관성(intersubjectivity)은 동일한 연구 결과가 타 연구자에게도 수용 가능하고, 납득 가능한 형태로 공유되어야 함을 뜻한다. 연구 절차, 자료, 분석 방식 등이 투명하게 공개되어야 하며, 이는 학문 공동체의 합의 기반을 형성하는 중요한 기초가 된다.

아홉째, 체계성(systematic)은 연구가 단발성·비연속적으로 이루어지는 것이 아니라, 일관된 방법론과 절차에 따라 전체적으로 통일된 논리 구조를 가져야 함을 의미한다. 이는 연구자가 제시한 이론, 변수, 방법론 간의 적절한 정렬(alignment)을 필요로 한다.

마지막으로, 통제성(controllability)은 연구자가 관심 있는 변수 외의 외부 변수의 영향을 최대한 배제하고, 인과관계를 명확히 규명할 수 있는 설계를 지향함을 의미한다. 특히 실험적 연구에서 이러한 통제는 연구의 타당성과 신뢰도를 확보하는 데 중요한 요소가 된다.

조직행동론은 조직 내 인간 행동의 원리를 과학적으로 탐구하는 학문으로, 이론과 실증, 경험과 논리를 결합하는 전형적인 사회과학 분야에 속한다. 이는 인간 행동을 경험적 자료를 통해 관찰하고, 그 이면에 존재하는 규칙성과 상호작용의 메커니즘을 이론적으로 설명하려는 시도이며, 단순한 사례 수집이나 현상 나열이 아닌 과학적 탐구로서의 성격을 갖는다. 이러한 조직행동론의 연구는 특정한 관점 또는 사고의 틀, 즉 패러다임(paradigm)을 기반으로 한다. 패러다임이란 특정 시대의 연구자들이 공유하는 사고방식, 문제 인식, 연구 방법론, 해석의 틀 등을 의미하며, 조직행동론에서도 고전적 패러다임(예: 인간관계론)부터 현대의 패러다임(예: 긍정조직이론, 감성지능, 다양성 인식)까지 다양한 관점이 병존하고 있다.

결국 조직행동론은 과학으로서 인간의 복잡하고 미묘한 행동을 설명하고자 하며, 이러한 설명이 단순히 학문적 호기심을 넘어, 조직 내 문제 해결과 경영 성과 향상에 실질적인 기여를 하도록 설계되어야 한다. 따라서 조직행동론의 연구는 과학적 엄정성과 함께 인간 중심의 윤리적 감수성, 실천적 지향성까지 포괄하는 균형 잡힌 접근을 요구받고 있다.

section 02 과학적 연구의 유형

조직행동론을 포함한 사회과학 분야에서 과학적 연구는 연구 목적과 문제의 명확성, 그리고 이론의 정교화 정도에 따라 여러 유형으로 구분된다. 이러한 연구 유형은 주로 탐색적 연구, 기술적 연구, 인과관계 연구의 세 가지로 나누어진다. 각 유형은 상호 배타적이라기보다는, 연구의 발전 단계에서 서로 유기적으로 연결되며 순차적으로 활용되거나 혼합될 수 있다. 즉, 연구자는 문제의 정의와 탐색에서 출발하여, 현상의 기술을 거쳐, 인과적 설명에 이르는 일련의 논리적 연구 흐름을 따르게 된다.

1. 탐색적 연구(Exploratory Study)

탐색적 연구는 특정 주제나 현상에 대한 지식이나 선행 연구가 부족한 경우, 즉 연구문제의 정의조차 명확하지 않은 초기 단계에서 활용된다. 이는 주로 연구자가 연구대상에 대한 사전 지식이 불충분하거나, 연구변수 간 관계에 대한 명확한 가설이 아직 형성되지 않은 상황에서 문제의 실체를 파악하거나 연구 방향을 설정하는 데 목적이 있다. 탐색적 연구의 가장 큰 특징은 유연성과 개방성이다. 이는 구조화된 가설 검증보다, 현상의 특성과 변수들을 자유롭게 탐색하는 접근을 취하며, 주로 문헌조사, 소수의 전문가 면접, 참여관찰, 사례분석 등의 질적 자료수집 방법이 활용된다. 이 연구유형은 일반적으로 표본의 대표성 확보보다 통찰력 확보에 초점을 두며, 가설 형성의 기초자료를 제공하는 데 의의가 있다. 예를 들어, 새로운 조직문화 형성 과정에서 구성원들의 암묵적 규범이 어떻게 형성되는지를 초기 단계에서 이해하기 위해, 소수 핵심 인물의 인터뷰와 내부 문서 분석을 통해 주요 변수를 도출하는 연구는 전형적인 탐색적 접근이다.

2. 기술적 연구(Descriptive Study)

기술적 연구는 탐색적 연구를 통해 일정 수준 이상의 가설이나 변수 정의가 이루어진 후, 보다 정확하고 체계적인 방식으로 현상을 묘사하고자 할 때 사용된다. 이 연구유형은 조직 내의 다양한 사회현상이나 인간행동에 대한 실태 파악과 구조적 묘사를 통해 현실을 명확히 인식하는 데 초점을 둔다.

기술적 연구는 계량적 정확성(quantitative accuracy)이 강조되며, 이를 위해 구체적이고 정량적인 자료 수집과 분석 방법이 요구된다. 이때 독립변수와 종속변수를 명확히 구분하고, 변수의 정의와 측정 도구의 타당성을 확보하는 것이 중요하다. 설문조사, 구조화된 인터뷰, 공식 통계자료 분석 등이 흔히 사용되는 방법이며, 결과는 수치화되고 통계적으로 표현된다. 예컨대, 특정 기업의 직무만족도 수준, 조직 내 리더십 스타일의 분포, 또는 구성원의 연령과 근속연수에 따른 직무몰입의 차이 등을 파악하는 연구는 기술적 연구의 전형적인 예라 할 수 있다. 이러한 연구는 인과관계 규명보다는 사실의 정확한 묘사와 현상의 구조적 분석에 중점을 둔다.

3. 인과관계 연구(Causal Study)

인과관계 연구는 기존의 기술적 연구에서 확인된 사실과 변수들 사이의 인과적 관계(causal relationship)를 규명하는 데 목적이 있다. 이는 조직 내에서 한 변수의 변화가 다른 변수에 미치는 영향을 실증적으로 분석하며, 나아가 이러한 관계를 바탕으로 미래를 예측하거나 실천적 개입 전략을 수립하고자 할 때 사용된다. 이러한 연구는 이론 검증 또는 이론 개발을 위한 핵심적 수단으로 작용하며, 단순한 상관관계를 넘어서 '무엇이 왜 어떻게 영향을 미치는가'를 밝히는 데 초점을 둔다. 따라서 실험 설계, 유사 실험, 통계적 회귀분석, 구조방정식모형(SEM) 등 고차원의 분석기법이 활용되며, 높은 수준의 연구 설계 통제가 요구된다.

인과관계 검증을 위해서는 두 집단 이상의 비교가 가능해야 하며, 두 집단이 독립변수를 제외한 다른 요인에서는 유사한 조건을 가져야 한다. 이를 위해 실험군과 통제군을 설정하고, 독립변수를 조작하여 종속변수의 변화를 관찰하는 방식이 일반적이다. 또한, 제3의 외생변수(extraneous variables)가 결과에 영향을 주지 않도록 통제하는 것이 핵심이다. 예를 들어, '참여적 리더십이 구성원의 조직몰입에 미치는 영향'을 검증하기 위해, 참여적 리더십 훈련을 받은 팀과 받지 않은 팀의 구성원 간 조직몰입 수준을 비교하는 연구는 대표적인 인과관계 연구이다.

탐색적 연구, 기술적 연구, 인과관계 연구는 각기 다른 목적과 방법론을 지니지만, 실제 연구 현장에서는 이들이 단계적, 연속적 관계 속에서 상호 보완적으로 활용된다. 연구 초기에 주제를 정의하고 변수를 파악하기 위해 탐색적 연구가 이루어지며, 이후 체계적인 현상 기술과 구조 파악을 위해 기술적 연구가 수행되고, 궁극적으로는 변수 간의 인과적 메커니즘을 규명하기 위해 인과관계 연구로 확장되는 흐름이 전개된다. 조직행동론의 연구자들은 이 세 가지 접근방식을 융합적으로 활용함으로써, 이론적 완결성과 실천적 타당성을 동시에 확보할 수 있다. 따라서 연구자는 자신의 연구목적, 이론 배경, 가용 자원, 분석 기술 등을 종합적으로 고려하여 적절한 연구유형을 선택하고, 이를 일관된 논리와 방법론으로 전개해야 할 것이다.

section 03 이론과 변수

조직행동론을 포함한 사회과학 분야에서 연구는 단순한 사실의 기술을 넘어, 현상을 설명하고 예측하는 것을 궁극적인 목표로 한다. 이러한 설명과 예측은 결코 무작위적 추론이나 주관적 해석에 의존해서는 안 되며, 일정한 논리 체계와 이론적 틀 속에서 이루어져야 한다. 이때 중심 개념으로 등장하는 것이 바로 이론(theory)과 변수(variable)이다. 이론은 사회현상을 설명하는 논리적 구조이며, 변수는 그 이론을 구성하고 구체화하는 측정 가능한 요소로 기능한다.

1. 이론의 개념과 기능

이론이란 특정한 사회현상을 설명하거나 예측하기 위해 개념(concepts)과 명제(propositions)를 논리적으로 연결한 인위적 구조물이다. 이는 일종의 틀이자 도식으로서, 현실 세계에서 발생하는 다양한 현상을 체계적으로 이해할 수 있도록 도와주는 지식의 구조라 할 수 있다. 이론은 일상 언어나 상징, 수학적 표현 등 다양한 방식으로 진술될 수 있으며, 그 목적은 현상의 원인과 결과 간의 인과관계(causal relationship)를 밝혀내는 데 있다. 사회과학에서 이론은 단순히 현상을 기술하는 데 그치지 않고, 변수 간의 관계를 통해 현상을 설명하며, 나아가 미래의 행동이나 사건을 예측할 수 있는 기반을 제공한다. 예컨대 “조직 구성원의 직무 만족도가 높을수록 이직률은 낮아진다"는 명제는 두 변수 간의 관계를 설명하는 이론적 진술이며, 이를 통해 조직 내 인적자원 전략 수립에도 실질적 지침이 제공될 수 있다.

또한 이론은 연구자가 연구문제를 정의하고 가설을 설정하며, 자료를 수집하고 분석하는 데 있어 전체적인 방향성과 기준을 제시한다. 아울러 하나의 연구가 끝난 후에는 이론을 수정하거나 새로운 이론을 정립하는 데에도 기여함으로써, 학문 발전을 위한 순환적 메커니즘의 중심축이 된다. 사회과학에서의 이론은 자연과학의 '법칙(law)'이나 '불변의 원리(principle)'처럼 절대적인 진리를 주장하지 않는다. 오히려 사회현상의 복잡성과 인간행동의 다양성을 반영하여, 유연하고 수정 가능한 체계로서 기능한다. 따라서 새로운 증거나 연구 결과가 나타나면 이론은 끊임없이 검증되고, 때로는 폐기되며, 더 정교한 형태로 진화하게 된다. 이러한 점에서 이론은 '잠정적 진리'를 담고 있는 살아 있는 지식체계라고 할 수 있다.

2. 변수의 개념과 분류

이론이 논리적 구조라면, 변수는 그 구조를 이루는 핵심 구성 요소이다. 변수(variable)란 본래 수학이나 통계학에서 유래한 용어로, 값이 변화할 수 있는 속성(attribute) 또는 개념(concept)을 의미한다. 사회과학에서 변수는 인간의 행동, 인식, 태도, 조직 구조 등의 다양한 현상을 수량화하거나 범주화하여 연구 대상으로 삼을 수 있도록 하는 기능을 수행한다. 다시 말해, 변수는 현실 세계를 측정 가능한 형태로 전환시키는 도구이다. 변수는 일반적으로 하나의 속성(attribute)이 아니라 속성들의 논리적 집합체로 구성되며, 관찰이나 측정을 통해 수치적 값을 부여받음으로써 분석이 가능해진다. 이러한 점에서 변수는 변하지 않는 값을 지닌 상수(constant)와 구별된다. 변수는 그 특성과 역할에 따라 여러 유형으로 분류될 수 있다.

1) 자료 형태에 따른 분류

연속변수(continuous variable)는 시간, 길이, 무게, 나이, 소득 등과 같이 계속적인 수치로 측정 가능한 변수를 의미한다. 이들은 일반적으로 등간척도나 비율척도 수준에서 측정되며, 평균, 분산, 상관계수 등 다양한 통계적 분석이 가능하다.

유목변수(categorical variable)는 성별(남/여), 결혼여부(기혼/미혼), 학력(고졸/대졸/대학원졸)과 같이 상호 배타적인 범주로 구분되는 변수를 말한다. 이 변수는 명목척도나 서열척도로 측정되며, 범주 간 수치적 간격이 동일하지 않거나 존재하지 않을 수도 있다.

2) 변수의 역할에 따른 분류

선행변수(antecedent variable) 또는 독립변수(independent variable)는 다른 변수, 즉 결과변수에 영향을 미치는 원인적 요인이다. 연구에서 독립변수는 연구자가 조작하거나 통제하는 변수이며, 인과관계의 출발점 역할을 한다.

결과변수(consequent variable) 또는 종속변수(dependent variable)는 독립변수의 영향을 받아 변화하는 변수로, 연구의 결과로 측정되고 설명되어야 할 대상이다. 예를 들어, "조직문화 → 직무만족도"라는 관계에서 조직문화는 독립변수, 직무만족도는 종속변수이다.

매개변수(mediating variable)는 독립변수와 종속변수 간의 관계를 설명하는 중간 변수로, 독립변수가 종속변수에 영향을 미치는 경로를 구체화한다. 예컨대 "교육훈련 → 직무능력 → 성과"에서 직무능력은 매개변수 역할을 한다.

조절변수(moderating variable)는 독립변수와 종속변수 간의 관계 강도나 방향을 바꾸는 변수로, 조건적 영향력을 나타낸다. 예컨대 리더십 유형이 직무성과에 미치는 영향은 구성원의 성격 유형에 따라 달라질 수 있는데, 이때 성격은 조절변수로 작용한다.

외생변수(extraneous variable)는 독립변수와 종속변수 외에 이 둘 간 관계에 영향을 미칠 수 있는 제3의 변수를 의미한다. 연구자가 이 변수를 인식하지 못하거나 통제하지 못할 경우, 인과관계에 왜곡이 발생할 수 있으며, 결과적으로 위양상관(spurious correlation)1)이 나타날 수 있다. 따라서 실증연구에서는 외생변수의 통제가 매우 중요하다.

이처럼 이론은 변수들 간의 논리적 연결 구조를 제공하고, 변수는 이론을 현실 속에서 측정하고 검증할 수 있도록 하는 실천적 수단이 된다. 따라서 이론과 변수는 별개의 개념이 아니라, 사회과학적 연구의 유기적인 두 축이라 할 수 있다. 연구자는 연구문제를 정의할 때부터 이론적 틀을 기반으로 변수를 구체화하고, 측정가능한 형태로 전환한 후, 이들 간의 관계를 분석하여 사회현상을 설명하고자 한다. 이를 통해 조직행동론은 이론 중심의 명제들을 실제 조직에서 일어나는 인간행동의 분석과 예측에 적용하는, 과학적이며 실천적인 학문 분야로서 그 역할을 다하게 된다.

section 04 과학적 연구의 일반적 절차

조직행동론은 조직 내에서 이루어지는 인간의 행동과 집단 간 상호작용을 과학적으로 탐구하고 설명하며, 궁극적으로는 이러한 행동의 양상과 결과를 예측하고 통제하려는 학문적 시도이다. 이론적 차원에서는 개인의 태도, 동기, 스트레스, 리더십, 권력, 갈등, 커뮤니케이션, 팀역학 등 다양한 행동 요소들을 분석하며, 실천적 차원에서는 조직의 효율성과 유효성을 제고하기 위한 전략적 시사점을 제공한다. 이러한 조직행동론의 연구는 단순한 직관이나 경험적 관찰에만 의존하지 않는다. 인간 행동은 복잡하고 다차원적이기 때문에, 그것을 분석하고 예측하기 위해서는 이론적 기반 위에서 객관적인 증거를 통해 검증된

1) 위양상관(spurious correlation)은 실제로 인과관계가 없는 두 변수 간에 통계적으로 유의미한 상관관계가 나타나는 현상을 말한다. 다시 말해, 두 변수 사이에 직접적인 인과관계가 없는데도 불구하고, 마치 관련이 있는 것처럼 보이는 착각을 유발하는 관계이다.

방법론이 반드시 요구된다. 따라서 조직행동론의 연구는 논리적이고 체계적인 과학적 연구 절차를 따라야 하며, 이는 사회과학적 탐구로서의 정체성과도 밀접하게 연결되어 있다.

조직행동론과 같은 사회과학 분야에서의 과학적 탐구는 일반적으로 현실의 문제 상황에서 출발하여, 이를 설명하고 예측할 수 있는 이론을 정립하고, 그 이론을 바탕으로 가설을 도출한 뒤, 이를 자료를 통해 검증하고 해석하는 방식으로 진행된다. 이러한 과정은 각각의 단계가 독립적으로 기능하는 것이 아니라, 서로 긴밀하게 연계되어 있으며, 하나의 단계에서 도출된 결과가 다음 단계의 방향에 영향을 미치고, 때로는 이전 단계에 피드백을 주어 조정되기도 한다. 과학적 연구의 일반적인 절차는 통상적으로 다음의 일곱 가지 단계로 구성된다. 첫째, 연구문제와 가설의 설정 단계에서는 연구자가 관심 있는 현상을 명확히 정의하고, 이에 대한 이론적 예측 또는 설명을 가설 형태로 정식화한다. 둘째, 연구대상과 자료의 선정 단계에서는 연구가 적용될 집단이나 상황을 정하고, 필요한 자료의 특성과 출처를 결정한다. 셋째, 조사설계 단계에서는 연구방법, 표본추출, 자료수집 도구 및 절차를 구체화한다. 넷째, 개념화와 조작화는 이론적 개념을 측정 가능한 변수로 변환하는 작업으로, 조직행동 연구에서 핵심이 되는 변수들(예: 직무만족, 조직몰입, 리더십 등)을 실증적으로 정의하는 단계이다. 다섯째, 자료수집 단계에서는 실제 데이터를 체계적으로 확보하며, 여섯째, 자료분석 단계에서는 통계적 또는 질적 분석을 통해 가설의 타당성을 검토한다. 마지막 일곱 번째 단계는 자료 해석 및 보고서 작성으로, 분석 결과를 이론적 틀 속에서 해석하고, 연구의 결론과 시사점을 정리하여 학술적 또는 실무적으로 활용할 수 있도록 정리한다.

이러한 일련의 절차는 단순한 기술적 작업이 아니라, 연구자의 이론적 통찰과 실천적 감각, 방법론적 숙련도가 종합적으로 작용하는 복합적 과정이다. 또한 각각의 단계는 상황에 따라 반복되거나 조정될 수 있으며, 연구자의 관점과 목적에 따라 강조점도 달라질 수 있다. 결국 조직행동론의 과학적 연구는 이론적 정합성과 경험적 타당성의 균형을 바탕으로, 인간 행동에 대한 이해를 심화시키고, 조직의 효과적 운영을 위한 실질적 해법을 제시하는 데 그 궁극적 의의가 있다.

1. 연구문제 및 가설의 설정

과학적 연구는 현실 속 문제의식에서 출발한다. 조직행동론의 연구자들은 조직 내에서 빈번히 발생하는 질문들("왜 어떤 직원은 더 높은 동기부여를 느끼는가?", "조직에 대한 몰입과 충성심은 직위에 따라 달라지는가?")을 바탕으로 연구의 단초를 포착한다. 이러한 질문들은 특정 개인의 특성, 직무의 조건, 조직구조 등 여러 변수가 관련되어 있는 복합적인 문제이며, 이 변수들 간의 관계를 설명하는 이론적 탐색이 필요하다.

연구문제란 일반적으로 두 변수 이상 간의 관계를 탐색하는 의문문 형태로 진술되며, 예컨대 "직무스트레스는 조직몰입에 영향을 미치는가?"와 같은 질문이 이에 해당된다. 그러나 모든 연구가 반드시 변수 간의 관계에 초점을 맞추는 것은 아니며, 단일 현상의 기술에 중점을 두는 연구도 존재한다. 예를 들어, "현재 우리 조직의 리더십 유형은 무엇인가?"와 같은 질문은 현상 파악을 목적으로 하는 기술적 접근이다. 연구문제는 다음과 같은 여러 기준에 따라 형성된다. 첫째, 이론적 공백(즉 기존 학문에서 다루지 않았거나 설명력이 부족한 부분)이 발견되었을 때 설정된다. 둘째, 선행연구 간의 결과가 상충되는 경우나 특정 이론으로 새로운 현상을 설명하기 어려울 때에도 연구문제가 제기될 수 있다. 셋째, 실무 현장에서의 문제 요구나 사회적 현안, 또는 연구자의 개인적 경험 역시 중요한 단초가 된다.

이렇게 설정된 연구문제는 명확한 연구목표(탐색, 기술, 설명)와 함께, 경험적으로 접근 가능한 방식으로 정제되어야 한다. 그리고 이 문제에 대한 잠정적 해답으로 가설(hypothesis)이 설정된다. 가설은 연구문제에 대한 예측 진술로, 이론적 논리에 근거하여 변수들 간의 관계를 명확히 설명해야 하며,

검증 가능한 형태를 갖추고 있어야 한다. 가설은 목적과 분석 단계에 따라 여러 유형으로 구분된다. 기술적 가설(descriptive hypothesis)은 특정 현상을 정확히 묘사하는 데 초점을 두며, 설명적 가설(causal hypothesis)은 변수 간의 인과 관계를 밝히는 데 목적이 있다. 예컨대 "조직 내 이직률은 근속연수에 따라 달라진다"는 진술은 설명적 가설이다.

또한 통계 분석 단계에서는 연구가설(research hypothesis)과 영가설(null hypothesis)로 구분된다. 연구가설은 연구자가 이론적 기반을 통해 예측하는 방향의 진술이며, 영가설은 이에 반하는 진술로서, "두 변수 간에는 관계가 없다", "차이가 없다"는 식의 부정 명제다. 사회과학 연구에서는 보통 영가설을 검증 대상으로 삼는다. 이는 모집단 전체가 아닌 표본을 대상으로 연구가 수행되기 때문에, 표본추출오차(sampling error)가 발생할 수 있음을 전제로 한다. 따라서 통계적으로 유의한 차이 또는 관계가 존재하지 않는다는 가설(영가설)을 기준으로 검증을 수행하고, 그 결과에 따라 영가설을 기각하면 연구가설을 채택하는 구조를 따른다.

예를 들어, "리더십 스타일이 구성원의 직무만족도에 영향을 미친다"는 연구가설이 있다면, 이에 대응되는 영가설은 "리더십 스타일과 직무만족도 간에는 통계적으로 유의미한 차이가 없다"는 진술이 된다. 연구자는 수집된 데이터를 분석한 결과 영가설이 통계적으로 기각될 경우, 연구가설이 지지된 것으로 해석하게 된다. 이와 같이, 연구문제의 명확화와 가설의 설정은 과학적 연구의 초석이며, 이후의 설계, 자료수집, 분석, 해석 전 과정의 방향성과 정당성을 결정짓는 핵심 단계이다.

과학적 연구는 단순한 자료수집이나 현상 기술을 넘어, 이론과 실증을 연결하는 논리적이고 체계적인 과정이다. 특히 조직행동론처럼 인간의 복잡한 심리와 행동, 사회적 상호작용이 복합적으로 얽혀 있는 분야에서는, 연구문제의 정교함과 가설 설정의 명확성이 무엇보다 중요하다. 이러한 기반이 제대로 형성되지 않으면, 이후의 조사설계나 분석 과정은 방향을 상실하게 되고, 연구 전체의 유효성 또한 담보할 수 없게 된다. 따라서 연구자는 조직 내 현상을 깊이 있게 관찰하고, 기존 이론을 충분히 숙지하며, 동시에 실무적 필요와 학문적 의의를 균형 있게 고려하여 연구문제를 설정해야 한다. 또한 가설은 이론적 논리에 충실하면서도, 실제 측정과 검증이 가능한 방식으로 구성되어야 한다. 이와 같은 접근이야말로 과학적 조직행동 연구의 기초를 견고히 하는 출발점이 된다.

2. 연구대상의 선정

과학적 연구에서 연구문제와 가설이 설정되면, 다음으로 중요한 단계는 누구를 대상으로 연구를 진행할 것인가를 결정하는 일, 즉 연구대상의 선정이다. 이는 연구의 실행 가능성과 결과의 일반화 가능성을 동시에 고려해야 하는 단계로, 단순히 '누구에게 설문을 할 것인가'의 문제를 넘어서는 보다 포괄적인 개념이다. 이 단계에서는 특히 분석단위(unit of analysis)의 설정이 핵심적으로 다루어진다. 분석단위란 연구자가 데이터를 수집하고 분석의 기초로 삼는 최소 단위를 말한다. 예컨대, 조직행동론에서는 분석단위가 개인, 집단, 조직, 또는 조직 간 관계일 수 있다. 어떤 경우에는 구성원 한 사람의 태도나 감정이 분석대상이 되며, 또 어떤 경우에는 팀이나 부서의 상호작용 방식, 조직 전체의 구조나 문화가 분석단위가 될 수 있다. 따라서 연구문제의 성격에 따라 적절한 분석단위를 설정하는 것이 필수적이며, 이 결정은 이후의 표본설계, 자료수집, 분석 방식에 중대한 영향을 미친다.

연구대상의 분석단위가 결정되면, 그에 따라 모집단(population)이 정의된다. 모집단이란 연구자가 관심을 갖고 일반화하고자 하는 전체 대상 집단으로서, 전수조사 또는 표본조사의 방식으로 연구자료를 얻고자 하는 대상을 말한다. 모집단은 일반적으로 시간(time), 범위(extent), 내용(content)의 세 가지 차원에서 명확히 규정되어야 한다. 시간적 범위는 연구의 대상이 되는 시점이나 기간(예: 2020~2023년까지 근무한 직장인)을 말하고, 범위는 지리적, 조직적 또는 산업적 한계를 설정하는 것을 의미한다(예: 수도권 IT기업 종사자), 내용은 해당 모집단이 갖는 공통된 속성이나 조건(예: 5년 이상 근무한 정규직 사원)을 말한다. 그러나 실제 연구에서 모집단 전체에 대해 조사를 실시하는 전수조사(census)는 시간과 비용의 제약으로 인해 매우 제한적으로만 수행된다. 특히 인력이나 예산이 제한된 조직행동론 분야의 연구에서는 대부분의 경우, 표본조사(sampling)가 활용된다.

표본조사란 모집단에서 일부 구성원을 표본(sample)으로 추출하여 이들을 대상으로 데이터를 수집하고, 이를 바탕으로 모집단 전체의 특성을 통계적으로 추정하는 방법이다. 표본조사의 장점은 시간과 비용을 절감할 수 있을 뿐 아니라, 조사 과정에서의 관리와 통제가 용이하다는 점이다. 그러나 표본조사의 결과가 타당하려면, 반드시 표본이 모집단을 대표할 수 있어야 한다. 이때 표본의 대표성(representativeness)이 확보되지 않으면, 분석 결과를 모집단에 일반화할 수 없게 되며, 이는 연구의 신뢰성과 타당성을 심각하게 저해하게 된다.

대표성을 확보하기 위해서는 표본추출 방법의 과학적 설계가 필요하다. 일반적으로 무작위 표본추출(random sampling)은 표본의 대표성을 보장하는 가장 신뢰성 있는 방법으로 간주되며, 계통추출, 층화추출, 집락추출 등 다양한 확률표본 방법이 사용된다. 반면, 판단표본이나 편의표본과 같은 비확률표본은 접근은 용이하지만 대표성 확보에 한계가 있어 신중하게 사용되어야 한다. 결국 연구대상 선정은 단순한 '응답자 모집' 차원이 아니라, 이론적 일반화의 기반을 구축하는 연구 설계의 핵심 과정이다. 조직행동론의 연구자는 연구 문제와 가설에 가장 적합한 분석단위를 설정하고, 그에 맞는 모집단을 명확히 정의하며, 실증적 타당성과 현실적 제약을 고려하여 신중하게 표본을 구성해야 한다. 이는 과학적 연구의 출발점이자, 이후 분석의 신뢰도를 결정짓는 가장 기본적인 조건이다.

3. 조사설계의 선택

조사설계(research design)란 연구자가 설정한 연구문제와 가설에 대한 실증적 해답을 얻기 위해, 어떠한 방식으로 경험적 자료를 수집하고 분석할 것인지에 대한 전반적인 계획과 절차를 체계적으로 설계하는 과정을 의미한다. 다시 말해, 조사설계는 연구의 '청사진(blueprint)'으로서, 연구 전개에 필요한 모든 요소들(연구대상, 표본추출방법, 변수의 개념화와 조작화, 자료수집 방법, 분석 방법 등)을 사전에 통합적으로 계획하는 것이다. 조사설계의 궁극적인 목적은 가장 합리적이고 경제적인 방법으로, 연구문제에 대해 신뢰도 있고 타당한 결론을 도출하는 데 있다. 이를 위해 조사설계는 연구 목적과 질문에 부합하는 자료를 수집할 수 있어야 하며, 분석 과정에서 외생적 요인의 영향을 최소화하여 순수한 변수 간 관계를 확인할 수 있도록 통제 메커니즘을 포함해야 한다.

조직행동론에서의 조사설계는 특히 중요하다. 왜냐하면 조직 내 인간 행동은 복잡하고 동시다발적으로 발생하며, 다양한 심리적·사회적 요인이 개입되어 있기 때문이다. 이와 같은 환경에서는 단순한 기술적 조사만으로는 변수 간의 관계를 명확하게 파악하기 어렵고, 인과관계에 대한 왜곡된 해석이 이루어질 위험도 크다. 따라서 조사설계는 변수 간 관계를 가장 명확하게 검증할 수 있는 논리적 구조와 실증적 통제 조건을 갖추어야 하며, 특히 가설 검증 연구에서는 외생변수의 영향을 사전에 차단하거나 통제하는 것이 설계의 핵심이 된다. 조사설계는 크게 다음과 같은 구성 요소로 이루어진다.

첫째, 연구대상과 표본추출 방법의 선정이다. 이는 모집단에서 누구를 대상으로 데이터를 수집할 것인지, 어떤 추출 방식(예: 단순무작위, 층화추출 등)을 사용할 것인지를 명확히 계획하는 과정이다. 이 단계에서는 표본의 대표성을 확보하는 것이 가장 중요하다.

둘째, 변수의 개념화(conceptualization)와 조작화(operationalization)이다. 이론적 개념(예: 직무만족, 조직몰입, 리더십 스타일 등)을 연구에서 관찰 가능한 형태로 측정하기 위해, 각 변수를 어떻게 정의하고 수치화할 것인지에 대한 구체적인 기준을 마련해야 한다. 이는 조사 설계의 핵심 중 하나로, 변수의 정의가 모호하거나 측정 방법이 일관되지 않을 경우, 연구 결과의 타당성이 심각하게 손상될 수 있다.

셋째, 자료수집 방법의 결정이다. 설문조사, 면접조사, 관찰조사, 문서분석 등 다양한 방법 중에서 연구 목적과 자원, 연구대상의 특성에 가장 적합한 방식을 선택해야 한다. 예컨대 구성원의 인식이나 태도에 대한 조사는 구조화된 설문지가 유용할 수 있으며, 조직 내 상호작용을 파악하는 데에는 참여 관찰이나 심층 면접이 효과적일 수 있다.

넷째, 분석 전략의 수립이다. 수집된 자료를 어떤 통계기법이나 분석 논리를 통해 해석할 것인지에 대한 사전 계획이 조사설계에 포함되어야 한다. 이때 사용되는 분석 기법은 연구문제와 가설의 성격에 따라 달라지며, 기술통계, 상관분석, 회귀분석, 분산분석, 구조방정식모형(SEM) 등 다양한 분석 도구가 활용될 수 있다.

마지막으로, 조사설계에서 가장 중요한 요소 중 하나는 외부 변수의 통제(control of extraneous variables)이다. 연구자가 관심 있는 변수 간의 순수한 관계를 규명하기 위해서는, 외생변수나 혼란변수가 영향을 미치지 않도록 설계 단계에서부터 철저히 고려되어야 한다. 실험설계의 경우에는 통제집단과 실험집단의 비교를 통해, 비실험연구에서는 통계적 통제나 구조모형 분석을 통해 이러한 영향을 최소화할 수 있다.

결론적으로, 조사설계는 조직행동 연구의 성공 여부를 결정짓는 전략적 출발점이며, 이 설계가 얼마나 정교하고 일관되게 구성되었는가에 따라 연구의 타당성, 신뢰성, 그리고 실천적 적용 가능성이 좌우된다. 따라서 연구자는 단순히 데이터를 수집하는 데 급급하기보다, 어떤 자료가 왜 필요한지, 그 자료를 어떻게 수집·해석할 것인지에 대한 명확한 계획을 세워야 하며, 이를 바탕으로 과학적이고 체계적인 조사설계를 구축해야 할 것이다.

4. 개념화와 조작화

조직행동론을 포함한 사회과학 분야에서 과학적 연구를 수행함에 있어 가장 본질적이고도 도전적인 과제 중 하나는 이론적·추상적 개념을 어떻게 현실의 경험적 세계에서 관찰하고 측정 가능한 형태로 전환할 것인가에 대한 문제이다. 연구자는 특정 이론이나 현상을 탐구하고자 할 때, 먼저 그 이론을 구성하는 주요 개념들을 명확하게 정의하고, 이후 이를 실제 연구 설계와 측정 가능성이라는 관점에서 구체화해야 한다. 이 과정을 개념화(conceptualization)와 조작화(operationalization)라고 한다.

만약 개념에 대한 명확한 정의 없이 모호한 용어를 사용하는 경우, 연구자는 연구문제를 제대로 설정할 수 없으며, 나아가 변수 간의 관계를 실증적으로 검증하는 것도 불가능하다. 따라서 모든 과학적 연구의 기반은 정확하고 일관된 개념의 정의와 그것을 측정 가능한 변수로 전환하는 과정에 달려 있다. 이러한 과정이 미비하면, 동일한 개념을 사용하더라도 연구자 간 해석의 차이가 발생하여 이론적 혼란이나 측정 오류가 불가피해진다.

1) 개념과 개념화의 의미

개념(concept)이란 특정 현상이나 사물에 대해 연구자가 인식한 바를 추상적으로 표현한 것으로, 경험적으로 관찰되는 사실을 설명하거나 분류하기 위한 정신적 구성물이라 할 수 있다. 예를 들어 '조직몰입', '직무만족', '동기', '리더십'과 같은 용어는 모두 개념에 해당하며, 이들은 연구자가 조직 내 행동을 설명하거나 예측하고자 할 때 중심적으로 사용되는 핵심 요소들이다. 그러나 개념은 본질적으로 추상적이기 때문에, 연구에서 공통된 의미로 통용되기 위해서는 명확하고 일관된 정의가 필요하다. 특히 사회과학 분야에서는 동일한 개념이 연구자나 이론에 따라 다르게 사용되는 경우가 많기 때문에, 개념의 정의와 범위를 명확히 규정하는 작업이 선행되어야 한다. 이러한 개념 정의와 명확화의 과정을 개념화(conceptualization)라고 한다.

개념화란 연구자가 사용하는 개념이 정확히 무엇을 의미하는지, 그 범위와 특성이 무엇인지를 논리적으로 정리하는 과정이다. 이는 연구자가 특정 개념을 '무엇으로 간주할 것인가'를 결정하는 작업이며, 연구 문제의 논리적 구조를 설계하고, 이후 조작화와 측정 단계를 준비하는 기반이 된다.

2) 개념적 정의와 조작적 정의

개념화의 결과는 보통 두 단계로 구분되는데, 첫째는 개념적 정의(conceptual definition)이고, 둘째는 조작적 정의(operational definition)이다. 이 둘은 이론과 현실을 연결하는 연속적 구조를 이루며, 각각 상이한 역할을 수행한다.

개념적 정의는 연구자가 사용하고자 하는 개념의 의미를 사전적, 논리적으로 명확히 기술하는 것으로, 일반적으로 다른 개념을 이용하여 설명하는 방식을 사용한다. 이는 추상적인 개념에 의미의 틀을 부여하고, 연구자 간의 개념적 일관성을 확보하기 위한 전제조건이라 할 수 있다. 예를 들어, '지능'이라는 개념을 "문제해결 능력, 추상적 사고력, 논리적 사고 능력"으로 정의하는 것이 개념적 정의에 해당한다.

조작적 정의는 개념적 정의로 정리된 개념을 실제 연구 현장에서 측정 가능하도록 변환하는 과정이다. 즉, 추상적 개념을 관찰 가능한 경험적 지표로 구체화하는 작업으로, 어떤 개념을 어떻게 측정하고 수치화할 것인지에 대한 방법론적 기준을 제시한다. 예를 들어, 앞서 정의한 '지능'을 "스탠퍼드-비네(Stanford-Binet) 지능검사를 통해 얻은 점수"로 조작화하면, 이는 경험적으로 측정 가능한 형태가 된다. 이처럼 개념적 정의는 개념의 의미를 명확히 하는 작업, 조작적 정의는 그 의미를 현실의 조사와 분석에 적용할 수 있도록 변환하는 작업이다. 두 정의는 상호 보완적 관계에 있으며, 연구의 타당성과 신뢰도를 확보하는 데 필수적이다. 특히 조작적 정의가 불명확하면, 동일한 개념이라 하더라도 연구자 간 측정 방식이 달라져 연구 결과의 일관성과 비교 가능성이 떨어지게 된다.

3) 개념화와 조작화의 연구상 중요성

조직행동론에서 다루는 대부분의 변수는 매우 추상적인 개념들로 이루어져 있다. 예컨대 '조직몰입', '리더십 스타일', '직무 스트레스', '심리적 임파워먼트'와 같은 개념들은 관찰되는 물리적 현상이 아니라, 심리적·인지적 특성으로 존재하며, 이들 개념을 정의하고 측정하는 방식에 따라 연구의 방향과 결과가 달라질 수 있다. 따라서 연구자는 자신이 사용하고자 하는 개념에 대해 먼저 이론적 배경과 선행연구를 검토하여 개념적 정의를 정립하고, 이를 토대로 신뢰할 수 있는 조작적 정의와 측정도구(예: 척도, 설문지 항목 등)를 마련해야 한다. 이때 사용되는 측정도구는 타당도(construct validity)와 신뢰도(reliability)를 충족시켜야 하며, 필요시 조작적 정의 자체도 재검토되어야 한다.

결과적으로, 개념화와 조작화는 이론과 현실을 연결하는 다리이며, 조직행동론에서의 과학적 연구가 성립하기 위한 기본 전제이자 핵심 작업이라 할 수 있다. 개념이 명확하지 않거나 조작화가 부적절할 경우, 이후의 조사설계, 자료수집, 분석 결과는 모두 왜곡될 수 있으므로, 이 과정은 단순한 형식이 아니라 과학적 연구의 질을 좌우하는 근본 과정으로 간주되어야 한다.

5. 자료수집

조직행동론을 비롯한 사회과학 연구에서 자료수집(data collection)은 연구 목적을 실현하고 가설을 검증하기 위한 핵심 단계이다. 이 과정은 단순히 정보를 모으는 수준을 넘어, 연구의 타당성과 신뢰성을 결정짓는 근간으로 작용한다. 자료수집 방법은 연구자가 설정한 문제의 성격, 분석 단위, 자료의 정성적 혹은 정량적 특성에 따라 다르게 선택된다. 일반적으로 널리 활용되는 수집 방법에는 관찰법, 면접법, 설문지법, 문헌연구법이 있으며, 최근에는 이들 간 혼합연구(mixed methods)를 통한 통합적 접근도 활발히 이루어지고 있다.

1) 관찰법

관찰법은 연구자가 피조사자의 행동이나 환경을 직접 보고 듣는 감각작용을 통해 자료를 수집하는 방법으로, 특히 실제 현장에서의 인간 행동과 조직 내 상호작용의 자연스러운 양상을 포착하는 데 효과적이다. 관찰은 크게 참여 관찰(participant observation)과 비참여 관찰(non-participant observation)로 나뉜다. 먼저, 참여 관찰은 연구자가 조사 대상 집단의 구성원이 되어 집단의 일상활동에 직접 참여함으로써 내부자의 시각에서 현상을 이해하려는 접근이다. 이는 조직 내부의 암묵지, 권력 구조, 비공식적 규범 등 문서나 설문으로는 포착하기 어려운 정보의 확보에 유리하다. 예컨대, 조직 내 비공식 리더의 영향력, 회의 중 발언권 분포, 팀워크의 질적 특성 등이 이에 해당한다. 그러나 관찰자가 대상 집단에 과도하게 몰입하여 객관성을 상실할 경우, 연구결과가 왜곡될 수 있는 내적 타당성의 손상이 우려된다.

반면 비참여 관찰은 제3자의 입장에서 일정 거리를 유지하며 피관찰자의 일상행동을 있는 그대로 관찰하는 방식이다. 이 접근은 비교적 객관적이고 체계적인 자료 확보에 유리하지만, 관찰 대상자가 관찰자의 존재를 인지할 경우 행동이 인위적으로 변형될 수 있는 관찰자 효과(observer effect)가 나타날 수 있다.

최근에는 디지털 기술의 발달로, CCTV, 센서 데이터, 온라인 활동 로그 등을 이용한 비접촉식 관찰법도 증가하고 있으며, 이는 연구자의 개입을 최소화하고 반복 가능한 데이터 확보를 가능하게 한다.

2) 면접법

면접법(interview)은 조사자가 연구 대상자와의 직접적 의사소통을 통해 필요한 정보를 얻는 방식으로, 특히 심층적이고 개인화된 자료를 수집하는 데 적합하다. 면접은 구조화 면접(structured interview), 반구조화 면접(semi-structured interview), 비구조화 면접(unstructured interview) 등으로 세분되며, 이

중 심층면접(in-depth interview)은 응답자의 경험, 태도, 인식 등을 심도 있게 탐색하는 데 활용된다.

심층면접은 응답자의 자율성을 보장하면서도 예기치 못한 정보나 맥락을 발견할 수 있는 장점이 있다. 예를 들어, 조직 내 스트레스 요인을 분석하는 경우, 설문지로는 표면적인 인과관계만 파악할 수 있지만 면접을 통해 상사와의 갈등, 조직문화와 개인가치의 불일치, 보상제도의 불만 등 심리적·정서적 요소까지 드러날 수 있다.

그러나 면접은 시간과 비용이 많이 소요되며, 면접자의 질문 방식, 표정, 반응 등이 응답자에게 영향을 줄 수 있어 편향된 자료 수집의 우려가 있다. 따라서 면접 설계 시에는 질문의 중립성, 인터뷰어 교육, 윤리적 고려사항 등을 철저히 준비해야 하며, 가능하다면 녹음과 전사(transcription)를 병행하여 분석의 객관성을 높여야 한다.

3) 설문지법

설문지법(questionnaire)은 표준화된 문항을 통해 대규모 응답자에게서 자료를 일괄적으로 수집할 수 있는 대표적인 정량조사 방법이다. 이는 시간과 비용을 절감하고, 통계적 분석이 용이하다는 장점으로 인해 조직행동론, 마케팅, 심리학 등 다양한 분야에서 광범위하게 활용된다. 설문지법은 우편조사, 전화조사, 집합조사, 온라인조사 등 다양한 방식으로 운영되며, 특히 디지털 시대 이후에는 Google Forms, Qualtrics, LimeSurvey, SurveyMonkey와 같은 플랫폼을 활용한 온라인 설문조사가 주류를 이루고 있다. 온라인 설문은 빠른 응답 회수, 넓은 조사 범위, 자동화된 데이터 저장 기능 등의 이점이 있다. 그러나 설문지법은 다음과 같은 문제점도 내포하고 있다.

- 연구자의 의도와 질문이 명확히 전달되지 않을 경우 응답 오류가 발생할 수 있음
- 회수율이 낮거나 특정 집단의 응답이 과소 대표될 수 있음
- 응답자의 무성의한 답변이나 사회적 바람직성 편향이 개입될 가능성

- 디지털 격차로 인해 일부 계층의 참여가 제한될 수 있음

따라서 설문 설계 시에는 명확하고 간결한 문장 구성, 척도의 일관성 확보, 사전조사(pilot test) 등을 통해 신뢰도(reliability)와 타당도(validity)를 확보해야 한다.

- 신뢰도란 측정도구가 일관되게 작동하는 정도를 의미하며, 동일 문항에 대해 반복 측정했을 때 유사한 결과를 도출해야 한다.
- 타당도는 해당 문항이 실제로 측정하고자 하는 개념을 제대로 측정하고 있는지를 의미한다. 구성타당도, 기준타당도, 내용타당도 등 다양한 유형이 존재하며, 이는 통계적 분석과 이론적 정합성을 통해 검증된다.

4) 문헌연구

문헌연구(literature review)는 이미 존재하는 2차 자료를 활용하여 연구 주제에 대한 이론적 배경을 정립하거나, 새로운 연구의 방향성을 탐색하는 데 유용한 방법이다. 학술논문, 통계자료, 정책보고서, 언론기사, 정부 간행물 등이 주요 문헌에 해당하며, 최근에는 오픈 데이터(open data), 온라인 리포지터리, 학술 데이터베이스(예: KISS, DBpia, JSTOR, Scopus 등)를 통한 접근이 가능해졌다.

문헌연구는 다음과 같은 장점이 있다.

- 시공간적 제약 없이 다양한 자료에 접근 가능
- 연구주제에 대한 선행연구 동향 및 이론적 공백 파악
- 자료 수집에 필요한 시간과 비용 절감
- 비교연구나 메타분석(meta-analysis) 등에 활용 가능

그러나 문헌연구는 제한된 범위의 자료에 의존한다는 점에서 일차자료(first-hand data)의 실질성과 비교해 깊이 있는 분석이 어려울 수 있다. 또한 출처가 불분명하거나 정보가 오래된 경우에는 결과의 신뢰성이 낮아질 위험이 있다. 따라서 문헌 선정 시에는 발행기관의 권위, 발표 연도, 데이터 수록 범위

등을 면밀히 검토하고, 상이한 자료 간의 비교 분석을 통해 이차 자료의 신뢰도 검증이 병행되어야 한다.

이와 같이 다양한 자료수집 방법은 각각의 장점과 한계를 갖고 있으며, 연구자는 자신의 연구 목적, 연구 대상의 특성, 자원 여건 등을 고려하여 적절한 자료수집 전략을 수립해야 한다. 또한 최근에는 정성적 방법과 정량적 방법을 혼합하여 사용하는 mixed methods 접근이 강조되고 있으며, 이를 통해 보다 풍부하고 다면적인 연구 결과를 도출할 수 있게 된다.

6. 자료 분석과 결과 보고

조사연구의 전 과정 중에서도 수집된 자료를 분석하고 그 의미를 해석하는 작업은 연구의 정합성과 과학적 타당성을 확보하는 핵심 단계라고 할 수 있다. 이 단계에서는 연구자가 설정한 연구문제나 가설이 실제 경험적 자료와 어느 정도 부합하는지를 확인하고, 이를 통해 연구 가설의 수용 여부를 판단하며, 보다 일반적인 이론적 결론으로 확장시킬 수 있는 가능성을 탐색하게 된다.

우선, 자료 분석은 수집된 데이터의 정제(cleaning), 부호화(coding), 전산입력(data entry)과 같은 준비 과정을 거친 후, 연구 목적에 맞는 통계적 분석 또는 질적 분석 방법을 통해 이루어진다. 여기에서 통계적 분석은 주로 정량적 자료에 적용되며, 평균, 분산, 표준편차 등 기술통계 분석에서부터 회귀분석, 분산분석, 구조방정식모형(SEM)과 같은 추론통계 기법에 이르기까지 다양하게 활용된다. 반면 정성적 자료 분석은 면접, 관찰, 문헌 등에서 도출된 비정형적인 자료를 체계화하고 범주화하는 과정으로, 주제 분석(thematic analysis), 내용 분석(content analysis), 근거이론 접근(grounded theory) 등의 기법이 사용된다.

자료 분석의 목적은 단순히 수치를 도출하는 데 그치지 않고, 수집된 자료가 연구자가 설정한 변수들 간의 관계를 얼마나 잘 설명하고 있는지를 해석하는 데 있다. 즉, 분석은 '무엇이 통계적으로 유의미한가?'를 넘어, '왜 그러한 결과가 나왔는가?', '이 결과가 이론적으로 어떤 의미를 갖는가?'에 대한 심층적 고찰을 동반해야 한다.

또한, 연구자는 분석 과정에서 통계적 유의성(statistical significance)뿐만 아니라 실질적 유의성(practical significance)도 함께 고려해야 한다. 예컨대, 어떤 관계가 통계적으로는 유의미하더라도 그 효과의 크기가 매우 미미하여 실제 현장 적용에 있어 영향력이 낮다면, 해당 연구 결과의 실용성은 제한적일 수 있다. 따라서 분석 단계에서는 결과의 해석을 단순 수치 이상의 차원에서 바라보는 비판적 사고와 통찰력이 요구된다. 한편 분석 결과의 보고는 과학적 연구의 마지막 단계로서, 연구 결과를 체계적으로 정리하고 이를 타 연구자나 실무자들과 공유하는 데 목적이 있다. 결과 보고서에서는 연구 설계, 조사방법, 분석기법, 주요 결과, 이론적 및 실무적 시사점 등을 일관성 있게 기술하며, 통계표, 도표, 그래프 등을 적절히 활용하여 독자의 이해를 돕는다.

보고서는 보통 서론(연구 배경 및 목적), 본론(분석 절차 및 결과), 결론(요약, 시사점, 한계 및 향후 연구 제언)으로 구성된다. 특히 결론 부분에서는 단순히 결과를 재정리하는 데 그치지 않고, 해당 결과가 특정 이론과 어떤 관계가 있는지, 조직이나 사회에 어떤 영향을 미칠 수 있는지를 포괄적으로 서술함으로써 연구의 가치를 부각시켜야 한다. 결국, 자료 분석과 결과 보고 단계는 조사연구의 완성도를 결정짓는 중요한 고리이며, 이 과정을 통해 연구자는 수집된 데이터를 이론적 통찰과 실제 적용 가능성을 갖춘 '지식'으로 전환시킨다. 현대 연구 환경에서는 빅데이터와 인공지능 기반의 분석 도구들이 확산되면서, 단순한 수치 분석을 넘어 보다 정교하고 예측력 있는 결과 도출이 가능해지고 있으며, 이에 따라 연구자의 데이터 해석 능력과 윤리적 책임감이 더욱 강조되고 있다.

section 05 조직행동 연구에 있어서의 윤리 문제

조직행동론은 조직 내 인간의 행동을 탐구하는 학문으로서, 그 연구

대상이 자연 현상이 아닌 '인간'이라는 점에서 연구의 전 과정에서 윤리적 고려가 매우 중요하다. 특히 조직행동론은 경영학 내에서도 심리학, 사회학, 인류학 등 다양한 사회과학적 접근을 통합하는 학제적 성격을 지니기 때문에, 인간의 가치, 존엄, 권리를 보호하는 윤리적 기준이 학문적 정당성과 함께 연구 수행의 핵심 기준으로 자리 잡고 있다. 사회과학 연구는 전통적으로 자연 과학에 비해 실험이나 조작적 통제를 활용한 연구가 상대적으로 적은 편이었지만, 최근에는 실험연구, 시뮬레이션, 행동추적 등 정량적이고 실증적인 방법론이 점차 확산되고 있다. 이에 따라 연구 과정에서 피험자의 동의, 개인정보의 보호, 연구자의 중립성 유지 등과 같은 윤리적 원칙의 준수가 더욱 강조되고 있다. 조직행동 연구에서의 윤리적 문제는 크게 두 가지 측면, 즉 연구 내용에 관한 윤리 문제와 연구 과정에 관한 윤리 문제로 나누어 볼 수 있다.

첫째, 연구 내용의 윤리성은 해당 연구 주제가 사회적 통념과 도덕적 기준에 부합하는지를 검토하는 것이다. 예컨대, 연구의 목적이 일부 개인이나 집단의 차별, 배제, 조작을 정당화하거나, 특정 조직의 이해관계만을 일방적으로 대변하는 경우라면, 이는 학문적 윤리를 심각하게 위반하는 것이다. 따라서 조직행동 연구는 사회 전체의 복지 증진, 조직 구성원의 삶의 질 향상, 조직 내 인간존중의 실현에 기여하는 방향으로 설계되어야 한다. 연구는 단순히 지식을 축적하기 위한 수단이 아니라, 궁극적으로 인간의 행동에 대한 이해를 통해 더 나은 조직 환경을 구축하는 데 목적을 두어야 한다.

둘째, 연구 과정에서의 윤리 문제는 연구 수행 중 발생할 수 있는 실질적 위험이나 피해를 방지하는 데 초점을 둔다. 조직행동 연구에서는 주로 사람을 대상으로 자료를 수집하기 때문에, 연구자는 참여자의 자발적 동의(informed consent)를 반드시 확보해야 하며, 연구 목적, 방법, 예측 가능한 위험 요소, 개인정보 활용 여부 등에 대해 충분히 설명하고 참여자의 동의를 받아야 한다. 이는 연구의 투명성과 정당성을 확보하는 기본적인 전제이다. 또한 설문조사, 심층면접, 관찰조사 등의 자료수집 과정에서 개인의 프라이버시를 침해하거나 사적인 정보를 본인의 동의 없이 외부에 유출하는 행위는 명백한 윤리 위반이다. 예컨대, 조직 내부의 직무만족도 조사나 리더십 평가, 조직문화 진단 등은 매우 민감한 주제를 다루기 때문에, 응답자의 신원이 노출되지 않도록 설계하고, 익명성과 기밀성이 철저히 보장되어야 한다. 더불어, 연구 결과를 해석하거나 발표하는 과정에서 연구자의 주관적 편견이나 왜곡이 개입되어서는 안 되며, 의도적으로 데이터를 조작하거나 불리한 결과를 은폐하는 행위는 학문적 윤리의 중대한 침해로 간주된다.

현대 사회에서는 연구윤리에 대한 요구가 점점 높아지면서, 대부분의 학술기관과 연구지원기관은 연구윤리 심의 절차(IRB, Institutional Review Board)를 운영하고 있다. 따라서 조직행동 연구자도 연구 수행 전 윤리 심의 승인을 받는 절차를 거치는 것이 바람직하며, 이를 통해 연구 대상자의 권리와 안전이 보장되고, 연구 자체의 신뢰성도 확보될 수 있다. 결론적으로, 조직행동 연구에서의 윤리 문제는 단순한 규정 준수의 차원을 넘어서, 인간을 존중하는 학문으로서의 정체성을 지키는 핵심 가치라 할 수 있다. 연구자는 지식 창출자로서의 역할뿐만 아니라, 인간과 조직의 관계를 올바르게 규명하고 실질적인 개선을 도모하는 사회적 책임을 함께 지니고 있음을 인식해야 한다.

PART 02
개인 수준의 행동

CHAPTER 03 개인 차이의 의해

CHAPTER 04 지각과 귀인

CHAPTER 05 학습과 강화

CHAPTER 06 동기부여 이론

CHAPTER 07 스트레스와 갈등 관리

CHAPTER

03

개인 차이의 이해

개인 차이

조직은 본질적으로 다양한 개인들이 모여 협력하는 공동체이다. 이러한 공동체에서 각 개인은 서로 다른 성장배경, 교육 수준, 가치관, 성격, 지능, 감성, 동기 등을 지닌 존재로서, 동일한 환경 속에서도 서로 다르게 사고하고 행동하며, 동일한 자극에 대해서도 각기 상이한 반응을 보이게 된다. 이와 같은 인간 간의 차이는 조직의 성과, 분위기, 의사소통, 협업 구조 등에 광범위하게 영향을 미치며, 조직관리자의 가장 중요한 과제 중 하나는 이러한 '개인차이'를 이해하고 이를 조직성과와 연계시킬 수 있도록 설계하고 운영하는 것이다.

오늘날의 경영 환경은 과거의 일률적이고 표준화된 관리 방식에서 벗어나, 보다 개별화되고 유연한 관리 전략을 요구한다. 산업화 시대의 조직은 대량생산을 목표로 구성원들을 동일한 기준과 조건으로 다루는 경향이 강했지만, 지식 기반의 현대 조직에서는 각 구성원의 창의성과 자율성, 그리고 다양성이 조직 경쟁력의 핵심 요소로 부각되고 있다. 따라서 경영자는 조직 구성원 각각의 행동을 이해하고, 성격적 차이, 욕구 수준, 동기 양식 등을 고려하여 상황에 적절한 조건을 조성해야 하며, 이를 통해 구성원의 몰입과 조직성과를 동시에 극대화할 수 있다. 특히 인적자원관리에서 강조되는 핵심 가치는 '개인의 잠재력 발현'과 '개인과 조직 간의 적합성'이다. 개개인의 고유한 특성이 무시되거나 억압되는 조직에서는 구성원의 직무만족이 저하되고, 창의적인 사고와 주도적인 행동이 억제되며, 결국 이직률 상승, 팀워크 저하, 성과 악화 등의 문제가 발생할 수 있다. 반대로 조직이 개인차를 인정하고 이를 존중하는 조직문화를 구축할 경우, 구성원은 자신의 존재가 존중받고 있다는 심리적 안정감 속에서 높은 성과를 자발적으로 창출하게 된다.

1. 개인 차이의 의의

'개인 차이(individual differences)'란, 인간 개개인이 지닌 신체적·정신적·정서적·사회적 특성에서 나타나는 모든 종류의 차이를 의미한다. 이 개념은 본래 심리학에서 출발한 개념이지만, 경영학에서는 인간 행동에 대한 이해를 높이고 효과적인 조직관리를 위한 기초자료로 활용된다. 개인차는 크게 두 가지 차원에서 설명할 수 있다. 첫째는 인간 내부의 특성에서 비롯된 차이로서, 유전, 기질, 성격, 동기, 인지양식, 학습능력, 정서상태 등을 포함한다. 둘째는 외부 환경과의 상호작용에 따라 형성된 차이로서, 사회적 경험, 교육 배경, 문화적 가치, 직무 경험, 조직 내 역할 기대 등이다.

인간의 지문이 각기 다르듯이, 그들이 보여주는 행동과 사고, 감정의 표현, 동기의 수준도 사람마다 차이가 난다. 이러한 차이는 유전적 요인과 후천적 환경요인이 복합적으로 작용하여 형성된다. 동일한 유전적 배경을 가진 일란성 쌍둥이도 다른 환경에 놓이게 되면 전혀 다른 성격과 가치관을 지닐 수 있다는 것은, 개인차가 단지 타고난 특성뿐만 아니라, 성장과정과 사회적 맥락 속에서 끊임없이 변화하고 적응하는 속성을 지닌다는 것을 보여준다. 특히 개인차는 조직 내에서 다음과 같은 다양한 측면에서 관찰되고 이해될 수 있다.

첫째, 사람마다 지적 능력, 창의성, 문제해결 능력, 언어 이해력, 수리 능력 등의 기초 능력은 서로 다르며, 이는 직무 수행에 직접적으로 영향을 미친다. 예컨대 분석적인 사고가 요구되는 연구개발 직무와 인간관계 기술이 중시되는 고객서비스 직무는 서로 다른 능력 특성을 요구하며, 구성원 간 차이를 고려한 배치가 매우 중요하다.

둘째, 사람마다 가지는 관심사와 동기 요인, 그리고 자극에 대한 반응 방식 또한 상이하다. 예를 들어 어떤 사람은 금전적 보상에 강한 반응을 보이는 반면, 어떤 사람은 성장기회나 사회적 인정에 더 높은 가치를 둔다. 따라서 경영자는 구성원의 동기유형을 정확히 진단하고, 그에 맞는 동기유발 전략(예: 내재적 동기 vs 외재적 동기)을 설계해야 한다.

셋째, 개인의 능력과 관심은 시간의 흐름에 따라 변화한다. 연령, 경력 연차, 가정환경, 건강상태, 사회적 책임 등의 요인에 따라 동일 인물도 과거와 다른 욕구나 목표를 지니게 된다. 즉, 경영자는 구성원을 고정된 시점에서 바라보는 것이 아니라, '생애주기적 관점'에서 지속적인 성장을 지원해야 한다.

넷째, 작업의 종류가 달라지면, 해당 작업을 효과적으로 수행하기 위해 필요한 능력과 태도 역시 달라진다. 어떤 직무는 높은 논리력과 세밀함을 요구하고, 또 어떤 직무는 민첩성과 현장 적응력이 중시된다. 따라서 직무분석과 직무특성 이해를 바탕으로 개인차를 반영한 정확한 직무-인재 매칭(Job Fit)이 중요하다.

다섯째, 동일한 능력을 지닌 두 사람이라 하더라도, 특정 작업에 대해 더 높은 관심과 몰입을 보이는 사람이 더 나은 성과를 내는 경향이 있다. 이는 개인의 흥미와 직무의 일치도가 높을수록 직무만족과 성과가 높아지는 것으로, 조직은 이를 고려하여 인사배치를 신중히 해야 한다.

여섯째, 직무 자체도 시간이 흐름에 따라 변화한다. 조직의 전략, 기술, 고객 요구가 바뀌면 직무 내용과 요구 역량도 달라지므로, 구성원의 직무유연성 및 학습역량이 중요해지며, 조직은 이에 대비한 교육훈련과 경력개발 프로그램을 설계해야 한다.

일곱째, 작업환경 역시 개인의 능력 발휘에 커다란 영향을 미친다. 작업 조건, 직무자율성, 상사와의 관계, 동료의 협력, 승진기회, 조직문화 등은 개인의 심리적 안정감과 동기를 자극하거나 억압할 수 있으며, 이는 성과에 직결된다.

이상에서 살펴본 개인차의 구성요소를 분류하면, 첫째부터 셋째 항목까지는 인간 자체에 내재된 특성에 기초한 '인간 중심의 개인차'로 해석할 수 있다. 이는 지능, 적성, 동기, 관심, 성격, 감정 등의 요인과 같이 개인 내부의 심리적·인지적 특성이 주된 원인으로 작용하는 차이를 의미한다. 이러한 요소는 선천적 유전과 후천적 경험의 상호작용 속에서 형성되며, 조직 내에서 구성원의 태도와 행동, 학습능력, 대인관계 성향 등에 광범위한 영향을 미친다.

한편 넷째부터 여섯째 항목은 '작업(task) 중심의 개인차'로 볼 수 있다. 이는 직무의 유형, 요구 역량, 과업의 복잡성, 직무의 자율성 등 작업 그 자체에서 비롯되는 요소들이 개인차에 영향을 미친다는 관점이다. 즉, 동일한 구성원이라 하더라도 과업의 특성이나 직무의 맥락이 변화하면 수행 행동이나 몰입 수준도 달라질 수 있다는 점에서, 개인의 성향뿐 아니라 과업의 설계가 개인차의 발현에 결정적인 영향을 미친다. 따라서 조직은 직무의 특성과 구성원의 역량·성향 간의 적합성(Job Fit)을 철저히 고려한 배치 전략을 수립해야 한다.

마지막 일곱째 항목은 인간과 과업을 둘러싼 외적 환경 요인이 개인차에 영향을 미치는 요소로, 이는 '환경 중심의 개인차'로 분류할 수 있다. 작업 환경은 물리적 조건뿐 아니라, 상사와의 관계, 동료 간의 상호작용, 보상 체계, 조직문화, 승진의 공정성 등 심리사회적 요인을 포함한다. 이러한 환경 요인은 개인의 감정, 태도, 동기유지, 조직몰입, 심리적 안정감에 직접적인 영향을 주며, 결과적으로 개인의 직무성과와 조직성과에도 큰 파급효과를 가진다.

이처럼 인간 중심, 작업 중심, 환경 중심의 요인들이 복합적으로 상호작용하면서 개인차가 형성되며, 경영자는 이러한 구조적 이해를 바탕으로 종합적이고 통합적인 인적자원관리 전략을 수립해야 한다. 특히 목표지향적인 조직관리에서는 이러한 개인차를 단지 '다름'으로 인식하는 수준을 넘어서, 성과 향상을 위한 전략적 자원으로 활용하는 사고의 전환이 요구된다. 그 과정에서 구성원들이 스스로의 욕구와 능력을 실현하고, 조직은 이를 성과와 연계시키는 '공존적 성과관리 체계'가 구축되어야 한다. 또한, 구성원이 자신의 욕구를 인식하고 이를 충족시킬 수 있는 기회를 조직 안에서 발견할 수 있을 때, 자발적인 동기유발이 이루어지며 이는 직무만족과 조직몰입으로 이어진다. 반대로, 개인차를 무시하거나 획일화된 관리방식을 고수할 경우, 구성원은 자신의 독자성을 억압받는다고 느끼고 이는 이직 의도나 조직 이탈로 연결될 수 있다. 따라서 현대 경영에서 개인차의 이해와 수용은 곧 구성원의 행복과 조직의 지속가능성 확보를 위한 본질적 조건이 된다.

이러한 개인차 중에서도 특히 성격(Personality)은 조직 내 인간행동을 설명하는 데 있어 가장 기본적이며 영향력 있는 요인으로 평가된다. 성격은 개인의 정서, 사고, 행동에 일정한 일관성과 예측 가능성을 부여하는 심리적 구조로, 환경 자극에 대한 반응 방식이나 타인과의 관계 형성, 업무에 임하는 자세 등 다양한 행동양식을 결정짓는 핵심적 변수로 작용한다. 경영자는 구성원의 성격 유형을 이해함으로써, 그들이 어떻게 의사결정을 내리고, 갈등을 조정하며, 스트레스에 반응하고, 팀 내에서 어떤 역할을 수행하는지를 보다 정밀하게 예측하고 대응할 수 있다.

심리학자 Gordon W. Allport는 성격을 "한 개체가 환경에 독특하게 적응하도록 하는 심리적 시스템의 역동적 조직"이라고 정의하였다. 그는 성격이 단순히 일정한 특성의 집합이 아니라, 시간의 흐름 속에서 변화하며, 개인의 성장과 환경의 변화에 따라 끊임없이 재조직되는 역동적이고 적응적인 심리 체계라고 보았다. 이러한 관점은 조직이 구성원의 성격을 고정불변의 것으로 간주하기보다는, 훈련, 피드백, 경험 등을 통해 발전 가능성이 있는 요소로 이해해야 함을 시사한다. 또한 성격의 분류에 대한 실용적인 접근 중 하나로, R. A. Fear는 인간의 주요 기질을 다음과 같이 네 가지로 구분하였다.

첫째, 외향적 기질(extraverted temperament)은 활발하고 사교적이며 외부 자극에 민감한 성향을 지닌다. 이러한 사람들은 대인관계가 중요한 직무, 영업, 마케팅, 리더십 포지션에서 강점을 발휘한다. 둘째, 내향적 기질(introverted temperament)은 조용하고 성찰적이며 자신의 내면에 에너지를 집중하는 경향이 있어, 연구개발, 분석, 기획 등의 직무에서 안정적이고 깊이 있는 결과를 창출한다. 셋째, 쟁취형 기질(achievement-oriented temperament)은 목표지향적이고 성과 중심적이며 경쟁심이 강한 성향을 나타낸다. 이들은 고성과 조직문화나 성과보상 체계가 잘 마련된 조직에서 높은 동기를 가지며, 강한 리더십 잠재력을 보이기도 한다. 넷째, 사회봉사형 기질(service-oriented temperament)은 타인의 복지와 공동체의 이익을 중요하게 여기며, 윤리적이고 헌신적인 행동을 자주 나타낸다. 이들은 조직 내에서 CSR, 인사, 복지, 공공서비스 분야 등에서 긍정적인 영향을 줄 수 있다.

이러한 성격 기질은 고정된 유형이라기보다 연속선상에 존재하며, 대부분의 사람은 복수의 성향을 혼합하여 나타내는 경향이 있다. 따라서 조직은 구성원의 성격을 정확히 진단하고, 그들이 어떤 환경에서 최고의 역량을 발휘할 수 있는지를 파악하여 적절한 직무에 배치하고, 이를 강화·보완할 수 있는 피드백과 리더십을 제공해야 한다.

결론적으로, 조직 내에서 나타나는 개인차는 단순히 관리의 복잡성을 증가시키는 요인이 아니라, 다양성과 창의성의 원천이며 조직 역동성의 기초 자원이다. 조직은 인간 중심, 작업 중심, 환경 중심의 요인들을 유기적으로 통합한 관리체계를 통해 개인차를 존중하고 활용하는 전략을 구축해야 하며, 특히 성격이라는 변수를 중심으로 한 '정밀한 인사 전략'이 오늘날의 복잡한 조직 환경에서 더욱 요구되고 있다. 개인차의 이해와 활용은 이제 조직성과를 향한 선택이 아닌 필수의 과제가 되었으며, 이를 어떻게 설계하고 실행하느냐에 따라 조직의 지속 가능성과 경쟁력이 좌우될 것이다.

2. 개인 차이의 기준

개인차이를 설명하기 위해 심리학자들은 전통적으로 유전적 요인(nature)과 환경적 요인(nurture)의 상호작용에 주목해 왔다. 유전적 요인은 인간의 신체적 특성, 기질, 지능, 생물학적 민감성 등 비교적 안정된 요소에 영향을 미치는 반면, 환경적 요인은 성장 과정에서의 경험, 교육, 문화, 사회적 자극, 조직 내

규범 등 개인의 행동과 가치관, 태도 형성에 강력한 영향을 미친다. 현대 심리학과 행동유전학 연구들은 이 두 요인이 상호보완적이고 상호의존적인 관계를 형성한다고 보며, 개인차는 고정된 것이 아니라 맥락 속에서 형성되고 발전되는 특성임을 강조한다.

조직의 관점에서 볼 때, 개인차를 인식하는 이유는 단순한 인간 이해를 넘어서, 조직성과와 직결되는 차이의 본질을 파악하고, 그것을 관리전략에 적용하기 위함이다. 특히 종업원 간의 작업능률(performance efficiency) 차이를 설명하기 위해서는 어떠한 기준이 개인차의 구체적 표현으로 나타나는지를 체계적으로 이해할 필요가 있다. 이는 인사관리, 성과평가, 교육훈련, 승진관리 등 실질적인 관리 활동의 기초 자료로 작용하게 된다. 다음은 조직 내에서 개인차를 판별할 수 있는 대표적인 여섯 가지 기준이다.

첫째, 작업의 양(Work Quantity)

작업의 양은 일정 시간 내에 구성원이 수행할 수 있는 산출물의 수나 서비스의 횟수 등 물리적 생산량에 해당하며, 생산, 영업, 사무직무 등 거의 모든 기능에서 측정 가능한 기준이 된다. 예를 들어 생산직에서는 제품의 조립 수, 영업직에서는 고객 접촉 횟수나 계약 체결 건수, 사무직에서는 문서 처리량 등이 이에 해당한다. 동일한 시간과 동일한 조건에서 수행된 작업이라 할지라도, 구성원 간 생산량은 분명한 차이를 보일 수 있으며, 이는 개인의 속도, 집중력, 효율성 등과 관련되어 있다.

둘째, 작업의 질(Work Quality)

작업의 질은 동일한 작업량 속에서 완성도의 차이, 오류율, 불량률, 고객 만족도 등으로 나타난다. 양적 성과는 우수하더라도 품질이 낮다면 조직의 손실을 유발할 수 있으며, 반대로 양이 적더라도 고품질의 결과물을 지속적으로 제공하는 직원은 고성과자로 평가받는다. 이처럼 '양' 중심의 전통적 평가 기준에서 벗어나 '질적 성과'를 중시하는 현대적 성과관리에서는, 결과의 품질과 그 과정에서의 일관성이 개인차 판별의 중요한 지표로 작용한다.

셋째, 학습기간과 훈련비용(Learning Time and Training Cost)

개인이 새로운 직무나 기술을 습득하는 데 걸리는 시간, 그리고 그에 소요되는 비용은 조직 입장에서 매우 중요한 판단 기준이 된다. 빠른 학습자(fast learner)는 조직의 적응속도와 혁신수용도를 높이며, 교육 투자 대비 효율성이 높다. 반면 학습곡선이 완만하거나 반복적인 피드백이 필요한 구성원은 추가적인 시간과 자원이 요구된다. 따라서 개인차는 학습능력, 이해력, 자기주도적 학습 태도 등에 따라 조직 적응 속도와 전환능력에서 현격히 드러날 수 있다.

넷째, 직무에 대한 지구력(Persistence and Endurance)

조직에서의 성과는 단기적인 집중력보다도 장기적이고 지속적인 몰입을 필요로 한다. 어떤 구성원은 초기에는 성과가 높지만 시간이 지남에 따라 동기 저하, 스트레스, 번아웃 증상을 겪으며 퍼포먼스가 하락하는 반면, 또 다른 구성원은 일정한 속도로 지속가능한 성과를 유지한다. 이러한 차이는 개인의 감정관리 능력, 회복탄력성(resilience), 직무만족도 등과 관련되며, 지속가능한 성과를 내는 구성원을 파악하는 기준으로서 매우 중요하다.

다섯째, 결근율 및 근무태도(Absenteeism and Work Attitude)

개인의 결근율, 지각, 조퇴 등의 지표는 단순한 일탈행동이 아니라 조직에 대한 정서적 애착, 직무 적합도, 심리적 계약 인식과 밀접하게 연결된다. 높은 결근율은 조직의 성과에 직접적인 부정적 영향을 미칠 뿐만 아니라, 팀 내 연쇄효과, 타 구성원에 대한 부담 증가 등으로 이어진다. 따라서 조직은 결근과 같은 행동 이면에 있는 심리적 이탈과 근무 태도 문제를 파악하고, 이에 따른 개인차의 구조적 원인을 진단해야 한다.

여섯째, 승진 가능성(Promotion Potential)

승진 가능성은 개인이 단순히 직무를 잘 수행하는지를 넘어서, 미래지향적인 조직기여 가능성을 평가하는 기준이다. 이는 리더십 역량, 문제해결력, 조직적 사고, 팀워크, 책임감 등 종합적 역량 요소들을 포함하며, 개인의 성격 특성과 직무성과의 통합적인 결과로 나타난다. 동일한 직무에서 동일한 성과를 내는 두 사람이라도, 장기적으로 더 높은 직책을 맡길 수 있는 잠재력을 가진 인재는 조직에 더 큰 전략적 가치를 가진다. 따라서 승진은 단순한 성과의 축적이 아니라 리더십 잠재성과 태도의 차이에 기반한 개인차를 반영한다.

결론적으로, 조직은 위와 같은 여섯 가지 기준을 활용하여 개인차를 다면적으로 진단하고, 이를 기반으로 적합한 인사배치, 교육훈련 전략, 성과관리 시스템을 구축해야 한다. 중요한 점은 이러한 기준들이 단편적인 숫자나 행동의 결과가 아니라, 심리적, 사회적, 환경적 요인이 복합적으로 작용한 결과물이라는 점이다. 따라서 개인차의 판별은 단순한 비교의 수단이 아니라, 조직과 개인이 함께 성장할 수 있도록 설계하는 전략적 기초로 이해되어야 하며, 이를 위해 정성적 평가와 정량적 지표의 병행, 정기적인 피드백 시스템의 마련, 공정하고 투명한 데이터 기반의 의사결정이 반드시 병행되어야 한다.

section 02 가치관

인간의 행동을 이해하는 데 있어 '가치관(value system)'은 핵심적인 개념이다. 인간은 본질적으로 특정한 행동양식이나 삶의 방향성에 대해 옳고 그름, 좋고 나쁨, 혹은 바람직함과 그렇지 않음에 대한 판단 기준을 가지고 있으며, 이러한 내적 기준이 바로 가치관이다. 가치(value)란, 어떤 특정한 행동방식(mode of conduct)이나 존재 목적(end-state of existence)이 다른 것보다 개인적·사회적으로 더 바람직하다는 믿음 또는 신념이며, 이러한 가치가 체계적으로 조직화된 구조가 바로 가치체계(value system)이다.

개인의 행동이 단지 상황에 의해 즉흥적으로 결정되는 것이 아니라, 그 사람의 가치에 의해 방향과 의미를 부여받는다는 점에서, 가치는 인간의 행동을 설명하고 예측하는 데 매우 중요한 기준이 된다. 특히 이성적 판단을 기반으로 한 의사결정, 장기적 목표 설정, 도덕적 판단 등은 모두 개인의 가치에 의해 깊이 영향을 받는다. 이는 조직 내에서의 직무 수행, 대인관계 방식, 리더십 스타일, 갈등 대처 방식에도 중요한 변수로 작용한다. 다시 말해, 조직 내 행동을 분석할 때 가치를 배제한 접근은 불완전하며 제한적일 수밖에 없다. 또한 가치는 개인 수준을 넘어 사회적 수준에서도 행동의 기준이 되며, 집단의 행동규범이나 문화 형성에도 기여한다. 조직문화, 직무윤리, 리더십 철학, 성과평가 기준 등은 모두 집단 구성원들이 공유하는 가치체계에 의해 유지되고 강화된다. 따라서 조직이 구성원의 행동을 이해하고 예측하며, 조직 목표와의 정렬을 추구하려면 구성원의 내면에 내재된 가치관을 인식하고 존중하는 노력이 필요하다.

1. 가치관의 유형

개인의 가치관은 대부분 후천적으로 형성되는 심리적 구조로, 부모와 가족, 교사와 또래, 대중매체, 사회적 명사(정치인, 연예인, 종교인 등), 교육제도, 그리고 문화적 환경에 의해 영향을 받는다. 특히 청소년기 이후로 개인은 스스로 가치 판단을 내리기 시작하며, 독자적인 세계관과 도덕 체계를 구성해나간다.

가치관은 그 형성 과정에서 종교적 신념, 철학적 판단, 정치적 성향, 사회적 경험 등에 의해 서로 다르게 발달하며, 사람마다 어떤 요소를 더 중시하느냐에 따라 행동양식도 달라진다.

예컨대, 이성 중심의 사고를 중시하는 사람은 분석적이고 객관적이며, 종교적 가치에 무게를 두는 사람은 조화와 타인에 대한 배려를 중시하며, 경쟁 중심의 환경에서 성장한 사람은 성취와 지위 획득에 민감하게 반응하는 경향이 있다.

그러나 이러한 분류는 절대적이지 않다. 실제 개인의 행동은 다양한 가치 요소가 복합적으로 작용한 결과이며, 동일한 개인도 특정 상황이나 환경에 따라 행동 방식이 달라질 수 있다. 따라서 가치관을 한 가지 유형으로 고정하기보다는 복합적·역동적으로 이해하는 것이 바람직하다.

1) Allport의 연구

심리학자 G. W. Allport는 설문조사를 통해 인간의 가치를 여섯 가지 요소로 분류하였다. 그는 이들 가치 요소가 개인의 의사결정 방식과 행동 양식, 직업 선택 및 조직 내 역할 수행 방식에 유의미한 영향을 미친다고 주장하였다. 다음은 Allport가 제시한 여섯 가지 가치유형이다.

첫째, 이론적 가치(Theoretical Value)

이 유형은 진리 탐구, 논리성, 분석적 사고에 가치를 둔다. 과학적 탐색이나 체계적 지식 축적에 흥미를 느끼며, 합리성과 비판적 사고에 기반한 의사결정을 선호한다. 학문, 연구, 기획, 전략 수립 등의 분야에서 두각을 나타내는 유형이다.

둘째, 경제적 가치(Economic Value)

효율성, 실용성, 자원 최적화에 높은 가치를 두며, 시간과 비용 대비 최대 효과를 중시한다. 금전적 보상이나 성과 중심의 환경에서 높은 몰입도를 보이며, 영업, 경영, 구매, 자산관리 등 경제적 판단이 요구되는 직무에 적합하다.

셋째, 심미적 가치(Aesthetic Value)

아름다움, 균형, 조화, 감각적 완성도에 민감하며, 창의성과 직관을 중시한다. 감정적 반응이 풍부하며 예술적 표현과 감각적 경험에 가치를 둔다. 디자인, 예술, 문화기획, 인테리어 등 시각적·감성적 요소가 중요한 분야에서 강점을 보인다.

넷째, 사회적 가치(Social Value)

이타심, 공감, 공동체적 배려를 중시하며, 타인의 복지와 인간관계의 조화를 중요한 삶의 기준으로 삼는다. 도덕성과 신뢰를 기반으로 협력적 관계를 형성하려 하며, 복지, 교육, 의료, 조직문화 설계 등의 분야에서 긍정적인 영향력을 발휘한다.

다섯째, 정치적 가치(Political Value)

권력, 영향력, 리더십, 조직 내 위상에 관심이 높으며, 전략적 판단과 목표지향적 사고를 기반으로 영향력을 행사하려는 성향이 강하다. 관리자, 팀장, 프로젝트 리더, 정치가 등 조직 내 리더십을 발휘해야 하는 직책에 적합하다.

여섯째, 종교적 가치(Religious Value)

초월적 의미, 신성한 원칙, 도덕적 신념을 삶의 중심에 두며, 내적 안정감과 영적 성장을 중시한다. 명상, 영성, 도덕성, 공동체 윤리 등을 바탕으로 행동하며, 종교인, 상담사, 윤리 경영 전문가 등에서 나타난다.

Allport는 이러한 가치 요소가 직업군에 따라 다르게 중시된다는 것을 실증 연구를 통해 밝혔다. 다음은 그의 조사 결과를 바탕으로 한 직업별 가치 요소의 우선순위이다.

표 3-1 직업에 따른 가치 요소 중시 순서

순위	성직자	구매관리자	과학자
1	종교적 요소	경제적 요소	이론적 요소
2	사회적 요소	이론적 요소	정치적 요소
3	심미적 요소	정치적 요소	경제적 요소
4	정치적 요소	종교적 요소	심미적 요소
5	이론적 요소	심미적 요소	종교적 요소
6	경제적 요소	사회적 요소	사회적 요소

〈표 3-1〉에서 확인되듯이, 각 직업군은 그 직무 특성과 역할 기대에 따라 중시하는 가치 요소가 명확히 다르게 나타난다. 예를 들어 성직자는 종교적 가치와 사회적 가치를 가장 중요하게 여기며, 경제적 가치는 상대적으로 낮게 평가한다. 반면, 구매관리자는 실용성과 효율성을 중시하는 경향이 강하며, 경제적 가치가 가장 우선시된다. 과학자는 진리 탐구와 지식 축적에 중점을 두기 때문에 이론적 가치를 가장 높게 평가하고, 정치적 영향력도 일정 수준 중요하게 여긴다.

이러한 가치관의 차이는 개인의 직무선택, 팀 내 협력방식, 성과 동기, 직무 만족, 조직몰입도 등에 광범위하게 영향을 미친다. 따라서 조직은 구성원의 가치 성향을 정기적으로 파악하고, 그에 따른 적합한 직무배치, 팀 구성, 동기유발 전략을 수립해야 한다. 또한 구성원 개개인의 가치관이 조직의 미션이나 비전, 핵심가치와 얼마나 일치하는지를 고려하는 것은, 조직문화의 안정성과 지속가능성 확보를 위한 전략적 접근이라 할 수 있다. 조직 구성원의 다양성을 인정하면서도, 공유 가치 기반 위에서 협업과 몰입을 유도하는 포용적 조직 설계가 점점 중요해지고 있다.

2) M. F. Scheler의 가치 분류

독일의 철학자 막스 셸러(M. F. Scheler)는 가치의 차이를 단순히 양적인 수준에서 비교하는 데 그치지 않고, 질적인 위계질서에 따라 구분해야 한다고 주장하였다. 그는 인간이 추구하는 다양한 가치들을 감각적 쾌락에서부터 종교적 숭고함까지 연속선상에서 바라보았으며, 이러한 가치들 간에는 단순한 선호의 차원을 넘어서는 존재론적 위계(hierarchical order of being)가 존재한다고 보았다. 먼저, 그는 양적 가치 차이에 대해 지속성, 강도, 보편성, 만족감의 정도 등에서의 상대적인 크기 차이로 설명하였다. 이는 같은 종류의 가치라 하더라도, 그 가치가 얼마나 오래 지속되는가, 얼마나 많은 사람에게 영향을 미치는가, 개인에게 주는 만족감이 어느 정도인가에 따라 가치를 비교할 수 있다는 의미이다. 그러나 그는 이러한 양적 차이만으로는 인간의 행동과

도덕적 판단을 충분히 설명할 수 없다고 보았으며, 보다 본질적인 구분은 가치의 질적 위계에서 찾아야 한다고 강조하였다. 이에 따라 Scheler는 가치를 네 가지 수준으로 다음과 같이 구분하였다.

(1) 감각적 가치(Sensory Values)

이는 개인적 쾌락과 불쾌, 고통, 즐거움 등과 관련된 가치로, 육체적 만족이나 단기적 감정 반응에 기반한 가치이다. 가장 낮은 수준의 가치로 분류되며, 즉각적이고 본능적인 반응을 유도하지만 지속성과 도덕적 의미는 낮다.

(2) 생명적 가치(Vital Values)

인간의 건강, 활력, 복지, 생명력, 체력, 에너지 등과 관련된 가치로, 개인의 생존과 안녕에 직결되는 기본적이고 중요한 가치군이다. 개인은 물론 조직에서도 생명적 가치를 중시하는 문화가 확산되면 안전, 복지, 웰빙 중심의 HR 정책이 강화된다.

(3) 정신적 가치(Spiritual Values)

여기에는 진리, 도덕성, 정의, 아름다움, 문화, 철학, 과학 등이 포함된다. 감각적 쾌락이나 물질적 효율성보다 더 높은 차원의 의미와 지속성을 지닌 가치로, 인류 문명의 기반을 형성하고 인간 정신의 성숙을 반영한다. 조직에서 이 가치를 중시하는 경우, 윤리경영, 지속가능성, 지적 탐구, 인문적 접근이 강화된다.

(4) 종교적 가치(Religious Values)

가장 높은 차원의 가치로서, 초월적 존재, 신성, 사랑, 희생, 영성과 같은 신적이고 절대적인 가치를 포함한다. 이는 인간 존재의 궁극적 의미에 대한 탐구를 포함하며, 종교적 신념뿐 아니라 인류 공동체의 궁극적 방향성과

도덕적 책임을 아우른다. 종교적 가치가 조직에 적용될 경우, 윤리적 리더십, 공동선, 사회적 책임 등의 철학이 중시된다.

Scheler의 이론은 단순히 '선호하는 것'이 아니라, 인간 존재가 점차 고차원적 가치를 추구하며 성장할 수 있는 존재라는 철학적 관점을 바탕으로 한다. 이러한 관점은 현대 조직에서도 의미 있는 시사점을 제공한다. 구성원이 단기적 성과나 보상 중심의 가치(예: 감각적, 경제적 가치)에만 몰입하지 않고, 진정성, 윤리, 의미 중심의 고차원적 가치(정신적, 종교적 가치)를 추구하도록 지원하는 조직문화가 구축될 때, 조직의 지속가능성과 공동체적 책임감이 강화될 수 있다.

3) C. W. Graves의 가치발달 단계 이론

미국의 심리학자 클레어 그레이브스(C. W. Graves)는 인간의 가치관은 고정된 것이 아니라 삶의 조건과 심리적 성숙도에 따라 점진적으로 발달하는 체계적 구조를 가진다고 보았다. 그는 이를 "존재의 가치 시스템(emergent cyclical levels of existence)"이라 부르며, 인간은 특정한 생존 조건과 심리적 도전에 직면할 때 새로운 가치 체계를 내면화하며 다음 단계로 이동한다고 설명하였다.

Graves의 이론은 오늘날 스파이럴 다이내믹스(Spiral Dynamics) 이론으로 발전되었으며, 인간뿐 아니라 조직과 사회도 일정한 가치 수준의 발전 과정을 거친다고 설명한다. 그는 인간의 가치를 다음의 7단계로 구분하였다.

(1) 반응적 단계(Reactive Level)

이 단계는 기초적인 생리적 욕구(공기, 물, 음식, 수면 등)에만 반응하는 상태로, 주로 유아기나 극단적인 생존 조건에서 나타난다. 자율성이나 가치 판단은 거의 없으며, 본능에 의해 움직이는 수준이다. 일반적인 조직에서는 관찰되기 어렵다.

(2) 부족적 단계(Tribalistic Level)

이 단계에서는 개인이 전통, 집단, 권위에 대한 맹종을 통해 안정감을 찾는다. 자율적 사고보다 공동체의 신념과 규범을 따르며, 외부 권위에 의존하려는 성향이 강하다. 위계조직이나 폐쇄적 조직문화에서 종종 관찰된다.

(3) 자기중심적 단계(Level of Egocentrism)

이 단계는 이기적, 공격적, 권력 중심적 가치가 중심이 된다. 개인의 성취, 생존, 통제에 초점이 맞춰지며, 규칙보다는 욕구 충족을 우선시한다. 과도한 경쟁, 감정적 의사결정, 비윤리적 행위가 나타날 수 있다.

(4) 정합화 단계(Level of Conformity)

개인은 사회 규범, 도덕, 책임, 법질서를 내면화하고 규칙과 체계의 안정성 속에서 행동한다. 조직의 규율과 절차를 따르며, '옳음'에 대한 보편적 기준을 추구한다. 공공기관, 전통적 대기업 문화에서 자주 관찰된다.

(5) 조작적 단계(Manipulative Level)

이 단계의 사람은 도구적 사고방식, 물질주의, 능동적 자기통제에 기반해 행동한다. 목표달성과 성과 중심의 사고가 강하며, 인정과 지위, 물질적 보상이 중요한 동기 요소이다. 현대 기업의 중간관리자, 실적 중심의 경영조직 등에서 나타나며, 전략적 사고와 성과관리 시스템을 선호한다.

(6) 사회중심적 단계(Sociocentric Level)

이 단계는 공감, 협력, 공동체, 상생, 평등, 포용을 중시한다. 경쟁보다 관계, 지배보다 공존을 중요시하며, 타인의 감정과 입장을 이해하고 배려하려는 행동이 중심이 된다. 사회적 책임, ESG 경영, 심리적 안전이 강조되는 조직문화와 맞닿아 있다.

(7) 실존적 단계(Existential Level)

가장 높은 수준의 가치 단계로, 애매함에 대한 인내력, 다양성 수용, 자율과 타율의 균형, 심오한 존재의식이 특징이다. 기존의 이분법적 사고를 넘어서, 상황에 따라 다르게 해석하고 대응할 수 있는 통합적 사고를 지닌다. 이 단계의 사람은 권위에 맹목적으로 따르지 않으며, 혁신과 자기실현, 성찰에 높은 가치를 둔다.

Graves는 그의 연구를 통해 대부분의 사람들은 2단계에서 4단계 사이에 머무르고 있으며, 사회 변화와 교육 수준의 향상, 디지털 기술의 진보, 시민의식의 고양에 따라 6단계 이상에 해당하는 가치 수준을 지닌 인구가 증가하고 있다는 사실을 밝혔다. 특히 21세기 들어 물질적 풍요보다는 삶의 질, 의미 있는 일, 사회적 기여에 대한 관심이 커지면서, 고차원적 가치 체계를 수용하는 개인과 조직의 영향력이 커지고 있다.

이렇게 Scheler와 Graves의 연구는 가치관이 단지 선호나 성격의 문제가 아니라, 존재와 성장, 조직문화, 리더십, 경영전략에 직접적인 영향을 미치는 구조적 요인임을 보여준다. 특히 조직의 가치 지향이 구성원의 가치 수준과 조화를 이룰 때, 몰입도와 조직시민행동(OCB), 혁신성, 직무만족이 증대된다는 점은 현대 인적자원관리에서 매우 중요한 전략적 근거로 작용한다. 결국, 조직은 단기적인 성과 관리뿐 아니라, 구성원 개개인의 가치 발달을 촉진하고, 상위 단계의 가치가 조직문화로 확산될 수 있도록 제도적, 교육적 기반을 갖추어야 한다. 이는 진정성 있는 리더십, 포용적 조직문화, 학습조직의 지향, 심리적 안전감, 사회적 가치 추구 등으로 실현될 수 있으며, 오늘날 ESG 경영과 DE&I(다양성, 형평성, 포용성)의 확산 흐름과도 직접적으로 연결된다.

2. 가치관의 적용

가치관은 인간 행동의 방향성과 목적을 규정짓는 핵심 요소로, 단순한 내면적 신념이나 철학적 사고를 넘어서 조직 내 실질적인 행동과 성과에 영향을 미치는 중요한 심리적 변수이다. 이는 개인이 어떠한 행동을 선택하고, 어떻게 타인과 관계를 맺으며, 무엇에 몰입하고, 어떤 형태의 보상에 만족하는지를 결정하는 기준점이 되기 때문이다. 이러한 가치관은 단지 개인 차원의 문제로 국한되지 않고, 조직 구성원 전체의 태도 형성과 조직문화의 방향성, 나아가 사회 전체의 기대와도 밀접하게 연관되어 있다. 특히 기업은 종업원 개개인이 서로 다른 가치체계를 지니고 있다는 사실을 전제로 하여, 개인의 가치관과 조직 또는 직무가 지닌 특성 간의 적합성(person-job fit, person-organization fit)을 높이기 위한 전략적 접근이 필요하다. 실제로 가치관은 다음과 같은 여러 측면에서 조직 관리와 밀접하게 연결되어 있다.

첫째, 가치관은 개인의 행동 양식과 동기유발 구조를 설명하는 데 결정적인 변수이다.

가령, 어떤 구성원이 개인주의적 가치관을 강하게 지녔다면, 자율성이 보장되는 환경에서 더욱 높은 성과를 보일 수 있으며, 반대로 위계적이고 통제적인 조직에서는 심리적 저항이나 이직 의도를 나타낼 수 있다. 반면, 공동체 지향적 가치관을 지닌 구성원은 협력과 배려, 조직 내 정서적 유대감을 중요시하며, 팀 기반의 조직에서 더 높은 만족과 몰입을 나타낼 가능성이 높다.

둘째, 가치관은 직무설계와 성과관리 방식에도 영향을 미친다.

개인의 가치체계와 일치하는 직무환경은 직무만족과 몰입을 높이고, 이는 다시 조직성과와 직결된다. 예컨대, 실용성과 성취를 중시하는 경제적 가치관을 가진 구성원에게는 성과 기반 인센티브 제도, 정량적 평가 기준이 동기유발에 효과적일 수 있다. 반면, 자율성과 의미 있는 활동을 중시하는 구성원에게는 내재적 동기 중심의 과업 설계가 더 효과적이다. 따라서 조직은 개별 구성원의 가치체계를 진단하고, 이를 기반으로 직무 재설계, 보상 설계, 팀 구성 방식을 차별화해야 한다.

셋째, 가치관은 세대 간 조직문화와 갈등관리에도 깊은 영향을 미친다.

특히 최근의 MZ세대(밀레니얼+Z세대) 구성원들은 이전 세대와는 다른 가치 구조를 보여주고 있다. 이들은 즉각적인 피드백, 자율성, 일과 삶의 균형, 감정적 교류, 다양성과 포용성 등을 중요시하며, 공식적 권위, 획일적 보상체계, 장기적 보상 유예 등에 대해서는 낮은 가치를 부여한다. 이러한 성향은 Graves의 이론에서 제시한 바와 같이, 제4단계(정합화)나 제5단계(조작적 단계)의 가치보다는, 제6단계(사회중심적), 제7단계(실존적 가치)에 가까운 가치 수준을 보여준다.

이러한 세대적 가치관의 변화는 단순한 인사관리의 조정 차원을 넘어, 조직의 운영 방식과 문화 설계 전반에 영향을 미치는 구조적 변수로 다루어져야 한다. 예컨대 MZ세대는 단순한 물질적 보상보다 조직의 미션에 대한 공감, 사회적 가치 실현, 상호 존중 기반의 리더십, 심리적 안전감이 보장되는 환경을 더욱 중시하는 경향이 있다. 이는 전통적인 성과주의 중심의 관리방식이 이제는 구성원 중심의 가치 기반 리더십, 의미 중심의 조직문화로 재편되어야 함을 시사한다.

넷째, 가치관은 외부 환경 변화에 따라 기업이 지향해야 할 조직의 전략적 가치체계에도 영향을 미친다.

사회 전반의 가치관 변화는 기업에게도 새로운 기준과 책임을 요구하게 되며, 이는 ESG(환경 · 사회 · 지배구조), CSR(기업의 사회적 책임), DE&I(다양성 · 형평성 · 포용성) 등으로 조직 경영 패러다임이 확장되는 배경이 된다.

오늘날 사회는 단지 '제품을 잘 만드는 기업'이 아닌, 어떤 가치를 추구하며 사회적 존재로서 어떤 책임을 실천하는 기업인가에 주목하고 있으며, 이는 기업의 평판, 소비자 충성도, 투자 유치 능력 등에도 직접적인 영향을 미친다. 사회적 가치에 대한 기대가 높아지고, 다원주의적 가치관이 확산되면서, 기업은 자신이 추구하는 가치를 명확히 하고 이를 조직의 전략과 문화 속에 내재화 해야 하는 과제를 안고 있다.

예를 들어, 친환경 제품에 대한 소비자 수요 증가는 단순한 시장 트렌드가 아니라, 환경을 중시하는 사회적 가치의 반영이며, 이는 기업의 제품 기획, 생산 전략, 브랜드 커뮤니케이션 전략까지 모두 변화시키는 요인이 된다. 이처럼 가치관의 변화는 시장의 방향을 설정하고, 그에 따라 조직 전략이 수립되는 결정적 변수로 기능한다.

마지막으로, 가치관은 절대적이고 고정된 것이 아니라, 시대와 환경, 사회적 흐름에 따라 변화하는 동적인 구조임을 이해할 필요가 있다.

개인의 삶의 경험, 교육 수준, 사회 환경, 정치적·문화적 배경의 변화에 따라 인간은 새로운 가치관을 내면화하며, 자신이 이전에 중요하게 여기지 않았던 가치에 눈을 뜨기도 한다. 특히 기술의 발전, 지구촌화, 위기 상황(예: 팬데믹, 기후변화 등)은 인간의 가치 지향을 전환시키는 계기가 된다. 조직 역시 시대의 변화 속에서 지속 가능성을 확보하고 사회적 신뢰를 유지하기 위해서는, 변화하는 가치 환경에 능동적으로 대응하며, 구성원과 함께 더 나은 가치 수준을 향해 성장해 나가는 구조적 기반을 마련해야 한다.

가치관은 인간 행동의 철학적 기초이자, 조직 관리의 전략적 요소이다. 구성원의 가치관을 정확히 이해하고, 이를 기반으로 적합한 직무환경, 리더십 방식, 보상전략, 교육훈련, 조직문화를 설계하는 조직은, 구성원의 몰입과 자율성, 창의성을 이끌어내는 데 성공할 수 있다. 반면, 개인의 가치관과 조직의 기대 간에 괴리가 발생하면, 이는 직무 불만족, 이직의도, 갈등, 성과 저하로 이어질 수 있다. 따라서 인간의 행동을 이해하고 조직의 지속가능한 경영을 실현하기 위해, 가치관은 단순한 심리적 개념이 아닌, 조직 전체가 다루어야 할 전략적 인식 대상으로 간주되어야 한다. 그리고 교육, 피드백, 대화, 문화적 리더십을 통해 구성원 개개인이 보다 성숙한 가치 수준으로 발달할 수 있도록 지원하는 것이야말로, 현대 조직이 실천해야 할 가장 중요한 리더십 과제 중 하나일 것이다.

section 03 성격

조직 내에서 구성원들이 보이는 행동은 각 개인이 지닌 성격(personality), 기질(temperament), 가치관 등의 심리적 특성에 의해 결정되는 경우가 많다. 개인의 의사결정 방식, 갈등 대처 전략, 리더십 스타일, 타인과의 상호작용 등은 모두 개인이 지닌 독특한 성격 구조와 밀접하게 연결되어 있다. 다시 말해, 조직의 행동은 단지 구조와 제도의 결과가 아니라, 구성원 각자의 성격적 특성의 집합이 만들어 내는 상호작용의 결과라고 볼 수 있다. 이처럼 인간 행동의 일관성과 예측 가능성을 설명하는 심리학적 개념이 바로 성격(personality)이다. 성격은 한 개인이 다양한 상황에서 보여주는 사고, 감정, 행동의 일정한 패턴을 의미하며, 이는 개인의 정체성 형성뿐 아니라, 조직 내 역할 수행, 직무 적합성, 동기유발, 팀워크 형성 등과도 깊은 관련이 있다.

성격은 단순히 고정된 성향의 집합이라기보다는, 개인이 자신이 처한 환경에 독특하게 적응해 나가도록 하는 동적인 심리적 체계로 이해된다. 다시 말하면, 성격이란 한 개인의 심리적 과정 전체의 통합적 총체로서, 시간의 흐름과 경험의 누적에 따라 성장하고 변화하는 개방적 시스템이다. 따라서 성격은 인간의 전체적인 삶의 패턴을 설명하는 중요한 심리적 토대이자, 조직 내 인간 이해의 핵심 기제라 할 수 있다. 심리학자들 사이에서 성격에 대한 정의나 이론은 다양하지만, 성격의 핵심적 속성에 대해서는 다음과 같은 공통된 견해가 존재한다.

① 성격은 개인의 고유한 특성을 나타내는 통합된 개성이다. 개인은 누구나 자신만의 행동 방식, 사고 유형, 감정 반응 양식을 갖고 있으며, 이러한 특성이 성격으로 표현된다.

② 성격은 비교적 안정적인 행동의 패턴을 형성한다. 성격은 시시각각 바뀌는 감정과는 달리 일정한 일관성과 지속성을 보이며, 다양한 상황 속에서도 일정한 행동유형을 반복적으로 나타낸다.

③ 성격은 유전적 생리 기반 위에 형성되는 사회문화적 산물이다. 즉, 인간은 선천적으로 타고난 기질과 능력을 바탕으로, 성장과정에서 다양한 사회적 자극과 상호작용을 통해 자신의 성격을 발달시켜 나간다.

④ 성격은 보편성과 개별성을 동시에 가진다. 한 사회의 문화적 환경 속에서 공통적으로 형성되는 특성도 존재하지만, 개인의 경험과 해석의 차이로 인해 개별적이고 독특한 성격 유형이 만들어진다.

⑤ 성격은 표면적이고 외현적인 행동뿐만 아니라, 개인 내면의 심층적인 심리 구조까지 포괄하는 다층적 구조를 가진다. 즉, 겉으로 드러나는 행동 특성과 더불어 깊숙이 자리 잡은 무의식적 욕구, 감정, 신념 등도 성격의 일부로 포함된다.

이러한 특징들을 종합해보면, 성격이란 단지 특정 행동 유형의 반복이 아니라, 개인이 환경에 반응하는 전체적인 심리구조와 행동경향성을 결정하는 핵심적인 개인차 변수라 할 수 있다. 성격은 개인의 욕구, 흥미, 가치, 태도, 정서 상태 등과 통합적으로 연결되어 있으며, 조직 내 인간관계와 직무수행 방식, 학습 및 변화 수용력에까지 깊은 영향을 미친다.

1. 성격의 결정요인

성격은 인간의 행동에 일관성과 예측 가능성을 부여하는 심리적 체계이지만, 그 기원이 어디에 있는가에 대해서는 심리학자들 사이에서 오랫동안 논쟁의 대상이 되어 왔다. 초기에는 성격을 유전적 요인(본성)과 환경적 요인(양육) 가운데 어느 하나가 더 큰 영향을 미친다고 보는 양자택일적인 관점이 지배적이었다. 그러나 최근에는 성격은 유전과 환경의 상호작용에 의해 형성되며, 여기에 더해 개인이 처한 상황적 요인(situational factor) 또한 중요한 영향을 미친다는 입장이 통설로 받아들여지고 있다. 즉, 성인의 성격은 단지 타고난 기질의 발현이 아니라, 생물학적 기반 위에 사회적 환경과 구체적인 상황이 작용하여 구성되는 복합적 구조로 이해되어야 한다. 이러한 성격의 결정요인들은 크게 생물적 요인, 문화적 요인, 사회적 요인으로 구분된다.

1) 생물적 요인

생물학적 접근은 성격 형성에 있어 유전적 요인의 영향력을 강조한다. 유전론자들은 인간의 성격 특성이 염색체(chromosomes)와 유전자 유전구조의 차이에서 비롯되며, 이는 뇌의 기능, 호르몬 분비, 신경계의 민감도, 생리적 각성 수준 등을 통해 성격의 기반을 제공한다고 본다. 예를 들어, 호르몬의 균형 상태는 감정 조절 능력, 공격성, 정서적 안정성 등에 영향을 미치며, 신체적 체격과 체질 역시 행동 성향과 사회적 자아 형성에 영향을 줄 수 있다. 이러한 생리적 기반은 타고난 것이기 때문에, 개인 간 성격의 차이는 출생 시점부터 일정 부분 존재한다고 할 수 있다.

이러한 유전적 요인의 영향력을 과학적으로 입증하기 위해 심리학자들은 쌍생아 연구와 입양아 연구를 통해 유전과 환경의 영향을 분리하여 분석해 왔다. 예를 들어, J. L. Jinks와 D. W. Fulker의 연구는 서로 다른 환경에서 자란 일란성 쌍둥이들이 유사한 성격 특성을 보인다는 결과를 통해 유전적 요인의 중요성을 강조하였다. 이들은 똑같은 유전자를 공유한 일란성 쌍둥이가 물리적으로 떨어져 성장했음에도 불구하고 성격유형, 감정 반응, 대인관계 방식에서 높은 상관관계를 보였다는 점에 주목하였다. 반면, L. L. Heston의 입양아 연구는, 정신분열증을 지닌 생물학적 어머니로부터 태어나 정상적인 입양가정에서 자란 자녀들 중 일부가 동일한 정신질환을 나타냈다는 결과를 보고하였다. 이 연구는 특정 성격 장애나 정서적 불안정성의 유전적 경향성을 시사하는 근거로 해석된다.

하지만 유전이 성격의 형성에 중요한 기초를 제공한다 하더라도, 성격이 전적으로 유전으로 결정된다는 결정론적 관점은 지양되어야 한다. 왜냐하면 유전적 요인이 강하게 작용하더라도, 환경과 경험, 사회적 학습을 통해 성격은 충분히 변화하고 수정될 수 있기 때문이다. 만일 성격이 전적으로 유전에 의해 고정된 것이라면, 인간의 경험이나 교육, 사회화의 영향은 무력화되어야 할 것이고, 이는 수많은 심리학 이론과 실천적 결과와도 상충된다. 따라서 생물적 요인은 성격의 가능성과 경향성을 제공하는 기초적 기반으로 작용하며, 그 이후의 환경 자극과 상황 경험이 성격의 구조와 표현 방식을 형성하고 조절하는 역할을 한다고 보는 것이 보다 정확한 이해이다.

2) 문화적 요인

성격 형성에 있어 문화(culture)는 가장 강력하면서도 지속적인 영향력을 발휘하는 외부 요인 중 하나이다. 문화란 한 사회나 집단 내에서 공유되는 가치, 규범, 신념, 관습, 행동양식으로 구성된 상징적 체계로서, 한 세대에서 다음 세대로 전승되며 인간의 사고방식과 행동양식에 지대한 영향을 미친다. 인간은 태어날 때부터 특정 문화적 맥락 속에 포함되어 사회화 과정을 거치게 되며, 이 과정에서 정체성, 사회적 역할 인식, 감정 표현 방식, 권위에 대한 태도, 대인관계 스타일, 의사결정 기준 등이 형성된다. 따라서 개인의 성격은 독립된 내면 구조가 아니라, 문화라는 틀 속에서 해석되어야 할 사회적 산물로도 이해된다.

문화적 요인은 크게 거시문화(국가 수준의 문화)와 미시문화(지역, 조직, 가족 등 소집단 수준의 문화)로 구분할 수 있으며, 이들은 모두 인간의 성격 구조에 영향을 미친다. 그중에서도 가장 포괄적이고 장기적인 영향을 주는 요인이 거시적 문화, 즉 개인이 속한 국가나 문명권의 기본 철학과 세계관, 종교적 전통, 교육 시스템, 정치 구조, 경제 제도 등이다. 예를 들어, 북미 지역은 산업화와 시민사회 중심으로 발전된 국가들로, 기독교 윤리를 기반으로 한 근면과 개인의 독립성, 자율성, 경쟁, 성취 중심, 자유주의적 가치관이 강하게 나타난다. 이러한 문화 환경 속에서 자란 사람들은 일반적으로 자기주장이 강하고, 외향적이며, 개인 목표를 중시하고, 실패에 대한 책임도 개인에게 귀속시키는 경향을 보인다. 따라서 성격 특성도 자율성, 자기효능감, 주도성, 자신감, 성취지향성과 같은 속성이 강조되는 경향이 있다.

반면, 한국, 중국, 일본 등 동아시아 문화권은 유교적 전통과 집단주의적 가치관을 바탕으로 권위에 대한 존중, 조화 중시, 공동체 우선, 연령과 지위에 따른 위계질서, 체면문화 등이 지배적이다. 이러한 사회에서 성장한 개인은 성격 특성에서도 내성적, 순응적, 관계 중심적, 조화를 중시하는 경향이 강하며, 개인의 감정 표현이나 갈등 상황에서 보다 수동적이고 간접적인 커뮤니케이션을 선호하는 경향을 보인다. 이처럼 문화는 인간의 성격에 광범위하게 영향을 미치며, 특정 문화가 강조하는 가치 요소는 개인의 성격 형성에 있어 기준과 방향을 설정하는 틀로 작용한다. 1970년대 후반, 네덜란드의 사회심리학자 게르트 호프스테드(Geert Hofstede)의 문화 차원 이론에서처럼, 개인주의(individualism)와 집단주의(collectivism), 권력거리, 불확실성 회피 수준, 남성성/여성성 등의 문화적 가치 지표는 각 문화권에서 자라난 개인의 사고방식과 성격적 특성에 명확한 차이를 가져올 수 있다.

그러나 이러한 문화적 영향력이 크다 하더라도, 문화와 성격 간의 관계를 단선적 또는 기계적인 원인-결과 관계로 이해하는 것은 매우 제한적이다. 문화는 광범위하고 복잡한 구조를 지니며, 동일한 문화권 내에서도 수많은 하위문화(sub-culture)가 공존한다. 예를 들어 북미 사회는 개인주의가 강하다고 일반화되지만, 그 사회 내에서도 도시/농촌, 고소득/저소득층, 다양한 인종과 종교, 성별, 세대 등 수많은 차이가 존재하며, 이들 각각이 독자적인 문화적 환경을 제공한다. 따라서 문화는 성격 형성에 강력한 배경을 제공하는 상황적 틀(contextual frame)일 수는 있지만, 개인의 모든 성격 특성을 일방적으로 결정짓는 결정론적 변수는 아니다. 오히려 한 문화 내에서도 사회계층, 가족 구조, 교육 수준, 개인 경험, 또래 집단, 미디어 노출 등 다양한 사회적 요인들이 상호작용하면서 성격의 다양성을 만들어낸다. 예를 들어, 서구 문화권에서 기독교 윤리가 사회 전반에 영향을 미친다고 하더라도, 기독교적 가치관을 중심에 두고 살아가는 사람과 그렇지 않은 사람 사이에는 매우 큰 성격적 차이가 존재할 수 있다. 같은 문화권, 같은 조직 안에서도 구성원의 가치관과 성격 유형이 매우 이질적인 것은 이러한 하위문화 및 개인적 경험 차이에 기인한다.

조직이 성격을 이해하고 활용하는 과정에서 문화적 배경의 영향력을 무시하거나 단순화하는 접근은 매우 위험하다. 특히 오늘날과 같은 글로벌 조직 환경에서는 다양한 문화권에서 온 사람들이 함께 일하게 되며, 성격 표현과 행동양식에서 서로 다른 기준과 기대를 갖는 경우가 많다. 이런 상황에서는 문화적 차이에 대한 민감성(cultural sensitivity)과 문화 간 성격 특성에 대한 이해 없이는 협업이나 리더십, 갈등관리에서 오해와 마찰이 발생할 수 있다. 따라서 조직은 구성원의 성격을 진단하고 이해할 때, 해당 성격 특성이 어떤 문화적 맥락 속에서 형성되었는지, 그리고 그것이 조직 내에서 어떻게 표현되고 해석되어야 하는지를 입체적으로 파악해야 한다. 이는 단지 성격을 측정하는 심리검사를 넘어서, 문화적 배경, 의사소통 스타일, 감정 표현 방식, 권위에 대한 태도 등 복합적 요소를 반영한 해석을 필요로 한다.

또한, 조직은 이러한 문화적 차이를 존중하면서도, 공유 가능한 조직 차원의 핵심 가치를 형성하고, 그 위에서 다양한 성격 유형들이 건강하게 상호작용할 수 있는 포용적 환경을 조성해야 한다. 특히 글로벌 기업이나 다문화 팀에서는, 조직 내 문화적 통합 전략(cultural integration strategy)을 통해 구성원 간 신뢰와 이해를 높이고, 성격 차이가 긍정적 다양성으로 작용할 수 있도록 해야 할 것이다.

3) 사회적 요인

개인의 성격은 고정된 본성이 아니라, 환경과의 지속적인 상호작용을 통해 형성되고 변화하는 역동적 구조물이라 할 수 있다. 이 과정에서 사회적 요인은 가장 기본적이면서도 지속적으로 작용하는 성격 형성의 핵심 요인이다. 인간은 본질적으로 사회적 존재로서, 출생 직후부터 특정한 가족 구조와 문화, 집단의 영향 아래 놓이며, 이를 통해 행동양식, 감정 표현 방식, 가치관 등을 습득하게 된다. 이러한 사회적 요인은 단순히 외부의 자극이 아니라, 자아를 구성하는 내면적 구조에 깊숙이 작용하여 개인의 인지, 정서, 동기, 행동을 근본적으로 형성한다.

(1) 사회화 과정(socialization process)

사회적 요인의 중심에는 사회화 과정이 자리한다. 이는 개인이 자신이 속한 사회의 가치, 규범, 기대 역할, 문화적 전통 등을 학습하고 내면화하는 일련의 과정이다. 사회화는 크게 초기 사회화(early socialization)와 이차 사회화(secondary socialization)로 구분된다. 초기 사회화는 가정에서 이루어지는 기본적인 가치관, 언어, 성역할, 애착 형성 등에 관한 사회화이며, 이차 사회화는 또래 집단, 학교, 직장, 미디어, 종교기관 등 다양한 사회적 기관을 통해 이루어진다. 특히 현대사회에서는 SNS와 디지털 콘텐츠와 같은 비공식 사회화 채널의 영향력이 커지고 있어, 전통적인 가족이나 학교의 역할을 넘어선 복합적 환경 속에서 성격 형성이 이루어진다.

(2) 동일시 과정(identification process)

사회적 요인 중 성격 발달에 깊이 관여하는 기제로 동일시(identification) 과정이 있다. 동일시는 아동이 주변의 의미 있는 인물(특히 부모, 형제자매, 교사, 또래 등)을 모델로 삼아, 그들의 행동, 가치, 태도, 정서를 관찰하고 모방하며, 나아가 자신의 일부로 내면화하는 심리적 과정을 말한다. 이 과정은 단순한 '흉내'와는 다르며, 개인의 정체성과 가치 체계에 깊이 통합된다는 점에서 근본적 변화를 일으킨다. 동일시 과정은 다음 세 가지 주요 관점에서 이해될 수 있다.

첫째, 동일시는 아동이 모델과의 정서적 유대와 신뢰를 기반으로, 그들의 행동과 태도에 의미를 부여하고 이를 반복적으로 관찰하면서 학습하는 현상으로 볼 수 있다. 이를 통해 아동은 특정 행동의 유의성(significance)을 인식하게 된다.

둘째, 동일시는 단순한 관찰을 넘어, 아동이 모델과 같아지고자 하는 욕구와 동기에 기반한다. 이는 '좋은 사람이 되고 싶다'거나, '칭찬받고 싶다', '안전함을 느끼고 싶다'는 심리적 욕구에서 기인한다.

셋째, 동일시는 모델의 특성이 실제로 자아의 일부로 통합되는 과정을 의미한다. 이때 동일시는 성격의 구조적 기초를 형성하며, 자아정체감(self-identity)의 기틀이 된다. 이는 청소년기와 성인 초기에도 여전히 지속될 수 있으며, 직업 정체성이나 윤리적 가치관 형성에도 중요한 역할을 한다.

과거에는 동일시의 대상이 주로 부모로 한정되었으나, 최근에는 교사, 사회 유명인, 온라인 인플루언서, 가상 캐릭터 등으로 확대되고 있어 동일시 과정의 다양성과 복합성이 증가하고 있다. 특히 SNS나 게임을 통한 가상모델 동일시는 아동 및 청소년의 가치관 형성에 미치는 영향을 무시할 수 없는 수준에 이르렀다.

(3) 가정환경(home environment)과 부모의 영향

가정은 성격 발달의 최초이자 가장 중요한 환경이다. 단순히 부모라는 존재 자체가 아니라, 부모가 만들어내는 정서적 분위기, 규율의 일관성, 애정의 표현 방식, 부모 간의 관계, 양육 태도, 형제 간 상호작용, 부모의 스트레스 수준 등이 복합적으로 작용한다. 예컨대, 따뜻하면서도 일관된 규칙을 제공하는 '권위있는 양육방식'(authoritative parenting)은 자율적이고 자기통제력 높은 성격을 유도하지만, '방임적' 또는 '지배적'인 양육은 충동성, 불안, 회피 등 부정적 성격 특성을 강화할 수 있다. 최근에는 심리적 애착이론(attachment theory)이 성격 발달과의 연계에서 주목받고 있다. 안정애착을 형성한 아동은 긍정적인 자기개념과 사회적 신뢰감을 갖게 되며, 이는 전 생애에 걸친 대인관계와 성격의 안정성에 영향을 준다.

(4) 출생 순서와 성격 차이

사회적 요인을 설명하는 흥미로운 심리사회학적 시도로 출생 순서 이론(birth order theory)이 있다. 일부 연구에 따르면 장남은 일반적으로 부모의 기대와 사회적 규범에 더 많이 노출되기 때문에 책임감이 강하고 규범 지향적 성격을 형성할 가능성이 높다. 반면, 둘째나 막내는 비교적 자유롭고 창의적인 환경 속에서 성장하며, 독립성과 모험심이 높다는 주장도 있다. 그러나 이러한 경향성은 사회문화적 환경, 부모의 양육 경험, 경제적 배경, 형제자매 수에 따라 다양하게 나타날 수 있으며, 반드시 일반화하기는 어렵다. 예를 들어, 경쟁적인 교육환경에서는 장남이 오히려 우울이나 불안 수준이 높고, 둘째가 더 유연하고 외향적일 수 있다는 실증적 연구도 존재한다. 따라서 출생 순서는 단독 요인이라기보다는 복합적인 사회심리 환경의 하나로 이해되어야 한다.

(5) 조직과 사회 속 사회화 과정의 확대

현대 사회에서 사회화는 단지 가정과 학교에서 끝나지 않는다. 조직과 집단, 미디어, 대중문화 또한 강력한 사회화 요인으로 기능한다. 예컨대 기업 조직에서는 신입사원이 조직의 가치, 행동규범, 직무기대에 적응해가는 과정이 바로 조직 사회화(organizational socialization)이며, 이는 직무 몰입도, 조직 정체성, 이직률 등에 큰 영향을 미친다.

또한 조직 문화가 지나치게 권위적이거나 경쟁 중심적일 경우, 개인의 성격과 행동 양식에 부정적 영향을 줄 수 있으며, 반대로 심리적 안정과 자율성을 중시하는 조직 환경은 개인의 자기효능감과 창의성을 고취시킬 수 있다. 따라서 현대 조직에서는 성격을 고정된 특성이 아닌, 사회적 맥락 속에서 형성되고 조절되는 역동적 자원으로 보고, 교육·훈련, 조직문화 설계, 리더십 스타일을 통해 긍정적 방향으로 발달시키려는 시도가 활발히 이루어지고 있다.

(4) 상황적 요인

인간의 성격은 일반적으로 안정적이고 일관된 특성으로 정의되지만, 그것이 결코 고정불변하거나 절대적인 것은 아니다. 개인은 끊임없이 변화하는 환경 속에서 살아가며, 다양한 상황적 자극에 반응하면서 자신의 특성과 행동을 조정한다. 따라서 개인의 성격은 상황과의 상호작용 속에서 표현되고 조율되는 유연한 성향이라 할 수 있으며, 이는 최근의 조직행동론에서도 매우 중요하게 다뤄지는 관점이다. 성격은 본질적으로 개인이 가진 내면의 고유한 심리적 특성(성향, 태도, 신념)과 외부 환경이 제공하는 조건(역할, 기대, 규범, 제약) 간의 상호작용 결과로 발현된다. 즉, 동일한 성격을 가진 사람이라도 특정 상황에서는 매우 다른 행동을 보일 수 있으며, 이는 단순히 개인의 성향 때문만이 아니라, 상황이 유발하는 심리적·사회적 압력에 기인한다. 이를 통해 성격은 고정된 요소가 아니라, 맥락 속에서 반응하고 적응하는 존재로 재정의될 수 있다.

① 상황에 따라 드러나는 성격의 다면성

개인의 성격은 단일하고 일관된 성질이 아니라, 다양한 상황에서 각기 다른 모습으로 드러나는 다면적 성격 구조를 갖고 있다. 예를 들어, 내향적 성향을 가진 사람이더라도 자신이 잘 아는 주제에 대해서는 대중 앞에서 적극적으로 의견을 개진할 수 있으며, 반대로 외향적인 사람도 낯선 환경이나 권위적 상황에서는 위축될 수 있다. 이는 성격이 단지 기질이나 경향성을 넘어서, 상황에 따른 표현양식(expression style)으로 작용한다는 것을 의미한다. 심리학자 월터 미셸(Walter Mischel)은 성격과 행동 사이의 일관성을 부정하며, 상황주의적 접근(situational approach)을 주장하였다. 그의 연구에 따르면, 개인의 행동은 성격보다는 상황적 단서에 따라 더 강하게 결정된다고 하며, 성격과 행동 사이의 상관관계는 낮은 편이라고 지적하였다. 이로 인해, 성격은 환경과 분리된 고정적 속성이 아니라, 환경과의 역동적 관계 속에서 드러나는 패턴으로 이해되어야 한다는 주장이 강화되었다.

② 조직 환경과 개인 성격의 불일치가 초래하는 부적응

조직이나 사회에서 개인이 처한 구체적 상황은 그들의 성격 표현에 상당한 제약이나 촉진을 가할 수 있다. 예를 들어, 성취욕구가 강하고 자율적 의사결정을 선호하는 사람일지라도, 극도로 규칙화되고 통제적인 관료적 조직에서 일하게 되면 심각한 역기능적 반응을 보일 수 있다. 다음은 그러한 상황적 부조화의 예이다. 예를 들어, 한 개인이 성장과정에서 성취와 노력에 대한 높은 욕구를 내면화했으나, 실제로는 고도로 관료적인 조직 환경 속에서 자신의 의견이 전혀 반영되지 않고 일률적인 지시에 따라야만 하는 상황에 놓이게 된다면, 그는 점차 무력감과 좌절감을 경험하게 된다. 이러한 심리 상태는 공격적 행동, 냉소주의, 혹은 업무 태만으로 나타날 수 있으며, 결국 주변 사람들에게는 "문제 인물" 혹은 "게으른 직원"으로 낙인찍힐 수 있다. 이처럼 개인의 내적 성향과 외적 상황 간의 부조화는 성격 왜곡의 원인이 될 수 있으며, 조직 내에서는 종종 이러한 문제를 인사 실패, 부적응, 혹은 성과 부진의 형태로 인식하게 된다.

③ 상황적 요인에 대한 조직 차원의 대응

상황의 영향력을 인정한다는 것은, 조직이 단지 사람을 평가하거나 선발할 때 고정된 성격 특성만을 기준으로 삼아서는 안 된다는 시사점을 제공한다. 실제로 현대 조직에서는 성격을 평가할 때에도 "적소배치(person–job fit)"나 "직무환경–인성 일치(person–environment fit)" 개념을 적용하여, 개인이 잘 발휘될 수 있는 상황적 조건을 설계하려는 노력이 강조되고 있다. 예컨대, 창의성과 자율성이 뛰어난 인재에게는 프로젝트 기반의 자율적 조직 환경이 적합하며, 반복성과 정확성이 중요한 업무에는 계획성과 안정성을 지닌 인재가 적절하다.

또한 리더십 개발에서도 리더의 자질 못지않게, 리더가 처한 상황적 요구, 조직 문화, 팀 구성원들의 특성이 함께 고려되어야 한다. 이는 피들러(Fiedler)의 상황적 리더십 이론에서 강조된 바와 같이, "가장 좋은 리더"는 존재하지 않으며, 가장 적합한 리더십은 상황에 따라 달라진다는 원리와도 일맥상통한다.

④ 맥락 기반 성격 이해의 중요성

최근에는 성격을 이해함에 있어서도 단순한 성향분석보다 "맥락적 성격(contextual personality)"을 강조하는 연구들이 늘어나고 있다. 이는 특정한 사회적 위치나 역할이 개인의 성격 표현에 강한 제약을 가한다는 점을 반영하며, 성격을 설명할 때 반드시 개인이 놓인 사회적 구조, 직무 환경, 상호작용 네트워크 등을 함께 고려해야 한다는 점을 강조한다.

정리해 보면, 성격은 단지 개인의 내면적 특성에 의해 고정적으로 형성되는 것이 아니라, 다양한 상황적 자극과 환경의 특성, 역할 기대, 사회적 관계망 속에서 유동적으로 표현되고 재구성되는 성향이다. 따라서 조직이나 사회는 구성원 개인이 가장 잘 발휘될 수 있는 맥락적 조건을 마련하고, 그에 맞는 배치, 의사결정 권한, 상호작용의 방식 등을 설계함으로써 개인의 성격이 긍정적 방향으로 발현되도록 유도해야 한다.

2. 성격의 구조에 관한 이론

성격은 인간의 행동을 이해하고 예측하기 위한 핵심 변수로 오랫동안 다양한 학문 분야에서 연구되어 왔다. 특히 성격의 구조를 설명하기 위한 이론적 접근은 크게 두 가지 주요 관점으로 구분되며, 각각의 접근법은 성격을 어떻게 정의하고 측정하며 활용할 것인가에 대한 시사점을 제공한다. 이 절에서는 성격 구조에 관한 대표적 접근법인 특성이론과 유형이론을 중심으로 설명하고, 각 이론이 갖는 현대적 의미와 한계를 함께 고찰하고자 한다.

1) 특성이론(Trait Theory)

특성이론은 개인의 성격이 상대적으로 안정되고 지속되는 행동 경향성의 집합으로 구성된다는 관점을 기반으로 한다. 즉, 특정 개인이 시간과 상황을 초월하여 비교적 일관된 방식으로 사고하고, 감정 반응을 보이며 행동하는 경향이 있으며, 이러한 경향을 '특성(trait)'이라 정의한다. 특성이란 개인 간 차이를 나타내는 행동의 근본적 소질이자, 성격을 설명하고 예측하는 데 사용되는 주요 단위이다. 이 이론에 따르면, 성격은 하나의 특성이 아니라 다양한 특성들의 결합체이며, 각 특성은 하나의 연속선상에서 고강도부터 저강도까지의 범위를 가진다. 예컨대, 외향성이라는 특성은 사람에 따라 매우 높은 수준에서부터 매우 낮은 수준까지 분포되며, 이를 통해 개인 간의 차이를 이해할 수 있다.

대표적인 특성이론가인 R. B. Cattell은 성격을 구성하는 핵심적인 특성들을 수학적 통계기법인 요인분석(factor analysis)을 통해 추출하였으며, 최종적으로 16개의 기본 성격 특성을 제시하였다. Cattell은 이들 특성이 인간의 행동과 정서 반응의 기반이 되며, 다음과 같은 쌍대적 특성 차원을 통해 성격을 설명하였다.

표 3-2 성격의 16가지 기본 특성

내성적인	--------------	외향적인
덜 총명한	--------------	더 총명한
감정에 사로잡히는	--------------	감정적으로 안정적인
복종하는	--------------	지배적인
고민이 많은	--------------	태평한
편의주의적인	--------------	양심적인
겁이 많은	--------------	모험적인
심성이 강한	--------------	감수성이 예민한
남을 잘 믿는	--------------	의심이 많은
현실적인	--------------	풍부한 상상력
솔직한	--------------	영악한
자신감있는	--------------	걱정이 많은
보수적인	--------------	실험적인
집단의존적인	--------------	자기충족적인
억제당한	--------------	억제되지 않은
느긋한	--------------	긴장한

이러한 특성들은 〈표 3-2〉에서처럼 성격의 스펙트럼을 설명하는 연속적 차원으로 구성되며, 각각의 개인은 이들 특성의 조합에 따라 독특한 성격 프로파일을 형성한다. 현대 성격심리학에서는 Cattell의 16개 특성 모형을 기반으로 발전한 Big Five(성격 5요인 이론)이 가장 널리 활용되고 있다. 이는 외향성(Extraversion), 친화성(Agreeableness), 성실성(Conscientiousness), 정서적 안정성(Neuroticism), 개방성(Openness)의 다섯 가지 차원으로 구성되어 있으며, 조직 내 인간 행동의 예측과 인사관리 활용에 매우 효과적인 도구로 자리매김하고 있다.

특성이론은 개인 간 차이를 측정가능한 변수로 정량화할 수 있다는 장점이 있으며, 다양한 조직 장면에서 인재선발, 리더십 평가, 직무적합성 분석 등에 실용적으로 적용된다. 그러나 개인의 행동이 항상 일관되게 나타나지는 않는다는 점에서, 상황적 요인과의 상호작용을 고려하지 않으면 설명력이 제한될 수 있다는 비판도 존재한다.

2) 유형이론(Type Theory)

유형이론은 특성이론에서 제시된 수많은 개별 특성들을 통합하고, 유사한 특성들을 하나의 유형 또는 범주로 묶어 설명하고자 하는 접근이다. 이 이론은 인간의 성격을 연속적 차원이 아닌, 질적으로 구분되는 성격 범주로 분류함으로써 보다 직관적이고 이해하기 쉬운 형태로 제시하는 데 중점을 둔다. 가장 기초적인 유형 분류는 개인의 내향성–외향성 차원과 불안(걱정)의 정도를 기준으로 하여 다음과 같이 4가지 성격유형으로 분류할 수 있다.

표 3-3 성격의 4가지 유형

구 분	걱정이 많음	걱정이 적음
외향적	긴장되어 있고 흥분하기 쉬우며, 불안정하고 따뜻하며 사교적이고 의존적이다.	침착하며 믿음직하고 신뢰성이 있으며, 적응성이 높고 따뜻하며 사교적이고 의존적이다.
내향적	긴장되어 있고 흥분하기 쉬우며, 불안정하고 차가우며 부끄러움을 잘 탄다.	침착하고 믿음직하고 신뢰성이 있으며, 적응성이 높고 냉정하고 차가우며 부끄러움을 잘 탄다.

〈표 3–3〉과 같이 이 유형 구분은 성격의 주요 특성이 어떻게 결합되어 행동 양상을 형성하는지를 설명하는 데 유용하며, 조직 내에서 팀 구성, 역할 배분, 갈등 조정 등에 활용될 수 있다.

가. Jung의 내향성-외향성 이론

유형이론의 가장 대표적인 고전적 관점은 C. G. Jung의 내향성(introversion)과 외향성(extraversion)에 관한 이론이다. Jung은 인간의 심리에너지인 리비도(libido)가 주로 외부 세계를 향하느냐, 내부 세계를 향하느냐에 따라 성격이 외향적 또는 내향적으로 구분된다고 보았다. 외향형은 외부 환경과의 상호작용에 에너지를 쓰며, 활동적이고 사교적이며 감정을 외부에 표출하는 경향이 있다. 이러한 사람은 대체로 낙관적이고 대인관계 중심적이며, 외부 자극을 통해 활력을 얻는다.

내향형은 자신의 내면 세계에 에너지를 집중하며, 신중하고 고독을 즐기며 자기 성찰을 중시하는 경향이 있다. 이들은 사회적 접촉보다 개인적인 사유와 조용한 환경에서 안정감을 느끼며, 감정을 쉽게 드러내지 않는 편이다. Jung은 대부분의 사람들이 순수 내향형이나 순수 외향형보다는 양자의 속성을 동시에 가지고 있으나, 어느 한 방향성이 상대적으로 우세하다고 보았다. 이후 그의 이론은 Myers-Briggs Type Indicator(MBTI)와 같은 현대 성격유형 도구로 발전되어 개인의 성격 진단, 조직 구성, 리더십 유형 분석 등에서 폭넓게 사용되고 있다.

특성이론과 유형이론은 각각의 강점과 한계를 가지고 있으며, 오늘날의 성격이론은 이 두 가지 접근의 통합적 활용을 지향하고 있다. 특히 조직행동론 분야에서는 개인의 성격을 선발 및 배치, 리더십, 팀워크, 직무만족, 조직몰입 등의 변인과 연계하여 예측 가능한 변수로 실용화하고 있으며, 동시에 성격이 환경과 상호작용한다는 점에서 상황주의 관점과도 결합되고 있다.

3) 성격의 구조에 관한 이론의 약점

앞서 살펴본 특성이론(trait theory)과 유형이론(type theory)은 성격의 본질과 개인 간 차이를 설명하려는 대표적인 구조 중심 이론들로서, 성격이 행동의 비교적 일관된 패턴이라는 관점에서 출발한다. 이들 이론은 인간의 성격을 명확한 틀로 분류하거나 수치화함으로써 성격의 측정과 예측 가능성을 높이고자 하였으며, 조직 장면에서도 일정 부분 유용하게 적용되어 왔다. 그러나 이러한 성격의 구조 중심 이론들은 인간 행동의 복잡성과 변동성을 충분히 포착하지 못한다는 점에서 다음과 같은 이론적 한계와 실천적 약점을 갖는다.

(1) 상황적 요인을 고려하지 못한 고정적 관점

특성이론과 유형이론 모두 공통적으로 개인의 성격이 고정된 속성이며, 시간과 공간을 초월하여 일관되게 유지된다는 전제를 바탕으로 한다. 그러나 실제 인간의 행동은 특정한 상황이나 맥락에 따라 달라지며, 동일한 사람이 다른 장면에서는 상이한 행동을 보이는 경우가 많다. 예를 들어, 평소에는 차분하고 협조적인 성격을 가진 사람도 경쟁적이고 갈등적인 환경에 처하면 공격적 행동을 보일 수 있으며, 내성적인 사람도 친밀한 소그룹 내에서는 주도적으로 행동할 수 있다. 이는 성격이 고정된 속성이 아니라 상황과의 상호작용 속에서 가변적으로 표현된다는 점을 시사한다. 구조 중심 이론은 이러한 성격의 동태성(dynamicity)을 간과하고 있다는 점에서 현대 심리학과 조직이론의 흐름과는 일정한 괴리를 보인다.

(2) 개인 간 경계가 모호한 중간영역 존재

성격을 몇 가지 특성 혹은 유형으로 정형화하려는 시도는 인간의 복잡한 심리 구조를 단순화할 수 있다는 장점은 있지만, 반대로 수많은 사람들을 정확히 포착하지 못하는 문제도 발생시킨다. 대부분의 개인은 명확히 특정한 성격 유형이나 특성에 속하지 않고, 여러 특성의 혼합 형태, 즉 중간지대(middle range)에 존재한다. 이들은 외향적이면서도 특정 상황에서는 내향성을 보일 수 있고, 성실성과 창의성을 동시에 발휘하기도 하며, 친화적이면서도 자기주장이 강한 이중적 특성을 지닐 수 있다. 즉, 인간 성격은 연속적 스펙트럼 상에서 복합적으로 분포되어 있으며, 이를 고정된 카테고리로 환원하는 방식은 오히려 성격 이해의 정확성을 떨어뜨릴 수 있다. 이러한 점에서 유형 분류의 경직성과 특성의 지나친 정량화는 인간행동의 다양성과 예외성을 설명하는 데 한계를 가진다.

(3) 인간과 환경의 상호작용을 간과한 정태적 설명

특성과 유형 중심의 성격이론은 성격을 개인 내부의 고유한 심리 구조로만 설명함으로써, 환경과의 상호작용(interaction)을 통한 성격 발달과 표현을 충분히 설명하지 못한다. 이는 인간행동의 본질이 '상황적 요구와 내적 성향 사이의 상호작용'에서 비롯된다는 현대 심리학의 인식과 대치된다. 실제로 성격은 생물학적 기질이나 유전적 특성과 같은 선천적 요소뿐 아니라, 사회화 과정, 문화적 배경, 조직 환경, 대인관계 경험 등에 따라 형성되고 변화할 수 있다. 예컨대, 자율적이고 창의적인 조직문화 속에서는 개인의 개방성과 자기주도성이 발현되기 쉬우며, 반대로 권위주의적이고 폐쇄적인 조직에서는 순응적 성향이나 방어적 행동이 강화될 수 있다. 이러한 점에서 성격은 정태적 고정 구조가 아닌, 사회적 맥락 속에서 점진적으로 형성되고 재구성되는 존재로 이해되어야 한다.

(4) 예측의 한계와 적용의 경직성

특성이론과 유형이론은 어느 정도 행동 예측에 도움을 줄 수 있으나, 이는 통계적 경향성을 기반으로 한 일반화일 뿐, 개별 행동의 정확한 예측에는 한계가 있다. 인간행동은 감정, 동기, 사회적 기대, 역할 갈등, 순간적 압력 등 다양한 요소에 영향을 받기 때문에, 동일한 성격을 가진 사람이라도 맥락에 따라 전혀 다른 반응을 보일 수 있다. 이러한 점에서 구조이론만으로 조직 내 개인 행동, 리더십 발현, 갈등 대응, 팀 내 상호작용 등을 완전하게 예측하기는 어렵다.

또한 구조이론에 근거한 평가 방식은 개인을 하나의 고정된 성격 유형으로 판단하게 만들어, 성장 가능성이나 유연한 역할 변화의 여지를 간과할 위험이 있다. 이는 특히 인사관리나 조직개발 측면에서 잠재력 발굴과 역량 개발을 제한할 수 있는 실천적 약점으로 연결된다.

3. 성격의 형성에 관한 이론

성격은 인간의 정체성을 구성하는 핵심 요소로서, 그것이 어떻게 형성되고 발달하는가는 오랜 시간 동안 심리학자들과 교육자, 조직이론가들의 핵심적 관심 주제였다. 성격은 단지 선천적으로 주어진 고정된 특성이라기보다는, 개인이 성장하고 사회와 상호작용하며 경험을 내면화하는 일련의 과정 속에서 점진적으로 형성되는 심리적 구조물이다. 이러한 성격의 형성 과정을 설명하기 위해 다양한 심리학적 이론이 제시되어 왔으며, 그 중 대표적으로 S. Freud의 정신역동이론과 J. Piaget의 인지발달이론은 성격 발달의 이론적 토대를 제공해주는 고전적 접근이라 할 수 있다.

1) Freud의 정신역동이론(Psychodynamic Theory of Personality)

S. Freud는 인간의 성격을 단순한 행동 습관이나 표면적 기질로 보지 않고, 무의식적인 정신 에너지의 상호작용 결과로 간주하였다. 그는 성격을 원초아(id), 자아(ego), 초자아(superego)라는 세 가지 정신구조로 이루어진 에너지 시스템으로 설명하였으며, 이 세 요소가 상호 충돌하고 조화를 이루는 방식이 곧 개별 인간의 성격 양상이라는 것이다.

원초아(id)는 본능적이고 충동적인 정신 요소로서, 인간의 성적·공격적 욕망과 같은 원초적 본능이 자리한 곳이다. 이는 쾌락원리(pleasure principle)에 따라 작동하며, 무의식의 영역에 존재한다.

자아(ego)는 원초아와 외부 현실, 그리고 초자아 사이의 조정자 역할을 한다. 자아는 현실원리(reality principle)에 따라 행동하며, 욕망을 현실에 맞게 조정하고 사회적 기대에 부합하도록 조절하는 기능을 한다.

초자아(superego)는 도덕성과 이상, 양심의 내면화를 반영한 정신 요소로서, 부모나 사회로부터 내면화된 가치와 규범을 기반으로 작동하며, 이상원리(ideal principle)를 따른다.

이 세 요소는 상호 협력하거나 갈등을 빚으며, 자아는 종종 원초아의 충동과 초자아의 도덕적 요구 사이에서 심리적 긴장과 갈등을 겪는다. 이 과정에서 자아는 불안을 해소하고 자아존중을 유지하기 위해 다양한 방어기제(defense mechanisms)를 작동시킨다. 대표적인 방어기제에는 억압(repression), 부정(denial), 투사(projection), 합리화(rationalization), 퇴행(regression) 등이 있다.

Freud의 이론은 성격의 무의식적 기원을 강조함으로써, 겉으로 드러난 행동만으로는 성격을 완전히 이해할 수 없다는 통찰을 제시하였다. 또한 그는 성격이 유아기의 심리적 발달 단계(구강기, 항문기, 남근기 등)를 거치며 형성된다고 주장하였으며, 이 과정에서 발생한 고착(fixation)이 성인의 성격 이상이나 심리적 문제로 이어질 수 있다고 보았다.

Freud의 정신역동이론은 조직 내 인간행동을 이해할 때에도 유용한 시사점을 제공한다. 예컨대, 상사의 권위에 대한 과도한 반발, 비합리적인 충동적 의사결정, 방어적 커뮤니케이션 등은 개인 내면의 심리적 갈등 또는 무의식적 동기의 발현으로 해석될 수 있다. 따라서 이 이론은 인간의 성격을 단순한 성향이 아닌 심층심리적 구조의 역동성으로 이해할 수 있게 한다는 점에서 여전히 영향력을 가진다.

2) Piaget의 인지발달이론(Cognitive Developmental Theory)

J. Piaget는 성격 발달에 있어 인지 기능의 발달을 핵심 요인으로 간주하였다. 그는 인간의 사고능력은 단순히 경험의 축적이 아닌, 인지구조 자체가 발달함에 따라 질적으로 변화하는 과정이라 보았으며, 이 인지발달은 일정한 연령 단계에 따라 단계적으로 이루어진다고 주장하였다. 그의 이론은 아동의 인지 발달을 네 단계로 구분하며, 각 단계에서 성격의 한 부분도 함께 구성된다고 본다.

(1) 감각운동 단계(Sensorimotor Stage: 0~2세)

이 단계의 유아는 감각적 자극과 운동 반응을 통해 세상을 탐색하며, 환경과의 상호작용을 통해 기초적인 인식능력을 형성한다. 중요한 개념 중

하나는 대상 영속성(object permanence)으로, 이는 사물이 눈앞에서 사라져도 존재한다는 사실을 인지하는 능력으로, 자기와 외부세계의 분리를 인식하는 초기 성격 형성의 단서가 된다.

(2) 전조작 단계(Preoperational Stage: 2~7세)

이 시기의 아동은 언어를 사용하고 상징적 사고를 시작하지만, 여전히 자기중심적 사고(egocentrism)를 보이며 논리적 사고는 미흡하다. 가령, 동일한 물체라도 형태가 달라지면 다른 것으로 인식하는 등의 오류를 범한다. 이 시기는 자아 정체성의 초기 구성과 사회적 역할 인식의 기초가 마련되는 시기이다.

(3) 구체적 조작 단계(Concrete Operational Stage: 7~12세)

아동은 이 시기에 논리적 사고, 보존 개념, 분류와 서열 개념 등을 습득하며, 주변 세계를 보다 객관적으로 이해하기 시작한다. 이 시기부터 타인의 관점과 감정을 이해하는 조망수용 능력(perspective-taking)이 형성되어, 사회적 관계와 도덕성의 발달이 가속화된다.

(4) 형식적 조작 단계(Formal Operational Stage: 12세 이후)

청소년기 이후 개인은 추상적 사고, 가설 연역적 추리, 이데올로기적 사고가 가능해지며, 복잡한 사회문제나 도덕적 딜레마에 대해서도 사고할 수 있다. 이는 자아정체감, 진로 탐색, 가치 선택 등 성격의 성숙과 밀접한 관련이 있으며, 자기 성찰적 사고와 정체성 탐색(identity formation)이 본격화되는 시기이다.

Piaget의 이론은 성격 형성이 단순한 감정이나 충동의 발달만이 아닌, 인지적 사고 능력의 발달과 밀접히 연관되어 있다는 점에서 Freud의 이론과 상보적인 관계를 가진다. 특히 조직 환경에서는 구성원의 문제해결력, 도덕 판단, 자기조절 능력 등을 이해하는 데 있어 유용한 분석틀을 제공한다.

표 3-4 정신역동 이론과 인지발달 이론의 비교

이론	주요 관점	성격 형성과의 연계	조직행동에의 적용
Freud의 정신역동 이론	무의식, 방어기제, 심리 갈등 중심	성격은 원초적 본능과 사회적 도덕 간의 긴장 속에서 형성	무의식적 동기, 갈등행동, 감정반응의 이해
Piaget의 인지발달 이론	인지구조의 단계적 변화	성격은 인지발달에 따라 논리적·사회적 판단력이 성숙되며 형성	합리적 사고, 도덕성, 자율성, 정체감 발달 분석에 활용

두 이론은 접근 방식과 강조점에 있어 차이가 있지만, 성격이 시간과 경험을 통해 발달하고 구조화된다는 점에서는 공통된다. 오늘날에는 이 두 이론을 포함한 다양한 접근법들이 통합되어 성격 발달의 다차원적 이해가 시도되고 있으며, 특히 성격이 고정된 것이 아니라 환경과 상호작용하며 변화·성장하는 존재라는 점에서 실천적 유용성이 더욱 강조되고 있다.

section 04 태도

조직 내에서 구성원이 보이는 행동은 단순한 외적 반응의 결과가 아니라, 그 근저에는 특정 대상이나 상황에 대한 지속적이고 일관된 심리적 경향성, 즉 태도(attitude)가 자리하고 있다. 태도는 일반적으로 어떤 대상이나 사람, 사건, 상황에 대해 '좋아한다(like)'거나 '싫어한다(dislike)'는 평가적 성향을 의미하며, 이는 개인이 환경을 인지하고 해석하고 반응하는 데 영향을 주는 중요한 심리 변수로 간주된다. 태도는 특정 대상에 대한 개인의 선유 경향(predisposition), 즉 행동의 준비 상태라고 정의할 수 있다. 이러한 경향성은 단순한 순간적 감정이나 일시적 반응이 아니라, 비교적 체계화되고 일관된 사고, 감정, 행동의 통합된 양식을 형성하며, 이를 통해 인간은 복잡한 환경 속에서도 비교적 일관된 행동양식을 유지하게 된다. 태도는 다음과 같은 세 가지 주요 구성

요소로 이루어진다.

- **정서적 요소**(affective component): 특정 대상에 대한 긍정적 또는 부정적 감정. 예: "나는 이 부서를 좋아하지 않는다."
- **행동적 요소**(behavioral component): 대상에 대해 취하게 되는 행동의 경향성. 예: "나는 이 회사를 곧 그만둘 것이다."
- **인지적 요소**(cognitive component): 특정 대상에 대한 개인의 신념이나 사고. 예: "이 회사는 성장 가능성이 낮다."

이러한 구조는 흔히 ABC 모델(Affect-Behavior-Cognition)로도 불리며, 인간의 태도를 보다 구체적이고 분석적으로 이해하는 데 활용된다.

태도는 다음과 같은 두 가지 기본 속성을 지닌다.

첫째, 지속성(persistence)이다. 태도는 단기간에 쉽게 변하지 않으며, 외부 환경이나 개인의 경험에 의한 변화 요인이 작용하지 않는 한 비교적 오랜 시간 동안 유지되는 경향을 갖는다.

둘째, 대상 특이성(target specificity)이다. 태도는 추상적인 개념이 아니라, 특정한 대상(예: 직무, 상사, 급여, 조직문화 등)에 대한 개인의 정서적·인지적 반응과 관련되어 있다. 예컨대, "A는 나쁜 태도를 가지고 있다"는 표현은 그의 전반적인 성격보다는 특정한 대인관계, 작업환경, 감독자에 대한 부정적인 감정과 신념의 표현일 가능성이 높다.

1. 태도의 기능

태도는 단지 개인의 내면 상태를 반영하는 심리적 구조물에 그치지 않고, 개인이 사회적·조직적 환경에서 보다 효과적으로 기능하도록 돕는 심리적 도구이자 적응 메커니즘으로 작용한다. 이에 대해 D. Katz는 태도가 수행하는 기능을 개인의 동기(motivation)와 연계하여 다음 네 가지로 분류하였다.

첫째, 적응적 기능(adjustment function)

이 기능은 개인이 자신의 욕구나 가치의 실현을 위해 환경에 효과적으로 적응하게끔 돕는 역할을 한다. 다시 말해, 특정한 태도를 취함으로써 개인은 보상(긍정적 결과)을 얻거나 처벌(부정적 결과)을 피할 수 있는 방향으로 행동하게 된다. 예를 들어, 직장에서 상사의 지시를 수용하는 태도는 단지 권위에 대한 복종이라기보다, 인사고과나 직무 안정성과 같은 보상적 가치를 추구하는 행동 전략일 수 있다. 이 기능은 또한 개인이 사회적 환경에서 수용받고자 하는 욕구와도 연결된다. 예컨대, 어떤 개인이 특정 집단(예: 조직 내 다수 의견)에 동조하는 태도를 보일 경우, 이는 외부의 평가나 소속감 확보를 위한 적응적 태도일 가능성이 있다.

둘째, 자아방어적 기능(ego-defensive function)

태도는 개인이 심리적 위협이나 불안을 느낄 때, 이를 방어하기 위해 사용하는 심리적 장치이기도 하다. 자아방어적 태도는 종종 무의식적으로 나타나며, 현실의 불편한 진실이나 내적 갈등을 외면하거나 왜곡하여 자아를 보호하려는 경향을 띤다. 이 과정에서 방어기제(defense mechanism)가 동반되는데, 예를 들어 다음과 같은 반응이 이에 해당한다.

- **합리화**(rationalization): 실패한 원인을 외부 요인으로 돌리며 자신을 정당화함.
- **투사**(projection): 자신의 부정적 감정을 타인에게 전가함.
- **부정**(denial): 위협적인 현실을 받아들이지 않음.

조직 내에서도 이러한 태도는 흔히 관찰된다. 예컨대, 승진 탈락 후 상사를 향한 부정적 태도는 단순한 비판이 아니라, 자기 이미지 손상을 방어하려는 심리적 반응일 수 있다.

셋째, 가치표현적 기능(value-expressive function)

개인은 특정한 태도를 통해 자신의 가치관이나 정체성, 신념 체계를 표현하고자 한다. 즉, 태도는 자신의 내면을 외부에 드러내고 자아를 확립하는 정체성의 표현 수단으로 기능한다. 예컨대, 환경 보호를 중요하게 여기는 사람은 친환경 소비나 관련 캠페인 참여에 긍정적 태도를 보이며, 이는 단순한 행동이 아니라 자기 가치의 사회적 표현이다. 이 기능은 조직 내에서도 중요한 역할을 한다. 직원이 공정성, 혁신, 팀워크와 같은 조직가치에 대한 긍정적 태도를 가질 경우, 해당 가치는 구성원 간에 공유되고 조직문화로 내면화된다. 반대로, 개인의 가치와 조직의 가치가 충돌할 경우 조직몰입 저하나 이직 의도로 연결될 수 있다.

넷째, 지식적 기능(knowledge function)

태도는 복잡한 외부 자극이나 정보에 대해 개인이 일관된 해석 틀과 행동 지침을 마련할 수 있게 도와준다. 인간은 본능적으로 환경을 이해하고 예측하고자 하며, 태도는 이러한 인지적 구조화의 일환으로서 작용한다. 예컨대, 특정 기업이나 직무에 대한 긍정적 태도를 가진 구직자는 채용 정보나 기업 문화에 대한 정보를 선택적으로 수용하거나 해석하게 된다. 또한, 조직 내에서는 구성원이 일관된 판단 기준을 갖고 의사결정을 내릴 수 있도록 행동의 인지적 틀을 제공한다. 이와 같이 태도는 단지 감정의 표현에 그치지 않고, 적응, 방어, 정체성 표현, 인지 구조화 등 다양한 심리적 기능을 수행한다. 또한 이 네 가지 기능은 상호 배타적인 것이 아니라 상황과 맥락에 따라 복합적으로 작용하며, 인간의 행동을 동기화하고 조절하는 핵심 메커니즘으로 작동한다.

이상에서 실펴본 바와 같이, 대도는 단순한 감정 표현이 아닌 심리적 구조와 기능의 통합체이며, 조직행동에 있어서 매우 중요한 변수로 작용한다. 태도를 이해하고 관리하는 것은 구성원들의 행동 예측, 동기부여, 조직 문화 구축 등에서 필수적이다. 다음 절에서는 이러한 태도의 형성과 변화 요인에 대해 살펴볼 수 있다면, 보다 통합적인 시각을 제공할 수 있을 것이다.

2. 태도의 구성요소

태도(attitude)는 단순한 감정 반응이나 일시적인 기분이 아니라, 비교적 지속적이고 일관된 평가적 경향성으로, 특정 대상이나 사람, 사건에 대해 개인이 느끼는 심리적 태세(態勢)를 의미한다. 태도는 일반적으로 잘 변하지 않는 성질을 가지고 있으며, 변화가 일어나기 위해서는 강력한 인지적 충격이나 감정적 사건, 환경적 자극이 수반되어야 한다. 따라서 조직 내에서 구성원의 태도를 이해하고 관리하는 일은 매우 중요하면서도 섬세한 접근이 필요한 영역이다. 태도는 단일한 심리적 구조가 아니라, 서로 긴밀하게 연관된 세 가지 구성요소가 상호작용하여 형성된다. 이 세 요소는 인지적 요소(cognitive component), 감정적 요소(affective component), 행동적 요소(behavioral component)로 구성되며, 이른바 ABC 모델(Affect-Behavior-Cognition)로도 불린다. 미국의 심리학자 M. Fishbein은 이러한 세 요소의 유기적 결합을 통해 태도의 전체적 구조가 결정된다고 보았으며, J. L. Gibson, J. M. Ivancevich, J. H. Donnelly 등도 조직행동론의 맥락에서 이 구조를 강조한 바 있다.

1) 인지적 요소(Cognitive Component)

인지적 요소는 개인이 특정 대상에 대해 가지고 있는 신념, 지식, 생각, 믿음 등을 포함한다. 이를 때때로 정보적 경향(informational tendency)이라고 부르기도 하며, 특정 대상이나 개념에 대한 개인의 지각(perception)된 정보를 의미한다. 여기서 중요한 점은, 이 신념이 객관적으로 맞느냐 틀리느냐가 아니라, 개인이 그렇게 '인지하고 있다'는 사실 자체가 태도의 일부가 된다는 점이다. 예를 들어, "디젤 차량은 환경에 해롭다"는 생각은 그 자체가 사실 여부를 떠나, 개인의 인지적 태도를 구성하게 된다. 조직 내에서는 "이 팀장은 공정하지 않다", "우리 회사는 승진 기회가 적다" 등의 신념이 구성원의 행동과 감정에 직접 영향을 미치는 태도의 인지적 근간이 된다.

2) 감정적 요소(Affective Component)

감정적 요소는 특정 대상에 대해 개인이 느끼는 주관적 감정 반응을 말한다. 이것은 '좋다', '싫다', '불쾌하다', '기쁘다' 등과 같이 정서적 호오(好惡)의 반응으로 표현되며, 태도의 가장 직관적으로 드러나는 구성 요소이기도 하다. 감정적 요소는 개인의 심리적 흥분 수준, 생리적 반응(심박수 증가, 손바닥 땀, 눈물 등)과도 연결되어 신체적 변화로 이어질 수 있다. 예컨대, 어떤 직원이 특정 상사에 대해 "그 사람은 너무 괜찮아"라고 느끼는 경우, 이는 단순히 인지적 평가를 넘어서 정서적 친밀감, 긍정적 정서의 내면화를 의미한다. 반대로 "그 생각만 해도 짜증이 난다"는 표현은 특정 대상에 대한 강한 부정 정서를 나타내며, 이는 종종 행동적 변화로 이어지기도 한다. 조직 내에서는 감정적 태도가 직무만족, 조직몰입, 감정노동 등과 밀접하게 연관되며, 나아가 팀워크, 갈등, 이직 등의 조직현상에 영향을 미친다.

3) 행동적 요소(Behavioral Component)

행동적 요소는 특정 대상에 대해 개인이 취하려는 행동의 의도 또는 경향성을 의미한다. 이는 '행동 그 자체'라기보다는, 행동을 하기 위한 심리적 준비 상태나 의지(intent), 계획(plan), 태세(readiness)를 포함하는 개념이다. 예를 들어 "이직을 준비 중이다", "다음 달부터 이 수업을 듣겠다" 등의 표현은 특정 대상에 대한 행동적 태도의 표출이다.

행동적 요소는 조직 내에서 구성원의 실제 행동 예측에 중요한 단서가 된다. 구성원이 특정 사안에 대해 부정적 행동 의도를 반복적으로 나타낼 경우, 실질적 이탈, 불만 표출, 소극적 태도, 저성과 등으로 이어질 가능성이 높다.

더불어, 이 요소는 행동의 선행지표(pre-behavior indicator)로서, 갈등 예방, 커뮤니케이션 전략 수립, 변화 관리에서 매우 유용하다. 구성원이 내비치는 말과 태도 속 행동 경향을 읽어냄으로써, 조직은 미리 대응 전략을 마련할 수 있다.

3. 태도의 형성

태도는 인간이 특정 대상에 대해 가지는 평가적 경향성으로서, 비교적 안정적이고 지속적인 심리적 구조이지만, 그 기원은 외부 자극과 내면의 반응이 상호작용하는 학습과 경험의 산물이다. 다시 말해, 태도는 타고나는 것이 아니라 환경과의 상호작용을 통해 형성되고 변화하는 속성을 지닌다. 이러한 점에서 태도는 정체되어 있는 심리적 상태가 아니라, 끊임없이 사회적·문화적 환경과의 역동적인 관계 속에서 형성되는 결과물로 볼 수 있다. 태도를 구성하는 핵심은 크게 신념(beliefs)과 가치(values)이다. 신념은 특정 대상이나 사실에 대한 개인의 믿음을 의미하며, 주로 경험이나 정보에 의해 축적된다. 예컨대 "성과급 제도는 직원의 동기를 자극한다"는 믿음은 하나의 신념이다. 반면, 가치는 개인이 중요하게 여기는 바람직한 행동기준이나 삶의 목표를 의미하며, '어떻게 살아야 하는가'에 대한 규범적 판단과 당위성이 포함된다. 예를 들어 "정직은 중요한 덕목이다"라는 판단은 가치에 해당한다.

이와 같이 신념은 비교적 사실 중심적이며, 가치는 도덕적·규범적 선택을 수반하는 심리적 구조로서, 이 둘의 상호작용이 특정 대상에 대한 태도의 형성으로 이어진다. 즉, 태도는 신념과 가치의 함수관계로 이해될 수 있다. 하지만 특정한 태도가 어떤 방식으로 형성되는가는 단순히 인지적 요소만으로 설명되지 않으며, 다양한 환경적·사회적 요인이 복합적으로 작용한다. 다음은 개인의 태도 형성에 영향을 미치는 주요 요인들이다.

1) 문화적 요인

태도 형성에서 가장 기본적인 요인은 문화(culture)이다. 문화는 사회 구성원 간에 공유되는 신념, 가치, 규범, 관습 등의 총체로서, 개인이 무엇을 선호하고 어떻게 판단하며 반응할 것인지에 대한 행동 틀(frame of behavior)을 제공한다. 문화는 우리가 음식에 대해 가지는 기호, 권위에 대한 태도, 성 역할에 대한 기대, 정치적 관점, 인간관계의 방식 등에 깊이 스며 있으며,

일상적 판단뿐만 아니라 조직 내 행동에도 강력한 영향을 미친다. 예를 들어, 집단주의적 문화에서는 조직의 목표를 위해 개인의 욕구를 희생하는 것이 미덕으로 여겨지는 반면, 개인주의적 문화에서는 자율성과 성과 중심의 태도가 강조된다. 이처럼 문화는 태도의 학습 경로와 방향성을 결정하는 기반이 되며, 사회화(socialization) 과정에서 자연스럽게 내면화된다.

2) 집단 소속성 및 사회적 지위

개인은 여러 사회집단에 동시에 소속되어 있으며, 이러한 집단의 소속성은 태도의 형성에 중요한 기준과 규범을 제공한다. 예를 들어, 특정 종교 집단, 지역 공동체, 정치 성향, 교육 수준, 사회경제적 계층 등은 각기 다른 규범 체계를 가지며, 소속된 집단의 가치관이 구성원의 태도에 깊은 영향을 미친다.

이러한 집단은 규범적 압력(normative pressure)을 통해 구성원이 특정 태도를 학습하고 유지하도록 유도하며, 특히 조직 내에서는 부서, 팀, 직급, 직능 등 하위문화(subculture)를 통해 상이한 태도가 나타날 수 있다. 또한, 여러 집단 간의 가치 충돌은 개인의 태도 형성 과정에서 내적 갈등과 조정을 유발하기도 한다.

3) 가족 영향

가족은 태도 형성의 가장 초기이자, 지속적인 사회화 기관이다. 부모의 양육 방식, 언어 습관, 가치관, 감정 표현 방식 등은 자녀의 초기 인지 구조와 정서 반응의 틀을 형성하며, 이후 개인의 태도에 지속적인 영향을 미친다. 형제, 조부모, 가족 내 권위 구조 등도 각자의 방식으로 역할모델링(role modeling)을 제공한다. 예컨대, 부모가 정직과 근면을 강조하는 가정에서 성장한 개인은 그러한 가치에 기반한 태도를 보이기 쉬우며, 이러한 태도는 향후 조직 생활에서도 신뢰 기반의 행동 양식으로 이어질 수 있다. 반대로 부모의 부정적 정서 표현이나 불신의 언행은 회피적 태도나 불안정한 대인관계의 기초가 될 수도 있다.

4) 동료집단과 준거집단

개인의 태도는 성장 후에도 지속적으로 동료집단(peer group)이나 준거집단(reference group)의 영향을 받는다. 동료집단은 개인과 유사한 상황에 있는 사람들의 집단으로, 상호작용을 통해 사회적 규범을 강화하고 행동 기준을 재정립하는 기능을 한다. 특히 직장에서의 동료들은 공통된 조직문화, 직무 만족도, 상사에 대한 인식 등을 공유하며, 구성원의 태도 형성에 큰 영향을 미친다. 준거집단은 개인이 자신의 신념, 가치, 행동을 판단할 때 기준으로 삼는 집단이다. 이 집단은 실제로 소속되어 있지 않아도 영향을 미칠 수 있으며, 개인이 새로운 환경에 진입하거나 태도를 변화시키는 계기로 작용한다. 예컨대, 신입사원이 기존 팀의 회의 문화나 의사소통 방식에 적응하기 위해 자신의 태도를 조정하는 과정은 준거집단의 영향력에 해당한다.

5) 과거의 경험

개인의 이전 경험(previous experiences)은 현재의 태도 형성에 실질적인 비교 기준과 해석 틀을 제공한다. 예를 들어, 이전 직장에서의 보상제도, 직무 내용, 상사와의 관계 등이 만족스러웠던 직원은 현재 직장의 유사 요소에 대해 긍정적 태도를 보일 가능성이 높다. 반면, 부정적 경험은 새로운 환경에 대해 불신, 회피, 방어적 태도로 이어질 수 있다. 이러한 경험 기반의 태도 형성은 직무태도, 조직몰입, 변화 저항, 학습태도 등 조직 내 다양한 변수에 영향을 미치며, 특히 중간관리자 이상의 직원에게는 경력 축적에 따른 태도 고착이 나타나기도 한다. 따라서 조직은 구성원의 과거 경험을 충분히 고려하여, 새로운 가치와 문화에 대한 적응적 태도를 유도하는 프로그램이 필요하다.

태도는 개인의 신념과 가치가 통합된 학습된 반응 경향성이며, 특정 대상이나 상황에 대한 감정, 인지, 행동의 종합적 표현이다. 태도 형성은 단순한 심리적 현상이 아니라, 문화적 틀과 사회적 관계, 경험적 축적이 복합적으로 작용한 결과이다. 조직은 구성원의 태도를 이해하기 위해 이러한 형성 요인을 고려함으로써, 보다 정교한 인사관리, 조직문화 개발, 리더십 전략 수립이 가능하다.

4. 태도와 행동의 관련성

태도는 인간의 사고, 감정, 행동 경향성을 포함하는 심리적 구조이며, 행동은 이러한 내면의 심리 상태가 외부로 나타나는 구체적 반응이다. 이로 인해 우리는 흔히 개인의 태도와 행동이 일치할 것이라고 기대한다. 예를 들어, 어떤 사람이 '도움이 필요한 사람을 보면 도와야 한다'는 태도를 지닌 경우, 실제로 그러한 행동을 할 것이라 예측한다. 그러나 현실에서는 이와 같은 태도-행동의 불일치가 자주 발생한다. 예를 들어, 누군가가 인류 평화를 지지한다는 명확한 태도를 가졌음에도 불구하고, 실제로는 전쟁을 정당화하거나 특정 집단에 대한 차별적 행동을 보일 수 있다. 또, 불쌍한 사람을 보면 '안타깝다'는 감정(태도)을 느끼지만, 실제로는 도움을 주지 않는 경우도 흔하다. 이러한 사례는 태도와 행동 사이에 직선적인 관계가 항상 성립하지 않음을 시사한다.

이처럼 태도와 행동 사이에는 다양한 조건과 변수가 개입되며, 이들의 관계는 복잡하고 조건적이다. 태도가 행동의 선행지표가 되기도 하지만, 행동은 때때로 태도와 분리되거나, 오히려 행동 이후에 태도가 형성되기도 한다. 이에 따라 태도와 행동 간 관계를 이해하기 위해서는 내적 일관성과 외적 일관성이라는 두 가지 관점에서 접근할 필요가 있다.

1) 태도의 내적 일관성

태도는 인지, 감정, 행동의 세 구성요소 간에 상호 일관성(coherence)을 추구하는 심리적 특성을 갖는다. 이러한 내적 일관성은 개인의 사고와 감정, 행동 경향이 논리적이고 구조적으로 통합되어 있음을 의미하며, 이를 통해 외부에서 개인의 행동을 어느 정도 예측할 수 있게 된다. 특히 인지적 요소

(신념)와 감정적 요소(호오의 감정)는 서로 밀접하게 연결되어 강한 내적 응집력을 형성한다. 예를 들어, '상사가 공정하지 않다'는 신념을 가진 직원이 그 상사에 대해 부정적인 감정을 갖는 것은 매우 자연스러운 구조적 반응이다. 이러한 구조를 기반으로 한 태도는 상대적으로 안정적이며 변화에 저항적이다. 더 나아가, 태도는 개인의 가치체계와 연계되어 태도군(attitudinal clusters)을 형성하는 경향이 있다. 예컨대 '공정성'을 중시하는 사람은 정치, 조직, 인간관계 등 여러 영역에서 일관된 태도를 보이며, 이러한 태도군은 상호 강화적 기능을 수행한다. 따라서 내적 일관성이 강한 태도는 외부 요인에 의해 쉽게 흔들리지 않고, 반대로 매우 강한 행동 동기를 제공하기도 한다.

2) 태도의 외적 일관성

과거에는 태도와 행동 사이에 직접적인 인과관계가 존재한다고 믿어졌다. 즉, 특정한 태도를 가진 사람은 이에 부합하는 행동을 보일 것이라는 전제가 널리 수용되었다. 그러나 1960년대 후반 이후 다수의 사회심리학 연구들은, 태도와 행동 사이의 상관관계가 항상 강하지 않으며, 때로는 매우 약할 수 있음을 밝혀냈다. 그러나 이는 태도와 행동 사이에 관계가 없다는 것이 아니라, 그 관계가 특정 조건하에서만 강하게 나타난다는 것을 의미한다. 다음은 태도와 행동의 외적 일관성 수준에 영향을 미치는 핵심 변수들이다.

첫째, 태도와 행동 간의 구체성 수준(specificity of attitude and behavior)

일반적 태도(general attitude)와 구체적 행동(specific behavior)은 일치하기 어렵다. 예를 들어 "나는 사회봉사를 중요하게 생각한다"는 일반적 태도는 "이번 주 토요일 오전에 고아원을 방문하겠다"는 구체적 행동과 반드시 연결되지는 않는다. 하지만 "나는 지역 노인복지센터에서 자원봉사를 해야 한다고 생각한다"는 특정한 대상에 대한 태도와 실제 참여 여부는 높은 상관관계를 보인다. 따라서 구체적인 태도일수록 행동과의 일관성이 높아진다는 것이 실증적으로 입증되었다.

둘째, 상황적 제약(situational constraints)과 사회적 규범(social norms)

개인의 행동은 단지 심리적 태도에 의해서만 결정되지 않는다. 법, 규칙, 문화, 대인관계의 기대, 물리적 환경 등 다양한 외적 요인이 행동을 제약하거나 조정한다. 예컨대, 어떤 사람이 “교통질서를 지키는 것은 비효율적이다”라는 태도를 가지고 있다고 해도, 카메라 단속 구역이나 다른 사람의 시선이 있는 상황에서는 실제로 교통규칙을 지킬 가능성이 높다. 이는 태도와 행동 사이의 불일치가 사회적 압력과 규범적 고려에 의해 조정되고 있다는 것을 보여준다.

셋째, 복수 태도의 충돌(conflict of multiple attitudes)

한 개인이 특정 사안에 대해 상충되는 두 가지 이상의 태도를 동시에 지니고 있을 수 있다. 예를 들어, “환경 보호는 매우 중요하다”는 태도와 “자동차는 삶의 필수 수단이다”라는 태도가 한 개인 안에 공존할 수 있다. 이 경우 특정한 행동(예: 대형 SUV 구매)에는 복합적인 태도가 영향을 미치며, 어떤 태도가 우세한가에 따라 행동이 결정된다. 따라서 태도와 행동 사이의 일치 여부는 개인의 가치 위계와 판단 기준에 따라 달라질 수 있다.

이처럼 태도와 행동 사이의 관계는 단선적이지 않으며, 다양한 인지적·

사회심리학 사례: LaPiere의 고전 연구

태도와 행동 사이의 불일치를 가장 잘 보여주는 고전적 연구 중 하나는 R. LaPiere (1934)의 실험이다. 그는 인종 차별이 극심했던 당시 미국에서 중국인 부부와 함께 전국을 여행하면서, 총 66개의 호텔과 184개의 음식점을 방문하였다. 사전 설문에서는 92%의 호텔과 91%의 음식점이 중국인을 받지 않겠다고 응답했지만, 실제 방문 시에는 대부분이 중국인 부부를 거절하지 않고 정상적으로 응대하였다. 이 사례는 사람들이 설문이나 면접에서는 사회적으로 용인되는 태도나 가치 기준에 따라 응답하지만, 실제 행동에서는 상황, 맥락, 대인관계의 영향에 따라 다른 선택을 할 수 있음을 보여준다. 이는 태도와 행동의 관계를 과신해서는 안 되며, 특히 측정 방식과 실제 맥락의 차이를 인식할 필요가 있음을 시사한다.

정서적·환경적 요인에 의해 조건적으로 성립된다. 인간은 항상 일관성(consistency)을 추구하지만, 현실적으로는 상황적 유연성(adaptability)을 함께 고려하며 행동을 선택하게 된다.

결론적으로, 태도는 행동을 설명하는 중요한 변수이지만, 그 자체로 행동을 완전히 예측하거나 결정짓는 절대적 기준은 아니다. 조직에서는 구성원의 태도뿐 아니라 행동의 조건적 맥락, 제도적 장치, 문화적 규범 등을 함께 고려해야 실질적인 행동 변화와 조직성과 향상이 가능하다.

5. 직무와 관련된 주요 태도들

1) 직무만족

직무만족(Job Satisfaction)은 조직행동 분야에서 가장 오랫동안 그리고 가장 활발하게 연구되어 온 개념 중 하나로, 근로자가 자신의 직무에 대해 가지는 감정적 태도 또는 전반적인 정서적 반응을 의미한다. 다시 말해, 직무만족은 개인이 직무 수행 과정에서 경험하는 긍정적 혹은 부정적인 감정의 정도를 나타내는 심리적 상태로 정의할 수 있다. 직무만족에 대한 초기 연구들은 주로 산업심리학자들을 중심으로 20세기 초반부터 시작되었으며, 당시에는 직무만족이 생산성과 성과에 직접적인 영향을 미친다는 가정하에 연구가 진행되었다. 그러나 시간이 지나면서 직무만족 자체가 조직 내에서 인간 중심적 관점(human-centered perspective)에서 중요하게 여겨지기 시작했고, 단순한 성과와의 관계를 넘어서 삶의 질, 조직문화, 구성원의 정체성과 의미 추구 등의 요소와도 밀접하게 연관되어 있다는 인식이 확대되었다.

직무만족은 한 개인의 직무에 대한 인지적 판단과 감정적 평가가 통합된 결과로 볼 수 있으며, 이 과정에서 그 개인의 가치체계, 과거 경험, 조직 내 사회적 상호작용, 보상 체계, 그리고 직무 그 자체의 성격 등 다양한 요소들이 영향을 미친다. 특히, Locke(1976)는 직무만족을 “자신의 직무와 직무경험을 통해 얻게 되는 긍정적이고 우호적인 정서 상태”로 정의하며, 감정적 반응이 중심이 되는 태도의 일환으로 설명하였다. McCormick과 Tiffin(1980) 역시 직무만족을 "자신의 직무에 대해 가지는 일련의 태도"로 보았으며, 이는 욕구 충족과 직무 가치 간의 일치 여부에 따라 결정된다고 주장하였다. 다양한 학자들의 정의를 종합해 보면, 직무만족은 다음과 같은 공통적인 특성을 가진다.

- **인지적 요소와 감정적 요소의 통합적 결과**: 단순히 직무에 대한 생각이나 평가뿐 아니라, 그것에 대한 '좋아함' 혹은 '싫어함'이라는 감정이 함께 작용한다.
- **욕구 충족과 관련된 만족의 상태**: 구성원이 직무 수행을 통해 자신이 기대하는 욕구나 가치를 충족시킬 수 있는지 여부에 따라 만족의 정도가 달라진다.
- **내적 요인과 외적 요인의 상호작용**: 직무 자체의 속성과 조직환경, 그리고 개인의 성향이 상호작용하여 직무만족을 결정한다.

이와 같은 관점에서 볼 때, 직무만족은 단일 요인으로 설명되기보다는 다양한 요소들이 복합적으로 작용하는 결과로 나타난다. 구체적으로는 직무 자체에 대한 적성, 숙련도, 자율성, 도전성, 그리고 직무의 의미와 가치와 같은 내재적 요인과 임금, 복지후생, 상사 및 동료와의 관계, 승진 가능성, 물리적 근무환경 등 외재적 요인이 함께 영향을 미친다. 더불어 각 개인은 자신의 가치판단 기준(준거기준, frame of reference)과 비교대상(준거집단, reference group)을 바탕으로 직무를 평가하게 되며, 이에 따라 '의견(opinion)'이라는 형태의 직무평가가 형성된다. 이때 형성된 의견은 다시 전체적인 직무만족으로 통합되어 조직에 대한 태도로 나타난다. 이 과정을 수식으로 표현하면 다음과 같이 요약할 수 있다.

회사에 대한 태도 = 전체 근무환경 × 가치판단의 준거기준
의견 = 태도 × 직무만족 결정요인

결국, 직무만족은 단순한 직무 평가를 넘어 구성원이 조직에 대해 어떠한 심리적 태도를 가지며, 이를 바탕으로 어떤 행동을 하게 될지를 예측하는 중요한 지표로 작용한다. 직무에 대한 만족감이 높은 종업원은 조직에 대한 충성도와 몰입도가 높아지며, 자발적인 협력, 높은 생산성과 같은 긍정적 행동을 보이는 경향이 있다. 반면, 직무에 대한 불만족은 이직, 결근, 지각, 소극적 업무태도 등 조직행동에 부정적인 영향을 미칠 수 있다. 따라서 조직은 단순히 임금이나 복지수준을 개선하는 데에 그치지 않고, 구성원들이 직무 자체에서 의미와 가치를 발견할 수 있도록 지원하는 인적자원관리 전략을 병행해야 한다. 현대 조직에서는 구성원의 직무만족이 곧 조직의 지속가능성과 직결된다는 점에서, 직무만족을 정서적 복지의 차원에서도 접근하고 있다.

2) 직무몰입

직무는 조직과 구성원을 연결하는 가장 중요한 매개체 중 하나이다. 조직이 전략적 목표를 달성하기 위해서는 개별 구성원이 자신에게 부여된 직무를 성실히 수행해야 하며, 이러한 직무 수행 과정에서 구성원은 개인적인 성장, 성취감, 책임감, 그리고 일의 의미와 같은 심리적 상태를 경험하게 된다. 즉, 직무는 조직의 목표와 개인의 욕구 사이에서 중요한 접점을 형성하며, 구성원이 조직 안에서 자아를 실현할 수 있도록 하는 수단으로 기능한다.

이와 같은 맥락에서 조직행동론에서는 직무와 구성원 간의 정서적·인지적 연계를 설명하는 개념으로 직무몰입(Job Involvement)이라는 개념을 발전시켜 왔다. 직무몰입은 개인이 자신의 직무에 대해 가지는 심리적 동일시와 정서적 몰두의 정도를 의미하며, 단순히 직무를 수행하는 것 이상의 내적 의미를 부여하는 상태를 지칭한다. 즉, 직무몰입이 높은 구성원은 자신이 맡은 업무를 단순한 생계수단이나 외재적 보상을 위한 수단으로 여기지 않고, 자신의 정체성과 자아실현의 장으로 인식하게 된다.

직무몰입은 종종 직무만족이나 조직몰입과 혼동되기도 하나, 이들은 구분되는 개념이다. 직무만족이 주로 직무에 대한 감정적 반응 또는 평가적 태도를 반영한다면, 직무몰입은 직무 그 자체에 몰입하고 심리적으로 동일시하는 정도를 나타낸다. 또한 조직몰입은 조직 전체에 대한 소속감과 애착을 의미하는 반면, 직무몰입은 구성원이 수행하는 특정한 직무 자체에 대한 몰입도를 강조한다. 따라서 직무몰입은 개인의 역할 수행에 대한 자발적 태도와 직결되며, 실제 행동과 성과에 보다 직접적인 영향을 미친다고 할 수 있다. 직무몰입의 형성에는 다양한 요인이 작용한다. 직무 자체의 특성(예: 자율성, 다양성, 과업 정체성, 피드백 등), 개인의 성향(예: 성취욕구, 내재적 동기), 조직문화 및 상호작용적 환경 등이 중요한 결정요소로 작용하며, 특히 직무가 구성원에게 의미 있고 도전적인 것으로 인식될 때 몰입 수준이 높아지는 경향이 있다. 이는 해크먼과 올드햄(Hackman & Oldham)의 직무특성이론(Job Characteristics Model)에서도 강조되듯, 직무 설계가 심리적 상태에 미치는 영향을 통해 직무몰입을 유발할 수 있다는 점을 시사한다.

또한, 직무몰입은 비교적 안정적인 심리상태로 간주된다. 즉, 직무만족은 업무환경의 변화나 상사의 태도 등 외적 요인에 따라 쉽게 변화할 수 있는 반면, 직무몰입은 구성원의 내면에서 발생하는 자기 동일시의 과정이기 때문에 단기간에 쉽게 변하지 않고, 장기적으로 구성원의 행동을 예측하는 데 유용한 척도로 기능한다. 기존의 연구에 따르면 직무몰입 수준이 높은 구성원일수록 다음과 같은 조직 행동 특성이 나타나는 것으로 보고되었다.

- 결근율과 지각률이 낮고,
  이직의도가 낮으며,
- 업무 몰입도와 자기주도성이 높고,
- 직무성과와 조직시민행동(Organizational Citizenship Behavior: OCB)의 빈도가 높다.

이처럼 직무몰입은 단순한 태도 변수를 넘어, 조직성과, 인적자원 유지, 직무성과, 구성원의 심리적 복지 등 다양한 조직 유효성 지표와 직접적으로 연결되는 핵심 개념으로 자리 잡고 있다. 따라서 조직은 직무설계와 직무 재설계를 통해 구성원들이 직무에 몰입할 수 있는 조건을 적극적으로 조성해야 하며, 리더십, 성과관리, 교육훈련, 직무평가 등과의 유기적 연계를 통해 직무

몰입을 촉진시켜야 한다. 현대의 일 중심 문화(work-centered culture)와 자기실현 욕구가 강조되는 조직 환경에서 직무몰입은 더 이상 선택적 요소가 아닌, 지속가능한 인적자원관리의 핵심 구성요소로 자리매김하고 있다. 특히 MZ세대와 같이 일의 의미와 자율성을 중시하는 구성원들에게는 직무몰입 수준을 향상시키는 전략이 조직의 장기적 경쟁우위를 확보하는 데 중요한 시사점을 제공한다.

3) 조직몰입

조직몰입(Organizational Commitment)은 조직 구성원이 자신이 소속된 조직에 대해 느끼는 심리적 애착, 소속감, 충성심, 그리고 장기적으로 조직에 남고자 하는 의지를 포괄하는 개념이다. 조직몰입은 단순한 직무수행을 넘어, 조직 자체와의 관계에서 형성되는 태도적 특성으로, 조직의 목표와 가치에 대한 개인의 내면적 수용 및 동일시를 바탕으로 형성된다. 이 개념은 구성원이 조직의 일원으로서 자신을 인식하며, 조직과 함께 성장하고자 하는 욕구를 반영하는 심리적 유대의 표현이자, 조직과 개인 간의 상호작용적 관계의 질을 반영하는 핵심적인 지표로 간주된다. 조직몰입은 구성원이 조직에 대해 '남아 있어야 한다'는 의무감보다는 '남고 싶다'는 감정에 기반할 때 더욱 바람직하게 작용하며, 이는 조직 구성원이 조직의 발전을 자신의 성장과 동일시하고, 조직의 성과를 위해 자발적으로 기여하고자 하는 태도로 이어진다. 이러한 몰입은 조직의 유지와 발전뿐만 아니라, 구성원의 직무수행의 질, 동기부여 수준, 협업 행동, 이직의도 등에 영향을 미치기 때문에, 조직행동론 및 인적자원관리 분야에서 매우 중요한 연구 주제로 다뤄지고 있다.

조직몰입은 다양한 학자들에 의해 정의되어 왔으며, 각 정의는 조직과 구성원의 관계에 대한 시각 차이를 반영하고 있다. 예를 들어 Kanter는 조직몰입을 조직에 대한 충성심과 에너지를 제공하는 사회적 의지로 정의하였고, Buchanan은 조직의 목표와 가치에 대한 정서적 애착으로 설명하였다. Mowday, Porter, Smith 등은 조직의 가치에 대한 신뢰와 이를 위한 자발적 노력을 조직몰입으로 보았으며, Meyer와 Allen은 조직몰입을 정서적, 근속적, 규범적 차원으로 세분화하여 체계적으로 정립하였다. 이처럼 조직몰입은 다양한 관점에서 해석되어 왔으나, 공통적으로 조직에 대한 심리적 유대와 헌신의 정도를 중심으로 개념화된다는 점에서는 일치하고 있다.

특히 조직몰입은 직무몰입(job involvement)과 개념적으로 구분된다. 직무몰입이 개인이 수행하는 현재의 직무와 자신과의 동일시를 나타내는 개념이라면, 조직몰입은 조직 전체와의 관계에서 형성되는 보다 포괄적이고 상위 차원의 태도이다. 직무몰입은 일의 의미나 책임감, 결과에 대한 자긍심에서 비롯되며, 직무 자체에 대한 집중과 몰입의 정도를 반영한다. 반면 조직몰입은 조직의 가치와 목적에 대한 공감, 조직 내 소속감과 애정, 장기적 관여의지를 포함하는 심리적 상태로, 구성원의 조직과의 정체성 통합 정도를 나타낸다.

조직몰입은 구성원의 행동을 예측하고 조직성과를 향상시키기 위한 핵심 변수로 작용한다. 높은 수준의 조직몰입은 구성원이 조직의 목표를 내면화하고, 자발적인 조직시민행동을 촉진하며, 이직의도와 실제 이직률을 낮추는 데 기여한다. 반면, 조직몰입이 낮은 구성원은 조직에 대한 소속감이 약하고, 불만족이나 탈동기화를 경험할 가능성이 높으며, 결과적으로 조직의 안정성과 성과에 부정적인 영향을 미칠 수 있다. 따라서 조직은 조직몰입을 체계적으로 측정하고 관리하는 전략을 필요로 하며, 이를 통해 인재 유지 및 조직의 지속 가능한 발전을 도모할 수 있다.

조직몰입의 구성 요소 중에서 가장 핵심적인 것은 정서적 몰입(affective commitment)이다. 이는 구성원이 조직에 대해 느끼는 애정과 소속감, 그리고 자발적으로 조직에 헌신하고자 하는 심리적 유대의 표현이다. 정서적 몰입이 높은 구성원은 조직의 문제를 자신의 일처럼 여기며, 조직의 성공을 개인의 성공으로 간주하는 경향이 있다. 이러한 구성원은 조직의 비전과 목표를 적극적으로 지지하고, 자발적으로 책임을 수행하며, 변화에 대한 수용력도 높다. 조직이 정서적 몰입을 유도하기 위해서는 공정한 보상체계, 신뢰 기반의 리더십, 긍정적인 조직문화, 의미 있는 직무설계 등을 종합적으로 운영해야 한다.

다음으로 근속적 몰입(continuance commitment)은 구성원이 조직을 떠날 경우, 발생할 수 있는 손실이나 불이익에 대한 인식에 기반한 몰입 형태로, 조직에 머무르는 것이 더 이익이라는 판단에서 비롯된다. 이 경우 구성원은 조직과의 관계에서 심리적 애정보다는 현실적인 고려, 즉 경력, 경제적 보상, 사회적 관계 등의 이유로 조직에 남고자 한다. 이러한 몰입은 소극적이며, 조직이 이러한 유형의 몰입에만 의존하게 될 경우, 위기 상황에서 구성원이 쉽게 이탈할 가능성을 내포한다. 따라서 조직은 근속적 몰입보다는 정서적 몰입을 중심으로 구성원의 헌신을 유도하는 전략이 필요하다.

마지막으로 규범적 몰입(normative commitment)은 구성원이 조직에 대해 책임이나 의무감을 느끼는 심리적 태도로, 조직에 남는 것이 옳다고 믿는 도덕적 관점에서의 몰입이다. 이러한 몰입은 사회문화적 배경, 가족 가치, 교육, 조직의 사회적 명분 등에 의해 형성되며, 직업윤리와 공동체의식이 강한 사회일수록 더욱 강조되는 경향이 있다. 규범적 몰입이 높은 구성원은 조직의 기대에 부응하려는 태도를 보이며, 조직의 위신이나 이미지 제고에도 기여할 수 있다.

조직몰입은 이직의도(turnover intention), 실제 이직 행동(turnover), 직무이탈(withdrawal behavior), 조직시민행동(organizational citizenship behavior) 등 다양한 조직행동의 결과변수와 밀접한 상관관계를 가진다. 특히 이직의도는 조직몰입과 가장 강한 음의 상관관계를 보이며, 이는 조직몰입 수준이 낮을수록 구성원이 조직을 떠나고자 하는 경향이 커짐을 의미한다. 따라서 조직몰입을 정서적, 근속적, 규범적 관점에서 총체적으로 파악하고, 이를 높이기 위한 인사전략과 조직문화 조성이 필요하다.

결론적으로, 조직몰입은 단순히 조직에 머무는 '상태'를 넘어, 구성원이 조직을 자신의 정체성의 일부로 인식하고, 조직의 목표 달성을 위해 자발적이고 헌신적으로 행동하게 만드는 '심리적 계약(psychological contract)'의 성격을 갖는다. 오늘날과 같이 변화가 빠르고 유연한 조직환경 속에서는, 구성원의 몰입이야말로 조직의 지속가능성과 경쟁우위를 결정짓는 핵심 자산이며, 이를 적극적으로 구축하고 유지하는 것이 현대 조직의 전략적 과제가 되고 있다.

표 3-5 조직몰입에 관한 학자들의 정의

학 자	정 의
Kanter(1968)	조직에 대하여 충성심과 에너지를 제공하는 사회적 행위자들의 의지
Sheldon(1971)	개인의 정체성을 조직에 연계시키거나 애착을 가지도록 하는 개인의 조직에 대한 태도나 성향
Buchanan(1974)	조직의 목표 및 가치에 대하여 또는 그러한 목표와 관련된 자신의 역할에 대하여, 그리고 조직 그 자체를 위하여 조직 구성원이 가지는 정서적 애착
Salancik(1977)	개인이 자신의 행위에 의하여 또는 자신의 행위를 통하여 자신의 활동 및 몰입을 지속시키려는 신념에 구속되는 상태
Mowday et al. (1979)	개인의 목표와 가치에 대해 동일화하고 내재화하는 과정에서 발생하는 조직에 대한 긍정적이고 우호적인 감정
Shore & Wayne (1982)	조직 구성원의 노력에 대한 보상을 기대하는 계산적 측면, 개인의 가치관이 조직의 목적, 정책 및 업무와의 일체감을 느끼는 도덕적 측면, 즉 목표와 가치의 일관성과 현재의 조직에 남기를 희망하는 기대감
Wiener(1982)	조직 구성원이 조직의 목적 및 성과 달성에 부합하고자 하는 노력
Ai-Meer(1989)	조직에 대한 직원의 일체감, 몰입, 충성도의 상대적 강도
Hollenback (1992)	종업원이 조직에서 열심히 일하고자 하는 의사와 조직의 구성원으로 남으려는 의지
Mowday, Porter, & Smith(1993)	조직에 대한 보다 적극적이고 긍정적인 성향, 조직의 목표와 가치관에 대한 강한 신뢰감과 수용 의사, 그리고 조직을 위해 열심히 노력하려는 의사, 조직의 구성원으로 남고자 하는 강한 욕구
Greenber & Baron (1995)	자기 회사에 대한 호의적인 태도를 말하는 것으로 자신과 회사를 동일시하고 조직문제에 적극적으로 관여하고자 하는 정도
McCaul et al.(1995)	조직원이 조직에 대해 가지는 포괄적인 태도
Meyer et al.(2002)	조직의 목표와 가치관을 받아들여 조직성과 향상을 위해 노력을 아끼지 않으며, 조직의 구성원으로 남으려는 조직구성원의 태도

6. 태도 변화

1) 태도 변화에 관한 기본 이론

조직행동론에서 태도의 변화는 매우 중요한 이슈로 다루어진다. 이는 조직 구성원이 특정 대상이나 상황에 대해 갖고 있는 심리적 경향성이 변화하게 되면, 해당 태도에 기반한 행동 또한 달라질 수 있기 때문이다. 태도는 일반적으로 안정적인 심리적 구조로 간주되지만, 외부 환경의 변화나 인지적 불일치 상태의 발생 등 특정 조건하에서는 변화가 유발되며, 이러한 변화는 개인뿐 아니라 조직 전체의 성과와 분위기에 중대한 영향을 미칠 수 있다. 태도 변화에 관한 이론들은 공통적으로 인간이 '인지적 일관성(cognitive consistency)'을 유지하려는 경향을 갖고 있다고 전제한다. 즉, 개인은 자신의 신념, 감정, 행동 간의 일치(consistency)를 추구하며, 이들 요소 간에 불일치(dissonance)가 발생할 경우, 심리적 불편함을 해소하기 위해 이를 조정하려는 심리적 기제가 작동하게 된다. 이러한 일관성 회복의 과정에서 태도의 변화가 나타나게 되며, 이는 다음과 같은 대표 이론들을 통해 설명된다.

(1) 균형이론(Balance Theory)

균형이론은 인간의 인지 구조 내에서 일관성을 유지하려는 심리적 경향을 설명하기 위해 F. Heider에 의해 제안되었다. 이 이론은 매우 직관적이며, 사람 간의 사회적 관계에서 발생하는 태도의 상호작용을 단순한 도식 구조를 통해 설명한다. 균형이론에 따르면, 인지 주체인 개인(p : perceiver)이 특정 인물(o : other)과 어떤 대상(X : object)에 대해 각각 가지는 태도가 서로 어떻게 결합하느냐에 따라 인지적 균형 또는 불균형 상태가 결정된다. 예컨대, 내가 좋아하는 사람이 어떤 대상을 좋아할 경우, 나도 그 대상을 좋아하게 되는 경향이 있으며, 이것은 심리적으로 균형(balance)된 상태다. 반대로, 내가 싫어하는 대상을 내 친구가 좋아한다면, 나는 그 친구에게 불편함을 느끼게 되며 이는 불균형(unbalance) 상태로 간주된다. 이처럼 인지 요소 간의 부호(긍정 또는 부정)의 곱이 양(+)일 경우 균형 상태, 음(−)일 경우 불균형 상태로 정의된다.

인간은 이러한 불균형 상태를 본능적으로 불편하게 느끼며, 이를 해소하기 위해 자신이 가지고 있는 태도 중 일부를 수정하려는 경향을 보인다. 예를 들어, 내가 좋아하는 동료가 특정 상사를 긍정적으로 평가한다면, 나도 그 상사에 대해 긍정적으로 보려는 방향으로 태도를 조정할 가능성이 높아진다. 이처럼 균형이론은 개인 간, 대상 간 관계에서 발생하는 태도 변화의 단초를 설명하는 매우 기본적인 인지 이론이라 할 수 있다.

(2) 적합이론(Congruity Theory)

적합이론은 Osgood와 Tannenbaum이 균형이론의 한계를 보완하여 제시한 이론으로, 균형이론보다 정교한 설명을 제공한다. 이들은 인간의 인지를 '평가(evaluation)', '효능(potency)', '활동(activity)'이라는 세 가지 차원으로 분석하였으며, 이 중 평가 차원이 바로 태도와 관련된 차원이라고 보았다. 적합이론은 태도의 변화가 단순한 부호의 일치 여부뿐만 아니라 그 '강도(intensity)'에 따라서도 영향을 받는다고 설명한다.

즉, 인간은 자신이 중요하게 여기는 대상들 간에 평가의 방향(긍정 혹은 부정)뿐 아니라 평가의 강도까지 일치하길 원하며, 이러한 강도의 불일치는 심리적 불편을 초래하게 된다. 예컨대, 어떤 사람이 수영을 매우 좋아하지만, 특정 정치 지도자를 그다지 좋아하지 않는다고 하자. 그런데 그 정치인이 세계적인 수영선수였다는 사실을 알게 되었을 때, 강한 선호를 유지하려면 이 둘의 평가 강도가 어긋나게 된다. 이를 해소하기 위해 수영에 대한 열광 수준이 다소 감소하거나, 정치인에 대한 긍정적 평가가 증가하는 방식으로 태도 변화가 발생할 수 있다. 이는 인간이 심리적으로 '강도 적합성'을 확보하려는 심리적 균형 유지를 지향함을 보여주는 사례이다.

(3) 인지부조화이론(Cognitive Dissonance Theory)

인지부조화이론은 L. Festinger에 의해 제안되었으며, 인간이 자신의 신념, 태도, 행동 간의 일관성을 유지하려는 심리적 속성에 초점을 맞춘 대표적인 동기이론이다. 이 이론은 특히 태도와 행동 간 불일치가 발생했을 때 어떻게 태도 변화가 일어나는지를 잘 설명해 준다. 예를 들어, 어떤 사람이 "흡연은 건강에 해롭다"는 신념을 가지고 있으면서도 하루에 담배를 두 갑씩 피운다면,

그의 신념과 행동 사이에는 명백한 불일치, 즉 '인지부조화'가 발생하게 된다. 이러한 부조화 상태는 심리적 긴장을 유발하며, 개인은 이 긴장을 줄이기 위한 여러 가지 심리적 전략을 동원한다. 여기에는 행동을 바꾸거나, 신념을 수정하거나, 새로운 정당화 요소를 추가하는 등의 방법이 있다. 구체적으로는 다음과 같은 세 가지 방식이 있다.

첫째, 부조화를 유발하는 요소의 중요성을 축소하는 것이다(예: "흡연해도 오래 사는 사람도 많다"). 둘째, 조화 요소를 강화하거나 새로운 조화 인지를 추가하는 것이다(예: "스트레스가 건강에 더 해롭기 때문에 나는 담배로 스트레스를 해소한다"). 셋째, 부조화 요소 자체를 제거하거나 무시하는 방법이다(예: 건강에 해롭다는 사실을 일부러 외면하거나 믿지 않음). 이 이론은 실제 조직 내에서도 폭넓게 활용되며, 예를 들어 직원 교육, 변화관리, 윤리적 행동 촉진 등에서 구성원의 기존 태도나 신념과 새로운 정보 사이의 부조화를 의도적으로 유발하고, 이를 통해 긍정적인 태도 변화를 유도하는 전략적 기제로 활용된다.

이상에서 살펴본 균형이론, 적합이론, 인지부조화이론은 모두 인간이 내면적 심리 상태에서 '인지적 일관성'을 추구하는 성향을 바탕으로 태도 변화가 어떻게 유발되고 전개되는지를 설명한다. 조직에서는 이러한 이론들을 바탕으로 변화 관리, 리더십 전략, 구성원 몰입 강화 등에 활용하여, 보다 안정적이고 긍정적인 조직문화를 구축할 수 있다.

2) 태도 변화의 과정

태도는 상대적으로 안정된 심리 구조로 간주되지만, 개인이 새로운 정보에 노출되거나 사회적·조직적 압력을 경험할 때 변화할 수 있는 가능성도 내포하고 있다. 특히 조직 환경에서는 경영전략의 변화, 기술 도입, 리더십 교체, 외부 환경의 급변 등이 구성원의 태도에 영향을 미칠 수 있다. 태도변화가 용이하게 일어나기 위한 조건은 다음과 같다. 첫째, 자극에 대한 정보의 양이 많지 않아야 하며, 둘째, 해당 태도가 개인의 자아 정체성과 밀접하게 연관된 중심적 태도가 아니어야 한다. 셋째, 변화 대상이 되는 태도가 다른 강력한 태도들과 결합되어 있지 않아야 하며, 넷째, 개인이 폐쇄적이지 않고 인지적 유연성을 가지고 있어야 한다. 이러한 조건을 바탕으로 태도 변화를 설명하는 대표적인 이론으로는 K. Lewin의 3단계 변화모형이 있다. 이 모형은 개인뿐만 아니라 집단과 조직 수준에도 폭넓게 적용될 수 있으며, 다음의 세 가지 단계로 구성된다. 해빙(unfreezing), 변화(changing), 재동결(refreezing).

(1) 해빙(Unfreezing)

해빙은 기존의 태도나 행동을 변화시키기 위해 먼저 현재의 심리적 안정 상태를 흔들고, 변화를 위한 인지적·정서적 준비 상태를 유도하는 초기 단계이다. 이는 변화 대상자가 기존 태도나 행동이 현재의 조직 상황이나 목표에 적합하지 않다는 인식을 갖도록 유도하는 과정을 포함한다. 다시 말해, '변화해야 할 이유'를 자각하게 만드는 단계이다. E. H. Schein은 이 해빙 단계에서 다음과 같은 요소들이 포함되어야 한다고 강조하였다.

첫째, 변화 대상자가 의존하고 있던 기존의 업무 패턴, 정보 출처, 사회적 지지 기반 등을 물리적으로 또는 상징적으로 제거하거나 약화시켜야 한다. 둘째, 기존 자아 정체성을 재검토하게 하고, 현재의 태도가 무의미하거나 비효율적이라는 인식을 유도해야 한다. 셋째, 변화에 대한 시도가 있을 때에는 조직 차원에서 일관성 있는 보상을 제공하고, 변화에 저항할 경우에는 일정한 제재를 가함으로써, 변화의 필요성을 행동 수준에서 내면화하도록 해야 한다.

현대적 조직에서는 이 단계에서 설득 커뮤니케이션, 문제 인식 훈련, 위기의식 고양 전략, 피드백 시스템, 진단 결과 공유 등을 통해 구성원이 변화의 필요성을 주관적으로 받아들이도록 지원한다. 조직 구성원이 변화에 대한 '인지적 개방' 상태를 갖추도록 하는 것이 해빙의 핵심 목표이다.

(2) 변화(Changing)

변화 단계는 해빙을 통해 발생한 인지적 불안정성을 바탕으로, 실제로 새로운 태도나 행동을 수용하고 학습하는 과정이다. 이 과정은 단일한 이벤트가 아니라, 점진적이고 누적적인 심리적·행동적 변화로 구성되며, 보통 다음 세 가지 수준으로 세분화된다: 순응(compliance), 동일시(identification), 내면화(internalization).

① 순응(compliance)은 외적 동기에 의해 일어나는 표면적 변화로, 보상 획득 또는 처벌 회피를 목적으로 특정 행동을 따르는 경우이다. 예를 들어, 상사의 지시나 조직 정책에 따라 새로운 절차를 따르는 행동이 이에 해당한다. 이 단계에서의 변화는 외재적이며 일시적일 수 있으므로, 보다 심층적인 변화로 유도하기 위한 후속 조치가 필요하다.

② 동일시(identification)는 개인이 존경하거나 모방하고자 하는 대상(인물, 집단 등)과의 관계 속에서 해당 대상을 본받기 위해 그들의 태도를 수용하는 과정이다. 이는 '그 사람처럼 되고 싶다'는 내적 동기에서 비롯되며, 이 단계에서는 변화된 태도가 일정 기간 유지될 수 있다. 조직에서는 멘토링, 리더십 모델링, 집단 규범 형성 등을 통해 동일화 과정을 촉진할 수 있다.

③ 내면화(internalization)는 가장 심층적인 변화 단계로, 새로운 태도나 행동이 개인의 가치관이나 신념체계에 일치한다고 판단될 때 나타난다. 이 경우 변화된 태도는 개인의 자발적 의지에 기반하며, 외부의 자극이 사라져도 유지될 가능성이 높다. 조직에서는 교육, 피드백, 공감적 리더십, 윤리 기반의 가치 전파 등을 통해 이 수준의 태도변화를 유도한다.

변화 단계는 단순히 새로운 지시를 수용하는 것이 아니라, 이를 개인의 정체성과 행동 규범으로 통합시키는 과정이므로, 리더의 촉진 역할과 환경적 설계가 결정적인 영향을 미친다.

(3) 재동결(Refreezing)

재동결은 변화된 태도나 행동이 조직 내에서 안정적이고 지속 가능한 상태로 고착화되는 단계이다. 이 단계에서는 새로 학습된 행동이나 태도가 일시적인 반응이 아닌, 개인의 성격이나 신념체계에 정착되어야 하며, 이를 위해 반복적 강화와 환경적 일관성이 요구된다. 재동결을 위해서는 다음과 같은 요소가 필요하다.

첫째, 변화된 태도에 대해 지속적인 인정과 보상을 제공하여 강화해야 한다. 둘째, 변화된 태도나 행동이 새로운 규범으로 자리잡을 수 있도록 조직 문화와 정책이 이를 지지해야 한다. 셋째, 구성원 스스로 변화된 자기상을 긍정적으로 수용할 수 있도록 피드백과 자기성찰의 기회를 제공해야 한다.

특히 현대 조직에서는 재동결 과정이 정체나 경직을 의미하지 않도록 유의해야 한다. 빠르게 변화하는 환경 속에서 재동결은 '고정(fixation)'이 아니라 '강화(reinforcement)'로 이해되어야 하며, 학습조직에서는 재동결 후에도 지속적인 개선과 유연성을 유지하는 방식으로 접근한다.

3) 태도 변화의 관리

조직에서 변화는 끊임없이 발생하며, 그 과정에서 구성원의 태도 변화는 매우 중요한 요소로 작용한다. 특히 경영 환경이 빠르게 변하는 현대 조직에서는 구성원들의 태도 변화가 전략적 목표 달성의 전제조건이 되는 경우가 많다. 그러나 태도는 상대적으로 안정적이고 자아 정체성과 깊이 연결된 구조이기 때문에, 변화에 직면했을 때 자연스럽게 저항이 발생할 수 있다. 따라서 관리자는 변화의 과정에서 발생할 수 있는 저항 요인을 정확히 파악하고, 이를 완화하거나 극복할 수 있는 다양한 접근 전략을 숙지하고 실천에 옮길 수 있어야 한다. 여기에서는 태도변화에 대한 저항의 형태와 이를 극복하기 위한 구체적인 방법들을 체계적으로 정리한다.

(1) 태도 변화에 대한 저항

태도는 개인의 가치관과 신념 체계 위에 형성되며, 오랜 시간에 걸쳐 축적된 경험과 정서적 반응의 결과로 나타난다. 이로 인해 외부의 자극에 대해 쉽게 변화하지 않으며, 오히려 기존의 균형 상태를 유지하려는 방향으로 반응하는 경향을 보인다. 이러한 심리적 안정성은 변화를 방해하는 주요한 요인 중 하나로 작용하며, 변화 시도에 대한 저항은 다음과 같은 형태로 나타난다.

① 주장의 반박

개인은 기존의 태도나 신념에 대한 정당성을 강조하고, 새로운 주장의 타당성을 낮추기 위해 반박하는 경향이 있다. 이는 자존감 보호의 심리기제로 작용하며, 변화의 필요성보다 자신의 일관성과 경험에 더 무게를 두는 태도에서 비롯된다.

② 정보원의 격하

새로운 정보나 주장이 제시될 경우, 수용 여부는 해당 정보의 출처에 대한 신뢰에 크게 좌우된다. 정보원이 기존의 신뢰 기반을 갖고 있지 않거나 권위가 부족하다고 판단되면, 그 자체로 메시지 전체가 신뢰를 잃고 거부당할 수 있다. 이는 정보의 내용보다는 전달자의 특성에 의해 변화 저항이 발생하는 전형적인 사례이다.

③ 메시지의 왜곡

정보를 받아들이는 과정에서 개인은 자신의 기존 태도에 부합하는 내용만을 선택적으로 인지하거나 해석하는 경향이 있다. 이를 '선택적 지각(selective perception)'이라 하며, 반대되는 내용은 무시하거나 자신에게 유리하도록 왜곡하여 받아들인다. 이러한 인지적 방어기제는 변화에 대한 진지한 수용을 방해한다.

④ 합리화

새로운 정보나 변화의 요구가 정서적 불안을 유발할 경우, 개인은 이를 부정하거나 왜곡하여 자신의 기존 태도를 유지하려 한다. 이는 인지적 부조화를 완화시키기 위한 심리적 방어로, 변화 대상자가 오히려 스스로를 설득하는 방식으로 저항을 정당화하게 만든다.

⑤ 전면거부

이 유형의 저항은 가장 강력하고 비합리적인 형태로, 어떠한 설명이나 근거에도 귀를 기울이지 않고 무조건적으로 새로운 변화나 메시지를 거부하는 반응이다. 이는 깊은 불신, 불안정한 조직문화, 혹은 반복된 변화 실패 경험에서 비롯될 수 있다.

(2) 태도변화의 방법

조직 내에서의 태도변화를 유도하기 위해서는 단순한 지시나 외부적 압력만으로는 부족하다. 구성원의 심리적 수용성을 높이고, 자발적인 변화 동기를 유도하는 다각도의 접근 전략이 필요하다. 다음은 실무와 학문 양측에서 널리 인정받는 태도 변화의 주요 방법들이다.

① 설득(Persuasion)

설득은 가장 고전적이며 널리 활용되는 태도변화 전략으로, 주로 논리적 근거와 감성적 메시지를 통해 청자의 인식을 바꾸고자 하는 시도이다. 설득의 효과는 전달자의 신뢰도, 메시지의 논리성과 감성적 호소력, 청자의 태도 개방성 등에 의해 좌우된다. 특히 대면 커뮤니케이션은 비언어적 요소를 포함해 설득력을 높이며, 신뢰 있는 리더나 전문가의 발화는 설득 효과를 극대화시킨다. 최근에는 스토리텔링이나 사례 중심의 설득 전략이 효과적임이 강조되고 있다.

② 공포의 유발과 감축(Fear Arousal and Reduction)

공포 자극은 인지적 각성과 행동 유인을 촉진할 수 있으나, 그 수준이 과도하거나 비현실적일 경우 오히려 방어적 반응을 유도할 수 있다. 효과적인 공포 유발 전략은 현실적인 위협을 제시한 뒤, 그 해결책을 함께 제시하는 방식이어야 하며, 변화에 따른 이득을 구체적으로 보여주는 것이 중요하다. 예를 들어, 조직 위기 상황을 정확히 진단하고, 변화를 통해 생존할 수 있다는 메시지를 함께 전달해야 공포 유발이 긍정적 행동으로 이어질 수 있다.

③ 참여제도의 활용(Participation)

사람들은 자신이 참여한 결정에 대해 더 높은 책임감과 수용 태도를 보이는 경향이 있다. 따라서 변화와 관련된 주요 이슈에 대해 구성원들이 의견을 개진하고, 그 과정에 실질적으로 참여할 수 있도록 제도화하면, 변화 저항은 줄고 새로운 태도에 대한 수용성은 증가한다. 특히 팀 기반 프로젝트, 브레인스토밍, 변화 워크숍 등의 형태로 참여를 촉진할 수 있으며, 이는 단순 수동적 수용이 아닌 주체적 변화로 이어진다.

④ 여론지도자 활용(Opinion Leader)

조직 내에서 신뢰받는 인물, 즉 여론지도자는 구성원들의 태도와 행동 변화에 결정적 영향을 미칠 수 있다. 여론지도자는 단순한 직위 고위자보다도 일상적 인간관계에서 신뢰와 존경을 받는 인물일수록 영향력이 크다. 이들은 변화 메시지를 동료들의 언어로 해석해주며, 변화 방향에 대한 심리적 안정감을 제공할 수 있다. 조직은 이러한 비공식 리더를 발굴하고 전략적으로 활용할 수 있어야 한다.

⑤ 인지 부조화 유발(Cognitive Dissonance Induction)

Festinger의 인지 부조화 이론에 따르면, 개인은 자신의 신념과 행동 사이에 불일치가 생기면 심리적 불편함을 경험하며 이를 해소하고자 한다. 이러한 불일치를 의도적으로 유도함으로써 기존 태도의 재평가와 수정을 유도할 수 있다. 예컨대, 조직의 핵심가치를 위배하는 행동을 반성하게 하거나, 자신이 주장한 것과 반대되는 행동을 유도함으로써 태도 자체를 변화시키는 방식이 있다.

⑥ 모델링 학습(Modeling)

Bandura의 사회학습이론에 근거한 모델링은 타인의 행동과 그 결과를 관찰하고 학습하는 간접적 학습 방법이다. 조직에서 존경받는 인물이나 성공적인 변화를 실현한 사례를 공개적으로 공유하면, 구성원들은 이를 모방하며 자연스럽게 태도 변화로 이어진다. 특히, 변화 초기에는 성공적인 롤모델의 행동과 언행을 지속적으로 노출시키는 것이 효과적이다.

추가적으로, 토론과 경청은 구성원 간의 상호작용을 촉진하고, 감정을 환기시키며, 문제에 대한 공감대를 형성할 수 있는 효과적인 전략이다. 토론을 통해 구성원은 자신의 입장을 논리적으로 정리하고, 다른 시각을 이해하는 과정을 경험하게 되며, 경청을 통해 감정의 실체와 반응의 원인을 파악함으로써 태도 변화를 위한 기초 자료를 확보할 수 있다. 이처럼 태도 변화는 단순한 인식의 전환을 넘어, 정서적 수용과 행동의 지속성을 전제로 한다. 따라서 조직은 변화의 과정에서 구성원 개개인의 심리적 저항을 이해하고, 효과적인 변화 유도 전략을 통합적으로 설계하여야 한다. 이는 단기적인 행동 변화뿐 아니라, 조직 문화의 건강성과 전략적 일관성을 확보하는 데 필수적인 요소이다.

CHAPTER

04 지각과 귀인

section 01 지각

인간의 행동은 단지 자극에 기계적으로 반응하는 것이 아니라, 그 자극을 어떻게 받아들이고 해석하느냐에 따라 달라진다. 다시 말해, 인간의 행동은 개인의 내적 특성과 외부 환경 자극 간의 상호작용에 의해 결정되며, 이 두 요소가 맞물리는 중심에 '지각(perception)'이라는 인지적 과정이 놓여 있다. 동일한 자극이라도 지각자의 성격, 경험, 정서, 기대 등에 따라 전혀 다른 의미로 해석되기 때문에, 인간의 행동은 객관적 자극만으로는 설명될 수 없다. 이러한 관점에서 지각은 행동을 이해하고 예측하는 데 핵심적인 출발점이 된다.

지각은 외부 환경으로부터 오는 다양한 감각적 자극을 감각기관(시각, 청각, 후각, 촉각, 미각 등)을 통해 수용하고, 이 자극에 선택적 주의를 기울이며, 일정한 패턴으로 조직화하고, 결국 개인의 인지구조에 따라 의미를 부여하는 복잡한 심리적 과정이다. 이 과정은 단순히 '무엇을 본다'는 차원을 넘어, 그 자극을 어떻게 해석하고 반응할 것인가에 대한 개인의 인지적 구성과 해석의 결과라 할 수 있다.

예컨대, 상사의 짧은 말투나 무표정한 얼굴을 두고 어떤 직원은 '화가 났다'고 지각하고 위축될 수 있으며, 다른 직원은 단지 '바쁜 상황'이라고 해석하고 아무렇지 않게 지나칠 수 있다. 이러한 차이는 자극 자체가 아닌 지각자의 내면적 해석 체계에 기반한 것으로, 인간 행동의 예측과 설명에서 지각의 중요성을 잘 보여주는 사례다. 이처럼 지각은 '있는 그대로의 사실'을 반영하지 않고, '개인의 눈을 통해 본 사실'을 구성해낸다는 점에서, 조직 내 모든 인간 상호작용의 기초가 된다. 지각은 일반적으로 빠르게 자동으로 이루어지는 경향이 있으며, 이는 인간이 복잡한 환경 속에서 신속한 판단을 내려야 할 필요성에 적응해온 진화적 결과로 볼 수 있다. 그러나 이러한 신속한 판단 메커니즘은 동시에 왜곡의 가능성도 수반한다. 특히 지각은 과거의 경험, 정서적 상태, 사회적 가치관, 문화적 맥락 등에 영향을 받기 때문에, 동일한 사건이라 하더라도 사람들이 그것을 받아들이고 해석하는 방식은 각기 다르다. 그 결과, 조직 내에서는 서로 간의 인식 차이에서 비롯된 오해, 편견, 갈등이 빈번히 발생할 수 있다.

현대 조직 환경은 특히 이러한 지각의 복잡성과 왜곡 가능성을 더욱 확대시키고 있다. 첫째, 비대면 커뮤니케이션의 확산은 오감 중 시각과 청각만을 제한적으로 사용하게 하며, 상대방의 표정, 분위기, 자세, 미묘한 제스처 등 비언어적 단서를 충분히 인식하지 못하게 만든다. 둘째, 정보의 과잉 상황은 조직 구성원들이 모든 자극에 세밀히 주의를 기울이기 어렵게 만들며, 이에 따라 편의적 지각이나 선입견 기반 판단이 증가한다. 셋째, 다문화적, 이질적 가치관은 가진 구성원들이 함께 일하는 글로벌 조직 구조는 서로의 문화적 차이에 기반한 지각의 오차와 해석의 불일치를 야기한다.

이러한 환경에서는 지각의 정확성이 곧 조직 내 의사소통의 질과 효율성을 좌우하게 된다. 예를 들어, 구성원이 리더의 의사전달을 '명확한 방향 제시'로 지각하느냐, 아니면 '일방적인 통제'로 지각하느냐에 따라 업무 몰입이나 심리적 거리감은 전혀 달라질 수 있다. 따라서 조직에서는 지각과 관련된 오류를 줄이기 위해 의사소통의 명확성, 피드백 시스템, 감정 인식 훈련, 문화적 감수성 교육 등 다양한 접근이 요구된다. 더 나아가, 조직 구성원 개개인이 자신의 지각 과정에 대해 성찰적 메타인지(reflective metacognition)를 갖도록 유도하는 것도 중요하다. 이는 구성원이 자신의 판단이 항상 정확하지 않을 수 있음을 인식하고, 타인의 입장에서 다시 해석해보려는 시도(즉 '인지적 겸손(cognitive humility)'를 촉진하는 조직문화 형성으로 이어질 수 있다.

결국 지각은 단지 외부 자극에 대한 반응을 넘어서, 조직에서의 의사결정, 리더십, 팀워크, 갈등관리 등 거의 모든 영역에 영향을 미치는 핵심 심리적 기제다. 이러한 관점에서 지각을 이해하고 다루는 것은 조직행동론의 가장 기초적이면서도 가장 실제적인 과제 중 하나라 할 수 있다. 따라서 조직의 관리자와 구성원 모두는 지각의 복잡성과 영향력, 그리고 오류 가능성에 대해 깊이 이해함으로써 보다 성숙한 조직 커뮤니케이션과 관계 형성을 도모할 수 있어야 한다.

1. 지각의 과정

현대 조직에서는 구성원 간의 이해, 의사결정, 대인관계, 갈등의 원인을 설명하는 데 있어 '지각(perception)'은 핵심적인 개념이다. 지각은 단순히 외부 정보를 감각기관으로 받아들이는 수동적 과정이 아니라, 그 자극에 의미를 부여하고 해석하는 인지적 구성 활동이다. 이러한 지각의 과정은 다음 다섯 가지 주요 단계로 설명할 수 있다.

1) 수용(reception)

지각의 시작점은 인간이 환경 속에서 자극을 수용하는 것이다. 이러한 자극은 물리적 자극(빛, 소리, 냄새 등)일 수도 있고, 사회적 자극(말투, 표정, 복장 등)일 수도 있다. 사람은 시각, 청각, 촉각, 후각, 미각의 오감(sensory organs)을 통해 끊임없이 외부 세계로부터 정보를 받아들인다. 예컨대, 상사의 말 한마디, 동료의 표정 변화, 이메일의 표현 방식 등은 모두 자극으로서 인식될 수 있다.

현대 사회는 디지털 기술의 발전으로 물리적 환경뿐 아니라 온라인 환경에서도 지각 자극이 다층적으로 존재한다. ZOOM 회의 속 카메라 화면,

SNS 메시지의 어조, 이모지 사용 등도 오늘날의 '자극'으로 수용되고 있으며, 특히 이러한 비대면 자극은 오감 중 시각과 청각에 의존하기 때문에 왜곡 가능성이 더욱 크다. 수용 단계에서는 이러한 다양한 자극들이 일차적으로 감각기관을 통해 입력되며, 이는 이후 인지적 해석과 행동의 기초가 된다.

2) 처리(processing)

수용된 자극은 즉각적으로 뇌의 인지 메커니즘(cognitive mechanism)에 의해 처리된다. 이 단계에서 인간은 감각기관을 통해 들어온 방대한 정보 중에서 '의미 있는 정보'를 선택(selection)하고, 이를 체계적으로 구성(organization)한 다음, 기존의 경험이나 지식과 비교하여 해석(interpretation)한다. 예를 들어, 한 구성원이 회의 중에 말을 하지 않고 조용히 있는 모습을 보고 어떤 사람은 '소극적'이라고 지각할 수 있고, 또 다른 사람은 '경청하는 자세가 좋다'고 해석할 수 있다. 이는 정보 처리 과정에서 각 개인의 가치관, 기대, 태도, 고정관념 등이 영향을 미치기 때문이다. 이러한 정보처리 단계는 인간의 '인지적 효율성'을 위해 인지적 도식(cognitive schema) 또는 휴리스틱(heuristic)이라는 간편화된 판단 기준을 동원하기도 한다. 이는 빠른 판단을 가능하게 하지만 동시에 오류와 편견의 원인이 되기도 한다.

3) 영향요인(influence)

지각은 결코 '객관적인 사실'을 그대로 받아들이는 과정이 아니다. 수용된 자극이 어떻게 처리되고 해석되는가는 개인 내부의 요인과 외부 자극의 특성에 의해 결정된다.

내적 요인

- **욕구와 동기**: 사람은 자신이 필요로 하는 정보에 더 주의를 기울인다. 예를 들어, 승진을 기대하는 직원은 상사의 작은 반응에도 과도하게 민감하게 반응할 수 있다.
- **기대와 과거 경험**: 특정한 기대를 가지고 있으면 실제 자극을 기대에

맞추어 지각하는 경향이 있다(=기대 효과).

- **자아개념**: 자신이 유능하다고 믿는 사람은 상대의 비판을 부정적으로 지각하기보다 피드백으로 해석할 가능성이 높다.
- **성격**: 낙천적인 사람은 동일한 상황을 긍정적으로 지각하는 반면, 불안이 높은 사람은 부정적 자극에 더 민감하게 반응한다.

외적 요인

- **자극의 강도**(Intensity): 소리의 크기, 색의 명도, 말의 어조 등이 자극을 더 뚜렷하게 만든다.
- **운동과 변화**(Motion): 움직이는 대상이나 변화를 주는 자극이 더 쉽게 지각된다.
- **대비와 반복**(Contrast & Repetition): 기존의 패턴에서 벗어난 행동이나 반복되는 행동은 주의를 끌기 쉬우며, 지각에서의 강조 요소가 된다.
- **지각 환경**(Context): 동일한 표정이라도 그것이 회의 중이냐, 사적 자리냐에 따라 전혀 다른 의미로 해석될 수 있다.

이러한 영향 요인들은 지각의 왜곡 가능성을 내포하고 있으며, 조직 내에서 오해와 갈등의 출발점이 되기도 한다. 따라서 관리자나 리더는 구성원의 지각에 영향을 미치는 요인을 잘 이해하고, 이를 조절하려는 노력이 필요하다.

4) 산출(output)

지각의 결과는 단순히 정보를 받아들이는 데 그치지 않고, 구체적인 정서적·심리적 반응으로 나타난다. 이 단계에서는 지각된 대상에 대해 긍정적 혹은 부정적인 태도(attitude), 판단(judgment), 감정(emotion), 또는 신념(belief) 등이 형성된다. 예컨대, 상사의 말을 '비판'으로 지각한 직원은 방어적 태도와 부정적인 감정을 가질 수 있으며, 이를 기반으로 상사에 대한 신뢰감이 저하되기도 한다. 이러한 태도나 감정은 단순히 개인의 내부 반응에 그치지 않고, 향후 행동의 방향을 결정짓는 기제로 작용한다. 특히 조직에서는 구성원의 태도나 감정이 직무만족, 조직몰입, 이직의도, 협업태도 등에 영향을 미치기 때문에 산출 단계는 조직성과와 직결되는 중요한 국면이라 할 수 있다.

5) 반응(reaction)

지각은 결국 행동의 변화를 수반한다. 산출된 태도나 감정은 이후의 행동으로 나타나며, 이 행동은 다시 외부 자극이 되어 타인의 지각에 영향을 준다. 예를 들어, 어떤 직원이 '팀장의 무관심'을 지각한 뒤 회의에서 발언을 줄이거나 피드백을 회피한다면, 팀장은 이를 '업무에 관심이 없는 태도'로 다시 지각하게 된다. 이렇게 되면 상호 간 오해가 반복되며 부정적 피드백 고리가 형성된다.

현대 조직은 이러한 '지각－반응의 순환적 연결 구조'를 이해하고, 구성원 간 오해와 갈등을 최소화하는 지각 교육, 피드백 훈련, 감정 코칭 등의 개입이 필요하다. 또한 조직문화나 리더십의 방향이 구성원들의 지각과 반응 양식을 어떻게 형성하는지도 중요한 고려 대상이다.

이처럼 지각은 단순한 감각 활동이 아닌, 정보의 선택－해석－행동으로 이어지는 일련의 심리적·사회적 과정이며, 조직 내 모든 상호작용의 기반이 되는 핵심적 메커니즘이다. 따라서 조직행동론에서는 지각의 과정을 단순한 인지작용이 아닌, 사회적 행위로서의 의미를 부여하고, 그 관리전략까지 포함하는 포괄적인 관점에서 접근해야 한다.

6) 지각의 영향요인

인간은 외부 세계를 있는 그대로 받아들이는 것이 아니라, 자신의 내부 조건과 외부 환경의 맥락 속에서 그 의미를 해석하고 재구성한다. 즉 지각은 항상 특정한 '영향요인'에 의해 조정되고 변형된다. 이로 인해 동일한 대상이나 사건이라 하더라도 그것이 어떻게 받아들여지고 해석되는가는 사람마다 크게 달라질 수 있다. 이러한 지각의 차이는 종종 오해, 편견, 갈등의 원인이 되며,

특히 조직과 같은 복잡한 사회 시스템 내에서는 매우 중요한 변수로 작용한다.

지각의 영향을 주는 요인은 크게 ① 지각의 대상(자극, 타인, 사건, 사물), ② 지각자(관찰자), ③ 지각이 일어나는 상황의 세 가지로 분류할 수 있으며, 이들은 각각 지각의 내용과 방향성에 깊은 영향을 미친다.

첫째, 지각의 대상(자극) 자체의 특성은 지각에 큰 영향을 미친다.

대상이 복잡하거나 낯설거나 명확하지 않으면 인간은 이를 불완전하게 해석하거나 왜곡하여 지각할 가능성이 커진다. 예컨대, 외형이 모호하거나 매우 이례적인 사람이나 사물은 일반적인 기대 범위를 벗어나기 때문에 사람들은 그에 대해 더 많은 주의를 기울이며, 이 과정에서 과도한 의미를 부여하거나 기존의 고정관념을 적용하여 해석하게 된다. 또한 자극의 강도, 색채, 운동성, 반복성, 크기, 대조성 등은 자극의 '두드러짐(salience)'을 결정짓는 요소로 작용하며, 이는 지각의 우선순위를 결정하는 데 중요한 역할을 한다. 예를 들어, 고객 응대 상황에서 조용히 불만을 제기하는 고객보다, 격한 어조로 항의하는 고객이 직원에게 더 '절박하고 중요한' 고객으로 인식되는 경우가 있다. 이는 고객의 실제 욕구 수준과는 무관하게, 지각 대상의 표현 강도와 감정의 표출 방식에 따라 직원의 판단이 달라지는 사례이다. 이러한 특성은 특히 서비스 조직이나 고객 중심 조직에서 의사결정에 큰 영향을 미친다.

둘째, 지각자의 개인적 특성은 지각 내용에 결정적인 영향을 미친다.

인간은 감각적 자극을 처리할 때, 그것을 선택하고 조직화하며 해석하는 과정에서 자신의 내면적 상태를 투영하게 된다. 이러한 내면적 상태에는 욕구, 기대, 감정, 가치관, 태도, 학력, 성격, 나이, 성별, 사회적 배경 등이 포함된다. 예를 들어, 물에 대한 절박한 갈증 상태에 있는 사람은 사막에서 신기루를 실제 오아시스로 지각할 가능성이 높다. 이러한 왜곡된 지각은 단순한 시각적 오류가 아니라, 인간의 심리적 결핍(needs deficiency)이 자극 해석에 개입하는 방식으로 나타나는 것이다. 조직 내에서는 비슷한 사례로, 특정한 보상을 강하게 기대하는 직원이 상사의 말이나 행동에서 '승진'이나 '인정'의 신호를 과잉 해석하거나 왜곡하여 받아들이는 경우도 있다.

문학적 예로 자주 인용되는 빅토르 위고의 『레 미제라블』에서 장발장의 빵 절도 행위는, 쟈베르 경찰에게는 '법 위반'으로, 미리엘 신부에게는 '인간적 고통에 대한 호소'로 지각된다. 이처럼 동일한 사건도 지각자의 도덕적 프레임, 경험, 가치 체계에 따라 전혀 다른 의미를 갖게 된다. 이는 조직 내에서도 평가자에 따라 부하 직원의 행동이 정반대로 해석될 수 있음을 암시한다.

셋째, 지각이 일어나는 상황의 맥락 역시 지각 내용에 강력한 영향을 준다.

지각은 특정한 시간, 장소, 분위기, 사회적 배경 속에서 발생하기 때문에, 상황적 요소(situational factor)는 지각의 방향성과 정서를 조정하는 데 결정적이다.

예를 들어, 회의실에서 떨어지는 연필 소리는 소음으로 무시될 수 있지만, 긴장감이 감도는 면접장이나 고요한 사찰에서는 그것이 매우 두드러진 자극으로 지각될 수 있다. 또한 상사의 "앞으로 잘하시오"라는 발언도 1:1 면담 자리에서는 '격려'로, 전체 회의 자리에서는 '공개적인 질책'으로 받아들여질 수 있다. 이는 말의 내용보다도 상황의 분위기, 사회적 맥락, 청중의 존재 여부가 지각의 해석에 더 큰 영향을 미친다는 점을 시사한다. 더 나아가, 특정 인물에 대한 첫인상 역시 그를 처음 만났던 공간의 상징성(예: 교회 vs 술집)이나 시간적 배경(예 : 주말 여유 시간 vs 업무 마감 시점), 사회적 위치(예: 면접자 vs 동료)에 따라 매우 다르게 형성될 수 있다. 이처럼 상황은 지각을 형성하는 무대이자 지각 내용을 재조정하는 중요한 변수로 작용한다.

이 세 가지 영향요인은 서로 독립적으로 작용하는 것이 아니라, 복합적으로 상호작용하며 지각의 왜곡 가능성을 증가시킨다. 특히 현대 조직에서는 멀티태스킹, 시간 압박, 감정노동, 디지털 커뮤니케이션의 증가 등으로 인해 지각 오류가 빈번히 발생할 수 있으며, 이로 인해 의사결정의 신뢰성이 저하되거나 인간관계에 부정적 영향을 줄 수 있다. 따라서 효과적인 조직 운영을 위해서는 구성원 각자가 자신의 지각과정을 성찰적 관점에서 점검할 수 있어야 하며, 관리자 역시 타인의 행동을 평가하거나 피드백할 때, 그 지각이 자신의 편향과 상황적 요소에 의해 영향을 받았을 가능성을 인식해야 한다. 이러한 메타인지적 태도와 환경적 통찰은 조직 내 지각의 오류를 최소화하고, 보다 건강한 커뮤니케이션과 협업을 이루는 데 핵심적인 기초가 된다.

7) 지각의 조직화

인간은 외부 자극을 받아들이는 단순한 수용체가 아니라, 그 자극을 의미 있게 해석하고 구성하여 하나의 인지적 전체(whole)로 재구성하는 능동적인 존재이다. 즉, 인간의 지각은 각 자극의 조각들을 있는 그대로 받아들이는 것이 아니라, 그것들을 결합하여 특정한 형태, 구조, 패턴으로 조직화하는 과정을 통해 이루어진다. 이러한 지각의 특성은 독일의 심리학자들에 의해 발전된 게슈탈트 심리학(Gestalt Psychology)의 핵심 원리이며, 인간의 지각은 부분의 단순한 합이 아닌 '의미 있는 전체(the whole)'를 지향한다는 개념으로 요약된다.

이러한 게슈탈트 원리에 따르면, 인간은 복잡하거나 불완전한 자극도 일정한 법칙에 따라 단순하고, 대칭적이며, 완결된 형태로 조직화하려는 경향을 보인다. 이는 외부 자극이 항상 명확하거나 완전하지 않기 때문에, 인간의 지각 체계가 인지적 효율성과 생존 적응성을 높이기 위한 자동적 메커니즘으로 발달해 온 결과이기도 하다. 지각의 조직화는 일상적인 인간 행동은 물론, 조직 내 커뮤니케이션, 팀워크, 대인관계 형성에서도 중요한 역할을 한다. 구성원 간의 상호작용에서 특정한 말이나 행동은 단편적 정보로 나타나지만, 상대방은 이를 전체 맥락에서 하나의 '의미 있는 행동'으로 조직화하여 받아들이기 때문이다. 이때 지각의 조직화 과정에서 왜곡이 발생하면, 의도하지 않은 갈등이나 오해가 발생할 수 있다. 지각의 조직화에서 핵심적으로 작용하는 심리적 원리는 다음과 같다.

(1) 전경과 배경(Figure and Ground)

인간의 지각은 주어진 시각적 자극 가운데 일부를 전경(figure)으로, 나머지를 배경(ground)으로 구분하여 처리한다. 이는 우리가 모든 자극에 동일한 주의를 기울일 수 없기 때문에, 인지적 효율성을 위해 주의의 초점을 자동적으로 분리하는 방식이다. 예를 들어, 기념사진을 찍을 때 피사체가 중심(전경)이 되고 배경은 부차적 요소로 인식되며, 밤하늘의 보름달이 눈에 띄는 이유도 그 주위의 어두운 하늘이 배경으로 처리되기 때문이다. 이러한 전경-배경의 분리는 단지 시각 정보에 국한되지 않고, 청각이나 사회적 자극에도 적용된다. 예컨대 상사의 목소리는 회의 중에는 전경으로, 잡음은 배경으로 처리된다.

그러나 전경과 배경의 구분은 객관적이지 않다. 개인의 관심, 경험, 감정, 맥락에 따라 전경과 배경은 얼마든지 바뀔 수 있다. 예를 들어, 루빈의 컵 그림처럼 동일한 이미지가 컵으로도, 두 사람의 옆얼굴로도 보이는 것은 인간이 지각 상황에 따라 전경과 배경을 전환하여 해석할 수 있음을 보여준다. 이러한 현상은 조직 내에서도 적용된다. 상사의 피드백이 어느 맥락에서는 핵심 메시지로 받아들여지지만, 다른 상황에서는 말투나 표정 등 주변 요소가 더 강하게 지각되어 피드백 내용이 '배경'으로 밀려날 수 있다. 〈표 4-1〉 전경과 배경의 비교는 다음과 같은 특징으로 요약된다.

표 4-1 전경과 배경의 특징

전경의 특징	배경의 특징
1. 형태를 갖는다. 2. 배경보다 더 가깝게 보인다. 3. 사물로 보인다. 4. 더욱 뚜렷하고 생생하다.	1. 전경의 뒤로 배경이 보인다. 2. 배경은 형태가 없다. 3. 배경은 사물이 아니라 공간으로 보인다. 4. 흐릿하고 덜 주목된다.

(2) 지각의 집단화(Grouping)

인간은 연결된 의미를 가진 자극들을 단일한 구조나 집단으로 묶어 해석하려는 경향이 있다. 이러한 집단화(grouping)는 근접성(proximity)과 유사성(similarity)에 의해 주로 결정된다. 근접성은 서로 가까이 위치한 자극들이 하나의 그룹으로 인식되는 경향을 말한다. 예컨대, 한 줄로 정렬된 구성원 중 일부가 서로 가까이 서 있다면 그들이 한 팀일 것이라고 지각할 가능성이 높다. 유사성은 외형, 색, 크기, 형태 등이 유사한 자극끼리 하나의 단위로 인식되는 경향이다. 복장을 유사하게 맞춘 직원들이 함께 움직인다면, 이들은 하나의 부서 또는 프로젝트 팀으로 인식되기 쉽다. 이러한 집단화는 팀워크나 집단 정체성 형성에도 작용한다. 드레스코드, 동일한 워크숍 명찰, 유사한 언어 사용 등은 지각의 유사성을 자극하여 조직 내 소속감과 결속력을 높이는 데 기여할 수 있다.

(3) 지각의 완결성(Closure)

인간은 자극이 불완전하거나 결손된 경우에도, 그것을 하나의 전체로 완성하여 지각하는 경향이 있다. 이러한 완결성 원리는 정보가 일부 누락되었을 때도 인간이 경험과 기억을 바탕으로 이를 보완해 전체적인 의미를 만들어내는 방식이다. 예컨대, 회의 중에 한 직원이 "이번 분기 실적은…"이라는 말까지만 했더라도, 상대방은 이를 '좋지 않다'는 맥락으로 보완하여 지각할 수 있다. 이는 우리가 지각하는 대상이 항상 완전한 정보를 제공하지 않기 때문에, 지각자는 자신의 인지적 틀과 기대에 따라 그 빈틈을 메워 전체로 구성한다.

(4) 연속성(Continuity)

인간의 시각적 체계는 일정한 방향이나 윤곽을 따라 자극을 부드럽게 연결하여 하나의 패턴으로 지각하는 경향이 있다. 연속성의 원리는 자극이 뚜렷하게 구분되어 있음에도 불구하고, 그것들이 일정한 궤적이나 방향성을 갖는 경우 하나의 연속된 형태로 해석하게 만든다. 조직 내에서는 리더의 행동, 정책 변화, 프로젝트 흐름이 일관되고 예측 가능할 때, 구성원들은 이를 하나의 연속적 흐름으로 지각하고 불안감 없이 따르게 된다. 반면에 불규칙하고 단절적인 자극은 혼란을 유발할 수 있으며, 지각의 일관성을 해치게 된다.

(5) 공통성(Common Fate)

공통성의 원리는 같은 방향으로 움직이거나 동일한 변화를 겪는 자극들을 하나의 집단으로 지각하는 경향을 의미한다. 이는 특히 운동의 동일성이나 변화의 유사성에 기반한 지각 조직화 방식이다. 예를 들어, 여러 명의 직원이 동시에 같은 사무실에서 퇴근하거나, 함께 발표 준비를 하는 모습을 보면, 우리는 그들을 같은 부서 혹은 같은 프로젝트 팀의 구성원으로 자연스럽게 인식하게 된다. 이는 동시적 행동의 패턴이 지각의 조직화를 유도하기 때문이다.

결론적으로, 지각의 조직화는 단순한 정보처리를 넘어, 인간이 세계를 이해하고 반응하는 인지적 틀의 구성 방식이다. 이러한 조직화 원리는 개인이 일상생활은 물론, 복잡한 조직 내 상호작용에서도 질서, 의미, 예측 가능성을 부여받는 심리적 기반이 된다. 조직 내에서 이 원리를 잘 이해하고 활용하면, 효과적인 커뮤니케이션, 업무설계, 팀 운영, 리더십 전략을 구성하는 데 큰 도움이 된다.

2. 지각의 인지적 속성

인간의 지각은 단순히 외부 자극을 수동적으로 받아들이는 과정이 아니다. 오히려 인간은 방대한 감각 정보의 흐름 속에서 스스로 선택하고 해석하며 반응하는 능동적인 존재다. 이러한 선택성과 집중성은 인간의 인지 체계가 매우 효율적이고 실용적으로 작동하고 있음을 보여준다. 특히 현대 조직과 같이 정보가 넘쳐나는 환경에서 인간은 자신에게 의미 있고 중요한 자극만을 선택적으로 받아들임으로써 인지적 과부하(cognitive overload)를 방지하고 환경에 적응하게 된다. 이러한 맥락에서 지각은 본질적으로 선택적(selective), 능동적(active), 목적지향적(goal-oriented)인 속성을 가지며, 이는 곧 인간의 '주의(attention)' 기능과 밀접하게 연결되어 있다. 즉, 우리는 모든 자극에 반응하지 않고, 자신에게 가치 있고 관련성 있는 자극만을 선택하여 지각한다. 이 선택과정이 바로 지각의 인지적 속성이며, 이는 정보처리이론, 게슈탈트 심리학, 인지심리학에서 공통적으로 강조되는 핵심 개념이다.

1) 선택적 주의(Selective Attention)

선택적 주의란 다양한 자극 가운데 일부에만 집중하고, 나머지 자극은 의식적으로 혹은 무의식적으로 배제하는 인지적 과정을 말한다. 인간은 언제나 수많은 자극에 둘러싸여 있다. 예를 들어 직장에서는 상사의 말, 동료의 표정, 이메일 알림, 배경 소음 등 다양한 자극이 동시에 존재하지만, 인간은 이 중 자신에게 중요한 자극에만 주의를 집중할 수 있다. 이러한 선택적 주의의 대표적인 사례로는 심리학에서 자주 인용되는 "칵테일 파티 효과(Cocktail Party Effect)"가 있다. 이는 시끄러운 파티장과 같은 다중 자극 환경 속에서도, 인간이 자신과 대화하는 상대의 목소리에만 집중할 수 있다는 현상을 말한다. 즉, 다양한 자극이 동시에 존재함에도 불구하고 우리는 그 중 특정한 정보에만 선택적으로 주의를 기울일 수 있으며, 이는 지각이 단순한 감각 수용이 아닌 의식적 필터링과 집중 과정임을 보여준다.

2) 주의의 여과이론(Filter Theory)

선택적 주의가 가능하도록 작동하는 인지적 원리는 심리학자 브로드벤트(D. E. Broadbent)에 의해 제안된 여과이론(filter theory)을 통해 설명할 수 있다. 이 이론에 따르면 인간의 인지 시스템은 하나의 여과기(filter)처럼 작용하여, 입력되는 자극 중 일부만을 선택적으로 처리하고, 나머지는 배제하거나 억제한다. 이는 인간의 인지 용량이 제한적(limited capacity)이기 때문이며, 모든 자극을 동등하게 처리하려 한다면 오히려 정보 과부하로 인해 인지적 혼란이나 오판이 발생할 수 있다. 여과기 기능은 특히 현대 정보사회의 조직 구성원에게 필수적인 생존 전략이며, 과도한 정보 속에서 효율적인 결정을 내리기 위해 반드시 필요한 기능이다.

조직 내에서는 이 이론이 다음과 같이 적용된다. 예를 들어, 다수의 프로젝트 보고서를 검토하는 리더는 자신이 맡고 있는 핵심 업무나 관심 있는 영역에 해당하는 정보만 선택적으로 읽게 되며, 그 외의 정보는 무의식적으로 걸러낸다. 이때 여과된 정보가 유의미하지 않아서가 아니라, 주의집중의 전략적 선택에 따라 선택되지 않은 것이다.

3) 주의의 결정 요인(Determinants of Attention)

지각에서 주의가 어느 대상에 집중되는가는 외적 요인과 내적 요인에 의해 결정된다. 이는 주의(attention)가 단순히 자극의 물리적 강도에 의해서만 작동하는 것이 아니라, 개인의 심리적 상태, 동기, 선호, 경험 등에 의해서도 깊은 영향을 받는다는 것을 의미한다.

(1) 외적 요인(External Factors)

외적 요인은 자극 자체의 물리적 속성에 기반한 요인들로, 시각적·청각적 자극이 강하거나 두드러질수록 더 큰 주의를 유도한다.

- **강도**(intensity): 더 크고, 더 밝고, 더 시끄러운 자극은 주의를 끌기 쉽다.
- **대조**(contrast): 주변 자극과 다른 색상, 형태, 메시지는 시선을 끌며 인지 우위를 가진다
- **새로움**(novelty): 익숙하지 않은 새로운 자극은 호기심과 주의를 유발한다.
- **반복**(repetition): 동일한 자극이 반복될 경우 익숙해지면서도 일정 시점까지 주의를 유지시킨다.
- **운동과 변화**(movement & variation): 고정된 자극보다 움직이는 자극이 더 높은 주의 집중을 유도한다.

조직에서는 이러한 원리를 홍보, 브랜딩, 인사평가 피드백, 회의자료 설계 등에 전략적으로 활용할 수 있다. 예컨대 반복적 알림, 주목되는 색상의 자료,

혹은 갑작스러운 발표 순서 변경 등이 구성원의 집중력을 높이는 기제로 작동할 수 있다.

(2) 내적 요인(Internal Factors)

내적 요인은 지각자의 개인적 특성과 심리적 상태에 따라 주의가 어떻게 선택적으로 작동하는지를 설명하는 요소들이다.

- **동기와 욕구**(motivation & needs): 개인의 현재 욕구 상태가 지각 대상에 대한 선택성에 큰 영향을 미친다. 배고픈 사람은 음식 냄새나 음식점 간판에 더 민감하게 반응하게 된다.
- **가치관과 직업**: 동일한 대상을 보고도 그 직업과 가치관에 따라 다르게 해석될 수 있다. 한 건축가는 건물 구조에, 한 예술가는 디자인에, 한 투자자는 위치와 수익성에 주목한다.
- **과거 경험**: 익숙한 자극에 대해 자동적 주의가 발생할 수 있으며, 반대로 생소한 자극은 오히려 과도한 주의로 이어질 수 있다.
- **마음 갖춤새**(mental set): 특정 자극에 반응할 준비가 되어 있는 경우, 그 자극에 더 빠르고 정확하게 주의를 집중할 수 있다.
- **흥미**(interest): 개인이 선호하거나 관심 있는 주제는 자연스럽게 높은 주의집중으로 이어진다. 예를 들어, 피부 미용에 관심이 높은 사람은 화장품 광고나 피부 관리 팁에 더욱 민감하게 반응한다.

결론적으로 지각의 인지적 속성은 인간이 정보에 효율적으로 반응하고, 환경에 능동적으로 적응하도록 하는 중요한 심리적 기제이다. 이러한 선택성과

표 4-2 주의의 결정요인

외적 요인	내적 요인
크고 강한 자극	동기와 욕구
변화와 대조	가치관과 직업
반복되는 것	과거 경험
신기한 것	마음 갖춤새(mental set)
움직이는 것	흥미

주의력의 작동 방식은 단지 개인의 정보 수용 방식에 영향을 미칠 뿐만 아니라, 조직 내에서의 의사소통, 리더십, 피드백 수용, 팀워크 등 다양한 행동 결과에 직결된다. 따라서 관리자나 리더는 구성원이 무엇에 주의를 기울이고, 어떤 정보를 무시하는지를 이해함으로써 보다 효과적인 메시지 전달, 피드백 설계, 동기부여 전략을 구축할 수 있어야 한다. 또한 구성원 스스로도 자신의 선택적 지각이 조직 내 인간관계나 업무 평가에서 얼마나 큰 영향을 미치는지 인식할 필요가 있다.

section 02 사람에 대한 지각

1. 사람에 대한 지각에 영향을 미치는 요인

타인에 대한 지각은 단순히 그 사람을 바라보는 순간적 인상에 의해서만 형성되는 것이 아니라, 지각 대상이 가진 고유한 특성, 지각 주체가 가진 개인적 특성 및 편향, 그리고 상호작용이 이루어지는 상황적 맥락이라는 세 가지 핵심 요인의 상호작용 결과로 나타난다. 뿐만 아니라, 해당 인물에 대한 사전 정보의 양과 질, 상호작용의 빈도와 깊이, 그리고 상호 간의 정서적 유대 관계 역시 지각의 정확성과 해석 방식에 중요한 영향을 미친다. 이러한 요인들은 조직 내에서 인사평가, 채용, 승진 결정, 팀 내 역할 부여 등과 같은 다양한 의사결정 과정에서 실질적인 결과 차이를 가져올 수 있다.

1) 피평가자의 특성

피평가자가 지닌 다양한 특성은 관찰자의 평가와 지각에 직접적인 영향을 미친다. 이러한 특성들은 때로는 정확한 판단의 기초가 되기도 하지만, 상당수는 편견과 고정관념을 강화하여 판단을 왜곡시키는 요인이 될 수 있다.

현대 조직에서는 이러한 편향을 최소화하기 위해 블라인드 채용, 다면평가, 표준화된 평가 척도 등을 활용하고 있다. 피평가자의 특성은 크게 다음과 같이 분류할 수 있다.

(1) 신체적 특성

피평가자의 외형적 단서는 지각 과정에서 매우 강력한 초기 인상을 형성한다. 몸짓, 자세, 얼굴 표정, 시선 처리, 피부색, 체형 등은 모두 타인에 대한 직관적 판단에 영향을 준다. 예를 들어, 어깨가 움츠러들고 시선이 자주 회피되는 사람은 자신감이 부족하거나 동기부여가 낮다고 해석될 수 있으며, 반대로 단정한 자세와 안정된 시선은 전문성과 신뢰감을 높이는 신호로 작용한다. 현대 경영 환경에서는 온라인 화상회의나 디지털 프로필 사진에서도 이러한 신체적 특성이 간접적으로 전달되며, 글로벌 조직에서는 문화권별 해석 차이까지 고려해야 한다.

(2) 사회적 특성

언어 사용 방식, 목소리의 억양과 속도, 발음의 명료성, 외모 관리 수준, 복장 스타일 등은 피평가자의 사회적 배경과 직결되어 지각에 영향을 준다. 예를 들어, 특정 억양이나 사투리는 지역적 정체성을 드러내며, 일부 조직에서는 이를 친근감의 요소로, 다른 조직에서는 비전문성의 신호로 해석할 수도 있다. 또한 복장은 조직문화에 대한 이해와 적응도를 보여주는 중요한 단서로 작용한다. 최근의 원격 근무 환경에서도 화상회의 시 복장과 배경 환경은 비언어적 메시지로 인식되며, 이러한 요소는 디지털 환경에서의 '사회적 단서(social cues)'로서 주목받고 있다.

(3) 역사적 특성

성별, 연령, 직업, 종교, 인종, 국적과 같은 정체성 요인은 지각 형성에서 지속적으로 영향을 미쳐 왔다. 이러한 특성은 각 문화권과 사회집단에서 다르게 해석된다. 예를 들어, 미국에서는 일부 상황에서 인종적 요인이 사회적 수용 여부를 결정짓는 중요한 요소로 작용할 수 있다는 연구 결과가 있으며, 그리스에서는 종교적 소속이, 독일에서는 직업적 지위가 평가의 핵심 기준이 되는 경향이 있다. 오늘날 글로벌 조직에서는 다양성과 포용성(Diversity & Inclusion)을 중시하는 흐름 속에서 이러한 역사적 특성에 기반한 편견을 최소화하려는 제도적·문화적 노력이 강화되고 있다.

이와 같이, 피평가자가 지닌 다양한 신체적·사회적·역사적 특성은 관찰자의 인상 형성과 평가에 직간접적으로 작용한다. 문제는 이러한 특성 중 상당 부분이 객관적 직무능력이나 성과와 직접적 관련이 없음에도 불구하고, 평가 과정에서 과도하게 반영될 수 있다는 점이다. 따라서 현대 조직에서는 평가자의 편견을 줄이고, 피평가자의 실제 역량과 성과에 기반한 공정한 판단이 이루어질 수 있도록 교육, 제도 설계, 데이터 기반 평가 등을 병행하는 것이 필수적이다.

2) 평가자의 특성

타인에 대한 지각은 피평가자의 특성뿐 아니라, 이를 해석하고 판단하는 평가자 자신의 내적 특성과 인지적 틀(cognitive frame)에 크게 좌우된다. 평가자는 자신만의 욕구와 동기, 과거의 경험, 자아개념, 성격적 특성을 바탕으로 지각 정보를 선택·조직·해석하기 때문에, 동일한 대상을 보고도 평가자에 따라 전혀 다른 판단 결과가 도출될 수 있다. 이러한 평가자의 특성을 이해하는 것은 조직 내 인사평가, 리더십 판단, 팀 구성, 인재 선발 과정에서 편향을 최소화하고 공정성을 확보하기 위해 필수적이다.

(1) 욕구와 동기

평가자의 욕구와 동기는 지각 과정에서 특정 자극에 민감하게 반응하게 하는 중요한 내적 조건이다. 예를 들어, 동일한 상황이나 인물 사진을 보더라도 평가자의 욕구 성향에 따라 전혀 다르게 해석될 수 있다. 강한 성취욕구(need for achievement)를 가진 평가는 그 장면을 목표 달성을 위한 업무 수행으로 해석할 수 있으며, 권력욕구(need for power)가 높은 평가는 권력 행사나 영향력 발휘의 장면으로 인식할 수 있다. 반면 친교욕구(need for affiliation)가 강한 평가는 그 장면을 사교적 모임이나 관계 형성의 맥락으로 본다. 이와 같이 특정 욕구가 특정 자극에 더 민감하게 반응하도록 하는 상태를 반응감도(response salience)라고 한다. 오늘날의 조직에서는 이러한 동기 기반 해석 차이가 인사평가, 협상, 프로젝트 목표 설정 등에서 미묘한 차이를 만들 수 있으며, 다면평가나 평가자 교육을 통해 이러한 편향을 완화하려는 시도가 이루어지고 있다.

(2) 과거의 경험

평가자의 과거 경험과 학습은 특정 대상을 해석하는 틀을 형성하며, 이는 타인 지각에서 강력한 영향력을 발휘한다. 과거의 경험은 피평가자의 특정 특성에 주목하도록 평가자를 조건화하며, 매번 유사한 상황에서 동일한 반응을 유도한다. 이러한 심리적 준비 상태를 반응경향(response disposition)이라 하며, 이는 타인 지각뿐 아니라 자기 지각에도 영향을 미친다. 예를 들어, 성공 경험이 누적된 평가는 자신의 역량과 타인의 역량 모두를 긍정적으로 인식하는 경향이 있는 반면, 실패 경험이 반복된 평가는 자신감이 낮아지고 타인에 대해서도 부정적 해석을 할 가능성이 높다. 현대 HRM에서는 평가자 훈련 시 과거 경험에 기반한 고정관념을 의식적으로 점검하고, 이를 객관적 데이터와 비교하는 '인식 재구성(cognitive reframing)' 기법을 활용하기도 한다.

(3) 자아개념

자아개념(self-concept)은 개인이 자신을 어떻게 지각하는지를 의미하며, 이는 타인을 바라보는 기본 준거 체계로 작동한다. 우리가 세상을 해석하는 방식은 자신의 정체감과 능력에 대한 인식 수준에 따라 달라진다. 예컨대, 자신을 유능하다고 인식하는 평가는 타인에게도 높은 기대를 갖고, 도전적인 과제를 부여하며, 높은 열망수준(level of aspiration)을 목표로 설정한다. 반대로 자신을 무능하다고 보는 평가는 타인의 가능성을 제한적으로 바라보고, 안전하고 낮은 수준의 목표를 선호할 수 있다. 디지털 전환 시대에는 온라인 환경에서의 자기표현(예: 소셜미디어 활동)도 자아개념 형성에 영향을 주며, 이는 원격 근무 환경의 평가와 커뮤니케이션에도 변화를 초래하고 있다.

(4) 성격

성격은 지각의 방향과 해석의 관점을 결정짓는 중요한 요인이다. 낙관적인 성향을 가진 평가는 사물과 사람을 긍정적으로 해석하며, 비관적인 성향을 가진 평가는 부정적 관점에서 해석하는 경향이 있다. 균형 잡힌 성격을 가진 평가는 긍정과 부정의 양극단을 피하고 보다 객관적이고 중립적인 판단을 내릴 가능성이 높다. 성격이 평가에 미치는 영향은 특히 리더십 발휘, 인사고과, 갈등 관리 등에서 두드러지며, 조직에서는 성격 검사(MBTI, Big Five 등)를 활용하여 평가자의 성향과 판단 경향을 사전에 이해하려는 시도를 한다. 또한, 호주 출신 심리학자 L. Mann은 타인 평가 능력을 두 가지로 구분하였다. 첫째는 일반화된 타인에 대한 감수성으로, 이는 사회적 규범과 집단의 평균적 행동 패턴, 대중문화의 선호, 주요 사회적 태도 등을 인식하고 해석하는 능력을 말한다. 둘째는 대인 감수성(interpersonal sensitivity)으로, 개별 인물의 성격과 행동을 읽어내고 정확히 해석하는 능력을 의미한다. 전자는 사회적 맥락 이해를 기반으로 하고, 후자는 개인 간 상호작용에서의 통찰을 기반으로 한다. 경영자와 리더는 특히 대인 감수성을 발휘하여 부하 직원, 동료, 상사와의 관계에서 상황에 맞는 판단과 대응을 하는 것이 중요하다.

3) 평가가 이루어지는 상황

타인에 대한 지각과 평가는 단지 피평가자의 특성과 평가자의 특성에 의해서만 형성되는 것이 아니라, 평가가 이루어지는 상황적 맥락에 의해서도 크게 영향을 받는다. 특히 상황 요인은 피평가자에 대한 첫인상(first impression)을 형성하는 과정에서 강력하게 작용하며, 이후의 판단에도 지속적인 영향을 미치는 '초두 효과(primacy effect)'를 유발할 수 있다.

예를 들어, 피평가자를 처음 만난 장소가 공식적인 회의실이었는지, 편안한 사적 공간이었는지에 따라 평가자는 동일한 사람이라도 전혀 다른 인상을 받을 수 있다. 마찬가지로, 피평가자가 누구와 동석했는지, 즉 영향력 있는 인물과 함께 있었는지, 동료 집단 속에 있었는지, 혹은 혼자 있었는지도 지각 형성에 영향을 준다. 또한 모임의 시기나 상황적 분위기 역시 평가의 편향을 만들어낸다. 예를 들어, 조직이 위기 상황에 처해 있는 시점에서 처음 만난 사람은 차분한 태도와 분석적 사고를 보였을 때 신뢰받을 가능성이 높지만, 안정적인 시기에는 같은 태도가 지나치게 소극적으로 해석될 수도 있다.

이러한 상황 효과가 발생하는 이유 중 하나는 사람들이 특정 상황에서 자신의 성격이나 행동 중 일부 선택적 측면만을 드러내는 경향이 있기 때문이다. 그러나 평가자는 이러한 제한된 상황에서 관찰한 행동을 일반화하여, 그것이 마치 해당 인물의 지속적이고 본질적인 특성인 것처럼 추측해 버리는 경향이 있다. 이를 상황적 귀인 오류(situational attribution error) 또는 성향 귀인 편향(dispositional bias)이라고 한다.

현대 조직에서는 이러한 상황적 편향을 줄이기 위해 다양한 제도적 장치를 도입하고 있다. 예를 들어, 인사평가 시 단일한 관찰 상황이 아니라 여러 시점과 다양한 상황에서의 행동을 종합적으로 기록하는 행동기록법(Behaviorally Anchored Rating Scale: BARS)을 활용하거나, 다면평가를 통해 여러 관찰자의 시각을 결합한다. 또한 채용 과정에서는 상황면접(Situational Interview) 기법을 사용하여 특정 상황에서의 반응을 비교·분석함으로써, 실제 직무 상황에서의 행동 예측력을 높이고 편향을 완화하려 한다.

결국, 평가 상황의 특성을 인식하고 이를 의도적으로 통제하거나 보완하는 것은 평가의 객관성과 신뢰성을 높이는 핵심 요소이다. 평가자는 단일 상황에서 얻은 단편적 정보에 근거해 성급하게 결론을 내리기보다, 다양한 맥락과 시간에 걸친 정보를 수집·분석하여 종합적으로 판단해야 한다.

2. 인상 형성이론

대인지각(interpersonal perception)에서 중요한 특징 중 하나는, 관찰자가 타인의 내적 상태 — 즉, 기분, 감정, 성격, 태도 등을 추론하려 한다는 점이다. 이러한 추론 과정에서 우리는 외적 단서를 활용한다. 생김새, 표정, 옷차림, 말투, 동작, 제스처 등은 타인의 심리 상태나 성격 특성을 해석하는 주요 단서로 작용한다. 예를 들어, 미소와 안정된 목소리를 보이는 사람은 '온화하다' 또는 '자신감 있다'고 인식되고, 빠른 발걸음과 단호한 말투를 보이는 사람은 '결단력이 있다'고 평가될 수 있다. 이렇게 형성된 인상은 대인관계와 조직 내 상호작용에서 매우 큰 영향을 미친다. 특히 첫인상(first impression)은 강한 지속성을 가지며, 이후의 관계 형성과 평가에 있어 '초두 효과(primacy effect)'를 발생시킨다. 따라서 첫인상은 채용 면접, 승진 심사, 프로젝트 팀 구성 등에서 결정적 역할을 할 수 있다.

1) 일관성(consistency)

사람들은 타인에 대한 정보를 통합할 때, 가능한 한 일관성 있는 지각을 유지하려는 경향이 있다. 예를 들어, 한 사람을 '정직하다'고 평가한 뒤, 그가 부정직하게 행동했다는 정보를 접하면, 이를 단순히 받아들이기보다 '특수한 상황 때문'이라고 해석해 일관성을 유지하려 한다. 이는 인지 부조화(cognitive dissonance)를 줄이려는 심리적 메커니즘의 일환이며, 정보 왜곡과 재구성을 통해 비일관성을 최소화하려는 경향으로 나타난다. 대인지각에서 이러한 현상은 특히 강하게 발현되며, 조직에서는 특정 평판이 굳어진 인물에 대한 객관적 재평가를 어렵게 만드는 요인이 된다.

2) 중심특질과 주변특질(central traits & peripheral traits)

특정 특질은 인상 형성에서 중심적인 영향력을 발휘하며, 다른 특질보다 더 큰 비중으로 전체 인상을 좌우한다. 이를 '중심특질(central trait)'이라고 한다. 반면, 일부 특질은 인상에 상대적으로 미미한 영향을 주는데, 이를 '주변특질(peripheral trait)'이라 한다. 예를 들어, A라는 사람이 '지적이고, 재주 있으며, 신중하다'는 특성을 가지고 '온화'하다고 인식되면 전체 인상이 긍정적으로 형성될 가능성이 높다. 반면, 같은 특성을 가진 B가 '냉정하다'는 중심특질로 인식되면, 나머지 긍정적 특성이 있음에도 불구하고 B는 차갑고 비정감적인 사람으로 평가될 수 있다. 조직 장면에서는 리더의 특정 행동(예를 들어 공정성, 카리스마, 유머감각)이 중심특질로 작용하여 부하직원들이 리더를 전반적으로 긍정적 또는 부정적으로 지각하게 만든다.

3) 합산원리와 평균원리

인상 형성에 대한 두 가지 대표적 설명은 합산원리(summation principle)와 평균원리(averaging principle)이다. 합산원리는 여러 특질의 긍·부정 요소를 단순히 합산하여 전체 인상을 결정한다고 본다. 반면, 평균원리는 모든 특질의 영향을 동일하게 평균하여 인상을 형성한다고 본다. 그러나 실제 상황에서는 단순 평균이 적용되지 않는 경우가 많다. 특히, 정보가 제공되는 순서가 다르면 첫 번째 정보가 이후 정보보다 더 큰 영향을 미치는 초두 효과가 나타난다. 이 때문에 첫인상이 매우 중요한데, 부정적인 첫인상을 긍정적으로 바꾸는 데에는 상당한 시간과 반복적인 긍정 경험이 필요하다.

최근 인상 형성 연구에서는 단순 합산이나 평균이 아닌, 각 특질에 가중치를 부여하는 가중평균원리(weighted averaging)가 더 적합하다는 견해가 확산되고 있다. 이는 HRM에서 역량평가 시 특정 역량(예: 윤리성, 리더십)의 비중을 높게 설정하는 방식과 유사하다.

4) 내존적 성격이론(implicit personality theory)

내존적 성격이론이란, 각 개인이 타인을 이해하고 평가하는 데 사용하는 주관적 성격 이론을 의미한다. 즉, 우리는 모두 나름대로의 '성격 모델'을 가지고 있으며, 이를 기준으로 타인의 성격을 해석한다. 예를 들어, '말이 느린 사람은 신중하다'거나 '유머가 많은 사람은 사교적이다'와 같은 개인적 연관 규칙이 이에 해당한다. 이러한 개인적 성격 이론은 관찰자의 경험과 문화적 배경에 의해 형성되며, 종종 상관적 편견(correlation bias)을 강화한다. 이는 객관적 사실과 무관하게 타인을 일정한 틀에 맞춰 해석하게 하며, 잘못된 판단과 의사결정을 초래할 수 있다. 현대 조직에서는 이를 줄이기 위해, 구조화된 면접, 표준화된 평가척도, 다면평가 등 객관성을 높이는 기법을 활용하고 있다.

3. 지각의 오류

지각은 인간의 인지과정에서 매우 중요한 역할을 하지만, 결코 완벽하거나 객관적인 과정이 아니다. 인간은 환경에서 들어오는 모든 정보를 있는 그대로 받아들이는 것이 아니라, 자신의 경험, 가치관, 감정, 상황적 맥락을 바탕으로 이를 선택·조직·해석한다. 이 과정에서 다양한 인지적 편향과 왜곡이 발생할 수 있으며, 이를 지각의 오류(perceptual errors)라고 한다. 지각의 오류는 대인관계, 의사소통, 의사결정의 질에 부정적인 영향을 미칠 수 있기 때문에, 이를 인식하고 관리하는 것이 조직행동론에서 매우 중요한 과제이다.

1) 지각적 방어(Perceptual Defense)

지각적 방어란 개인이 불쾌감, 위협감, 불안감을 유발하는 자극이나 상황을 회피하거나 무시하는 심리적 경향을 말한다. 즉, 받아들이기 힘든 정보에 대해서는 이를 의식적으로 배제하거나, 왜곡하여 덜 위협적인 방식으로 해석하는 것이다. 예를 들어, 조직에서 자신의 능력 부족을 지적하는 피드백이

들어왔을 때, 어떤 직원은 이를 있는 그대로 수용하지 않고 "평가자가 나를 제대로 이해하지 못했다"거나 "상황이 좋지 않아서 그런 것이다"라고 합리화할 수 있다. 이는 불편한 진실을 직면하지 않기 위한 심리적 방어기제로, 단기적으로는 심리적 안정을 주지만, 장기적으로는 성장과 개선의 기회를 제한할 수 있다.

현대 조직에서는 빠른 변화와 잦은 평가 환경 속에서 지각적 방어가 빈번히 나타난다. 관리자는 피드백을 전달할 때 방어심리를 최소화할 수 있도록 객관적 자료 제시, 구체적 행동 중심 피드백, 심리적 안전감 조성 등의 전략을 병행해야 한다.

2) 상동적 태도(Stereotyping)

상동적 태도란 특정 집단에 대한 고정관념이나 편견을 바탕으로, 그 집단의 구성원을 획일적으로 평가하는 경향을 의미한다. 이는 복잡한 사회적 정보를 단순화하는 장점이 있으나, 개별 구성원의 실제 특성과 잠재력을 왜곡시키는 심각한 문제를 야기한다. 예를 들어, "노동조합 간부는 항상 대립적일 것이다", "영업부 직원은 외향적이고, 연구직 직원은 내향적일 것이다"와 같은 인식이 대표적이다. 이러한 상동적 태도는 집단 간 신뢰를 저해하고, 협업의 기회를 축소시키며, 인재의 적재적소 배치를 방해한다. 현대 조직에서는 성별, 연령, 국적, 직무 분야에 따라 암묵적 편견이 여전히 존재한다. 이를 극복하기 위해서는 다양성·포용성(Diversity & Inclusion) 교육, 집단 간 교류 확대, 평가 기준의 표준화와 투명화가 필수적이다. 특히 리더는 구성원의 개별 역량을 기반으로 한 평가와 피드백을 통해 상동적 태도를 줄이는 조직 문화를 만들어야 한다.

3) 후광효과(Halo Effect)

후광효과란 한 개인의 특정 특성에 대한 긍정적 또는 부정적 인상이 다른 특성에 대한 평가로 확산되는 현상이다. 즉, 한 영역에서 형성된 인상이 그 사람의 전반적 능력 평가에 영향을 미치는 것이다. 예를 들어, 회의에서 유창하게 발표하는 직원에게 '전문성이 높고 업무 전반에 능하다'고 평가하거나, 외모나 태도가 깔끔한 직원을 '성실하고 신뢰할 수 있다'고 판단하는 것이 후광효과의 사례다. 반대로, 첫인상이 부정적인 경우 다른 능력까지 과소평가하는 역후광효과(reverse halo effect)도 발생한다.

현대 조직에서는 특히 성과평가, 승진심사, 채용 면접 과정에서 후광효과가 빈번하게 나타난다. 이를 방지하기 위해서는 다면평가제, 구조화된 면접, 행동반평가(Behaviorally Anchored Rating Scales: BARS)와 같은 도구를 활용하여 객관성을 높일 필요가 있다.

4) 기대(Expectancy)

기대란 평가자의 선입견이나 예상이 피평가자의 실제 행동에 영향을 미치는 현상으로, 흔히 자기충족적 예언(Self-fulfilling Prophecy)이라고 불린다. 이는 피드백이나 기대가 개인의 자아개념과 행동을 변화시키는 강력한 심리적 메커니즘이다. 예를 들어, 리더가 특정 직원을 '미래의 핵심인재'라고 기대하며 중요한 업무를 맡기고 지속적으로 긍정적인 피드백을 제공하면, 그 직원은 점차 기대에 부응하는 역량과 태도를 발휘하게 된다. 반대로, '문제 인력'이라는 낙인이 찍히면 그 구성원은 점차 소극적이고 방어적인 태도를 취하며, 실제로 기대에 부합하는 부정적 행동을 보일 수 있다. 조직에서는 이러한 기대 효과가 긍정적으로 작동하도록 피그말리온 효과(Pygmalion Effect)를 활용할 수 있다. 리더가 구성원에게 구체적이고 성취 가능한 목표, 긍정적 피드백, 성장 기회를 제공하면, 구성원 스스로 기대에 부응하는 행동을 강화하게 된다.

5) 투사(Projection)

투사란 자신의 특성, 감정, 동기, 가치관을 타인에게 전가하거나 귀인하는 경향을 말한다. 이는 본래 심리학에서 방어기제(defense mechanism)의 하나로, 자신이 인정하기 힘든 감정이나 결점을 다른 사람에게 돌림으로써 자아를 보호하는 기능을 한다.

예를 들어, 자신의 실수로 프로젝트가 지연되었음에도 불구하고 "동료가 협조하지 않았기 때문"이라고 탓하는 경우, 혹은 자신의 부정적인 성향을 타인의 행동에서 발견하려는 경향이 이에 해당한다. 현대 조직에서는 투사가 갈등 상황, 성과 평가, 리더십 피드백 과정에서 자주 나타난다. 투사는 상호 불신을 증폭시키고, 문제의 원인을 외부로만 돌리게 하여 개선의 기회를 놓치게 만든다. 이를 줄이기 위해서는 자기인식(Self-awareness) 강화, 피드백 문화 정착, 개방적 커뮤니케이션이 필수적이다.

결론적으로, 지각의 오류는 인간이 정보와 사람을 평가하는 과정에서 불가피하게 발생하는 현상이지만, 그 영향력을 줄이는 것은 가능하다. 현대 조직에서는 이를 인지하고, 객관적 평가 기준과 다양한 시각을 반영한 의사결정 구조를 마련함으로써, 지각의 왜곡이 조직성과와 대인관계에 미치는 부정적 영향을 최소화해야 한다.

section 03 귀인

귀인이론(attribution theory)은 인간이 타인의 행동을 관찰할 때, 그 원인을 무엇으로 해석하느냐에 따라 해당 인물에 대한 평가와 태도가 어떻게 달라지는지를 설명하는 이론이다. 사회적 상호작용에서 우리는 대체로 제한된 정보만을 바탕으로 상대방의 의도나 성향을 추론하게 되며, 이러한 판단은 주어진 행동이 발생한 배경이나 맥락을 포함해 다양한 단서에 의해 형성된다. 특히, 관찰자는 외부에서 직접 확인할 수 없는 내적 요인을 외부에서 관찰 가능한 결과와 상황적 요소를 근거로 추정하게 된다. 귀인이론은 바로 이러한 '행동의 원인과 결과를 바탕으로 한 심리적 추론' 과정을 분석하는 틀이다. 이 과정에서 인간은 자신과 타인의 행동을 다르게 해석하는 경향을 보이며,

이러한 해석의 방향은 개인의 경험, 기존 신념, 사회문화적 배경 등에 따라 크게 달라진다.

1. 도식(schema)

도식(schema)은 인간이 특정 개념이나 자극을 인지할 때 활용하는 체계화된 지식 구조로, 정보 처리와 해석의 핵심 기반이다. 도식은 단순한 정보의 나열이 아니라, 특정 절차 · 대상 · 사건 · 사회적 상황에 관한 추상적 지식의 틀로 구성되며, 과거의 경험이 축적되고 조직화됨으로써 형성된다. C. Bartlett와 J. Piaget는 과거 경험이 능동적으로 조직되어 도식이 만들어지고, 이후 인간의 행동은 이 도식에 의해 강하게 영향을 받는다고 주장하였다. 도식의 형성 과정은 구체적인 사례를 포함하되, 이를 포괄할 수 있는 일반화된 인지 구조를 구축하는 것이며, 이는 새로운 정보의 해석과 저장 방식을 결정한다. 도식 이론의 핵심 가정은 새로운 정보가 들어올 때, 그것이 기존 도식과 비교·조정 과정을 거친다는 점이다.

D. E. Rumelhart는 도식을 인지의 기본 구성요소로 규정하며, 지식이 어떻게 표상되고, 이러한 표상이 어떻게 다양한 형태의 정보 활용을 촉진하는지를 설명하였다. 도식은 감각 자료를 해석하고, 기억 속 정보를 효율적으로 인출하며, 행동을 조직하고, 문제를 해결하는 데 활용된다. 예를 들어, 조직 내에서 신규 직원이 회의 절차를 이해하는 과정은 과거의 회의 경험과 기존 도식에 의해 크게 영향을 받는다. 새로운 정보가 기존 도식과 일치하면 자동적 처리과정(automatic processing)을 통해 빠르게 수용되지만, 불일치할 경우, 통제적 처리과정(controlled processing)으로 전환되어 '왜(why)?'라는 의문이 발생한다. 이러한 '왜'라는 질문에 대한 해답을 찾는 행위 자체가 바로 귀인 과정의 시작이며, 이는 단순한 정보 해석을 넘어 행동의 원인에 대한 심리적 판단을 포함한다.

2. 귀인 과정

귀인 과정의 본질은 특정 행동이 내적 요인(성격, 가치관, 능력, 동기 등 개인 내부의 통제 가능한 특성)에 기인하는가, 아니면 외적 요인(환경, 상황, 사회적 압력, 예기치 못한 사건 등 개인 외부의 조건)에 기인하는가를 구분하는 데 있다. 내적 귀인은 행동을 행위자의 의도나 성향, 능력과 같은 내부 특성에 귀속시키는 해석 방식이다. 예를 들어, 한 직원이 보고서를 기한보다 일찍 제출했을 때 이를 '성실하고 자기관리 능력이 뛰어난 사람'이라고 해석하는 경우이다. 외적 귀인은 행동을 외부 환경이나 상황적 요인에 귀속시키는 것으로, 같은 사례를 '이번에는 업무량이 적어서 일찍 제출할 수 있었던 것'이라고 해석하는 경우에 해당한다.

현대 심리학과 조직행동 연구에서 자주 언급되는 귀인 편향으로는 행위자-관찰자 효과(actor-observer effect)와 자존적 편견(self-serving bias)이 있다.

행위자-관찰자 효과는 자신의 행동은 주로 외적·상황적 요인으로 설명하면서, 타인의 행동은 내적·성격적 요인으로 설명하는 경향을 의미한다. 예를 들어, 본인이 회의에 늦었을 때는 '차가 막혀서'라고 설명하지만, 동료가 늦었을 때는 '시간 관리가 서툴다'고 판단하는 경우이다.

자존적 편견은 자신의 성공은 내적 요인(노력, 능력)에, 실패는 외적 요인(운, 환경)으로 귀인하는 경향을 말한다. 이는 자기 이미지를 보호하고 자존감을 유지하려는 심리적 메커니즘과 관련이 깊으며, 조직 내 성과 평가나 갈등 상황에서 자주 나타난다. 귀인 판단은 다음의 세 가지 요소를 중심으로 이루어진다.

- **행동의 특이성(distinctiveness)**: 특정 행동이 그 사람의 다른 행동과 얼마나 차별적인가를 평가한다. 예를 들어, 한 직원이 특정 프로젝트에서만 낮은 성과를 보였다면 이는 해당 프로젝트의 특수한 상황 때문일 가능성이 높다.
- **행동의 일관성(consistency)**: 동일한 상황에서 해당 행동이 얼마나 반복적으로 나타나는지를 본다. 만약 한 직원이 비슷한 유형의 업무에서

항상 성과가 낮다면 이는 내적 요인일 가능성이 크다.

– **행동의 합의성**(consensus): 비슷한 상황에서 다른 사람들도 같은 행동을 보이는 정도를 의미한다. 예를 들어, 동일한 프로젝트에서 대부분의 직원이 낮은 성과를 보였다면 이는 외적 요인의 영향일 가능성이 높다.

조직 맥락에서 이러한 귀인 과정은 성과평가, 인사결정, 리더십 스타일 형성, 팀 내 갈등 해결 등에 직접적인 영향을 미친다. 관리자는 자신의 귀인 판단이 무의식적 편향에 의해 왜곡되지 않도록 주의해야 하며, 특이성 · 일관성 · 합의성에 대한 충분한 정보를 수집해 종합적으로 판단해야 한다. 이는 조직 내 신뢰 형성과 공정성 확보, 그리고 구성원 간 협력 증진을 위해 필수적인 관리 역량이다.

3. 귀인 과정에 영향을 미치는 요인

행동의 원인에 대한 판단은 단순히 행동 자체의 특성이나 상황적 맥락만으로 결정되지 않는다. 행위자의 개인적 속성, 그가 처한 사회적 지위, 행동의 의도, 그리고 결과와 같은 다양한 요소들이 관찰자의 해석에 복합적으로 작용한다. 이러한 요인들은 관찰자가 내적 귀인과 외적 귀인 중 어느 쪽을 선택하는지에 직접적인 영향을 미치며, 조직 내 의사결정과 대인관계 형성에도 깊은 관련이 있다.

1) 행위자의 지위

행위자의 사회적 · 조직적 지위는 귀인 판단에 중요한 영향을 미친다. 일반적으로 높은 지위에 있는 사람은 더 큰 권한과 자율성을 가진다고 인식되며, 따라서 그들의 행동은 의도적이고 책임 있는 것으로 해석될 가능성이 높다. 예를 들어, 부서장이 프로젝트 방향을 변경했을 경우, 부하 직원이 동일한 행동을 했을 때보다 '전략적 판단'이라는 내적 귀인으로 해석될 가능성이 크다. 반대로 지위가 낮은 사람의 행동은 외적 요인(상급자의 지시나 업무 규정)에 따른 것으로 간주되기 쉽다. 이러한 인식 차이는 동일한 행동이라도 평가와 반응이 달라지는 원인이 된다.

2) 행위자의 의도

행동이 어떤 목적을 가지고 수행되었는가는 귀인 판단에 직접적인 영향을 미친다. 동일한 결과를 가져오는 행동이라 하더라도, 그것이 자신의 이익을 위해 이루어진 것인지, 아니면 타인의 이익이나 공동 목표를 위해 수행된 것인지에 따라 그 가치는 달라진다. 예를 들어, 한 직원이 야근을 하여 업무를 마무리했을 때, 관찰자가 이를 '승진을 위해 보여주기식으로 한 것'이라고 판단하면 평가가 낮아지지만, '팀 전체의 성공을 위해 자발적으로 헌신한 것'으로 판단하면 긍정적으로 귀인된다. 특히 상향적 의사소통 상황에서는 상급자의 행동 의도를 선의적으로 해석하는 경향이 강하며, 이는 조직 내 권력 구조와 심리적 거리감이 작용한 결과라 할 수 있다.

3) 감독받을 가능성

행위자가 행동을 수행하는 동안 얼마나 독립적으로 활동했는지, 혹은 얼마나 자주 감독을 받았는지는 귀인 판단에 중요한 변수가 된다. 예를 들어, 상사의 지속적인 감시 없이 성과를 낸 직원은 '스스로 동기부여가 되어 능동적으로 행동했다'고 해석될 가능성이 크다. 반면, 상시 감독하에 성과를 낸 경우에는 '감시 때문에 어쩔 수 없이 행동했다'는 외적 귀인으로 판단될 수 있다. 이는 성과의 질과 양이 동일하더라도, 자율성과 자기주도성이 귀인 과정에서 핵심적 평가 기준이 된다는 것을 보여준다.

4) 행동의 결과

행동의 결과는 행위자에게 귀속되는 책임의 크기에 직접적인 영향을 미친다. 일반적으로 결과가 부정적일수록 행위자의 책임 비중이 높게 해석된다. 예를 들어, 프로젝트 실패 시 팀 리더가 내린 결정이 결과에 부정적으로 작용했다고 판단되면, 다른 외적 요인이 존재하더라도 내적 귀인(리더의 판단 오류)으로 해석될 가능성이 크다. 반대로 긍정적 결과가 나타나면, 동일한 행위라도 능력·노력·리더십과 같은 내적 요인에 귀인되어 긍정적으로 평가된다. 이처럼 결과의 긍정·부정 여부는 행위자의 의도와 무관하게 평가 방향을 크게 좌우한다.

이 네 가지 요인은 조직 내에서 상사·동료·부하 직원에 대한 평가뿐 아니라, 갈등 해결, 성과 인정, 리더십 신뢰 구축에도 직접적으로 작용한다. 따라서 관리자는 귀인 판단이 편향되거나 단편적인 정보에 의해 왜곡되지 않도록, 행동의 맥락과 다양한 요인을 종합적으로 고려해야 한다.

CHAPTER

05

학습과 강화

학습의 의의

현대 사회에서 개인과 조직이 직면하는 환경은 기술, 시장, 제도, 문화 등 모든 측면에서 급격하게 변화하고 있다. 이러한 변화 속에서 생존하고 성장하기 위해 가장 중요한 조건은 환경 변화에 대한 적절하고 능동적인 대처 능력이다. 유기체의 지능과 발달 수준이 높을수록 변화에 대한 준비가 잘 되어 있다고 할 수 있으나, 오늘날과 같이 복잡하고 다층적인 환경에서는 타고난 능력만으로는 한계가 분명하다. 따라서 개인과 조직은 끊임없는 학습을 통해 새로운 행동양식을 개발하고, 변화하는 환경에 적응하며, 나아가 환경을 주도적으로 변화시키는 역량을 확보해야 한다. 학습(learning)이란 경험과 연습의 결과로 나타나는 비교적 지속적인 행동 변화를 의미한다. 여기서 '지속적'이라는 개념은 일시적인 반응이나 기분의 변화를 넘어, 시간이 지나도 유지되고 다양한 상황에 적용될 수 있는 변화를 뜻한다. 학습은 단순한 지식 습득에 그치지 않고, 개인의 행동 패턴, 태도, 가치관, 신념, 그리고 문제 해결 방식에까지 영향을 미친다. 이러한 변화는 개인이 환경과 상호작용하는 과정에서 형성되며, 선천적 요인이나 단순한 생리적 성숙, 피로나 약물에 의한 일시적 변화는 학습에 포함되지 않는다.

그림 5-1 학습의 범위

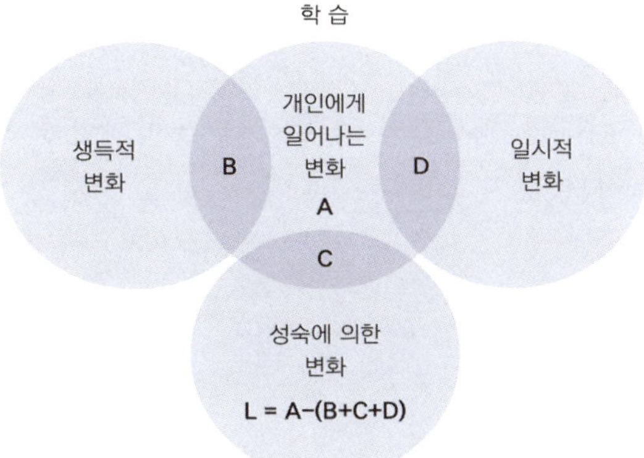

조직행동론의 관점에서 학습은 구성원이 조직의 목표를 효과적으로 달성하기 위해 자신의 행동을 변화시키는 과정이다. 이는 스스로 기존의 방식에 의문을 제기하고, 더 나은 방법을 탐색하며, 실험과 실행을 통해 새로운 방식을 내면화하는 것을 포함한다. 학습은 개인 차원에서는 자기 개발과 전문성 향상을 가능하게 하고, 조직 차원에서는 집단 지성의 형성과 경쟁력 강화를 이끈다. P. M. Senge는 "진정한 학습은 인간다움의 핵심에 도달하는 것이며, 이를 통해 우리는 스스로를 재창조하고, 과거에 할 수 없었던 것을 가능하게 하며, 창조적 능력을 확장하고, 창조적 삶의 일부가 된다"고 강조하였다. 이러한 관점은 오늘날 '학습하는 조직(learning organization)' 개념으로 확장되어, 조직 전체가 지속적으로 학습하고 성장하는 구조를 설계하는 데 중요한 이론적 기반이 되고 있다.

또한, E. L. Thorndike가 제시한 효과의 법칙(the law of effect)은 학습이 지속되는 원리를 잘 설명한다. 긍정적인 결과가 뒤따르는 행동은 반복될 가능성이 높으며, 부정적인 결과가 뒤따르는 행동은 점차 감소한다. 예를 들어, 조기에 출근한 직원을 공개적으로 칭찬하면 해당 행동이 강화되고, 반대로 지각한 직원에게 경고나 제재를 가하면 그 행동은 줄어든다. 이러한 원리는 단순한 개인 행동의 변화뿐 아니라, 조직 차원의 성과관리, 보상제도, 피드백 시스템 설계에도 적용된다. 결국 학습은 조직의 효율성, 생산성, 창의성, 만족도를 향상시키는 핵심 동력이자, 개인과 조직이 불확실성과 변화의 시대에 지속적으로 성장하기 위한 필수 조건이다. 따라서 학습은 단발적인 활동이 아니라, 일상적인 업무와 의사결정 과정 속에 통합되어야 하며, 조직 구성원 모두가 학습을 생활화할 수 있는 환경을 조성하는 것이 중요하다.

1. 학습의 필요성

현대 사회에서 학습은 개인과 조직의 생존과 성장을 위해 더 이상 선택이 아닌 필수 요소가 되었다. 과거 산업사회에서는 기술과 지식의 구조가 비교적 단순하여, 경쟁사의 제품이나 방식을 모방하는 것만으로도 일정 수준의 경쟁력을 유지할 수 있었다. 그러나 오늘날의 경영환경은 고도의 전문성, 복합적인 시스템, 심층적인 노하우가 결합되어 있어 단순한 모방으로는 경쟁에서 살아남기 어렵다. 특히 디지털 전환, 인공지능과 빅데이터 기술의 확산, ESG 경영 요구, 글로벌 공급망의 재편과 같은 급격한 환경 변화는 과거의 경험이나 기존의 방식만으로는 대응하기에 한계가 있다. 따라서 학습은 단순히 새로운 지식과 기술을 습득하는 활동을 넘어, 변화하는 환경 속에서 문제를 해결하고, 새로운 기회를 창출하며, 장기적으로 지속 가능한 경쟁우위를 확보하기 위한 전략적 과정으로 이해되어야 한다. 학습은 구성원 개개인이 자신의 역량을 확장하고, 이를 조직의 목표와 연결시켜 성과를 창출하도록 만드는 핵심 메커니즘이다. 기업 차원에서 학습이 필요한 이유는 네 가지 측면에서 설명할 수 있다.

첫째, 학습은 변화하는 시장과 기술 환경에 대한 적응력을 높인다. 환경 변화에 빠르게 대응할 수 있는 조직은 위기를 기회로 전환시킬 가능성이 크다.

둘째, 학습은 혁신의 원천이 된다. 새로운 아이디어와 창의적인 해결책은 지속적인 학습과 실험, 그리고 이를 통한 지식 축적에서 비롯된다.

셋째, 학습은 조직문화의 형성과 유지에 직접적으로 기여한다. 학습 중심의 조직문화는 실패를 학습의 기회로 전환시키고, 구성원 간 지식 공유와 협력을 촉진한다.

넷째, 학습은 인재 개발의 핵심 수단이다. 구성원의 기술, 가치관, 태도는 학습을 통해 형성·발전되며, 이는 곧 조직의 장기적인 성과와 직결된다.

결국 학습은 조직의 성과 향상뿐 아니라 구성원의 성장과 자기실현을 가능하게 하는 토대이며, 변화와 불확실성이 상수가 된 현대 경영환경에서 조직이 지속적으로 발전하기 위한 가장 중요한 전략적 도구이다. 이러한 이유로 학습은 모든 경영 활동의 중심에 놓여야 하며, 개인과 조직은 학습을 단발적 활동이 아닌 지속적이고 체계적인 과정으로 관리하고 실천해야 한다.

1) 행동 변화

학습의 가장 근본적인 목적은 행동의 변화이다. 여기서 말하는 행동 변화는 겉으로 드러나는 행위뿐 아니라, 행동을 결정하는 성격, 지각, 동기, 태도와 같은 내면적 요인까지 포함한다. 예를 들어, 고객 응대 과정에서 단순히 절차를 준수하는 수준에서 벗어나 고객의 감정을 공감하고 적극적으로 해결책을 제시하는 태도로 발전하는 것은 학습의 결과이다. 이러한 변화는 긍정적인 방향으로 나타나기도 하지만, 잘못된 정보의 반복적 노출이나 부정적 경험을 통해 바람직하지 않은 습관이나 편견이 형성될 수도 있다. 따라서 조직에서의 학습은 긍정적 행동을 강화하고 부정적 행동을 최소화하는 방향으로 체계적으로 설계되어야 한다.

2) 영구적 변화

학습은 비교적 영구적인 변화를 만들어야 한다. 이는 일시적인 기분 변화나 순간적인 적응과는 구별된다. 예를 들어, 프로젝트 마감 직전의 단기적 몰입이나 피로에 의한 성과 변화는 학습의 결과가 아니라 상황적 반응에 불과하다. 반면, 특정 업무 상황에서 지속적으로 새로운 해결 방안을 찾고 이를 실행하는 행동이 시간이 지나도 유지된다면, 이는 학습을 통해 내면화된 결과라 할 수 있다. 영구적 변화는 반복적인 실행과 지속적인 피드백을 통해 강화되며, 개인의 가치관과 신념 체계 속에 자리 잡음으로써 안정성을 갖게 된다.

3) 연습과 경험

학습의 본질은 실제적인 연습과 경험에 있다. 단순히 지식을 전달받는 것만으로는 행동의 변화를 이끌어내기 어렵다. 학습자는 새로운 지식을 실제 상황에 적용하고, 그 과정에서 실패와 성공을 경험하며 이를 반성적으로 성찰해야 한다. 이러한 경험을 통해 학습 내용은 단순한 정보가 아니라 행동으로 전환된다. 예를 들어, 리더십 교육에서 피드백 기술을 배웠다면, 이를 실제 팀 회의나 면담에서 적용하고 그 결과를 분석·조정하는 과정을 거쳐야 한다. 현장 실습, 프로젝트 수행, 시뮬레이션, 멘토링 등과 같은 경험 중심의 학습은 지식의 내면화를 촉진하고, 다양한 상황에서의 적용 능력을 향상시킨다.

4) 강화작용

새롭게 학습한 행동이 장기적으로 유지되고 확산되기 위해서는 강화작용이 필요하다. 강화는 학습된 행동을 반복하도록 동기를 부여하는 자극으로, 금전적 보상, 승진, 인정, 자기효능감 향상 등 다양한 형태로 나타난다. 예를 들어, 탁월한 문제 해결 능력을 발휘한 구성원에게 즉시 긍정적인 피드백을 제공하거나, 창의적인 아이디어를 제안한 직원에게 인센티브를 지급하는 것은 강화작용의 전형적인 사례이다. 강화는 즉각적이고 일관성 있게 제공될수록 효과가 크며, 장기적으로는 금전적 보상뿐만 아니라 경력 개발 기회, 의미 있는 업무 부여, 성취감 고양과 같은 내재적 요인을 포함해야 한다. 이를 통해 학습된 행동은 개인의 습관과 조직문화 속에 통합되어 지속적인 성과로 이어질 수 있다.

2. 행동주의적 학습과정이론

행동주의적 학습과정이론은 인간의 학습을 자극(stimulus)과 반응(response) 간의 연관성을 중심으로 설명하는 접근법으로, 대표적으로 I. Pavlov의 고전적 조건화(classical conditioning)와 B. F. Skinner의 조작적 조건화(operant conditioning)가 있다. 이들의 공통된 특징은 '조건화(conditioning)'라는 개념을 통해 학습과정을 설명한다는 점이다. 여기서 조건화란 특정 자극이 특정 반응과 연쇄적으로 연결되는 과정을 의미하며, 이를 통해 하나의 사건이나 상징물이 다른 사건이나 반응과 연관되도록 만든다. 다시 말해, 조건화는 새로운 자극–반응 연결을 학습자가 습득하도록 하는 과정이다.

1) 고전적 조건화와 조작적 조건화

(1) 고전적 조건화

고전적 조건화 이론은 러시아의 생리학자 I. Pavlov에 의해 제시되었다. 그는 개를 대상으로 한 일련의 실험을 통해, 중성 자극이 본래의 자연적 자극과 반복적으로 결합되면, 결국 중성 자극만으로도 동일한 반응을 유도할 수 있다는 사실을 입증하였다.

Pavlov의 실험에서 개에게 고기를 보여주면 자연스럽게 침을 흘렸으나, 종소리를 들려주는 것만으로는 아무 반응이 나타나지 않았다. 그런데 고기를 주기 직전에 종소리를 반복해서 들려주자, 시간이 지나면서 개는 고기가 없어도 종소리만 듣고 침을 흘리게 되었다. 이 과정에서 고기는 1차적 유발자극(unconditioned stimulus), 종소리는 중성 자극(neutral stimulus), 침 분비는 무조건 반응(unconditioned response)에서 시작하여, 종소리가 조건 자극(conditioned stimulus)으로 변화하고, 이에 따른 침 분비가 조건 반응(conditioned response)으로 전환된 것이다. 고전적 조건화는 학습 이전에는 아무런 반응을 유도하지 않던 자극이, 반복적 짝짓기를 통해 특정 반응을 유도하게 되는 현상을 설명한다. 예를 들어, 횡단보도의 파란색 신호등이 깜박일 때 교통

사고를 목격한 경험이 있다면, 이후 같은 신호등의 깜박임만으로도 불안이나 행동 위축을 경험할 수 있다. 이는 특정 자극이 부정적 경험과 결합하여 반응을 조건화한 사례다.

고전적 조건화의 개념은 이후 J. Watson에 의해 확장되었다. Watson은 학습과정에서 외부 보상(external reward)의 중요성을 강조하면서, 자극－반응 간 연결뿐 아니라 그 반응에 대한 보상 여부가 행동의 반복 가능성을 결정한다고 보았다. 그는 반응행동의 빈도를 높이기 위해서는 신속하고 일관된 보상이 필요하다고 주장하였다. 이러한 관점은 E. L. Thorndike의 효과의 법칙(the law of effect)과도 연결된다. Thorndike는 단순히 자극과 반응의 결합만으로는 학습 효과가 충분히 나타나지 않으며, 반응행동의 결과로 얻게 되는 만족(satisfaction)의 정도가 그 행동의 지속 여부를 결정한다고 보았다. 그는 만족스러운 결과가 뒤따르는 행동은 반복될 가능성이 높고, 불만족스러운 결과가 뒤따르는 행동은 줄어든다고 설명하였다. 이러한 원리는 이후 강화이론(reinforcement theory)의 토대가 되었으며, 조건화 개념에 행동유도의 조작적 개념을 보완하는 계기가 되었다.

행동주의적 학습이론은 이후 B. F. Skinner의 조작적 조건화 이론에서 더욱 정교하게 발전하였다. 고전적 조건화가 '자극에 대한 반응'을 중심으로 설명하는 반면, 조작적 조건화는 '행동의 결과'가 그 행동의 재발 가능성을 어떻게 변화시키는가에 초점을 맞춘다. 이는 이후 조직행동 연구, 특히 직무수행 개선, 안전교육, 고객응대 훈련, 성과관리 시스템 설계 등 다양한 분야에서 실제적 적용 근거로 활용되고 있다.

표 5-1 Pavlov의 고전적 조건화 실험

자 극(stimulus)		반 응(response)
학습 이전: 고기(1차적 유발 자극) 종소리(중성 자극)	→ →	타액 분비(무조건 반응) 무반응
학습 과정: 고기(1차적 유발 자극) 종소리(중성 자극)	→	타액 분비(무조건 반응)
학습 이후: 종소리(중성 자극)	→	타액 분비(조건 반응)

(2) 조작적 조건화

조작적 조건화(operant conditioning)는 B. F. Skinner가 체계적으로 발전시킨 학습이론으로, 인간의 행동을 그 결과(consequences)의 함수로 설명한다. 즉, 인간의 행동은 본질적으로 조작적 행동(operant behavior)이며, 이는 자발적(voluntary)이고 학습된(learned) 특성을 지닌다. 특정 행동이 반복될 가능성은 그 행동 이후에 주어지는 결과, 특히 강화(reinforcement) 여부와 성격에 의해 결정된다. 결과가 긍정적으로 인식되면 해당 행동은 강화되어 반복될 가능성이 높아지고, 반대로 부정적 결과나 무강화 상태에서는 행동이 약화되거나 소멸된다.

고전적 조건화가 자극에 대한 수동적 반응을 설명하는 데 초점을 두는 반면, 조작적 조건화는 학습자가 행동의 주체가 되어 결과를 예측하고 선택적으로 행동하는 과정을 중시한다. 따라서 조작적 조건화는 고전적 조건화보다 더 폭넓은 행동학습에 적용할 수 있다. 예를 들어, 개에게 단순히 종소리와 같은 중성 자극을 통해 앞발을 들게 하는 것은 제한적이지만, "앞발 들기"라는 명령 후 보상(고기)을 제공하면, 개는 그 보상을 얻기 위해 자발적으로 해당 행동을 하게 된다. 이는 단순한 자극-반응의 기계적 연결이 아니라, 행동-결과-강화의 순환 구조 속에서 학습이 이루어지는 전형적인 사례이다.

Skinner는 이러한 원리가 인간 행동에도 동일하게 적용된다고 보았다. 사람은 특정 자극을 받으면 과거의 경험과 미래의 기대를 바탕으로 그 의미를 해석하고, 선택한 행동을 통해 하나 이상의 결과를 얻게 된다. 이때 결과가 만족스러운 경험으로 이어지면 효과의 법칙이 작동하여 해당 행동이 강화되고 반복된다. 예를 들어, 조직 구성원이 업무 성과를 인정받아 상사로부터 칭찬을 받으면, 그 만족감은 추가적인 성과 행동을 유도하는 강력한 동기가 된다. 조작적 조건화는 직무성과 향상, 안전 행동 준수, 고객 서비스 개선 등 다양한 조직 상황에서 실질적으로 활용되고 있다. 이러한 과정에서 강화요인은 개인의 욕구와 동기를 자극하여, 만족스러운 결과를 낳는 행동이 반복되고 습관화되며, 궁극적으로 학습으로 전환된다. C. Hull은 이러한 원리를 개인의 욕구·동기 및 습관 형성과 연결하여, 효과의 법칙과 강화이론을 통합한 종합적 학습모형을 제시하였다.

2) 학습의 제(여러 가지 기본)원리

학습은 개인이 조직이나 일상생활에서 자신의 행동을 형성하고 변화시키는 핵심 과정으로, 개인 행동을 이해하고 효과적으로 수정·강화하는 데 중요한 역할을 한다. 학습과정에 대한 체계적인 연구를 통해 환경을 의도적으로 조건화하면 학습의 효율성을 극대화할 수 있다. 행동주의적 학습이론에서 강조하는 주요 학습 원리는 다음과 같다.

(1) 강화의 법칙

강화(reinforcement)는 특정 행동이 반복될 가능성을 높이기 위해 긍정적 자극을 제공하거나, 부정적 자극을 제거하는 과정을 의미한다. Skinner는 반응의 가능성을 증가시키는 사람이나 사건을 강화 요인(reinforcer)이라 정의하며, 이를 긍정적 강화와 부정적 강화로 구분하였다. 긍정적 강화는 바람직한 행동 뒤에 금전, 칭찬, 승진, 포상과 같은 만족스러운 결과를 제공하여 해당 행동의 빈도를 증가시키는 것이고, 부정적 강화는 바람직한 행동을 통해 불쾌하거나 방해되는 자극을 제거하여 행동을 강화하는 방식이다. 조직에서 긍정적 강화의 예는 성과급, 우수사원 표창, 상사의 공개적인 칭찬 등이 있으며, 부정적 강화의 예는 성과를 달성했을 때 불필요한 보고 절차를 생략하거나 반복 업무를 줄여주는 것 등이 있다. 중요한 점은 강화가 즉각적이고 일관성 있게 제공될 때 학습 효과가 극대화된다는 것이다. 또한 강화는 반드시 금전적 보상에 한정되지 않고, 도전적인 과제 부여, 자율성 확대, 경력 개발 기회 제공 등 내재적 동기와 결합될 때 장기적인 행동 변화로 이어질 가능성이 크다.

(2) 소멸 법칙과 망각

소멸(extinction)은 특정 행동에 대한 강화가 중단되었을 때, 해당 행동의 빈도가 점차 감소하는 현상을 의미한다. 이는 바람직하지 않은 행동을 줄이는 데 효과적으로 활용될 수 있다. 예를 들어, 회의 중 부적절한 발언을 하는 직원에게 더 이상 주목이나 반응을 보이지 않으면, 시간이 지남에 따라 해당 행동은 자연스럽게 줄어들 수 있다. 소멸은 고의적으로 강화 자극을 제거하여 바람직하지 않은 반응을 약화시키는 과정이며, 다른 행동 수정 기법과 병행될 때 효과가 높다.

망각(forgetting)은 시간이 지나면서 특정 행동이나 반응의 강도와 가능성이 감소하는 현상을 말한다. 망각은 강화의 유무와 무관하게 발생할 수 있으며, 주로 반복과 복습이 부족할 때 나타난다. 조직 환경에서는 신규 업무 교육 후 실습이나 현장 적용이 없을 경우, 구성원이 배운 내용을 빠르게 잊게 되는 것이 대표적 사례다. 따라서 망각을 방지하기 위해서는 주기적인 재교육, 실습 기회 제공, 업무 속에서의 반복적 적용이 필요하다. 특히 중요한 기술과 절차는 시기별로 점검하고 피드백을 제공하여 장기 기억으로 정착시켜야 한다.

(3) 피드백 법칙

피드백(feedback)은 학습자에게 자신의 행동 결과에 대한 정보를 제공하여 올바른 행동을 강화하고 잘못된 행동을 수정하게 하는 핵심 메커니즘이다. 적절한 피드백은 학습자가 현재 자신의 위치를 명확히 인식하게 하며, 이를 바탕으로 개선 방향을 설정할 수 있도록 돕는다. 긍정적 피드백은 학습자의 성취감을 높이고 동기를 강화하며, 부정적 피드백은 개선이 필요한 부분을 구체적으로 제시함으로써 학습의 질을 높인다. 조직에서는 정기적인 성과 평가, 코칭 면담, 실시간 피드백 시스템을 통해 피드백의 효과를 극대화할 수 있다. 예를 들어, 프로젝트 진행 중 즉시 제공되는 피드백은 오류를 조기에 수정하게 하여 성과를 높이고, 구성원이 스스로 학습 방향을 조정하도록 돕는다. 또한 피드백은 단순히 결과를 평가하는 데 그치지 않고, 학습 과정 전반에 걸쳐 지속적으로 제공되어야 한다. 이를 통해 학습자는 행동－결과－수정의 선순환 구조 속에서 성장할 수 있다.

(4) 학습 패턴

학습 과정은 일반적으로 적응 단계 → 가속 단계 → 한계(plateau) 단계 → 회복 단계 → 정착 단계의 5단계를 거친다. 적응 단계에서는 학습자가 학습의 필요성을 인식하고, 새로운 환경과 과제에 적응하는 과정을 거친다. 이 시기에는 심리적 저항을 완화하고, 학습 동기를 유발하는 것이 핵심이다. 조직에서는 오리엔테이션, 멘토링, 환경 친숙화 프로그램 등이 이 단계에 해당한다.

가속 단계에서는 학습자의 자신감이 높아지고, 학습 효과가 눈에 띄게 증가한다. 강화작용이 활발히 일어나며, 성취 경험이 학습 속도를 가속화한다.

한계 단계에서는 학습 속도가 정체되며, 기존 방법과 환경이 더 이상 새로운 성과를 내지 못한다. 이 시점에서는 학습 전략을 전환하거나 새로운 자극을 도입할 필요가 있다.

회복 단계에서는 새로운 방법과 동기가 결합되어 학습 효과가 다시 상승한다. 변화된 접근 방식과 환경 개선이 중요한 역할을 한다.

정착 단계에서는 학습된 행동과 기술이 반복과 적용을 통해 습관화되며, 장기적으로 안정적으로 유지된다.

조직은 이러한 학습 패턴을 이해함으로써 교육·훈련 프로그램을 설계할 때 각 단계에 맞는 지원과 자원을 제공할 수 있다. 예를 들어, 한계 단계에서는 단순한 반복이 아니라 도전적인 과제나 환경 변화를 제공함으로써 회복 단계를 촉진할 수 있다. 이와 같이 학습의 제원리는 학습 과정에서 행동의 형성과 변화가 어떻게 이루어지는지를 설명하고, 이를 의도적으로 설계·관리하는 방법을 제시한다. 조직이 이 원리를 효과적으로 적용하면 구성원의 역량 개발과 행동 변화를 보다 체계적이고 지속적으로 촉진할 수 있으며, 개인은 자기주도적 학습을 통해 성과와 만족도를 동시에 높일 수 있다.

3) 효과적인 학습방법

효과적인 학습을 위해서는 학습자의 특성, 학습 내용의 성격, 그리고 학습방법 등 다양한 변수를 종합적으로 고려하여, 각 학습 상황에 적합하게 적용하는 것이 중요하다. 학습은 단순히 정보를 전달하는 과정이 아니라, 학습자의 심리적·인지적 상태, 학습재료의 특성, 학습 전략의 선택이 복합적으로 작용하여 성과를 만들어낸다. 따라서 학습을 설계하고 실행할 때는 다음과 같은 측면에서의 고려가 필요하다.

(1) 인성적 측면

① 동기

학습의 출발점은 학습자의 동기이며, 이는 학습 결과에 직접적인 영향을 미친다. 학습동기는 내적 요인과 외적 요인으로 나눌 수 있다. 내적 동기는 학습 자체에서 즐거움과 만족을 느끼는 경우로, 예를 들어 흥미 있는 주제의 책을 밤새워 읽는 것이 해당된다. 외적 동기는 보상, 평가, 경쟁과 같은 외부 자극에 의해 유발되는 것으로, 시험 준비나 승진을 위한 교육 이수가 그 예이다. 현대 교육심리학에서는 두 동기가 상호작용하며, 학습 초기에는 외적 동기가 효과적일 수 있지만 장기적으로는 내적 동기가 지속적인 학습을 유지하는 데 더 중요한 역할을 한다고 본다.

② 정서

정서는 학습 과정에서 인지적 기능과 집중력에 큰 영향을 미친다. 긍정적인 정서는 학습자에게 자신감을 주고 과제 수행 의지를 높이며, 부정적인 정서는 주의 산만과 회피 행동을 촉진한다. 한 연구에서 성공 경험을 부여받은 집단은 과제 종료 후에도 스스로 작업물을 검토하고 개선점을 찾으며 생산적인 행동을 지속했지만, 실패 경험을 한 집단은 미완성 과제에 집착하거나 비생산적인 활동에 시간을 소비하였다. 이는 학습 성과를 높이기 위해 학습자가 건전하고 긍정적인 정서 상태를 유지할 수 있도록 지원하는 것이 중요함을 보여준다.

③ 성취

학습의 효과는 학습자가 처한 발달 단계와 성숙 수준에 따라 달라질 수 있다. D. C. McClelland의 학습된 욕구 이론에 따르면, 개인에 따라 성취 욕구 수준이 다르며, 고성취 지향형 학습자는 도전적이고 명확한 목표를 선호하고, 저성취 지향형 학습자는 실패 가능성이 낮은 과제를 선호하는 경향이 있다. 따라서 학습 설계 시 학습자의 성취 욕구 수준과 특성을 고려하여 학습 내용과 난이도를 조정하는 것이 필요하다.

(2) 학습재료에 관한 측면

학습재료의 특성은 학습 효과에 직접적인 영향을 준다. 첫째, 학습재료의 길이가 길수록 이를 장기적으로 기억하기 위해서는 반복 학습과 복습 주기가 충분히 확보되어야 한다. 둘째, 학습재료의 난이도는 학습 속도와 효율성에 영향을 미친다. 너무 쉬운 자료는 초기에는 빠르게 학습되지만 금세 흥미를 잃고, 너무 어려운 자료는 초기에 학습 의욕을 저하시킬 수 있다. 적정 난이도의 자료는 비교적 일정하고 지속적인 학습 속도를 유지하게 한다. 셋째, 학습재료의 의미도는 학습의 몰입도와 기억 지속성에 중요한 역할을 한다. 학습자가 자신의 경험, 목표, 필요와 관련성이 높은 자료를 학습할 때, 학습 효과가 높게 나타난다. 넷째, 학습재료의 위치에 따른 학습 효과 차이도 고려해야 한다. 일반적으로 자료의 첫 부분은 가장 쉽게 학습되고, 그 다음이 마지막 부분이며, 중간 부분은 상대적으로 학습이 어렵다(초두 효과와 최신 효과). 따라서 중간 부분에 해당하는 내용에 반복 학습과 보충 학습을 집중시키는 것이 효과적이다.

(3) 학습방법에 관한 측면

① 결과에 대한 지식

학습 후 결과를 신속하고 정확하게 제공하는 것은 학습 효과를 높이는 핵심 요소이다. 피드백은 학습자의 수행 결과를 명확히 인식하게 하고, 잘된 점과 개선이 필요한 점을 구체적으로 알려줌으로써 행동 수정과 향상을 가능하게 한다. 결과에 대한 정보가 없으면 학습자는 자신의 수행을 조정하기 어려우며, 피드백 제공의 시기와 빈도가 학습의 질을 좌우하게 된다.

② 집중학습과 분산학습

집중학습(massed practice)은 짧은 기간 동안 학습을 몰아서 하는 방식이며, 분산학습(distributed practice)은 학습과 학습 사이에 적절한 휴식 시간을 두는 방식이다. 집중학습은 단기 성취에는 유리하지만 장기 기억에는 불리할 수 있고, 분산학습은 학습 내용을 장기 기억으로 전환하는 데 효과적이다. 다만 휴식 시간이 너무 짧으면 피로가 누적되고, 너무 길면 기존 학습 내용을 잊어버릴 수 있으므로 균형 있는 시간 설계가 필요하다.

③ 전체학습과 부분학습

전체학습(whole learning)은 학습 자료 전체를 처음부터 끝까지 반복적으로 학습하는 방식이며, 부분학습(part learning)은 자료를 여러 부분으로 나누어 학습하는 방식이다. 전체학습은 학습자의 인지 능력과 자료의 난이도가 적절히 맞을 때 효과적이며, 부분학습은 자료가 복잡하거나 학습자의 처리 능력이 제한적일 때 유리하다. 실제 교육 현장에서는 두 방식을 혼합하여 학습 효과를 극대화하는 경우가 많다.

이와 같이, 효과적인 학습을 위해서는 학습자의 심리적 특성과 동기, 학습재료의 특성, 그리고 학습 방법의 적절한 선택이 유기적으로 결합되어야 한다. 조직 차원에서는 이러한 원리를 토대로 교육 프로그램을 설계함으로써 학습 효율을 높이고, 개인은 자기 특성과 상황에 맞는 학습 전략을 선택하여 지속 가능한 학습 성과를 창출할 수 있다.

3. 인지론적 학습과정이론

행동주의 학습이론은 자극과 반응의 연합, 즉 조건화 과정을 통해 학습을 설명한다. 그러나 실제 인간의 행동 중에는 단순한 조건화만으로는 설명하기 어려운 복잡한 행동들이 존재한다. 예를 들어, 직접적인 자극이나 보상을 받지 않았음에도 어떤 행동을 선택하거나 회피하는 경우가 있다. 이러한 현상은 자극과 반응 사이에 존재하는 중재 과정(mediating process), 즉 인지(cognition)의 역할을 고려해야만 이해할 수 있다. 인지론적 학습과정이론은 이러한 관점에서 발전한 것으로, 크게 관찰학습과정과 인지학습과정으로 구분된다.

1) 관찰학습과정

관찰학습(observational learning)은 다른 사람의 행동을 관찰하고, 그 행동의 결과를 인지 · 평가함으로써 이루어지는 학습과정이다. 학습자는 직접적인 행동 수행이나 보상 경험 없이도 타인의 경험을 통해 학습할 수 있다. 예를 들어, 한 종업원이 뛰어난 성과를 내어 상사로부터 보너스와 승진 기회를 얻는 장면을 다른 구성원들이 보았다면, 그들은 직접 보상을 받지 않았음에도 '높은 성과 → 보상'이라는 인과관계를 인식하게 된다. 이로 인해 그들도 성과 향상 행동을 모방할 가능성이 높아진다.

관찰학습은 학습자에게 직접 주어지는 자극 · 결과와 무관하게 학습이 일어난다는 점에서 고전적 조건화나 조작적 조건화와 구별된다. 그러나 이러한 과정을 통해 습득한 행동이 장기적으로 유지되기 위해서는 직접적인 강화나 보상이 뒤따라야 한다는 점에서 행동주의 학습과도 연결된다. 현대 조직에서도 관찰학습은 중요한 역할을 한다. 예를 들어, 신규 입사자가 선배 직원의 고객 응대 방식을 관찰하여 학습하거나, 프로젝트 회의에서 성공 사례 발표를 통해 우수한 업무 프로세스를 습득하는 경우가 이에 해당한다. Albert Bandura의 사회학습이론(social learning theory)에서도 관찰과 모방은 학습의 핵심 메커니즘으로 제시되며, 모델링(modeling) 효과를 극대화하기 위해 긍정적인 본보기를 조직문화 속에 제도화하는 것이 중요하다고 강조한다.

2) 인지학습과정

인지학습(cognitive learning)은 반복적인 관찰, 조건화, 혹은 보상 경험 없이도 사고와 이해를 통해 학습이 이루어지는 과정이다. 이는 학습자가 특정 상황에 대한 개념, 규칙, 절차를 머릿속에서 이해하고, 이를 바탕으로 적절한 행동 방안을 도출하는 것을 의미한다. 예를 들어, 강의실에서 이론 강의를 듣고 특정 문제 상황에 어떻게 대응해야 하는지를 이해하는 경우가 해당된다. 학습자는 직접 실습하거나 보상을 받지 않아도, 강의를 통해 얻은 지식과 개념을 토대로 올바른 행동을 즉시 수행할 수 있다.

인지학습은 행동주의적 조건화에 비해 학습 효과가 제한적일 수 있다. 특히 실습과 경험이 결여된 경우, 실제 상황에서의 적용력이나 행동의 자동화 수준이 낮을 수 있다. 그러나 이 과정의 장점은 시행착오(trial and error)를 최소화할 수 있다는 데 있다. 조건화를 통해 올바른 행동을 습득하려면 오랜 시간 반복 경험이 필요하지만, 인지학습은 단기간에 효과적인 행동 패턴을 형성할 수 있는 가능성을 높인다. 현대의 직무 교육, 리더십 개발, 전문기술 습득 과정에서도 인지학습은 필수적인 요소로 자리잡고 있다. 예를 들어, 안전관리 교육에서 현장 실습 없이도 시뮬레이션 영상과 절차 매뉴얼을 통해 위험 상황 대처법을 학습하고, 이를 실제 상황에 적용할 수 있는 능력을 기르는 것이 대표적인 사례이다.

이와 같이 인지론적 학습과정이론은 직접적 경험 없이도 타인의 행동과 결과, 혹은 이론적 이해를 통해 학습이 가능하다는 점을 강조한다. 이는 현대 조직과 교육 현장에서 학습자에게 다양한 학습 경로를 제공할 수 있는 이론적 기반을 마련하며, 특히 시간과 자원이 제한된 상황에서 효율적인 학습 전략을 수립하는 데 중요한 시사점을 제공한다.

section 02 강화

1. 강화의 유형

강화는 인간의 행동을 학습하고 유지시키는 핵심적인 과정으로, 크게 긍정적 강화, 부정적 강화, 소거, 그리고 벌의 네 가지 유형으로 구분된다. 여기서 강화란 특정 행동이 나타날 확률을 높이거나 낮추기 위해 환경적 자극을 체계적으로 조절하는 과정을 의미하며, 이는 조직행동관리, 교육훈련, 리더십, 심리치료 등 다양한 영역에서 중요한 실천 도구로 활용된다.

1) 긍정적 강화(positive reinforcement)

긍정적 강화는 조작적 조건형성의 원리를 기반으로, 특정 행동을 수행했을 때 바람직한 결과나 만족스러운 자극을 제공함으로써 해당 행동의 발생 가능성을 높이는 것을 말한다. 즉, 개인이 가치 있다고 느끼는 보상(rewards)을 그 행동과 연계시켜, 그 행동이 더 자주 나타나도록 유도하는 것이다. 이 원리는 Thorndike의 「효과의 법칙(Law of Effect)」으로 설명할 수 있다. 이 법칙에 따르면, 만족스러운 결과를 초래하는 행동은 반복될 가능성이 높아지고, 불만족스러운 결과를 초래하는 행동은 반복될 가능성이 낮아진다. 예를 들어, 영업사원이 목표 매출을 달성했을 때 인센티브를 지급하는 것은 긍정적 강화의 전형적인 사례이다.

현대적 조직환경에서는 긍정적 강화의 적용이 더욱 정교해지고 맞춤화되고 있다. 특히, 디지털 기술과 데이터 분석의 발달로 인해 실시간 성과 피드백 시스템과 개인화된 보상 프로그램이 가능해졌다. 예를 들어, 클라우드 기반의 성과관리 플랫폼은 구성원의 성취를 실시간으로 모니터링하고, 그에 따라 즉각적인 칭찬 메시지, 마이크로 보너스(micro-bonus), 배지(badge) 등의 비금전적 보상을 제공함으로써 긍정적 강화 효과를 극대화한다. 긍정적 강화를 효과적으로 관리하기 위해서는 다음과 같은 원칙이 중요하다.

(1) 보상의 개인적 의미부여

보상으로 제공되는 강화요인은 반드시 그 보상을 받는 개인의 욕구, 가치관, 선호와 결부되어야 한다. 동일한 금전적 보상이라도 어떤 구성원에게는 강력한 동기부여 요인이 될 수 있지만, 다른 구성원에게는 그렇지 않을 수 있다. 따라서 조직은 구성원의 동기 프로파일(motivation profile)을 파악하여, 금전적·비금전적 요소를 적절히 결합한 맞춤형 보상 패키지를 설계해야 한다.

(2) 행동과 보상의 즉각적·명확한 결속

보상은 강화하고자 하는 행동 직후에 제공되어야 하며, 보상의 이유가 명확하게 인식되도록 전달되어야 한다. 시간차가 크거나 이유가 불분명하면, 구성원은 보상과 행동의 인과관계를 인식하지 못해 강화 효과가 약화된다. 최근에는 AI 챗봇이나 LMS(Learning Management System)를 활용해, 목표 달성 즉시 '축하 메시지 + 포인트'가 자동 지급되는 방식이 보편화되고 있다.

(3) 현실적인 달성 가능성과 점진적 강화

요구되는 행동이 현재 수준과 너무 큰 차이가 날 경우, 완벽한 수행을 전제로만 보상을 제공하면 구성원은 보상 가능성을 낮게 인식해 동기부여가 저하될 수 있다. 따라서 점진적 목표(Incremental Goals)를 설정하고, 개선의 단계마다 부분 보상을 제공함으로써 '작은 성공 경험'이 누적되도록 해야 한다. 예를 들어, 신입 영업사원이 최종 목표 달성 전까지 중간 성과(예: 잠재고객 발굴 수, 상담 건수)에 대해서도 인정과 보상을 제공하는 것이 바람직하다.

결국 긍정적 강화는 단순히 "보상을 주는 행위"가 아니라, 구성원이 바람직한 행동을 지속적으로 학습·내재화하도록 설계하는 전략적 도구이다. 이를 위해서는 보상의 시기, 방식, 형태, 개인화 수준을 종합적으로 고려해야 하며, 조직문화와도 긴밀히 연결되어야 한다.

2) 부정적 강화(negative reinforcement)

부정적 강화는 이름 때문에 종종 '처벌'과 혼동되지만, 실제로는 긍정적 강화와 마찬가지로 원하는 행동의 발생 가능성을 높이는 학습 원리이다. 다만 긍정적 강화가 유쾌한 자극을 제공하여 행동을 강화하는 것과 달리, 부정적 강화는 불쾌하거나 불편한 자극을 제거 또는 회피하게 함으로써 행동을 강화한다. 즉, 사람들은 원치 않는 상황에서 벗어나거나 이를 피하기 위해 특정 행동을 학습하고 반복하게 된다. 부정적 강화에는 크게 도피적 방식(escape method)과 회피적 방식(avoidance method)의 두 가지 유형이 있다.

도피적 방식은 이미 존재하는 불쾌한 자극을 특정 행동을 통해 제거하는 방법이다. 예를 들어, 종업원이 지각으로 인해 예정된 감봉 조치를 받게 되었으나, 시간외 근무를 수행하면 감봉이 취소되는 경우가 이에 해당한다. 불쾌한 자극(감봉)이 존재하지만, 행동(시간외 근무)을 통해 그것을 없앨 수 있다는 점에서 '도피'의 성격을 가진다.

회피적 방식은 아직 발생하지 않은 불쾌한 자극을 미리 차단하는 방식이다. 예를 들어, 지각하면 상사의 잔소리를 듣게 되지만, 정시에 출근하면 잔소리를 피할 수 있는 경우가 이에 해당한다. 불쾌한 자극이 발생하기 전에 행동을 취함으로써 이를 회피하는 것이다.

현대 조직환경에서는 부정적 강화가 '징계 중심'이 아니라, 불편 요소를 해소하는 환경 개선 도구로 진화하고 있다. 예를 들어, IT 기업에서 업무 보고를 지연하면 상급자의 실시간 모니터링 메시지가 자동 발송되지만, 기한 내 보고를 완료하면 해당 모니터링이 중지되는 방식과 고객 상담센터에서 정해진 매뉴얼을 준수하면 사후 모니터링·코칭 세션이 면제되는 방식, 그리고 안전관리 현장에서 규정된 보호장비 착용을 준수하면 안전교육 재참여 의무가 면제되는 방식 등으로, 이 모두 불쾌하거나 부담스러운 절차를 제거하여 올바른 행동을 유지하도록 유도하는 부정적 강화의 사례이다. 부정적 강화의 효과적인 관리방법은 다음과 같이 정리할 수 있다.

(1) 불편한 자극과 강화 대상 행동의 명확한 결속

제거하려는 불쾌한 자극은 강화하고자 하는 행동과 직접적인 관련이 있어야 한다. 관련성이 모호하면 구성원은 '왜 이 행동을 해야 하는지' 인과를 이해하지 못해 학습 효과가 떨어진다. 예를 들어, 불필요한 문서 작업을 줄여주는 조건이 반드시 규정된 절차 준수와 직접 연결되어야 한다.

(2) 행동을 통해 제거 가능한 구체적 자극 설정

불쾌한 자극은 구성원이 구체적 행동을 함으로써 제거할 수 있어야 한다. '행동 → 불쾌 자극 제거'라는 인과관계가 반복적으로 경험될 때, 해당 행동은 습관으로 내재화된다. 결국 부정적 강화는 단순히 '불편함을 없애는 방법'이 아니라, 행동 변화와 조직 규범 준수를 촉진하는 전략적 학습 기법이다. 현대의 부정적 강화는 위압적 통제보다는 업무 부담 경감, 절차 간소화, 불필요한 간섭 제거 등 '일하기 좋은 환경'을 조성하는 방향으로 활용되고 있다.

3) 소거(extinction)

소거는 이미 보상을 통해 학습된 특정 행동에 대해, 그 후속 보상을 지속적으로 제공하지 않음으로써 그 행동의 발생 빈도가 점차 감소하여 결국 사라지는 현상을 의미한다. 즉, 강화가 중단되면 학습된 행동은 유지되기 어렵고, 시간이 지남에 따라 자연스럽게 소멸한다. 예를 들어, 한 제조업체가 신기술 교육 프로그램에 참여한 작업자들에게 교육 기간 동안 새로운 기술 습득과 적용에 대해 인센티브를 지급했다고 하자. 그러나 교육 종료 후 해당 작업자들이 현장에 배치된 뒤에는 더 이상 성과에 대한 추가 보상을 제공하지 않는다면, 초기에는 습득한 기술을 일정 기간 활용하더라도 점차 동기가 약화되어 직무성과가 떨어지고, 심지어 습득한 기술 자체를 사용하지 않게 될 수 있다. 이러한 과정이 바로 소거다.

소거는 본질적으로 행동을 촉진하는 방법이 아니라, 이미 형성된 행동을 약화·소멸시키는 방법이다. 따라서 긍정적인 행동을 유지 · 강화하는 목적에는 적합하지 않으며, 주로 바람직하지 않은 행동을 줄이거나 제거하는 데 사용된다. 예를 들어, 고객 응대 시 불필요하게 장시간 잡담을 하는 직원에게 더 이상 관심이나 긍정적 반응을 보이지 않으면, 그 행동은 점차 줄어들 수 있다. 소거는 겉으로 보기에는 벌(punishment)보다 덜 고통스러운 방식처럼 보일 수 있다. 왜냐하면 직접적인 불쾌한 자극을 주지 않기 때문이다. 그러나 어떤 경우에는 벌만큼이나, 혹은 그 이상으로 심리적 영향을 미칠 수 있다. 특히, 구성원이 강하게 동기부여되었던 보상이 갑자기 중단되면, 무기력감(learned helplessness)이나 조직에 대한 신뢰 상실로 이어질 가능성이 있다. 현대의 조직관리에서 소거를 활용할 때는 다음과 같은 점을 유의해야 한다.

(1) 목표 행동의 명확성

소거 대상이 되는 행동이 무엇인지 명확히 정의해야 한다. 모호하면 구성원이 혼란을 느껴, 의도하지 않은 긍정적 행동까지 약화될 수 있다.

(2) 대체 행동의 제시

바람직하지 않은 행동을 소거할 때는, 그 행동을 대체할 수 있는 긍정적 행동을 제시하고, 그 대체 행동에 대해 새로운 강화를 제공해야 한다. 그렇지 않으면 구성원은 단순히 동기를 잃고 행동을 중단할 뿐, 더 나은 방향으로 변화하지 않는다.

(3) 점진적 소거 전략

갑작스러운 보상 중단은 조직문화와 신뢰에 악영향을 미칠 수 있으므로, 계획적으로 보상 빈도를 줄이고, 그 과정에서 구성원에게 충분한 설명과 피드백을 제공해야 한다.

결론적으로, 소거는 바람직하지 않은 행동을 줄이는 데 효과적인 수단이 될 수 있으나, 잘못 사용하면 긍정적 행동의 약화와 조직 신뢰도 하락이라는 부작용을 초래할 수 있다. 따라서 소거 전략은 항상 '대체 강화 전략'과 병행하여 설계하는 것이 바람직하다.

4) 벌(punishment)

벌은 소거와 마찬가지로 바람직하지 못한 행동의 발생 빈도를 낮추는 행동 수정 기법이지만, 적용 방식과 심리적 작용에는 중요한 차이가 있다. 벌은 특정 행동에 대해 불쾌한 자극을 부과하거나, 기존에 제공되던 긍정적 보상을 제거함으로써 그 행동의 재발 가능성을 줄이는 방법이다. Thorndike의 「효과의 법칙」에 따르면, 보상이 행동을 강화하는 것과 반대로, 벌은 해당 행동을 약화시키는 역할을 한다. 여기서 벌로서의 보상 철회와 소거로서의 보상 철회는 구분할 필요가 있다. 소거는 '해당 행동에 대해 주어지던 보상을 중단'하는 것이며, 벌은 '그 행동과 직접적인 관련이 없던 보상까지 철회'하는 경우를 포함한다. 예를 들어, 한 직원이 규정을 위반했을 때, 그 행동과 무관하게 제공되던 출장 수당이나 특별 휴가를 취소하는 것은 벌에 해당한다.

다만 벌은 단기적으로 문제 행동을 억제할 수 있지만, 그 결과가 반드시 긍정적인 것은 아니다. D. Hellriegel 등(1986)이 제시한 바와 같이, 벌은 상사나 조직에 대한 반감과 저항심 증가, 보복 행동이나 은밀한 규칙 위반, 벌을 회피하기 위한 왜곡된 보고 또는 은폐 행동, 창의성과 자율성 저하와 같은 잠재적 부작용을 일으킬 수 있다. 이러한 이유로, 벌을 사용할 때는 신중한 설계와 일관된 집행이 필요하다. 효과적인 벌의 적용을 위해 다음과 같은 원칙을 준수해야 한다.

(1) 행동의 고착 전에 신속히 적용

바람직하지 못한 행동이 조직 내에서 습관화되기 전에 초기 단계에서 개입해야 한다. 행동이 장기간 지속되면 벌의 효과가 크게 떨어진다.

(2) 행동 직후, 적절한 강도로 부과

벌은 문제가 된 행동 직후에 실행되어야 하며, 강도가 너무 약하면 무시되거나 학습효과가 없고, 너무 강하면 반발심만 초래한다.

(3) 구체적·행동 중심, 감정 배제

벌은 개인의 인격이 아니라 특정 행동에만 초점을 맞추어야 하며, 감정적 질책이나 모욕을 포함해서는 안 된다. 예를 들어 "당신은 무책임하다"가 아니라, "보고 기한을 지키지 않은 것은 규정 위반이다"라는 식의 구체적 피드백이어야 한다.

(4) 일관성과 공정성 유지

동일한 위반행위에 대해서는 누구에게나 동일한 수준의 벌이 적용되어야 하며, 시기적으로도 변동 없이 일관되게 집행되어야 한다. 이는 조직의 신뢰성과 규범 준수 의식을 강화한다.

(5) 벌의 이유 명확화

벌을 받는 사람은 자신이 왜 벌을 받는지 명확히 이해해야 하며, 개선해야 할 행동이 무엇인지 구체적으로 인식해야 한다. 이를 위해 벌과 함께 충분한 설명과 대화가 필요하다.

(6) 공식적 절차를 통한 집행

가능하다면 벌은 징계규정, 징계위원회 등 공식적 기구를 통해 제도적으로 시행하는 것이 바람직하다. 이는 감정적 보복이라는 오해를 줄이고, 절차적 정당성을 확보한다.

그림 5-2 벌의 잠재적 부작용

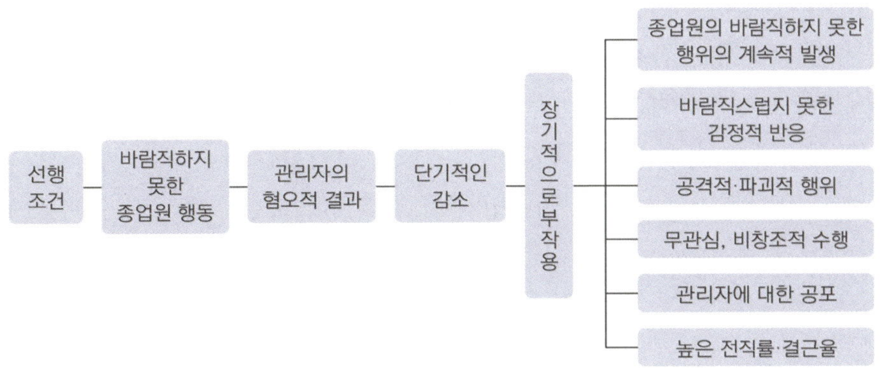

자료: D. Hellriegel et. al.(1986), *Organizational Behavior*, 5th ed., Harper & Row, p. 125.

(7) 벌 직후 불필요한 보상 금지

벌 직후 해당 구성원에게 결속관계가 없는 보상을 제공하면, 오히려 원치 않는 행동을 강화하는 결과가 될 수 있다. 예를 들어, 징계 직후 '달래기' 차원의 특혜를 주는 것은 피해야 한다.

현대 조직에서는 벌을 단순한 처벌 수단이 아니라, 행동 수정과 학습의 일부로 통합하는 접근이 늘고 있다. 예를 들어, 징계 후 재교육 프로그램을 병행하거나, 벌을 받은 구성원에게 개선 계획 수립과 실행을 의무화하는 방식이 그것이다. 이는 벌이 단순 억제에서 그치지 않고, 긍정적 행동 변화로 전환될 수 있도록 돕는다.

5) 상황에 따른 강화 사용을 위한 가이드라인

지금까지 살펴본 바와 같이 강화 전략은 크게 긍정적 강화, 부정적 강화, 소거, 벌로 구분되며, 각각의 유형은 상황과 목적에 따라 적절히 선택·활용될 수 있다. 그러나 특정 강화요인이 가장 적합한지는 학습상황의 특성, 조직의 문화와 자원 여건, 구성원의 특성에 따라 달라진다. 일반적으로는 구성원의 자발적인 행동 형성과 장기적인 동기부여를 고려할 때, 부정적 강화보다는 긍정적 강화를, 그리고 일차적 강화요인(Primary Reinforcer)보다 이차적 강화요인(Secondary Reinforcer)을 활용하는 것이 더 효과적이다.

여기서 일차적 강화요인은 인간의 생리적 욕구를 직접 충족시키는 보상(예: 음식, 휴식, 안전 등)을 의미하며, 이차적 강화요인은 일차적 강화요인과 연계되어 학습을 통해 가치가 부여된 보상(예: 급여, 승진, 상장, 인정 등)을 말한다. 현대의 조직에서는 이차적 강화요인을 통해 구성원이 스스로 의미를 부여할 수 있는 환경을 만드는 것이 장기적 효과를 높인다. 또한 강화요인은 만족감이 어디에서 비롯되는가에 따라 내적 강화요인(intrinsic reinforcement)과 외적 강화요인(extrinsic reinforcement)으로 구분할 수 있다.

내적 강화요인은 직무수행 그 자체에서 느끼는 성취감, 성장감, 책임감, 몰입감 등과 같이 직무 내재적 요소로부터 발생한다. 예를 들어, 프로젝트를 성공적으로 완수했을 때 느끼는 자기 효능감(self-efficacy)과 전문성 향상에 대한 자부심은 전형적인 내적 강화요인이다. 외적 강화요인은 경제적 보상, 복리후생, 근무환경 개선, 사회적 인정 등 직무 외부의 요인에서 비롯된다. 예를 들어, 성과급, 승진, 사내 시상 제도, 여가 지원 프로그램 등은 외적 강화요인에 해당한다.

현대 인사관리에서는 외적 강화요인만으로 동기를 유지하기 어렵고, 과도하게 의존할 경우 조직의 자원 소모가 크며, 보상 기대가 충족되지 않을 경우 동기 저하로 이어질 수 있다는 점이 강조된다. 따라서 외재적 강화요인은 필요할 때 선택적으로 사용하되, 장기적으로는 내재적 강화요인을 활성화하는 방향이 바람직하다. 이는 구성원이 업무 자체에서 의미와 즐거움을 찾을 수 있도록 직무 설계(Job Design)를 개선하고, 자율성(autonomy), 역량 개발(opportunity for growth), 의미부여(meaningfulness)를 강화하는 전략과 연결된다. 예를 들어, 동일한 성과 목표 달성을 위해 단순히 금전적 인센티브를 지급하는 것보다, 프로젝트 수행 과정에서 결정권 부여, 역할 확장, 동료 간 인정 문화를 조성하면 내재적 강화가 촉진되어 장기적인 성과 유지에 기여할 수 있다. 또한, 강화전략을 설계할 때 다음과 같은 현대적 가이드라인을 고려하는 것이 중요하다.

(1) 행동과 강화요인의 명확한 연결성 확보

구성원이 어떤 행동이 어떤 보상으로 이어지는지를 즉시 이해할 수 있어야 한다.

(2) 개인 맞춤형 설계

개인별 가치관, 동기 유형, 경력 단계에 따라 강화요인을 다르게 적용한다.

(31) 단기·장기 균형 유지

단기 목표 달성을 위한 외적 보상과 장기 동기부여를 위한 내적 보상을 조화롭게 운영한다.

(4) 조직문화와의 일관성

강화전략이 조직의 핵심 가치와 문화에 부합해야 구성원들의 수용성이 높아진다.

(5) 점진적 강화와 변동 강화의 활용

일정한 보상 패턴 대신, 성과와 시점에 따라 변동적 보상을 제공하면 동기 유지에 효과적이다.

결국, 강화전략은 단일 방식에 고정되기보다, 상황·조직·구성원 특성을 종합적으로 고려한 맞춤형 설계가 필요하다. 〈그림 5-3〉은 이러한 다양한 행동변화 전략을 유형별로 요약한 것으로, 조직에서 실무적으로 활용할 수 있는 강화전략의 체계적 틀을 제시한다.

그림 5-3 행동변화 전략의 유형

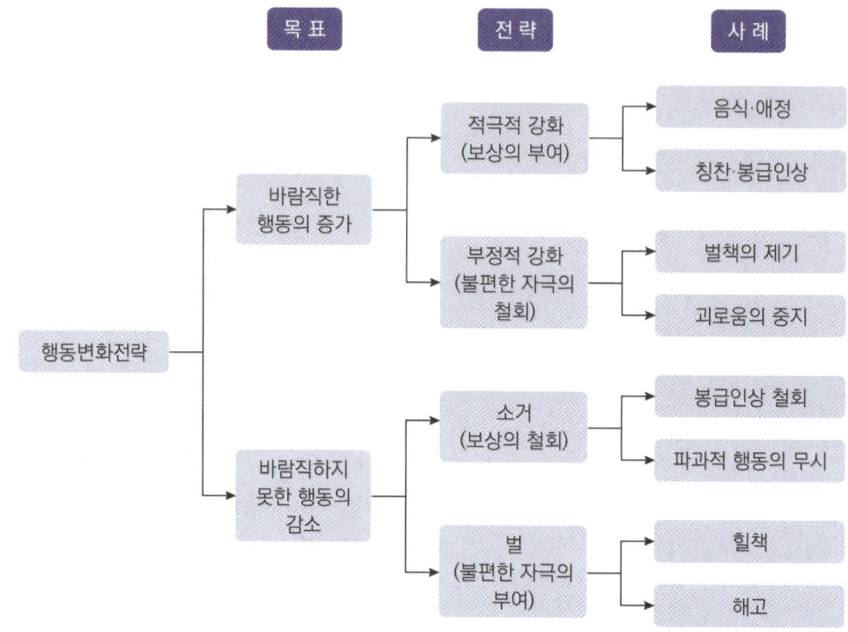

2. 강화의 스케줄

강화의 스케줄(reinforcement schedule)은 특정 행동에 대해 언제, 어떤 빈도로 강화요인을 제공할 것인가를 결정하는 절차를 의미한다. 동일한 강화요인이라도 제공 시기와 빈도에 따라 학습 속도, 행동의 안정성, 지속성에 큰 차이가 발생한다. 조직환경에서 강화 스케줄은 성과관리, 교육훈련, 동기부여 전략의 핵심 설계 요소로 활용된다.

1) 연속강화법(continuous reinforcement schedule)

연속강화법은 바람직한 행동이 나타날 때마다 즉시 강화요인을 제공하는 방식이다. 이 방법은 학습 초기 단계나 새로운 행동을 빠르게 형성할 때 매우 효과적이며, 단기간에 높은 학습 효과를 거둘 수 있다. 예를 들어, 신입사원이 업무 절차를 정확히 수행할 때마다 상사가 즉시 칭찬하거나 피드백을 제공하는 경우가 해당한다. 그러나 연속강화법은 강화가 중단되는 순간 행동 빈도가 급격히 감소하거나 소멸될 위험이 크다. 또한 포만효과(satiation effect)가 발생하여, 동일한 보상이 반복되면 구성원이 그 가치를 당연시하거나 지루함을 느껴 효과가 약화될 수 있다. 따라서 연속강화는 행동 형성 초기에는 유용하나, 이후에는 부분강화법으로 전환하는 것이 바람직하다.

2) 단속강화법(intermittent reinforcement schedule)

단속강화법은 모든 반응마다가 아니라 일정한 규칙 또는 불규칙적인 간격으로 강화요인을 제공하는 방식이다. 강화 시점의 예측성이 낮아 학습 속도는 다소 느릴 수 있으나, 일단 학습된 행동은 오래 유지되고 소멸에 대한 저항성이 높다.

단속강화법은 네 가지 하위 유형으로 구분된다.

(1) 고정간격법(fixed interval schedule)

고정간격법은 일정한 시간 간격이 경과한 후, 처음 나타난 바람직한 행동에 대해 강화요인을 제공하는 방식이다. 예를 들어, 주급이나 월급과 같이 일정 기간마다 보상이 지급되는 제도가 해당된다. 이 방식은 강화 직후 행동 빈도가 떨어지고, 다음 강화 시점이 다가올수록 활동이 증가하는 불규칙적(uneven) 반응 패턴을 보인다. 일반적으로 동기 부여 효과는 다른 방법에 비해 낮다.

(2) 변동간격법(variable interval schedule)

변동간격법은 강화 제공 시점을 일정하게 하지 않고, 불규칙한 시간 간격으로 적용하는 방식이다. 예를 들어, 상사가 예고 없이 현장을 방문해 칭찬하거나, 비정기적으로 승진·승급을 부여하는 경우가 이에 해당한다. 강화 시점을 예측하기 어렵기 때문에 구성원은 지속적으로 바람직한 행동을 유지하려는 경향을 보이며, 안정적이고 소멸에 강한 행동 패턴을 형성한다.

(3) 고정비율법(fixed ratio schedule)

고정비율법은 일정한 행동 횟수 또는 성과량이 달성될 때마다 강화요인을 제공하는 방식이다. 대표적인 예로, 생산량에 따라 지급되는 성과급 제도가 있다. 이 방법은 목표 달성에 대한 직접적인 동기를 제공하므로 강력하고 안정적인 반응을 유도할 수 있다. 다만 목표 달성 직후 잠시 행동 빈도가 줄어드는 후강화 일시정지(post-reinforcement pause) 현상이 나타날 수 있다.

(4) 변동비율법(variable ratio schedule)

변동비율법은 강화 제공 기준을 일정하게 하지 않고, 불규칙한 반응 횟수나 성과 비율에 따라 강화요인을 제공하는 방식이다. 예를 들어, 판매 실적에 따라 시기와 금액이 불규칙하게 변동하는 보너스 제도가 해당된다. 강화 시점을 예측할 수 없어 구성원은 지속적이고 높은 수준의 활동을 유지하려 하며, 소멸에 대한 저항성이 가장 높은 방식으로 알려져 있다.

표 5-2 강화일정법의 유형 및 효과

강화일정법	의 의	효 과
연속강화법	매 반응마다 강화요인을 제공하는 방법	1. 매 반응마다 강화요인이 제공되는 동안에는 안정적이고 높은 율의 성과를 유도함 2. 잦은 강화로 인해 빠른 만족을 가져옴 3. 강화가 제거되면 급속히 반응이 약화됨(또는 소멸됨) 4. 새로이 나타났거나 불안정한 행동 또는 발생 빈도가 적은 행동에 적합함
단속강화법	매 반응마다는 강화요인이 제공되지 않는 방법	1. 반응의 반복빈도를 높일 수 있음 2. 강화횟수가 적어 조기만족을 가져오지 못함 3. 안정적이거나 발생빈도가 높은 행동에 적합함
고정비율법	일정한 반응횟수가 나타난 후에 강화요인을 제공하는 방법	1. 반응횟수 대 강화횟수의 비율이 고정되어 있는 점에서 연속일정법과 동일함 2. 강력하고 안정적인 반응이 나타날 가능성을 높여줌
변동비율법	변동적 또는 임의적인 반응횟수가 나타난 후에	강력하고 안정적이며 소멸에 저항하는 반응을 유발할 수 있는 가능성을 높여줌

강화일정법	의 의	효 과
	강화요인을 제공하는 방법	
고정간격법	일정기간이 경과한 후 처음으로 나타난 요구행동에 대하여 강화요인을 제공하는 방법	강화 직후에는 매우 느리고 강력하지 못한 반응을 보이지만 다음 강화의 직전에는 매우 빠르고 강력한 반응을 보이는 것과 같이 불안정한(uneven) 반응 패턴을 유발함
변동간격법	변동적 또는 임의적인 기간이 경과한 후 처음으로 나타난 요구행동에 대하여 강화요인을 제공하는 방법	강력하고 안정적이며 소멸에 저항하는 반응이 나타날 가능성을 높여줌

CHAPTER

06 동기부여 이론

조직에서의 동기부여(motivation)는 서로 다른 욕구와 개성을 지닌 구성원들이 조직 목표 달성을 위해 자발적이고 지속적으로 최선을 다하도록 이끄는 과정을 의미한다. 이는 단순히 업무 지시와 통제를 통해 성과를 끌어내는 것이 아니라, 구성원이 스스로 몰입하고 성과 창출에 적극적으로 참여하도록 유도하는 전략적 관리 활동이다. 조직의 성과는 결국 구성원 개개인의 '열심히 하려는 의지(willingness to perform)'에 의해 좌우된다. 아무리 우수한 전략과 자원이 갖춰져 있더라도 구성원의 내적 동기가 부족하다면 조직 성과는 한계에 부딪히게 된다. 따라서 관리자는 구성원들이 왜, 무엇을 위해, 어떻게 노력하려 하는지에 대한 심층적인 이해를 바탕으로 동기부여 전략을 설계해야 한다.

특히 이러한 의지는 각 개인의 욕구(needs)와 긴밀하게 연결되어 있다. 현대 조직은 세대별 가치관 차이, 직무 성향의 다양화, 하이브리드 근무와 같은 근무환경 변화 등으로 인해 구성원의 욕구 구조가 과거보다 훨씬 다원화·개별화되는 경향을 보인다. 따라서 관리자에게 요구되는 역량은 단순히 보편적인 동기부여 이론을 아는 것을 넘어, 구성원의 기본욕구를 진단하고 이를 조직 목표와 전략적으로 연계할 수 있는 실행 역량이다. 이를 위해 관리자는 다음과 같은 지식을 갖추어야 한다.

첫째, 인간의 기본욕구에 대한 이해이다. 매슬로우(Maslow)의 욕구위계이론, 허즈버그(Herzberg)의 동기－위생이론, 맥클리랜드(McClelland)의 성취동기이론, 그리고 자기결정이론(Self－Determination Theory)과 같은 현대 심리학 기반 이론을 숙지해야 한다.

둘째, 욕구와 조직목표의 연계 방법에 대한 통찰이다. 예를 들어, 자율성을 중시하는 구성원에게는 의사결정 권한을 부여하고, 성취욕이 강한 구성원에게는 도전적인 목표와 성과 인정 체계를 제공함으로써 조직목표와 개인 욕구가 상호 보완되도록 해야 한다.

셋째, 변화하는 조직 환경 속에서의 맞춤형 동기부여 전략이다. 디지털 전환, 원격근무, ESG 경영 등 새로운 경영 패러다임 속에서 구성원의 기대와 욕구도 변하고 있기 때문에, 동기부여 방법 역시 유연하고 데이터 기반으로 설계되어야 한다.

결국 현대적 의미의 동기부여는 조직성과와 구성원의 만족도를 동시에 극대화하는 맞춤형 설계 과정이라 할 수 있다. 관리자는 이 과정에서 심리학적 지식, 조직행동 이론, 리더십 역량을 종합적으로 활용하여, 구성원들이 스스로 '하고 싶다'는 의지를 느끼고 행동하게 만드는 환경을 조성해야 한다.

section 01 동기부여 과정의 기초

1. 동기

동기(motive)란 인간의 행동이 발생하는 이유를 설명하기 위해 심리학과 조직행동 연구에서 발전시킨 핵심 개념으로, 개인이 특정 행동을 선택하고 지속하도록 만드는 내적 추진력을 의미한다. 사람마다 추구하는 바는 다르다. 어떤 사람은 권력과 영향력을 얻기 위해, 또 어떤 사람은 자기 성장과 성취를 위해, 그리고 또 다른 사람은 사회적 지위의 상실이나 체면 손상을 피하기 위해 행동한다. 이러한 다양성은 욕구(needs), 욕망(wants), 공포(fears) 등 개인 내면에 존재하는 심리적·정서적 요인에 의해 형성된다.

이처럼 동기는 단순히 행동을 유발하는 것에 그치지 않고, 행동의 형태, 방향, 강도, 지속기간을 결정한다. 다만, 모든 욕구가 곧바로 행동을 촉발하는 것은 아니다. 욕구가 동기로 전환되기 위해서는 일정 수준 이상의 강도와 긴급성을 가져야 하며, 상황적·환경적 조건과 결합될 때 비로소 행동으로 나타난다. 또한 동기는 개인 내에서 자발적으로 생성될 수도 있지만, 외부 자극(보상, 평가, 경쟁, 환경 변화 등)에 의해 강화되거나 촉발되기도 한다. 조직관리의 관점에서 볼 때, 구성원의 동기는 조직의 유효성(effectiveness), 효율성(efficiency), 그리고 성과(performance)에 직결된다.

하지만 인간의 행동은 복잡하고 때로는 비합리적이기 때문에, 구성원의 실제 동기를 파악하는 일은 쉽지 않다. 학계에서도 '무엇이 사람을 움직이게 하는가'와 '조직성과를 위해 동기를 어떻게 유발·유지해야 하는가'에 대한 완전한 합의는 이루어지지 않았다. 그럼에도 불구하고, 개인의 성과는 능력(ability), 동기(motivation), 환경(environment)이라는 세 가지 요인의 상호작용에 의해 결정된다는 점에는 이견이 없다.

- **능력**: 일을 효과적으로 수행할 수 있는 지식, 기술, 경험 등
- **동기**: 일을 하고자 하는 의지와 열정
- **환경**: 업무 수행을 가능하게 하는 자원, 도구, 제도, 지원체계

그림 6-1 **성과의 영향 요인**

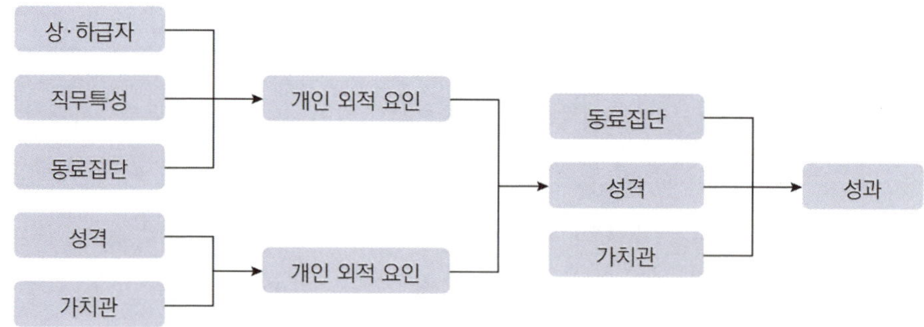

이 세 가지가 모두 충족되어야 높은 성과를 달성할 수 있다. 그러나 이 가운데 동기가 가장 결정적인 요인이다. 조직 내에서 능력과 환경이 충분히 갖춰져 있더라도, 동기가 결여된 구성원은 최소한의 노력만 하거나 업무에 무관심하게 된다. 반면, 강한 동기를 지닌 구성원은 직무와 조직의 목표 달성을 위해 자발적으로 최대의 노력을 기울인다.

따라서 현대 조직에서의 성과관리와 리더십은 단순한 능력 개발이나 환경 제공을 넘어, 구성원 모두가 직무에 몰입하고 의미를 느끼며 성과 창출에 적극적으로 참여하도록 만드는 동기부여 전략을 핵심 과제로 삼아야 한다. 이는 개인의 심리적 욕구와 조직의 전략적 목표를 연결하는 과정이며, 궁극적으로 조직 경쟁력의 근간이 된다.

2. 동기부여

M. D. Dunnette와 W. K. Kirchner는 동기부여(motivation)를 인간이 내적 불균형 상태에서 벗어나 균형 상태를 회복하려는 목표 지향적 행동의 연속 과정으로 설명하였다. 인간은 생리적 · 심리적 · 사회적 욕구가 충족되지 않으면 심리적 불편함이나 긴장 상태를 경험하게 되고, 이를 해소하기 위해 특정 목표를 설정하고 행동을 시작한다. 목표가 달성되면 일시적으로 안정 상태가 유지되지만, 새로운 욕구나 환경 변화에 의해 다시 분균형 상태가 형성되면서 동일한 과정이 반복된다. 이 순환 구조가 곧 동기부여 과정의 본질이다.

동기부여 과정을 단계별로 설명하면 다음과 같다.

그림 6-2 동기부여의 과정

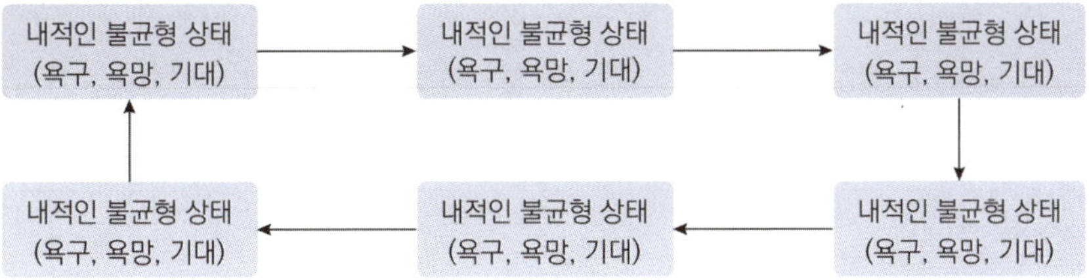

내적인 불균형 상태 (욕구, 욕망, 기대) → 내적인 불균형 상태 (욕구, 욕망, 기대) → 내적인 불균형 상태 (욕구, 욕망, 기대)
↓
내적인 불균형 상태 (욕구, 욕망, 기대) ← 내적인 불균형 상태 (욕구, 욕망, 기대) ← 내적인 불균형 상태 (욕구, 욕망, 기대)
↑ (처음 단계로 돌아감)

(1) 내적 불균형 상태의 형성

각 개인이 가지고 있는 욕구(needs), 욕망(wants), 기대(expectations)는 서로 다르며, 이러한 요인들이 특정 자극에 의해 활성화되면 심리적 불균형 상태가 조성된다. 예를 들어, 승진 욕구가 강한 직원은 동료의 승진 소식을 들었을 때 자신의 현재 상태에 불만을 느끼고, 이를 해소하려는 행동 동기가 강화된다.

(2) 목표 지향적 행동의 예측

개인은 이러한 불균형 상태를 해소할 수 있는 방법을 모색하며, 특정 목표를 달성하면 불균형이 감소될 것이라는 예측을 하게 된다. 이 단계에서 목표의 매력도와 달성 가능성은 행동의 강도를 결정하는 핵심 요인이다.

(3) 행동의 지속과 목표 달성

목표를 향한 행동이 시작되면, 목표가 달성되거나 상황적 제약에 부딪힐 때까지 행동은 지속된다. 목표 달성 후에는 보상이나 벌과 같은 결과가 주어지고, 그에 따라 내적 상태가 변화한다.

(4) 결과 분석과 귀인

개인은 목표 달성 여부와 그 원인을 분석한다(귀인 과정). 성공 경험은 자기효능감을 높이고 향후 행동의 강화를 유도하는 반면, 실패 경험은 목표 재설정이나 행동 전략의 수정을 초래한다.

(5) 목표 재설정과 과정의 반복

만약 목표가 잘못 설정되었거나 달성하지 못해 불균형 상태가 지속된다면, 새로운 목표나 달성 방법이 모색된다. 이는 동기부여 과정의 변형이자 재시작을 의미한다.

이와 같이 동기부여란 단순히 행동을 촉발하는 것을 넘어, 개인이나 집단이 자발적이고 적극적으로 책임을 지고 일을 수행하도록 행위의 방향과 강도를 조정하는 기능이다. 즉, 조직 내 구성원들이 직무 수행에서 가장 효율적이고 효과적으로 목표를 달성하도록 유도하는 리더십과 관리의 핵심 메커니즘이다.

동기부여는 본질적으로 인간의 욕구와 밀접하게 연결되어 있다. 욕구는 생리적 또는 심리적 결핍 상태에서 특정 결과를 매력적으로 느끼게 만드는 힘이며, 개인마다 욕구의 유형과 수준은 다르다. 따라서 현대 조직에서 효과적인 동기부여를 위해서는, 구성원의 다양한 욕구 구조를 진단하고 이를 조직의 전략·목표와 정렬시키는 맞춤형 접근이 필수적이다.

section 02 동기부여의 이론들

동기부여에 관한 연구는 오랜 기간 다양한 학문 분야에서 이루어져 왔으며, 그 결과 수많은 이론이 개발되었다. 이러한 이론들은 접근 방식에 따라 내용(content) 이론과 과정(process) 이론으로 크게 구분할 수 있다. 내용이론은 무엇(what)이 사람을 동기부여하는가에 초점을 두고, 개인의 행동을 유발하고 방향을 설정하며 지속 여부를 결정하는 내적 요인을 규명한다. 이를 위해 종업원의 욕구를 파악하고 분석하는 다양한 방법을 제시하며, 대표적으로 욕구(needs), 본능(instincts), 만족(satisfaction) 등의 심리적·생리적 요인을 다룬다. 이 관점에서 가장 널리 알려진 이론으로는 매슬로우(Maslow)의 욕구단계 이론과 허즈버그(Herzberg)의 2요인 이론이 있다.

과정이론은 동기부여가 어떻게(how) 이루어지는가에 초점을 맞추어, 개인이 특정 행동을 선택하고 지속하는 과정과 그 심리적 메커니즘을 설명한다. 특히 개인에게 주어지는 보상이 어떤 경로를 통해 행동에 영향을 미치는지를 분석하며, 대표적으로 기대 이론(Expectancy Theory)과 공정성 이론

그림 6-3 동기부여 이론의 흐름

1900

과학적 관리법
임금, 인센티브

인간관계론
안전, 비공식조직
사회적 관계

Maslow
욕구단계 이론

Herzberg
2요인 이론

Alderfer
ERG 이론

McClelland
학습된 욕구이론

Lewin과 Tolman
기대 개념

Vroom
유의성 기대

Porter와 Lawler
성과-만족

Festinger와 Homans
인지 부조화 이론

Adams
공정성 이론

현재

내용이론

과정이론

(Equity Theory)이 이에 해당한다.

이 두 접근은 종업원의 행동을 설명하는 데 있어 서로 다른 시각을 제공하지만, 상충적이라기보다 상호 보완적인 관계에 있다. 내용이론이 '무엇이 동기를 유발하는가'를 밝힌다면, 과정이론은 '그 동기가 어떤 과정을 거쳐 행동으로 전환되는가'를 설명함으로써, 효과적인 동기부여 전략 수립에 함께 활용될 수 있다.

1. 내용이론

내용이론(content theories)은 동기부여 과정을 이해하는 데 있어 욕구(need)라는 내적 요인을 핵심으로 다룬다. 즉, 사람들은 왜 행동하는가, 어떤 욕구가 그들의 행동을 자극하고 지속시키는가에 대한 해답을 찾고자 한다. 이러한 관점에서 내용이론은 인간이 본질적으로 결핍을 해소하거나 성장을 추구하려는 욕구를 지닌 존재라는 전제를 바탕으로 한다. 욕구는 생리적 또는 심리적 결핍 상태를 의미하며, 이는 행동의 직접적인 원천이 된다. 동기(motivation), 욕구(need), 행동(behavior)이라는 개념은 때때로 상호 대체적으로 사용되지만, 실제로는 상호 연계되어 작동한다. 일부 학자는 동기를 금전적 보상, 근무시간, 작업조건과 같은 외적 요인에서 찾는 반면, 다른 학자는 자율성, 책임감, 사회적 인정과 같은 내적 요인에서 찾는다. 그러나 공통적으로 이들 모두 동기의 '내용(content)', 즉 무엇이 사람을 움직이게 하는가에 주목한다.

1) 욕구단계 이론

A. H. Maslow는 욕구단계이론(Need Hierarchy Theory)을 통해 인간의 욕구를 중요성과 발전 수준에 따라 5단계로 구분하였다. 그는 인간을 "무언가를 갈망하는 존재"로 보았으며, 이러한 욕구는 피라미드 형태의 위계 구조를 이루고 있다. 하위 욕구에는 생리적 욕구(physiological needs), 안전 욕구(safety needs), 사회적 소속 욕구(love & belongingingness needs)가 포함되며, 상위 욕구에는 존경 욕구(esteem needs)와 자아실현 욕구(self-actualization needs)가 속한다.

Maslow에 따르면, 욕구는 생물학적이고 본능적인 성질을 지니며, 유전적 기초 위에 형성된다. 한 욕구가 충족되면 그것은 더 이상 행동의 주요 동인이 되지 않으며, 다음 단계의 욕구가 새로운 행동을 유발한다. 예를 들어, 생리적 욕구가 미충족된 상태에서는 다른 어떤 욕구도 동기를 유발하기 어렵지만, 충족 후에는 안전, 사회적 관계, 존경, 자아실현 순으로 관심이 이동한다. 현대 조직에서 이 이론은 다음과 같이 적용될 수 있다.

- **생리적 욕구**: 적정 임금, 기본 근로조건, 휴게시간, 쾌적한 근무환경 제공
- **안전 욕구**: 고용 안정, 안전보건 제도, 고충처리 절차
- **사회적 욕구**: 팀워크, 조직문화 개선, 사회적 교류 기회 확대
- **존경 욕구**: 성과 인정, 직무 권한 확대, 명예직 부여
- **자아실현 욕구**: 창의적 과업, 자기결정권, 경력개발 기회

그림 6-4 Maslow의 욕구단계

이때, 결핍욕구(Deficiency needs: 생리적·안전·사회적 욕구)는 충족될수록 긴급성이 감소하지만, 성장욕구(Growth needs: 존경·자아실현 욕구)는 충족될수록 오히려 더 강하게 확대되는 특성을 보인다.

Maslow의 이론은 직관적이고 이해하기 쉬워 관리자들 사이에서 여전히 널리 활용되고 있다. 특히 직무 설계, 인사정책, 보상전략 수립 시 종업원의 미충족 욕구를 파악하는 기준점이 된다. 하지만 현대적 관점에서는 다음과 같은 보완적 이해가 필요하다.

(1) 욕구 단계의 경직성 한계

Maslow의 피라미드 구조는 실제 인간의 욕구가 항상 동일한 순서를 따르는 것처럼 보이지만, 현실에서는 단계 간 중복이 존재하고, 특정 상황에서는 하위 욕구가 충족되지 않아도 상위 욕구가 강하게 작용할 수 있다. 예를 들어, 창업가는 경제적 불안정 속에서도 자아실현 욕구를 우선시할 수 있다.

(2) 문화적·개인차 요인 반영의 부족

욕구 순위는 문화권, 사회구조, 세대별 가치관에 따라 달라질 수 있다. 예를 들어, 개인주의 문화권에서는 자아실현 욕구가 상대적으로 빠르게 발현되지만, 집단주의 문화권에서는 소속과 관계가 더 큰 우선순위를 갖는다.

(3) 행동의 다원적 동기

서로 다른 두 사람이 동일한 행동을 하더라도 그 근원 욕구가 다를 수 있다. 예컨대, 야근을 하는 직원 A는 성과 인정을 위해, 직원 B는 고용 불안을 해소하기 위해 행동할 수 있다.

(4) 욕구와 반응의 불일치

같은 욕구라도 개인별로 반응 강도나 행동 방식이 다르다. 존경 욕구를 충족시키기 위해 어떤 사람은 승진을 원하고, 다른 사람은 전문가로서의 명성을 원할 수 있다.

(5) 대체 동기 경로 존재

특정 욕구를 직접적으로 충족할 수 없는 경우, 개인은 대체 행동이나 보완적 욕구를 개발할 수 있다. 예를 들어, 직장에서의 승진 기회가 제한적일 때, 자기계발이나 외부 네트워크 활동을 통해 자아실현을 추구할 수 있다.

Maslow의 욕구단계이론은 여전히 직무 설계, 복리후생, 리더십 전략 수립에 중요한 틀을 제공하지만, 현대 경영환경에서는 개인 맞춤형 동기부여 전략과 문화적 다양성을 반영해야 한다. 또한 하이브리드 근무, 글로벌 조직, AI 기반 직무 변화 등 새로운 환경에서는 전통적 욕구 구조의 경직성을 완화하고, 다차원적·순환적 욕구 모델로 확장하는 접근이 필요하다.

2) 2요인 이론

내용이론 중 또 하나의 중요한 접근법은 2요인 이론(Dual-Factor Theory) 또는 동기-위생 이론(Motivation-Hygiene Theory)이다. F. Herzberg는 직무에 대한 개인의 태도가 조직의 성공과 실패를 좌우한다는 점에 주목하였다. 그는 1950년대 미국 Pittsburgh에서 약 200명의 회계사와 기술자(engineer)를 대상으로 심층 면담을 실시하여, 직무 수행 과정에서 특별히 만족스러웠던 경험과 불만족스러웠던 경험 및 그 원인을 회상하도록 하였다.

그 결과, 만족을 유발하는 요인과 불만족을 유발하는 요인이 서로 다른 범주에 속한다는 사실이 확인되었다. 예를 들어, 임금이 낮으면 불만족이 증가하지만, 임금이 높다고 해서 반드시 만족이 높아지는 것은 아니었다. 오히려 성취감(achievement), 인정(recognition), 직무 자체(work itself), 책임감(responsibility), 승진(promotion), 성장(personal growth) 등 직무의 내용(content)과 관련된 요소가 만족을 높이는 핵심 요인으로 나타났다. 반대로, 감독자의 태도(supervision), 작업조건(working conditions), 대인관계(interpersonal relations), 임금(salary), 고용 안정(job security), 회사 정책(company policy)과 관리 등 직무의 환경(context)과 관련된 요소는 불만족의 주요 원인으로 작용하였다. Herzberg는 전자를 동기요인(motivators), 후자를 위생요인(hygiene factors)이라 명명하였다.

그림 6-5 직무만족에 대한 두 가지 관점

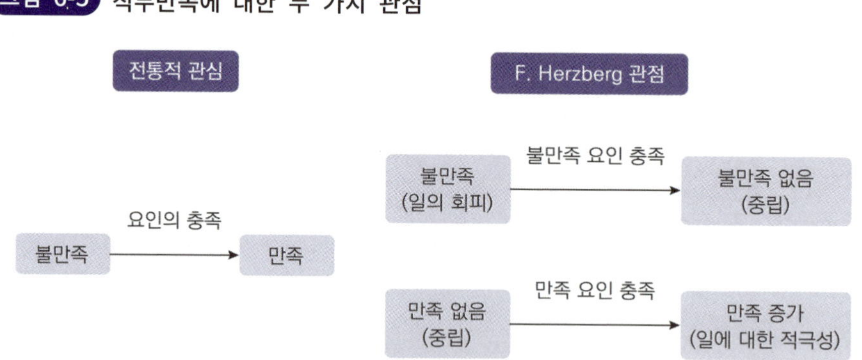

(1) 만족과 불만족의 이원적 구조

Herzberg는 직무만족을 '불만족 ↔ 만족'이라는 단일 연속선이 아니라, 만족 ↔ 만족 없음과 불만족 ↔ 불만족 없음이라는 두 개의 독립된 차원으로 설명하였다. 이 관점에 따르면, 위생요인은 결핍될 경우 불만족을 유발하지만, 이를 충족시켜도 만족을 증가시키지 않는다. 반면, 동기요인은 충족될 경우 만족을 높이지만, 결핍되더라도 반드시 불만족을 초래하는 것은 아니다.

(2) 관리적 적용과 단계적 접근

Herzberg는 효과적인 동기부여를 위해 다음과 같은 2단계 접근(two-step approach)을 제안하였다.

- **위생요인의 결핍 제거**: 임금, 직무 안정성, 근무조건, 감독 방식, 기본 복리후생 등 불만족 요인을 먼저 제거해야 한다. 이는 성과 향상보다는 작업 제약과 불만을 예방하는 데 목적이 있다. 예를 들어, 적정 수준의 보수, 안전한 작업환경, 합리적인 업무규정, 수용 가능한 감독 스타일 등이 확보되어야 한다.
- **동기요인의 강화**: 위생요인이 일정 수준 이상 확보되면, 성취감, 인정, 책임, 자율성, 성장 기회와 같은 동기요인을 제공하여 종업원들이 직무 자체에서 의미와 보람을 찾도록 한다. 이를 통해 자발적인 몰입과 장기적인 성과 향상을 기대할 수 있다.

(3) 현대적 시사점

오늘날의 조직환경에서는 Herzberg의 2요인 이론이 다음과 같이 확장·적용되고 있다.

- **디지털·원격근무 시대의 위생요인**: 안정적인 IT 인프라, 유연근무제, 직무-생활 균형 지원이 새로운 위생요인으로 부상하였다.
- **지식근로자의 동기요인**: 창의적 과업, 자기개발 기회, 글로벌 프로젝트

참여 등은 높은 직무만족과 직무몰입을 유도한다.

– **세대별 차이 반영**: MZ세대는 즉각적 피드백과 인정에 민감하므로, 실시간 성과 인정 시스템(instant recognition platform)이 효과적인 동기요인이 될 수 있다.

(4) 한계와 비판

Herzberg의 연구는 특정 직종(회계사, 기술자)에 한정되어 표본의 대표성이 부족하다는 점에서 일반화에 한계가 있다. 또한, 자기귀인 편향(self-serving bias) 문제도 존재한다. 사람들은 성과가 좋을 때는 자신의 역량 덕분으로, 실패했을 때는 외부 환경 탓으로 돌리는 경향이 있어, 만족·불만족 요인의 구분이 왜곡될 수 있다. 더 나아가 현실에서는 위생요인이 일정 조건에서 만족을 가져올 수 있으며, 동기요인과 위생요인의 경계가 모호해지는 경우도 있다.

Herzberg의 2요인 이론은 직무만족의 구조를 내용 요인(동기요인)과 환경 요인(위생요인)으로 구분하고, 관리자가 이를 구체적인 직무 설계와 인사정책에 반영할 수 있는 실천적 틀을 제공하였다. 오늘날에도 직무충실화(Job Enrichment), 리더십 개발, 성과관리 시스템 설계 등 다양한 HRM 분야에서 활용되고 있으며, 특히 "불만을 줄이는 것"과 "만족을 높이는 것"을 구분하는 사고방식은 현대 조직관리에서 여전히 중요한 의미를 지닌다.

3) ERG 이론

ERG 이론은 C. P. Alderfer가 제안한 욕구이론으로, 인간의 행동을 설명하는 데 있어 욕구의 범주를 단순화하고, 이들 욕구 간 상호작용을 보다 현실적으로 반영한 것이 특징이다. Alderfer는 Maslow의 5단계 욕구이론과 마찬가지로 욕구를 저차욕구와 고차욕구로 구분하는 필요성에는 동의했으나, Maslow의 복잡한 5단계를 세 가지 핵심 범주로 재구성하였다.

첫째, 존재욕구(Existence Needs)는 생존과 신체적 안정을 위한 기본 욕구를 의미하며, 생리적 욕구와 물질적 안전욕구를 포함한다. 예를 들어, 의식주, 임금, 안전한 작업환경, 복리후생 등이 이에 해당한다.

둘째, 관계욕구(Relatedness Needs)는 타인과의 긍정적 관계, 소속감, 상호 인정에 대한 욕구를 포함한다. 이는 동료와의 협력, 상사·부하와의 신뢰, 사회적 교류와 같은 직장 내 대인관계 전반을 포괄하며, Maslow의 사회적 욕구와 일부 안전·존경욕구와 유사하다.

셋째, 성장욕구(Growth Needs)는 자기능력 발휘, 잠재력 실현, 개인적·전문적 성장을 위한 욕구를 의미한다. 창의적 과업 수행, 직무 확대, 경력개발, 리더십 역할 수행 등이 이에 해당하며, Maslow의 자아실현욕구와 일부 존경욕구와 비교될 수 있다.

Alderfer는 욕구의 작동 방식에 대해 다음과 같은 가정을 제시하였다.

① 존재욕구가 충족되지 않을수록 이에 대한 바람은 커진다.
(Maslow 이론과 동일)

② 관계욕구가 충족되지 않을수록 존재욕구에 대한 바람은 더 커진다.
(Maslow와 상반)

③ 존재욕구가 충족될수록 관계욕구에 대한 바람은 커진다.
(Maslow와 동일)

④ 관계욕구가 충족되지 않을수록 이에 대한 바람은 커진다.
(Maslow와 동일)

⑤ 성장욕구가 충족되지 않을수록 관계욕구에 대한 바람은 커진다.
(Maslow와 상반)

⑥ 관계욕구가 충족될수록 성장욕구에 대한 바람은 커진다.
(Maslow와 동일)

⑦ 성장욕구는 충족될수록 이에 대한 바람이 더욱 커진다.
(Maslow와 동일)

이 가정들은 다음 세 가지로 요약된다.

대부분의 욕구는 충족되지 않을수록 강하게 작용하지만, 성장욕구는 충족될수록 오히려 더 강해진다. 하위욕구가 충족되면 고차욕구의 중요성이 커진다. 고차욕구가 충족되지 않을 경우, 저차욕구로 관심이 되돌아가는 경향이 있다.

ERG 이론은 Maslow의 이론과 두 가지 중요한 차이를 가진다.

첫째, Maslow가 제시한 만족–진행(satisfaction–progression) 접근뿐만 아니라 좌절–퇴행(frustration–regression) 개념을 포함한다. 이는 고차욕구가 좌절될 때 저차욕구의 중요성이 커지는 현상을 의미한다. 예컨대, 승진 기회가 막혀 성장욕구가 좌절될 경우, 임금이나 복지 등 존재욕구에 더 집착하게 되는 것이다.

둘째, Maslow의 단계이론과 달리 여러 욕구가 동시에 작용할 수 있다고 본다. 즉, 한 직원이 성장욕구를 추구하면서도 동시에 관계욕구와 존재욕구를 함께 중시할 수 있다. 이러한 관점은 실제 직장인의 동기 구조를 더 잘 설명한다.

현대 조직환경에서 ERG 이론이 갖는 시사점은 다음과 같다.

- **다층적 동기부여 전략 필요성**: 직원의 욕구가 복수 범주에서 동시에 작용할 수 있으므로, 보상·관계·경력개발 등을 통합적으로 설계해야 한다.
- **퇴행 방지 설계**: 성장 기회가 제한될 경우 저차욕구 집착으로 생산성이 저하되지 않도록 제도적 보완이 필요하다.
- **세대·문화별 차이 반영**: MZ세대, X세대, 베이비붐 세대 등 세대별 가치관과 문화권에 따라 욕구의 우선순위가 다르므로 맞춤형 접근이 요구된다.

ERG 이론은 Maslow의 5단계 욕구를 세 범주로 단순화하고, 좌절–퇴행과 동시적 욕구 작용이라는 현실적인 요소를 반영함으로써, 급변하는 현대 조직환경에서 보다 유연하고 실질적인 동기부여 전략 수립에 활용할 수 있는 이론이다.

4) 학습된 욕구 이론

학습된 욕구 이론(learned needs theory)은 D. C. McClelland가 제안한 이론으로, 인간의 동기부여가 단순히 선천적인 본능적 요인에서만 비롯되는 것이 아니라, 사회적 경험과 학습 과정을 통해 형성·강화될 수 있다는 점을 강조한다. 이는 개인의 성장 과정, 교육, 문화적 환경, 직무 경험 등이 장기적으로 욕구 구조에 영향을 미친다는 전제 위에 있다.

McClelland는 개인이 내면적으로 어떤 욕구를 얼마나 강하게 가지고 있는지를 측정하기 위해 주제통각검사(Thematic Apperception Test: TAT)를 활용하였다. 이 검사는 H. A. Murray가 개발한 것으로, 피검자에게 여러 해석이 가능한 그림을 제시하고, 그림 속의 상황에 대해 과거·현재·미래의 사건 전개와 등장인물의 생각·감정을 포함한 이야기를 서술하게 한다. 이후 응답 내용을 분석하여 피검자가 지닌 동기의 유형과 강도를 파악한다. 이 과정은 단순한 설문보다 더 깊은 심리적 동기를 드러낼 수 있다는 장점이 있다. McClelland는 연구를 통해 대다수 사람들에게 공통적으로 중요한 세 가지 핵심 욕구를 다음과 같이 제시하였다.

(1) 성취욕구(Need for Achievement, n-Ach)

성취욕구는 도전적인 목표를 설정하고 이를 달성하려는 강한 의지를 의미한다. 성취욕구가 높은 사람은 자신의 능력을 시험할 수 있는 적정 난이도의 과업을 선호하며, 성과가 자신의 노력과 역량에 의해 결정되는 상황을 중시한다.

이들은 신속하고 구체적인 피드백을 선호하며, 결과에 대해 즉각적인 인정과 보상을 기대한다. 이러한 특성 때문에 성취욕구가 높은 사람은 경영, 연구개발, 창업 등 개인의 성과가 뚜렷하게 드러나는 분야에서 강점을 보인다.

(2) 권력욕구(Need for Power, n-Pow)

권력욕구는 타인이나 조직에 영향력을 행사하고 통제력을 발휘하려는 욕구를 의미한다. 이는 부정적·전제적인 형태로 나타날 수 있지만, 조직의 목표 달성과 구성원의 성장을 촉진하는 사회화된 권력욕구(socialized power)의 형태로도 발휘될 수 있다. 현대 조직에서 효과적인 리더십은 권력욕구를 건설적이고 윤리적인 방식으로 사용하는 것과 깊이 관련되어 있으며, 이는 조직문화 조성과 변혁적 리더십 발휘에도 중요한 기반이 된다.

(3) 친화욕구(Need for Affiliation, n-Aff)

친화욕구는 타인과 긍정적이고 친밀한 관계를 형성·유지하고자 하는 욕구이다. 친화욕구가 높은 사람은 집단의 성과보다 대인관계의 조화를 우선하며, 타인으로부터 호감을 얻는 것을 중요하게 여긴다. 이러한 성향은 팀워크와 협업이 필요한 환경에서 장점이 되지만, 성과 중심의 의사결정을 회피하는 경향으로 작용할 가능성도 있다.

McClelland는 이 세 가지 욕구가 모두 조직 내 동기부여에 영향을 미치지만, 특히 성취욕구를 중요한 동인으로 보았다. 성취욕구가 높은 사람은 독립적이고 창의적인 태도를 유지하며, 다소 어렵지만 실현 가능한 목표를 선호하고 도전 자체를 즐긴다. 이들은 기업가 정신(entrepreneurship)이 강하고, 노력과 성과의 직접적인 연관성을 믿기 때문에 프로젝트나 사업 추진에 적극적이다.

그는 또한 욕구는 학습과 훈련을 통해 개발될 수 있다고 주장하였다. 이를 입증하기 위해 인도의 소규모 기업 경영자 76명을 대상으로 성취욕구 향상 훈련을 실시한 결과, 훈련집단은 성취동기가 유의미하게 향상되었고, 통제집단보다 경제활동과 경영성과에서도 더 적극적인 모습을 보였다. 훈련에는 ▲성공 경험의 시각화, ▲성취 관점에서의 과업 분석, ▲성취인의 행동 특성 내면화, ▲성취지향적 집단과의 협업 경험 등이 포함되었다. McClelland의 연구는 다음과 같은 조직적 시사점을 제공한다.

- **조직성과 향상**: 높은 성취욕구를 가진 구성원(high achievers)은 경영자, 혁신가, 핵심 인재로 성장할 가능성이 높으므로, 조직은 이들을 확보·육성해야 한다.
- **리더십 개발**: 관리자적 성공을 위해서는 감정적 성숙(emotional maturity)과 민주적·교도적 리더십 스타일이 필요하다.
- **기대이론과의 연계**: 개인이 자신의 노력이 성취로 이어지고, 그 성취가 보상으로 연결된다고 믿을 때, 더 큰 노력을 기울이게 된다.

흥미롭게도, 성공적인 경영자의 욕구 강도는 권력욕구 > 성취욕구 > 친화욕구 순으로 나타난다. 이는 관리자에게 있어 사회적 관계 유지보다 성취와 영향력 발휘가 더 중요한 동기라는 점을 시사한다. 그러나 권력욕구가 지나치게 높거나 친화욕구가 지나치게 낮으면 협력과 조직문화에 부정적 영향을 미칠 수 있으므로, 세 욕구의 균형 유지가 필요하다. 이 이론의 또 다른 특징은, 구성원이 일정한 성취를 달성했을 때 즉각적인 인정(recognition)과 보상(compensation)을 제공할 것을 강조한다는 점이다. 이는 동기부여 과정이론에서 제시하는 성과-보상 기대(expectancy) 개념과도 일맥상통한다. 다만, McClelland의

표 6-1 내용이론의 비교

<table>
<tr><th></th><th>Maslow
욕구단계이론</th><th>Alderfer
ERG이론</th><th>McClelland
학습된 욕구이론</th><th colspan="2">Herzberg
2요인이론</th></tr>
<tr><td rowspan="2">↑
성장
욕구
↓</td><td>자아실현욕구</td><td rowspan="2">성장
(growth)</td><td>성취욕구
(n-Ach)</td><td rowspan="2">↑
동기
요인
↓</td><td>직무 그 자체
책임감
성장</td></tr>
<tr><td>존경욕구</td><td>권력욕구
(n-Pow)</td><td>성취감
인정감</td></tr>
<tr><td rowspan="3">↑
결핍
욕구
↓</td><td>소속욕구</td><td rowspan="2">관계
(relatedness)</td><td rowspan="3">친교욕구
(n-Aff)</td><td rowspan="3">↑
위생
요인
↓</td><td>동료, 상사, 부하와의
관계의 질</td></tr>
<tr><td>안전욕구</td><td>직무 안정성</td></tr>
<tr><td>생리적욕구</td><td>존재
(existence)</td><td>작업조건
임금</td></tr>
</table>

접근은 생리적 욕구, 안전욕구와 같은 기본적·보편적 동기를 상대적으로 간과했다는 한계가 있다.

McClelland의 학습된 욕구 이론은 성취·권력·친화라는 세 가지 핵심 욕구를 통해 조직 구성원의 행동과 성과를 설명하며, 이 욕구들은 학습과 경험을 통해 개발 가능하다. 특히 성취욕구는 조직유효성과 성과 향상에 직접적으로 기여하므로, 현대 조직은 이를 기반으로 맞춤형 리더십 개발, 인재육성 프로그램, 성과관리 시스템을 설계해야 한다. 또한, 권력욕구와 친화욕구 간의 균형을 통해 건강한 조직문화를 유지하는 것이 중요하다.

5) 동기부여를 위한 직무설계

직무설계는 종업원이 수행하는 과업의 구조와 내용을 체계적으로 조정하여, 개인의 동기부여와 직무만족을 높이고 궁극적으로 조직성과를 향상시키기 위한 전략적 활동이다. 기존의 직무 충실화(job enrichment)는 종업원에게 더 많은 책임과 권한을 부여하는 방식으로 직무의 수직적 확장을 추구하였으나, 모든 상황에서 효과적이지 않고 오히려 직무 부담이나 피로감을 가중시키는 한계가 있었다. 이러한 문제점을 보완하기 위해 J. R. Hackman과 G. R. Oldham은 직무 특성 모형(Job Characteristics Model)을 제시하였다.

이 모형은 Herzberg의 2요인 이론을 기초로 하면서도, 단순히 직무를 확대·심화하는 것에 그치지 않고 종업원이 현재 자신의 직무를 어떻게 인식하고 평가하는지, 그리고 그에 따라 어떠한 심리적 반응과 행동 변화를 보이는지에 초점을 둔다. 특히 이 모형은 직무를 구성하는 핵심 특성(core job characteristics)이 종업원의 주요 심리 상태(critical psychological states)에 영향을 미치고, 그 결과로 개인 및 작업 성과(personal and work outcomes)가 달라진다고 설명한다.

(1) 핵심 직무 특성(Core Job Characteristics)

Hackman과 Oldham은 모든 직무를 다섯 가지 핵심 특성으로 설명할 수 있다고 보았다. 이 특성들은 종업원이 직무를 객관적으로 평가하는 주요

그림 6-6 직무 특성 모형

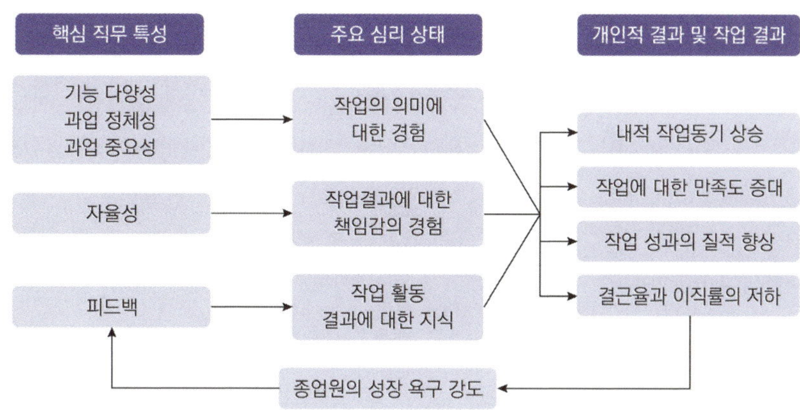

기준이자, 내적 동기를 유발하는 핵심 요인이다.

기능 다양성(Skill Variety)

직무 수행 시 요구되는 활동, 기술, 능력의 폭을 의미한다. 직무가 제한된 기술만을 요구하더라도 종업원이 의미를 부여할 수는 있지만, 다양한 기술과 능력을 활용할 수 있는 직무일수록 개인은 직무의 중요성과 흥미를 더 크게 느낀다. 예를 들어, 농업기계 설계 엔지니어가 단순 부품 조립이 아니라 설계, 제작, 품질검사까지 전 과정을 수행하는 경우, 기능 다양성이 높아져 직무 몰입도가 증가한다.

과업 정체성(Task Identity)

직무가 하나의 완결된 결과물을 산출하도록 요구하는 정도를 말한다. 직무가 단순히 전체 과정의 일부에 불과할 때보다, 처음부터 끝까지 전체를 담당하는 경우 정체성이 높다. 예컨대, 한 교육 프로그램을 기획부터 운영, 사후 평가까지 전담하는 직무는 과업 정체성이 높아 종업원에게 더 강한 성취감과 의미를 제공한다.

과업 중요성(Task Significance)

직무가 타인의 생활, 복지, 혹은 조직·사회 전반에 미치는 영향의 크기다. 과업 중요성이 높다고 인식될수록 종업원은 자신의 일에 더 큰 책임감과 자부심을 느낀다. 예를 들어, 병원의 간호사가 환자의 생명과 직결되는 업무를 수행하는 경우, 과업 중요성은 매우 높다.

자율성(Autonomy)

종업원에게 주어지는 의사결정 권한과 재량의 정도다. 자율성이 높은 직무는 수행 과정과 방법, 일정에 대한 통제권을 부여하여, 종업원이 자신의 성과에 대해 직접적인 책임을 지도록 만든다. 이는 창의성과 문제해결 능력 발휘에도 긍정적으로 작용한다.

피드백(Feedback)

수행한 작업이 얼마나 효과적으로 이루어졌는지에 대한 직접적이고 명확한 정보의 제공 정도다. 명확한 피드백은 종업원으로 하여금 자신의 성과를 평가하고, 개선 방향을 즉시 모색하게 한다. 오늘날에는 실시간 데이터 분석, 고객 만족도 조사, 프로젝트 리뷰 시스템 등이 피드백 수단으로 활용된다.

(2) 주요 심리 상태(Critical Psychological States)

핵심 직무 특성은 종업원의 내적 동기를 자극하는 세 가지 심리 상태를 형성한다.

작업의 의미 경험(Experienced Meaningfulness)

기능 다양성, 과업 정체성, 과업 중요성은 종업원으로 하여금 자신의 일이 가치 있고 중요한 활동임을 인식하게 만든다. 이는 직무 몰입과 장기적 성과에 직접적인 영향을 미친다.

작업 결과에 대한 책임감 경험(Experienced Responsibility)

자율성은 종업원이 자신의 성과에 대해 스스로 책임을 진다고 느끼게 하여, 업무 수행의 질을 높이고 자기 주도성을 강화한다.

작업 결과에 대한 지식(Knowledge of the Actual Results)

피드백은 종업원에게 자신의 업무 성과를 명확히 인지시켜, 개선과 성장의 기회를 제공한다.

(3) 개인적·작업 결과(Personal and Work Outcomes)

이러한 심리 상태가 긍정적으로 유지되면, 종업원은 높은 수준의 내적 동기부여를 경험하며, 업무 성과의 질이 향상되고 직무 만족도가 높아진다. 또한 결근율과 이직률이 감소하여 조직 안정성이 높아진다. 이는 궁극적으로 조직의 생산성과 혁신성을 높이는 기반이 된다.

(4) 동기부여 잠재력 점수(Motivating Potential Score: MPS)

Hackman과 Oldham은 직무의 동기부여 가능성을 정량화하기 위해 MPS를 제안하였다. MPS는 다음 공식으로 계산된다.

$$MPS = \frac{\text{기능다양성} + \text{과업정체성} + \text{과업중요성}}{3} \times \text{자율성} \times \text{피드백}$$

이 식에서 특정 변수가 매우 낮거나 0에 가까우면, 직무 전체의 동기부여 잠재력이 급격히 떨어진다. 따라서 직무 설계 시 모든 요인의 균형 있는 강화가 필요하다.

(5) 성장 욕구 강도(Growth Need Strength: GNS)

MPS가 높아도 모든 종업원이 동일하게 동기부여되는 것은 아니다. GNS는 종업원이 개인의 성장과 발전을 추구하는 욕구의 강도를 나타낸다. 성장

욕구가 높은 사람은 직무 특성이 우수할 때 더 강한 긍정적 반응을 보이며, 도전적인 직무를 선호한다. 반면, 성장 욕구가 낮은 사람은 동일한 직무 특성이라도 동기부여 효과가 제한적일 수 있다.

오늘날 직무 특성 모형은 원격근무, 디지털 협업, AI 기반 작업 환경 등 새로운 근무 형태에도 적용되고 있다. 예를 들어, 원격근무 환경에서는 자율성과 피드백 체계를 디지털 도구(프로젝트 관리 플랫폼, 실시간 메신저)로 보완하고, 기능 다양성 확보를 위해 직무 순환(job rotation)이나 프로젝트 기반 팀 구성을 적극 활용한다. 또한 MPS와 GNS 분석을 인사 데이터 분석(HR Analytics)과 결합하여, 직무 설계와 재설계를 과학적으로 지원하는 사례가 늘고 있다.

2. 과정이론

과정이론(process theories)은 동기부여의 작동 원리를 '행동의 선택과 목표 달성 과정'에 초점을 맞추어 설명하는 접근법이다. 이는 개인이 무엇을 원하는가(욕구의 내용)에 집중하는 내용이론(content theories)과 달리, 어떻게 행동을 선택하며, 목표를 향해 노력하고, 성과를 평가하며, 그 결과를 다음 행동에 어떻게 반영하는가를 중점적으로 다룬다. 과정이론은 인간 행동이 단일 요인에 의해 좌우되는 것이 아니라, 내적 요인(욕구 · 경험 · 가치관)과 외적 요인(환경 · 보상체계 · 사회적 규범)이 상호작용하는 복잡한 의사결정 과정을 거쳐 나타난다고 본다. 따라서 조직 관리자는 단순히 보상을 제공하거나 업무를 할당하는 것을 넘어, 구성원이 목표를 설정하고 달성하는 과정 전반을 설계 · 지원해야 한다.

1) Vroom의 기대이론

Vroom의 기대이론(expectancy theory)은 과정이론 중 가장 널리 알려진 이론으로, 개인이 직무 수행에 어느 정도의 노력을 기울일지를 결정하는 과정에서 노력-성과-보상 간의 인과관계에 대한 믿음이 핵심적 역할을 한다고 본다. 1964년 V. Vroom이 제시한 이 이론은 "사람은 자신이 원하는 결과를 얻을 수 있다고 믿을 때, 그리고 그 결과가 자신에게 가치 있다고 판단될 때, 자발적으로 최대의 노력을 기울인다"는 가정에 기초하고 있다. 이 이론은 구성원이 조직 목표 달성을 위해 최대 수준의 직무 노력을 기꺼이 발휘하도록 만드는 심리적 요인을 규명하는 것을 목적으로 하며, 특히 다음과 같은 전제에 기반한다.

- 인간의 행동은 욕구·동기·과거 경험 등 내적 요인과 환경적 제약·기회 등 외적 요인이 통합되어 결정된다.
- 사람들은 조직 안에서 자신의 행동을 선택할 자율성을 가지고 있으며, 스스로 목표와 행동 방식을 결정한다.
- 개인은 서로 다른 욕구와 목표를 가지고 있고, 원하는 보상 역시 다르다.
- 사람들은 각 행동이 가져올 결과에 대한 기대를 바탕으로, 행동 대안 중 가장 높은 '동기부여 가치'를 가진 것을 선택한다.

즉, 사람은 자신의 노력과 그로 인한 성과, 그리고 그 성과로 얻게 될 보상의 관계를 종합적으로 평가하여 행동을 선택한다.

(1) 직무결과(Job Outcome)

직무결과란 노력 이후 나타나는 성과와, 성과로 인해 파생되는 보상을 의미한다.

- **1차 수준 결과**(First-Level Outcome): 노력의 직접적인 산출물로, 작업 성과·업무완수·목표 달성 정도 등을 포함한다. 예를 들어, 영업직 사원이 정해진 판매 목표를 초과 달성한 실적이 여기에 해당한다.
- **2차 수준 결과**(Second-Level Outcome): 1차 결과가 초래하는 파급효과로, 금전적 보상·승진·인정·복리후생 개선 등 긍정적 보상이나, 경고·징계와 같은 부정적 결과를 포함한다.

이 구분은 조직이 보상체계를 설계할 때 매우 중요하며, 구성원은 1차 결과가 반드시 2차 보상으로 이어진다는 믿음을 가질 때 더 큰 동기를 느낀다.

(2) 기대(Expectancy)

기대란 특정 수준의 노력이 일정 수준의 성과를 가져올 것이라는 주관적 확률을 말한다. 기대 수준은 0~1 사이의 값으로 나타내며, 0은 "아무리 노력해도 성과가 나지 않을 것"이라는 완전한 불신, 1은 "노력하면 반드시 성과가 나온다"는 확신을 의미한다. 기대 수준은 개인의 기술·경험·훈련 수준, 사용 가능한 자원과 지원체계, 그리고 과거 성취 경험에 의해 크게 좌우된다. 예를 들어, 최신 교육과 장비를 지원받은 농업기계 기술자가 새로운 기종의 성능 테스트를 성공시킬 수 있다고 믿는 정도가 바로 기대다.

(3) 수단성(Instrumentality)

수단성은 성과(1차 결과)가 보상(2차 결과)으로 이어질 것이라는 믿음을 의미하며, −1 ~ +1 사이의 값을 가진다.

- +1: 성과가 반드시 원하는 보상으로 이어진다는 확신
- 0: 성과와 보상 간의 관계가 전혀 없다고 인식
- −1: 성과를 달성하면 오히려 불이익이 따른다고 인식

예를 들어, 공공기관에서 아무리 성과를 높여도 승진이 '연공서열'에 따라 이루어진다면, 구성원은 성과와 보상 간의 연계성을 낮게 평가하여 수단성이 떨어진다. 반면 성과와 보상이 명확하게 연동되는 '성과급 제도'는 수단성을 높인다.

(4) 유의성(Valence)

유의성은 성과나 보상에 대해 개인이 느끼는 매력도와 선호도를 말한다. 한 결과를 얻는 것을 얻지 않는 것보다 선호하면 정(+)의 값을, 무관심하면 0, 피하고 싶으면 부(−)의 값을 갖는다. 유의성은 개인의 가치관·인생 단계

·사회적 환경에 따라 달라진다. 예를 들어, 젊은 직원은 해외연수 기회를 큰 가치로 느낄 수 있으나, 가족이 있는 중년 직원은 주거 안정 지원이나 유연근무제를 더 매력적으로 평가할 수 있다.

(5) 힘(Force)

힘은 동기부여의 강도 또는 실제 투입할 노력의 크기를 의미하며, 다음과 같이 계산된다.

$$\text{힘}_i = \sum_{i=1}^{m} \text{1차 결과의 유의성}_i \times \text{기대}_i$$

$$\text{1차 결과의 유의성}_i = \sum_{j=1}^{n} \text{2차 결과의 유의성}_{ij} \times \text{수단성}_{ij}$$

이 공식에서 알 수 있듯, 기대·수단성·유의성 중 하나라도 값이 매우 낮거나 0에 가까우면 전체 동기 수준이 크게 하락한다. 이는 조직이 단일 요인만 개선해서는 충분한 동기부여를 달성할 수 없음을 보여준다.

그림 6-7 Vroom의 기대 이론 모형

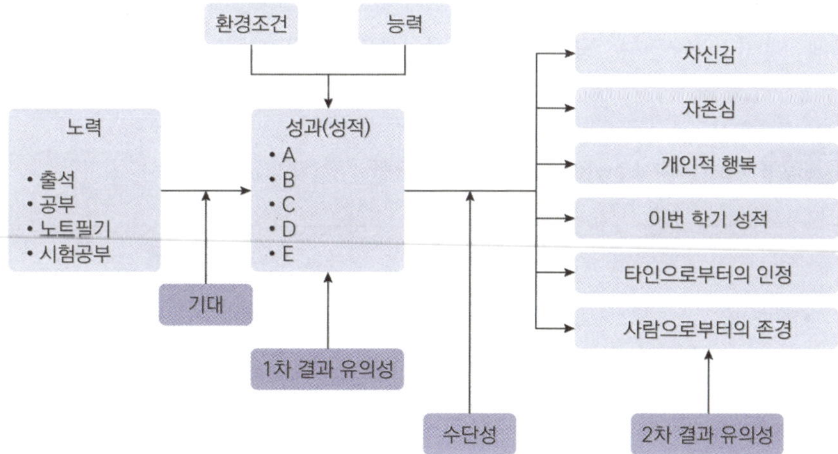

Vroom의 기대이론은 오늘날 성과관리제도, 인센티브 설계, 경력개발 프로그램 등 다양한 인사관리 영역에 적용되고 있다. 원격근무 환경에서는 명확한 성과측정 지표를 제공해 기대를 높이고, 성과와 보상 간의 연계성을 투명하게 공개해 수단성을 강화하며, 개인 맞춤형 보상을 설계해 유의성을 극대화한다. 또한 빅데이터 기반 HR 분석(HR Analytics)을 통해 구성원의 기대·수단성·유의성 수준을 수치화하고, 이를 바탕으로 보상정책과 직무설계를 조정하는 사례가 늘고 있다. 예컨대, IT 기업에서는 프로젝트별 성과를 실시간으로 모니터링하고, 그 결과를 즉각 보상과 연결시켜 수단성을 높이며, 직원이 선호하는 보상 형태(금전·휴가·학습기회)를 선택하도록 하여 유의성을 강화한다.

2) Porter와 Lawler의 기대이론

Porter와 Lawler는 1968년 Vroom의 기대이론을 보다 현실적이고 동태적인 구조로 확장하기 위해 피드백 개념을 도입하였다. Vroom의 이론이 "기대-성과-보상"의 선형적 인과관계를 중심으로 설명한 데 비해, Porter와 Lawler는 성과와 만족 간의 관계를 순환적 과정으로 보고, 보상 경험이 다시 기대와 가치 판단에 영향을 미치는 피드백 구조를 강조하였다. 그들의 주장은 다음과 같이 요약된다. 구성원이 높은 성과를 내고, 그 결과 매력적이라고

그림 6-8 Porter와 Lawler의 기대 이론 모형

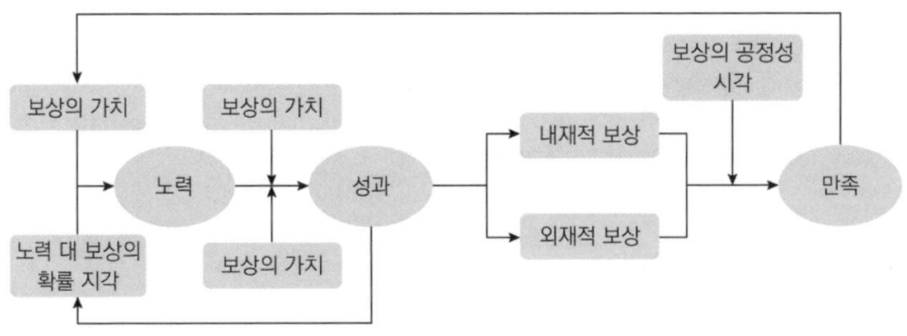

자료: L. W. Porter and E. E. Lawler, Ⅲ(1968), *Managerial Attitudes and Performance*, Homewood, Ill. : Irwin－Dorsey, p. 165.

느끼는 보상을 받는 경험을 반복하게 되면, 향후 "노력 → 성과"의 연결에 대한 믿음(기대)과 "성과 → 보상"의 연결에 대한 확신(수단성)이 강화된다. 동시에, 보상이 만족을 주는 경험이 누적되면 해당 보상에 대한 유의성(가치)이 높아져 이후 행동 선택에 더 강한 영향을 미친다. 반대로 기대했던 수준의 보상이 주어지지 않거나, 성과와 보상의 비례성이 약하다고 느끼면 동기부여가 약화되고 향후 노력 수준도 감소할 수 있다.

(1) 노력의 결정 요인

조직 구성원이 직무 수행에 얼마나 많은 노력을 기울일 것인가는 두 가지 요인의 결합에 의해 결정된다.

첫째, 보상의 매력도(유의성)이다. 노력의 결과로 받을 수 있는 보상이 개인의 욕구나 가치관에 얼마나 부합하고 매력적인가가 노력의 방향과 강도를 좌우한다.

둘째, 노력이 성과로 이어질 가능성에 대한 기대이다. 개인이 자신의 능력, 경험, 지원 환경을 고려했을 때 "열심히 하면 성과를 달성할 수 있다"는 확신이 높을수록 더 많은 노력을 기울이게 된다.

(2) 노력과 성과 간의 관계 조절 요인

Porter와 Lawler는 동일한 노력이라도 모든 사람에게 같은 성과가 나오는 것은 아니라고 보았다. 여기에는 다음과 같은 조절 요인이 작용한다.

- **개인의 능력과 특성**(Ability & Traits): 지식, 기술, 경험, 창의성, 신체적·정신적 자질 등이 성과 수준에 직접적으로 영향을 미친다.
- **역할 지각**(Role Perception): 직무의 목표, 절차, 책임을 얼마나 명확히 이해하고 있는지가 성과의 질과 양을 결정한다. 역할을 불분명하게 인식하면 노력의 방향이 빗나가거나 불필요한 활동에 에너지가 소모된다.

이 두 요인이 충분히 뒷받침될 때 노력은 보다 효율적으로 성과로 전환된다.

(3) 성과와 보상의 유형

성과가 창출되면 구성원은 크게 두 가지 형태의 보상을 받는다.

- **내재적 보상**(Intrinsic Rewards): 성취감, 자기 효능감, 자기 존중, 동료·상사의 인정 등, 개인 내부에서 발생하는 심리적 만족감. 이는 주로 과업을 성공적으로 완수했을 때 스스로 느끼는 가치와 의미에서 비롯된다.
- **외재적 보상**(Extrinsic Rewards): 급여, 인센티브, 승진, 복리후생, 근무 환경 개선 등 조직이 제공하는 유형적·경제적 보상을 의미한다.

Porter와 Lawler는 구성원이 이 보상을 평가할 때 공정성 판단이 중요한 매개 역할을 한다고 보았다. 만약 높은 성과를 올렸음에도 불구하고 보상이 기대 수준에 미치지 못하거나, 다른 사람과 비교했을 때 불공정하다고 느껴지면, 오히려 불만족과 동기 저하를 초래할 수 있다. 반대로 보상이 공정하다고 인식되면 직무만족이 높아지고 긍정적 행동이 지속된다.

(4) 성과와 만족의 관계

전통적 기대이론은 직무만족이 성과를 높인다고 보았으나, Porter와 Lawler는 성과가 만족을 결정한다는 입장을 취했다. 즉, 만족은 실제 보상 수준과 그 보상의 공정성 인식에 의해 결정되며, 이 만족이 직접 성과를 높이는 것이 아니라, 피드백 경로를 통해 향후 노력과 기대 수준에 영향을 미친다. 이렇게 성과 → 보상 → 만족 → 향후 노력으로 이어지는 순환구조는 경영자가 장기적인 관점에서 인사·보상 전략을 설계해야 함을 시사한다.

(5) 경영관리 시사점

Porter와 Lawler의 기대이론은 조직에서 동기부여를 관리할 때 다음과 같은 실천적 방향을 제시한다.

- **기대 향상**: 명확한 목표 설정, 충분한 자원과 지원 제공, 구성원 능력 개발을 위한 교육·훈련 강화.
- **수단성 강화**: 성과와 보상 간의 연계성을 명확히 하고, 일관성 있는 보상 집행으로 신뢰 확보.
- **유의성 제고**: 개인별 욕구와 선호를 파악하여 맞춤형 보상 체계 설계.
- **공정성 확보**: 보상의 배분 기준과 절차를 투명하게 운영하여 불공정 인식을 최소화.

(6) 한계와 비판

이 이론은 실제 적용 시 기대, 수단성, 유의성 등의 개념을 정량적으로 측정하기 어렵다는 타당성 문제와 변수 간 인과관계를 실증적으로 검증하기 위한 절차가 복잡하며, 상황별로 결과가 상이하게 나타난다는 점과 또한, 사람들이 항상 논리적·합리적으로 행동을 선택한다는 가정이 현실과 다를 수 있으며, 감정, 습관, 조직문화 등 비합리적 요인도 의사결정에 개입한다는 한계를 가진다.

(7) 현대적 적용

오늘날 Porter와 Lawler의 기대이론은 성과관리제도(PMS), 성과연계보상(Pay for Performance), 맞춤형 인재육성 등 다양한 인사관리 분야에 적용되고 있다. 예를 들어, IT 기업이나 연구개발 조직에서는 성과 달성 시 선택형 보상 제도를 운영하여 내재적 보상(전문성 향상, 성취감)과 외재적 보상(보너스, 승진)을 동시에 강화하고, 성과 피드백을 실시간 제공해 피드백 경로를 촉진한다. 원격근무 환경에서도 프로젝트 성과와 보상을 투명하게 연결함으로써 기대와 수단성을 유지하고, 구성원의 선호도에 맞춘 보상 선택권을 제공해 유의성을 높인다.

3) 공정성 이론

조직의 성과가 집단적 활동을 통해 달성되었다 하더라도, 보상은 각 구성원의 개별적인 성과와 공헌도에 따라 합리적으로 배분되어야 한다. 만약 경영자가 보상 분배 과정에서 공정성을 확보하지 못한다면, 이는 직무 수행 의욕을 약화시키고 장기적으로는 유능한 인재의 이탈로 이어질 수 있다. 특히 오늘날과 같이 인재 확보 경쟁이 치열한 환경에서, 보상 공정성은 단순한 인사관리 문제가 아니라 조직의 지속가능성을 좌우하는 핵심 요인으로 부각되고 있다.

J. S. Adams가 제시한 공정성 이론(Equity Theory)은 "사람들은 동등하게 대우받기를 원한다"는 단순하지만 강력한 전제에서 출발한다. 이 이론은 구성원이 자신의 성과에 따른 보상을 단순한 절대치로 평가하는 것이 아니라, 타인과의 비교를 통해 상대적으로 판단한다는 점을 강조한다. 즉, 사람들은 보상의 수준뿐만 아니라 그 보상이 사회적 공정성을 충족하는지를 중시하며, 불공정하다고 느끼는 순간 그 자체가 심리적 긴장과 동기의 변화를 유발한다.

따라서 구성원이 자신이 공정하게 대우받지 못한다고 지각하면, 불안과 불편을 해소하기 위해 다양한 행동을 통해 공정성(equity)을 회복하려고 노력한다. 공정성은 타인과 비교했을 때 동등하게 대우받는 상태를 의미하며, 그 반대 상황은 불공정성(inequity)으로 정의된다. Adams는 사람들이 불공정을 인식하면 이를 감소시키기 위한 방향으로 동기가 유발된다고 설명한다. 이러한 과정은 단순히 경제적 보상에만 국한되지 않고, 직무의 인정, 성장 기회, 의사결정 과정의 투명성 등 다양한 조직 요인과 맞물려 나타난다.

공정성 이론은 L. Festinger가 제시한 인지 부조화(cognitive dissonance)

그림 6-9 동기부여 과정으로서의 불공정성

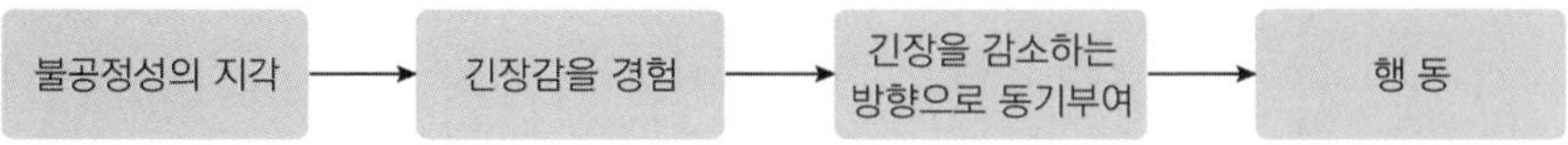

이론에 기초하고 있다. 인지 부조화란 개인이 가지고 있는 태도들 간, 혹은 태도와 행동 간에 일관성이 결여된 상태를 의미한다. 인간은 이러한 비일관성을 본능적으로 불편하게 여기며, 그로 인한 심리적 긴장과 불안을 해소하기 위해 조화로운 상태로 되돌아가려는 노력을 기울인다. 조직 맥락에서 이는 보상의 형평성 문제와 직결된다.

공정성 이론의 관점에서 직무 수행을 통해 얻게 되는 결과(Output)에는 급여, 인정, 승진 기회, 사회적 관계, 직무 자체가 주는 만족감 등 유형 · 무형의 보상이 포함된다. 이러한 보상을 얻기 위해 개인은 시간, 경험, 노력, 교육, 충성심과 같은 다양한 투입(Input)을 제공한다. 사람들은 자신의 투입과 결과 간의 관계를 하나의 비율(ratio)로 인식하고, 이를 타인의 투입·결과 비율과 비교함으로써 공정성을 판단한다. 이 비교 과정에서 개인은 먼저 조직 내에서 자신이 어떤 대우를 받고 있는지를 평가하고, 이어 비교 대상이 어떤 대우를 받고 있는지를 관찰한다. 비교 대상은 같은 과업집단의 동료일 수도 있고, 전혀 다른 조직에서 유사한 직무를 수행하는 사람일 수도 있다. 두 평가를 비교한 결과 비율이 유사하다면 공정성을, 차이가 크다면 불공정성을 지각하게 된다.

여기서 투입(Input)에는 교육 수준, 근무 시간, 업무 경험, 직무 수행을 위한 노력, 충성심 등 조직에 기여하는 모든 요소가 포함된다. 결과(Output)에는 급여, 인정, 승진, 업무상 특권, 사회적 관계, 직무 안정성과 같은 직무로부터 얻는 다양한 보상이 해당된다. 중요한 점은 이러한 투입과 결과의 평가는 급여와 같이 객관적 수치에 기초할 수도 있지만, 인정의 정도처럼 개인의 주관적 지각에 의존하는 경우가 많다는 것이다. 결국, 개인이 자신의 비율이 타인보다 불리하다고 지각하면 공정성을 회복하려는 행동을 취하게 된다. 그리고 이러한 행동의 강도는 지각된 불공정성의 정도에 비례한다. 다만, 투입 · 결과 비율의 비교는 본질적으로 주관적이고 비계량적이기 때문에, 그 결과가 부정확할 가능성이 높다. 그럼에도 불구하고 실제 구성원의 태도와 행동은 이러한 지각된 비교 결과에 크게 영향을 받는다. 이러한 비교의 결과, 사람들은 상황을 세 가지 유형 중 하나로 인식하게 된다.

- **공정한 보상**: 투입·결과 비율이 타인과 유사하여 현재 상태를 유지하려는 경향이 나타난다.
- **과소한 보상**: 자신의 비율이 불리하다고 느껴 동기 저하, 노력 감소, 불만 표출 등의 반응이 발생한다.
- **과다한 보상**: 자신의 비율이 유리하다고 느껴 때로는 투입을 늘리려 하지만, 현실에서는 이 반응이 오래 지속되기 어려운 경우가 많다.

만약 개인이 자신의 투입 대비 결과의 비율이 타인과 동일하다고 인식한다면, 그는 현재 상태를 공정하다고 느끼며 기존의 행동 수준을 유지하려 한다. 이러한 경우, 비교 대상의 투입과 결과가 변하지 않는 한, 자신의 투입 역시 일정하게 유지될 가능성이 높다. 그러나 불공정성을 지각했을 때, 구성원은 이를 해소하고 공정성을 회복하기 위해 다양한 전략을 시도한다. 가장 직접적인 방법은 투입의 변화이다. 만약 자신이 타인에 비해 적은 보상을 받고 있다고 느낀다면, 즉 부정적 불공정성을 경험한다면, 노력과 투입 수준을 낮추어 상황을 균형 있게 맞추려 한다. 반대로 자신이 과도한 보상을 받고 있다고 느끼는 긍정적 불공정성의 경우, 일부 구성원은 더 많은 노력을 기울여 직무를 더욱 충실히 수행함으로써 스스로 인식한 불균형을 해소하려 한다.

또 다른 방법은 결과의 변화를 요구하거나 만들어내는 것이다. 이는 급여 인상이나 추가적인 성장·개발 기회의 제공을 공식적으로 요청하는 방식부터, 부적절한 방식으로 자원을 취득하는 행위까지 다양하게 나타날 수 있다. 보다 간접적인 방식으로는 지각의 변화가 있다. 이는 불공정을 경험한 후 자신의 기여도를 실제보다 낮게 평가하거나, 반대로 비교 대상자의 기여도를 실제보다 높게 평가하는 식으로 인식을 조정하는 것이다. 예를 들어, 보상을 적게 받는다고 느끼는 구성원이 "나는 실제로 이 정도로 많이 기여하지 않았다"거나 "저 사람은 생각보다 더 많은 시간을 투입한다"라고 해석함으로써 심리적 불편을 완화하는 경우다. 비교 대상의 변경도 하나의 전략이다. 현재 비교 대상이 상사의 친척이거나, 단순히 운이 좋거나, 특별한 기술과 능력을 보유하고 있다고 결론짓고, 자신과 보다 상황이 비슷하다고 여겨지는 다른 인물로 비교 대상을 바꾸어 버리는 것이다. 마지막으로, 상황 자체에서의 이탈이 있다. 이는 부서 이동이나 조직 이직과 같이 물리적으로 환경을 바꾸어 불공정성의 원인을 제거하는 방식이다. 결국, 불공정을 인식한 종업원은 크게 세 가지 선택을 한다.

① 자신의 직무 수행 노력의 강도를 높이거나 낮추는 방식으로 투입을 조정한다.
② 비교 대상을 변경하거나, 자신과 타인에 대한 인식을 수정한다.
③ 상황을 떠나거나 직장을 그만두어 문제를 근본적으로 회피한다.

이러한 반응 양상은 오늘날에도 그대로 적용되며, 경영자는 보상체계와 의사결정 과정에서 공정성 인식이 훼손되지 않도록 세심하게 관리해야 한다. 특히 현대 조직에서는 금전적 보상 외에도 승진 기회, 경력 개발, 인정과 피드백, 근무 환경과 같은 비금전적 보상 요소의 공정성까지 포함해 균형을 맞추는 것이 더욱 중요해지고 있다.

공정성 이론은 경영자에게 몇 가지 중요한 시사점을 제공한다. 무엇보다도, 사람들은 객관적 사실 그 자체보다 지각(perception)에 근거하여 현실을 평가한다는 점을 유념해야 한다. 동일한 금액의 보수를 받더라도, 어떤 사람은 이를 충분히 공정하다고 느끼는 반면, 다른 사람은 불공정하다고 인식할 수 있다. 이러한 인식 차이는 개인의 비교 기준, 경험, 기대 수준, 그리고 주변 환경에

그림 6-10 공정성과 불공정성에 대한 반응

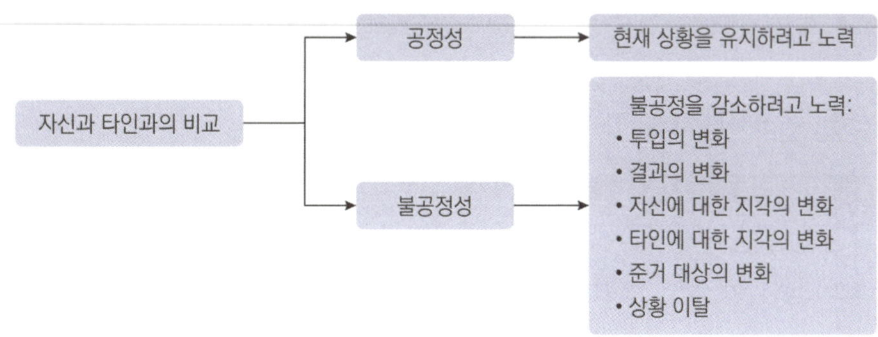

따라 달라진다. 또한, 공정하다고 인식된 보상은 직무만족과 조직 성과를 높이는 촉매 역할을 하지만, 불공정하다고 인식된 보상은 직무에 대한 몰입도를 약화시키고 성과 저하를 초래할 수 있다. 따라서 경영자는 단순히 보상의 수준을 높이는 것보다, 구성원이 이를 공정하고 공평한 것으로 인식하도록 만드는 과정과 절차를 설계하는 데 집중해야 한다.

이 과정에서 중요한 것은 구성원이 자신과 비교하는 '다른 사람'이 누구인가를 파악하는 것이다. 비교 대상은 같은 부서·팀의 동료일 수도 있고, 전혀 다른 조직의 유사 직무 종사자일 수도 있다. 글로벌 인재 시장이 확장되고 정보 접근성이 높아진 오늘날에는, 비교 범위가 조직 내부를 넘어 업계 전체나 국제적 수준으로 확대되는 경향이 있다. 이는 경영자가 공정성 관리 범위를 내부 조직으로만 한정해서는 안 된다는 점을 의미한다. 더 나아가, 공정성 이론은 종업원 동기부여를 이해하는 데 매우 중요한 틀을 제공하지만, 실제 인사관리에서는 다른 동기부여 이론과 함께 종합적으로 활용될 필요가 있다. 그 이유는 사람마다 보상에 대한 가치 인식이 다르기 때문이다. 어떤 사람은 급여나 복리후생과 같은 유형(tangible) 보상을 중시하는 반면, 또 다른 사람은 인정, 자율성, 성장 기회와 같은 무형(intangible) 보상에서 더 큰 동기와 만족을 얻는다.

결국, 경영자는 공정성의 개념을 다차원적으로 이해해야 한다. 즉, 단순히 보상의 액수를 맞추는 것이 아니라, 절차의 투명성, 의사결정 과정의 공정성, 상호작용에서의 존중과 신뢰를 포함한 전방위적 공정성 관리가 필요하다. 이러한 접근은 구성원의 장기적 몰입과 조직의 지속가능한 성과 창출을 가능하게 한다.

4) 목표이론(Goal-Setting Theory)

목표이론은 동기부여를 인지적 관점에서 접근한 이론으로, E. A. Locke와 그의 동료들에 의해 개발된 이후 조직행동 분야에서 많은 주목을 받아왔다. 이 이론의 핵심 가정은 "목표를 성취하려는 의도(intent)가 가장 중요한 동기의 원천"이라는 점이다. 여기서 '목표'란 개인이 의도적으로 달성하려고 하는 특정 성과나 상태를 의미하며, 이는 종업원에게 무엇을 해야 하는지, 그리고 얼마나 노력해야 하는지를 명확히 알려주는 지침 역할을 한다. 목표는 일반적으로 내용(content)과 강도(intensity)라는 두 가지 속성을 가진다. 목표의 내용은 달성하고자 하는 활동이나 성과의 구체적인 유형과 관련되며, 강도는 개인이 해당 목표에 부여하는 중요성과 몰입의 정도를 의미한다. Locke는 이러한 목표 설정과 행동 사이의 관계를 가치(value)와 의도(intention)라는 두 요인으로 설명하였다. 개인이 가진 가치관은 특정 대상이나 성과에 대한 욕구와 감정을 형성하고, 이는 다시 목표를 설정하도록 이끈다. 이렇게 설정된 목표는 실제 행동을 이끄는 직접적인 요인이 된다.

실증 연구에서도 의도(의지, 계획, 목표)가 동기부여에서 매우 중요한 역할을 한다는 증거가 다수 제시되어 왔다. 목표가 전혀 없거나 모호할 경우 구성원의 사기는 약화되고, 반대로 목표가 구체적이고 명확할수록 동기 수준은 높아진다. 특히 쉽기보다는 약간 도전적인 목표가 더 강한 동기를 유발하며, 목표 난이도가 높더라도 구성원이 이를 수용할 수 있다면 성과 향상에 긍정적인 영향을 준다.

목표설정의 효과를 높이는 요인

목표설정 이론 초기 연구는 목표 그 자체의 특성에 집중했으나, 이후 연구에서는 상황적 요인과 목표의 심리적 의미까지 포함하는 방향으로 확장되었다. Locke가 목표의 중요성을 강조했지만, 목표가 어떠한 속성을 가져야 하는지에 대해서는 명확한 체계를 제시하지 않았기 때문에, 후속 연구자들이 이를 구체화하였다.
그중 R. M. Steers는 과업 목표의 효과를 높이는 속성을 여섯 가지로 정리하였다.

① 목표의 구체성(Specificity)

목표는 구체적일수록 모호성을 줄이고, 구성원에게 명확한 행동 방향을 제시한다. 예를 들어 "성과를 높이자"보다는 "다음 분기 매출을 15% 향상시키자"와 같은 구체적 목표가 더 효과적이다.

② 목표의 곤란성(Difficulty)

쉬운 목표는 도전 의식을 자극하지 못한다. 적정 수준의 난이도, 즉 달성 가능하면서도 도전적인 목표가 구성원의 몰입과 노력을 끌어낸다.

③ 목표설정 참여(Participation)

구성원이 목표설정 과정에 직접 참여하면, 목표에 대한 심리적 소유감과 책임감이 높아져 성과가 향상된다.

④ 피드백(Feedback)

목표 달성을 향한 노력의 진행 상황과 성과에 대해 구체적이고 시기적절한 피드백이 주어질 때, 구성원은 전략을 수정하거나 노력을 조정하여 목표에 더 효과적으로 접근할 수 있다.

⑤ 경쟁(Competition)

동료 간 건전한 경쟁은 목표 달성을 촉진할 수 있다. 다만, 경쟁이 과도하면 협력 약화나 갈등 유발 가능성이 있으므로 균형이 필요하다.

⑥ 목표의 수용성(Acceptance)

구성원이 스스로 수용하고 동의한 목표는 외부에서 강제된 목표보다 훨씬 높은 동기부여 효과를 낸다.

오늘날 목표이론은 단순한 '성과 지표 설정' 차원을 넘어, 성과관리시스템[1](Performance Management System), OKR[2](Objectives and Key Results), MBO(Management by Objectives) 등 다양한 관리 기법의 이론적 기반이 되고 있다. 특히 하이브리드 근무, 원격 조직, 프로젝트 기반 조직이 증가함에 따라, 목표의 구체성·수용성·피드백 체계의 중요성은 더욱 커지고 있다.

경영자는 목표를 단순히 제시하는 것을 넘어, 구성원이 목표 설정 과정에

1) 성과관리시스템(Performance Management System: PMS): 조직의 목표 달성을 위해 구성원의 성과를 계획·측정·평가·피드백하는 전반적인 관리 체계로, 목표 설정, 중간 점검, 성과 평가, 보상 및 개발 계획 수립의 과정을 포함한다.

2) OKR(Objectives and Key Results): '목표(Objectives)'와 그 달성 정도를 측정하는 '핵심결과(Key Results)'로 구성된 목표관리 방법론으로, 구글(Google) 등 글로벌 기업에서 널리 활용되며, 도전적이면서도 측정 가능한 목표를 설정하고 주기적으로 점검하는 것을 특징으로 한다.

참여하도록 하고, 달성 과정에서 적절한 지원과 피드백을 제공하며, 목표 달성 여부가 명확하게 측정될 수 있는 기준을 마련해야 한다. 이러한 종합적 접근이 목표이론이 말하는 '목표를 통한 동기부여'를 실제 조직 성과로 연결시키는 핵심 열쇠가 된다.

5) 과정이론의 종합

동기부여의 과정이론 중 기대이론, 공정성이론, 목표이론은 접근 방식과 세부 개념에서 차이가 있지만, 공통적으로 노력 → 직무성과 → 보상 → 만족이라는 순환 구조를 전제로 한다. 먼저, Vroom의 기대이론은 노력이 직무성과를 산출하는 핵심 변수라고 본다. 여기서 노력의 양은 직무성과를 달성할 수 있다는 믿음(성과기대치)과 성과 달성 시 원하는 보상을 얻을 수 있다는 믿음(보상기대치)의 결합으로 결정된다. Porter와 Lawler의 확장된 기대이론 역시 직무성과가 노력에 의해 좌우된다고 보았으며, 이때 노력의 수준은 개인의 능력과 특성, 그리고 자신의 역할에 대한 지각에 따라 달라진다고 설명한다.

Adams의 공정성이론에서는 개인이 느끼는 투입–산출 비율의 불균형이 노력의 증감에 직접적인 영향을 미친다고 본다. 불공정성을 인식하면 개인은 노력 수준을 조정하거나, 보상 요구, 비교 대상 변경 등 다양한 방식으로 균형을 회복하려 한다. 한편, Locke의 목표이론은 목표를 성취하려는 의지가 직무성과를 결정짓는 중요한 심리적 요인임을 강조한다. 구체적이고 도전적인 목표는 구성원의 집중과 노력을 극대화하며, 이는 결과적으로 성과 향상으로 이어진다. 이들 이론을 종합해 보면, 직무성과는 궁극적으로 개인의 노력과 의지에 의해 산출되며, 산출된 성과의 정도에 따라 보상이 결정된다. 보상의 수준과 형태는 다시 개인의 만족이나 불만족으로 연결되며, 이러한 만족 수준은 피드백 효과를 통해 이후의 노력과 의지를 강화하거나 약화시킨다.

동기부여 과정을 세부적으로 살펴보면, 개인 차원에서의 산출 변수에는 개인차, 능력, 대인관계 등이 포함된다. 만족에 영향을 미치는 산출 변수로는 임금, 보상, 인정, 승진이 있으며, 직무성과 차원의 산출 변수로는 생산성, 합리성, 창의성 등을 들 수 있다. Porter와 Lawler는 보상에 대한 만족 또는 불만족이 개인이 인식하는 노력과 보상의 관계, 즉 지각된 노력–보상 확률에 따라 달라진다고 보았다. 마찬가지로, Adams도 개인의 특성과 조건에 따라 보상에 대한 공정성 인식이 달라진다고 하였으며, 이를 위해 공평하고 균형 잡힌 보상제도의 필요성을 강조했다. 결국, 보상은 동일하지 않고 개인의 능력과 기여도에 따라 차등화될 수밖에 없다는 점을 시사한다.

그러나 각 이론은 적용상 한계도 지닌다. 기대이론은 개념 구조가 복잡하고 실제 상황에서 이해와 적용이 어렵다는 비판을 받으며, 경험적 검증 역시 제한적이다. 공정성이론은 이론과 실제 적용 간의 구체적 실행 지침이 부족하다는 한계가 있다. 목표이론은 결과가 명확하고 측정 가능한 직무에서는 효과적이지만, 교육·행정·창의적 기획과 같이 결과가 복합적이고 측정이 어려운 업무에서는 상대적으로 효과성이 낮다는 비판이 제기된다.

CHAPTER

07

스트레스와 갈등 관리

section 01 스트레스의 개념

스트레스라는 개념은 시대적 배경과 학자들의 연구 관점에 따라 정의가 다양하게 제시되어 왔으며, 오늘날까지도 단일한 합의에 도달하지 못하고 있다. 기존 연구를 종합하면, 스트레스는 크게 세 가지 의미로 구분된다. 첫째, 외적 조건에 대한 생리적 반응으로 이해하는 관점, 둘째, 환경적 자극 그 자체로 보는 관점, 셋째, 개인과 환경 간 상호작용의 산물로 파악하는 관점이다. 이러한 분류는 스트레스의 본질을 보다 다면적으로 이해하기 위한 틀을 제공한다.

1. 반응으로서의 스트레스

'반응으로서의 스트레스' 관점은 환경적 변화나 교란 요인에 직면했을 때 나타나는 개인의 생리적·심리적 반응 자체를 스트레스로 정의한다. 즉, 외부 환경이 새로운 요구를 제기하거나 적응을 필요로 하는 상황에서 나타나는 모든 반응이 스트레스에 해당한다.

이 관점을 대표하는 학자는 Hans Selye이다. 그는 스트레스를 "환경으로부터의 어떤 요구에 대해 신체가 나타내는 비특정적 반응(nonspecific response of the body to any demand made upon it)"이라고 정의하였다. 주목할

점은, 환경적 자극이 반드시 개인의 주관적 평가를 거치지 않더라도 생리적 반응을 직접적으로 유발할 수 있다는 것이다.

Selye는 또한 새로운 자극이 개인의 항상성(homeostasis)을 위협할 경우, 이를 방어하고 적응하기 위해 신체가 발휘하는 일련의 반응 패턴을 일반적 순응 증후군(General Adaptation Syndrome: GAS)이라고 설명하였다. GAS는 경고기(Alarm Stage) → 저항기(Resistance Stage) → 소진기(Exhaustion Stage)의 세 단계로 구성되며, 이는 스트레스 반응이 단순한 순간적 현상이 아니라 시간에 따라 변화하는 과정임을 보여준다. 이러한 '반응군(response-class)' 접근법은 초기 스트레스 연구의 핵심이었으나, 다음과 같은 이유로 한계를 지적받았다.

첫째, 객관적이든 주관적이든 특정 반응을 유발하는 모든 조건을 스트레스 요인으로 본다면, 사랑, 놀람, 운동과 같이 긍정적 경험이나 건강에 이로운 활동까지도 스트레스 범주에 포함되어 개념이 지나치게 확장된다.

둘째, 서로 다른 자극원이 동일한 반응을 유발할 수 있으며, 동일한 자극원이라도 시간 경과나 상황 변화에 따라 전혀 다른 반응이 나타날 수 있다.

셋째, 스트레스 요인을 알고 있다고 해서 반드시 해당 반응을 예측할 수 있는 것은 아니다. 즉, 스트레스와 관련된 징후가 항상 실제 증상으로 이어지지는 않는다.

현대 조직 환경에서 이 관점은, 급격한 시장 변화, 조직 구조조정, 새로운 기술 도입과 같은 외부·내부 변화에 직면한 구성원이 보이는 신체적 피로, 심리적 불안, 정서적 긴장 등의 현상을 설명하는 데 유용하다. 그러나 스트레스의 발생 원인과 결과, 그리고 효과적인 관리 전략을 포괄적으로 이해하기 위해서는 '자극으로서의 스트레스'와 '상호작용으로서의 스트레스' 관점까지 함께 고려하는 통합적 접근이 필요하다.

2. 자극으로서의 스트레스

'자극으로서의 스트레스' 관점은 스트레스를 개인에게 작용하는 힘(force) 또는 환경적 자극(stimulus)으로 개념화하며, 이러한 자극의 결과로 심리적·생리적 긴장 상태가 발생한다고 본다. 즉, 스트레스는 외부로부터 주어지는 특정한 자극이며, 이 자극이 개인의 내부 균형을 흔들어 긴장이라는 반응을 유발한다. 이 관점에서는 특히 환경적 요인을 중시하며, 특정 환경 조건이나 사건이 질병과 같은 스트레스 관련 증후를 촉진적으로 유발한다고 가정한다. 따라서 이 정의에서 스트레스는 반드시 특정 상황군(situational set) 또는 자극 잠재군(stimulus pool)을 포함하는 환경 속에서 발생한다. 이 관점을 대표하는 접근이 바로 생활사건(life event) 접근법이다. T. H. Holmes와 R. H. Rahe가 개발한 사회 재적응 척도(Social Readjustment Rating Scale)는 결혼, 이혼, 직업 변경, 가족의 사망 등과 같이 개인의 삶에 큰 변화를 주는 사건을 점수화하여, 이러한 사건의 누적이 심리적·신체적 부적응을 유발하는 정도를 측정한다. 우리나라에서도 스트레스 연구의 상당 부분이 이 방법을 기반으로 이루어졌으며, 이를 통해 특정 유형의 사건이 부적응 문제와 밀접하게 관련된다는 점이 밝혀졌다. 그러나 자극 중심의 접근에는 몇 가지 한계가 있다.

첫째, 개인의 심리적 중간과정(cognitive mediation)을 간과하고, 스트레스를 상황 자체의 특성(환경 특성, 조직 특성, 직무 특성)으로만 규정하는 경향이 있다.

둘째, 같은 사건이라도 사람마다 지각과 해석이 다르기 때문에, 동일한 환경적 자극이 모든 사람에게 동일한 의미와 효과를 갖지 않는다. R. C. Kessler 등도 사건의 효과를 올바르게 이해하기 위해서는 맥락적 세부 정보(contextual details)가 반드시 고려되어야 한다고 강조하였다.

셋째, 자극 개념은 스트레스가 전혀 없는 상태(no stress)를 이상적인 상태로 간주하지만, 이는 스트레스의 순기능적 측면(eustress) — 예를 들어 도전 의식을 자극하고 성장을 촉진하는 긍정적 스트레스—을 간과하는 한계를 가진다.

현대 조직환경에서 이 관점은 조직 구조 변경, 인사이동, 프로젝트 마감, 기술 변화와 같이 외부에서 주어지는 명확한 자극 요인을 파악하는 데 유용하다. 그러나 실제 스트레스 반응을 설명하기 위해서는 개인의 지각, 해석, 대처 능력 등 심리적 요인까지 통합적으로 고려해야 한다. 따라서 이 관점은 스트레스 연구의 한 부분으로 활용될 수 있으나, 단독으로는 완전한 설명력을 갖기 어렵다.

3. 개인-환경 상호작용으로서의 스트레스

앞서 살펴본 '반응으로서의 스트레스'와 '자극으로서의 스트레스' 관점은 공통적으로 개인을 환경 자극에 수동적으로 반응하는 존재로 간주한다는 한계를 가진다. 이러한 접근은 스트레스 사건(stressful event)에 대한 개인별 지각 차이나 반응의 다양성을 충분히 설명하지 못한다. 결국 자극 중심 연구나 반응 중심 연구만으로는 스트레스 현상을 포괄적으로 이해하기 어렵다.

이에 따라 제안된 것이 개인-환경 상호작용론적 관점이다. 이 관점은 스트레스 반응이 개인마다 다르게 나타나는 이유를, 해당 상황에 대한 개인의 지각(cognitive appraisal)과 대처능력(coping ability)의 차이에서 찾는다. 즉, 스트레스 수준은 외부 자극 자체보다도 그 자극을 어떻게 해석하고, 자신이 이를 감당할 수 있는 자원을 얼마나 보유하고 있다고 느끼는지에 의해 결정된다. 이는 곧 요구-능력 불균형(demand-capability imbalance)에 대한 인지적 평가가 스트레스 연구에서 핵심임을 시사한다.

이 접근의 대표적인 학자는 R. S. Lazarus와 동료 연구자들이다. 그들은 스트레스를 "개인이 지닌 자원을 초과하거나 과도한 부담을 주며, 자신의 안녕을 위협한다고 평가되는 개인과 환경 간의 특정한 관계"로 정의하였다. 다시 말해, 동일한 사건이라도 그것이 스트레스가 되는지 여부는 자극이나 반응 그 자체가 아니라, 개인이 환경의 요구를 해석하고, 그 요구에 맞설 수 있는 대처 자원(coping resources)을 어떻게 평가하느냐에 달려 있다.

그림 7-1 스트레스의 상호 작용 모형

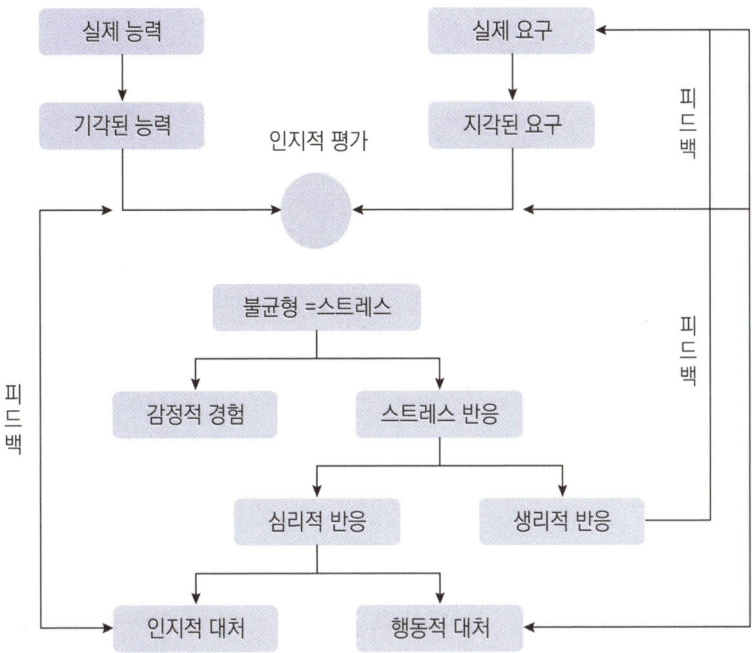

T. Cox(1978), *Stress*, New York : Macmillan Press, p. 19.

이 관점에서 제시되는 스트레스 상호작용 모형(Interaction Model of Stress)은 스트레스를 고정된 자극이나 단일 반응이 아닌, 개인과 환경 간의 역동적 상호작용의 산물로 본다. 따라서 주관적 경험이 스트레스 연구에서 중요한 위치를 차지하며, 개인이 실제로 인지하는 스트레스 수준을 비교적 정확하게 파악할 수 있다는 장점을 가진다.

그러나 이 접근에도 한계가 있다. 개인의 주관적 보고에 의존하는 과정에서 스트레스와 정신병리(psychopathology)의 경계가 모호해질 수 있으며, 스트레스 반응의 원인과 결과를 명확히 구분하기 어려울 때가 있다. 종합하면, 스트레스의 개념은 단일 정의로 규정하기 어렵고, 연구자가 채택하는 관점은 연구 목적과 상황에 따라 달라질 수밖에 없다. 현대 조직 연구에서는 반응·자극·상호작용 관점을 모두 통합하여, 스트레스의 원인과 과정, 그리고 관리 전략을 다층적으로 분석하는 접근이 필요하다.

section 02 스트레스의 주요 원천

직무 스트레스 요인이란 직장에서의 업무 수행과 직무 환경에 직·간접적으로 영향을 미쳐 스트레스를 유발하는 다양한 조건과 상황을 의미한다. 실제로 직무 환경에서 스트레스를 유발하는 요인은 제한적일 수 있으나, 이들은 서로 밀접하게 연관되어 있어 독립적인 범주로 완벽히 분리하기는 어렵다. 연구자별로 제시한 직무 스트레스 요인의 구분을 살펴보면 다음과 같다.

L. Galton은 과도한 작업량, 촉박한 마감 시간, 목표의 불일치, 조직 정책, 그리고 성과에 대한 피드백 결여를 핵심 요인으로 제시하였다. 이는 업무 부담의 양적·질적 과중함과 조직 의사소통 체계의 미비가 스트레스의 중요한 원천이 됨을 시사한다.

J. Marshall과 C. L. Cooper는 보다 포괄적인 범주를 제시하여, 직무의 특성, 조직 내 역할, 조직 내 인간관계, 경력개발 기회, 조직구조와 분위기, 조직 외부의 장애 요인, 그리고 개인의 특성을 직무 스트레스 요인으로 구분하였다. 이 구분은 직무 자체뿐만 아니라 조직문화, 경력 경로, 외부 환경까지 포함하여 스트레스의 다차원적 성격을 강조한다.

D. P. Schultz는 보다 실무 중심의 항목을 제시하였는데, 과중한 작업, 작업상의 변화, 성과 평가 방식, 역할에 대한 감독과 통제, 경력개발 문제, 그리고 임금체계 등을 주요 원인으로 들었다. 이 구분은 관리·평가 시스템과 보상 구조가 직무 스트레스에 미치는 영향을 부각시킨다.

이처럼 제시된 요인들은 명칭과 범주 구분에 차이가 있으나, 실제 조직 내에서는 서로 복합적으로 작용하여 구성원의 스트레스 반응을 유발한다. 예를 들어, 과중한 업무량은 촉박한 마감과 결합될 때 더 큰 압박을 형성하며, 이는 곧 피드백 부족이나 경력 정체와 맞물려 장기적인 불만족과 소진(burnout)으로 이어질 수 있다. 따라서 직무 스트레스 요인은 단일 항목으로 고립적으로 보기보다 서로 연결된 시스템적 문제로 인식하고 관리하는 접근이 필요하다.

1. 조직적 요인

1) 경력개발

경력(career)이란 한 개인이 생애 전반에 걸쳐 일과 관련하여 경험하고 참여하는 활동에서 형성되는 지각된 일련의 태도와 행위를 의미한다. 개인은 경력 단계를 거치면서 목표, 가치관, 욕구, 기대 수준이 변화하며, 이러한 변화에 영향을 미치는 요인이 욕구 좌절, 무관심, 불안의 원인이 될 때, 이는 곧 중요한 스트레스 요인으로 작용한다. 조직 내에서 경력 축적에 있어 핵심적인 요소는 배치전환(job rotation)과 승진(promotion)이다. 구성원이 직무 안정성을 보장받지 못하거나, 승진이 공정하지 않다고 느낄 경우, 개인의 경력 열망과 현재의 직무 수준이 조화를 이루지 못해 불만과 스트레스가 발생한다. 승진이 기대보다 빠르게 이루어지면 직무 만족도가 높아질 수 있지만, 반대로 승진이 지연되거나 기회가 제한되면 불만이 증가하고, 이는 퇴직 또는 경력 변경 의사로 이어질 가능성이 크다. J. M. Ivancevich 등은 개인의 경력 개발 단계를 초기 경력기, 중기 경력기, 이직 후 시기로 구분하였다.

- **초기 경력기**: 사회에 진출하여 새로운 직무에 도전하고, 가능한 한 빠르게 승진하려는 욕구가 강하게 나타나는 시기이다. 이 시기에는 조기 승진과 승진 지연이 주요 스트레스 요인으로 작용한다. 승진이 지체되면 자신의 능력이 충분히 발휘되지 않는다고 느끼며, 직무 불만족과 이직으로 이어질 가능성이 높다. 또한 기대했던 직무와 실제 경험 간의 불일치가 미래에 대한 불안감을 증폭시킨다.
- **중기 경력기**: 일반적으로 35~55세에 해당하며, 보다 높은 지위에 도달

하지만 동시에 '경력 중기 위기(mid-career crisis)'를 경험할 가능성이 크다. 이 시기는 '괴로운 자아 인식기'라고도 불리는데, 과도한 업무량과 높은 성과 요구가 부과되면서 직무상 의존성이 커지고, 감정 표현이 절제되며, 지속적인 긴장 상태에 놓이게 된다. 조기 승진이나 승진 지연, 지위 불일치, 직무 안정성 결여, 욕구 좌절 등이 주요 스트레스 원인이 된다. 이러한 요인들은 종종 역할 간 갈등(role conflict)이나 조직 외부 이해관계자와의 갈등으로 확대되기도 한다.

현대 조직에서는 경력개발이 단순한 직위 상승의 문제가 아니라 역량 개발, 경력 경로 다양화, 직무 경험의 폭 확대와 같이 질적 성장을 포함하는 개념으로 확장되고 있다. 그러나 이러한 기회가 제한되거나, 경력 경로의 불확실성이 높아지면 구성원은 장기적인 불안과 심리적 소진(burnout)을 경험하게 된다. 따라서 경영자는 승진과 배치전환의 공정성, 경력개발 지원, 직무 안정성을 균형 있게 설계하여 조직 내 경력 스트레스를 최소화해야 한다.

2) 대인관계 요인

조직 구성원 간의 관계의 질은 개인의 직무 만족과 조직 전체의 성과에 결정적인 영향을 미친다. 대인관계가 긍정적이고 원활할수록 협력과 신뢰가 증진되지만, 관계가 악화되면 갈등과 불신이 증가하여 직무 스트레스 수준이 높아진다. 조직에서 스트레스와 대인관계의 관련성에 대한 초기 연구는 C. Argyris 등에 의해 이루어졌으며, 이들은 직무상 대인관계가 개인의 인지, 인정, 동질성, 그리고 개인 욕구의 충족 여부와 밀접하게 연결되어 있다고 보았다.

J. R. P. French와 R. D. Caplan은 개인 간 의사소통이 원활하지 않으면 역할 모호성(role ambiguity)이 발생하고, 이로 인해 심리적 스트레스가 증가하며 직무 불만족으로 이어진다고 밝혔다. 또한 R. L. Kahn 등은 인간관계가 원만하지 않을 경우, 직무 스트레스가 증가하고, 대인 간 신뢰 수준이 낮아지며, 사회적 지원(social support)이 줄어든다고 보았다. 이러한 상황에서는 구성원이 직면한 문제를 해결하려는 의지가 약화되며, 특히 부하직원의 대인관계 악화는

상사나 동료와의 갈등, 긴장, 위기감과 깊은 관련이 있다고 지적하였다. 직무 환경에서 대인관계는 크게 상사와의 관계, 동료와의 관계, 부하와의 관계, 고객과의 관계로 나눌 수 있다.

- **상사와의 관계**: 상사의 배려적인 리더십과 관리행동은 부하와의 동료애, 상호 신뢰, 존경심, 친밀감 형성에 기여한다. 반대로 권위적이고 소통이 단절된 리더십은 부하에게 심리적 압박과 스트레스를 높인다.
- **동료와의 관계**: 동료 간 스트레스는 자율적 업무 계획·조정 능력의 결여, 비효율적 작업시간 사용, 과업 수행에서의 협력 부족, 필요한 정보의 공유 부족, 과도한 경쟁으로 인한 갈등 등에서 비롯된다. 특히 동료 지원 부족과 정보 독점은 직무 효율성을 저하시킬 뿐 아니라 팀 내 신뢰를 약화시킨다.
- **부하와의 관계**: 관리자가 느끼는 중요한 스트레스 원천 중 하나가 부하 직원과의 관계이다. 부하가 리더의 지시에 따르지 않거나, 성과 관련 정보를 전달하는 과정에서 불안이나 왜곡이 발생할 때, 혹은 상사와 부하 간 행동 양식이 반복적으로 불일치할 때 스트레스가 높아진다.
- **고객과의 관계**: 고객 응대 과정에서의 무리한 요구, 불만 처리, 그리고 서비스 품질에 대한 압박은 특히 영업·서비스 직종에서 중요한 스트레스 요인이 된다.

현대 조직에서는 다원적 협업 구조, 원격근무 환경, 프로젝트 기반 조직 운영이 확산되면서 대인관계 스트레스의 양상도 복잡해지고 있다. 물리적으로 떨어져 있는 상황에서의 커뮤니케이션 부족, 문화적·언어적 차이, 디지털 플랫폼 의존으로 인한 비언어적 신호의 결여 등이 새로운 형태의 대인관계 스트레스 요인으로 부각되고 있다. 따라서 조직은 신뢰 구축, 명확한 역할 정의, 효과적인 의사소통 채널 설계, 갈등 조정 메커니즘 마련 등을 통해 대인관계 스트레스를 예방·관리할 필요가 있다.

2. 직무 요인

1) 역할 과다

역할 과다(role overload)는 작업 과다(work overload)라고도 하며, 대부분의 직무에서 잠재적인 스트레스 요인으로 인식된다. 이는 개인이 수행해야 하는 역할의 요구 수준이 자신의 능력·자원·시간을 초과하거나, 업무 수행 과정에서 과도한 속도와 주의 분산을 강요받는 상황을 의미한다. 일상적인 과업을 지속적으로 수행하던 중 새로운 과업이 추가되면, 구성원은 역할 과다를 경험하게 된다. 역할 모호성과 마찬가지로 단기간의 일시적 과다 상태는 큰 문제가 되지 않지만, 만성적인 역할 과다는 직무 스트레스의 중요한 원인이 된다. 특히 개인의 능력이나 기술 수준이 낮음에도 불구하고 자존심, 성취 욕구, 명예 욕구 등이 지나치게 높으면, 역할 과다로 인한 스트레스 강도가 더욱 높아질 가능성이 크다. 역할 과다는 양적 과다(quantitative overload)와 질적 과다(qualitative overload)로 구분된다.

양적 과다는 주어진 시간 내에 직무를 완료하기에 시간이 부족하거나, 업무량이 과도하여 물리적으로 수행이 어려운 상태를 의미한다. 질적 과다는 직무 내용이나 성과 기준이 지나치게 높아, 개인이 보유한 능력·경험·역량으로는 이를 달성하기 어렵다고 느끼는 상태를 말한다. 연구자들은 역할 과다가 조직과 개인 모두에 부정적인 영향을 미친다고 보고한다. L. M. Miller는 지나친 역할 과다가 조직, 개인, 심지어 생물학적 수준에서의 파괴를 유발할 수 있다고 경고했으며, D. C. McClelland는 성취 지향적인 사회(achievement-oriented society)일수록 역할 과다의 발생 가능성이 높다고 하였다. B. L. Margolis 등의 연구에서는 역할 과다가 자신감 저하, 낮은 동기 부여, 결근 증가, 제안 건수 감소와 밀접하게 관련이 있음을 밝혀냈다. 결과적으로 역할 과다는 작업 동기 저하, 결근율 증가, 의사결정의 질 저하, 대인관계 악화 등의 부정적 결과를 초래한다. 이러한 현상은 조직 내 신뢰 수준을 떨어뜨리고, 사고와 실수 발생률을 높이며, 장기적으로 조직 성과와 안전에도 악영향을 미친다.

현대 조직에서는 디지털 기술과 원격근무 확산으로 업무 효율성이 향상되었음에도 불구하고, 다중 프로젝트 참여, 24시간 연결 상태(always-on culture), 지속적 성과 압박과 같은 새로운 형태의 역할 과다가 나타나고 있다. 이에 따라 조직은 업무량과 업무 질의 균형, 성과 목표의 현실성 검토, 자원과 지원 체계의 확충을 통해 구성원의 역할 과다를 완화하고 지속 가능한 업무 환경을 조성해야 한다.

2) 역할 미활용

역할 미활용(underutilization)은 일반적으로 역할 과소(role underload)라고도 하며, 조직 구성원이 자신의 역량, 기술, 경험을 충분히 발휘하지 못하고 동일한 단순·반복적인 업무를 수행하면서 지루함과 무의미함을 느끼는 상태를 의미한다. 이는 직무 설계의 불균형, 인사 배치의 부적절성, 혹은 과도한 업무 표준화에 의해 발생할 수 있다. 역할 미활용은 크게 양적 미활용(quantitative underutilization)과 질적 미활용(qualitative underutilization)으로 구분된다.

양적 미활용은 직무상 수행해야 할 과업이 지나치게 적어, 물리적·신체적 활동량이 부족하여 권태를 느끼는 상태를 말한다. 예를 들어, 하루 근무시간 대부분이 대기 상태이거나 간헐적 업무로 채워져 있어 '시간을 흘려보내는' 감각이 강하게 드는 경우가 해당된다.

질적 미활용은 직무가 정신적 자극을 거의 제공하지 못하거나, 창의적 사고와 문제 해결을 요구하지 않는 경우에 발생한다. 고학력·고숙련 인력이 단순 반복 작업에 배치되었을 때, 또는 직무 자율성이 극히 제한되어 있어 능동적 의사결정이 불가능한 경우가 대표적이다. 이러한 역할 미활용 상태가 지속되면 구성원은 자존감과 직무 만족감이 저하되고, 업무 참여도가 낮아지며, 점차 조직에 대한 몰입이 약화된다. 심리적으로는 무기력, 신경질, 무관심 등이 나타나고, 행동적으로는 결근율 증가, 성과 저하, 심할 경우 조직 이탈로 이어질 수 있다.

현대 조직 환경에서는 기술 자동화와 인공지능(AI)의 확산으로 인해 단순·반복 업무가 기계로 대체되면서, 일부 직무에서 인간의 역할이 '감시와 보조' 수준으로 축소되는 경우가 늘고 있다. 이는 업무 효율성을 높이지만, 동시에 구성원의 역할 미활용 문제를 심화시킬 수 있다. 따라서 조직은 직무 재설계(job redesign), 다기능 직무 훈련(cross-training), 직무 순환제(job rotation), 참여 확대 프로그램 등을 통해 구성원이 자신의 역량을 최대한 발휘할 기회를 제공해야 한다. 이는 단순히 지루함을 해소하는 차원을 넘어, 직무 의미 부여와 자기효능감 강화를 통해 조직 성과와 개인의 성장 모두를 촉진하는 핵심 전략이 된다.

3) 역할 갈등

역할 갈등(role conflict)은 직무 수행 과정에서 발생하는 요구(demand)들이 서로 상충하거나, 직무 수행이 개인의 가치관·도덕적 기준·신념과 불일치하는 상황에서 나타나는 심리적 긴장 상태를 의미한다. 즉, 조직이 부여하는 기대나 역할 요구가 서로 충돌하거나, 개인의 내적 기준과 외적 요구가 조화를 이루지 못할 때 발생한다. 역할 갈등은 크게 주관적 측면과 객관적 측면으로 나눌 수 있다.

주관적 역할 갈등은 개인이 인식하는 역할 요건과 자신의 가치관, 목표, 욕구가 서로 모순될 때 나타난다. 예를 들어, 윤리적으로 부적절하다고 느끼는 업무 지시를 수행해야 하는 상황이 해당된다. 객관적 역할 갈등은 실제로 상반되거나 모순된 요구가 동시에 주어지는 경우를 말한다. 예컨대, 동일한 시점에 서로 다른 상사가 상반된 지시를 내리거나, 한 직무에서 품질 향상과 비용 절감을 동시에 극단적으로 요구받는 경우가 여기에 속한다. 이러한 상황은 종종 조직의 비효율적 관리 관행이나 권한·책임의 불명확성에서 비롯된다.

역할 갈등이 심화되면 구성원은 내부 심리 갈등의 고조와 직무 관련 긴장의 증가를 경험하게 되며, 이는 곧 직무 만족도의 저하로 이어진다. 또한 갈등의 원인이 되는 역할 전달자(예: 상사, 관리자)에 대해 부정적 태도를 형성하여, 상사와 조직 전반에 대한 신뢰가 약화된다. 그 결과 성과 저하, 대인관계 악화, 협업 의지 감소 등의 부정적 결과가 나타난다. 특히 현대 조직에서는 매트릭스 구조(matrix structure), 글로벌 프로젝트 팀, 다중 보고 체계 등 복잡한 의사결정 구조가 확산되면서 역할 갈등의 발생 빈도가 높아지고 있다. 예를 들어, 한 구성원이 본사 글로벌 전략 부서와 현지 영업 부서의 서로 다른 KPI 요구를 동시에 충족시켜야 하는 경우, 갈등은 더욱 심각해진다. 역할 갈등이 장기화되면 구성원은 스트레스 회피 전략(예: 방어적 회피, 업무 소극화)을 취하게 되고, 결근·전직과 같은 행동적 이탈로 이어질 가능성이 높아진다. 이는 조직에 대한 몰입도와 충성심을 약화시키며, 장기적으로는 조직 성과와 혁신 능력을 저하시킨다. 따라서 조직은 역할 갈등을 예방·관리하기 위해 다음과 같은 조치를 취해야 한다.

- **역할 명확화(role clarification)**: 직무기술서(Job Description)와 권한·책임 규정을 정비하여 모호성을 줄인다.
- **의사소통 채널 강화**: 다중 보고 체계에서 상호 조정·합의를 위한 공식 회의체를 운영한다.
- **가치 기반 리더십**: 상사의 지시가 조직의 핵심 가치와 일관되도록 관리하고, 윤리적 딜레마 상황에 대한 의사결정 기준을 마련한다.

결국, 역할 갈등 관리는 단순한 갈등 완화 차원을 넘어, 조직 내 심리적 안전감(psychological safety)을 확보하고, 구성원이 자율적·창의적으로 문제를 해결할 수 있는 환경을 조성하는 핵심 과제가 된다.

4) 역할 모호성

역할 모호성(role ambiguity)은 구성원이 직무를 수행하는 데 필요한 목표, 절차, 권한, 성과기준 등에 관한 정보가 충분히 제공되지 않거나 명확히 전달되지 않아 발생하는 역할 수행의 불확실성을 의미한다. 이는 직무 요구사항이 무엇인지, 우선순위가 어떻게 되는지, 그리고 자신이 수행한 결과가 어떻게 평가될지를 분명히 알 수 없는 상태에서 나타난다.

현대 조직에서는 업무 복잡성의 증가, 급격한 환경 변화, 관리 철학 및 리더십 스타일의 다양화, 글로벌·가상팀의 확산 등으로 인해 역할 모호성이 더욱 빈번하게 발생한다. 특히, 직무 내용이 복잡하거나 전문성이 높은 영역에서 신규 과제가 잦은 경우, 또는 의사결정 라인이 불분명한 상황에서 역할 모호성은 더욱 두드러진다.

연구에 따르면, 역할 모호성은 일반적으로 직무 불만족, 자존감 손상, 불안·우울감 증가, 성과 저하와 같은 부정적 결과를 초래한다. 구성원은 자신의 기여도가 조직에서 어떻게 인식되고 있는지 확신할 수 없게 되며, 장기적으로는 이직 의도가 높아질 가능성이 크다. 실제로 A. D. Szilagyi 등의 연구에서는 역할 모호성이 직무 만족과 강한 부적 상관관계를 가지며, 이는 조직 몰입도와 성과에도 직접적인 부정적 영향을 미친다고 보고하였다.

그러나 흥미로운 점은, 상위 직급에 있거나 내적 통제성(internal locus of control)이 강한 구성원의 경우, 일정 수준의 역할 모호성이 오히려 자율성과 창의성을 발휘할 수 있는 기회 요인으로 작용하기도 한다는 것이다. 예를 들어, 경영진이나 창의적 문제 해결이 요구되는 전문가 집단에서는 명확히 규정되지 않은 과업 범위가 혁신적인 아이디어를 촉진하는 긍정적 환경이 될 수 있다.

이처럼 역할 모호성의 영향은 조직과 개인의 특성, 직무의 성격에 따라 다르게 나타나며, 단일 요인에 의해서만 결정되지 않는다. 따라서 관리자는 역할 모호성이 단순히 부정적인 스트레스 요인이라고 단정하기보다, 관리 가능한 수준으로 유지하면서 부정적 영향을 최소화하고 긍정적 잠재력을 활용하는 전략이 필요하다. 역할 모호성을 관리·감소시키기 위해 조직이 취할 수 있는 실천 방안은 다음과 같다.

- **직무 명확화(Job Clarification)**: 직무기술서(Job Description), 성과지표(KPI), 의사결정 권한 범위를 명확히 규정한다.
- **피드백 체계 강화**: 정기적인 성과 피드백과 코칭을 통해 업무 방향성을

제시한다.

- **소통 채널 확보**: 팀 내·부서 간 의사소통 구조를 개선하고, 불확실성을 줄이기 위한 공식/비공식 회의체를 운영한다.
- **역할 기대치 조정**: 상황 변화에 따라 구성원과 협의하여 목표·기대 수준을 조정한다.

결국, 역할 모호성은 관리자의 리더십과 조직문화에 따라 위험 요인이 될 수도 있고 기회 요인이 될 수도 있다. 핵심은 조직이 이를 방치하지 않고, 명확성과 자율성의 균형을 유지하는 방향으로 설계·운영하는 것이다.

section 03 스트레스의 영향

1. 건강에 미치는 영향

스트레스 연구는 초기에는 주로 의학·정신건강 분야에서 다루어졌으나, 최근에는 조직행동과 산업보건의 주요 주제로 확대되었다. 현대 조직에서

그림 7-2 스트레스 반응과 결과의 관계

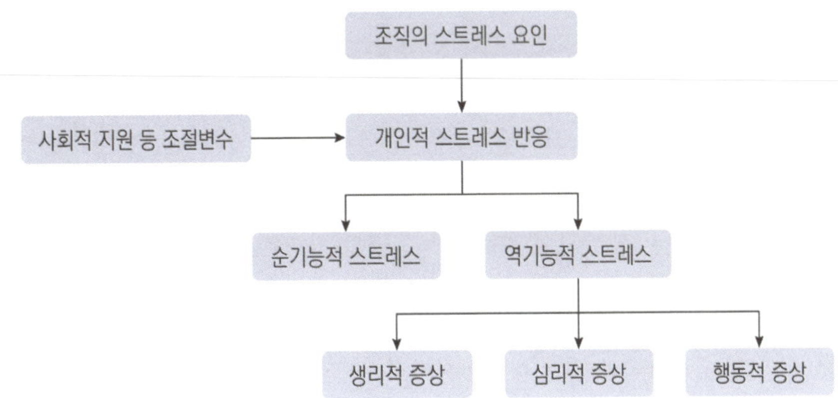

스트레스는 단순한 심리적 불편을 넘어 직무성과 저하, 조직 몰입도 하락, 장기 결근, 산업재해와도 직결되므로, 조직 차원의 체계적 관리가 필수적이다. 스트레스가 인체에 미치는 영향은 크게 심리적 증상, 생리적 증상, 행동적 증상으로 구분할 수 있으며, 이들 간에는 상호작용과 악순환이 존재한다. 〈그림 7-2〉는 이러한 스트레스 반응-결과 관계를 도식화한 것이다.

1) 생리적 증상

스트레스가 유발되면 가장 먼저 나타나는 것은 생리적 반응(physiological reactions)이다. 이는 신경계, 내분비계, 면역계 등 인체의 다양한 시스템이 위기·도전·위협 상황에 반응하기 위해 활성화되는 과정이다. H. Seyle(1956)은 이러한 스트레스 반응을 일반적응증후군(General Adaptation Syndrome, GAS) 모형으로 설명하면서, 그 과정을 다음 세 단계로 구분하였다.

(1) 경보 단계(Alarm Stage)

- 개인이 갑작스러운 변화나 위협에 직면하면 교감신경계가 활성화되어 '투쟁-도피(fight-or-flight)' 반응이 나타난다.
- 심박수 증가, 혈압 상승, 동공 확장, 호흡 횟수 증가, 근육 긴장, 발한 등이 관찰된다.
- 이 단계에서는 아드레날린·코르티솔 분비가 급증하며, 단기적으로는 에너지 동원과 집중력 향상에 기여한다.

(2) 저항 단계(Resistance Stage)

- 스트레스 자극이 지속될 경우, 신체는 적응 상태로 전환되어 긴장 수준을 일정하게 유지한다.
- 겉보기에는 정상적인 기능을 수행하는 것처럼 보이나, 내분비계와 면역계의 부담이 누적된다.
- 이 시기에 충분한 회복이 이루어지지 않으면 신체 자원 고갈로 이어질

위험이 높아진다.

(3) 고갈 단계(Exhaustion Stage)

- 장기적·만성적 스트레스가 지속되어 방어적 적응이 불가능한 상태가 된다.
- 체내 에너지원이 고갈되어 면역력 저하, 호르몬 불균형, 심혈관계 이상, 대사질환 등이 발생한다.
- 이 단계에서는 회복이 쉽지 않으며, 질병 발병 가능성이 크게 증가한다.

단기적으로 스트레스는 두통, 어지럼증, 수면장애, 소화불량, 심박동수 증가, 혈압 변동 등의 증상을 유발할 수 있다. 장기적으로는 위궤양, 당뇨병, 간질환, 심혈관 질환, 암 등 심각한 질병으로 이어질 수 있으며, 특히 고혈압과 관상동맥질환은 직무 스트레스와의 상관성이 높다는 것이 다수의 역학 연구에서 보고되고 있다. 또한 최근 연구에서는 만성 스트레스가 염증 반응의 만성화를 촉발하여, 면역계 기능 저하와 자가면역질환 위험 증가에도 영향을 미친다고 밝혀졌다. 즉, 스트레스는 단순한 정신적 부담을 넘어 전신 건강에 광범위하고 장기적인 영향을 미치는 요인이다. 따라서 조직 차원에서는 스트레스를 단순히 개인의 적응 문제로 보지 않고, 예방적 차원에서 직무 설계, 작업 환경 개선, 회복 프로그램 운영 등을 통해 생리적 부담을 완화하는 접근이 필요하다.

2) 심리적 증상

심리적 증상은 대개 생리적 증상과 밀접하게 연관되어 있으며, 많은 경우 생리적 변화보다 먼저 나타나는 선행 신호로 작용한다. H. F. Kilander는 정신건강(mental health)을 “인간이 환경을 바람직하게 조성하고 이에 적응하며, 적절한 만족·성숙·능률·행복을 누릴 수 있는 능력”으로 정의하였다. 그러나 지속적·과도한 스트레스는 이러한 정신건강을 저해하여 가정 갈등, 직장 내 문제, 불면증, 불안, 우울증, 직무 소진 등 다양한 심리적 부적응 상태를 유발한다. 특히 현대 조직에서는 업무 속도 증가, 디지털 과부하, 상시 연결(Always-on) 환경이 이러한 심리적 부담을 가속화시키고 있다. 스트레스 상황에서 흔히 관찰되는 대표적 심리적 증상은 다음과 같다.

(1) 수면 곤란

수면장애는 직무 스트레스의 가장 일반적인 초기 증상 중 하나이다. 승진 경쟁, 경제적 부담, 자녀 교육 문제, 직무 불만족, 상사·동료와의 갈등 등은 수면의 질을 저하시킨다. 수면 부족은 단순한 피로를 넘어 집중력 저하, 판단 오류, 감정 기복을 유발하며, 장기적으로는 우울증·심혈관 질환 위험을 높인다.

최근 연구에서는 업무 시간 외에도 스마트폰·이메일을 통한 업무 지시가 지속되는 "수면 전 업무 침습(pre-sleep work intrusion)"이 수면의 질을 크게 떨어뜨린다는 결과가 보고되고 있다.

(2) 불안과 우울증

불안(anxiety)은 "위협 자극·반응·욕구·동기·성격 특질 또는 주관적으로 느끼는 두려움과 경계심과 관련된 정서 상태"로 정의된다. 적정 수준의 불안은 위기 대처 능력을 향상시킬 수 있지만, 극단적 불안은 회피 행동, 자기제한, 심한 경우 자살 사고로까지 이어질 수 있다.

우울증(depression)은 스트레스와 적응 실패의 대표적인 결과이다. 인지이론 관점에서는 우울증의 원인이 외부 스트레스 사건 자체가 아니라, 개인이 상황과 자신을 해석하고 평가하는 방식에 있다고 본다. 즉, 자기 인식이 부정적일수록 우울감은 심화되며, 조직에서는 이로 인해 생산성 저하, 결근, 팀 사기 하락이 나타난다.

(3) 소진(Burnout)

소진은 1970년대 중반부터 스트레스 연구에서 주목받아 온 개념으로,

표 7-1 소진 증후

구분	초기 단계	후기 단계
작업 실적	솔선능력·관심 저하, 작업 지속능력 감소	작업 시간 증가, 극단적 생산성 저하
신체 조건	체중 감소, 수면 곤란, 소화장애, 호흡 곤란	만성 피로, 면역력 저하
행동적 증후	기분 변화, 분노·불안 증가, 좌절·무력감	통제력 상실, 냉소주의, 대인관계 악화
자기 치료 시도	안정제·알코올 사용	중독 위험 증가
사고·태도 변화	경직성 증가, 폐쇄적 사고	자신·동료·조직에 대한 부정적 인식 고착

"피할 수 없는 압력에 지속적으로 노출되면서도 이를 상쇄할 만족 자원을 찾지 못할 때 경험하는 신체적 · 정신적 소모 상태"를 의미한다. 특히 전문직, 관리자, 봉사직군처럼 직무 몰입도가 높고 성과 기대치가 큰 직종에서 빈번하게 발생한다. L. Moss(1981)는 소진 증후를 다음과 같이 초기 단계와 후기 단계로 구분하였다.

오늘날에는 세계보건기구(WHO)가 2019년 국제질병분류(ICD – 11)에 소진을 '직업적 현상(occupational phenomenon)'으로 공식 등재하면서, 조직 차원의 예방 · 관리의 필요성이 더욱 강조되고 있다. 예방을 위해서는 직무 재설계, 자율성 확대, 심리상담, 회복시간 보장과 같은 제도적 지원이 필수적이다.

3) 행동적 증상

스트레스가 개인의 행동에 미치는 영향은 매우 다양하며, 이는 단순한 습관 변화에서부터 조직 생산성에 직접적으로 영향을 미치는 심각한 문제에 이르기까지 폭넓게 나타난다. 행동적 증상은 종종 생리적 · 심리적 증상과 맞물려 나타나며, 특정 행동 패턴을 통해 스트레스의 정도를 가늠할 수 있다. 대표적으로는 흡연과 음주 습관의 변화, 식욕 및 체중 조절 장애, 이직률 · 결근율 증가, 그리고 공격 행동 등이 있다.

(1) 흡연과 음주

스트레스 상황에서 흡연과 음주는 단기적으로 불안을 완화하고 심리적 긴장을 해소하는 '자가조절(self-regulation)' 방식으로 사용되기도 한다. 특히 고위험·고압력 직종에서는 이러한 경향이 두드러진다. H. Rusek의 연구에 따르면, 스트레스 수준이 높은 직업군의 흡연율(46%)은 낮은 직업군(32%)보다 현저히 높았다. 또한 J. J. Lindenthal과 S. Hiller의 연구에서도 음주량의 증가는 스트레스 수준과 비례하는 것으로 나타났다. 그러나 장기적으로 볼 때 알코올과 니코틴 의존은 생산성 저하, 사고 발생률 증가, 만성질환 발병률 상승 등 부정적 결과를 초래한다. 최근 직장 내 웰빙(Well-being) 프로그램과 금연·절주 캠페인이 확산되는 이유도, 조직 차원에서 이러한 역기능을 사전에 차단하고자 함이다.

(2) 식욕 장애 및 체중 변화

스트레스는 식욕의 증가 또는 감소로 나타나며, 그 결과 비만 또는 급격한 체중 감소로 이어질 수 있다. 일부 개인은 '정서적 섭식(emotional eating)'을 통해 고열량·고지방 음식을 과다 섭취하여 비만 위험이 증가하고, 반대로 심한 긴장과 불안으로 인해 식사를 회피함으로써 체중이 급격히 감소하기도 한다. J. C. Quick 등의 연구에서는 비만이 관절염, 요통, 호흡 곤란 등 신체 질환을 유발하며, 급격한 체중 감소는 위궤양 발병 가능성을 높이는 경향이 있음이 보고되었다.

(3) 이직률과 결근율

스트레스는 조직에서의 '철회 행동(withdrawal behavior)'을 촉진한다. 철회 행동은 조직 몰입 저하와 직무 불만족에서 비롯되며, 이직률 증가와 결근율 상승으로 이어진다. 특히 만성적인 직무 스트레스에 노출된 근로자는 결근을 정당화할 수 있는 이유를 찾는 경향이 강하다. 이는 조직의 인적 자원 손실뿐 아니라 대체 인력 투입 및 교육비용 증가로 연결되어, 경영성과에도 부정적 영향을 미친다.

(4) 공격 행동

욕구가 좌절되고 이를 합리적으로 해결할 수 없는 상황에서 개인은 타인이나 사물에 대한 공격 행동을 보일 수 있다. 이러한 행동은 언어적 폭언, 무례한 태도, 대인 갈등부터 폭력적 행동에 이르기까지 다양한 형태로 나타난다. F. A. Witrock 등의 연구에서는 직무 스트레스가 산업재해, 교통사고, 가정 내 폭력과도 밀접하게 관련됨을 밝혔고, G. Newman은 욕구 좌절이 공격성을 촉발하는 핵심 요인임을 지적했다. 다만, 공격성이 반드시 파괴적인 결과로만 이어지는 것은 아니다. 일부 상황에서는 분노와 공격성이 외부로 표출됨으로써 오히려 스트레스가 완화되는 '정서적 배출(emotional release)' 효과가 나타나기도 한다. 그러나 조직 차원에서는 갈등과 분열을 심화시키므로 예방적 관리가 필요하다.

표 7-2 개인에 미치는 스트레스 증세

구분	주요 증세	세부 예시
생리적 증상	단기 반응	심박수 증가, 호흡 가속, 두통, 근육 긴장, 손발 차가움
	중·장기 반응	고혈압, 위·십이지장 궤양, 심혈관 질환, 면역력 저하, 호르몬 불균형
	기타	스트레스 호르몬(코르티솔) 과다 분비, 수면 호르몬(멜라토닌) 분비 저하
심리적 증상	정서 반응	불안, 우울, 분노, 무력감, 무관심, 동기 저하
	인지 반응	집중력 저하, 의사결정 지연, 부정적 사고, 과도한 걱정, 회피 성향
	행동 양상	작은 일에 집착, 반복적 실수, 불필요한 완벽주의, 사회적 고립
행동적 증상	건강 습관 변화	흡연·음주 증가, 약물 남용, 폭식 또는 식욕 부진, 체중 급변
	업무 관련 변화	결근·지각 증가, 생산성 저하, 직무 회피, 이직 의도 증가
	공격적 행동	언어폭력, 대인 갈등, 충동적 행동, 위험 운전 등
외형·신체 신호	급격한 변화	얼굴 표정 변화, 피부 트러블, 머리 모양·의상 변화, 체형 변화
	기타	잦은 한숨, 미소 감소, 목소리 톤 변화

행동적 증상은 조직 구성원의 건강과 성과 모두에 장기적 영향을 미치는 중요한 스트레스 지표다. 현대의 조직에서는 웰빙 프로그램, 심리상담 지원, 금연·절주 정책, 유연근무제 등 다양한 제도를 활용하여 이러한 부정적 행동 반응을 완화하고 있다. 따라서 스트레스 관리 전략은 개인의 생활습관 개선뿐 아니라 조직 차원의 예방 · 지원 시스템 구축을 포함해야 한다.

2. 직무 성과에 미치는 영향

스트레스가 직무 성과(job performance)에 미치는 영향은 그 강도와 지속 기간에 따라 상이하게 나타난다. 단기적이고 적정 수준의 스트레스는 개인의 각성(arousal) 수준을 높여 주어진 직무를 보다 집중적으로, 그리고 더 높은 품질로 수행하도록 촉진할 수 있다. 이는 경미한 스트레스가 신경계와 호르몬 분비를 활성화시켜 주의 집중과 반응 속도를 향상시키는 '각성 효과(arousal effect)'를 유발하기 때문이다. 그러나 장기적이거나 과도한 수준의 스트레스는 이러한 긍정적 효과가 점차 약화되며, 결국 직무 성과를 저하시킨다. 장기적인 과부하는 에너지 고갈, 인지적 혼란, 감정 소진 등으로 이어져 개인의 역량이 직무 요구를 초과하는 상황에서 수행력 저하를 초래하게 된다.

J. R. Schermerhorn 등(1985)은 이러한 현상을 설명하며 스트레스를 건설적 스트레스(constructive stress)와 파괴적 스트레스(destructive stress)로 구분하였다. 건설적 스트레스는 적절한 긴장감을 유지하여 창의성과 성실성을 고무시키고 성과를 높이는 반면, 파괴적 스트레스는 질병, 결근, 이직, 업무 실수, 안전사고 등의 부정적 결과로 이어진다. 이는 각각 순기능적 스트레스 eustress)와 역기능적 스트레스(distress)라는 개념으로도 알려져 있다.

이와 관련하여 R. M. Yerkes와 J. D. Dodson의 실험 연구는 스트레스와 성과 간의 관계가 역U 곡선(inverted－U relationship) 형태를 나타낸다는 것을 규명하였다. 즉, 낮은 수준의 스트레스에서는 동기 부여가 약하여 성과가 낮고, 적절한 수준에서는 성과가 최고에 달하지만, 너무 높은 수준에서는 불안과 긴장으로 인해 정보 처리 범위가 좁아지고 문제 해결 능력이 저하되어 성과가 다시 감소하는 것이다. V. H. Vroom은 이를 설명하며, 낮은 스트레스 환경에서는 직무와 무관한 문제에 관심이 분산되고, 높은 스트레스 환경에서는 감정적·방어적 대처 기제가 우선시되어 실제 문제 해결 행동이 감소한다고 지적하였다.

또한, C. B. Wortman과 J. W. Brehm은 반발 이론(reactance theory)과 학습된 무력감(learned helplessness) 모형을 통합한 연구에서, 소량의 좌절은 오히려 통제 회복에 대한 동기와 공격성을 높여 성과를 향상시키지만, 과도한 좌절은 무력감과 성과 저하를 유발함을 밝혔다. 다만, 모든 연구가 역U 곡선 관계를 지지하는 것은 아니다. G. Blau, S. Parasuraman & J. A. Alutto, A. P. Brief & R. J. Aldag, M. Jamal 등의 연구에서는 스트레스와 성과가 약한 부(負)의 상관관계 또는 무관계임을 보고하였다. 특히 Jamal의 실험연구에서는 직무 스트레스가 높을수록 직무 성과가 감소하는 경향이 뚜렷하게 나타났다. 반면, 일부 연구에서는 스트레스를 '도전(challenge)'과 동일시하며 직무 성과를 촉진하는 정적 관계를 주장하였으나, 이를 실증적으로 뒷받침하는 사례는 R. Lowe와 J. E. McGrath의 연구를 제외하면 제한적이다.

결론적으로, 스트레스와 성과의 관계는 '하나의 공식'으로 단정하기 어려운 복합적 상호작용을 보인다. 스트레스의 강도, 지속 기간, 직무 성격, 개인의 내성 능력, 조직의 지원 체계 등 다양한 요인이 결합되어 성과에 영향을 미치므로, 조직은 구성원의 스트레스 수준을 정기적으로 진단하고, 긍정적 긴장은 유지하면서 부정적 과부하는 예방하는 균형 잡힌 관리 전략을 마련해야 한다.

section 04 사회적 지원과 개인차

1. 사회적 지원

1) 사회적 지원의 개념

사회적 지원(social support)은 개인이 속한 사회적 관계 속에서 제공받는 실제적·잠재적 도움과 자원을 의미하며, 이는 정서적 안정, 문제 해결, 자아 존중감 강화 등 다양한 심리·사회적 기능을 수행한다. 현대 심리학과 조직행동 분야에서는 사회적 지원을 크게 구조적 측면과 기능적 측면으로 구분하여 이해한다. 먼저 구조적 측면은 개인이 사회적 조직망(social network)에 얼마나 통합되어 있는지를 나타내며, 가족, 친구, 동료, 지역사회 등과 맺는 관계의 폭과 깊이를 평가한다. 이러한 사회적 유대(social embeddedness)는 심리적 공동체 의식(psychological sense of community)의 핵심 요소로, 개인이 사회 속에서 소속감을 느끼고 정체성을 확립하는 데 중요한 역할을 한다. 사회적 조직망 분석(social network analysis)에서는 밀도(density), 중복성(multiplicity), 접근 가능성(reachability) 등의 지표를 활용하여 관계망의 구조적 특성을 파악한다. 그러나 이러한 분석은 관계망의 규모나 연결 정도를 측정하는 데는 유용하나, 사회적 지원이 스트레스 반응과 적응 과정에 어떻게 작용하는지를 설명하는 데는 한계가 있다.

반면 기능적 측면은 개인이 스트레스 상황에서 실제로 도움을 받을 수 있다고 믿는 정도, 즉 지각된 지원(perceived support)에 중점을 둔다. 이는 단순히 관계망의 크기나 접촉 빈도가 아니라, 지원의 이용 가능성(availability)과 적절성(adequacy)에 대한 주관적 평가를 포함한다. 예를 들어, 주변 사람들이 도와줄 의사가 있더라도 당사자가 그것을 유효하고 적절한 도움이라고 느끼지 않으면 심리적 완충 효과는 미미하다. 현대 연구에서는 객관적 지원(objective support)보다 주관적 지원(subjective support)이 스트레스 완화와 적응 향상에 더 강력한 영향을 미친다고 보고 있다. Kessler와 McLeod(1985)는 기존 연구의 상당수가 "필요할 경우 도움을 제공할 것이라는 가설적 자원의 존재"에 대한 인식을 측정해 왔음을 지적하며, 지원의 주관적 측면을 강조할 필요성을 주장했다. 즉, 사회적 지원의 효과는 물리적·물질적 제공 여부보다 "누군가 나를 지지하고 있다"는 인지가 개인의 심리적 안녕과 대처 능력을 강화하는 핵심 요인이라는 것이다.

또한, 사회적 지원은 항상 긍정적인 결과만을 가져오는 것은 아니다. 지원자의 의도가 선의일지라도 수혜자가 이를 부담스럽게 느끼거나 무능력감을 경험할 수 있으며, 관계 자체가 갈등과 긴장의 원인이 되기도 한다. 따라서 사회적 지원이 스트레스의 부정적 영향을 완화하는 과정은 단순한 지원 제공이 아니라, 개인이 그것을 어떻게 해석하고 받아들이는지라는 인지적 매개 과정을 거쳐 이루어진다. 결국, 현대적 관점에서 사회적 지원은 다음과 같이 정의할 수 있다.

"사회적 지원은 개인이 스트레스 상황에서 적응과 회복을 촉진하기 위해 타인 또는 집단으로부터 실제적이거나 잠재적으로 제공받는 정서적·정보적·도구적 자원이며, 그 효과는 객관적 제공 여부보다 개인이 지각하는 지원의 질과 의미에 의해 더 크게 결정된다."

이러한 정의는 개인 심리학뿐만 아니라 조직행동, 직무 스트레스 관리, 팀워크와 리더십 연구에서도 중요한 함의를 가진다. 특히 지각된 사회적 지원을 증진시키는 조직 차원의 전략(예를 들어 멘토링 제도, 심리적 안전감(psychological safety) 구축, 동료 간 피어 서포트(peer support) 프로그램)은 구성원의 심리적 안녕과 직무 성과를 동시에 향상시키는 핵심 수단이 될 수 있다.

2) 사회적 지원의 효과

스트레스 요인에 대한 사회적 지원의 효과는 일반적으로 주효과(main effect)와 완충효과(buffering effect)로 구분된다. 먼저 주효과란 사회적 지원이 스트레스 수준과 관계없이 개인의 심리적·신체적 안녕에 직접적으로 긍정적인 영향을 미치는 경우를 말한다. 예를 들어, 상사가 마감기한에 쫓겨 과도한 업무 압박을 받는 부하 직원에게 문제 해결에 필요한 정보, 대체 인력, 혹은 추가적인 자원을 제공하는 상황을 들 수 있다. 이러한 지원은 직무 수행의 효율성을 높일 뿐 아니라, 종업원의 심리적 부담을 경감시켜 업무 몰입도를 유지하게 한다. 최근 원격 · 하이브리드 근무 환경에서도 이러한 주효과는 빈번히 나타난다. 예컨대, 온라인 프로젝트 관리 툴을 활용해 상사가 실시간으로 업무 우선순위를 조정해주거나, 협업 클라우드 환경에서 필요한 데이터와 자료를 즉시 제공하는 것이 대표적 사례다. 이처럼 주효과는 사회적 지원이 스트레스 상황과 무관하게 종업원의 전반적 직무 경험을 향상시키는 구조적 기능을 가진다는 점에서 중요하다.

한편 완충효과(buffering effect)는 사회적 지원이 스트레스 요인과 긴장 수준 사이의 관계를 약화시키는 작용을 의미한다. 이 관점은 사회적 지원이 스트레스 자체를 제거하거나 축소하는 것이 아니라, 스트레스 요인으로 인해 유발되는 부정적 정서나 긴장의 강도를 줄이는 역할에 초점을 둔다. 예를 들어, 프로젝트 일정이 촉박하고 이해관계자의 요구가 잦은 상황에서 종업원은 일반적으로 높은 수준의 심리적 긴장을 경험한다. 그러나 팀 내 동료들이 업무를 분담해 주거나, 상사가 심리적 격려와 함께 현실적인 대안을 제시하면 종업원은 동일한 스트레스 요인에도 불구하고 상대적으로 낮은 긴장 상태를 유지하게 된다. 최근 조직심리학 연구에서는 이러한 완충효과가 조직 내 정서적 유대감, 신뢰 기반의 커뮤니케이션, 그리고 심리적 안전감(psychological safety)과 밀접하게 연결된다고 보고하고 있다.

결국, 사회적 지원은 두 가지 차원에서 직무 스트레스 관리에 기여한다. 첫째, 주효과를 통해 업무 수행 과정 전반에서 지속적으로 긍정적 자원을 제공함으로써 종업원의 심리적 · 신체적 안녕을 증진시킨다. 둘째, 완충효과를 통해 불가피하게 발생하는 스트레스 요인과 그로 인한 긴장 반응 사이의 부정적 연결고리를 약화시켜 종업원이 보다 안정적으로 직무에 몰입할 수 있도록 한다. 이러한 맥락에서 현대 경영환경에서는 물리적·기술적 지원뿐만 아니라, 심리적·정서적 지원을 포함한 다차원적 사회적 지원 체계의 설계와 운영이 조직성과와 직결되는 핵심 과제로 부상하고 있다.

2. 개인차

1) A/B형 행동양식

A/B형 행동양식(Type A/B Behavior Pattern)은 주로 미국의 심장병 전문의 M. Friedman과 R. Rosenman의 연구에서 체계적으로 규명되었다. 그들은 관상동맥 심장병(coronary heart disease) 환자들에게 공통적으로 나타나는 행동·정서적 특징을 분석한 결과, 이를 A형 행동양식이라고 명명하였다. A형 행동양식의 개인은 시간에 대한 압박감을 강하게 느끼며, 목표 달성을 위해 지속적으로 자신을 몰아붙이는 경향을 보인다. 또한 경쟁심이 강하고, 때로는 적개심(hostility)이 공격적인 언행으로 표출되기도 한다. 이들은 동시에 여러 과제에 관여하는 다면적 행동양식을 추구하며, 강한 성취동기와 목표지향성을 보인다. 이러한 특성 때문에 Friedman과 Rosenman은 A형 행동양식을 '행동과 감정이 결합된 복합체(action－emotion complex)'로 정의하였다.

A형 행동양식은 외부 자극에 대한 생리적 반응(예: 심박수 증가, 혈압 상승)과 심리적 반응(예: 불안, 초조)이 B형보다 현저히 강하게 나타난다. 반면 B형 행동양식의 개인은 상대적으로 시간에 덜 쫓기며, 경쟁보다는 협력, 신중한 의사결정, 여유 있는 태도를 보인다. 현대 조직환경에서 A형 행동양식은 빠른 의사결정과 강한 추진력이 필요한 프로젝트에는 유리하지만, 장기적 대인관계 유지나 창의적 사고가 필요한 업무에서는 갈등과 번아웃 위험을 높일 수 있다. 최근에는 'A/B형 행동양식'을 디지털 업무환경과 연결한 연구도 늘고 있다. 예컨대, 원격근무 상황에서 A형 성향의 직원은 실시간 메시지 응답이나 마감 일정에 과도한 압박을 느껴 스트레스 반응이 더 높게 나타나는 반면, B형은 시간 자율성을 긍정적으로 활용하는 경향이 보고되고 있다.

2) 모호성에 대한 내성

모호성에 대한 내성(tolerance for ambiguity)이란 상황의 불확실성과 예측 불가능성에 대해 개인이 견디고 수용할 수 있는 정도를 의미한다. 사람들은 미래의 상황 전개나 업무 결과에 대해 확신을 갖지 못할 때 스트레스를 경험하는데, 이러한 불확실성에 대한 반응 강도는 개인차에 따라 크게 달라진다. 내성이 낮은 사람은 직무 내용, 우선순위, 수행 방법이 명확히 규정되어야 안정감을 느끼며, 기준과 절차가 모호할 경우 역할 모호성(role ambiguity), 역할 갈등(role conflict), 역할 과다(role overload)로 인한 스트레스 수준이 급격히 높아진다. 반면 내성이 높은 사람은 변화하는 상황과 불명확한 조건 속에서도 심리적 안정감을 유지하며, 상황적 변수에 맞춰 유연하게 대처한다.

조직심리학 연구에 따르면, 모호성에 대한 내성은 개인의 문제해결 스타일, 의사결정 방식, 리스크 수용 성향과 밀접한 관련이 있다. 예를 들어, 혁신 프로젝트나 신사업 개발처럼 절차와 결과가 불확실한 상황에서는 모호성 내성이 높은 인재가 더 창의적이고 지속적인 성과를 낼 가능성이 높다. 반면 규칙과 절차가 엄격히 정해진 생산·품질관리 분야에서는 내성이 낮은 인재가 더 적합할 수 있다. 최근에는 복잡·불확실·모호·가변적인(VUCA) 경영환경에서 모호성 내성을 조직 차원에서 향상시키기 위한 리더십 코칭, 시뮬레이션 기반 교육, 시나리오 플래닝 훈련 등의 전략적 접근이 강조되고 있다.

section 05 스트레스 관리

오늘날 조직 구성원들은 급변하는 경영환경, 복잡한 업무 구조, 그리고 대인관계 갈등 등 다양한 요인으로 인해 스트레스(stress)로부터 완전히 자유로울 수 없다. 최근에는 개인의 스트레스 수준을 낮추고 해소를 지원하는 여러 가지 프로그램과 기법이 제안되고 있지만, 이들이 실제로 스트레스와 그 부정적 결과를 얼마나 효과적으로 줄이는지에 대한 실증적 연구는 아직 제한적이다. 그럼에도 불구하고 조직과 개인 차원에서의 적극적인 스트레스 관리는 조직 건강성(organizational health)과 개인의 직무만족, 나아가 조직성과 향상에 필수적인 요소로 인식되고 있다.

1. 개인 차원의 스트레스 관리

개인 차원의 스트레스 관리 기법은 크게 스트레스 요인 지향적 관리, 반응 지향적 관리, 그리고 증후군 지향적 관리로 구분할 수 있다. 각각의 접근법은 스트레스 발생 과정의 서로 다른 단계에 초점을 맞추며, 예방·대응·사후 관리의 통합적 관점에서 활용될 수 있다.

1) 스트레스 요인 지향적 관리

스트레스 요인 지향적 관리는 스트레스의 근본 원인 또는 잠재적 발생 요인을 사전에 변화시키거나 그 영향력을 최소화하는 것을 목표로 한다. 이러한 접근은 예방적 성격이 강하며, 스트레스 반응이 나타나기 전에 그 원인을 차단하는 것이 핵심이다.

첫째, 지각 방식 변화는 개인이 스트레스 상황을 해석하고 의미를 부여하는 방식을 의도적으로 조정하는 방법이다. 심리학에서는 이를 '인지 재구성(cognitive restructuring)'이라고 부르며, 부정적·위협적 사건을 도전과 기회의 관점에서 재해석하는 것을 포함한다. 예컨대, 프로젝트 일정이 촉박하다는 사실을 '실패 위험'으로만 바라보면 불안과 긴장이 높아지지만, '효율성을 개선할 기회'로 재인식하면 동기부여와 집중력을 높이는 방향으로 전환할 수 있다.

둘째, 작업환경 관리는 업무 구조와 절차를 최적화하여 스트레스 요인을 줄이는 접근이다. 구체적으로는 시간관리(time management), 업무 계획화(planning), 과업 다양화(job variety) 등을 통해 단조롭거나 과도한 업무로 인한 스트레스를 완화한다. 특히 원격·하이브리드 근무 환경에서는 디지털 프로젝트 관리 도구(Jira, Trello, Asana 등)를 활용해 업무의 가시성을 높이고, 비동기 협업 체계를 도입하여 불필요한 실시간 회의와 즉각적 응답 압박을 줄이는 것이 효과적이다.

셋째, 생활양식 관리는 개인의 전반적인 건강 습관과 여가 활용을 통해 스트레스 저항력을 높이는 방법이다. 규칙적인 수면과 균형 잡힌 식습관, 주기적인 운동은 스트레스에 대한 생리적 회복력을 강화한다. 더 나아가 장기적인 재충전을 위한 안식년 제도(sabbatical leave), 취미 활동, 여행과 같은 비업무적 활동은 심리적 에너지를 회복시키는 중요한 수단이 된다.

2) 반응 지향적 관리

반응 지향적 관리는 이미 발생한 스트레스 상황에 대한 개인의 심리적·신체적 반응을 조절하는 데 중점을 둔다. 이는 스트레스 요인을 즉시 제거할 수 없을 때, 반응 자체를 조절하여 부정적 영향을 완화하는 전략이다.

첫째, 스트레스 완화 훈련은 심리적 안정과 생리적 이완을 유도하는 기법을 포함한다. 명상(meditation), 심호흡(breathing exercise), 요가, 마인드풀니스(mindfulness) 훈련은 신체의 긴장을 해소하고 주의 집중력을 회복시키는 데 효과적이다. 특히 마인드풀니스 기반 스트레스 감소(MBSR) 프로그램은 전 세계 기업과 공공기관에서 검증된 기법으로 활용되고 있다.

둘째, 육체적 해소는 신체 활동을 통해 스트레스 반응을 직접적으로 해소하는 방법이다. 에어로빅, 수영, 걷기, 근력 운동 등은 교감신경의 과도한 활성화를 줄이고, 엔도르핀 분비를 촉진하여 긍정적인 기분 상태를 만든다. 최근에는 직장 내 피트니스 시설, 점심시간 걷기 프로그램, 사내 스포츠 동호회 지원 등 조직 차원의 신체 활동 지원 사례가 늘고 있다.

셋째, 정서적 해소는 억압된 감정을 건설적으로 표출하고 해소하는 방법이다. 예를 들어, 일기 쓰기, 그림·음악·연극 활동, 또는 신뢰할 수 있는 동료·가족과의 대화는 감정 환기(catharsis)를 촉진한다. 심리학적 연구에 따르면, 부정적 감정을 건강하게 표출하는 습관은 장기적인 정신건강 유지에 기여하며 대인관계 갈등 완화에도 긍정적인 영향을 미친다.

3) 증후군 지향적 관리

증후군 지향적 관리는 스트레스가 이미 역기능적 결과(예: 불면, 불안, 우울, 번아웃 등)를 초래한 이후, 이를 사후적으로 관리·치료하는 접근이다. 이는 회복과 재활에 중점을 둔다.

첫째, 심리상담 및 치료는 전문 상담가나 심리치료사를 통한 개입으로, 개인 심리요법, 행동치료, 집단상담 등이 포함된다. 이를 통해 부정적 정서를 완화하고 스트레스 대처 기술을 강화할 수 있다.

둘째, 의학적 치료는 필요 시 정신건강의학과 전문의의 진단과 약물 치료를 포함하며, 신체 건강 회복을 위한 물리치료, 재활 치료 등이 병행될 수 있다.

셋째, 조직 연계 프로그램은 최근 많은 기업에서 도입하고 있는 EAP[1] (Employee Assistance Program)이 대표적이다. EAP는 상담, 건강검진, 법률·재정 자문, 재활 프로그램 등을 종합적으로 제공하여, 구성원의 심리·사회적 문제를 조기 발견하고 해결을 지원한다. 글로벌 기업들은 EAP를 통해 결근율 감소, 이직률 완화, 업무 몰입도 향상 등의 효과를 보고 있다.

정리하면, 스트레스 관리는 요인 단계에서의 예방, 반응 단계에서의 조절, 결과 단계에서의 회복이라는 3단계 통합 프레임워크로 접근할 때 가장 효과적이다. 현대 조직에서는 개인 차원의 노력뿐 아니라, 조직 차원의 제도적 지원과 문화적 기반이 결합될 때 지속가능한 스트레스 관리가 가능하다.

---

1) EAP(Employee Assistance Program)는 조직이 근로자의 심리적·사회적 문제(정신건강, 가정·대인관계, 재정·법률, 건강관리 등)를 예방·해결하기 위해 제공하는 종합 지원 서비스로, 내부 또는 외부 전문기관을 통해 상담·교육·위기 개입 등을 실시하여 생산성 향상과 직무 만족도를 제고하는 제도이다.

표 7-3 개인차원의 관리 방안

스트레스 요인 지향적 관리	• 스트레스 지각방식에 관한 관리 • 작업환경에 관한 관리 • 생활양식 관리
반응 지향적 관리	• 스트레스 완화 훈련 • 육체적 해소 • 정서적 해소
증후군 지향적 관리	• 상담 및 심리요법 • 치료

개인 차원의 스트레스 관리는 단순히 개인의 건강과 안녕(well-being)을 위한 차원을 넘어, 조직 성과와 직결되는 전략적 요소로 간주된다. 특히 디지털 전환과 하이브리드 근무 확산으로 업무 경계가 모호해진 상황에서, 개인이 자기 조절력(self-regulation)과 심리적 회복탄력성(resilience)을 유지하는 것은 필수적이다. 따라서 조직은 교육·코칭·복지제도를 통해 구성원의 스트레스 관리 역량을 체계적으로 지원할 필요가 있다.

2. 조직 차원의 스트레스 관리

조직 차원의 스트레스 관리는 단순히 구성원이 경험하는 스트레스를 무조건적으로 최소화하는 것이 아니라, 스트레스 수준을 최적화(optimal level)하는 데 초점을 둔다. 앞서 살펴본 바와 같이, 스트레스와 성과의 관계는 역U자형 곡선(Yerkes-Dodson Law)을 보인다. 즉, 스트레스가 지나치게 낮으면 긴장감 부족으로 생산성이 떨어지고, 반대로 과도한 스트레스는 번아웃과 건강 악화를 초래한다. 따라서 조직은 상황에 따라 스트레스 수준이 너무 낮을 때는 적절히 자극을 주어 동기를 부여하고, 지나치게 높을 때는 부담을 완화하여 구성원이 최적의 긴장 상태를 유지하도록 해야 한다.

미국의 경영학자 R. S. Schuler는 조직 차원의 스트레스 관리를 위한 핵심 목표를 다음과 같이 제시하였다. 그는 조직 내 역할(role), 직무 내용(job content), 대인관계(work relationships), 조직구조(organizational structure), 물리적 환경

(physical environment), 경력 개발(career development), 조직 변화(organizational change)의 7개 영역을 중심으로 관리 방안을 수립할 것을 강조하였다.

1) 조직 내 역할 조정

역할 모호성이나 역할 갈등은 직무 스트레스의 주요 원인이다. 조직은 직무기술서(Job Description)와 직무 명세서(Job Specification)를 명확히 하고, 역할과 책임을 재조정하여 구성원이 기대와 요구를 명확히 이해할 수 있도록 해야 한다. 예컨대, 프로젝트 매니지먼트 체계를 도입해 업무 범위와 우선순위를 명확히 설정하는 것이 효과적이다.

2) 직무 재설계(Job Redesign)

직무의 다양성, 자율성, 중요성, 피드백을 높이는 재설계는 직무 만족과 몰입을 향상시킨다. 직무 순환(job rotation), 직무 확대(job enlargement), 직무 충실화(job enrichment) 등은 스트레스 감소와 동기부여를 동시에 달성할 수 있는 전략이다.

3) 직장 내 인간관계 관리

동료, 상사, 부하 간의 갈등을 예방하고 협력적인 문화를 조성하기 위해 의사소통 훈련, 팀 빌딩 프로그램, 멘토링 제도를 도입할 수 있다. 최근에는 심리적 안전감(psychological safety)을 높이는 리더십 코칭이 효과적인 방안으로 주목받고 있다.

4) 조직구조 개편

불필요하게 복잡한 보고 체계나 권한 구조를 간소화하고, 권한 위임(delegation)을 확대하여 의사결정 속도를 높인다. 특히 디지털 전환 시대에는 수평적 구조와 애자일(agile) 방식이 스트레스 완화와 혁신 촉진에 기여한다.

5) 물리적 작업 환경의 개선

작업장의 조명, 환기, 소음, 온도 등 물리적 조건은 직무 스트레스 수준과 밀접한 관련이 있다. 재택·원격근무 확대에 따라 디지털 워크스페이스의 안정성(인터넷 속도, 화상회의 품질 등)도 새로운 관리 요소로 포함된다.

6) 경력 개발 지원

경력 경로의 불확실성은 장기적인 스트레스 요인으로 작용한다. 따라서 조직은 교육훈련, 승진 체계의 명확화, 경력 상담을 통해 구성원이 자신의 경력 비전을 설계하도록 돕는다. 예를 들어, 맞춤형 경력 로드맵과 직무 역량 개발 프로그램을 제공할 수 있다.

7) 조직 변화 관리

조직 개편, 합병, 기술 도입과 같은 변화 과정에서 구성원이 느끼는 불안을 줄이기 위해 변화의 필요성과 방향을 명확히 전달하고, 구성원이 변화 과정에 적극적으로 참여할 수 있는 구조를 만든다. 변화관리(Organizational Change Management) 훈련과 참여적 의사결정 제도는 효과적인 접근이다.

또한 〈표 7-4〉에서 제시한 것처럼, 신축성 있는 작업 일정 계획, 참여적 경영관리, 보상 체계의 변경, 성과 측정 방식의 개선, 의사소통 네트워크 혁신, 목표 설정 제도 개선, 사회적 지원 그룹 운영, 교육훈련을 통한 관리기법 적용 등이 중요한 실천 수단이 될 수 있다. 특히 최근에는 직장 생활의 질(Quality

표 7-4 조직 차원의 스트레스 관리 방안

• 조직 내의 역할 조정 • 직무 재설계 • 직장 내 인간관계 관리 • 조직구조 개편 • 물리적 작업 환경의 개선 • 경력 개발 • 조직 변화 • 신축성 있는 작업 일정 계획	• 참여적 경영관리 • 보상 체계의 변경 • 성과 측정 체제의 변화 • 의사소통 네트워크와 과정의 변화 • 목표 설정 제도 • 사회적 지원 그룹의 활용 • 교육훈련을 통한 관리기법의 적용

of Working Life: QWL)을 높이는 정책, 유연근무제, 복지후생 강화가 조직 스트레스 관리의 핵심 과제로 부상하고 있다.

조직 차원의 스트레스 관리가 성공하기 위해서는 개인 차원의 노력과 조직의 구조적·문화적 지원이 결합되어야 한다. 이는 단기적인 성과 향상을 넘어, 조직의 지속가능성과 구성원의 장기적 웰빙(Well-being)을 동시에 달성하는 핵심 경영 전략이 된다.

section 06 갈등 관리

갈등(conflict)이란 생물체가 존재하는 곳이라면 어디서나 발생할 수 있는 보편적이고 불가피한 현상이다. 이는 개인과 개인, 집단과 집단, 조직과 조직, 나아가 국가 간에도 상존하는 사회적·심리적 상호작용의 한 형태이다. 따라서 갈등은 특정 조직이나 문화에 국한되지 않고, 인간 사회 전반에서 관찰되는 구조적·역동적 현상이라 할 수 있다.

학문적으로 갈등의 개념은 연구 대상과 분석 차원, 그리고 접근 방식에 따라 다양하게 정의된다. 심리학에서는 갈등을 개인의 내적 욕구와 목표 간의 불일치로 이해하며, 사회학에서는 상호작용하는 행위자 간의 이해관계 충돌로 본다. 조직행동론에서는 갈등을 조직 내 이해관계자들이 목표, 가치, 자원 배분, 역할 수행 방식 등에서 차이와 불일치를 인식하거나 경험하는 과정으로 정의한다.

갈등은 그 발생 원인과 전개 양상에 따라 조직에 긍정적 또는 부정적 영향을 미칠 수 있다. 관리되지 않은 갈등은 생산성 저하, 사기 저하, 이직 증가 등 부정적 결과를 초래하지만, 반대로 적정 수준의 갈등은 창의성과 혁신을 촉진하고, 의사결정의 질을 높이며, 변화와 개선을 유도하는 순기능을 발휘하기도 한다. 이러한 점에서 현대 조직행동론에서는 갈등을 단순히 제거해야 할 '문제'가 아닌, 관리해야 할 조직자원으로 인식한다.

따라서 효과적인 갈등 관리는 갈등의 원인과 유형을 정확히 진단하고, 조직의 목표 달성에 기여할 수 있는 방향으로 갈등을 조정·활용하는 것을 의미한다. 최근에는 전통적인 회피·타협 중심의 접근을 넘어, 이익 기반 협상(interest−based negotiation), 통합적 문제 해결(integrative problem solving), 갈등 코칭(conflict coaching) 등 전문적 관리기법이 주목받고 있다. 특히 글로벌화, 하이브리드 근무, 다문화 인력 증가와 같은 현대 경영환경의 변화는 갈등의 형태와 복잡성을 확대시키고 있으며, 이에 따라 갈등 관리는 조직의 경쟁우위 확보와 직결되는 전략적 과제가 되고 있다.

1. 갈등의 개념과 관점

1) 갈등의 개념

갈등(conflict)은 조직 내·외부의 다양한 이해관계자들이 목표, 가치, 자원, 권한, 역할, 절차 등에서 양립할 수 없는 차이와 불일치를 인식하거나 경험하는 과정을 의미한다. 이러한 갈등은 단순한 의견 차이를 넘어, 상호작용 속에서 목표 달성을 방해하는 행동과 정서적 긴장감을 동반하는 것이 특징이다.

조직행동론 분야의 여러 학자들은 갈등을 다음과 같이 정의하고 있다. F. Luthans는 갈등을 "상호 간의 목표 달성을 방해하는 고의적 행동으로, 감정적으로 적대감을 갖는 가치(values)나 목표(goals) 사이에서 나타나는 목적의 비양립적 상태"로 보았다. R. E. Walton은 이를 "경쟁, 지위 다툼, 대립관계(rivalry), 협상, 태업과 같은 반대 과정(oppositional process)"으로 정의하였으며, R. Dahrendorf는 "사회적 세력 간의 노골적 충돌뿐 아니라, 경쟁, 대결, 논쟁, 긴장감 등을 포함하는 포괄적 개념"으로 이해하였다. 이러한 정의를 종합하면, 갈등은 양립 불가능한 목표를 가진 두 개 이상의 주체(개인, 집단, 조직) 간에 발생하는 모든 형태의 상호작용을 의미한다. 따라서 갈등이 성립하기 위해서는 다음과 같은 조건이 필요하다.

– **갈등 주체의 존재**: 개인, 집단, 혹은 조직 단위
– **목표의 양립 불가능성**: 동시에 달성할 수 없는 상충된 목표 · 이익 · 가치
– **상호작용의 발생**: 직접적 또는 간접적인 행동·의사소통을 통한 관계

갈등은 흔히 경쟁(competition)과 혼동되지만, 두 개념은 구분될 필요가 있다. 모든 갈등에는 경쟁 상황이 내재할 수 있지만, 모든 경쟁이 갈등으로 발전하는 것은 아니다. 경쟁은 공식적으로 상대방이 바람직하다고 여기는 기회나 이익을 평화적인 방식으로 얻기 위해 노력하는 상태를 말한다. 즉, 경쟁은 '평화적 갈등'의 한 형태로 볼 수 있으며, 물리적 폭력이나 비합리적 공격이 개입되지 않는 경우에 한정된다. 그러나 경쟁이 갈등의 성립 조건들과 결합할 경우, 즉 이해관계 충돌 · 감정적 긴장 · 의사소통 단절이 동반되면 쉽게 갈등 형태로 전환될 수 있다.

현대 조직에서는 이러한 갈등 개념이 더욱 복합적으로 작용한다. 글로벌 협업, 다문화 인력 구성, 원격 · 하이브리드 근무 환경 등은 갈등의 발생 요인과 형태를 다양화시키고 있으며, 단순한 개인 간 불화 수준을 넘어 구조적 · 문화적 차원의 갈등으로 확장되는 경향을 보인다. 따라서 갈등 개념에 대한 명확한 이해는 이후의 갈등 원인 분석과 관리 전략 수립의 기초가 된다.

2) 갈등의 관점

경영학의 발달 과정 속에서 갈등에 대한 인식과 접근 방식은 크게 세 가지 관점으로 구분된다. 즉, 갈등을 제거해야 할 부정적 현상으로 보는 전통적 관점, 조직의 불가피한 산물로서 인정하는 행동과학적 관점, 그리고 갈등이 조직에 긍정적 기여를 할 수 있으므로 필요에 따라 조장해야 한다는 상호작용적 관점이 그것이다. 각 관점은 등장 배경과 전제, 그리고 갈등 관리 방식에서 뚜렷한 차이를 보인다.

(1) 전통적 관점

전통적 관점(traditional view)은 갈등을 조직 유효성에 항상 부정적으로

작용하는 역기능적 현상으로 간주한다. 이 시각에서 갈등은 폭력, 파괴, 비합리성, 분노, 공격적 행동, 언쟁 등 부정적인 이미지와 동의어로 사용되었으며, 조직에 해로운 요소로만 인식되었다.

이 관점이 우세하던 시기에는 조직을 기계적·위계적 체계로 바라보았고, 안정과 질서를 유지하는 것이 경영자의 핵심 역할이었다. 따라서 갈등이 발생하지 않도록 사전에 차단하거나, 발생한 갈등은 즉시 제거하는 것이 바람직하다고 여겨졌다. 경영자의 직무 중 하나는 어떠한 형태의 갈등도 조직에서 배제하는 것이었으며, 이를 위해 규율 강화, 업무 표준화, 명령·복종 체계 확립이 강조되었다.

(2) 행동과학적 관점

행동과학적 관점(behavioral view)은 갈등을 조직 내에서 자연스럽게 발생하는 불가피한 현상으로 이해한다. 조직에는 본질적으로 다양한 이해관계와 목표가 존재하며, 각 부문은 권위와 자원을 확보하고 활동 영역을 확장하기 위해 경쟁한다. 이 과정에서 의견 불일치, 권력 다툼, 이해충돌이 발생하는 것은 당연한 일이다.

이 관점은 1940~1960년대 행동과학의 부상과 함께 발전하였으며, 갈등의 존재를 부정하기보다 그 영향이 상황에 따라 긍정적일 수도, 부정적일 수도 있음을 인정한다. 다만 당시의 '갈등 관리(managing conflict)'는 지금과 달리 갈등의 해소(resolving conflict)를 주된 의미로 하였고, 가능한 한 신속히 문제를 해결하여 정상 상태로 복귀하는 것을 목표로 했다.

(3) 상호작용적 관점

상호작용적 관점(interactionist view)은 갈등을 인정하는 것을 넘어, 필요하다면 의도적으로 조장할 수도 있다고 본다. 갈등은 전적으로 유익하거나 전적으로 해로운 것이 아니라, 조직 목표 달성과 성과 향상에 기여하면 순기능적, 방해하면 역기능적으로 평가된다.

표 7-5 갈등의 수준과 조직성과

상황	갈등수준	갈등의 속성	조직의 내부적 특성	조직성과
1	전혀 없거나 낮다	역기능적	무감동적·정체적, 변화에 무반응적, 「아이디어」의 결여	낮다
2	적정하다	기능적	생동적, 자기 비판적, 창조적	높다
3	높다	역기능적	파괴, 무질서, 비협조적, 방해	낮다

이 관점에서 경영자의 역할은 갈등을 무조건 억제하거나 제거하는 것이 아니라, 건전한 수준의 갈등을 유지하면서 극단으로 치우치지 않도록 조정하는 것이다. 갈등 수준이 너무 낮으면 조직은 무감동적이고 변화에 둔감해져 창의성이 결여되며(역기능), 적정 수준에서는 생동감·자기비판·창의성이 발휘되어 성과가 극대화된다(기능적). 반대로 갈등이 과도하면 파괴적이고 무질서하며 협력이 저해되어 성과가 저하된다(역기능). 이러한 관계는 〈그림 7-3〉과 같이 '갈등의 정도에 따른 팀 효과성의 곡선 관계'로 표현된다.

상호작용적 관점의 대표적 사례로 J. Kelly의 현실주의적 모형(realistic model)이 있다. 그는 갈등을 조직 변화와 혁신에 필수적인 요소로 보았으며, 조직 구조(예: 건물의 배치, 경력 체계 설계 등) 변화 과정에서 갈등이 반드시 수반된다고 주장했다.

정리하면, 세 관점은 갈등을 바라보는 시각과 관리 전략에서 큰 차이를

그림 7-3 갈등의 정도에 따른 팀 효과성의 관계

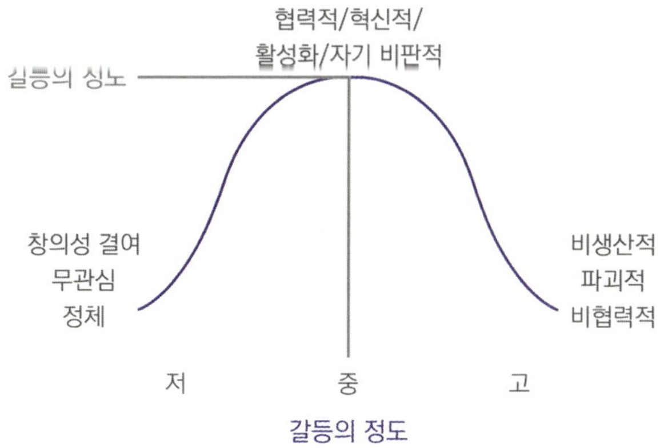

보인다. 전통적 관점은 갈등을 '제거 대상'으로, 행동과학적 관점은 '불가피한 현상'으로, 상호작용적 관점은 '전략적으로 활용 가능한 자원'으로 본다. 현대 조직에서는 상호작용적 관점이 가장 널리 수용되고 있으며, 이는 갈등 관리의 초점을 '갈등의 존재 여부'에서 '갈등을 어떻게 다루고 성과로 연결할 것인가'로 전환시켰다.

3) 갈등의 수준

조직에서 발생하는 갈등은 그 범위와 대상에 따라 개인 내부적 갈등, 개인 간 갈등, 그리고 집단 간 갈등으로 구분할 수 있다. 이러한 구분은 갈등 관리 전략 수립 시 갈등의 성격과 영향 범위를 명확히 파악하게 해주며, 각 수준별 특성에 따라 접근 방법이 달라진다.

(1) 개인 내부적 갈등

개인 내부적 갈등은 한 사람의 내면에서 둘 이상의 목표나 욕구가 상충하여 발생하는 심리적 갈등이다. 대표적으로 다음 세 가지 형태가 있다.

Ⓐ **접근-접근 갈등(approach-approach conflict)**

두 개 이상의 바람직한 목표 중 하나를 선택해야 할 때 나타나는 갈등이다. 예를 들어, 동일한 시기에 두 개의 매력적인 승진 기회를 제안받았을 때 어느 하나를 선택해야 하는 상황이 해당된다.

Ⓑ **회피-회피 갈등(avoidance-avoidance conflict)**

두 개의 부정적 상황 중 어느 하나를 선택해야 할 때 발생한다. 예컨대, 불만족스러운 부서에 남아야 하는 상황과, 새로운 부서로 이동하되 급여가 감소하는 상황 중 하나를 선택해야 하는 경우다.

Ⓒ **접근-회피 갈등(approach-avoidance conflict)**

하나의 목표가 긍정적 요인과 부정적 요인을 동시에 포함할 때 발생하는 갈등이다. 예를 들어, 승진이 가져올 급여 인상과 경력 발전은 긍정적이지만,

과중한 업무와 잦은 출장이라는 부정적 요소가 함께 수반되는 경우다.

(2) 개인 간 갈등

개인 간 갈등은 주로 조직 내 역할과 책임, 업무 방식의 차이에서 비롯된다.

Ⓐ **역할 갈등**(role conflict)

개인이 수행해야 할 역할과 관련하여 양립할 수 없는 기대와 요구를 동시에 받는 상황에서 발생한다.

- **역할 전달자 내부적 갈등**(intrasender conflict): 동일한 역할 전달자(예: 상사)로부터 상충되는 기대를 받을 때 발생한다.
- **역할 전달자 간 갈등**(intersender conflict): 서로 다른 역할 전달자(예: 부서장과 프로젝트 매니저)로부터 모순된 요구를 받을 때 발생한다.
- **개인-역할 갈등**(person-role conflict): 역할 수행에 대한 기대가 개인의 가치관이나 신념과 충돌할 때 발생한다.

Ⓑ **역할 과다**(overload)

역할 수행에 필요한 시간이나 자원이 부족한데도, 그 이상의 역할과 업무가 부여되는 경우 발생한다. 예컨대, 한 명의 직원에게 프로젝트 리더와 운영 담당자의 역할이 동시에 부여되는 상황이 해당된다.

(3) 집단 간 갈등

조직이 커지고 기능이 다양해질수록 부서 · 팀 · 직능 간의 관계는 복잡해지며, 이로 인해 집단 간 갈등 가능성도 높아진다. 조직의 각 집단은 상호의존적 관계 속에서 협력해야 하지만, 목표 · 자원 · 권한을 둘러싼 차이로 인해 갈등이 발생할 수 있다.

Ⓐ 집단 간 갈등의 유형

- **수직적 갈등**(vertical conflict): 상사와 부하 간, 혹은 상위·하위 부서 간 계층적 관계에서 발생하는 갈등.
- **수평적 갈등**(horizontal conflict): 동일한 계층 수준의 부서나 팀 간에 목표 상충, 자원 희소성 등으로 발생.
- **라인-스태프 갈등**(line-staff conflict): 라인 부서와 스태프 부서 간 권한·역할 인식 차이, 상호 의존성에서 비롯되는 갈등.
- **공식-비공식 집단 간 갈등**: 조직 내 공식 집단과 비공식 집단 간 가치관·규범·행동 방식 차이로 발생.

Ⓑ 집단 간 갈등의 원천

R. E. Walton과 J. M. Dutton은 다양한 연구를 종합하여 집단 간 갈등의 선행 요인을 다음과 같이 제시하였다.

- 과업의 상호의존성
- 과업 관련 불일치 또는 불균형
- 성과 측정 기준 및 보상
- 조직 내 차별화
- 역할 불만족
- 역할 모호성
- 공동 자원에 대한 의존성
- 의사소통 방해
- 개인 기술 수준과 성향 차이

한편 J. L. Gibson, J. M. Ivancevich, J. H. Donnelly는 집단 간 갈등의 원인을 다음 세 범주로 분류하였다(〈표 7-6〉 참조).

표 7-6 집단간 갈등의 원인

갈등의 원인	하위 요인
상호의존성	• 공동적 의존성(pooled interdependence) • 순차적 의존성(sequential interdependence) • 호혜적 의존성(reciprocal interdependence)
목표의 차이	• 한정된 자원 • 개인성과를 기준으로 하는 보상체계
인식의 차이	• 상이한 목표 • 상이한 시간 개념 • 지위의 불일치 • 부정확한 인식
전문 인력에 대한 수요 증대	특히 「라인-스태프」간 갈등의 경우에 두드러짐

- **상호의존성**: 공동적 의존성, 순차적 의존성, 호혜적 의존성
- **목표의 차이**: 한정된 자원, 개인성과 중심 보상체계
- **인식의 차이**: 상이한 목표, 시간 개념 차이, 지위 불일치, 부정확한 인식
- **전문 인력에 대한 수요 증가**: 특히 라인-스태프 간 갈등에서 두드러짐

디지털 전환, 글로벌 프로젝트, 하이브리드 근무 환경 등은 개인 내부·개인 간·집단 간 갈등의 형태와 복잡성을 확대시키고 있다. 이에 따라 갈등 관리는 갈등 수준별 맞춤형 전략을 필요로 하며, 예방-조정-해결의 통합적 접근이 필수적이다.

2. 갈등의 대처

1) 개인 간 갈등의 대처

개인 간 갈등은 조직 내 갈등 중에서도 가장 빈번하게 발생하는 유형이며, 업무 효율성과 대인관계 모두에 직접적인 영향을 미친다. 경영자는 이러한 갈등이 역기능적 영향을 미치지 않도록 지원해야 하며, 필요 시 공식적 권한을 행사하여 갈등을 조정·해결할 수 있다. 다만, 가능한 한 당사자들이 자발적으로 해결하도록 유도하는 것이 바람직하다. M. Doutch(1969)의 연구에

표 7-7 개인 간의 갈등이 미치는 영향

구 분	득 실 상 황	협 동 상 황
과업지향성 (task orientation)	적대적 이해관계 강조, 다른 당사자의 힘의 최소화가 목표	분업과 전문화로 공동이익 관계와 협동을 강조, 공동의 힘의 증대가 목표
태 도 (attitude)	다른 당사자의 욕구와 약점을 이용 요구에 부정적 반응, 협의적이고 적대적인 태도	다른 당사자의 복지에 적극적인 이해관계 욕구와 요구에 호의적 반응, 신뢰와 친밀한 태도
지 각 (perception)	적대적 이해관계, 동료의식 최소화에 대한 감수성 증대	적대적 이해관계 최소화, 공동의 이해관계, 신념·태도의 일치감에 의한 감수성 증대
의사소통 (communi-cation)	의사소통의 왜곡 및 무시, 다른 당사자가 제공하지 않더라도 정확한 정보를 획득, 다른 당사자에 대한 왜곡, 낙심, 협박, 강압적 전술 사용	적절한 정보의 명백하고 정직한 의사소통, 정확하게 정보를 획득·전달하는데 관심, 설득적 전술 사용

자료 : M. Doutch(1969), "Socially Relevant Science: Some Reflections on Some Studies of Interpersonal Conflict", *American Psychologist*, p. 24, 1078.

따르면, 개인 간 갈등의 영향은 '득실 상황(competitive situation)'과 '협동 상황(cooperative situation)'에 따라 크게 달라진다. 경쟁적 상황에서는 적대적 이해관계 강조, 불신, 왜곡된 의사소통, 힘의 소모가 두드러지지만, 협동 상황에서는 공동이익 추구, 신뢰 형성, 정확하고 정직한 의사소통, 설득 기반의 전술이 나타난다(〈표 7-7〉 참조). 개인 간 갈등을 관리하기 위한 대표적 대처 방식은 회피, 강압, 순응, 문제 해결, 협동, 타협의 여섯 가지로 구분된다.

(1) 회피 스타일(Avoidance Style)

회피는 갈등의 존재를 인정하지 않거나, 의도적으로 개입을 피하는 방식으로, 갈등의 근본 원인을 해결하기보다 당장의 마찰을 회피하는 데 초점을 둔다. 회피 방식에는 두 가지 형태가 있다.

철회(withdrawal)는 갈등 상황에서 완전히 물러나거나 상호작용을 중단하는 방식으로, 부서 간 협력이 불필요하거나 갈등의 중요성이 낮을 때 효과적이다.

억제(suppression)는 감정이나 정보를 억누르고 표면적으로 갈등이 드러나지 않게 하는 방법으로, 갈등이 공개적으로 표출되는 것을 방지한다. 회피 방식의 장점은 사소한 문제나 시급성이 낮은 갈등에 신속히 적용 가능하고, 불필요한 대립을 줄일 수 있다는 점이다. 그러나 근본 원인을 제거하지 않기 때문에 같은 갈등이 재발할 가능성이 높고, 중요한 문제를 방치하는 부작용이 발생할 수 있다. 현대 조직에서는 '전략적 회피'가 단기적으로는 유효할 수 있으나, 장기적으로는 근본 원인 분석과 병행되어야 한다.

(2) 강압 스타일(Competing/Forcing Style)

강압은 공식적 권한과 힘을 사용하여 일방적으로 결정을 내리고, 상대방에게 이를 수용하게 하는 방식이다. 흔히 '경쟁(competing)'이라고도 하며, 신속하고 단호한 결단이 필요한 상황에서 사용된다.

- **적용 상황**: 안전·윤리와 같이 타협이 불가능한 사안, 혹은 긴급한 의사결정이 필요한 위기 상황.

강압의 장점은 문제 해결 속도가 빠르고, 갈등 원인을 즉각 제거할 수 있다는 점이다. 그러나 패자가 결정을 거부하거나 저항할 가능성이 있으며, 창의적 아이디어의 발현이 억제되고 장기적으로 조직 목표에 대한 몰입도가 떨어질 수 있다. 따라서 강압은 최후의 수단(last resort)으로 제한적으로 활용하는 것이 바람직하다.

(3) 순응 스타일(Accommodation/Smoothing Style)

순응은 관계 유지를 위해 자신의 입장을 양보하고 상대방의 요구를 수용하는 방식으로, '완화(smoothing)'라고도 불린다. 이 방식은 갈등을 즉시 감소시키는 효과는 있으나, 근본적 해결에는 이르지 못하는 경우가 많다.

- **적용 상황**: 두 당사자 간 관계 유지가 사안 자체보다 중요할 때, 조직 문화가 조화와 화합을 중시할 때.

순응의 장점은 대인관계 악화를 방지하고 신뢰와 협력을 유지할 수 있다는 점이다. 그러나 한쪽의 불만이 누적될 가능성이 높고, 갈등이 잠복 상태로 남아 재발할 위험이 있다. 현대 조직에서는 이 방식을 단기적 관계 회복용으로 활용하고, 장기적으로는 합리적 대화를 통해 해결책을 모색해야 한다.

(4) 문제 해결 스타일(Problem-Solving/Confrontation Style)

문제 해결은 갈등 당사자들이 직접 대면하여 갈등의 원인을 분석하고, 공동의 해결책을 모색하는 방식이다. '대면(confrontation)'이라고도 하며, 갈등 해결 방식 중 가장 근본적이고 장기적인 효과를 기대할 수 있다.

- **적용 조건**: 충분한 시간과 적절한 환경이 마련되어야 하며, 건설적인 대화를 위한 의사소통 기술이 확보되어야 한다.

문제 해결 방식의 장점은 상호 이해를 증진시키고, 장기적·구조적 해결을 가능하게 한다는 점이다. 그러나 가치관 차이와 같이 구조적·심층적 갈등에는 단기간 적용이 어렵고, 조율 과정에서 시간과 자원이 많이 소모될 수 있다.

(5) 협동 스타일(Collaborating Style)

협동은 갈등 당사자들이 공동의 목표와 가치를 창출하고, 상호 이익을 극대화하는 통합적 해결책(integrative solution)을 도출하는 방식이다. 문제 해결 방식과 유사하지만, 협동은 단순히 문제를 해결하는 것을 넘어 새로운 공동관념과 지속 가능한 관계를 형성하는 데 초점을 둔다.

- **적용 환경**: 시간, 규범, 조직 분위기 등 협동을 촉진하는 환경이 마련된 경우와 당사자들이 협동적 방법의 가치를 인식하고 전념하는 경우.

협동의 장점은 상호 신뢰를 강화하고, 장기적 생산성을 높이며, 명확한 의사소통을 가능하게 한다는 점이다. 그러나 초기 협상 과정에서 시간과 노력이 많이 소요되며, 생소한 절차로 인해 초기 저항이 나타날 수 있다.

(6) 타협 스타일(Compromise/Bargaining Style)

타협은 갈등 당사자들이 서로 일부를 양보하여 중간 수준의 해결책을 찾는 방식이다.

- **장점**: 비교적 신속하게 합의에 도달할 수 있으며, 승패 구도가 아닌 균형적 해결이 가능하다.
- **단점**: 양측 모두 최적의 이익을 얻지 못할 수 있고, 장기적으로는 불만이 남아 재협상을 시도할 가능성이 높다.

타협은 '모두가 조금씩 손해를 보는 대신, 모두가 어느 정도 이익을 얻는' 절충안으로, 긴급 상황이나 완전한 합의가 어려운 경우에 유용하다. 그러나 전략적이고 지속 가능한 관계 형성을 위해서는 타협 이후 협동이나 문제 해결 방식으로 전환하는 것이 바람직하다.

현대 조직에서는 갈등 대처 방식 중 하나만을 고집하기보다, 상황의 긴급성, 갈등의 성격, 당사자 간 관계, 조직문화 등을 고려하여 혼합적·유연한 접근을 사용하는 것이 효과적이다. 예컨대, 위기 상황에서는 강압과 타협을 결합하고, 장기 프로젝트에서는 협동과 문제 해결을 병행하는 식이다. 또한 갈등관리 교육과 공식적인 중재 프로세스를 제도화하면, 조직 구성원들이 적절한 대처 전략을 선택하고 실행하는 역량을 높일 수 있다.

2) 조하리의 창(Johari Window)

조하리의 창(Johari window)은 1955년 미국의 심리학자 조셉 러프트(Joseph Luft)와 해리 잉햄(Harry Ingham)에 의해 개발된 자기인식·대인관계 진단 모형으로, 개인이 자신과 타인에 대해 어떻게 인식하고 있는지를 네 가지 영역으로 구분한다. 이 모형은 대인관계의 상호 이해를 증진하고, 잠재적 갈등을 사전에 발견·해소하는 데 유용한 분석 틀로 널리 활용된다. 조하리의 창은 개인의 정보가 누가 알고 있는가(자신, 타인)에 따라 네 영역으로 나뉜다. 이 네 영역의 상대적 크기는 의사소통 방식, 자기개방 정도, 피드백 수용성 등에 따라 변화하며, 이는 곧 갈등의 잠재성과 직결된다.

그림 7-4 조하리의 창 모형

공공영역(open self) (자신도 알고 상대방도 아는 정보)	사적영역(hidden self) (자신은 알고 있으나 상대방은 모르는 정보)
맹신영역(blind self) (상대방은 알고 있지만, 자신은 인식하지 못하는 정보)	미지영역(undiscovered self) (자신도 모르고 상대방도 모르는 영역)

자료: F. Luthans(1985), *Organizational Behavior*, 4th ed., McGraw-Hill, p. 402.

(1) 공공 영역(Open Self)

자신도 알고 있고, 상대방도 알고 있는 영역이다. 업무 성향, 주요 강·약점, 의사소통 방식 등 상호 공유된 정보가 포함된다. 이 영역이 넓을수록 상호 이해가 높아져 갈등 발생 가능성이 낮아진다.

(2) 사적 영역(Hidden Self)

자신은 알고 있지만, 상대방은 모르는 정보다. 개인의 가치관, 감정, 과거 경험 등이 의도적으로 숨겨지는 경우가 많으며, 이는 상대방의 반응에 대한 두려움이나 불신에서 비롯된다. 사적 영역이 넓으면 오해와 불신이 증폭되어 잠재적 갈등이 커질 수 있다.

(3) 맹신 영역(Blind Self)

상대방은 알고 있지만, 본인은 인식하지 못하는 정보로 구성된다. 예컨대, 자신의 말투가 무례하게 느껴질 수 있다는 사실을 본인은 모르지만, 타인은 이를 인지하는 경우다. 이 경우 피드백이 제공되더라도 본인이 이를 간섭이나 비판으로 받아들이면 갈등이 촉발된다.

(4) 미지 영역(Undiscovered Self)

자신도 모르고, 상대방도 모르는 정보다. 잠재된 능력, 무의식적 행동, 특정 상황에서의 예측 불가능한 반응 등이 여기에 해당된다. 이 영역에서는 갈등이 갑작스럽게 표면화될 수 있다.

조하리의 창 모형이 제안하는 핵심 메시지는 자기 개방(self-disclosure)과 피드백 수용(feedback acceptance)이다. 사적 영역을 줄이고 공공 영역을 확대하면 상호 신뢰와 협력이 강화되며, 잠재적 갈등이 예방된다. 현대 조직에서는 심리적 안전감(psychological safety)이 확보된 환경과 개방적 피드백 문화가 이러한 영역 확장의 필수 조건으로 강조된다.

3) 집단 간 갈등 관리

현대 조직은 다기능 부서, 프로젝트 팀, 글로벌 지사 등 다양한 집단들이 상호의존적 관계 속에서 업무를 수행한다. 이러한 환경에서는 집단 간 이해관계의 충돌, 목표 차이, 자원 배분 문제 등으로 인해 갈등이 불가피하게 발생한다. 따라서 갈등을 단순히 제거하는 것이 아니라, 구조적 전략(structural strategies)을 통해 갈등의 순기능을 강화하고 역기능을 최소화하는 접근이 필요하다.

〈표 7-8〉에서 제시하듯, 집단 간 갈등은 경쟁, 의사결정, 상호작용, 신뢰수준 등에 따라 긍정적·부정적 효과를 동시에 가진다. 예를 들어, 적절한 수준의 경쟁은 동기부여와 창의적 아이디어 생성에 기여하지만, 과도한 경쟁은 정보 은폐, 왜곡, 비협조로 이어진다. 주요 구조적 전략과 해결 방안은 다음과 같다.

표 7-8 집단 간 갈등의 영향

집단 간 갈등 성격	적극적 영향	부정적 영향
경쟁	동기부여 증가, 점검 및 균형시스템에 공헌·수립된 아이디어에 부응하는 새로운 아이디어 수의 증가, 집단 간 공동모략 감소	동기부여 감소, 고위관리에게 정보가 투입되지 않음
정보의 은닉 및 왜곡		의사결정의 질 저하
의사결정을 상위자에게 호소	상위자는 운영과 하위자에 관한 많은 정보획득, 상위자는 제3의 조정자로서 대면해결을 유도함	상위자는 정보획득에 과중한 부담을 느끼게 됨. 상위자로 하여금 완전한 지식 없이 포고로서 갈등을 취급하도록 강조
의사결정 절차의 엄격화와 공식화	제도의 안전성 증가	변화에 대한 적응력 저하
집단 간 상호작용의 감소	집단이나 개인이 필요한 역할을 제공하면 문제는 감소됨	업무의 이행과 협조를 방해
낮은 신뢰, 협동심 대 적대감	집단 내의 협조에 기여하는 집단 내의 응집성 증가	심리적인 팽창과 이직률

자료: D. Hellriegel & J. W. Slocum(1988), *Management*, 5th ed., Addison－Wesley Publication Co., p. 455.

(1) 계층(Hierarchy)

상호작용 집단 간 불일치를 해결하기 위해 공동 상사(common superior)를 활용한다. 상위 관리자는 제3자 조정자로서 대면 해결을 촉진하며, 이 과정에서 객관성과 중립성을 유지해야 한다.

(2) 계획(Plans)

집단 간 상호작용을 최소화하면서도 업무를 통제·조정할 수 있는 계획을 수립한다. 특히 지리적으로 떨어진 부서 간에는 상위목표(superordinate goals) 설정을 통해 공동의 비전을 부여하거나, 공동 자원 활용 계획을 마련해 협력 구조를 강화한다.

(3) 연결 역할(Linking Roles)

집단 간 소통을 원활히 하기 위해 비공식적인 연결 인력을 배치한다.

프로젝트 매니저, 코디네이터 등이 해당하며, 하위 수준에서 갈등을 조기 차단하고 조율 기능을 수행한다.

(4) 태스크 포스(Task Force)

특정 현안을 해결하기 위해 각 집단의 대표가 참여하는 임시 조직을 구성한다. 상호 입장을 교환하고 협력적 해결책을 모색함으로써 통합을 촉진한다.

(5) 통합 역할·단위(Integrating Roles or Units)

상설 조정 인력이나 전담 부서를 두어 집단 간 공유 영역(interface)을 지속적으로 관리한다. 이는 비공식 연결 역할보다 제도화된 조정 기능을 제공한다.

(6) 매트릭스 조직(Matrix Organization)

기능 부서와 프로젝트 조직을 이중 권한·이중 보고 체계로 통합하는 구조이다. 내재적으로 갈등이 존재하지만, 복잡하고 불확실한 환경에 효과적으로 대응할 수 있다. 매트릭스 구조에서는 갈등을 조직의 적응성과 혁신의 원동력으로 전환하는 관리 기술이 필수적이다.

오늘날 집단 간 갈등 관리는 '갈등을 없애는 것'이 아니라, 갈등을 자원(resource)으로 전환하는 것이 목표다. 이를 위해 다음과 같은 노력이 요구된다.

- **상위목표 설정**: 집단 간 차이를 넘어서는 공통의 비전과 비전을 부여하여 협력을 유도한다.
- **자원 분배의 투명성 강화**: 자원 부족이 갈등의 주요 원인이므로, 배분 원칙을 명확히 하고 투명하게 운영한다.
- **유연한 조직 설계**: 매트릭스, 프로젝트 기반 조직 등 다양한 구조를 통해 환경 변화에 대응하고 협력 체계를 강화한다.

- **정기적 소통 채널 운영**: 부서 간 회의, 워크숍, 교차훈련 등을 통해 상호 신뢰와 이해를 지속적으로 구축한다.

결국, 집단 간 갈등 관리는 단순한 분쟁 조정이 아니라 조직 통합과 성과 향상을 위한 전략적 경영 활동으로 인식되어야 하며, 이를 위해 구조적·문화적·리더십 차원의 복합적 접근이 필수적이다.

PART 03

집단 수준의 행동

CHAPTER 08 효과적인 리더십
CHAPTER 09 집단과 팀의 관리
CHAPTER 10 의사소통
CHAPTER 11 의사결정

CHAPTER

08

효과적인 리더십

리더는 공식적으로 부여된 직위에 따라 부하들에게 합법적으로 지시·명령할 수 있는 권한을 지닐 뿐 아니라, 다양한 방식으로 구성원들의 태도와 행동에 영향을 미칠 수 있는 능력을 가진다. 이러한 능력을 우리는 리더십(leadership)이라 하며, 경영학적 관점에서 리더십은 "집단 구성원들의 과업과 관련된 활동을 지시하고 이에 영향을 주는 과정"으로 정의된다. 이 정의 속에는 세 가지 중요한 함의가 포함되어 있다.

첫째, 리더십은 반드시 '다른 사람', 즉 부하나 추종자와의 관계를 전제로 한다. 구성원들이 리더의 지시를 받아들이려는 의지가 존재해야만 리더의 지위가 성립하고 리더십 과정이 가능해진다. 둘째, 리더십은 리더와 구성원 간 권력의 불균형을 내포한다. 리더는 구성원의 활동을 지시·조정할 권한을 보유하지만, 구성원은 동일한 수준으로 리더를 지휘할 수 없다. 셋째, 리더는 단순히 합법적 권한만이 아니라 개인적 매력, 전문성, 설득력 등 다양한 수단을 통해 영향력을 행사할 수 있다.

모든 계층의 관리자는 어느 정도 리더십을 발휘할 수 있는 위치에 있지만, 리더(leader)와 관리자(manager)는 동일한 개념이 아니다. 관리자는 조직의 질서 유지와 목표 달성을 위해 자원을 배분하고 통제하는 기능을 수행하는 반면, 리더는 비전 제시와 동기부여를 통해 구성원의 자발적 몰입을 이끌어낸다. 다시 말해, 리더십 활동과 경영 활동은 목적과 접근 방식에서 차이를 보인다.

전통적인 관리자와 리더를 비교하면 다음과 같은 차이가 나타난다.

관리자는 '일을 옳게 하는 것(how 중심)'에 집중하며, 주어진 시스템과 구조를 유지·운영하는 데 중점을 둔다. 그들은 주로 단기적 관점에서 수직적 명령 체계를 기반으로 현 상태를 수용하고, 통제와 규율을 중시한다. 반면, 리더는 '옳은 일을 하는 것(what 중심)'에 관심을 두며, 창조와 혁신을 주도하고, 장기적 관점에서 비전과 방향성을 제시한다. 리더는 현상태에 도전하며, 인간적 신뢰를 기반으로 수평적 협력 관계를 형성한다.

이러한 차이는 단순한 역할의 구분을 넘어, 조직의 성과와 지속 가능성에 직접적인 영향을 미친다. 관리 기능만으로는 변화하는 환경에 대응하기 어려우며, 리더십이 결합될 때 조직은 변화를 기회로 전환할 수 있다. 따라서 현대 조직에서는 관리자와 리더의 경계가 점차 흐려지고, 관리자는 리더십 역량을, 리더는 관리 역량을 겸비하는 것이 필수적이다.

표 8-1 리더와 관리자의 구분

관리자	리더
책임수행	혁신주도
모방	창조
유지	개발
시스템과 구조에 초점	인간에 초점
통제위주	신뢰에 기초
단기적	장기적
언제, 어떻게 관심	무엇을, 왜에 관심
수직적 관점	수평적 관점
현상태 수용	현상태에 도전
전통적인 충복	독자적 인간
일을 옳게 함(how 중심)	옳은 일을 함(what 중심)

section 01

권력과 영향력

1. 리더가 사용하는 권력

권력(power)은 정치학, 사회학, 심리학, 경영학 등 여러 학문 분야에서 폭넓게 다루어져 왔으며, 그 사용 영역과 개념은 매우 다양하다. 일반적인 의미에서 권력은 '다른 사람의 행동이나 태도를 변화시킬 수 있는 능력 또는 가능성'을 의미하지만, 구체적인 조건에 따라 정의가 조금씩 달라진다. 예를 들어 강제성의 필요 여부, 권력관계가 잠재적인 것인지 현재 행사되고 있는 것인지, 권력 행사자의 의도성, 그리고 권력 행사자와 수용자 간 관계의 대칭성 또는 비대칭성에 따라 권력의 개념은 미묘한 차이를 보인다. 대체로 권력은 특정 개인의 고유한 속성이 아니라 사회적 대인관계에서 발생하는 상호작용의 산물로 이해된다. 즉, 한 사람이 다른 사람의 행동을 특정 방향으로 유도하거나 통제할 수 있는 가능성과 능력, 잠재력을 뜻한다. 이러한 권력은 다음과 같은 특징을 지닌다.

1) 권력은 대인관계에서 발생한다.

권력은 독립적으로 존재하는 것이 아니라, 행사자와 수용자 간의 상호작용 속에서 형성된다. 예를 들어, 상사가 부하직원에게 업무 지시를 내리고 이를 수행하도록 하는 과정에서 권력이 발휘되는데, 이는 단순히 직위에서 비롯되는 것이 아니라 상호 간의 기대, 의존, 교환 관계에 기반한다.

2) 권력의 행사에는 저항이 전제된다.

권력이 발휘되는 상황에는 대개 상대방의 저항이 존재하며, 권력은 이러한 저항을 극복하고 자신의 의사를 관철시키는 과정과 관련된다. K. Lewin은 권력을 공식화하여, A가 B에게 행사하는 권력은 A가 B에게 가하는 영향력과,

B가 이에 저항할 수 있는 능력에 의해 결정된다고 설명하였다. 이 개념은 J. R. P. French와 B. Raven에 의해 수정 · 보완되었다.

3) 권력은 의존성에서 발생한다.

한 개인 또는 집단이 다른 사람의 자원, 정보, 또는 지원에 크게 의존할수록 그 상대방의 권력은 커진다. 예컨대 프로젝트 성공에 꼭 필요한 핵심 기술을 보유한 전문가 집단은 조직 내에서 상대적으로 큰 영향력을 행사하게 된다.

4) 권력은 상황적 제약을 받는다.

권력은 시간과 장소, 환경 조건에 따라 발휘 정도가 달라진다. 예를 들어 조직 내 불확실성이 높은 시기에 필요한 정보와 자원을 독점적으로 보유한 부서나 집단은 권력 우위를 점할 가능성이 높다. 이는 조직의 권력구조가 고정적인 것이 아니라 환경 변화에 따라 역동적으로 재편될 수 있음을 보여준다.

5) 권력 행사에는 선택의 여지가 존재한다.

극단적인 강제 상황을 제외하면, 권력은 상대방에게 일정한 행동 선택의 자유를 남겨둔다. 즉, 권력은 '상대방이 원래 하지 않았을 행동을 하도록 만드는 능력'을 의미하지만, 동시에 상대방이 일정 수준에서 행동을 결정할 수 있는 재량권을 포함한다.

(1) 권력의 원천

권력 과정(power process)은 사회적 · 기술적 시스템 내에서, 그리고 이들 시스템 상호 간에서 끊임없이 전개된다. 권력은 단순히 공식적 지위나 직함에서만 비롯되는 것이 아니라, 개인 또는 집단이 서로 영향을 주고받는 관계 속에서 형성되고 행사된다. 각 행위자가 자신의 목표를 달성하기 위해 타인의 행동에 변화를 유도하고자 할 때, 이 영향력은 권력이라는 형태로 구체화된다.

예를 들어, 조직 내에서 상위 직위를 두고 두 사람이 경쟁하는 상황을 가정해 보자. 이 경우 경쟁 당사자들은 자신의 영향력을 극대화하기 위해 공식적인 지위뿐만 아니라 비공식적 관계망, 정보, 자원, 인적 지지를 적극적으로 동원한다. 이 과정에서 권력은 직접적인 당사자뿐 아니라, 원래 갈등이나 경쟁에 개입하지 않았던 제3자에게서도 발생할 수 있다. 이러한 현상은 권력이 단순히 개인적 속성이 아니라 관계적·구조적 성격을 지닌다는 점을 잘 보여준다. 따라서 권력 관계를 분석할 때 핵심이 되는 것은 '한 행위자가 상대방에게 어떻게 영향력을 행사할 수 있는가'라는 문제이다. 여기서 권력의 원천(source of power)이란, 권력 보유자가 영향력을 행사할 수 있도록 뒷받침하는 기반(basis of power)을 어디에서 확보하는가를 의미한다. R. A. Dahl은 권력 기반을 "A가 B의 행동에 영향을 미치기 위해 행사하는 자원"으로 정의하였으며, R. Kreuger는 이를 "행위자가 자유롭게 통제·활용할 수 있는 모든 경제적·비경제적 자원"으로 규정하였다. 여기서 경제적 자원은 물질적 재화뿐 아니라 정보, 지식, 서비스 등 비물질적 자원까지 포함한다.

특히 '카리스마'와 같이 행위자의 개인적 능력과 성격적 매력 또한 권력의 중요한 자원이 될 수 있다. 이러한 인적 특성은 조직 내 영향력 행사에 있어 공식적인 권한 이상의 효과를 발휘하기도 하며, 이 때문에 권력 기반의 분류는 물리적·경제적 자원에만 국한되지 않는다. 다만 학자들 간에는 권력의 '기반'과 '원천'을 엄밀히 구분하지 않는 경우가 많다. 실제로 두 개념은 서로 밀접히 얽혀 있으며, 권력 기반 안에 권력의 원천이 포함되거나 혼합되는 사례가 빈번하다. 그러나 분석적 명확성을 위해, 권력의 원천은 권력 기반이 형성되는 출처를, 권력의 기반은 그 원천으로부터 확보된 구체적 영향력 요소를 의미한다고 구분할 수 있다.

결국, 권력을 추구하는 개인이나 집단은 우선적으로 권력의 원천을 확보해야 하며, 이를 통해서만 권력 기반을 구축하고 영향력을 지속적으로

그림 8-1 권력의 원천과 기반

행사할 수 있다. 조직 의사결정의 참여자들이 발휘하는 권력은 이러한 다양한 원천에서 비롯되며, 그 성격과 형태는 의도, 상황, 조직문화에 따라 크게 달라질 수 있다. 따라서 권력의 원천에 대한 이해는 조직 내 역학 관계를 파악하고 효과적인 리더십과 갈등 관리 전략을 수립하는 데 있어 필수적인 전제라 할 수 있다.

(2) French와 Raven의 권력 유형론

J. R. P. French와 B. Raven은 1959년에 발표한 연구에서 조직 내 권력의 다양한 원천을 분석하고, 이를 다섯 가지 유형으로 분류하였다. 이 모형은 권력의 발휘 방식과 그 심리적 기제를 체계적으로 설명함으로써, 조직행동 연구와 리더십 이론 발전에 중요한 토대를 제공하였다. 다만, 이들은 권력의 분류에서 '권력의 기반(power base)'과 '권력의 근원(source)' 개념이 혼재되어 있어 완벽한 일관성을 보이지 않지만, 실무적·이론적 분석에서 여전히 널리 활용되고 있다.

(1) 합법적 권력(Legitimate Power)

합법적 권력은 특정 개인이 지위나 직위에 의해 부여받은 공식적인 권한에서 비롯된다. 구성원들은 이를 정당한 권리로 인정하며, 해당 권한자가 내리는 지시를 의무로서 수행하게 된다. 예를 들어, 상사가 부하직원에게 업무를 배정하는 것은 직위에 근거한 합법적 권력의 행사이다. 이 권력은 조직의 공식 구조와 규범에 기반하지만, 직위의 정당성에 대한 신뢰가 약화되면 효력이 급격히 떨어진다.

(2) 보상적 권력(Reward Power)

보상적 권력은 원하는 보상을 제공함으로써 복종을 유도하는 힘이다. 금전적 보상(급여, 상여금)뿐 아니라 승진, 인정, 근무환경 개선 등도 포함된다. 예를 들어, 팀장이 프로젝트 목표 달성 시 인센티브를 지급하겠다고 약속하는 것은 보상적 권력의 대표 사례이다. 다만, 보상의 자원이 한정되어 있거나 기대 대비 보상의 가치가 낮을 경우, 권력의 효과는 감소한다.

(3) 강제적 권력(Coercive Power)

강제적 권력은 처벌이나 위협을 통해 복종을 이끌어내는 힘이다. 징계, 불이익, 해고 경고 등이 여기에 해당한다. 예를 들어, 규정 위반 시 인사고과를 낮추겠다는 경고는 강제적 권력의 전형적인 사례이다. 이 권력은 단기적으로 빠른 복종을 이끌어낼 수 있으나, 장기적으로는 조직 내 불신과 반발을 초래할 위험이 크다.

(4) 준거적 권력(Referent Power)

준거적 권력은 타인이 특정 인물에게 느끼는 존경, 매력, 동일시 욕구에서 발생한다. 카리스마 있는 리더나 롤모델이 되는 선배에게 자발적으로 따르는 경우가 이에 해당한다. 예를 들어, 구성원이 선배의 가치관과 행동을 모방하고자 하는 것은 준거적 권력의 영향이다. 이 권력은 비공식적 영향력이 크며, 대인관계의 신뢰와 호감이 핵심 자원이다.

(5) 전문적 권력(Expert Power)

전문적 권력은 특정 분야의 전문지식과 기술에서 비롯된다. 구성원들은 그 지식의 정확성과 유용성을 신뢰하기 때문에 권력자가 제시하는 방향을 따른다. 예를 들어, IT 부서의 보안 전문가가 보안정책 변경을 권고하면 다른 부서도 이를 수용하는 것은 전문적 권력의 발현이다. 이 권력은 전문성 유지와 지속적 학습이 필수적이다.

French와 Raven의 권력 유형론은 권력의 원천과 작동방식을 명확히 구분해 보여주며, 리더십 전략 수립과 조직 내 영향력 관리에 실질적 지침을 제공한다.

- 보상적·강제적 권력 → 권력의 기반(resource-based power) 중심
- 합법적·준거적·전문적 권력 → 권력의 근원(source-based power) 중심

이러한 구분은 조직 상황과 목표에 따라 적절한 권력 조합을 선택하고, 권력 행사 방식이 조직문화와 성과에 미치는 영향을 분석하는 데 유용하다.

2. 리더의 영향력

리더의 영향력은 조직 내에서 다른 사람들의 태도, 가치관, 지각, 행동 등에 변화를 유도하는 힘을 의미하며, 이는 단순한 명령이나 지시를 넘어, 리더와 구성원 간의 상호작용 속에서 형성되는 심리적·행동적 효과를 포함한다. D. Katz와 R. L. Kahn은 이를 "심리적 내지 행동적 효과를 발생시키는 대인간 거래"로 정의하였으며, 이러한 영향력은 발휘되는 과정과 방법에 따라 다양한 결과를 초래한다. 즉, 리더가 어떠한 방식으로 영향력을 행사하느냐에 따라 구성원의 태도, 가치관, 지각, 행동, 신념이 긍정적으로 변화하기도 하고, 때로는 저항과 부정적 반응을 일으키기도 한다.

G. Yukl과 J. B. Tracey는 리더의 영향력 유형을 9가지로 구분하였다.

첫째, 합리적 설득(rational persuasion)은 사실과 논리에 기반한 주장을 통해 대상자를 설득하고, 요구 사항을 명확히 하여 직무 목적에 부합하도록 이끄는 방식이다. 둘째, 영감적 호소(inspirational appeal)는 대상자의 가치와 이상에 호소하거나 자신감을 고취시켜 열정과 헌신을 유도한다. 셋째, 협의(consultation)는 대상자가 계획 수립과 실행 과정에 참여하도록 하여 주인의식을 높이고 협력 의지를 강화한다. 넷째, 환심(ingratiation)은 요구 이전에 칭찬과

표 8-2 Yukl과 Tracey의 영향력 유형

유 형	내 용
합리적 설득 (rational persuasion)	합리적으로 주장하거나 사실에 근거한 주장을 함으로써 대상자를 설득하고, 제한했던 요구를 명백히 함으로써 직무 목적에 부합하도록 한다.
영감적 호소 (inspirational appeal)	대상자의 가치, 이념, 영감 등에 호소하거나 대상자의 자신감을 취함으로써 대상자의 열정을 일으키는 제안이나 요구를 한다.
협의 (consultation)	대상자의 지원이나 도움이 필요한 경우 전략이나 활동, 변화에 대한 계획수립에 참여를 유도하거나, 대상자의 관심이나 제안사항을 고려하여 제안이나 요구를 수정한다.
환심(ingratiation)	요구를 하기 전에 대상자의 기분을 좋게 하거나, 행위자가 호의적으로 생각하도록 칭찬, 친근한 행위를 하거나 도움을 준다.
교환(exchange)	대상자가 도움을 주는 경우 나중에 보상하거나 이익의 일부를 약속하겠다는 의지를 보임으로써 호의를 교환한다.
개인적 호소 (personal appeal)	어떤 것을 요구하는 경우, 행위자에 대한 대상자의 충성심이나 우정에 의존한다.
연합 (coalition)	대상자가 어떤 것을 하도록 설득하는데 타인의 도움을 추구하거나, 대상자가 동의하는데 이유로서 타인의 도움을 이용한다.
합법성 (legitimating)	요구를 할 만한 권한이나 권리를 주장하거나, 요구가 조직정책이나 규칙, 관습, 전통 등에 일치한다는 것을 보임으로써 요구의 합법성을 확립한다.
압력 (pressure)	대상자가 행위자가 원하는 것을 하도록 영향력을 행사함에 있어서 위협이나 지속적인 요구를 한다.

친근한 태도를 통해 긍정적 감정을 형성하는 방식이다. 다섯째, 교환(exchange)은 상호 이익을 전제로 지원과 협력을 유도한다. 여섯째, 개인적 호소(personal appeal)는 개인적 친분과 충성심에 호소하는 전략이다. 일곱째, 연합(coalition)은 제3자의 동의나 지원을 활용하여 설득력을 강화하는 방법이다. 여덟째, 합법성 주장(legitimating)은 요구가 규정·정책·관습에 부합함을 강조하여 정당성을 확보하는 방식이다. 아홉째, 압력(pressure)은 위협이나 지속적 요구를 통해 행동을 유도하는 강압적 방식이다.

이 연구에 따르면, 상위자에게는 주로 합리적 설득이, 하위자에게는 영감적 호소와 협의, 환심이, 동료에게는 교환과 개인적 호소가 효과적인 것으로 나타났다. 반면, 압력과 연합은 상대적으로 비효율적이며, 상황에 따라 오히려 역효과를 초래할 수 있다. 그러나 영향력 유형 간에 절대적인 우열이 존재하는 것은 아니며, 목표, 상대방의 특성, 조직 상황, 시점에 따라 효과성이 달라진다. 따라서 효과적인 리더는 하나의 전략에 의존하기보다, 다양한 영향력 유형을 상황에 맞게 조합하고, 충분한 자료 수집, 적절한 사례 인용, 동료나 상사의 지원 확보, 최적의 시점 선택, 일관된 메시지 전달 등을 통해 설득력을 높인다.

즉, 현대 조직에서 리더의 영향력은 다차원적이고 상황적이며, 전략적 선택과 실행 능력이 결합될 때 비로소 조직의 목표 달성과 구성원의 몰입을 동시에 이끌어낼 수 있다.

section 02 리더십의 접근방법

리더십 연구는 시대적 배경과 학문적 관심사에 따라 다양한 접근방법이 발전해 왔다. 전통적으로 학자들은 리더십을 이해하고 설명하기 위해 세 가지 대표적인 접근법을 제시해 왔는데, 바로 특성적 접근법, 행동적 접근법, 그리고 상황적 접근법이다. 각 접근법은 리더십을 규정하는 핵심 요소를 어디에 두느냐에 따라 구분되며, 리더십 현상을 바라보는 시각과 분석의 초점 또한 상이하다.

특성적 접근법은 리더십을 개인이 타고난 성격, 기질, 지능, 신체적 특성, 사회적 기술 등과 같은 개인적 특성(traits)의 결합으로 설명한다. 즉, 효과적인 리더는 특정한 성향이나 능력을 보유하고 있으며, 이러한 특성이 상황과 관계없이 리더십 발휘로 이어진다고 본다. 예컨대, 카리스마, 자신감, 결단력, 통찰력 등은 전형적으로 강조되는 리더 특성이다. 그러나 이 접근법은 리더십의 발현이 상황에 따라 달라질 수 있다는 점을 간과하고, 리더십을 고정된 성향의 결과로만 보는 한계를 지닌다.

행동적 접근법은 리더십을 개인의 행동 양식과 그 패턴에서 찾는다. 즉, 리더가 무엇을 '가지고 있는가'보다 리더가 무엇을 '하는가'에 초점을 맞춘다.

이 접근법에서는 리더의 행동을 관찰·분석하여 효과적인 리더가 보이는 공통 행동을 규명하고, 이를 통해 리더십을 학습하고 훈련할 수 있다고 본다. 오하이오주립대학(Ohio State University)과 미시간대학(University of Michigan)의 연구가 대표적인 사례로, 리더 행동을 '구조 주도(initiating structure)'와 '배려(consideration)' 또는 '직무 중심'과 '종업원 중심'으로 구분하여 분석하였다.

상황적 접근법은 리더십의 효과를 리더 개인의 특성이나 행동만으로 설명할 수 없다고 보고, 상황 변수를 핵심 요인으로 고려한다. 여기서 상황에는 과업의 특성, 구성원의 성숙도, 조직 구조, 환경 불확실성, 상하 관계, 과거 경험 등이 포함된다. 상황적 접근법의 대표 이론으로는 피들러(Fiedler)의 상황적합 모형, 허시와 블랜차드(Hersey & Blanchard)의 상황적 리더십 모형, 하우스(House)의 경로－목표 이론(path－goal theory) 등이 있다. 이 접근법의 핵심은 "어떤 리더십 스타일이 항상 우수한 것이 아니라, 상황에 맞는 리더십 스타일이 가장 효과적이다"라는 점이다.

결론적으로, 특성적 접근법과 행동적 접근법은 효과적인 리더의 특성과 행동을 일반화하려는 경향이 있지만, 상황적 접근법은 리더십이 발휘되는 맥락과 조건의 중요성을 강조한다. 따라서 현대 리더십 연구와 실무에서는 세 가지 접근법을 상호보완적으로 결합하여 활용하는 경향이 강화되고 있다.

1. 특성적 접근법

리더십 연구의 초기 단계에서 가장 널리 사용된 접근 중 하나는 특성적 접근법(trait approach)으로, 이는 리더가 선천적으로 지니고 있는 개인적 특성(traits)이나 성격(personality)이 리더십의 성패를 결정짓는 핵심 요인이라는 전제에 기초한다. 이 관점에서는 리더와 비(非)리더를 구분하는 고유한 속성이 존재하며, 그러한 속성을 규명하고 측정하면 효과적인 리더 선발과 양성이 가능하다고 본다.

초기 연구에서는 신장, 체중, 연령, 외모와 같은 신체적 특성, 지배 · 협동에 대한 태도, 사교성, 성실성 등의 성격적 특성, 그리고 지능이나 판단력, 결단력과 같은 인지적 특성이 주로 주목되었다. 이러한 연구 경향은 1930년대 미국에서 본격화되었지만, 유럽에서는 이미 그보다 훨씬 이전에 사회의 영웅들이 지닌 독특한 자질에 관한 연구가 진행된 바 있다. 이와 같은 시각은 소위 '위인(great man) 이론'이라 불리며, 전통적 계급사회에서 '윗사람'이란 태어날 때부터 리더가 될 잠재적 자질을 지니고 태어난다는 전제에 기반한다. 이 이론에서 영웅적 리더는 보통 사람과 구별되는 신체 구조, 용모, 신분, 지능지수, 성격적 장점을 갖춘 존재로 간주되었다.

대표적인 초기 학자인 D. Tead는 리더에게 필요한 특성으로 육체적·정신적 에너지, 목적의식, 지시 능력, 열정, 친근감, 품성, 기술적 우월성, 과감성, 지능, 교수능력, 신념 등 10가지를 제시하였다. 한편 C. I. Barnard는 리더의 특성을 기술적 측면(체력, 지능, 기술, 지각력, 지식, 기억력, 상상력)과 정신적 측면(결단력, 지구력, 인내력, 용기)으로 구분하여 분석하였다. 이후 R. M. Stogdill은 다양한 연구를 종합해 리더의 특성을 신체적 특성, 사회적 배경, 지능, 인성, 과업 관련 특성, 사회적 특성 등 6개 범주로 분류하였다.

이 접근법에 따르면 리더는 일반적으로 외향적이고, 명석하며, 자신감이 강한 경향이 있다. 그러나 실제 현상은 단순하지 않다. 뛰어난 특질을 지니고도 리더가 되지 못하는 경우가 있으며, 반대로 그러한 특질이 부족함에도 훌륭한 리더로 성장하는 경우도 있다. 이는 특성이 리더십의 '원인'이 아니라 리더 역할 수행 후 나타나는 '결과'일 수도 있음을 시사한다. 또한 특성적 접근법은 두 가지 중요한 한계를 지닌다.

첫째, 상황요인을 무시한다는 점이다. 동일한 특성을 지닌 사람이라도 상황에 따라 리더십의 발휘 여부와 효과성이 크게 달라질 수 있다. 이에 Stogdill은 리더십 상황마다 중요한 특성이 다르다는 점을 반영한 수정 이론을 제시하였다.

둘째, 리더의 행동 과정이나 하급자와의 상호작용을 충분히 설명하지 못한다는 점이다. 즉, '무엇을 할 수 있는가'보다 '실제로 어떻게 행동하는가'를

표 8-3 리더 특성의 예

신체적 특성	사회적 배경	지 능	인 성	과업관련특성	사회적 특성
연 령 체 중 신 장 외 모	교 육 유동성 사회적 지위	판단력 결단력 언 변	독립성 확실성 지배성 공격성	성취욕구 주도성 끈질김 책임욕구 성원에 대한 관심 결과에 대한 관심 안정욕구	감독능력 협동성 인간관계능력 통합력 권력욕구

자료: B. M. Bass(1981), Stogdill's Handbook of Leadership, N. Y. : Free Press.

간과하고, 리더십의 결과에 영향을 미치는 구성원의 반응을 분석하는 데 소홀했다.

그럼에도 불구하고 "리더는 만들어지는 것이 아니라 태어나는 것"이라는 견해는 여전히 많은 지지를 받고 있다. 조직 실무에서도, 만약 특정한 리더십 특성이 존재한다면 이를 보유한 인물을 관리·경영직에 배치하는 것이 효율적이라는 실용적 논리가 설득력을 가진다. 현대 리더십 연구에서는 이러한 전통적 특성 연구를 완전히 배제하지 않고, 상황적·행동적 접근법과 결합하여 리더 발굴과 개발 전략을 수립하는 통합적 시도가 이루어지고 있다.

2. 행동적 접근법

효율적인 리더십 연구에서 개인적 특성(trait)만으로 리더의 성공을 설명하기 어렵다는 결론이 나오자, 연구의 초점은 '리더가 실제로 어떤 행동을 반복적으로 보이는가'로 이동하게 되었다. 행동적 접근법은 리더십의 본질을 타고난 성격이나 자질보다 조직 상황에서 나타나는 구체적인 행동 양식에 두며, 이러한 행동이 리더의 효율성을 결정한다는 가정에 기초한다. 즉, 리더가 어떠한 사람인가보다는 과업 수행 방식, 의사소통 방식, 부하 동기부여 방식 등과 같은 행동 패턴이 중요하다는 것이다. 예를 들어, 리더가 부하와의 관계에서 어떠한 수준의 권한 위임을 하는지, 과업 지시와 피드백을 어떻게 제공하는지, 그리고 팀의 성과를 높이기 위해 어떠한 동기부여 전략을 사용하는지가 핵심 분석 대상이 된다. 이러한 접근은 리더십이 선천적으로 고정된 것이 아니라 학습과 훈련을 통해 개발 가능하다는 점을 강조한다. 따라서 리더십 교육·코칭을 통해 효과적인 행동을 습득하면 누구든 더 나은 리더가 될 수 있다는 실천적 함의를 제공한다.

행동적 접근법 연구는 크게 1차원적 관점과 2차원적 관점으로 발전하였다. 1차원적 관점은 리더 행동을 한 가지 차원에서 평가하려는 시도로, 예를 들어 '지시형 vs 참여형'처럼 단일 연속선상에 리더십 유형을 배치한다. 반면 2차원적 관점은 리더 행동을 복수의 독립된 차원으로 구분해 분석한다. 대표적으로 오하이오 주립대학(Ohio State University) 연구에서는 '구조주도(initiating structure)'와 '배려(consideration)'라는 두 독립 차원을 제시했고, 미시간 대학교 연구에서는 '직무 중심 행동'과 '종업원 중심 행동'으로 나누어 분석했다. 이처럼 2차원적 접근은 리더가 동시에 높은 과업 지향성과 높은 인간관계 지향성을 가질 수 있음을 인정하며, 상황과 목적에 맞는 행동의 균형을 찾는 것을 강조한다.

결국 행동적 접근법은 리더십을 단순한 성격적 특성에서 벗어나 측정 가능한 행동 패턴으로 정의함으로써, 리더십 개발 프로그램, 관리 교육, 행동 평가 도구의 발전에 중요한 이론적 기반을 제공했다.

1) 1차원적 관점

1차원적 관점은 리더십 행동을 하나의 연속선상에서 대비시키는 접근으로, 리더의 행동특성을 단일 기준에 따라 분석한다. 이러한 관점은 리더십의 유형을 명확히 구분하고 이해하기 쉽다는 장점이 있지만, 실제 조직 현장에서 리더십이 복합적으로 발휘되는 양상을 충분히 설명하기에는 한계가 있다. 대표적으로 전제적 리더십과 민주적 리더십, 그리고 과업 지향적 리더십과 관계 지향적 리더십의 구분이 널리 활용된다. 이 두 축은 리더가 권한과 책임을 어떻게 배분하며, 구성원과의 관계를 어떤 방식으로 관리하느냐에 따라 성격이 뚜렷하게 달라진다.

(1) 전제적 리더십과 민주적 리더십

전제적(autocratic) 리더십은 의사결정 권한이 전적으로 리더에게 집중되는 방식으로, 리더가 모든 중요한 결정을 주도하며, 구성원은 지시를 따르는 역할에 머무른다. 이러한 리더는 과업 달성 자체를 최우선 목표로 삼아, 명령과 통제를 통한 관리가 주된 특징이다. 과업 수행에 필요한 정보는 리더가 독점하며, 의사결정 과정에서 구성원의 의견 반영은 거의 이루어지지 않는다. 이로 인해 조직 내 의사소통은 하향식 일방향 구조가 강화되고, 리더는 위계질서 속에서 절대적인 위치를 점하게 된다. 이러한 체계는 위기 상황이나 신속한 의사결정이 필요한 환경에서는 효과를 발휘할 수 있으나, 장기적으로는 구성원의 자발성, 창의성, 그리고 문제 해결 의지를 약화시키는 경향이 있다. 더 나아가, 구성원이 조직 목표에 대한 주인의식을 갖지 못하면 성과가 일시적으로 향상되더라도 지속 가능성이 떨어진다.

반면 민주적(democratic) 리더십은 의사결정 권한을 구성원과 공유하며, 참여와 자율성을 중시한다. 리더는 구성원이 의사결정 과정에 적극적으로 참여하도록 유도하고, 다양한 의견을 경청하며, 자발적인 목표 달성을 장려한다. 이러한 접근은 구성원의 직무 만족도와 팀워크를 증진시키고, 집단지성을 활용하여 보다 창의적이고 지속 가능한 해결책을 도출하는 데 유리하다. 의사소통은 쌍방향 또는 다방향으로 이루어져, 상호 신뢰와 협력적 분위기가 조성된다. 다만, 다양한 의견을 수렴하는 과정이 길어질 경우 의사결정 속도가 저하되고, 긴급한 상황에서는 대응이 지연될 수 있는 한계도 존재한다.

(2) 과업 지향적 리더십과 관계 지향적 리더십

과업 지향적(task-oriented) 리더십은 생산성과 목표 달성을 조직 운영의 핵심으로 삼는다. 이러한 리더는 업무 절차를 세부적으로 계획하고 표준화하며, 구성원에게 명확한 지시를 제공하고 엄격하게 감독한다. 성과 달성을 위해

체계적인 관리와 규율을 강조하며, 개인의 성장보다는 주어진 과업을 완수하는 데 집중한다. 이들은 종종 '생산 중심적(production-oriented)' 리더라고 불리며, 단기적인 성과 향상에는 강점이 있으나, 구성원의 장기적인 역량 개발이나 창의적 문제 해결 능력 배양에는 상대적으로 소극적일 수 있다.

관계 지향적(relation-oriented) 리더십은 구성원의 만족, 신뢰, 성장, 협력 관계를 우선시하며, 과업 달성 못지않게 인간관계의 질을 중시한다. '인간 지향적(human-oriented)' 또는 '종업원 지향적(employee-centered)' 리더라고도 불리는 이 유형의 리더는 구성원이 의사결정 과정에 참여하도록 장려하고, 서로 존중하며 협력하는 분위기를 조성한다. 이를 통해 구성원은 자발적으로 과업에 몰입하게 되고, 장기적으로는 조직 몰입도와 직무 만족도가 높아진다.

이와 관련하여, 미시간 대학교(University of Michigan)의 R. Likert 연구팀은 리더십 유형을 생산 중심적(production-centered)과 종업원 중심적(employee-centered)으로 구분하고 그 효과를 분석했다. 연구 결과, 종업원 중심적 리더를 둔 집단이 더 높은 생산성과 직무 만족도를 나타냈으며, 효과적인 리더는 협력적 관계를 유지하고, 개인적 판단보다는 집단 의사결정을 중시하며, 구성원으로 하여금 높은 목표를 설정하고 달성하도록 지원하는 것으로 나타났다. 이러한 결과는 조직의 장기적 성과와 지속 가능한 성장을 위해 관계 지향적 리더십의 중요성을 뒷받침한다.

2) 2차원적 관점

2차원적 관점은 리더십 행동을 하나의 축으로만 구분하는 1차원적 관점의 한계를 보완하여, 리더의 행동을 두 개의 독립된 차원으로 측정·분석하는 접근법이다. 이 관점에서는 리더가 동시에 서로 다른 행동 특성을 가질 수 있으며, 두 차원의 조합에 따라 리더십의 효과가 달라질 수 있다고 본다. 대표적인 연구로 Ohio 주립대학(Ohio State University) 연구팀의 실증 연구가 있다.

(1) Ohio 주립대학의 연구

A. Halpin, B. Winer, C. Shartle 등 Ohio 주립대학 연구팀은 리더의 행동을 측정하기 위해 리더 행동 기술 설문지(Leader Behavior Description Questionnaire: LBDQ)를 개발하였다. 이 설문은 다양한 직무와 조직 환경에서 리더가 실제로 보이는 행동을 '구조주도(initiating structure)'와 '배려(consideration)'라는 두 차원으로 구분하여 분석한다.

구조주도(initiating structure)

구조주도란 리더가 주어진 책임 영역 내에서 목표를 명확히 설정하고 이를 달성하기 위해 구성원의 역할을 정의하고 구조화하는 정도를 의미한다. 이는 과업 계획, 역할 분담, 업무 절차의 표준화, 규칙 준수 요구 등 업무 성과를 위한 명확한 지시와 감독 활동을 포함한다. 구조주도가 높은 리더는 목표 달성을 위한 작업 과정과 작업 관계를 체계적으로 설계하고, 과업 수행의 효율성을 높이기 위해 규율과 절차를 강조한다.

배려(consideration)

배려는 리더가 부하 직원과의 관계에서 신뢰, 존중, 상호 이해, 감정적 지원을 얼마나 제공하는지를 나타낸다. 이는 구성원의 안녕과 직무 만족에 관심을 가지며, 쌍방향 의사소통, 제안 수용, 개인적 상황에 대한 이해, 친근한

그림 8-2 Ohio 주립대학의 연구

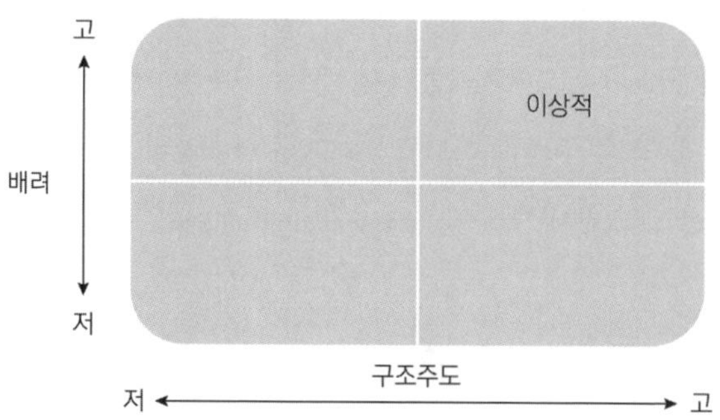

배려가 효과적인 상황

- 업무가 비교적 일상적이고 반복적인 경우
- 부하들이 참여적 리더십을 선호하는 경우
- 팀 구성원들이 새로운 과업이나 기술을 학습해야 하는 경우
- 종업원들이 의사결정 과정에 참여하여 성과에 영향을 미칠 수 있는 경우
- 리더와 부하 사이의 지위 차이가 크지 않게 인식되는 경우

구조주도가 효과적인 상황

- 업무 방식과 절차에 대한 명확한 지시가 필요한 경우
- 부하들이 업무 수행 방법에 대한 정보를 리더에게 의존하는 경우
- 지시를 받는 것을 편안하게 느끼는 조직 문화인 경우
- 부하 직원 수가 많아(예: 12명 이상) 체계적인 관리가 필요한 경우

관계 형성 등을 포함한다. 배려가 높은 리더는 부하를 동료나 파트너처럼 대하며, 심리적 안정과 직무 몰입도를 높이는 역할을 한다.

Ohio 주립대학 연구팀의 조사 결과, 배려 점수가 높은 리더와 함께 일하는 종업원들은 이직률이 낮고 직무 만족도가 높았다. 반면, 배려 점수는 낮고 구조주도 점수만 높은 리더와 함께 있는 종업원들은 불만을 토로하거나 조직을 떠나는 비율이 높았다. 특히, 리더에 대한 만족도는 배려 행동이 잘 예측하였고, 리더의 유효성(성과 달성 능력)은 구조주도 행동이 더 잘 설명하였다. 즉, 두 차원은 서로 대체 관계가 아니라 보완 관계에 있으며, 리더십 효과를 극대화하려면 상황에 맞게 두 행동을 균형 있게 발휘하는 것이 중요하다는 결론을 도출했다.

Ohio 주립대학의 이 연구는 이후 Blake와 Mouton의 관리 그리드 이론에 직접적인 영향을 주었으며, 리더십을 단순히 '인간 중심'과 '과업 중심'으로 나누는 것이 아니라 두 특성을 동시에 발휘할 수 있는 가능성을 제시했다는 점에서 의의가 크다. 이를 통해 리더십 연구는 상황에 따라 다양한 행동 조합을

표 8-4 배려와 구조주도가 효과적인 경우

배려가 효과적인 경우	구조주도가 효과적인 경우
• 업무가 일상적이라고 느낄 때 • 부하들이 참여적 리더십을 좋아할 때 • 팀 구성원들이 새로운 어떤 것을 배워야 할 때 • 종업원들이 의사결정과정에 참여하고, 업무 성과에 영향을 미칠 때 • 종업원들이 그들과 리더 사이에 지위의 차이가 별로 없다고 느낄 때	• 업무에 대하여 만족할 때 • 리더가 아닌 다른 사람에게 성과에 대한 압력을 받을 때 • 부하들이 업무를 수행하기 위한 방법에 대한 정보를 리더에게 의존할 때 • 종업원들이 무엇을 해야 할지에 대하여 지시받는 것을 편하게 느낄 때 • 부하 직원의 수가 12명 이상일 때

고려하는 다차원적 분석으로 확장되었다.

(2) PM이론

일본 규슈대학교의 三隅二不二(미스미 지후지) 교수는 리더십 행동을 집단의 목표 달성과 과업 해결을 지향하는 기능과 집단의 자기보존 및 내부 관계 유지를 지향하는 기능이라는 두 가지 핵심 요소로 구분하였다. 그는 이를 각각 P(Performance) 행동과 M(Maintenance) 행동이라 명명하였다.

P 행동은 조직의 성과 창출과 직무 목표 달성을 중심으로 한 과업 지향적 행동이다. 리더는 목표를 구체적으로 설정하고, 이를 달성하기 위한 세부 계획을 수립하며, 업무 절차를 체계적으로 정리하여 구성원에게 명확히 전달한다. 또한 성과 달성 여부를 지속적으로 점검하고 필요 시 업무 방식을 조정하며, 자원과 인력을 효율적으로 배치하여 생산성을 극대화한다. 이러한 행동은 특히 단기 성과를 확보하거나 위기 상황에서 신속한 의사결정과 실행이 필요한 경우에 매우 효과적이다.

M 행동은 조직 구성원 간의 신뢰, 응집력, 사기, 소속감, 그리고 장기적인 팀워크를 유지·강화하는 인간관계 중심의 행동이다. 리더는 구성원의 의견과 감정을 경청하고, 각 개인의 상황과 요구를 이해하며, 상호 존중과 협력의 조직 문화를 형성한다. 갈등이 발생했을 때 이를 조정하고, 성과뿐 아니라 구성원의 복지와 정신적 안녕에도 관심을 기울이며, 조직 구성원 간의 유대감을 높이는 데 주력한다.

PM형 – P와 M 모두 평균 이상

- 과업 성과와 인간관계 유지를 균형 있게 수행하는 리더 유형
- 구성원의 사기, 팀워크, 정신적 안정, 의사소통, 성과 등 전반에서 높은 수준을 기록
- 단기·장기 목표 달성 모두에 강점을 보이며, 이상적인 리더십 유형으로 평가됨

Pm형 – P만 평균 이상

- 과업 성과 달성에는 뛰어나지만, 인간관계 유지나 팀워크 형성에는 미흡
- 단기적으로는 높은 성과를 낼 수 있으나, 장기적으로는 구성원 사기 저하와 이직률 증가를 초래할 가능성이 큼
- 성과 압박이 큰 환경에서는 유용하지만, 장기적 조직 안정성에는 한계가 있음

pM형 – M만 평균 이상

- 구성원의 만족, 협력, 조직 응집력 강화에는 능하지만, 목표 달성과 성과 관리에는 소극적
- 팀 분위기와 직무 만족도는 높지만, 생산성 향상이나 성과 개선 속도가 더딜 수 있음
- 혁신보다는 유지와 안정이 중요한 조직에서 효과적이나, 경쟁이 치열한 환경에서는 한계가 나타날 수 있음

pm형 – P와 M 모두 평균 이하

- 성과 창출 능력과 인간관계 유지 능력 모두 부족한 유형
- 사기 저하, 팀워크 약화, 낮은 생산성과 같은 부정적 결과를 초래
- 조직 운영 전반에 심각한 비효율을 유발할 위험이 큼

미스미 교수는 요인분석(Factor Analysis)을 활용하여 리더의 행동을 측정하고, 두 차원(P와 M)의 점수를 평균 이상과 평균 이하로 구분하였다. 평균 이상을 대문자, 평균 이하를 소문자로 표기함으로써 네 가지 리더 유형을 도출하였다.

PM이론의 핵심은 리더가 성과 중심 행동(P)과 관계 중심 행동(M)을 모두

균형 있게 발휘해야 한다는 데 있다. 한쪽에 치우친 리더십은 단기적으로는 부분적 성과를 낼 수 있지만, 장기적으로는 조직의 지속가능성과 구성원의 몰입도를 저해할 가능성이 크다. 반대로 PM형 리더는 구성원의 동기부여와 협력 기반을 유지하면서도 명확한 목표와 성과 관리를 병행하여, 조직의 사기와 응집력, 의사소통, 그리고 성과를 동시에 향상시킬 수 있다.

(3) 관리 그리드 이론

미국의 R. R. Blake와 J. S. Mouton은 리더십 행동을 분석하기 위해 관리 그리드(Managerial Grid)라는 모형을 개발하였다. 이 이론은 리더십을 두 가지 축, 즉 '생산에 대한 관심(Concern for Production)'과 '인간에 대한 관심(Concern for People)'으로 구분하여, 리더가 두 축에 대해 어느 정도의 관심을 기울이는가에 따라 유형을 분류한다.

생산에 대한 관심은 단순히 매출액이나 생산량 같은 양적 목표뿐 아니라, 신제품 개발·혁신 아이디어 창출과 같은 질적 성과까지 포함한다. 이는 조직 목표 달성을 위해 자원을 얼마나 효율적으로 활용하고, 업무 성과를 얼마나 중시하는지를 반영한다.

인간에 대한 관심은 구성원들이 업무를 수행하는 과정에서 느끼는 만족, 심리적 안정, 자발성, 책임감에 대해 리더가 얼마나 관심을 기울이는지를 나타낸다. 이는 구성원 개개인의 성장과 복지, 동기부여, 협력 관계 유지 등을 포함한다.

Blake와 Mouton은 이 두 관심도를 각각 1에서 9까지의 등급으로 평가하여, 가로축(생산 관심)과 세로축(인간 관심)을 교차시킨 9×9 격자(총 81개 유형)에 리더의 행동 특성을 배치하였다. 등급 1은 최저의 관심도, 9는 최고의 관심도를 의미한다. 이 중에서 전형적인 다섯 가지 리더십 유형은 다음과 같다.

Ⓐ (1, 1)형 - 무관심형(Impoverished Management)

생산과 인간 모두에 대한 관심도가 매우 낮은 유형이다. 리더는 책임감이 부족하며, 문제 해결이나 목표 달성에 소극적이다. 주로 상급자의 지시를 형식적으로 따르고, 기본적인 업무 수행에만 집중하며, 갈등 상황이나 복잡한 문제를 방치하는 경향이 있다. 결과적으로 조직의 성과와 구성원의 사기 모두 낮아질 가능성이 높다.

Ⓑ (1, 9)형 - 친목형(Country Club Management)

인간에 대한 관심은 매우 높으나 생산에 대한 관심은 낮은 유형이다. 리더는 구성원들에게 안전하고 편안한 근무 환경을 제공하는 데 집중하며, 긍정적이고 즐거운 조직 문화를 만들려 한다. 하지만 성과 목표 달성에는 소극적이어서, 장기적으로 조직의 경쟁력과 생산성이 저하될 수 있다.

Ⓒ (9, 1)형 - 과업형(Task Management)

생산에 대한 관심이 매우 높고, 인간에 대한 관심은 낮은 유형이다. 목표 달성과 생산성 향상을 위해 엄격한 규율과 통제를 강조하며, 매우 권위적·독재적인 리더십을 발휘한다. 단기적으로는 성과를 올릴 수 있으나, 구성원의 사기와 창의성이 떨어지고 이직률이 높아질 위험이 있다.

Ⓓ (9, 9)형 - 팀형(Team Management)

생산과 인간 모두에 대한 관심이 매우 높은 이상적인 리더 유형이다. 조직 목표와 개인의 욕구를 모두 충족시키며, 구성원 간의 상호 신뢰와 헌신을 기반으로 높은 성과와 직무 만족도를 동시에 달성한다. 이 유형의 리더는 구성원 참여를 적극 장려하고, 협력적·응집적인 팀 문화를 조성한다.

Ⓔ (5, 5)형 - 중간형(Middle of the Road Management)

생산과 인간 모두에 대해 중간 수준의 관심을 보이는 유형이다. 리더는 성과 달성과 사기 유지를 균형적으로 고려하지만, 어느 한쪽도 극대화하지 않는다. 조직이 안정적인 기능을 발휘하도록 유지할 수 있으나, 탁월한 성과나 강한 조직문화 형성에는 한계가 있을 수 있다.

Blake와 Mouton은 특히 (9, 9)형 팀형 리더를 이상적인 유형으로 보았다. 이 유형은 과업 목표 달성과 인간 존중을 조화시키며, 조직과 구성원의 이익을

그림 8-3 관리 그리드 이론의 리더십 유형

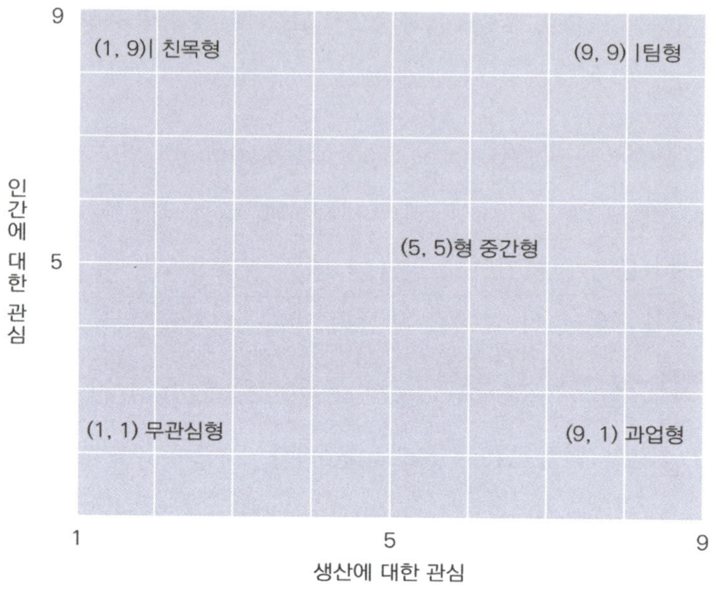

동시에 추구한다. 그 결과 응집력 있는 작업집단을 형성하고, 생산성과 종업원 만족도를 함께 향상시킬 수 있다. 이 접근은 리더십 개발 프로그램과 조직 교육에서 "성과와 인간관계의 동시 극대화"라는 목표를 강조하는 중요한 이론적 근거로 활용되고 있다.

3. 상황적 접근법

리더십 연구의 초기 단계에서는 뛰어난 리더가 가져야 할 고유한 특성을 찾아내려는 특성적 접근법이나, 효과적인 리더가 보이는 행동 양식을 규명하려는 행동적 접근법이 주류를 이루었다. 이러한 시도들은 "가장 이상적인 리더십 유형이 존재하며, 그것을 발견해 적용하면 어떤 상황에서도 성공할 수 있다"는 전제에 기초하고 있었다. 그러나 실제 조직 현장에서는 동일한 리더십 유형이 어떤 상황에서는 탁월한 성과를 내지만, 다른 상황에서는 성과를 저해하거나 구성원의 사기를 떨어뜨리는 경우가 빈번하게 나타났다. 이는 리더십의 효과성이 리더 개인의 성격이나 행동만으로 설명될 수 없으며, 리더가 처한 환경과 조건에 따라 크게 달라진다는 점을 보여주었다.

이러한 문제 인식 속에서 등장한 것이 상황적 접근법(Contingency Approach)이다. 이 접근법은 "효과적인 리더십은 상황에 따라 달라진다"는 명제를 기본 전제로 삼는다. 다시 말해, 어떤 상황에서든 항상 통용되는 보편적·절대적인 최선의 리더십 유형은 존재하지 않으며, 리더의 행동이 해당 상황의 요구와 얼마나 잘 부합하는지가 성패를 결정한다는 것이다. 상황적 접근법은 리더십을 이해하고 적용할 때 다음과 같은 점을 강조한다.

첫째, 리더의 스타일이나 특성이 아무리 우수하더라도, 상황과 맞지 않으면 성과가 저하될 수 있다. 예를 들어, 위기 상황이나 신속한 의사결정이 요구되는 환경에서는 강한 과업 지향적 리더십이 효과적일 수 있지만, 창의성과 자율성이 중요한 혁신 프로젝트에서는 관계 중심적 리더십이 더 적합하다.

둘째, 상황적 접근법은 단일 요인에 의존하지 않고 다양한 상황 변수를 종합적으로 고려한다. 여기에는 조직 구조와 문화, 과업의 성격과 난이도, 구성원의 역량과 동기 수준, 리더와 구성원 간의 신뢰와 관계, 외부 환경의 안정성 또는 불확실성 등이 포함된다.

셋째, 상황적 접근법은 리더가 고정된 스타일만을 고수하기보다, 상황 변화에 맞춰 리더십을 유연하게 조정하는 능력을 중시한다. 이는 조직이 급변하는 경영 환경에서 민첩하게 대응할 수 있는 중요한 기반이 된다.

이 접근법이 제시하는 함의는 단순하다. 효율적인 리더십은 리더 개인의 우월한 능력이나 특정한 행동 유형에서만 비롯되는 것이 아니라, 리더와 상황 간의 '적합성'에서 나온다. 따라서 리더십 개발의 핵심은 리더가 다양한 상황을 진단하고, 그에 맞는 행동 전략을 선택할 수 있도록 훈련하는 데 있다. 상황적 접근법은 이후 피들러(Fiedler)의 상황이론, 허시(Hersey)와 블랜차드 (Blanchard)의 상황적 리더십 이론, 경로-목표(Path-Goal) 이론 등 여러 세부 모형으로 발전하였다. 이러한 이론들은 리더십을 '정해진 틀'이 아닌, 상황 맞춤형 전략으로 이해하도록 하였고, 현대 조직에서 리더가 유연성과 적응력을 기반으로 한 리더십을 발휘하는 데 중요한 이론적 토대를 제공하였다.

1) 상황적 리더십 모형

P. Hersey와 K. H. Blanchard가 제시한 상황적 리더십 모형(Situational Leadership Model)은 리더십의 효과성이 리더 개인의 성격이나 고정된 행동 유형에 의해서만 결정되는 것이 아니라, 부하의 성숙도 수준과 그 상황적 요구에 따라 달라진다는 점을 강조한다. 이들은 리더십 행동을 크게 관계 지향적 행동과 과업 지향적 행동이라는 두 가지 축으로 구분하고, 이 두 행동의 결합을 통해 네 가지 기본 리더십 유형을 도출하였다.

관계 지향적 행동은 부하와의 신뢰 형성, 의견 경청, 의사결정 참여 유도, 격려와 감정적 지원 등 대인관계의 질을 향상시키는 활동을 의미한다. 이는 주로 쌍방향 의사소통과 참여를 통해 부하의 사기를 높이고 조직 내 협력 분위기를 조성하는 데 초점을 둔다. 반면, 과업 지향적 행동은 과업의 목표, 절차, 역할을 명확히 하고, 무엇을, 언제, 어떻게 해야 하는지를 구체적으로 지시하며, 업무 수행을 면밀히 관리·감독하는 성과 중심의 활동을 의미한다.

이 모형에서 말하는 '성숙도'는 단순히 연령, 근속연수, 성격적 안정성을 뜻하는 것이 아니라, 달성 가능한 목표를 설정할 수 있는 능력, 책임을 자발적으로 수용하려는 의지, 해당 과업을 수행하기 위한 경험·기술·교육 수준 등을 종합적으로 포함하는 개념이다. 다시 말해, 성숙도는 두 가지 측면으로 나눌 수 있다.

첫째, 과업수행 성숙도는 특정 업무를 수행할 수 있는 기술과 지식, 문제 해결 능력을 말한다.

둘째, 심리적 성숙도는 자기 자신에 대한 신뢰, 업무 수행에 대한 자신감, 그리고 자존감을 의미한다.

Hersey와 Blanchard는 부하의 성숙도 수준에 따라 리더십 스타일을 동적으로 변화시켜야 한다고 보았다. 그에 따라 제시된 네 단계의 리더십 전환

과정은 다음과 같다.

첫 번째 단계는 부하가 조직에 처음 들어와 과업 수행 능력과 경험이 부족한 시기이다. 이때는 높은 과업 지향·낮은 관계 지향의 지시형(Telling) 리더십이 필요하다. 리더는 명확한 목표와 절차를 제시하고, 세부 지시와 밀착 감독을 통해 업무의 기준과 방향을 확립해야 한다. 이 시기에 지나친 자율권 부여나 참여형 의사결정은 부하에게 혼란과 불안만 초래할 수 있다.

두 번째 단계는 부하가 점차 업무에 익숙해지고 일정 수준의 숙련도를 갖추게 되는 시기이다. 리더는 여전히 과업 지향적 행동을 유지하되, 관계 지향적 행동을 크게 높인 설득형(Selling)으로 전환해야 한다. 이 단계에서는 목표 달성을 위한 구체적인 지침과 함께 격려와 지지가 병행되어야 하며, 부하와의 상호 신뢰를 강화하는 것이 중요하다.

세 번째 단계는 부하가 충분한 업무 능력을 갖추고 성취욕과 책임감이 높아지는 시기이다. 이때 리더는 낮은 과업 지향·높은 관계 지향의 참여형(Participating) 리더십으로 변화해야 한다. 구체적 지시보다는 의사결정 참여와 권한 위임을 통해 부하의 자율성을 존중하고, 리더는 조언자와 촉진자의 역할에 집중한다.

네 번째 단계는 부하가 고도의 숙련과 경험을 갖추고, 스스로 목표를 설정하고 달성할 수 있는 단계이다. 이 시기에는 낮은 과업 지향·낮은 관계 지향의 위임형(Delegating) 리더십이 적합하다. 리더는 최소한의 개입만 하며, 부하가 독립적으로 과업을 수행하도록 완전한 권한을 부여한다. 부하는 리더의 직접적인 지원이나 감독 없이도 높은 수준의 성과를 달성할 수 있다.

이 모형의 가장 큰 특징은 리더십을 고정된 형태가 아닌, 부하의 성장과 성숙 단계에 맞춘 동적이고 유연한 과정으로 본다는 점이다. 즉, 리더는 부하의 능력·경험·동기를 지속적으로 평가하고, 그 결과에 따라 리더십 스타일을 적절히 조정해야 한다. 이를 통해 리더는 부하가 더 높은 성숙 단계로 발전하도록 지원하고, 동시에 조직의 성과와 구성원의 만족을 함께 향상시킬 수 있다. 다만, 이 모형에도 몇 가지 한계가 존재한다. 첫째, 팀 구성원 각각의

표 8-5 타인에게 비친 리더 행동의 기본 유형

기본 유형	유효한 경우	유효하지 않은 경우
낮은 관계성 높은 과업	목표달성을 위하여 뚜렷한 방법을 가지고 있으며 그 방법이 부하들에게 유용하고 도움이 되는 것으로 보인다.	자기가 생각하고 있는 방법을 다른 사람에게 위압적으로 부과하고, 때로는 불유쾌하게 보이며, 단지 눈앞의 성과에만 관심이 있는 것으로 보인다.
높은 관계성 높은 과업	목표설정 및 작업의 조업화를 하는 데 있어서 집단의 욕구를 만족시킬 뿐 아니라 고도의 사회적, 정서적인 지원을 보내는 사람으로 보인다.	집단이 필요로 하는 이상으로 조직 편성에 힘을 기울이고, 대인관계에 있어서도 진심에서 우러나는 것처럼 보이지 않는다.
높은 관계성 낮은 과업	부하들에게 전적인 신뢰감을 가지고 있으며, 목표 달성을 촉진하는 데에도 기본적으로는 관심을 갖고 있는 것으로 보인다.	기본적으로 융화에 관심이 있는 것 같다. 그러나 때로는 그 관심 때문에 "좋은 사람이라는 이미지"를 잃게 되거나, 부하와의 관계가 분열될 위험이 있을 경우에는 그 과업을 기꺼이 달성하지 않으려는 것 같이 보인다.
낮은 관계성 낮은 과업	업무수행에 대한 의사결정을 부하들에게 위임하고 있다. 집단은 사회적, 정서적 지원을 거의 필요로 하고 있지 않으며 리더도 거의 사회적, 정서적 지원을 하지 않는 것처럼 보인다.	집단 구성원들이 필요로 함에도 불구하고 과업 수행이나 사회적, 정서적 지원을 해주는 데 거의 신경을 쓰지 않는 것처럼 보인다.

자료 : P. Hersey & K. H. Blanchard(1988), *Management of Organizational Behavior : Utilizing Human Resources*, 5th Ed., Englewood Cliffs, N. J. : Prentice-Hall, p. 167.

성숙도 수준이 다를 수 있기 때문에, 집단 전체에 적용할 리더십 스타일을 선택하는 것이 쉽지 않다. 둘째, 상황 변수를 부하의 성숙도 하나에만 의존하고 있어 과업 구조, 조직 문화, 외부 환경 변화 등 다른 요인들이 충분히 반영되지 않는다. 셋째, 실제로 모든 리더가 상황 변화에 따라 리더십을 유연하게 전환할 수 있는 역량을 보유하고 있는 것은 아니며, 이론의 타당성을 뒷받침하는 장기적이고 광범위한 실증 연구가 부족하다는 지적도 있다.

그럼에도 불구하고, 상황적 리더십 모형은 리더십을 단일한 '정답'이 아닌 상황 맞춤형 전략으로 인식하게 만들었고, 교육·훈련·성과관리 등 다양한 조직 개발 활동에서 부하의 역량 수준에 맞춘 리더십 설계의 중요한 이론적

근거로 활용되고 있다.

2) Vroom-Yetton의 리더-참여 모형

V. H. Vroom과 P. Yetton, 그리고 이후 A. G. Jago에 의해 개발·보완된 리더–참여 모형(Leader–Participation Model)은 상황적 리더십 이론 중에서도 특히 의사결정 과정에서 부하의 참여 수준을 어떻게 조절할 것인가에 초점을 둔 접근법이다. 이 모형의 핵심 전제는 "문제의 특성이 서로 다르기 때문에, 모든 상황에서 동일한 의사결정 방식을 적용할 수 없으며, 상황에 따라 가장 적합한 의사결정 방식을 선택해야 한다"는 것이다. 즉, 리더가 당면한 문제의 성격을 면밀히 분석하고, 그에 맞춰 부하의 참여 정도와 의사결정 절차를 조정해야 한다는 점을 강조한다.

이 모형에서 의사결정의 유효성은 두 가지 요소로 평가된다. 첫째, 결정의 질(quality)로서, 이는 해당 결정이 조직의 성과와 목표 달성에 미치는 객관적이고 기술적인 효과를 의미한다. 둘째, 결정의 수용성(acceptance)으로서, 이는 결정을 실행하는 사람들이 그 결정을 자발적으로 받아들이고 수행하려는 의지를 말한다. 훌륭한 의사결정은 이 두 조건을 모두 충족해야 하며, 여기에 시기적 적절성까지 갖추어야 한다.

리더–참여 모형은 의사결정 방식을 크게 세 가지 범주, 즉 권위적 의사결정, 상담적 의사결정, 집단적 의사결정으로 나누고 이를 다섯 가지 세부 유형으로 제시한다.

– **A I (순수 권위형)**: 리더가 혼자서 결정을 내리는 방식으로, 부하는 정보 제공 외에는 참여하지 않는다.
– **A II (참고적 권위형)**: 리더가 부하로부터 필요한 정보를 요청하되, 결정은 독단적으로 내린다. 부하에게 결정 과정이 설명되지 않을 수도 있다.
– **C I (개별 상담형)**: 리더가 개별적으로 부하와 상황을 논의하고 의견을 청취하지만, 최종 결정은 리더가 단독으로 내린다.
– **C II (집단 상담형)**: 리더가 집단 회의를 통해 부하들과 문제를 논의하되,

최종 결정권은 여전히 리더에게 있다.

- GII(집단형): 리더와 부하가 함께 논의하고 집단 합의를 통해 결정을 내린다. 완전한 만장일치는 아니더라도, 다수의 지지와 실행 의지가 확보되면 된다.

이 모형의 중요한 특징은 단순히 의사결정 유형을 나열하는 데 그치지 않고, 구체적인 상황 판단 기준을 제공한다는 점이다. Vroom과 Yetton은 특정 상황에서 어떤 의사결정 방식을 선택할지를 판단하기 위해 다음과 같은 여덟 가지 질문을 제시했다.

- QR(질의 요구): 이 문제에서 결정의 기술적·전문적 질이 중요한가?
- CR(몰입 요구): 부하들의 결정에 대한 몰입이 중요한가?
- LI(리더 정보): 리더가 높은 질의 결정을 내릴 충분한 정보를 가지고 있는가?
- ST(문제 구조): 문제가 명확히 구조화되어 있는가?
- CP(몰입 가능성): 리더가 혼자 내린 결정을 부하들이 자발적으로 수용할 가능성이 있는가?
- GC(목표 일치): 부하들이 문제 해결 방향과 조직 목표에 동의하는가?
- CO(부하 갈등): 해결 방안에 대해 부하들 간 심각한 의견 차이가 예상되는가?
- SI(부하 정보): 부하들이 높은 질의 결정을 내릴 수 있는 충분한 정보를 보유하고 있는가?

리더는 이 질문들에 '예' 또는 '아니오'로 답하면서 의사결정 나무(decision tree)를 따라가게 된다. 각 경로의 끝에는 해당 상황에서 가장 적합한 의사결정 유형이 제시되며, 복수의 대안이 나올 경우 시간과 비용 효율성을 고려해 최종 선택을 하도록 한다. 이러한 절차를 거치면, 리더는 문제의 복잡성, 시간 제약, 정보의 충분성, 부하의 수용 가능성 등을 종합적으로 반영한 결정을 내릴 수 있다.

그림 8-4 리더-참여모형의 의사결정 나무

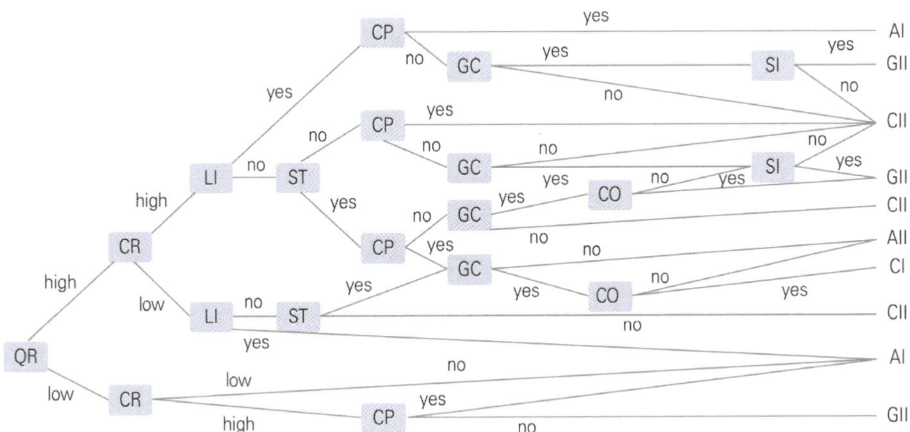

자료: V. H. Vroom & A. G. Jago(1988), *The New Leadership*, Englewood Cliffs, N. J. : Prentice-Hall.

이 모형의 의의는 다음과 같다. 부하의 참여 수준을 감각적으로 정하는 것이 아니라, 체계적이고 합리적인 절차를 통해 결정할 수 있도록 돕는다. 결정의 질과 수용성이라는 두 가지 핵심 기준을 동시에 고려함으로써, 실행 가능성이 높은 결정을 이끌어낸다. 시간, 비용, 정보, 갈등 가능성 등 실무에서 고려해야 할 요소들을 반영하여, 실제 조직의 의사결정 훈련과 코칭 도구로 활용할 수 있다.

그러나 한계점도 존재한다. 실제 조직 상황은 모형이 제시한 변수보다 훨씬 복잡하며, 모든 문제를 이 모형의 틀에 맞춰 처리하기에는 절차가 다소 까다롭다. 또한 부하의 태도, 조직의 정치적 이해관계, 문화적 특성 등 정량화하기 어려운 요소는 충분히 반영되지 못한다. 그럼에도 불구하고, 리더-참여모형은 상황에 따라 리더십과 의사결정 방식을 유연하게 조정해야 한다는 점을 실천적으로 보여준다는 점에서 의미가 크다. 특히 변화와 불확실성이 높은 현대 조직에서, 리더가 참여 수준을 전략적으로 설계함으로써 문제 해결의 질과 실행력을 동시에 높이는 데 중요한 이론적·실무적 지침이 된다.

3) 리더십 유효성의 상황 적합 모형

F. E. Fiedler가 제시한 리더십 유효성의 상황 적합 모형(contingency model of leadership effectiveness)은 리더십 연구사에서 상황이론의 정점으로 평가되는 모델 중 하나다. 이 모형의 가장 중요한 특징은 "리더십의 유효성은 리더의 고유한 성향과 이를 둘러싼 상황적 조건이 얼마나 잘 맞아떨어지느냐에 달려 있다"는 점을 실증적으로 보여주었다는 것이다. 다시 말해, 리더십의 성공 여부는 리더가 누구냐보다 그 리더가 어떤 상황에 놓여 있느냐가 더 중요할 수 있다는 시각을 제공한다.

표 8-1 LPC척도[1)]

번호	왼쪽(1점)	1	2	3	4	5	6	7	8	오른쪽(8점)
1	불쾌한 사람									유쾌한 사람
2	비우호적인 사람									우호적인 사람
3	거부적인 사람									수용적인 사람
4	긴장하는 사람									느긋한 사람
5	거리를 두는 사람									친근한 사람
6	냉정한 사람									다정한 사람
7	적대적인 사람									지원적인 사람
8	재미없는 사람									재미있는 사람
9	싸우기 좋아하는 사람									화목한 사람
10	우울한 사람									명랑한 사람
11	폐쇄적인 사람									개방적인 사람
12	험담을 잘하는 사람									너그러운 사람
13	신뢰할 수 없는 사람									신뢰할 만한 사람
14	사려 깊지 못한 사람									사려 깊은 사람
15	심술궂은 사람									점잖은 사람
16	마음에 맞지 않는 사람									마음에 맞는 사람
17	성실하지 않은 사람									성실한 사람
18	불친절한 사람									친절한 사람

1) LPC의 총점은 설문지의 각 항목에 대한 평점을 합한 것이다. 만약 LPC가 64점 이상이라면 자기가 가장 싫어하는 동료조차도 상대적으로 호의적으로 보는 경향이 있는 높은 LPC리더이다. Fiedler는 이 점수를 관계 지향적 리더로 파악하였다. 57점 이하는 낮은 LPC리더로 평가되며 가장 싫어하는 동료에 대해 호의적이지 못하다. 이 리더는 과업 지향형으로 규정된다. 그러나

(1) 리더 유형과 측정 방법: LPC 척도

Fiedler는 리더를 크게 관계 지향형과 과업 지향형이라는 두 가지 기본 성향으로 분류하였다. 이를 측정하기 위해 '최소 선호 동료 척도(Least Preferred Co-worker scale: LPC)'를 개발했는데, 이 척도는 응답자가 과거 함께 일했던 동료 중 협력하기 가장 어려웠던 사람을 떠올리고, 그 사람을 다양한 성격·행동 특성에 따라 평가하도록 한다. 예를 들어 '우호적-비우호적', '성실-불성실', '친근-거리감 있음'과 같은 형용사 쌍을 제시하고, 8점 또는 9점 척도로 점수를 매긴다.

- **64점 이상:** 가장 껄끄러운 동료조차 긍정적으로 평가하는 경향이 높은 경우로, 관계 지향형 리더로 분류된다. 이 유형은 사람 간 관계 유지와 팀워크 강화에 강점을 가진다.
- **57점 이하:** 부정적 평가 경향이 강한 경우로, 과업 지향형 리더로 분류된다. 목표 달성과 성과 중심 접근을 중시한다.
- **58~63점:** 중간 범위로, 뚜렷한 성향 구분이 어려워 스스로 판단하게 한다.

이 측정법은 단순히 리더의 행동 스타일을 보는 것이 아니라, 그 리더가 대인관계를 해석하는 방식과 심리적 성향을 반영하기 때문에 이후 상황 적합성 분석의 기초 자료로 활용된다.

(2) 상황의 호의성과 세 가지 핵심 변수

Fiedler는 리더가 효과적으로 영향력을 발휘할 수 있는 정도를 상황의 호의성(favorableness of situation)이라고 정의하고, 이를 결정하는 변수로 다음 세 가지를 제시하였다.

58~63점의 경우에 Fiedler는 그 사람이 스스로 판단하도록 하였다.

Ⓐ 리더-구성원 관계(Leader-Member Relations)

이는 집단 구성원들이 리더를 얼마나 신뢰하고 지지하는지를 나타낸다. 긍정적인 관계에서는 리더가 공식 권한 없이도 영향력을 발휘할 수 있지만, 관계가 불신과 갈등으로 얼룩져 있다면 강한 직위 권력이나 명확한 규칙이 없이는 리더십이 약화된다.

Ⓑ 과업 구조(Task Structure)

과업의 목표, 절차, 수행기준이 얼마나 명확하게 규정되어 있는지를 뜻한다. 고도로 구조화된 과업에서는 성과 평가 기준이 분명하고, 절차·규칙·편람 등이 준비되어 있어 리더의 통제력이 강하다. 반면 비구조화된 과업에서는 구성원의 창의성과 문제 해결 과정에서의 상호작용이 필수적이며, 리더의 영향력은 관계 구축 능력에 더 의존하게 된다.

Ⓒ 리더의 직위 권력(Leader's Position Power)

리더가 공식적으로 부여받은 보상·징계 권한의 강도를 의미한다. 강한 권한은 구성원의 순응과 협조를 확보하는 데 유리하지만, 권한이 약할 경우 리더는 비공식적 영향력과 설득력을 더 많이 활용해야 한다.

(3) 8가지 상황 유형과 리더십 적합성

이 세 변수가 결합되면 총 8가지의 상황 유형이 도출된다.

- **상황 1**: 관계 양호 + 과업 구조화 + 직위 권력 강 → 리더에게 가장 호의적인 상황
- **상황 8**: 관계 불량 + 과업 비구조화 + 직위 권력 약 → 리더에게 가장 불리한 상황

연구 결과는 매우 흥미로웠다.

- **낮은 LPC(과업 지향형) 리더**: 상황이 매우 호의적(1~3)이거나 매우 불리(7~8)할 때 성과가 높았다. 이는 극단적 상황에서 명확한 목표 설정과

강한 지시·통제가 필요하다는 것을 시사한다.

- **높은 LPC(관계 지향형) 리더**: 중간 수준의 호의성(4~6)에서 가장 효과적이었다. 이는 애매한 상황에서 관계 중심 리더십이 협력과 참여를 이끌어내는 데 유리하다는 점을 보여준다.

(4) 경영적 시사점

이 모형은 리더십 개발에서 "사람을 바꾸기보다 상황을 바꿔라"는 전략을 제시했다. 리더의 성격이나 근본적 행동 성향은 쉽게 변하지 않기 때문에, 성과 향상을 위해서는 리더에 맞게 팀 구성, 과업 구조, 권한 배분을 조정하는 것이 훨씬 현실적이다. 예를 들어, 과업 지향형 리더를 비구조화된 환경에 두기보다 목표와 절차가 명확한 환경에 배치하면 성과를 극대화할 수 있다.

(5) 한계와 비판

Fiedler의 모형은 선구적 의의에도 불구하고 몇 가지 한계가 있다. 먼저, 구성원의 동기, 조직문화, 리더의 가치관과 경험, 외부 환경 등 다양한 상황 변수를 충분히 반영하지 못했다. 둘째, 상황을 리더에 맞게 조정하는 것이 조직

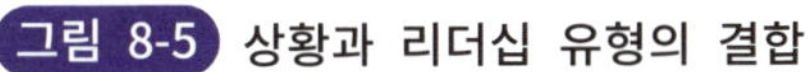

그림 8-5 상황과 리더십 유형의 결합

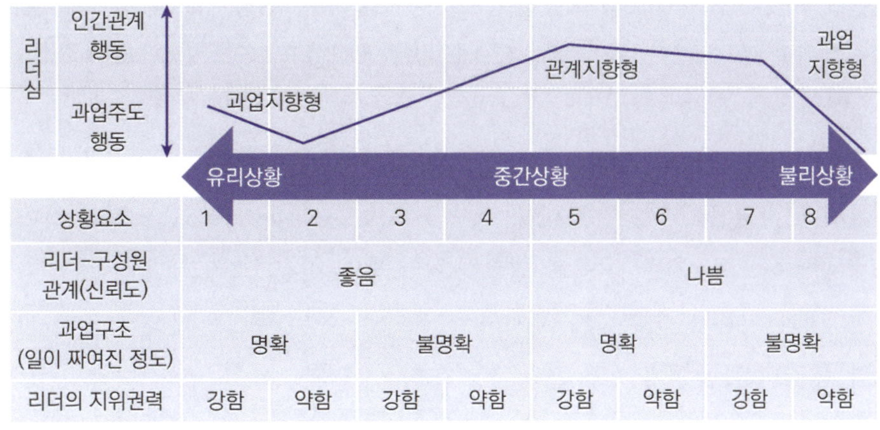

현실에서 항상 가능하지 않다. 셋째, 리더십의 변화·발전 가능성을 제한적으로 본다는 비판이 있다. 그럼에도 불구하고 이 모형은 리더십을 '고정된 특성'이 아니라 '상황과의 상호작용'으로 이해해야 한다는 관점을 확립했고, 이는 현대 인사관리와 조직 설계에서 리더 배치 전략의 중요한 기준이 되고 있다.

4) 경로-목표 이론

경로－목표 이론(path－goal theory)은 R. T. House가 제시한 대표적인 상황적 리더십 이론으로, 각기 다른 상황에서 리더십의 유효성을 이해하고 예측하려는 데 초점을 둔다. 이 이론의 기본 전제는, 리더의 주된 역할이 부하들이 목표에 도달할 수 있는 경로(path)를 명확히 하고, 그 과정에서 발생하는 장애물과 불확실성을 제거하며, 필요한 지원을 제공하는 것이라는 점이다. 이러한 과정은 단순한 지시나 관리가 아니라, 부하의 동기를 자극하고 그들이 스스로 최적의 성과를 내도록 유도하는 리더의 촉진(facilitating) 기능에 해당한다.

효과적인 리더는 부하의 과업 달성을 돕는 동시에, 그 성과를 조직의 전략적 목표와 연결하여 시너지를 창출한다. 즉, 개인의 성취와 조직의 성취를 일치시키는 역할을 수행한다. 부하들은 리더의 행동이 기존 환경이 제공하지 못하는 지원을 보완하고, 자신의 기대와 욕구를 충족시켜 준다고 인식할수록 리더를 더 신뢰하고 긍정적으로 수용한다. 이러한 측면에서 경로－목표 이론은 리더가 부하의 기대(expectancy)를 충족시켜야 한다는 점을 강조하며, 이를 위해 '보상 제공'과 '목표 명료성(goal clarification)'이라는 두 가지 핵심 기능을 규정한다.

보상이란 단순히 금전적 인센티브뿐 아니라, 인정(recognition), 승진 기회, 자기개발 지원 등 다양한 형태를 포함하며, 이는 부하가 목표 달성의 가치를 높게 인식하도록 만든다. 목표 명료성은 조직의 비전, 과업의 우선순위, 수행 절차, 성과 기준을 명확하게 제시하는 것으로, 이는 구성원의 혼란을 줄이고 과업 몰입도를 높인다.

그림 8-6 경로-목표 이론

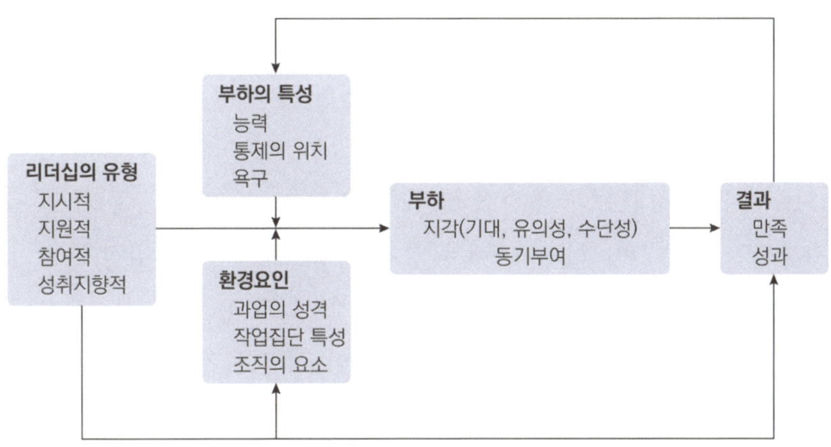

경로-목표 이론은 리더가 취할 수 있는 행동 유형을 네 가지로 구분한다.

첫째, 지시적(directive) 리더십은 '도구적(instrumental) 리더십'이라고도 불리며, 계획·조직·통제 등 공식적 활동을 강조한다. 구체적인 규정, 절차, 일정, 성과 기준을 제공하여 부하가 자신의 역할과 기대 결과를 명확히 이해하도록 한다. 예를 들어, 신입사원이나 절차가 복잡한 프로젝트에서 리더가 세부 단계와 책임을 명시적으로 안내하는 경우가 이에 해당한다.

둘째, 지원적(supportive) 리더십은 부하의 복지, 요구, 근무환경의 안락성을 중시하며, 심리적·정서적 지원을 제공한다. 이는 특히 스트레스가 크거나 위험이 높은 업무 환경에서 부하의 사기와 만족도를 높이는 데 효과적이다.

셋째, 참여적(participative) 리더십은 부하에게 의사결정 과정에 참여할 기회를 제공하고, 그들의 의견과 제안을 진지하게 반영하며, 정보 공유를 통해 신뢰와 주인의식을 높인다. 이는 창의성과 문제 해결력을 요구하는 복잡한 과업에서 특히 유용하다.

넷째, 성취 지향적(achievement-oriented) 리더십은 도전적인 목표를 설정하고, 부하가 자신의 역량을 최대한 발휘하도록 높은 기대 수준을 제시하며, 지속적인 성과 개선을 독려한다. 예를 들어, 혁신적인 제품 개발을 추진하는 팀에서 리더가 업계 최고 수준의 목표를 설정하고 이를 달성할 수 있도록 격려하는 경우가 이에 해당한다.

이 네 가지 리더십 유형의 효과성은 상황에 따라 달라진다. 상황요인은 크게 부하의 특성과 환경적 요인으로 구분된다. 부하의 특성에는 첫째, 능력 수준이 있다. 부하가 경험과 기술에 자신이 있으면 과도한 지시를 부담스럽게 느끼며, 반대로 경험이 부족하면 명확한 지시를 선호한다. 둘째, 내·외적 성향(locus of control)이 있으며, 내부 통제 지향자는 스스로 결정에 참여하는 것을 선호하고, 외부 통제 지향자는 명확한 지시를 받는 것을 선호한다. 셋째, 욕구와 동기의 차이에 따라 안전 욕구가 강한 사람은 지시적 리더십, 소속·존경 욕구가 강한 사람은 지원적 리더십, 성취욕과 자율성이 강한 사람은 참여적 리더십에서 더 높은 만족을 느낀다.

환경적 요인에는 첫째, 과업의 성격이 있다. 과업이 구조화되어 명확한 절차와 규정이 있을 경우 지원적·참여적 리더십이, 비구조적이고 모호한 과업의 경우 지시적 리더십이 효과적이다. 둘째, 집단의 성격에 따라 형성 초기 단계에는 지시적 리더십이 필요하고, 안정 단계에서는 지원적·참여적 리더십이 효과적이다. 셋째, 조직적 요인으로 방침·규율·절차·시간 압박·불확실성이 있다. 규율과 절차가 명확하면 지시적 리더십 필요성이 낮아지지만, 비상사태나 시간 압박이 크면 지시적 리더십이 요구된다. 불확실성이 높을수록 참여적 리더십의 효과가 커진다.

경로－목표 이론은 변수 간 관계의 모호성, 리더 행동 범주의 포괄성, 동기부여 기능 중심의 한계 등 비판을 받지만, 여전히 중요한 장점을 지닌다. 특히 “어떤 상황에서 어떤 리더십이 효과적인가”뿐 아니라 “왜 효과적인가”를 설명하며, 기대이론의 ‘동기부여 = 유인 × 기대’라는 메커니즘을 기반으로 리더십과 상황변수의 관계를 해석한다는 점에서 의의가 크다. 또한 상황변수와 조직성과 간의 함수관계를 밝히는 데 그치지 않고, 작용 원리와 공헌까지 규명하려 한 점에서 현대 조직의 리더십 설계와 교육에 실질적 기여를 하고 있다.

4. 최근의 이론들

1) 리더-구성원 교환 이론

리더－구성원 교환 이론(Leader－Member Exchange Theory: LMX)은 기존 리더십 연구가 전제했던 “리더는 모든 부하를 동일하게 대한다”는 가정을 비판적으로 재검토하면서 발전한 이론이다. 전통적인 리더십 접근에서는 리더가 집단 구성원 전원에게 일관된 스타일과 동일한 수준의 관심을 보이는 것으로 가정하였으나, 실제 조직 현장에서는 리더가 부하의 특성과 관계의 질에 따라 서로 다르게 대우하는 경우가 많다. 이러한 차별적 대우는 리더와 특정 부하 간에 특별한 관계를 형성하게 하며, 그 결과 집단 내에 내집단(in－group)과 외집단(out－group)이 형성된다.

LMX 이론 또는 ‘수직쌍 연결 모형(Vertical Dyad Linkage Model: VDLM)’은 리더와 부하 간의 1:1 교환관계(dyadic relationship)를 핵심 분석 단위로 한다. 리더는 시간과 자원이라는 한정된 자원을 효율적으로 활용하기 위해 일부 부하와 더 밀접한 관계를 맺고, 이들이 내집단을 구성한다. 내집단 구성원은 리더의 신뢰를 얻고, 의사결정 과정에 더 많이 참여하며, 중요한 정보·자원·기회를 우선적으로 제공받는 경향이 있다. 반면 외집단 구성원은 공식적인 권한과 절차에 따라 제한적으로 리더와 상호작용하며, 특별 보상이나 전략적 지원을 거의 받지 못한다. 이러한 집단 구분은 리더가 부하와의 초기 상호작용 과정에서 암묵적으로 형성하며, 시간이 지나도 비교적 안정적으로 유지되는 경향이 있다. 리더는 내집단 구성원에게 더 많은 자원과 기회를 제공하고, 그들이 조직 목표 달성에 기여하면 추가적인 보상으로 응답한다. 반대로 외집단 구성원은 리더와의 관계에서 공식적인 과업 수행과 기본적 의무 이행에만 머무르는 경우가 많다. 그러나 LMX 관계가 장기적으로 유지되기 위해서는 리더와 부하 모두의 관계적 투자가 필요하며, 일방적 노력만으로는 관계 질이 안정적으로 지속되기 어렵다.

리더가 내집단 구성원을 선택하는 기준은 명확하게 규정되지는 않았지만,

일반적으로 내집단 구성원은 리더와 유사한 가치관·태도·성격적 특성을 가지거나 높은 직무역량을 보유한 경우가 많다. 특히 전문성 추구 성향(mastery orientation)을 지닌 부하는 리더를 학습과 성장의 중요한 자원으로 인식하여 긴밀한 교환관계를 형성한다. 이러한 부하는 리더와의 관계를 통해 기술 개발과 자기 개선을 이루고, 이는 조직 전체 성과로 이어질 수 있다.

연구에 따르면, LMX 수준이 높은 부하는 리더와의 의사소통 빈도가 많고, 상호작용에서 비공식적·비형식적 대화가 빈번하게 이루어진다. 반면 LMX 수준이 낮은 부하는 리더와의 접촉이 주로 공식 절차를 통해 이루어지며, 리더는 이러한 빈번하지 않은 상호작용을 효율성 저하나 시간 낭비로 인식하는 경향이 있다. 주목할 점은, 리더의 내·외집단 분류 결정이 전적으로 리더 의도에 의한 것이 아니라 부하의 태도·행동·역량이 중요한 영향을 미친다는 점이다. LMX 이론을 검증한 실증연구들은 대체로 이 이론을 지지하고 있다. 내집단 구성원은 외집단 구성원에 비해 더 높은 성과평가를 받고, 이직의도가 낮으며, 상사와 직무에 대한 만족도가 높고, 전반적인 조직몰입 수준이 높은 것으로 나타난다. 이는 자기 충족적 예언(self-fulfilling prophecy)의 관점에서 설명할 수 있다. 리더가 내집단 구성원에게 더 큰 성과를 기대하고 자원을 투자하면, 해당 구성원은 실제로 더 높은 성과를 내게 되어 리더의 기대가 실현되는 것이다.

그러나 내집단에 속하는 것에도 위험이 따른다. 부하의 성과와 평판이 리더와 밀접하게 연동되기 때문에, 리더가 조직 내에서 신뢰를 잃거나 평가가 하락하면 내집단 구성원도 함께 부정적 영향을 받을 수 있다. 이러한 이유로 LMX 관계는 장점과 위험을 동시에 수반하며, 조직은 내·외집단 간 과도한 격차가 조직문화에 부정적 영향을 미치지 않도록 주의할 필요가 있다.

2) 거래적 리더십과 변혁적 리더십

J. M. Burns는 리더십을 거래적 리더십(transactional leadership)과 변혁적 리더십(transformational leadership)의 두 가지 형태로 구분하였으며, 특히 변혁적

리더십의 중요성을 강조하였다. 이 두 리더십 유형은 리더와 구성원의 관계, 목표 달성 방식, 영향력의 성격에서 뚜렷한 차이를 가진다.

거래적 리더십은 말 그대로 교환(exchange) 관계를 전제로 한다. 리더와 부하가 서로가 가진 가치 있는 자원을 주고받는 방식이며, 대체로 단기적인 목표 달성과 효율성을 중시한다. 예를 들어 경영자가 자본을 제공하고 노동자는 노동력을 제공하는 고용관계가 대표적인 사례이다. 이러한 유형의 리더십에서는 명확한 보상과 처벌 체계를 기반으로 과업 수행을 관리하며, 리더의 주요 관심사는 비용 대비 성과를 극대화하는 것이다. 이에 따라 목표는 주로 단기 성과와 효율성 향상에 맞추어지며, 우리 주변의 전통적인 관리 방식에서 흔히 관찰된다.

반면, 변혁적 리더십은 단순한 거래를 넘어 부하의 신념, 가치관, 욕구를 변화시키는 것을 목표로 한다. 이는 부하에게 단순한 복종을 요구하는 수준을 넘어, 그들을 스스로 리더로 성장시키고, 리더 자신도 구성원과의 상호작용을 통해 사기 진작자(morale agent)로 발전시키는 상호 변혁(mutual transformation)의 과정을 중시한다. 변혁적 리더십은 기존의 구조와 규범에 안주하지 않고, 이를 변화시켜 새로운 기회와 가치를 창출한다. 따라서 관심의 초점은 장기적인 효과, 혁신, 가치 창조에 있다.

B. Bass는 Burns의 개념을 조직관리 분야로 확장하였다. Bass에 따르면 거래적 리더십은 성과를 점진적으로 개선하거나, 목적을 다른 목적과 대체하거나, 특정 행동에 대한 저항을 줄이거나, 이미 결정된 계획을 수행하는 등의 상황에서 주로 나타난다. 이는 소규모 팀이나 명확한 과업 구조에서 특히 두드러지며, 명확한 역할과 보상 체계 속에서 성과를 유지·관리하는 데 효과적이다.

이에 비해 변혁적 리더십은 구성원으로 하여금 조직의 비전과 문제에 대해 더 깊이 인식하게 만들고, 이를 통해 개인의 야망, 자신감, 내적 강인성을 함양한다. Bass는 변혁적 리더십에서 카리스마를 중요한 요소로 보았으며, 실제 사례로 미국 자동차 산업을 재건한 Lee Iacocca를 꼽았다. 그는 강한 비전과 매력을 통해 조직 구성원들의 동기와 몰입을 이끌어냈다. 또한 변혁적 리더십은 조직의 최고 경영층에만 국한되지 않는다. Bass는 조직 내 어느 계층에서도 리더가 변화의 필요성을 이해하고 이를 촉진할 의지가 있다면 변혁적 리더십이 발휘될 수 있다고 주장하였다. 그는 예로, 한 군부대의 하사가 자신의 부대를 높은 충성심과 사명감을 가진 부대로 변화시킨 사례를 들었다. 이러한 리더십은 기존 규범에 수동적으로 순응하는 것이 아니라, 바람직하고 옳다고 믿는 방향으로 조직을 이끌어가는 힘을 제공한다. 특히 급변하는 환경과 치열한 경쟁 상황에서 변혁적 리더십은 조직의 생존과 지속 가능한 성공에 핵심적인 요소가 된다.

CHAPTER

09

집단과 팀의 관리

section 01 집단 관리

조직은 다양한 집단들로 구성되어 있으며, 집단은 다시 여러 개인으로 이루어진다. 따라서 조직 전체를 올바르게 이해하고 구성원의 조직행동을 분석하기 위해서는 개인과 함께 집단에 대한 이해가 반드시 선행되어야 한다. 집단은 단순한 사람들의 모임이 아니라, 일정한 목적과 규범을 공유하며 상호작용을 통해 공동의 목표를 추구하는 사회적 단위로 기능한다. 이러한 집단의 본질은 다음과 같은 여러 특성을 통해 파악할 수 있다.

1. 집단의 본질

집단은 일반적으로 「일련의 행동규범이나 기준을 함께 나누고, 역할을 분담하여, 공동의 목적을 추구하기 위해 상호작용하는 개인들의 집합체」를 의미한다. 현대 조직사회에서 집단은 단순한 인간관계의 틀을 넘어 성과 창출, 혁신, 그리고 조직문화 형성에 중대한 영향을 미친다. 집단의 주요 특성은 다음과 같이 정리할 수 있다.

(1) 집합체와의 구분

집단은 단순히 한 공간에 모여 있는 집합체(aggregate)와는 본질적으로 다르다. 예컨대 버스정류장에 서 있는 승객들이나 지하철 안의 사람들은 공간적으로는 함께 있지만 상호작용하지 않는다. 반면 집단은 구성원 간의 지속적인 관계와 상호작용을 기반으로 한다. 따라서 집단은 단순한 인구학적 유사성의 모임이 아니라, 공동의 활동과 의사소통을 통해 정체성과 목표를 공유하는 단위이다.

(2) 지속적이고 정규적인 상호작용

집단 구성원들은 단순히 모여 있는 것이 아니라 지속적이고 정규적인 상호작용을 한다. 온라인·오프라인을 막론하고 의사소통을 통해 의견을 교환하고, 협력적 행동을 통해 안정적인 관계를 유지한다. 이는 집단을 유지하고 응집성을 강화하는 핵심 요소로 작용한다.

(3) 공동 관심사와 목표

집단은 공통의 관심사와 목적을 바탕으로 형성된다. 이러한 목표는 현실적으로 달성 가능해야 하며, 구성원 모두가 이해할 수 있고, 더 큰 조직이나 사회의 목표와 조화를 이뤄야 한다. 최근 기업에서는 사회적 책임(ESG 경영)이나 지속가능성 같은 새로운 가치가 집단의 목표 설정에 반영되는 사례가 늘어나고 있다.

(4) 규범의 존재

집단은 구성원들의 행동을 지배하는 규범을 가지고 있다. 규범은 암묵적이든 명시적이든 구성원 간 합의에 의해 형성되며, 집단의 질서를 유지하고 협력을 가능하게 한다. 현대 조직에서는 다양성과 포용성(Diversity & Inclusion)을 중시하는 규범이 점차 강조되고 있다.

(5) 역할 분담과 조직성

집단은 각 구성원이 특정한 역할을 수행하는 구조를 지닌다. 역할은 공식적 직무일 수도 있고, 비공식적 관계에서 비롯되는 기능일 수도 있다. 효과적인 집단은 이러한 역할이 균형을 이루어 상호보완적으로 작동한다.

(6) 상호의존성과 집단 정체성

집단 구성원은 상호의존적 관계 속에서 공동의 정체성을 형성한다. 구성원들은 서로를 같은 집단의 일원으로 인식하며, 이러한 정체성은 집단의 응집력을 높인다. 이 과정에서 집단 특성과 개인 특성이 상호 상승작용(synergy)을 일으켜, 개인 단독으로는 얻을 수 없는 성과를 창출한다.

(7) 사회적 단위로서의 성격

집단은 두 사람 이상의 개인이 모여 형성되는 사회적 단위로서, 비교적 자발적이고 자생적인 성격을 갖는다. 오늘날 디지털 플랫폼의 발달로 인해 온라인 커뮤니티, 프로젝트 기반 팀과 같은 새로운 형태의 집단도 활발히 형성되고 있다.

(8) 동기부여와 심리적 안정

집단은 구성원에게 동기를 부여하고, 성과에 따른 보상과 인정 체계를 통해 개인의 욕구를 충족시킨다. 또한 집단은 심리적 안정과 사회적 지지를 제공하여 구성원이 불확실한 환경 속에서도 안정감을 느끼도록 돕는다.

이처럼 집단은 목적, 상호작용, 규범, 역할, 상호지각, 상호의존, 정체성, 그리고 사회·심리적 동기 충족 등 다양한 속성과 긴밀히 연결되어 있다. 소규모 집단일수록 상호작용과 응집력이 강하게 나타나지만, 대규모 집단에서는 이러한 성향이 약화되므로 의사소통 체계와 리더십 구조가 더욱 중요하게 작용한다.

2. 집단 형성의 이유

사람들은 왜 집단을 형성하는가? 이는 인간 사회와 조직의 본질적 특성과 연결되는 문제다. 인간은 본래 사회적 존재이기 때문에 타인과의 관계 속에서 자신의 정체성을 확인하고, 심리적 안정과 성취감을 얻는다. 또한 현대와 같이 복잡하고 불확실성이 큰 환경에서는 개인의 역량만으로는 해결할 수 없는 문제들이 많기 때문에, 집단은 개인과 조직 모두에게 필수적인 구조로 자리 잡는다. 따라서 집단 형성의 이유는 크게 개인의 욕구 충족과 조직적 필요와 기능적 요구라는 두 가지 차원에서 설명할 수 있다.

1) 개인의 욕구 충족

집단은 개인의 다양한 심리적·사회적 욕구를 충족하는 핵심적인 장치이다. 집단 속에서 사람들은 소속감을 느끼고, 정체성을 확인하며, 존중과 자아실현의 기회를 얻는다. 개인이 집단을 필요로 하는 이유는 다음과 같이 구체적으로 나눠 설명할 수 있다.

첫째, 안전 욕구의 충족이다. 사람들은 집단에 소속됨으로써 혼자일 때 느끼는 불안감과 외부의 위협으로부터 오는 불확실성을 완화한다. 예를 들어, 새로 입사한 신입사원이 처음 느끼는 고독과 두려움은 동료 집단과의 소속을 통해 해소될 수 있다. 동료들은 정보와 경험을 제공하고, 때로는 정서적 지지를 통해 개인이 조직에 적응할 수 있도록 돕는다. 이러한 과정은 단순히 안전에 대한 심리적 보장을 넘어, 개인의 자율성과 도전 의식을 키우는 토대가 된다.

둘째, 가까움과 매력에 의한 결속이다. 인간은 유사한 특성, 가치관, 생활양식을 공유하는 사람들과 쉽게 집단을 형성한다. 또한 물리적 거리의 근접성 역시 중요한 요인으로 작용한다. 예컨대 같은 연령대의 동료들이 점심 모임을 결성하거나, 인근 지역 주민들이 자율적인 커뮤니티를 형성하는 경우가 있다. 이러한 모임은 비공식적인 친목의 성격을 가지기도 하고, 때로는 임금 인상이나 근로조건 개선을 위한 공식적 협의체로 발전하기도 한다. 반복적

그림 9-1 집단 형성과 발전 모형

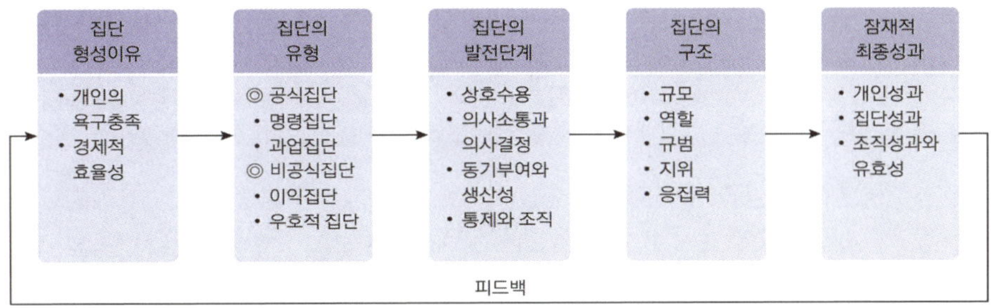

자료: J. L. Gibson, J. M. Ivancevich, & J. H. Donnelly(1988), *Organizations*, 6th. ed., Plano Texas : BPI. Inc., p. 297.

만남과 상호작용은 유대감을 강화하고, 집단은 개인에게 사회적 즐거움과 안정감을 동시에 제공한다.

셋째, 존경, 자아실현 및 지위 욕구의 충족이다. 사람들은 사회적 위신이나 명망을 가진 집단에 소속됨으로써 자신의 사회적·심리적 욕구를 충족한다. 특정 집단의 일원이라는 사실은 개인의 사회적 지위를 상징적으로 보여주고, 때로는 자아실현의 통로가 되기도 한다. 예컨대 전문직 협회, 학술단체, 명문 클럽, 또는 사회적으로 높은 평가를 받는 봉사단체의 일원으로 활동하는 것은 개인에게 사회적 인정과 자기실현의 기회를 동시에 제공한다. 최근에는 오프라인 집단뿐 아니라 온라인 기반의 전문가 네트워크나 SNS 커뮤니티가 이러한 욕구를 충족하는 새로운 장이 되고 있다.

결국 집단은 개인의 안전, 친밀성, 존경, 자아실현과 같은 다양한 차원의 욕구를 충족시켜주며, 이는 개인이 사회적 존재로 살아가기 위한 기본 토대가 된다.

2) 조직적 필요와 기능적 요구

집단은 개인의 욕구 충족을 넘어, 조직 차원에서 과업 수행과 목표 달성을 위해 반드시 필요하다. 오늘날의 조직은 복잡하고 빠르게 변화하는 환경에 대응해야 하기 때문에, 집단은 단순한 인간관계의 틀을 넘어 전략적 기능을 담당한다.

첫째, 정보 공유와 학습 촉진이다. 현대 조직에서 정보는 생존과 경쟁력의 핵심이다. 집단은 개인이 독자적으로 얻을 수 없는 다양한 지식을 교환할 수 있는 장을 제공하며, 이를 통해 문제 해결의 수준과 학습 속도를 높인다. 특히 프로젝트 팀이나 태스크포스는 다양한 전문성을 가진 사람들이 모여 집단적 학습을 실현하는 대표적 사례이다.

둘째, 혁신과 창의성의 촉진이다. 집단은 구성원 각자가 가진 서로 다른 경험과 아이디어를 결합하여 새로운 해결책을 만들어낸다. 다양한 배경을 가진 사람들이 모여 토론하는 과정에서 창의적 사고가 촉발되고, 이는 곧 조직의 혁신으로 이어진다. 글로벌 기업의 연구개발(R&D) 부서나 스타트업의 애자일 팀은 이러한 집단의 혁신 기능을 잘 보여준다.

셋째, 의사결정의 합리화와 품질 제고이다. 집단 의사결정은 때로는 시간이 더 걸리지만, 다양한 관점을 반영할 수 있기 때문에 개별 의사결정보다 더 합리적이고 질 높은 결과를 도출할 수 있다. 집단 토론은 편견이나 오류를 줄이는 역할을 하며, 구성원 간의 참여를 통해 결과에 대한 수용성을 높인다.

넷째, 조직문화와 사회화 기능이다. 집단은 구성원들에게 조직의 규범과 가치를 전파하고, 신입 구성원이 조직에 적응하도록 돕는다. 이는 조직문화의 지속성과 응집력 형성에 중요한 역할을 한다. 예컨대 신입사원이 팀에 소속되어 선배로부터 조직의 규범을 학습하는 과정은 조직사회화의 핵심 메커니즘이다.

다섯째, 성과 창출과 동기 강화이다. 집단은 공동의 목표를 설정하고 성과를 공유함으로써 구성원들의 동기를 고취시킨다. 집단 단위 성과관리와 보상체계는 개인의 노력을 집단 성과와 연결시켜 책임감과 몰입을 강화한다. 팀 성과급이나 집단 기반 인센티브 제도는 이러한 원리를 조직 운영에 반영한 사례라 할 수 있다.

결론적으로 집단 형성은 개인적 차원에서는 안전과 소속감, 존경과 자아실현 욕구를 충족시키고, 조직적 차원에서는 정보 공유, 혁신, 합리적 의사결정, 문화 전파, 성과 창출이라는 기능을 수행한다. 따라서 집단은 인간 사회와 조직에서 단순히 자발적으로 생겨나는 모임이 아니라, 개인의 심리적 안정을 보장하고 조직의 목표 달성을 가능하게 하는 전략적 단위라 할 수 있다.

3) 경제적 효율성

조직에서 집단은 단순히 개인들의 모임이 아니라, 경제적 효율성을 극대화하기 위한 핵심 장치로 기능한다. 기업이나 조직이 수행하는 대부분의 과업은 개인 단독의 노력만으로는 달성하기 어려우며, 집단을 통해서만 효과적으로 추진될 수 있다. 이는 집단이 제공하는 시너지 효과(synergy effect) 때문이다. 시너지란 집단의 결과가 단순히 개인 성과의 합을 넘어, 상호작용을 통해 더 큰 가치를 창출하는 현상을 의미한다.

예를 들어, 한 개인이 연구·개발 업무를 수행할 수는 있지만, 연구자들이 모여 팀을 이루면 지식과 아이디어가 교차·융합되면서 혁신적인 결과물이 도출된다. 이는 오늘날의 다학제적 연구팀이나 기업의 R&D 프로젝트에서 흔히 관찰되는 현상이다. 또한 현대 기업이 추진하는 대부분의 전략 과제—신제품 개발, 시장 개척, 품질 혁신, ESG 경영 등—은 다양한 기능과 전문성을 가진 사람들이 집단을 이루어야만 가능하다. 집단의 효율성은 크게 두 가지 측면에서 나타난다.

첫째, 업무 분업과 전문성의 활용이다. 집단은 과업을 세분화하고 각 구성원이 자신의 전문성을 발휘할 수 있도록 역할을 분담한다. 이로써 개인이 단독으로 수행할 때보다 시간과 비용을 절감할 수 있으며, 과업의 질도 높아진다. 예컨대 프로젝트 조직에서 기획, 마케팅, 기술, 재무 담당자가 각자의 전문성을 발휘하면, 개별적으로 활동할 때보다 훨씬 빠르고 정확한 결과를 산출할 수 있다.

둘째, 집단적 조정과 문제 해결 능력이다. 개인이 혼자 의사결정을 내릴 경우 정보와 관점의 한계가 발생할 수 있으나, 집단은 다양한 의견을 반영해 합리적인 결론을 도출할 가능성이 높다. 특히 불확실성과 위험이 큰 경영 환경에서는 집단 의사결정이 경제적 비용을 줄이고 실패 가능성을 낮추는 기능을 한다.

이와 같은 이유로 조직에서는 공식 집단을 제도적으로 형성하는 경우가 많다. 예컨대 특정 목표 달성을 위해 정식으로 설치되는 위원회나 프로젝트 팀은 대표적인 사례이다. 이러한 집단은 목표가 달성되면 자연스럽게 해체되는 임시적 성격을 가지기도 한다. 이는 현대 조직에서 '프로젝트 기반 운영(project-based organization)'이 보편화된 배경이기도 하다. 결국 집단 형성의 이유는 단순히 개인의 심리적 욕구 충족을 넘어서, 조직의 목표 달성을 위한 효율성 확보라는 경제적 측면에서 중요한 의미를 지닌다. 따라서 집단은 개인과 조직 모두에게 이중적 가치를 제공한다. 즉, 집단은 개인에게는 안전·소속감·성취 욕구를 충족시켜 주고, 조직에게는 목표 달성과 성과 창출이라는 경제적 효율성을 제공하는 전략적 자산이라 할 수 있다.

3. 집단의 유형

집단은 그 형성 방식과 목적, 운영 방식에 따라 공식 집단과 비공식 집단으로 구분된다. 이는 조직 내에서 집단이 어떠한 동기에 의해 형성되고 어떤 기능을 수행하는지 이해하는 데 중요한 구분이다.

1) 공식 집단

공식 집단은 조직의 목표와 관련된 과업을 수행하기 위해 의도적으로 구성된 집단을 의미한다. 이 집단은 명확한 권력과 권한, 책임, 의무를 가지고 있으며, 의사소통 경로와 역할이 분명히 규정되어 있다. 따라서 조직의 성과 달성에 직접적으로 기여하는 구조적 단위라 할 수 있다.

첫째, 공식 집단은 과업 지향성을 가진다. 이는 집단의 존재 목적이 조직의 효율성, 성과, 비용 절감이라는 논리에 기초하기 때문이다. 따라서 구성원들은 주어진 과업을 수행하기 위해 체계적으로 역할을 분담하고, 집단의 목표는 구체적이고 측정 가능하며, 달성 여부가 평가된다.

둘째, 공식 집단은 계획성과 지속성을 특징으로 한다. 조직의 목표를 위해 장기간 존속하는 경우가 많으며, 조직도상에 제도적으로 표시된다.

셋째, 공식 집단은 다시 명령집단과 과업집단으로 구분된다. 명령집단은 공식적인 권한 구조를 기반으로 한 집단으로, 특정 상급자와 그에게 보고하는 하급자로 구성된다. 예컨대 부서장과 그 산하 직원들 간의 관계가 대표적인 사례이다. 이 집단은 명령과 보고의 위계질서를 중심으로 운영되며, 책임과 권한이 뚜렷하다.

과업집단은 특정 과업을 수행하기 위해 공식적으로 조직되는 집단으로, 명령 관계보다는 기능적 필요에 의해 형성된다. 예컨대 신제품 개발 프로젝트 팀은 마케팅, 연구개발, 재무, 생산 등 서로 다른 부서 구성원들이 모여 상호 협력하는 형태이다. 이러한 집단은 상호 명령적(cross-command) 관계를 가지며, 과업이 완료되면 해체되는 임시적 성격을 지닐 수 있다. 현대 조직에서는 이와 같은 과업집단의 중요성이 더욱 커지고 있으며, 특히 프로젝트 기반 조직(Project-Based Organization)이나 애자일 팀(Agile Team) 운영은 대표적인 사례라 할 수 있다.

2) 비공식 집단

비공식 집단은 조직 구성원들이 자신의 다양한 욕구를 충족시키기 위해 자연발생적으로 형성한 집단을 말한다. 이는 조직의 공식적 구조와 무관하게 형성되며, 구성원들의 심리적 안정과 사회적 유대를 제공한다.

첫째, 비공식 집단은 자생적·유동적 성격을 지닌다. 공식 집단이 제도적 틀 속에서 운영된다면, 비공식 집단은 개인의 흥미, 정서적 유대, 사회적 욕구를 기반으로 자연스럽게 형성된다. 따라서 조직도표에는 나타나지 않지만, 실제로는 조직 내 의사소통, 협력, 비공식적 의사결정 과정에 큰 영향을 미친다.

둘째, 비공식 집단은 크게 이익집단과 우호집단으로 나눌 수 있다.

이익집단(interest group)은 특정한 목적 달성을 위해 구성되며, 조직의 공식적 목표와는 무관하다. 예를 들어 근로자들이 임금 인상을 요구하기 위해

결성하는 집단이나, 복지제도 개선을 위한 모임이 해당된다. 이 집단은 필요가 충족되면 해체되기도 하고, 새로운 요구가 생기면 다시 형성되기도 한다.

우호집단(friendship group)은 개인적 친분과 유사성을 바탕으로 형성된다. 같은 나이, 출신학교, 고향, 정치적 신념이나 가치관을 공유하는 사람들끼리 모여 관계를 형성한다. 이 집단은 업무와 직접적인 관련이 없어도, 상호작용을 통해 정서적 안정과 사회적 만족을 제공하며, 구성원 간 의사소통을 촉진하는 기능을 한다.

현대 조직에서는 비공식 집단이 때로는 긍정적 자원이 되어 조직의 응집력을 강화하고 협력 문화를 조성하기도 하지만, 경우에 따라서는 공식 집단의 규범이나 목표와 충돌하여 갈등을 유발하기도 한다. 따라서 관리자는 비공식 집단을 단순히 억제하기보다, 조직 목표와 조화를 이루도록 관리하는 전략적 접근이 필요하다.

3) 공식 집단과 비공식 집단의 비교

공식 집단과 비공식 집단은 여러 측면에서 차이를 보인다. 공식 집단은 제도적, 규범적, 기능적 성격을 강조하는 반면, 비공식 집단은 자발적, 정서적, 관계적 성격을 강조한다.

집단은 공식적·비공식적 성격을 동시에 지니며, 조직 내에서 이 두 유형은

표 9-1 공식 집단과 비공식 집단의 비교

구분	공식 집단	비공식 집단
형성 방식	조직이 제도적으로 의도적으로 형성	구성원의 자발적 욕구에 의해 자연발생
리더십	임명·지정에 의해 결정	집단 내 자생적으로 선출
목적	조직의 공식적 목표 달성	개인적 욕구 충족 및 정서적 유대
통제 방식	규정·보상·처벌에 의한 공식적 통제	관계·감정에 기초한 비공식적 통제
조직 구조	명령·보고 체계가 명확	상호작용과 친밀감 중심
지속성	비교적 영속적·계획적	유동적·일시적 성격도 강함
논리	효율·비용의 논리	감정·욕구 충족의 논리
규모	비교적 크고 체계화됨	소규모·친밀한 인간관계 중심
특징	비인격적·제도화	인격적·정서적 관계 강조

상호보완적 역할을 수행한다. 공식 집단이 목표 달성을 위한 구조와 질서를 제공한다면, 비공식 집단은 정서적 유대와 사회적 안정, 그리고 유연성을 제공한다. 따라서 현대 조직관리자는 공식 집단과 비공식 집단을 각각 이해하고, 두 집단이 조화롭게 기능하도록 관리하는 것이 중요하다.

3) 기타 유형

앞서 살펴본 공식 집단과 비공식 집단 이외에도, 사회학과 조직행동론에서는 집단을 다양한 기준에 따라 구분한다. 그중 대표적인 구분으로 일차적 집단과 이차적 집단, 소속 집단과 준거 집단, 개방 집단과 폐쇄 집단을 들 수 있다. 이 구분들은 집단의 형성과 기능을 보다 다차원적으로 이해하는 데 중요한 시사점을 제공한다.

(1) 일차적 집단과 이차적 집단

일차적 집단(primary group ; 원초집단)은 가족, 친목 모임, 지역 공동체와 같이 구성원 간의 관계가 깊이 있는 정서적 몰입을 요구하는 집단이다. 이러한 집단은 구성원 간 친밀하고 지속적인 대면 관계를 특징으로 하며, 상호작용은 감정적이고 표현적(expressive)이다. 일차적 집단은 인간 발달 과정에서 사회화의 중요한 기초가 되며, 구성원에게 소속감, 정체성, 심리적 안정감을 제공한다.

반면, 이차적 집단(secondary group)은 공식적이고 수단적(instrumental)이며, 목적 달성을 위한 수단적 관계가 중심이 된다. 예컨대 직장, 학교, 직업적 협회와 같은 집단이 여기에 해당한다. 이차적 집단의 관계는 합리적·계약적 성격이 강하며, 구성원은 개인적 친밀성보다는 과업 수행 능력과 성취가 중요한 기준이 된다. 현대 사회에서는 일차적 집단과 이차적 집단이 상호보완적 관계에 있으며, 특히 디지털 네트워크의 발달로 두 집단 간의 경계가 점차 흐려지고 있다. 예컨대 온라인 기반의 학습 공동체나 회사 내 사내 동호회는 이차적 집단과 일차적 집단의 특성을 동시에 갖기도 한다.

(2) 소속 집단과 준거 집단

소속 집단(membership group; 구성원 자격 집단)은 개인이 실제로 속해 있는 집단을 의미한다. 예를 들어 가족, 정치 집단, 종교 집단, 직장 내 특정 부서 등이 이에 해당한다. 소속 집단은 개인의 일상적 사회적 경험의 기반이 되며, 사회적 정체성을 제공한다. 반면, 준거 집단(reference group)은 개인이 실제로 속해 있지 않더라도, 자신이 심리적으로 소속되기를 바라거나 행동의 기준을 설정할 때 참고하는 집단을 의미한다. 준거 집단은 개인의 가치관, 태도, 행동에 중요한 영향을 미친다. 예컨대 대학생이 미래에 속하고 싶어 하는 전문직 협회나, 소비자가 특정 브랜드 소비자 집단을 동경하며 자신의 소비행동을 결정하는 경우가 이에 해당한다. 준거 집단은 크게 두 가지 기능을 수행한다.

- **규범적 기능**: 개인이 자신의 태도와 행동을 집단의 기준에 맞추도록 영향을 미치는 기능
- **비교적 기능**: 개인이 자신과 타인을 비교하거나 자신의 성취 수준을 평가할 때 참고하는 기준 제공

현대 사회에서는 SNS와 같은 온라인 공간에서 준거 집단의 영향력이 더욱 확대되고 있다. 온라인 커뮤니티나 인플루언서 집단은 실제 소속 여부와 관계없이 개인의 가치관과 행동에 큰 영향을 미친다.

(3) 개방 집단과 폐쇄 집단

개방 집단(open group)은 구성원의 교체가 활발하고, 외부와의 교류를 통해 새로운 관점과 아이디어를 지속적으로 수용하는 집단이다. 개방 집단은 다양성과 유연성을 장점으로 하지만, 반대로 장기적인 안정성과 응집력이 약할 수 있다. 따라서 균형 유지와 규범 관리 장치가 필요하다. 예컨대 현대 기업의 프로젝트 팀, 스타트업의 협업 네트워크, 오픈소스 커뮤니티는 대표적인 개방 집단의 사례라 할 수 있다.

폐쇄 집단(closed group)은 구성원의 교체가 적고, 내부 응집력이 강하며,

안정적이고 장기적인 시야를 가진다. 폐쇄 집단은 내부 결속력과 일관성을 유지하는 데 유리하지만, 변화에 대한 적응력이 떨어지고 외부 충격에 취약할 수 있다. 예컨대 전통적 장인조직, 혈연·지연 기반 모임, 오랜 기간 지속된 특정 학맥 집단 등이 이에 속한다. 현대 조직에서는 개방 집단과 폐쇄 집단이 상호 보완적으로 존재한다. 개방 집단은 혁신과 변화를 촉진하는 반면, 폐쇄 집단은 안정성과 신뢰를 제공한다. 따라서 효과적인 조직 운영은 두 집단의 균형 있는 활용에 달려 있다.

이상의 집단 유형 분류는 공식 · 비공식 집단의 이분법적 구분을 보완하여, 집단을 정서적 관계, 소속과 기준, 개방성과 폐쇄성 등 다양한 기준에서 이해할 수 있도록 한다. 현대 사회와 조직에서는 일차적 · 이차적 집단, 소속·준거 집단, 개방·폐쇄 집단이 서로 중첩되거나 융합된 형태로 나타나는 경우가 많다. 따라서 관리자는 집단의 유형적 특성을 정확히 파악하고, 상황에 맞게 조정 · 활용해야 한다.

4. 비공식 집단의 형성 및 기능

1) 비공식 집단의 형성 요인

비공식 집단은 공식적인 조직구조와 무관하게, 구성원들의 다양한 배경 · 특성 · 욕구를 기반으로 자발적이고 자연스럽게 형성된다. 그 형성 요인은 크게 선천적 요인과 후천적 요인으로 나누어 설명할 수 있다.

(1) 선천적 요인

선천적 요인은 구성원 개개인이 타고난 특성과 관련된다. 이는 비공식 집단의 형성에 기초적인 배경을 제공한다.

첫째, 기질과 성격의 동질성이다. 사람들은 유사한 기질과 성격을 지닌 이들과 쉽게 유대감을 형성하며, 이는 자연스럽게 비공식 집단으로 발전한다. 예컨대 내향적인 성향을 가진 사람들이 조용한 모임을 만들거나, 외향적인 성향을 지닌 사람들이 활발한 네트워크를 형성하는 것이 대표적이다.

둘째, 성별 요인이다. 남녀가 함께 근무하는 직장 환경에서는 동성 간의 친밀성이 집단 형성으로 이어지는 경우가 많다. 그러나 최근에는 성별을 넘어 다양한 젠더 정체성과 관심사를 공유하는 집단이 형성되기도 한다.

셋째, 연령 요인이다. 연령대별로 유사한 가치관과 생활양식을 공유하기 때문에 같은 세대끼리 자연스럽게 모이는 경향이 있다. 예컨대 20~30대 직원들은 디지털 문화와 자기개발에 관한 집단을, 40~50대 직원들은 안정성과 장기적 경력을 주제로 한 집단을 형성할 수 있다.

넷째, 혈연·인척 관계이다. 동일 가족이나 친척이 같은 조직 내에 근무할 경우, 이들 사이에는 자연스러운 친밀성과 연대감이 형성된다. 이는 비공식 집단의 기초가 되며, 때로는 조직 내 의사결정이나 영향력 형성에도 중요한 변수로 작용한다.

(2) 후천적 요인

후천적 요인은 개인의 성장 배경, 경험, 조직 내·외부의 관계 등에서 비롯된다. 이는 공식 집단과는 무관하게 자발적으로 형성되기도 하고, 공식 조직 내 환경적 요인으로 인해 발생하기도 한다.

가) 조직 외적 요인

조직 외적 요인은 개인의 과거 경험이나 사회적 배경에서 비롯된다.

- **출신학교나 동문 관계**: 같은 학교 출신이라는 공통 경험은 강한 결속력을 형성한다.
- **출신지나 지역 공동체 관계**: 동향이라는 공통점은 유사한 문화와 가치관을 공유하게 하여 집단 형성의 토대가 된다.
- **취미·오락 활동**: 낚시, 테니스, 등산, 독서 모임과 같은 관심사를 공유하는 활동은 자연스럽게 집단을 형성한다.
- **종교적 배경**: 같은 종교를 가진 사람들은 가치와 신념을 공유하면서 비공식 집단을 만들기도 한다.

- **학력 · 군대 · 사회경력**: 비슷한 학력이나 군대 경험은 강한 유대감을 형성하는 요소로 작용한다.
- **거주지 근접성**: 같은 지역에 거주하는 구성원들은 출퇴근이나 생활의 편의성을 기반으로 교류를 확대하고, 이는 집단으로 발전한다.

나) 조직 내적 요인

조직 내적 요인은 직무 특성과 근무 환경에 따라 형성된다.

- **업무의 유사성**: 같은 직종이나 비슷한 과업을 수행하는 사람들은 직무 특성을 공유하며 비공식 집단을 구성한다.
- **근무 장소 · 좌석 배치**: 물리적 근접성은 접촉 빈도를 높여 자연스럽게 친밀한 집단을 만든다. 오픈 오피스 환경에서는 특정 공간 단위로 집단이 형성되기도 한다.
- **근무 기간**: 근속연수의 유사성은 '입사 동기 모임', '연수 동기 모임' 등으로 발전한다. 이는 강한 유대감을 기반으로 집단을 지속시키는 요소다.
- **직급 · 직위의 유사성**: 같은 직급이나 직위를 가진 구성원들은 이해관계가 유사하므로, 공식적 계층 구조와 별개로 비공식 집단을 형성한다.

이 외에도 비공식 집단은 과거 동일한 부서에서 근무한 경험, 프로젝트를 함께 수행한 이력, 연수 프로그램 참여 경험 등 다양한 요인에 의해 형성될 수 있다. 최근에는 오프라인 요인뿐 아니라 디지털 플랫폼을 기반으로 한 온라인 네트워크와 커뮤니티도 중요한 형성 요인으로 작용하고 있다. 예컨대 사내 메신저, 온라인 동호회, 메타버스 기반 모임은 현대적 비공식 집단의 새로운 형태라 할 수 있다. 결국 비공식 집단은 선천적 요인과 후천적 요인이 복합적으로 작용하여 형성되며, 이는 사회적 · 심리적 · 감정적 · 전략적 차원에서 조직 운영과 구성원의 행동에 중요한 영향을 미친다.

2) 비공식 집단의 형성 과정

비공식 집단은 공식적 지시나 규정 없이 구성원들의 자발적 상호작용 속에서 형성된다. 집단이 자연스럽게 형성되고 성숙하기 위해서는 일정한 단계를 거치며, 이러한 과정은 사회적 관계의 축적과 집단적 정체성의 강화라는 특징을 지닌다. 일반적으로 비공식 집단은 다음과 같은 다섯 가지 과정을 거쳐 발전한다.

첫째, 상호작용의 시작 단계이다. 개인들은 업무나 생활 속에서 반복적으로 접촉하면서 관계의 기초를 쌓는다. 이때 상호작용은 단순한 정보 교환이나 친목 활동에서 비롯되며, 집단 형성의 씨앗이 된다.

둘째, 심리적 유대의 강화 단계이다. 시간이 지나면서 개인들은 서로를 신뢰하게 되고, 공통의 관심사나 가치관을 공유하면서 정서적 연결이 형성된다. 예컨대 직장 내 동호회나 점심 모임은 단순한 만남을 넘어 친밀성과 유대감을 강화한다.

셋째, 관계의 안정화 단계이다. 지속적인 상호작용을 통해 집단은 비교적 안정적인 관계 구조를 갖추게 된다. 구성원 간의 관계는 예측 가능성을 가지게 되고, 집단은 내적 응집력을 갖춘 사회적 단위로 발전한다.

넷째, 목적과 규범의 형성 단계이다. 집단은 점차 공동의 목적을 설정하고, 구성원들이 따라야 할 규범을 만들어낸다. 이는 비공식 집단을 단순한 모임이 아닌, 일정한 행동 기준과 방향성을 가진 사회적 집단으로 발전시키는 중요한 계기다.

다섯째, 구조의 분화와 성숙 단계이다. 시간이 흐르면서 집단 내에서 자연스러운 리더십 구조나 역할 분담이 나타난다. 이 과정에서 집단은 내적·외적 환경의 변화에 적응할 수 있는 능력을 확보하며, 장기적으로 안정성과 지속성을 유지한다.

Anderson & Carter의 3단계 이론으로 C. R. Anderson과 N. M. Carter는 집단의 형성과 변화를 결합 단계 - 통제 단계 - 위기 단계라는 3단계로 설명한다.

- **결합 단계**(formation): 구성원들은 서로를 탐색하며 공통 요인을 발견하고, 이를 토대로 집단적 유대를 형성한다. 이 단계에서는 아직 개인의 목적이 강하게 작용하며, 집단의 결속은 초기 수준에 머문다.
- **통제 단계**(control): 사회화 과정이 본격적으로 진행되면서 개인적 목적보다 집단의 목적이 우선시된다. 이 시점에서 집단 규범이 형성되고, 집단 내 관계가 안정된다. 구성원들은 집단 규칙을 내면화하고, 리더십 구조가 비교적 뚜렷하게 나타난다.
- **위기 단계**(crisis): 집단 내 갈등과 불화가 발생하는 단계로, 구성원 간 이해관계 충돌이나 외부 요인에 의해 나타날 수 있다. 이 위기는 집단을 다시 안정시키는 계기가 되기도 하고, 반대로 집단 해체로 이어질 수도 있다. 중요한 점은 이 단계가 반드시 순차적으로 나타나는 것은 아니라는 것이다. 위기는 집단 형성의 어느 시점에서나 발생할 수 있으며, 갈등 관리 능력에 따라 집단은 강화되거나 와해될 수 있다.

현대 조직에서는 이러한 과정이 전통적 대면 집단뿐 아니라 가상팀·온라인 커뮤니티·하이브리드 근무 환경에서도 동일하게 나타난다. 디지털 협업 플랫폼에서 이루어지는 집단 형성 역시 초기 상호작용 → 신뢰 구축 → 규범 형성 → 역할 분화 → 위기와 적응의 과정을 거친다. 따라서 관리자는 비공식 집단의 자생적 형성과정을 억압하기보다는 이해하고, 조직 목표와 조화를 이루도록 유도하는 전략적 관리가 필요하다.

3) 비공식 집단의 기능

비공식 집단은 공식적인 조직 구조와는 무관하게 자생적으로 형성되지만, 그 영향력은 결코 작지 않다. 실제로 조직의 성과와 분위기, 구성원의 만족도와 몰입 수준은 비공식 집단의 작동 방식에 의해 크게 달라질 수 있다. 비공식 집단은 긍정적인 측면에서 조직을 보완하고 강화하는 순기능을 발휘하기도 하지만, 때로는 조직의 질서를 위협하거나 부정적인 영향을 끼치는 역기능으로 작용하기도 한다. 따라서 관리자는 비공식 집단을 단순히 억압하기보다는 그 순기능을 극대화하고, 역기능을 최소화할 수 있도록 전략적으로 관리해야 한다.

(1) 비공식 집단의 순기능

첫째, 심리적 안정과 소속감 제공이다. 비공식 집단은 구성원에게 소속감과 정서적 유대를 제공하며, 공식 조직에서 느낄 수 있는 고립감이나 소외감을 완화한다. 예컨대 부서 간 경직된 분위기 속에서도 점심 모임이나 동호회 활동은 구성원들에게 심리적 안정과 유대감을 제공한다.

둘째, 업무 효율성 증진이다. 비공식 집단은 구성원들 간 원활한 협력 관계를 촉진하여 공식 집단의 업무 수행을 지원한다. 자발적인 정보 공유, 협동, 상호의존적 관계는 공식 절차보다 신속하고 유연한 의사결정을 가능하게 한다. 특히 프로젝트 팀에서 비공식 네트워크를 통한 빠른 조율은 공식 보고체계보다 업무 효율성을 크게 높인다.

셋째, 의사소통 경로의 확대이다. 조직의 공식적인 의사소통 경로만으로는 충분하지 않으며, 비공식적인 의사소통 역시 중요한 역할을 한다. 비공식 집단은 구성원들 간에 정보를 빠르게 전달하고, 감정을 공유하며, 공식적으로는 전달되기 어려운 의견과 피드백을 확산시킨다. 이를 통해 조직 내 소통은 보다 활발하고 다층적으로 이루어진다.

넷째, 좌절감과 불만의 배출구 역할이다. 공식 조직에서 충족되지 못한 욕구나 불만은 비공식 집단을 통해 해소될 수 있다. 이는 구성원들이 조직에 대한 불만을 직접 표출하지 않고, 집단 내부에서 감정을 공유함으로써 심리적 균형을 유지하게 해준다. 즉 비공식 집단은 일종의 안전핀(safety valve) 기능을 수행한다.

다섯째, 자기개발과 자기실현의 장이다. 비공식 집단은 개인이 공식적 역할을 넘어 자신의 잠재력을 발휘할 수 있는 공간이 된다. 비공식 모임을 통해 리더십을 경험하거나 새로운 역량을 개발하는 경우도 많다. 이는 장기적으로 개인의 성장뿐 아니라 조직의 혁신 역량 강화에도 기여한다.

종합해 보면, 비공식 집단은 집단 통합, 사회적 통제, 의사소통 확대, 자기개발 기회 제공, 자발성 강화, 사회적 만족, 불만 배출구 제공 등의 순기능을 발휘하며, 조직 전체의 안정성과 성과를 보완하는 중요한 역할을 수행한다.

(2) 비공식 집단의 역기능

첫째, 파벌 형성과 갈등 유발이다. 특정 비공식 집단에 소속된 여부에 따라 조직 내 파벌이 생기고, 집단 간 경쟁이나 대립으로 인해 갈등이 심화될 수 있다. 이는 공식 조직의 단합을 저해하고 협력적 문화를 약화시킬 수 있다.

둘째, 공식 조직과의 충돌이다. 비공식 집단이 강한 결속을 보일 경우, 공식 조직의 지시나 규범보다 집단 내부의 기준을 우선시할 수 있다. 이는 명령 불복종이나 비공식적 규칙의 우선 적용으로 이어져 조직 운영에 혼란을 초래할 수 있다.

셋째, 정실주의와 불공정성 확대이다. 비공식 집단은 감정적 유대와 개인적 관계에 기반하기 때문에 특정 구성원이 이익을 독점하거나, 정실주의가 개입될 위험성이 크다. 이는 공정한 규범과 합리성을 약화시키고, 조직 질서를 무너뜨릴 수 있다.

넷째, 루머와 잘못된 정보의 확산이다. 비공식 집단은 빠른 의사소통 경로를 제공하지만, 때로는 확인되지 않은 정보나 악성 루머를 확대시켜 구성원의 사기를 저하시킬 수 있다. 이는 조직의 공식적 의사소통을 왜곡하고, 불필요한 불신을 초래한다.

다섯째, 변화에 대한 저항이다. 비공식 집단은 기존의 규범과 관행에 익숙해져 있기 때문에 새로운 변화나 제도 도입에 저항할 수 있다. 이는 조직의 혁신과 적응력을 저해하는 요인으로 작용한다.

이처럼 비공식 집단의 역기능은 파벌, 루머, 역할 갈등, 집단 압력, 보수적 관성, 변화 저항, 이기심 등으로 나타나며, 조직과의 조화를 깨뜨리는 위험 요소가 될 수 있다. 따라서 관리자는 이러한 역기능을 지속적으로 관찰하고,

제도적·문화적 장치를 통해 균형을 유지해야 한다. 비공식 집단은 조직 내에서 순기능과 역기능을 동시에 지니는 이중적 존재이다. 순기능은 조직을 보완하고 활력을 불어넣지만, 역기능은 조직의 질서를 위협하고 성과를 저해할 수 있다. 따라서 관리자는 비공식 집단을 단순히 억압하거나 무시할 것이 아니라, 이를 조직문화와 조화롭게 연결하여 순기능을 극대화하고 역기능을 최소화하는 방향으로 관리해야 한다. 오늘날과 같이 네트워크화된 디지털 조직 환경에서는 이러한 관리 전략이 더욱 중요하다.

5. 집단 구조

집단이 일정한 과정을 거쳐 형성되고 발전함에 따라, 단순한 개인들의 모임은 점차 체계적 질서를 갖춘 구조로 변화한다. 집단 구조(group structure)란 집단이 목표를 추구하는 과정에서 구성원들 사이에 형성되는 관계와 역할, 규범, 지위가 일정한 패턴을 이루는 체계를 의미한다. 즉, 집단 구조는 단순한 인간관계의 연결망을 넘어, 집단의 목적 달성과 지속적 운영을 가능하게 하는 조직적 틀이라 할 수 있다.

집단 구조가 형성됨으로써 구성원들은 자신이 집단에서 어떤 역할을 맡고 있는지, 무엇을 기대받고 있는지, 그리고 집단 내 다른 사람들과 어떤 관계를 맺어야 하는지를 학습한다. 이는 집단의 안정성과 응집력을 높이는 동시에, 집단 전체가 목표를 효과적으로 달성할 수 있도록 돕는다. 집단 구조를 구성하는 핵심 요소로는 역할(role), 규범(norm), 지위(status) 등이 있으며, 이 가운데 역할은 구조 형성의 기초적 단위로서 중요한 의미를 갖는다.

1) 역할

집단에서의 역할(role)은 단순한 직무 수행을 넘어서, 구성원이 집단 내에서 차지하는 지위(position)에 따라 기대되는 일련의 행동 양식과 태도를 의미한다. 다시 말해, 역할은 특정 개인의 성격이나 기질보다는 그가 속한

그림 9-2 역할 습득 과정의 모형

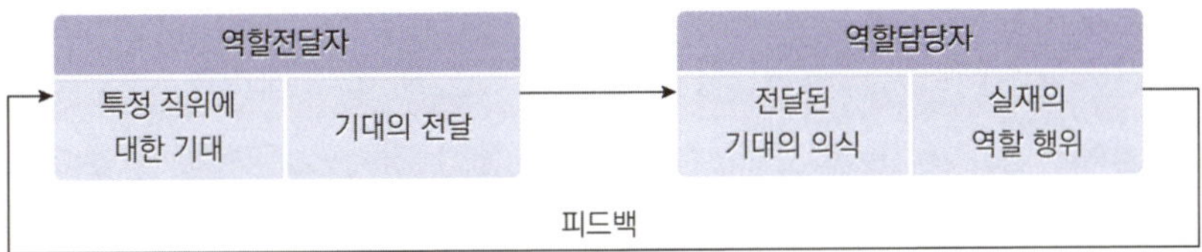

자료: R. L. Kann, et al.(1964), *Organizational Stress : Studies in Role Conflict and Ambiguity*, New York : John Wiley & Sons, Inc., p. 30.

위치와 집단의 기대가 결합하여 형성되는 사회적 기능이다. 역할에 대한 기대는 구성원 개인만이 아니라 집단 전체에 의해 공유되며, 이는 집단 내 상호작용을 통해 강화된다. 예컨대 팀장이란 위치는 단순히 과업을 지시하는 것이 아니라, 의사소통의 허브 역할, 팀 분위기의 조율자, 문제 해결의 중재자로서 행동할 것이 기대된다. 이러한 기대는 개인의 능력과 관계없이 해당 직위가 갖는 사회적 의미에서 비롯된다. 〈그림 9-2〉는 역할 습득의 과정으로 집단 내 역할은 자연스럽게 학습되고 강화되는 과정을 거친다.

- **기대의 형성 및 전달**: 집단은 특정 구성원에게 기대되는 행동을 암묵적·명시적으로 전달한다.
- **역할 인지와 해석**: 역할 담당자는 집단의 기대를 인식하고 자신이 이해하는 방식으로 해석한다.
- **행동 수행**: 해석된 기대에 따라 실제 행동으로 나타난다.
- **피드백과 조정**: 집단은 수행된 행동을 평가하고 피드백을 제공하며, 이를 통해 역할 수행은 수정·보완된다.

이러한 과정은 순환적이며, 반복을 통해 개인은 점차 집단이 요구하는 역할을 내면화하고 안정적인 역할 수행자로 발전한다. 역할 갈등과 모호성으로 역할 기대와 실제 수행 사이에는 항상 간극이 존재한다. 역할 갈등(role conflict)은 상충되는 기대가 동시에 부과될 때 나타난다. 예컨대 팀 리더가 성과 압박을 받는 한편, 팀원들의 심리적 안정을 돌보아야 하는 상황은 상반된 역할 요구로 갈등을 야기한다.

역할 모호성(role ambiguity)은 자신에게 요구되는 역할이 명확하지 않을 때 발생한다. 이는 불확실성과 불안을 증대시키고, 개인의 동기 저하와 조직 효율성 감소로 이어진다. 이 두 가지 문제는 개인의 스트레스와 긴장을 높이고, 조직 차원에서는 이직률 증가, 협력 약화, 생산성 저하를 유발하는 주요 요인이 된다.

오늘날 조직에서는 역할의 성격이 과거보다 복잡해졌다. 다기능 팀(cross-functional team)에서는 한 사람이 여러 부서의 이해관계를 동시에 고려해야 하므로 역할 갈등이 빈번하다. 글로벌 조직에서는 동일한 직위가 문화적 맥락에 따라 다르게 해석되어 역할 혼란을 초래하기도 한다. 디지털 협업 환경에서는 공식적 직무 기술서보다 비공식 네트워크와 기대가 실제 역할 수행을 좌우하는 경우가 많다.

따라서 현대적 조직관리에서는 역할을 일방적으로 규정하기보다는, 지속적 소통과 피드백, 역할 재조정의 유연성, 그리고 심리적 안전감의 확보가 필수적이다. 관리자는 구성원들이 역할 갈등과 모호성을 최소화하고, 역할 수행을 통해 성취감과 안정감을 느낄 수 있도록 제도적·문화적 장치를 마련해야 한다.

2) 규범

규범(norms)이란 집단 구성원들이 공유하는 행동의 기준으로서, 특정 상황에서 어떠한 태도와 행동을 취해야 하는지를 규정하는 집단 차원의 약속이다. 다시 말해, 규범은 집단 생활의 "보이지 않는 규칙"으로서, 구성원들의 행동을 통제하고 조정하는 중요한 장치이다. 규범은 공식적으로 문서화된 규칙이 아닐지라도, 집단이 이를 인정하고 수용하는 순간부터 외적 통제력을 발휘하며 개인의 행동에 영향을 준다. 예컨대 회의에서 발언 차례를 존중하는 관행, 신입 구성원이 선배를 존중해야 한다는 암묵적 기대, 혹은 팀워크를 위해 성과를 공유해야 한다는 합의 등이 모두 집단 규범의 일종이다.

규범의 기능으로는 규범은 집단의 목표 달성과 구성원 간 동일성 유지에 핵심적인 역할을 한다. 규범이 확립되면 집단은 구성원들에게 동조를 요구하게 되고, 동조 여부에 따라 구성원들의 집단 내 위치와 심리적 상태는 크게 달라진다. 규범에 동조하는 구성원은 집단의 보호와 지지를 받으며 안정감을 누리지만, 규범에 저항하거나 따르지 않는 구성원은 주변인(deviant)으로 취급되거나 고립될 위험에 놓이게 된다. 따라서 규범은 집단 응집력을 유지하는 동시에 개인의 행동을 집단적 틀 안에 묶어 두는 힘을 발휘한다.

규범 동조에 영향을 미치는 요인으로는 구성원이 집단 규범에 어느 정도 동조할지는 여러 요인에 의해 결정된다.

- **성격 요인**: 사회·문화·환경에 의해 형성된 성격적 특성은 규범 동조 수준에 직접적인 영향을 준다. 일반적으로 지적 수준이 낮거나 권위주의적 성향을 가진 사람일수록 규범에 쉽게 동조한다. 반대로 비판적 성향이나 자율성이 강한 사람은 규범을 무비판적으로 수용하기보다 상황에 따라 다르게 반응한다.
- **자극 요인**: 상황이 모호하고 불확실할수록 구성원들은 스스로 판단하기보다 집단 규범에 의존하는 경향이 크다. 예컨대 새로운 제도 도입이나 위기 상황에서는 규범적 행동이 더 강하게 나타난다.
- **상황 요인**: 집단의 규모와 구조도 규범 동조에 영향을 준다. 구성원의 수가 많고 구조가 복잡할수록, 개인은 익명성 속에서 동조 압력을 더 크게 느낀다. 반대로 소규모 집단에서는 개별성이 더 쉽게 드러나 규범 동조가 상대적으로 약할 수 있다.
- **집단 내 관계 요인**: 집단의 목표 달성 정도, 구성원 간 동일성, 그리고 집단 압력은 규범 동조의 강도를 좌우한다. 집단이 성과를 내고 결속력이 강할수록 구성원들은 규범을 자발적으로 더 잘 따른다.

규범의 양면성으로 규범은 집단에 있어 긍정적 기능과 부정적 기능을 동시에 가진다.

- **순기능적 측면**: 규범은 집단 통합을 강화하고, 사회적 질서를 유지하며, 집단 목표 달성에 기여한다. 특히 구성원들에게 심리적 안정감을

제공하고, 조직의 공식 규율을 보완하는 역할을 한다.

- **역기능적 측면**: 지나친 규범 준수는 개인의 창의성과 자율성을 억압하고, 개성 발전을 저해할 수 있다. 또한 규범에 순응하지 않는 구성원을 배제하거나 낙인찍음으로써 집단 내 불평등을 심화시킬 수 있다.

현대 조직에서는 규범이 단순한 암묵적 행동 기준을 넘어, 조직문화(culture)의 핵심으로 작동한다. 글로벌 기업에서는 다양한 문화적 배경을 가진 구성원들이 협력하기 때문에 규범의 해석과 적용이 복잡해질 수 있으며, 하이브리드 근무 환경에서는 물리적 접촉의 부족이 규범 형성 방식을 바꾸고 있다. 예컨대 온라인 협업 플랫폼에서의 발언 규칙, 재택근무 시 응답 시간에 대한 기대 등은 새로운 형태의 디지털 규범으로 자리 잡았다. 따라서 관리자는 규범의 기능적 측면을 적극 활용하여 집단 성과와 응집력을 높이되, 역기능적 측면을 최소화할 수 있는 제도적 장치와 개방적 문화가 필요하다. 규범을 단순히 순응의 도구로 볼 것이 아니라, 혁신과 다양성을 포용하는 유연한 기준으로 재해석할 필요가 있다.

3) 지위

지위(status)란 집단이나 조직, 혹은 더 넓게는 사회 속에서 특정 개인이 차지하는 상대적인 가치와 서열을 의미한다. 이는 단순한 직무상의 직위(position)나 권한의 크기를 넘어서, 집단이 개인에게 부여하는 존중과 영향력의 수준까지 포함한다. 따라서 지위는 공식적인 제도적 요인과 비공식적인 사회적 요인에 의해 함께 형성된다. 공식적인 차원에서 지위는 직위와 권한, 근속연수, 조직 내에서의 대우와 같이 제도적으로 규정된 요소들에 의해 결정된다. 예컨대 부서장, 팀 리더, 임원과 같은 직함은 명확한 위계질서를 통해 지위를 보장받는다.

그러나 지위는 단지 공식적 직위로만 설명되지 않는다. 비공식적인 차원에서는 인격과 성격, 전문적 역량, 교양 수준, 연령, 가족 배경, 사회적 네트워크와 같은 개인적 특성이 집단 구성원들의 인식 속에서 자생적 서열

관계를 형성한다. 즉, 동일한 직위에 있더라도 어떤 사람은 인품이나 능력으로 더 큰 존경을 받으며 비공식적 권위를 획득하는 반면, 또 다른 사람은 직위에도 불구하고 낮은 영향력만을 행사할 수 있다.

지위의 역할과 기능으로 지위는 단순한 서열의 상징이 아니라, 집단 내 인간관계를 구조화하고 상호작용 방식을 규정하는 중요한 장치다.

- **행동의 예측 가능성 제고**: 지위가 분명할수록 구성원들은 서로에게 무엇을 기대해야 하는지를 알 수 있고, 이는 협력과 의사소통의 효율성을 높인다.
- **집단 내 질서 유지**: 지위는 구성원들 간 수직적 분화를 나타내며, 권한과 책임의 분배를 명확히 함으로써 집단의 질서를 유지한다.
- **사회적 인정과 동기 부여**: 높은 지위는 개인에게 자긍심과 성취감을 제공하고, 낮은 지위에서 높은 지위로 상승하고자 하는 욕구는 개인의 동기를 강화한다.
- **비공식적 영향력의 창출**: 공식 직위와는 별개로, 전문적 역량이나 인간적 신뢰를 기반으로 한 비공식 지위는 집단 내 의사결정이나 여론 형성에 큰 영향을 미친다.

오늘날 조직에서는 지위의 개념이 과거보다 훨씬 다층적이고 복합적인 의미를 지닌다. 전통적 조직에서의 지위는 주로 직위, 연공서열, 권한에 의해 결정되었으나, 현대 조직에서는 성과, 전문성, 리더십 역량이 지위를 좌우하는 중요한 요인이 되었다. 글로벌 조직에서는 문화적 차이에 따라 지위의 해석이 달라진다. 일부 문화권에서는 연령과 경력이 지위를 강하게 규정하는 반면, 다른 문화권에서는 창의성과 혁신 성과가 지위를 결정짓는다.

디지털 협업 환경에서는 직급보다 전문 지식, 정보 공유 능력, 네트워크 영향력이 지위를 형성하는 핵심 요소로 부상하고 있다. 예컨대 사내 메신저나 프로젝트 관리 플랫폼에서 활발히 활동하며 문제 해결에 기여하는 구성원은 공식적 직위와 무관하게 높은 지위를 인정받는다. 또한 현대의 지위는 고정된 것이 아니라 유동적이다. 프로젝트별, 상황별, 팀별로 리더십과 영향력이 달라질 수 있으며, 이는 전통적 위계적 지위 개념을 넘어서는 새로운 조직 문화의 특징이다.

결국 지위는 집단 내에서 개인의 위치와 영향력을 설명해 주는 중요한 개념으로서, 공식적·비공식적 요소가 결합된 복합적 산물이다. 지위는 집단 질서를 유지하고 협력을 촉진하는 순기능을 가지지만, 동시에 불평등 구조를 강화하거나 권위주의적 문화를 낳는 역기능을 가질 수도 있다. 따라서 관리자는 지위를 단순히 위계적 서열로만 보지 말고, 공정성과 전문성 기반의 지위 부여, 성과와 기여도에 따른 인정 체계, 그리고 비공식 지위의 긍정적 활용을 통해 조직 문화를 건강하게 발전시켜야 한다.

6. 집단 응집성

집단 응집성(group cohesiveness)이란 집단 구성원들이 서로에게 매력을 느끼고 강하게 끌려들어, 집단의 목표를 자신의 목표와 동일시하며 하나의 단일체처럼 행동하려는 힘을 의미한다. 다시 말해, 응집성은 집단이 개인에게 제공하는 소속감과 심리적 안정에서 비롯되며, 동시에 개인이 이러한 이유로 집단에 머물고자 하는 동기를 강화하는 결과이기도 하다. 응집성의 정도는 곧 집단의 사기, 팀워크, 집단이 구성원들에게 주는 매력의 강도, 그리고 집단 과업에 대한 몰입 수준을 종합적으로 보여주는 지표라 할 수 있다.

응집성이 높은 집단은 일반적으로 몇 가지 공통적인 특성을 보인다. 우선 집단의 목표와 구성원 개인의 목표가 잘 조화를 이루고, 그 목표가 명확하고 구체적으로 제시되어 있다. 또한 카리스마 있고 신뢰받는 지도자가 존재하여 집단 내부의 결속을 강화하고, 과업은 효율적이면서도 효과적으로 수행된다. 의사소통이 원활하게 이루어지며, 구성원 간에는 상호 신뢰가 넘치고 개방적인 교류가 촉진된다. 더 나아가 구성원들은 서로 협력하며 집단의 성장을 저해하는 장애 요인들을 함께 극복하려는 태도를 보인다. 이러한 환경 속에서 집단은 강한 일체감과 공동체 의식을 발휘하며, 구성원들은 자연스럽게 유사한 태도와 행동을 공유하게 된다.

집단 응집성은 여러 요인의 영향을 받는다. 지도자의 리더십은 응집성 형성에 결정적인 역할을 하며, 공정하고 비전을 제시하는 리더일수록 응집력이 강해진다. 또한 집단이 구성원들의 심리적·사회적 욕구를 충족시킬 수 있는 정도, 공정한 규범의 정착 여부, 그리고 외부 환경에서 오는 도전이나 압력 등도 응집성에 큰 영향을 준다. 예컨대 외부의 위협이나 경쟁 상황은 집단 내부의 단결을 강화하는 요인으로 작용하기도 한다.

오늘날 조직에서 집단 응집성은 특히 중요하다. 프로젝트 중심의 조직에서는 짧은 기간 안에 성과를 내기 위해 응집성이 필수적이며, 응집성이 부족하면 갈등과 지연으로 인해 성과 달성이 어려워질 수 있다. 디지털 협업 환경에서는 물리적 거리가 존재함에도 불구하고 온라인 플랫폼을 통해 신뢰와 유대감을 형성해야 하므로, 응집성 확보가 더욱 큰 과제가 된다. 정기적인 피드백과 비공식적 교류 기회의 제공은 이러한 가상 팀에서 응집성을 높이는 핵심 방법이다. 또한 글로벌 조직에서는 다양한 문화적 배경과 언어적 장벽이 응집성을 약화시킬 수 있는데, 이때는 다양성을 존중하면서도 집단 정체성을 강화할 수 있는 리더십과 문화적 조율 능력이 요구된다.

결국 집단 응집성은 집단을 하나로 묶는 힘이자 성과 창출과 조직문화의 질을 좌우하는 핵심 요인이라 할 수 있다. 응집성이 지나치게 낮으면 분열과 무관심으로 이어질 수 있고, 지나치게 높으면 외부와 단절되거나 집단사고(groupthink)와 같은 부작용을 낳을 수 있다. 따라서 관리자는 응집성을 단순히 강화하는 데에만 초점을 둘 것이 아니라, 적절한 수준의 응집성과 개방성의 균형을 유지함으로써 집단이 유연성과 혁신성을 함께 확보할 수 있도록 관리해야 한다.

1) 집단 응집성의 영향 요소

집단 응집성에 영향을 미치는 요인을 파악하는 것은 경영자들에게 매우 중요한 의미를 지닌다. 왜냐하면 이러한 요인들은 단순히 집단의 특성을 설명하는 데 그치지 않고, 관리자가 집단 응집성을 의도적으로 강화하거나 약화시킬 수 있는 전략적 수단이 되기 때문이다. 집단 응집성에 작용하는 요인은 크게 응집성을 증대시키는 요인과 이를 감소시키는 요인으로 나누어 살펴볼 수 있다.

(1) 응집성 증대 요인

첫째, 집단 목표에 대한 동의는 응집성을 강화하는 가장 핵심적인 요소이다. 구성원들이 집단이 추구하는 목적과 활동 방향을 명확히 이해하고 동의할 때, 집단은 자연스럽게 하나로 결속된다. 목표의 명확성과 공유 정도는 응집성의 토대라 할 수 있다.

둘째, 상호작용의 빈도가 높을수록 응집성은 증대된다. 구성원들이 자주 접촉하고 소통할 기회를 가질 때 상호 이해와 친밀감이 깊어진다. 경영자는 이를 위해 공식·비공식 모임을 주선하거나, 근무 공간 배치와 같은 물리적 환경을 조정하여 접촉 가능성을 높일 수 있다.

셋째, 개인적 매력은 응집성의 중요한 심리적 기반이다. 구성원 간에 상호 신뢰와 지지가 형성되고, 서로에게 인간적 매력을 느낄 때 집단은 강한 유대감을 갖게 된다. 결국 응집성의 핵심은 구성원들이 함께 일하면서 즐거움과 만족을 경험하는 것이다.

넷째, 집단 간 경쟁은 집단 내부의 단결을 촉진하는 계기가 된다. 외부의 경쟁 상황에서 구성원들은 공동 목표 달성을 위해 더 강하게 결속하게 되며, 이는 집단 응집성을 강화하는 촉매제가 된다.

다섯째, 호의적인 평가와 인정 역시 중요한 요인이다. 집단이 성과를 내고 경영층이나 외부로부터 긍정적인 평가를 받을 때, 구성원들은 집단에 대한 자긍심과 소속감을 더욱 강하게 느낀다. 이는 곧 응집성을 높이는 원동력이 된다. 이와 함께 구성원들의 동질성(예: 유사한 가치관, 배경), 집단의 지리적 고립성 등도 응집성을 강화하는 요인으로 작용한다.

(2) 응집성 감소 요인

반대로 집단 응집성을 약화시키는 요인도 존재한다.

첫째, 목표에 대한 불일치는 갈등과 대립을 초래하여 응집성을 약화시킨다. 집단이 추구하는 방향이나 성과에 대해 구성원들 사이에 의견이 일치하지 않을 경우, 집단은 내부적으로 분열될 수 있다.

둘째, 집단 규모의 확대는 응집성 저하의 대표적 원인이다. 집단이 커질수록 구성원 간 상호작용이 줄어들고, 개별성은 강화되며, 집단 전체의 결속력은 상대적으로 약해진다.

셋째, 불쾌한 경험은 응집성을 심각하게 떨어뜨린다. 구성원 간 매력이 부족하거나 신뢰가 결여되면 집단 활동은 오히려 불편한 경험으로 인식되고, 이는 결속을 저해한다.

넷째, 집단 내부의 경쟁 역시 응집성을 저해할 수 있다. 특히 경영자가 특정 구성원을 편애하거나 집단 내 불공정한 경쟁 구조가 조성될 경우, 집단은 쉽게 분열되고 파벌이 형성된다.

다섯째, 소수에 의한 지배는 다수의 구성원에게 소외감을 안겨 응집성을 약화시킨다. 일부 구성원이 권력을 독점하거나 파벌을 형성할 경우, 나머지 구성원들은 집단에 대한 소속감을 잃게 된다. 그 밖에도 구성원 간 이질성이 지나치게 높아지는 경우나, 개인별 성과급 제도가 강조되어 집단적 성과가 경시될 경우에도 응집성은 떨어지게 된다.

결국 집단 응집성은 다양한 요인의 상호작용 속에서 강화되거나 약화된다. 관리자는 응집성을 단순히 자연발생적 현상으로 방치할 것이 아니라, 증대 요인을 적극적으로 활용하고 감소 요인을 관리·통제하는 전략을 세워야 한다. 오늘날과 같이 프로젝트 중심, 디지털 협업, 글로벌 환경이 일반화된 조직에서는 집단 응집성이 성과 달성과 조직문화 형성의 핵심 변수로 작용한다는 점에서 그 관리적 의의가 더욱 커지고 있다.

2) 집단 응집성의 결과

집단 응집성은 구성원들의 소속감과 만족감을 높이는 데 긍정적인 영향을 미치지만, 이것이 곧바로 조직 성과와 일관된 관계를 갖는 것은 아니다. 일반적으로 응집성이 높은 집단일수록 규범적 동조 행동이 강화되고, 구성원들은 집단에 대한 충성심과 애착을 가지며 심리적 안정감을 얻는다. 이로 인해 결근이나 이직률이 낮아지고, 집단 활동에 대한 적극적인 참여가 늘어나며, 구성원들은 집단 속에서 자신들의 욕구를 보다 원활하게 충족시킬 수 있다. 이러한 측면에서 응집성은 분명 순기능적 결과를 가져온다.

그러나 응집성이 반드시 조직 전체의 목표 달성으로 이어지는 것은 아니다. 집단의 규범이 조직이 지향하는 목표와 일치할 경우, 응집성은 강력한 시너지 효과를 창출한다. 이 경우 구성원들은 집단 단위로 조직의 목적을 위해 헌신하고 협력하며, 결과적으로 높은 성과를 낼 수 있다. 반대로, 집단 규범이 조직 목표와 상충될 경우에는 응집성이 오히려 부정적인 결과를 초래한다. 구성원들이 강하게 결속할수록 집단 내부의 이해와 가치가 우선시되고, 이는 조직의 방향과 갈등을 일으켜 성과를 저해할 수 있기 때문이다. 즉, 집단 응집성은 그 자체로 긍정도 부정도 아니며, 그것이 어떠한 규범과 결합되는가에 따라 결과가 달라진다고 할 수 있다.

표 9-2 집단 응집성의 결정 요소와 성과 관계

집단 응집성의 결정 요소 ↓	구성원의 동기 기저: 친화, 인정, 안전욕구 집단의 인센티브 속성: 목적, 프로그램, 특성, 작업유형, 위신 결과에 대한 기대: 개인의 목적 달성에 도움이 되는지의 여부 비교 수준: 대안에 대한 비용 - 효과분석
집단 응집성 ↓	집단 매력 집단 구성원의 전력참여
집단 응집성의 결과	멤버십 유지: 타 집단보다 우세한 매력, 이직률 감소 집단 구성원에 대한 권한 강화 더 많은 참여 및 충성: 결근, 불참 감소 높은 만족 수준 조직 목적과 일치할 경우 생산성 증가

자료: D. Cartwright & A. Zander, *Group Dynamics*, 2nd ed., New York, Row Peterson, p. 92.

집단 응집성과 성과의 관계를 유형별로 살펴보면 다음과 같은 특징이 나타난다. 첫째, 집단의 응집성이 높더라도 집단의 목표가 조직의 목표와 불일치할 경우 성과는 낮게 나타난다. 이때 집단은 강한 결속력으로 내부 목적을 달성하려 하지만, 그것이 조직 전체 성과와는 무관하거나 오히려 해가 될 수 있다. 둘째, 집단 응집성이 낮더라도 구성원들이 조직의 목표와 방향성에 공감한다면 개인 단위의 노력이 이어지며 일정 수준의 성과는 나타난다. 그러나 집단적 시너지 효과는 부족하다. 셋째, 가장 이상적인 경우는 집단의 목표와 조직의 목표가 일치하면서 집단의 응집성도 높은 경우이다. 이 상황에서는 구성원 전체가 강한 소속감과 일체감을 바탕으로 집단 단위의 협력적 행동을 실천하고, 그 결과 조직 성과는 크게 향상된다.

오늘날의 조직 환경에서 이와 같은 관계는 더욱 중요하게 다가온다. 응집성은 팀워크와 몰입을 강화하는 동력으로 작용하지만, 그 방향성이 조직 목표와 일치하지 않는다면 집단사고, 폐쇄성, 변화에 대한 저항과 같은 역기능을 초래할 위험도 있다. 따라서 관리자는 단순히 집단 응집성을 높이는 데에만 집중할 것이 아니라, 집단의 규범과 가치가 조직의 전략적 목표와 정합성을 이루도록 관리해야 한다. 목표를 명확히 공유하고, 성과 관리 제도를 집단 규범과 연결시키며, 비공식 집단까지도 조직의 목적과 접목시킬 수 있는 관리적 노력이 필요하다.

결국 집단 응집성의 결과는 그 자체의 강도보다도 조직 목표와의 일치 여부에 따라 성과로 이어지거나 갈등으로 변질된다. 관리자의 과제는 집단 응집성을 긍정적 에너지로 전환시켜 조직 성과로 연결하는 데 있다.

표 9-3 집단 응집성과 집단-조직 목적에 따른 집단 성과

		집단 목적과 조직 목적과의 관계	
		불일치	일치
집단 응집성	고	집단 전체적 개인 목적 달성 (저수준 성과)	집단 전체적 조직 목적 달성 (고수준 성과)
	저	개인별 개인 목적 달성 (저수준 성과)	개인별 조직 목적 달성 (중간수준 성과)

자료: 박내회(1995), 『조직행동론』, 박영사, p. 233.

section 02 팀제

오늘날 기업 경영의 핵심은 단연 '속도'이다. 기술의 발전과 시장 환경의 변화가 가속화되면서, 기업은 더 이상 전통적인 방식으로는 경쟁에서 우위를 점하기 어렵다. 세계 시장에서 생존 가능한 기업은 세계 1등 제품을 만들거나 초우량 기업으로 자리매김하는 소수뿐이며, 그 성패는 얼마나 빠르게 시장 변화에 대응하고 혁신을 실행하느냐에 달려 있다. 신제품 출시 속도와 시장 대응력은 기업 경쟁력을 보여주는 가장 대표적인 지표이며, 이러한 경쟁 환경에서 기업들이 주목하는 내부적 변화 중 하나가 바로 팀 제도(team system)이다.

1. 팀의 특징

팀은 목표 달성을 위해 소수의 구성원들로 이루어진 상시적 또는 한시적 조직 형태이다. 기존의 기능별 조직이나 위계적 구조와 달리, 팀은 직위나 서열보다는 전문성·경험·역량을 중심으로 구성된다. 팀장은 반드시 직급이 높은 관리자가 아니라, 공동 목표 달성에 필요한 전문 지식과 실무 경험, 리더십을 가진 사람이 맡을 수 있으며, 팀 전체 성과에 대해 구성원들과 공동 책임을 진다. 다시 말해, 팀은 "상호보완적 능력을 지닌 구성원들이 공동 목표 달성을 위해 협력하고, 그 결과에 대해 공동으로 책임을 지는 현대적 소집단 형태"라고 정의할 수 있다.

팀의 도입은 급격히 변화하는 환경에 신속히 대응하기 위한 조직적 선택이다. 과거의 계층적 구조는 중간 관리자층이 두껍고 의사결정 단계가 복잡하여 변화 대응이 느릴 수밖에 없었다. 그러나 팀 제도는 중간 계층(예: 과장, 차장, 부장 등)을 축소하여 조직 구조를 단순화하고, 수평적 협업 구조를 기반으로 한다. 이로써 의사결정의 속도가 빨라지고, 권한과 책임이 팀 단위로 위임되며, 구성원들의 주도적 참여가 가능해진다. 오늘날의 빠른 의사결정과 민첩한 실행이 필요한 환경에서는 팀제가 매우 효과적인 방식이다.

팀의 가장 큰 특징은 구성원들이 상호보완적인 능력을 갖추고 있다는 점이다. 팀은 단순히 동일한 기능을 가진 사람들의 집합이 아니라, 서로 다른 지식과 기술, 경험을 지닌 사람들이 협력하여 하나의 목표를 달성하도록 구성된다. 이 과정에서 개인의 독립적인 역량보다 중요한 것은 협력과 조화이다. 따라서 팀은 개별적으로 뛰어난 인재를 모아 놓는 것이 아니라, 각자의 강점이 결합되어 시너지를 발휘하도록 설계된다.

또한 팀은 팀워크(teamwork)를 핵심 기반으로 한다. 팀워크란 단순히 협력하는 차원을 넘어, 구성원들 간의 상호 신뢰와 존중, 원활한 의사소통, 상호 지원을 포함한다. 팀워크가 제대로 작동할 때 구성원들은 서로를 깊이 이해하며, 적극적으로 의견을 나누고, 공동의 성과를 위해 능동적으로 참여한다. 반대로 팀워크가 약할 경우 팀은 단순한 개인들의 집합에 불과하며, 성과 창출도 제한적일 수밖에 없다.

마지막으로 팀은 구성원의 능동적 참여를 전제로 한다. 효과적인 팀은 구성원들이 수동적으로 지시를 따르는 것이 아니라, 주도적으로 문제를 해결하고 새로운 아이디어를 제시하며 집단의 성과에 기여하는 방식으로 운영된다. 이를 위해서는 개방적 의사소통, 심리적 안전감, 상호 존중이 보장되어야 하며, 이러한 요소들이 충족될 때 팀은 자발적 협력과 몰입을 통해 높은 성과를 창출할 수 있다.

결국 팀은 단순히 전통적 조직 구조를 대체하는 새로운 제도가 아니라, 환경 변화에 대응하기 위한 필연적 조직 형태이다. 팀은 목적의식, 상호보완적 능력, 팀워크, 능동적 참여라는 특징을 통해 조직의 민첩성을 강화하고 성과를 극대화한다. 따라서 팀 제도는 현대 기업이 생존하고 성장하기 위해 반드시 구축해야 할 핵심 운영 방식이라고 할 수 있다.

2. 팀의 필요성

조직의 형태는 언제나 그 시대가 요구하는 환경적 조건과 사회적 변화 속에서 탄생한다. 오늘날 수많은 기업들이 팀제를 도입하게 된 것도 우연이 아니라, 급격히 변화하는 시대가 요청하는 불가피한 선택이라 할 수 있다. 특히 글로벌 경쟁이 심화되고 기술 변화 주기가 짧아지는 현대의 기업 환경에서는 전통적인 관료적 구조로는 더 이상 경쟁 우위를 확보하기 어렵다. 이러한 상황에서 팀제는 조직의 생존과 성장을 위해 반드시 필요한 제도로 자리 잡고 있다.

첫째, 속도의 필요성 때문이다. 오늘날 기업 환경은 변화 속도가 너무 빨라, 경쟁 기업보다 더 신속하게 의사결정을 내리고 실행에 옮기지 않으면 생존이 불가능하다. 이를 위해서는 불필요하게 겹겹이 쌓인 계층을 축소하고, 의사소통과 의사결정의 단계를 단순화해야 한다. 팀제는 수평적 구조와 단축된 계층을 기반으로 함으로써, 빠르고 정확한 정보 전달과 신속한 의사결정을 가능하게 한다. 이는 곧 조직의 환경 적응력과 대응력을 강화하는 핵심 요인이다.

둘째, 조직의 유연성과 동태성 확보가 필요하기 때문이다. 팀제는 전통적 조직보다 훨씬 유연하고 민첩한 구조를 지니고 있다. 급변하는 기술적 환경, 경제적 위기, 그리고 국제 경쟁 상황 속에서 기업이 살아남으려면 상황 변화에 즉각 반응할 수 있는 기동성이 필요하다. 팀제는 작은 단위의 독립적 팀을 통해 조직 전체를 더 민첩하고 역동적인 체계로 전환시킨다.

셋째, 팀제는 관료적 폐단을 극복하는 데 효과적이다. 대규모 조직에서 흔히 나타나는 문제는 형식주의, 절차주의, 부서 이기주의와 같은 관료적 경향이다. 이러한 경향은 조직 전체의 효율성을 저해하고, 때로는 집단 내부의 이해관계가 전체 목표보다 우선되는 왜곡된 행동을 낳는다. 팀제는 이러한 경직된 문화를 완화하고, 구성원들에게 능동적이고 책임감 있는 태도를 요구함으로써 조직의 활력을 회복하게 한다. 즉, 팀제는 개인과 조직 사이의 장벽을 허물고, 보다 개방적이고 유연한 조직 문화를 조성한다.

넷째, 팀제는 중간 계층의 공헌도를 높일 수 있다. 전통적 조직 구조에서 중간 계층은 관리와 감독의 역할을 수행하지만, 종종 개인적 경쟁과 승진에 몰두하면서 조직 효율성을 저해하는 요인이 되기도 한다. 그러나 팀제에서는 팀장과 구성원 모두가 같은 실무자로서 업무를 수행하는 방식이 강조된다. 이는 관리자의 권위적 태도를 줄이고, 중간 관리자의 전문성과 실무 역량을 실제 업무 수행에 최대한 활용할 수 있게 한다. 결과적으로 중간 계층은 단순한 관리자가 아니라, 집단 성과에 기여하는 중요한 실무자로서 그 가치를 발휘할 수 있다.

이와 같이 팀제는 단순히 새로운 제도가 아니라, 속도·유연성·문화 혁신·중간 계층의 역량 활용이라는 시대적 요청에 부응하는 조직 운영 방식이다. 따라서 팀제는 치열한 글로벌 경쟁 속에서 기업이 생존하고 발전하기 위해 반드시 도입해야 할 필수적 제도로 자리매김하고 있다.

3. 팀의 유형

팀은 두 사람에서부터 조직 전체에 이르는 다양한 형태로 구성될 수 있으며, 그 목적과 상황에 따라 여러 유형으로 구분된다. 오늘날 기업들은 단순히 정규적인 조직 구조만으로는 복잡하고 빠르게 변하는 환경에 대응하기 어렵기 때문에, 필요에 따라 다양한 팀 유형을 전략적으로 활용하고 있다. 그 대표적인 유형으로 프로젝트 팀을 들 수 있다.

1) 프로젝트 팀

프로젝트 팀은 오래전부터 활용되어 온 팀의 전형적인 형태로, 기업이 직면한 중요 과제나 문제 해결을 위해 한시적으로 구성되는 임시 조직이다. 급격한 외부 환경 변화에 민첩하게 대응하기 위해, 프로젝트 팀은 특정 목적을 중심으로 서로 다른 전문성과 기능을 가진 인력을 수평적으로 결합한다.

이러한 구조는 계층적 절차를 거치지 않고 신속한 의사결정을 가능하게 하며, 동시에 기능 간 협력체계를 확보할 수 있다는 장점이 있다.

프로젝트 팀은 일시적 성격을 지니며, 해당 과제가 완수되면 자연스럽게 해체된다. 팀 구성원들은 프로젝트 수행 기간 동안 각자의 전문성과 역량에 따라 역할을 맡게 되며, 프로젝트의 종료와 함께 원래 소속 부서로 복귀하거나 새로운 프로젝트에 배치된다.

현대 기업에서 프로젝트 팀은 특히 혁신 활동과 관련하여 중요한 역할을 담당한다. 예컨대 신제품 개발, 신시장 개척, 신기술 도입, 정보 시스템 구축, 또는 기업의 구조조정과 같은 전략적 변화 과제는 대부분 프로젝트 팀을 통해 추진된다. 프로젝트 팀은 이러한 과제를 전담함으로써, 기존 조직 구조가 가진 경직성을 보완하고, 변화 대응의 속도와 효과성을 극대화한다.

물론 프로젝트 팀은 한시성 때문에 장기적 관점의 인력 육성이나 지속적 협업 관계 구축에는 한계가 있을 수 있다. 그러나 바로 그 임시성과 집중력이 프로젝트 팀의 가장 큰 장점이기도 하다. 제한된 기간 동안 특정 목표에 자원을 집중적으로 투입함으로써, 신속하고 효과적인 성과를 창출할 수 있기 때문이다.

따라서 프로젝트 팀은 현대 조직에서 혁신과 변화 관리의 핵심 도구로 기능한다. 기업은 프로젝트 팀을 활용함으로써 불확실한 환경에 유연하게 대응할 수 있으며, 동시에 단기 성과와 장기적 경쟁력 확보라는 두 가지 목표를 동시에 추구할 수 있다.

2) 평행적 팀(parallel team)

평행적 팀은 주로 특정 과업 해결을 위해 구성되는 보조적 성격의 팀으로, 기능적 조직 내에서 자주 활용된다. 이 팀의 특징은 구성원들이 본래 맡고 있는 직무 활동을 정상적으로 수행하면서, 근무 시간의 일부만을 별도의 팀 활동에 할애한다는 점이다. 다시 말해, 구성원들은 기존의 소속 부서를 떠나는 것이 아니라 본연의 업무와 병행하여 팀 활동을 수행한다.

대표적인 사례로는 태스크 포스(task force), 위원회(committee), 또는 품질 개선팀 등을 들 수 있다. 예를 들어, 기업이 새로운 고객 관리 시스템을 도입하거나 생산 공정의 효율화를 추진할 때, 각 부서에서 인원을 차출해 일정 기간 동안 집중적으로 조사·분석·개선안을 마련하는 형태가 이에 해당한다. 평행적 팀은 문제 해결을 위한 다양한 전문성과 경험을 집약할 수 있으며, 기존 조직이 가지고 있는 관료적 경직성을 보완하는 역할을 한다.

3) 파트너십 팀(partnership team)

파트너십 팀은 조직 내부 인력만이 아니라 외부 기업이나 기관과의 협력 관계를 기반으로 형성되는 팀이다. 주로 네트워크 구축, 조인트 벤처(joint venture), 전략적 제휴(strategic alliance)와 같이 공동의 문제 해결이나 상호 이익 창출을 목적으로 운영된다.

이 팀의 중요한 특징은 내·외부 구성원의 혼합이다. 즉 동일한 조직에 속하지 않은 사람들이 하나의 팀을 이루어, 특정 과제에 공동으로 참여하고 성과를 공유한다. 예를 들어, 한 기업이 신기술을 개발하기 위해 대학 연구진이나 다른 기업과 협력할 경우, 파트너십 팀이 구성된다. 이는 단순한 계약 관계를 넘어, 각 주체가 보유한 자원과 역량을 결합해 시너지를 창출하는 방식이다.

파트너십 팀은 기업의 전략적 차원에서 매우 중요한 의미를 지닌다. 기술 혁신, 시장 개척, 글로벌 경쟁력 확보 등과 같은 과제는 단일 기업만으로는 해결하기 어렵기 때문에, 다양한 이해관계자들과 협력하는 팀 형태가 점점 더 중요해지고 있다.

4) 업무형 팀(work team)

업무형 팀은 조직의 일상적인 운영과 관리 전반에서 가장 널리 활용되는 팀 형태이다. 이 팀은 특정 프로젝트나 임시 과제가 아니라, 조직의 지속적 운영과 성과 관리를 위해 상시적으로 존재한다는 점에서 다른 팀 유형과 구별된다.

업무형 팀은 생산, 품질 관리, 고객 서비스, 영업 활동 등 기업 활동 전반에 걸쳐 활용되며, 특히 전사적 품질경영(TQM), 고객 만족 향상, 서비스 개선과 같은 과제에서 핵심적 역할을 수행한다. 이 팀은 비교적 장기적인 시각에서 운영되며, 구성원들의 참여와 협력에 의해 지속적 개선(continuous improvement)을 추구한다.

또한 업무형 팀은 경영 활동의 효율성과 효과성을 동시에 높일 수 있다. 구성원들은 일상적인 과업 수행 과정에서 문제를 발견하고, 이를 즉각적으로 개선하기 위한 아이디어를 제시하며, 현장 중심의 실행력을 발휘한다. 따라서 업무형 팀은 조직의 성과 유지와 혁신적 개선의 연결 고리로 기능한다고 볼 수 있다.

5) 자율적 팀(self-managed team)

자율적 팀은 조직 내에서 상위 관리자의 감독을 최소화하거나 배제한 채, 팀 구성원 스스로가 계획을 세우고 의사결정을 내리며 과업을 수행하는 형태의 팀이다. 이 팀의 가장 큰 특징은 전통적 조직 구조에서 나타나는 관리자 중심의 지시와 통제 방식을 대신하여, 구성원들이 스스로 목표를 설정하고 문제를 해결하며 성과에 대한 책임을 공유한다는 점이다.

자율적 팀은 구성원 각자가 역할과 책임을 분담하되, 집단 전체가 하나의 독립적 단위로 기능한다. 이를 통해 팀은 보다 높은 수준의 자율성과 책임감, 그리고 창의성과 혁신성을 발휘할 수 있다. 예컨대, 생산 현장의 소규모 작업팀이 생산 계획, 품질 관리, 일정 조정까지 스스로 관리하는 방식이 대표적인 자율적 팀의 사례다.

이러한 팀은 구성원들의 동기 부여를 높이고, 직무에 대한 주인의식을 강화하며, 궁극적으로는 성과 향상으로 이어진다. 또한 팀원 간의 협력과 학습을 통해 개인 역량이 성장하고, 변화에 대한 적응력도 강화된다. 다만, 자율적 팀은 초기 단계에서 일정한 학습과 훈련이 필요하며, 팀 간 의사소통과 조정 메커니즘이 갖추어져야 효과적으로 운영될 수 있다.

6) 가상 팀(virtual team)

가상 팀은 물리적으로 같은 장소에 있지 않은 구성원들이 정보통신기술(IT)을 활용하여 공동의 목표를 수행하는 팀 형태이다. 인터넷, 화상회의 시스템, 협업 소프트웨어 등 디지털 도구의 발전으로 등장한 비교적 새로운 형태로, 글로벌 경영 환경에서 특히 활용도가 높다.

가상 팀의 가장 큰 장점은 시간과 공간의 제약을 뛰어넘을 수 있다는 점이다. 전 세계에 흩어져 있는 전문가들이 온라인으로 연결되어, 동일한 프로젝트에 참여하고 의사결정을 내릴 수 있다. 이를 통해 기업은 지리적 장벽을 허물고, 다양한 배경과 전문성을 가진 인재를 하나의 팀으로 묶어낼 수 있다. 가상 팀은 글로벌 시장 확대, 국제적 협력, 원격근무 확대와 같은 현대적 경영 환경에서 점점 더 중요한 역할을 차지하고 있다. 특히 코로나19 팬데믹을 계기로 원격 협업이 일상화되면서, 가상 팀은 기업 운영의 핵심 도구로 자리매김하였다.

그러나 가상 팀은 대면 접촉 부족으로 인한 신뢰 형성의 어려움, 의사소통의 왜곡 가능성, 시간대 차이로 인한 협력의 한계와 같은 문제도 내포하고 있다. 따라서 가상 팀의 성공은 기술적 인프라뿐 아니라, 구성원 간 신뢰 구축, 명확한 규범과 절차 설정, 효과적인 리더십에 크게 좌우된다.

4. 팀제의 활용 조건

팀제는 선진국 기업에서 성공적으로 활용된 제도이지만, 이를 단순히 모방하여 한국 기업에 적용하는 것은 바람직하지 않다. 각 조직이 처한 환경적 특성과 내부 여건을 충분히 고려하지 않으면 제도의 취지가 왜곡되거나 실패로 이어질 수 있기 때문이다. 따라서 팀제를 도입하고 운영할 때는 다음과 같은 조건들을 면밀히 검토해야 한다.

1) 환경적 특성의 문제

팀제가 효과적으로 기능하기 위해서는 조직이 속한 환경의 특성이 중요한 영향을 미친다. 일반적으로 안정적이고 변화가 크지 않은 산업이나 기술 개발이 비교적 완만한 기업 환경에서는 굳이 팀제를 도입할 필요성이 크지 않다. 이러한 환경에서는 전통적인 기능별 조직 구조만으로도 효율적인 성과를 거둘 수 있기 때문이다.

반면, 변화가 급격하고 불확실성이 높은 환경에서는 팀제의 도입 효과가 더욱 뚜렷하게 나타난다. 특히 기술 변화 속도가 빠르고, 글로벌 경쟁이 심화되며, 고객 요구가 다변화되는 사업 영역에서는 신속한 의사결정과 유연한 대응이 무엇보다 중요하다. 이때 팀제는 기존의 계층적 구조가 가지는 경직성을 완화하고, 현장 중심의 민첩한 실행력을 가능하게 한다. 또한 조직 내부의 특성 역시 중요한 고려 요소다. 예컨대 인사 적체가 심각하게 발생한 조직이나, 계층 구조가 지나치게 많아 의사소통이 복잡한 조직, 혹은 구성원의 배경과 전문성이 다양해 상호 협력이 필수적인 조직일수록 팀제를 도입할 필요가 크다. 특히 젊은 세대의 비중이 높은 조직에서는 자율성과 창의성을 발휘할 수 있는 팀제가 개인의 동기부여와 성과 창출에 더욱 적합하다.

결국, 팀제는 급변하는 외부 환경과 다양성과 역동성이 높은 내부 환경에서 가장 효과적인 제도라 할 수 있다. 따라서 경영자는 자사의 산업적 맥락과 인적 자원의 특성을 종합적으로 검토한 뒤, 팀제를 부분적 혹은 전면적으로 도입하는 전략적 판단을 내려야 한다.

2) 조직적 특성의 문제

팀제는 단순히 조직 구조의 한 형태가 아니라, 조직 내부의 변화 촉진과 외부 환경 대응 능력을 강화하기 위한 전략적 선택이다. 따라서 팀제는 모든 상황에서 보편적으로 적합하기보다는, 특정한 조직적 특성을 지닌 경우에 더욱 효과적으로 작동한다.

첫째, 기업의 생존과 직결되는 전략적 목표 달성이 요구되는 경우 팀제의 필요성이 크다. 시장의 변화가 빠르고 기술 경쟁이 치열할 때 기업은 기존의 계층적 구조만으로는 한계에 부딪히게 된다. 이때 팀제는 경직된 질서를 완화하고 조직 전체의 자원과 역량을 집중시켜 신속하고 효과적인 전략 실행을 가능하게 한다. 예컨대, 새로운 산업 패러다임에 대응하거나 신기술을 선도적으로 도입해야 할 때 팀제는 혁신 활동을 지원하는 강력한 수단이 된다.

둘째, 업무의 성격도 팀제의 적합성을 결정하는 중요한 요인이다. 구성원 간의 긴밀한 상호작용과 협력이 필수적인 업무일수록 팀제의 효과는 크게 나타난다. 특히 여러 부문의 기능이 결합되어야 하는 과제, 예를 들어 신시장 진출, 신제품 개발, 융합형 연구개발 프로젝트 등은 팀제를 통해 효율적으로 수행될 수 있다. 이는 다양한 전문성을 가진 구성원이 하나의 공동 목표 아래에서 시너지를 발휘할 수 있기 때문이다.

셋째, 한시적이고 구체적인 과제를 빈번히 해결해야 하는 상황에서도 팀제는 효과적이다. 반복적이고 일상적인 업무는 이미 정형화된 절차와 규범에 따라 수행되므로 관료적 운영 방식도 큰 문제가 되지 않는다. 그러나 불확실하고 비정형적인 문제, 예컨대 위기 상황이나 예기치 못한 시장 변화와 같이 조직 전체에 큰 영향을 미치는 사건에 대해서는 신속한 의사소통과 조정이 필요하다. 이 경우, 팀제는 구성원들의 역량을 집중시키고 효율적인 문제 해결을 가능하게 하는 유연한 대안이 된다.

결국 팀제는 전략적 필요성, 업무의 상호의존성, 문제 해결의 비정형성이 높은 조직적 상황에서 그 진가를 발휘한다. 따라서 경영자는 자사의 업무 특성과 과제의 성격을 면밀히 검토하여 팀제를 도입하는 것이 바람직하다.

3) 효과적인 팀의 성공 요건

팀제가 성공적으로 정착하기 위해서는 단순한 제도의 도입만으로는 충분하지 않다. 실제 운영 과정에서 나타날 수 있는 다양한 문제점을 미리 인식하고, 그에 대한 구체적인 대응 전략을 마련해야 한다. 그렇지 않으면 팀제는 본래의 목적과 달리 조직의 동기와 성과를 저해할 수 있다.

첫째, 구성원의 신분 변화와 심리적 상실감 문제이다. 기존의 계층적 조직에서는 과장, 차장, 부장 등 단계적 직위가 존재하여 개인의 승진 욕구와 지위 지향적 성향을 충족시켰다. 그러나 팀제는 수평적 구조를 지향하면서 직위나 연공에 따른 신분 상승 기회가 축소된다. 이로 인해 일부 구성원들은 자신의 성장 경로가 차단되었다는 상실감이나 허탈감을 경험할 수 있으며, 경우에 따라 근로 의욕의 저하나 위기의식으로 이어지기도 한다. 따라서 경영자는 직위 중심의 보상체계를 대체할 역량과 성과 중심의 인사·보상 제도를 마련해 구성원의 동기를 유지해야 한다.

둘째, 팀제의 운영과 정착의 어려움이다. 팀제는 계층 축소와 부문 간 장벽 해체라는 장점을 지니지만, 전통적으로 계층 구조에 익숙한 조직 문화를 단기간에 수평적 체제로 바꾸기는 쉽지 않다. 구조적 변화는 가능하더라도, 구성원들의 내면에 자리잡은 위계적 사고방식과 관행은 쉽게 사라지지 않는다. 그 결과, 제도 도입 초기에는 오히려 혼란이 커지고 기대만큼의 효과를 보기 어렵다. 따라서 팀제 도입은 점진적 변화 관리와 더불어 체계적인 교육과 훈련을 통해 구성원들이 새로운 역할과 문화를 학습하도록 해야 한다.

셋째, 팀 내 갈등 관리의 필요성이다. 팀제는 본질적으로 개방성과 자율성을 요구하지만, 모든 구성원이 이러한 성향을 동시에 수용할 수 있는 것은 아니다. 특히 개인적 욕구가 충분히 충족되지 못하면 좌절감이나 욕구 단절이 발생하며, 팀 내에서는 변화 지향적인 집단과 안정 지향적인 집단으로 분화되어 갈등이 표면화될 수 있다. 이러한 갈등은 조직 목표와 개인 목표의 괴리를 심화시키고, 오히려 성과 달성을 방해할 수 있다. 따라서 관리자는 팀 내 갈등을 조기에 파악하고, 공정한 의사소통·조정 메커니즘을 통해 갈등을 생산적으로 전환해야 한다.

요컨대, 팀제가 성공하기 위해서는 심리적 보상체계의 재설계, 변화 관리와 교육, 갈등 관리 시스템 구축이라는 세 가지 조건이 충족되어야 한다. 이러한 기반 위에서만 팀제는 조직의 혁신을 촉진하고, 구성원의 창의성과 책임감을 극대화하여 기업 경쟁력 강화로 이어질 수 있다.

CHAPTER

10

의사소통

의사소통이란 둘 또는 그 이상의 사람들 사이에서 공통성을 형성하는 과정을 의미한다. 즉, 의사소통은 단순히 정보를 전달하는 차원을 넘어, 서로의 생각, 의견, 감정을 교환함으로써 공통적 이해를 도출하고, 나아가 수신자의 의식 · 태도 · 행동에 변화를 일으키는 상호작용 과정이라고 정의할 수 있다.

넓은 의미에서 의사소통은 사람과 사람 사이의 교류뿐만 아니라 사람과 기계, 기계와 기계 사이에서 이루어지는 정보 전달까지 포괄한다. 그러나 좁은 의미로는 주로 인간 상호 간의 정보 · 의사 · 감정 교환을 지칭한다. 인간은 본질적으로 사회적 존재이기 때문에 집단을 형성하는 순간 그 내부에서는 필연적으로 의사소통이 발생하며, 바로 그 의사소통이 집단을 유지시키는 핵심 기제가 된다.

이 원리는 경영조직에서도 동일하게 적용된다. 조직 내 의사소통은 구성원들이 의견을 교환하고, 경영 활동과 관련된 각종 정보가 공유되며, 이를 통해 조직의 목적이 구체적 행동으로 전환되는 과정이다. 만약 의사소통이 제대로 이루어지지 않는다면, 조직은 목표를 상실하거나 분열을 겪게 되고, 결국 그 혼란은 조직의 존속 자체를 위협하게 된다. 따라서 의사소통은 경영조직에 있어 마치 인체의 "신경조직"과도 같다고 할 수 있다. 신경조직이 단절되면 신체가 기능을 잃듯, 의사소통의 단절이나 왜곡은 조직을 무력화시키고 파멸로 이끌 수 있다.

section 01 의사소통의 기능과 원칙

1. 의사소통의 기능

조직에서 의사소통은 단순한 정보 전달을 넘어, 조직이 살아 움직이게 하는 혈류와 같은 역할을 수행한다. 현대 경영조직은 복잡성과 불확실성이 점점 커지고 있으며, 그 속에서 구성원들이 목표를 공유하고 협력하기 위해서는 의사소통의 질과 방향성이 매우 중요하다. 의사소통은 조직 내 갈등을 조정하고, 협력적 분위기를 조성하며, 개인의 역량을 조직 목표와 연결시키는 핵심 매개체이다. 그 주요 기능은 다음과 같이 정리할 수 있다.

1) 정보 전달의 기능

조직 운영에서 가장 기초적이고 본질적인 기능은 정확하고 신속한 정보 전달이다. 조직은 직무가 세분화되고 구성원들의 역할이 다양하게 분화되므로, 업무 간 조정(coordination)과 협력이 반드시 필요하다. 정보 전달이 원활히 이루어질 때 각 부문은 전체 목표에 맞춰 자신의 역할을 정확히 수행할 수 있으며, 환경 변화에도 빠르게 대응할 수 있다. 오늘날 기업은 경영정보시스템(MIS), ERP(전사적 자원관리), 이메일·메신저와 같은 디지털 협업 툴을 활용하여 정보 전달의 속도와 정확성을 극대화하고 있다. 이는 곧 의사결정의 신속성과 위기 대응 능력을 좌우하는 핵심 요소가 된다.

2) 평가적 기능

의사소통은 단순히 메시지를 교환하는 것이 아니라, 정보에 의미와 가치를 부여하는 평가 과정을 포함한다. 경영자는 보고된 자료와 메시지를 분석하고 이를 조직의 목표, 전략, 기준과 비교하여 적합성을 평가한다. 예컨대, 매출 보고는 단순한 수치가 아니라 성과를 평가하고 보상이나 전략 수정으로 이어지는 중요한 판단 근거가 된다. 이러한 평가적 기능은 피드백(feedback)을 통해 다시 구성원들에게 전달되며, 이는 개인과 집단의 행동 수정과 성과 향상으로 연결된다. 따라서 의사소통은 조직 학습과 개선의 기반이라고 할 수 있다.

3) 교육적 기능

기업 내 의사소통은 구성원들에게 단순한 지시 이상의 의미를 갖는다. 상급자의 지시나 보고 과정에서 구성원들은 업무 수행 방법, 절차, 가치관을 자연스럽게 학습하게 된다. 즉, 의사소통은 새로운 지식을 전달하고 구성원들의 역량을 개발하는 교육·훈련 기능을 수행한다. 특히 신입사원이나 새로운 팀에 배치된 구성원들은 업무 지시를 받는 과정에서 직무 수행 능력을 습득하며, 경영자의 피드백은 곧 학습의 기회가 된다. 나아가 조직 전체 차원에서는 의사소통을 통한 경험 공유와 지식 전수가 지식경영(Knowledge Management)의 중요한 축을 형성한다.

4) 영향력과 설득의 기능

의사소통은 개인 간 상호작용을 통해 상대방의 생각, 태도, 행동에 변화를 유도하는 영향력 행사 수단이다. 특히 리더는 효과적인 의사소통을 통해 구성원들의 공감을 얻고, 동기를 부여하며, 집단을 조직 목표에 맞게 움직이도록 설득한다. 예를 들어, 변화에 저항하는 구성원들을 설득하거나, 새로운 전략 방향에 대한 공감대를 형성하는 과정에서 의사소통은 단순한 전달이 아니라 리더십의 실질적 발휘가 된다. 오늘날처럼 다문화·다세대 인력이 공존하는 조직에서는 설득과 영향력이 단순히 권위에 의존하는 것이 아니라, 공감·신뢰·투명성을 기반으로 이루어져야 한다.

요약하면, 의사소통은 ① 정보 전달, ② 평가, ③ 교육, ④ 영향과 설득의 네 가지 핵심 기능을 수행한다. 이를 통해 조직은 변화하는 환경 속에서도 효율적으로 운영되고, 구성원은 자신의 역량을 개발하며, 리더는 집단을 목표 달성으로 이끌 수 있다.

2. 의사소통의 원칙

의사소통이 그 본래의 기능을 충분히 발휘하기 위해서는 단순한 메시지 교환이 아니라, 일정한 원칙에 따라 체계적으로 운영될 필요가 있다. S. M. Cutlip과 A. H. Center는 의사소통이 효과적으로 작동하기 위한 일곱 가지 원칙을 제시한 바 있다.

1) 신뢰성

의사소통은 신뢰의 풍토 속에서 출발한다. 수신자는 송신자의 진정성, 능력, 그리고 메시지의 타당성을 믿을 수 있어야 하며, 그렇지 않으면 어떠한 의사소통도 효과를 발휘하기 어렵다. 따라서 관리자는 평소 행동과 일관성을 통해 신뢰를 구축해야 하며, 신뢰성은 모든 의사소통의 기본 전제가 된다.

2) 상황

의사소통은 항상 특정한 상황(context) 속에서 이루어진다. 아무리 훌륭한 메시지라도 그것이 수신자가 처한 현실과 맞지 않으면 공허하게 들릴 뿐이다. 따라서 메시지는 환경적 요인과 맥락을 고려해 전달되어야 하며, 경영자는 메시지가 조직의 현재 상황과 일치하는지 늘 점검해야 한다.

3) 내용

전달되는 메시지는 수신자에게 의미 있는 것이어야 한다. 내용이 수신자의 필요와 관심사와 무관하다면 메시지는 무시되거나 왜곡될 수 있다. 따라서 의사소통의 메시지는 실제 업무나 성과와 직접 연결된 구체적이고 실질적인 내용을 담아야 한다.

4) 명확성

메시지는 모호하지 않고 단순하며 명확해야 한다. 송신자가 사용하는 용어나 표현이 수신자에게 동일한 의미로 받아들여질 수 있도록 설계해야 하며, 복잡한 사안은 핵심을 요약하여 쉽게 이해되도록 전달해야 한다. 특히 조직 규모가 클수록 명확성이 확보되지 않으면 메시지의 왜곡이 커질 위험이 있다.

5) 계속성과 일관성

의사소통은 단발적 사건이 아니라 연속적이며 반복적인 과정이다. 동일한 메시지가 지속적으로 반복되고 일관성 있게 유지될 때 비로소 수신자의 태도와 행동에 깊이 내재화될 수 있다. 따라서 경영자는 조직의 목표와 전략을 흔들림 없이 지속적으로 전달해야 하며, 메시지 간 모순이 발생하지 않도록 관리해야 한다.

6) 경로

의사소통은 수신자가 가장 익숙하고 신뢰하는 경로를 통해 이루어질 때 효과가 극대화된다. 이메일, 회의, 보고서, 사내 포털 등 다양한 채널 중에서 메시지의 성격과 긴급성에 따라 적절한 경로를 선택해야 하며, 기존 경로가 한계에 부딪힐 경우에는 새로운 채널을 도입할 필요도 있다. 경로 선택은 정보의 양과 질, 그리고 수신자의 특성에 따라 달라져야 한다.

7) 수신자의 능력

효과적인 의사소통은 수신자의 지식, 관심, 경험 수준에 맞추어 이루어져야 한다. 메시지가 너무 난해하거나 지나치게 단순화되면 오히려 효과가 반감된다. 따라서 송신자는 수신자의 이해 능력을 고려해 메시지를 설계해야 하며, 수신자가 최소한의 노력으로도 쉽게 이해하고 받아들일 수 있도록 해야 한다.

section 02

의사소통의 과정 및 방법

1. 의사소통의 과정

의사소통은 단순히 정보를 주고받는 차원을 넘어, 메시지가 전달되어 수신자의 인식·태도·행동에 변화를 일으키는 과정을 포함한다. 이 과정은 흔히 "누가(sender) 무엇을(message) 어떤 경로(channel)를 통해 누구에게(receiver) 전달하여 어떤 효과(effect)를 발생시키는가"라는 질문으로 요약할 수 있다. 따라서 의사소통은 송신자(sender), 메시지(message), 수단(channel), 수신자(receiver), 효과(effect)라는 일련의 핵심 요소를 바탕으로 이해된다. 구체적으로 살펴보면, 먼저 송신자(sender)는 전달하고자 하는 의도나 의미를 언어적·비언어적 기호(symbol)로 부호화(encoding)하여 메시지 형태로 구성한다. 이 메시지는 전달 경로(channel)를 통해 수신자(receiver)에게 전해지며, 수신자는 이를 해독(decoding)하여 이해한다. 이 과정에서 수신자가 메시지를 올바르게 해석했는지 여부는 피드백(feedback)을 통해 확인된다. 피드백은 송신자에게 되돌아가는 응답으로, 의사소통이 단방향이 아닌 상호작용적 과정임을 보여준다.

그러나 의사소통 과정은 항상 순조로운 것은 아니다. 메시지가 전달되는 과정에서 잡음(noise)이 개입할 수 있다. 잡음은 물리적 장애(예: 소음, 통신 불량)뿐 아니라, 심리적 요인(예: 편견, 선입견)이나 의미적 장애(예: 용어의 해석 차이)까지 포함한다. 이러한 잡음은 메시지의 명확성을 떨어뜨리고, 의사소통의 효과를 약화시킬 수 있다.

따라서 의사소통 과정은 송신자의 의도와 메시지의 명료성, 적절한 전달 경로의 선택, 수신자의 해석 능력, 그리고 피드백의 순환 여부에 의해 좌우된다. 관리자의 입장에서는 잡음을 최소화하고, 피드백 체계를 강화하여 메시지가 원래의 의도대로 전달·이해될 수 있도록 조정하는 것이 매우 중요하다.

그림 10-1 의사소통의 과정

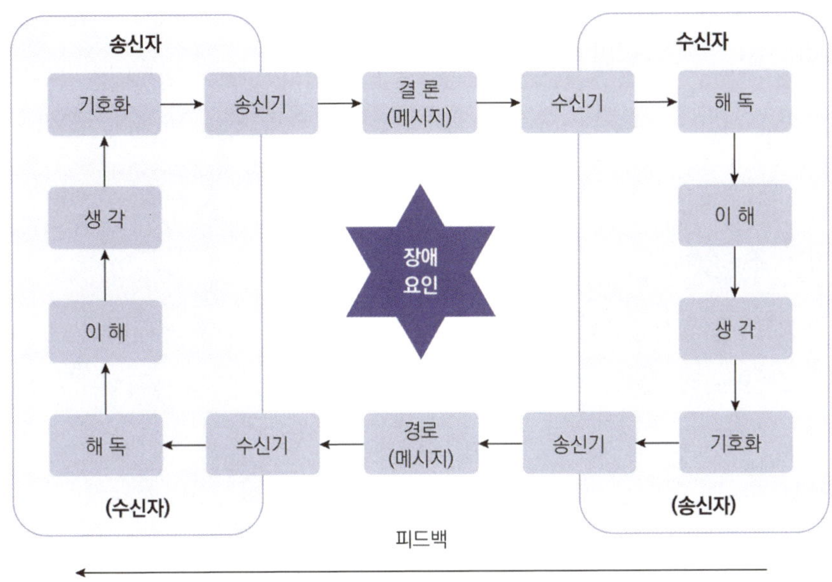

1) 송신자

의사소통은 언제나 송신자(sender)로부터 출발한다. 송신자는 특정한 생각, 사상, 아이디어, 또는 의도를 지니고 있으며, 이를 전달하기 위해 기호화(encoding)의 과정을 거친다. 이때 기호화는 단순히 언어적 표현에만 국한되지 않는다. 제스처, 표정, 그림, 도표, 심지어는 상징적 행동과 같은 비언어적 요소 또한 메시지 전달의 수단이 된다. 따라서 효과적인 송신자는 전달하려는 의미를 가장 잘 표현할 수 있는 기호체계를 선택해야 하며, 동시에 수신자의 지식 수준과 경험, 배경을 고려하여 메시지가 왜곡되지 않도록 설계해야 한다.

2) 메시지의 전달

송신자가 기호화한 메시지는 반드시 전달 경로(channel)를 통해 수신자에게 이동한다. 이 전달 수단은 매우 다양하다. 전통적으로는 대면적 대화, 서신, 메모가 사용되었으나, 오늘날에는 전화, 이메일, 메신저, 화상회의, 그리고 소셜미디어와 같은 디지털 채널이 중요한 매체로 자리 잡고 있다. 어떤 경우에는 한 가지 매체만으로 충분할 수 있지만, 복잡하거나 중요한 메시지는 여러 매체를 병행하는 것이 바람직하다. 다만, 매체는 그 특성에 따라 효과가 달라질 수 있기 때문에, 상황에 맞는 적절한 매체를 선택하는 것이 의사소통 성공의 핵심 요건이다. 예컨대 단순한 사실 전달은 이메일이 효과적이지만, 갈등 조정이나 감정적 설득은 대면적 의사소통이 더 바람직하다.

3) 수신자

의사소통이 성립되기 위해서는 수신자(receiver)가 존재해야 한다. 수신자는 메시지를 단순히 받아들이는 수동적 존재가 아니라, 이를 해독(decoding)하여 자신의 생각이나 지식 구조 속으로 통합하는 능동적 참여자이다. 수신자가 효과적으로 메시지를 이해하기 위해서는, 먼저 메시지를 받아들일 수 있는 준비가 되어 있어야 하며, 송신자와 동일하거나 유사한 기호 체계를 공유하고 있어야 한다. 만약 송신자와 수신자가 동일한 언어와 기호를 다르게 해석한다면, 의사소통은 왜곡되거나 단절될 수밖에 없다. 따라서 송신자와 수신자 간의 공유된 맥락(shared context)이 의사소통의 정확성을 좌우한다.

4) 의사소통과 피드백(feedback)

의사소통이 진정으로 완결되었다고 말할 수 있는 것은 피드백(feedback)이 이루어질 때이다. 피드백은 수신자가 메시지를 어떻게 해석했는지를 송신자에게 알려주는 과정이며, 이를 통해 송신자는 메시지가 정확하게 이해되었는지 여부를 확인할 수 있다. 피드백은 언어적 응답뿐 아니라 표정, 행동, 태도 변화 등 다양한 형태로 나타날 수 있다. 조직 차원에서 피드백은 단순히 이해 여부를 확인하는 것을 넘어, 메시지 전달로 인한 변화—예를 들어 업무 성과, 협력 수준, 태도 변화—를 측정하는 기능까지 수행한다. 따라서 관리자는 피드백 체계를 적극적으로 활용하여 의사소통 과정의 효과성을 점검하고, 필요한 경우 메시지 전달 방식을 수정·보완해야 한다.

2. 의사소통의 방법

조직 내 의사소통의 방법은 단순히 메시지를 전달하는 도구에 국한되지 않고, 메시지가 흐르는 경로와 방식 전반을 포괄한다. 이는 구성원 간의 관계를 강화하고, 상호의존적인 하부 단위를 유기적으로 연결하며, 나아가 조직 운영의 효율성을 좌우하는 핵심 관리 기능이 된다. 의사소통이 원활할 때 조직은 신속한 의사결정과 효과적인 협력을 달성할 수 있지만, 의사소통이 단절되거나 왜곡되면 갈등과 비효율을 피할 수 없다. 따라서 조직의 의사소통 방식은 환경적 변화와 기술 발전에 따라 끊임없이 재구성되어야 한다.

1) 언어적 의사소통

언어적 의사소통은 언어를 매개로 하는 가장 전통적이고 기본적인 소통 방식이다. 이는 구두, 문서, 전자적 매체를 통해 다양하게 구현된다.

(1) 구두에 의한 것

구두 의사소통은 인간이 가장 오래도록 사용해 온 방식으로, 말(언어)을 통해 직접적인 정보 교환이 이루어진다. 대면 대화, 회의, 전화통화 등이 대표적이다. 즉각적인 피드백이 가능하고, 감정이나 태도와 같은 비언어적 요소가 동시에 전달되므로 효과적이다. 그러나 상황에 따라 기록이 남지 않아 책임소재가 불분명해질 수 있다는 한계도 있다.

(2) 문서에 의한 것

문서 의사소통은 메모, 서신, 보고서, 매뉴얼 등 글자를 활용하여 정보를 전달하는 방식이다. 이는 기록성과 공식성을 지니며, 복잡한 정보를 구조화하여 전달할 수 있다는 장점이 있다. 특히 법적·계약적 사안이나 장기간 보관이 필요한 사항은 반드시 문서 형태를 취해야 한다. 다만 피드백이 즉각적이지 않고, 전달 속도가 느려질 수 있다는 한계가 있다.

(3) 전자적인 것

최근 가장 급속히 발전한 형태로, 컴퓨터, 화상회의, 무선 전화, 전자우편, 협업 플랫폼(예: Slack, Teams, Zoom 등) 등을 통해 이루어진다. 디지털 기술의 발달로 시간과 공간의 제약이 크게 줄어들었으며, 속도와 비용 면에서 효율성이 극대화되었다. 특히 글로벌 기업에서는 이러한 전자적 의사소통이 조직 운영의 표준으로 자리 잡았다. 그러나 과도한 디지털 의존은 피상적인 관계나 소통의 피로감을 유발할 수 있어, 상황에 맞는 적절한 균형이 필요하다.

2) 비언어적 의사소통

비언어적 의사소통은 언어 외의 다양한 수단을 통해 의미를 전달하는 방식으로, 종종 언어적 메시지보다 더 강력하게 수신자의 행동과 태도에 영향을 미친다.

(1) 물리적·상징적 언어

교통 신호, 사이렌, 표지판, 상징물 등은 특정 의미를 압축적으로 전달하는 대표적 예이다. 이러한 상징적 언어는 즉각적 이해를 가능하게 하며, 문화와 제도적 맥락 속에서 공통된 해석이 이루어진다.

(2) 신체적 언어

표정, 자세, 동작, 눈빛, 제스처 등은 의식적 혹은 무의식적으로 발현되는 행동적 언어이다. 예컨대 눈을 마주치는 것은 관심과 신뢰를 의미할 수 있으며, 팔짱을 끼는 자세는 방어적 태도를 나타낼 수 있다. 신체적 언어는 상황과 문화에 따라 의미가 달라질 수 있기에, 국제적·다문화적 조직에서는 더욱 섬세한 이해가 필요하다.

(3) 접촉 언어

신체적 접촉은 가장 직접적이고 강렬한 비언어적 표현 방식이다. 악수, 포옹, 가벼운 어깨 두드리기 등은 상대방에게 존중, 신뢰, 우호적 감정을 전달한다. 그러나 문화권에 따라 접촉의 허용 범위와 의미가 크게 다르기 때문에, 조직 내 글로벌 협력 환경에서는 신중한 배려가 요구된다.

정리해보면, 현대 조직의 의사소통은 언어적 방식과 비언어적 방식이 상호 보완적으로 작동해야 효과적이다. 언어적 의사소통은 메시지의 정확성과 기록성을 보장하고, 비언어적 의사소통은 메시지의 감정적·정서적 맥락을 강화한다. 따라서 관리자는 두 가지 방식을 적절히 결합하여 조직 내 원활한 커뮤니케이션 문화를 조성해야 한다.

3. 의사소통 네트워크

의사소통 네트워크(communication network)란 둘 이상의 집단 구성원들 사이에서 이루어지는 언어적 또는 비언어적 메시지의 흐름을 의미한다. 네트워크는 단순한 정보 전달 경로가 아니라, 집단 내 누가 누구와 소통하고, 어떤 방식으로 교류하며, 그 결과가 집단 운영에 어떤 영향을 미치는가를 보여주는 구조적 장치이다. 조직이나 집단에서 네트워크는 문제 해결 능력, 의사결정의 질, 구성원 만족도, 정보 전달의 속도와 정확성, 집단의 응집성과 조직화 수준 등 집단의 전반적인 기능에 큰 영향을 미친다. 따라서 관리자는 네트워크의 특성을 이해하고 이를 효과적으로 설계·운영해야 조직의 효율성과 혁신성을 동시에 확보할 수 있다. 의사소통 네트워크의 양상은 다음과 같은 요인들에 의해 결정된다.

첫째, 과업과 기능은 집단의 의사소통 구조는 과업의 성격과 구성원들이 맡은 기능에 따라 달라진다. 단순하고 반복적인 업무일수록 중앙집중형 네트워크(예: 상사가 모든 정보를 통제하는 체계)가 효율적일 수 있다. 그러나 신제품 개발이나 창의적 문제 해결처럼 전문성과 협력이 필요한 경우에는 분산형 네트워크(모든 구성원이 자유롭게 교류하는 체계)가 더 효과적이다. 즉, 집단이 수행하는 과업의 복잡성과 상호의존성이 네트워크 형태를 좌우한다.

둘째, 관습과 규범은 집단 내 의사소통은 단순히 “무엇을 말하는가”보다 “어떻게 말하는 것이 허용되는가”에 의해 더 큰 영향을 받는다. 전통적이고 권위적인 조직에서는 상향적 의사소통이 제약되고 하향적 지시가 강조되지만, 자율성과 수평성이 중시되는 조직문화에서는 상호 피드백과 자유로운 정보 교환이 활성화된다. 즉, 집단의 문화적 규범과 관습은 네트워크의 방향과 속도를 결정하는 중요한 요인이다.

셋째, 조직 조건은 물리적 공간 배치, 개인의 작업 환경, 좌석 배열 등도 네트워크 형성에 직접적인 영향을 미친다. 가까운 거리에 앉아 있는 사람끼리 상호작용이 잦아지고, 회의실에서 중심 자리에 앉은 사람은 발언 빈도와 영향력이 커진다. 또한 부서 간 거리가 물리적으로 멀면 협력이 지연되거나 소통의 비용이 커진다. 따라서 조직은 의도적으로 물리적 환경을 설계하여 원활한 네트워크를 유도할 수 있다.

넷째, 개인의 속성은 개인의 성격, 지각, 동기, 정서적 태도는 네트워크에서의 위치와 역할을 결정짓는다. 개방적이고 적극적인 사람은 중심적 연결자가 되며, 소극적이고 방어적인 사람은 주변에 머무를 가능성이 크다. 또한 개인의 신뢰성이나 전문성은 정보의 흐름에서 영향력의 크기를 결정하는 중요한 요소로 작용한다.

다섯째, 집단 과정 변수는 집단의 동질성, 응집성, 지위 구조, 목표 공유 정도 등은 네트워크의 밀도와 강도를 변화시킨다. 동질성과 응집성이 높으면 네트워크가 단단하게 결속되지만, 지나치게 동질적이면 새로운 정보 유입이 제한될 수 있다. 반대로 집단 내 지위 차이가 크거나 파벌이 존재하면 정보가 왜곡되거나 차단될 수 있다. 따라서 집단의 응집성과 다양성 간 균형이 중요하다.

정리해보면, 의사소통 네트워크는 단순한 정보 전달의 경로를 넘어, 조직과 집단의 성과를 좌우하는 전략적 장치라 할 수 있다. 관리자는 과업 특성, 규범, 물리적 환경, 개인의 성향, 집단의 구조적 요인 등을 종합적으로 고려하여 네트워크를 설계하고 관리해야 하며, 이를 통해 집단 내 소통의 효율성과 집단 역동성을 동시에 제고할 수 있다.

1) 의사소통 네트워크의 유형

의사소통 네트워크에 대한 연구는 A. Bevelas와 같은 소집단 연구를 주로 하는 사회학자들에 의해 시작되었으며, 오늘날 연구자들은 일반적으로 다섯 가지 유형을 제시하고 있다. 각 네트워크 유형은 의사소통의 속도, 정보의 정확성, 구성원의 만족도, 문제 해결의 효율성 등에 서로 다른 영향을 미치며, 조직의 과업 특성과 집단의 상황에 따라 적합성이 달라진다.

(1) 바퀴형(wheel type)

바퀴형은 집단 구성원들에게 중심인물이 존재하는 경우에 나타나는 유형으로, 모든 정보가 특정한 리더에게 집중된다. 구성원들은 리더를 통하지 않고서는 다른 구성원들과 직접적으로 의사소통하기 어렵다. 이 구조에서는 의사결정이 신속하게 이루어지고 명령체계가 명확하다는 장점이 있으나, 구성원 개개인의 창의성과 자율성은 크게 제한된다. 따라서 단순하고 반복적인 업무, 명확한 지시와 빠른 실행이 중요한 상황에서 효과적이다.

(2) 연쇄형(chain type)

연쇄형은 구성원 간의 의사소통이 직선적으로 연결된 형태로, 수평적 의사소통은 이루어지지 않고 상향적·하향적 소통만 가능하다. 정보가 한 사람씩 거쳐 전달되므로 계층 구조가 뚜렷한 관료적 조직에서 많이 발견된다. 이 구조는 질서와 통제가 용이하다는 장점이 있으나, 정보가 전달되는 과정에서 왜곡이나 지연이 발생할 수 있다는 한계를 지닌다.

(3) Y형(Y type)

Y형은 바퀴형처럼 확고한 중심인물이 존재하지 않더라도, 다수의 구성원을 대표하는 리더가 존재하는 경우에 나타난다. 이는 라인(line)과 스텝(step) 조직이 혼합된 집단에서 흔히 볼 수 있으며, 의사소통이 특정 인물에게 집중되면서도 일부는 분산된 특징을 가진다. 바퀴형보다는 개방적이지만 여전히 리더 중심의 정보 흐름이 존재한다.

(4) 원형(circle type)

원형은 집단 내 사회적 서열이나 신분관계가 뚜렷하지 않은 경우에 나타나며, 구성원들이 서로 대등한 입장에서 의사소통을 주고받는다. 특정 중심인물이 없기 때문에 정보는 자유롭게 전달되지만, 명확한 방향성이 부족할 수 있다. 집단의 응집성이 강하고, 소규모 조직에서 협력과 친밀감을 유지하는 데 적합하다. 그러나 의사결정이 지연되거나 책임소재가 불분명해질 수 있다.

(5) 상호연결형(all channel type)

상호연결형은 모든 구성원들이 자유롭게 정보를 교환하는 형태로, 가장 바람직한 의사소통 유형으로 평가된다. 구성원 간의 정보교환이 완전히 개방되어 있어 집단 전체가 문제를 종합적으로 파악할 수 있고, 창의성과 협력이 극대화된다. 다만 모든 사람이 의견을 교환하기 때문에 의사결정에 시간이 더 소요될 수 있다. 하지만 복잡하고 혁신적인 문제 해결이나 창의성을 요구하는 상황에서 가장 효과적이며, 구성원들의 만족도도 가장 높게 나타난다.

정리해보면, 의사소통 네트워크는 집단의 성격과 과업의 유형에 따라 선택적으로 운영되어야 하며, 속도·정확성·만족도의 균형을 고려해야 한다. 예컨대 단순 반복적인 과업에는 바퀴형이나 연쇄형이 유리하지만, 창의성과 협력이 필수적인 과업에는 상호연결형이 더 적합하다.

그림 10-2 의사소통망의 형태

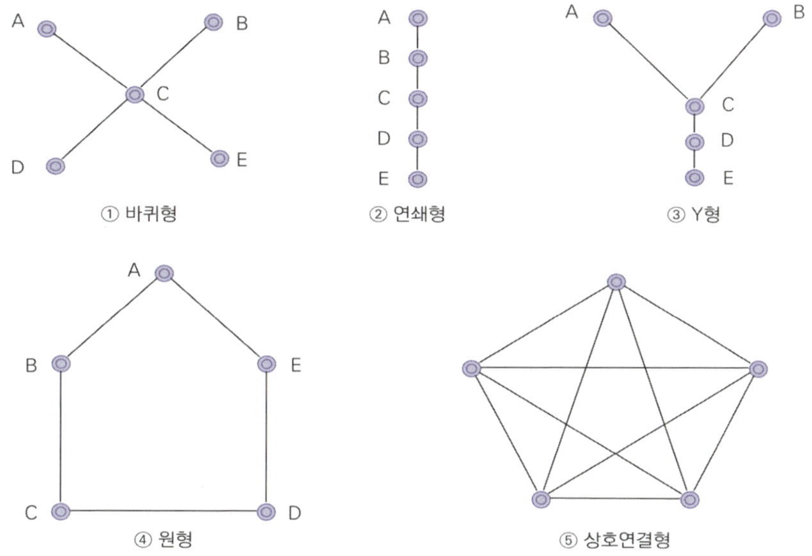

2) 의사소통 네트워크와 집단의 유효성

의사소통 네트워크의 유형은 집단의 성과와 만족도에 중요한 영향을 미치기 때문에 많은 학자들이 이를 실험적으로 연구해 왔다. 그 결과, 네트워크의 효과는 문제 해결의 속도와 정확성, 집단의 조직화, 리더십, 그리고 구성원 만족도의 측면에서 서로 다르게 나타난다는 사실이 밝혀졌다.

첫째, 문제 해결의 속도와 정확성

집중화된 네트워크, 즉 바퀴형과 같이 특정 중심인물에게 정보가 집중되는 구조는 단순하고 반복적인 과제에서 매우 효과적이었다. 이 경우 문제 해결의 속도가 빠르고 결과의 정확성도 높았다. 반대로 원형처럼 분산된 네트워크는 같은 상황에서 속도와 정확성 면에서 상대적으로 뒤처졌다. 그러나 복잡하거나 창의성을 요구하는 과업에서는 결과가 정반대로 나타났다. 집중화된 네트워크는 다양한 의견이 충분히 교환되지 못해 오류가 발생하거나 속도가 느려지는 반면, 원형이나 상호연결형과 같이 개방적 구조에서는 정보의 교류가 활발하여 더 나은 해결책이 도출되는 것으로 나타났다. 이는 네트워크의 유효성이 과업의 성격에 따라 달라진다는 점을 잘 보여준다.

둘째, 집단의 조직화 정도

단순한 과제나 일상적인 업무에서는 집중화된 네트워크가 집단을 효율적으로 조직화하는 데 유리하다. 구성원들이 명확한 지시와 체계를 따르기 때문에 혼란이 줄어들고 작업 과정이 안정된다. 그러나 복잡하고 창의적인 과업에서는 오히려 원형과 같이 분산된 네트워크가 더 효과적이다. 모든 구성원이 자유롭게 의견을 교환할 수 있어 협력이 강화되고, 결과적으로 집단 전체가 안정된 작업 과정을 유지할 수 있다.

셋째, 리더십과 개인적 만족

의사소통 네트워크에서의 리더십과 개인적 만족은 네트워크의 형태보다는 각 개인이 네트워크 안에서 차지하는 위치에 크게 의존한다. 예컨대 바퀴형에서는 중심 인물이 강력한 리더십과 만족감을 경험하는 반면, 주변부에 위치한 구성원은 소외감을 느끼기 쉽다. 반대로 상호연결형이나 원형에서는 리더십이 특정 인물에게 집중되지 않고 구성원 간에 분산되며, 개별적 만족도도 균등하게 분포하는 경향이 있다.

넷째, 집단 전체의 만족도

집단 차원에서의 전반적인 만족 수준은 집중화된 네트워크보다 원형이나 상호연결형처럼 분산된 네트워크에서 더 높게 나타났다. 이는 구성원들이 의사소통 과정에 보다 직접적으로 참여하고, 자신의 의견이 존중받는다고 느낄 때 더 큰 만족감을 얻기 때문이다.

요약해보면, 의사소통 네트워크의 유효성은 과업의 성격(단순 vs 복잡), 집단의 목적, 구성원의 위치에 따라 달라진다. 따라서 경영자는 단순 반복적 과업에는 바퀴형과 같은 집중화된 네트워크를, 창의성과 협력이 요구되는 복잡

과업에는 상호연결형이나 원형 네트워크를 선택하는 전략적 접근이 필요하다.

section 03 비공식적 의사소통

조직에서 이루어지는 의사소통은 크게 공식적 의사소통과 비공식적 의사소통으로 나눌 수 있다. 공식적 의사소통은 위계적 질서와 정해진 구조에 따라 상명하복식으로 이루어지는 반면, 비공식적 의사소통은 자발적이고 비구조적인 형태로 나타난다. 즉 비공식적 의사소통은 특정 규정이나 경로에 의해 이루어지는 것이 아니라, 구성원들 간의 인간적 친밀감, 신뢰, 정서적 유대관계에 의해 형성되며 자연스럽게 확산된다. 이 과정에서 경로는 명확하지 않고, 메시지의 내용 또한 모호하거나 불확실할 수 있다.

특히 비공식적 의사소통은 공식적 경로와 중복되는 경우가 많다. 이때 중복은 때로는 공식적 의사소통의 흐름을 왜곡시키는 요인이 되기도 하지만, 반대로 구성원들 간의 공감대와 집단 규범을 강화하는 긍정적 효과를 낳기도 한다. 따라서 비공식적 의사소통은 공식적 시스템의 보완적 수단으로 이해될 필요가 있다.

그럼에도 불구하고 많은 경영자들은 비공식적 의사소통을 흔히 부정적으로만 인식해 왔다. 잘못된 소문, 불만, 불평, 파벌의식의 고착화 등이 대표적인 역기능으로 지적되어 왔기 때문이다. 특히 한국 사회처럼 혈연·지연·학연이 강하게 작용하는 조직 문화에서는 비공식 집단이 강력한 결속력을 바탕으로 형성되며, 이로 인해 조직 내 파벌주의, 집단 간 갈등, 분파적 사고가 나타날 가능성이 크다. 이러한 특성 때문에 비공식적 의사소통은 종종 '통제 불가능한 문제의 원인'으로 취급되기도 한다.

그러나 현대 조직 연구에서는 비공식적 의사소통을 단순히 부정적으로만 바라보지 않고, 순기능과 역기능을 동시에 지닌 양면적 현상으로 이해한다.

적절히 관리되고 활용된다면 오히려 조직의 유지와 발전에 큰 기여를 할 수 있기 때문이다. 먼저 비공식적 의사소통의 순기능을 살펴보면 다음과 같다.

첫째, 비공식적 의사소통은 정보 전달 속도가 빠르고 파급력이 크다. 때로는 공식적 채널보다 훨씬 신속하게 메시지가 확산되기 때문에 경영자는 이를 활용하여 긍정적인 분위기를 조성하거나 위기 상황에서 즉각적인 대응을 할 수 있다.

둘째, 구성원들에게 소속감과 안정감을 제공한다. 공식적 조직에서 소외감을 느끼는 구성원들도 비공식 집단에 속함으로써 정서적 만족을 얻을 수 있으며, 이는 직무 스트레스를 완화하는 완충작용을 한다.

셋째, 경영자의 의사결정을 견제하고 균형을 잡아주는 기능을 수행한다. 잘못된 계획이나 편향된 결정이 내려질 경우 비공식 채널을 통해 반대 의견이 형성되면서 경영자가 이를 인식하고 수정할 수 있다.

넷째, 조직 내 문제점을 드러내고 조기 진단을 가능하게 한다. 비공식적 의사소통은 구성원들의 불만, 갈등, 불안정한 심리를 빠르게 반영하므로, 경영자에게 중요한 피드백 채널로 작용한다.

반면 비공식적 의사소통의 역기능도 무시할 수 없다. 비공식적 소문은 사실 확인이 어렵고 왜곡될 가능성이 크다. 이는 구성원들의 불신과 혼란을 초래하며, 조직 내 불필요한 갈등을 유발할 수 있다. 또한 비공식 집단은 종종 개인적 이해관계나 파벌 형성으로 이어져 공식 조직의 목표 달성을 방해하는 요소가 되기도 한다. 따라서 경영자는 이를 단순히 억제하기보다는 순기능을 강화하고 역기능을 최소화하는 관리적 전략을 구사해야 한다.

이와 관련하여 K. Davis는 비공식적 의사소통이 소문의 형태로 덩굴처럼 얽혀 있는 특성을 지닌다고 하여 이를 그레이프바인(grapevine)이라 명명하였다. 그레이프바인은 공식적 네트워크와 달리 수평적 경로로 이루어지는 경우가 많으며, 때로는 계층적 위계를 넘어 정보가 전달되기도 한다. 특징적으로 그 연결은 직위나 규정보다는 친구 관계, 물리적 근접성, 심리적 친밀감에 기반한다. 그레이프바인은 여러 가지 형태로 나타난다.

- **단일 경로형**(single strand): 일직선으로 한 사람씩 순차적으로 정보를 전달하는 방식으로, 정확성이 가장 낮다.
- **한담형**(gossip): 한 사람이 얻은 정보를 모든 사람에게 전달하는 방식으로, 직무와 무관한 잡담성 정보가 빠르게 확산될 때 나타난다.
- **무작위형**(probability): 정보 제공자가 무작위로 상대를 선택해 전달하는 형태로, 중요도는 낮지만 친근감을 주는 정보일 때 나타난다.
- **군집형**(cluster): 한 사람이 몇 명에게 정보를 전하고, 이들이 다시 각각 다른 사람들에게 전달하는 방식이다. Davis는 실제 조직에서 가장 많이 나타나는 유형이 바로 이 군집형이라고 지적하였다.

결과적으로 비공식적 의사소통은 조직의 생리와 심리를 반영하는 중요한 흐름이며, 이를 어떻게 관리하느냐에 따라 조직의 안정성과 성과가 달라질 수 있다. 경영자는 비공식적 의사소통을 단순히 '문제의 근원'으로 보지 말고, 이를 통해 조직 구성원들의 집단 심리와 만족도를 파악하는 유용한 수단으로 활용해야 한다. 순기능을 적극적으로 장려하면서도, 루머 확산이나 파벌 형성과 같은 역기능은 제도적·문화적 장치를 통해 완화하는 것이 바람직하다.

section 04 의사소통의 장애 요인

조직 내에서 의사소통은 단순히 메시지를 주고받는 행위에 그치지 않고, 집단의 유지와 발전을 위한 핵심적 기능을 담당한다. 그러나 실제 현장에서는 의사소통이 기대만큼 원활하게 이루어지지 않는 경우가 많으며, 이는 다양한 장애 요인들 때문이라고 할 수 있다. 이러한 장애 요인들을 충분히 이해하지 못하면 조직 내 의사소통은 비효율적이 되고, 나아가 조직 전체의 목표 달성에도 심각한 차질을 초래할 수 있다. 따라서 의사소통을 효율적으로 관리하기 위해서는 의사소통의 장애 요인을 정확히 파악하는 것이 선행되어야 한다. 의사소통의 장애 요인은 크게 세 가지 범주로 구분할 수 있다.

첫째, 송신자(sender) 측 요인이다. 메시지를 전달하는 사람의 태도, 성격, 표현 능력, 또는 동기부여의 정도가 불충분할 때 의사소통의 효율성이 저하된다. 예를 들어, 경영자가 구성원에게 지시를 내리면서 모호하거나 장황하게 설명하면, 의도한 메시지가 제대로 전달되지 못한다. 또한 송신자의 권위적 태도나 편견은 수신자가 방어적으로 반응하게 만들어 의사소통을 왜곡시킬 수 있다.

둘째, 메시지(message) 및 매체 요인이다. 전달되는 정보의 내용이 불분명하거나 과도하게 전문적일 경우, 수신자가 이를 제대로 이해하기 어렵다. 또 전달 경로가 적절하지 않거나 매체 선택이 부적절하면, 정보가 왜곡되거나 누락될 위험이 크다. 예를 들어 긴급한 사안임에도 불구하고 문서 보고만을 고집하면, 즉각적인 피드백이 불가능해져 상황 대응이 늦어질 수 있다. 반대로 지나치게 많은 정보가 무분별하게 전달되는 것도 잡음을 유발해 핵심 메시지가 흐려지는 결과를 낳는다.

셋째, 수신자(receiver) 측 요인이다. 수신자의 지식 수준, 경험, 태도, 성격적 특성 등은 메시지 해석에 직접적인 영향을 미친다. 동일한 메시지라도 수신자가 가진 가치관이나 감정 상태에 따라 전혀 다르게 해석될 수 있으며, 때로는 의도와는 정반대로 받아들여지기도 한다. 또한 수신자가 송신자에 대해 신뢰를 가지고 있지 않다면, 아무리 명확한 메시지라도 왜곡되거나 무시될 가능성이 크다.

이 세 가지 범주는 각각 독립적인 것처럼 보이지만 실제로는 서로 긴밀하게 상호작용한다. 예컨대 송신자가 모호한 메시지를 전달하면, 수신자가 이를 잘못 해석하고, 매체의 한계로 인해 피드백이 지연되면서 의사소통이 더욱 비효율적으로 전개될 수 있다. 따라서 의사소통 관리란 단순히 한 요소만 개선한다고 되는 것이 아니라, 송신자·메시지·수신자라는 전 과정에서의 장애 요인을 동시에 관리하는 종합적 접근이 필요하다.

1. 송신자 관련 장애 요인

의사소통에서 송신자는 메시지를 생성하고 기호화하여 수신자에게 전달하는 핵심적인 출발점 역할을 한다. 따라서 송신자의 태도, 능력, 그리고 준비성은 의사소통의 성패를 좌우한다고 해도 과언이 아니다. 그러나 송신자 측의 여러 가지 한계와 결함은 효과적인 의사소통을 방해하는 장애 요인으로 작용한다.

첫째, 의사소통 목표의 결여이다. 모든 의사소통은 분명한 목적을 지닐 때 비로소 의미가 있는데, 송신자가 목표 없이 단순히 말하거나 정보를 전달하려 한다면 메시지는 방향성을 잃게 된다. 이는 구심점 없는 메시지를 만들어내며, 수신자가 무엇을 이해하고 어떻게 행동해야 하는지 혼란을 초래한다.

둘째, 의사소통 기술의 부족이다. 메시지를 정확하게 전달하기 위해서는 단어의 선택, 문장의 구조, 발음과 철자 등 기본적인 언어 기술이 필수적이다. 그러나 송신자가 부정확한 단어를 사용하거나 어휘력이 부족하고, 문장을 조리 있게 구성하지 못한다면 의도한 메시지가 왜곡되거나 모호하게 전달될 수 있다. 이는 불필요한 오해와 혼란을 유발한다.

셋째, 대인 감수성의 결여이다. 효과적인 의사소통은 상대방의 입장과 감정을 이해하려는 대인 감수성이 뒷받침되어야 한다. 송신자가 일방적이고 자기중심적으로 메시지를 전달하면, 상대방의 정서적 반응을 고려하지 못해 의사소통의 목표를 달성하기 어렵다.

넷째, 신뢰도의 결여이다. 수신자가 송신자의 말과 행동을 신뢰하지 않는다면 메시지의 효과는 크게 약화된다. 아무리 정확한 정보를 제공하더라도 송신자의 신뢰성이 낮으면 수신자는 이를 의심하거나 무시하게 된다. 따라서 송신자의 신뢰도는 의사소통 성패를 좌우하는 중요한 요소이다.

2. 수신자 관련 장애 요인

의사소통은 송신자의 메시지 전달로만 완성되지 않는다. 수신자가 메시지를 올바르게 수용하고 해석하며, 필요한 경우 피드백을 제공할 때에야 비로소 의사소통은 효과적으로 이루어진다. 그러나 수신자 측의 여러 한계 역시 중요한 장애 요인이 된다.

첫째, 송신자에 대한 평가 경향이다. 수신자가 메시지를 있는 그대로 수용하기보다 송신자 개인이나 그의 말투, 태도에 대해 평가하려는 경향을 보이면 의사소통이 왜곡된다. 메시지를 전달받는 순간 이미 평가가 선행되면, 본래 의도와는 다르게 지각되어 오해가 발생하기 쉽다.

둘째, 선입견의 영향이다. 수신자는 자신의 가치관이나 기존의 사고방식에 근거하여 메시지를 해석하려는 경향이 있다. 이러한 경우 메시지는 즉흥적이고 편향된 방식으로 해석되며, 송신자의 원래 의도는 크게 손상된다. 예를 들어, 긍정적인 메시지조차도 부정적 선입견을 가진 수신자에게는 왜곡되어 받아들여질 수 있다.

셋째, 선택적 청취이다. 수신자는 자신의 신념이나 생각과 맞지 않는 정보는 무시하거나 거부하는 경향이 있다. 이는 선택적 지각의 한 형태로, 자신이 듣고 싶어 하는 부분만 받아들이고 나머지는 배제하기 때문에 의사소통의 객관성이 크게 떨어진다.

넷째, 피드백의 결여이다. 의사소통의 과정에서 수신자가 적절한 반응을 보이지 않거나 무반응으로 일관할 경우, 송신자는 자신의 메시지가 제대로 전달되었는지 확인할 수 없다. 이러한 상황은 송신자를 낙담하게 만들고, 나아가 의사소통의 지속성과 신뢰성을 약화시킨다.

3. 상황 관련 장애 요인

의사소통 과정에서 발생하는 장애 요인은 단순히 송신자나 수신자의 한계에서 비롯되는 것만은 아니다. 메시지 자체의 특성이나 그것이 전달되는 매체, 혹은 의사소통이 이루어지는 상황적 맥락 또한 중요한 장애 요인이 될 수 있다. 이러한 상황적 장애 요인은 종종 의도하지 않은 오해와 왜곡을 발생시키며, 조직 내 의사소통의 효율성을 크게 저해한다.

첫째, 어의상의 문제이다. 언어는 의사소통의 기본적 수단이지만 동시에 가장 큰 장애 요인으로 작용할 수 있다. 동일한 단어나 표현이라도 개인의 배경, 경험, 혹은 소속 집단에 따라 서로 다르게 해석될 수 있다. 예를 들어 "효율성"이라는 용어를 경영자는 생산성 향상으로 이해할 수 있지만, 직원들은 인원 감축이나 업무 부담 증가로 받아들일 수 있다. 이처럼 단어와 기호의 의미가 서로 다르게 해석될 경우 메시지의 본래 의도는 크게 왜곡될 수 있다.

둘째, 정보의 과중이다. 현대 조직에서는 정보의 양이 기하급수적으로 증가하고 있으며, 수신자가 감당할 수 있는 수준을 넘어서는 경우가 많다. 수신자가 자기 능력 이상의 메시지를 동시에 받아들이게 되면 중요한 정보와 그렇지 않은 정보의 구분이 어려워지고, 오히려 혼란과 피로가 누적된다. 따라서 송신자는 한 번에 과도한 메시지를 전달하기보다, 핵심 정보를 압축하여 제공해야 효과적인 의사소통이 가능하다.

셋째, 시간의 압박이다. 조직 내 의사소통에서 시간은 중요한 변수이다. 특히 최고경영자나 관리자는 바쁜 일정으로 인해 부하 직원과 충분히 소통할 시간을 확보하지 못하는 경우가 많다. 이러한 시간 부족은 메시지를 불완전하게 만들거나, 충분히 설명되지 않은 상태에서 전달되도록 하여 의사소통의 정확성과 신뢰성을 떨어뜨린다. 결과적으로 잘못된 의사결정이나 불필요한 오해가 발생할 가능성이 높아진다.

넷째, 의사소통의 분위기이다. 메시지가 어떠한 분위기 속에서 전달되느냐에 따라 수신자의 해석은 크게 달라질 수 있다. 신뢰와 개방성이 높은 조직문화 속에서는 동일한 메시지가 긍정적으로 받아들여질 가능성이 높다. 그러나 불신과 폐쇄적인 분위기 속에서는 송신자의 의도와 달리 부정적으로 해석되기 쉽다. 예컨대, 개선을 위한 지적도 신뢰 분위기에서는 건설적 피드백으로 받아들여지지만, 불신의 분위기에서는 비난이나 압력으로 왜곡될 수 있다.

이와 같이 상황적 요인들은 의사소통의 효율성과 효과성을 좌우하는 중요한 변수로 작용한다. 따라서 경영자는 언어의 명확성을 확보하고, 정보의 양을 적절히 조절하며, 시간적 제약을 고려한 소통 구조를 마련하고, 무엇보다 신뢰와 개방성이 높은 조직 분위기를 조성함으로써 이러한 장애 요인을 최소화해야 한다.

section 05 의사소통의 개선 방안

조직에서 발생하는 다양한 의사소통 문제는 앞서 살펴본 영향 요인과 장애 요인에서 비롯된다. 그러나 이러한 문제는 불가피한 것이 아니라, 충분히 개선 가능한 영역이다. 무엇보다 중요한 것은 현재의 의사소통 과정에서 어떤 부분이 잘못되었는가를 명확히 인식하고, 이에 대한 구체적 교정 조치를 마련하는 것이다. 이러한 개선 방안은 크게 송신자의 책임과 수신자의 책임으로 나누어 접근할 수 있다.

첫째, 송신자의 책임이다. 의사소통을 시작하는 주체로서 송신자는 메시지의 명확성과 전달의 효과성을 보장해야 한다. 이를 위해 송신자는 다음과 같은 점을 유의해야 한다. 우선, 의사소통의 목표를 명확히 설정해야 한다. 무엇을 전달하고자 하는지, 수신자가 어떤 행동이나 반응을 보이기를 원하는지를 분명히 하지 않으면, 메시지는 방향성을 잃고 효과를 발휘하기 어렵다. 다음으로, 명료하고 간결한 언어 사용이 필요하다. 불필요하게 복잡하거나 전문적인 용어를 남발하면 수신자가 메시지를 이해하기 어렵다. 따라서 수신자의 지식 수준과 배경에 맞는 표현을 선택하는 것이 중요하다. 또한, 신뢰를 바탕으로 한 관계 형성이 필수적이다. 송신자가 평소에 신뢰받는 인물인지 여부에 따라 동일한 메시지라도 수신자의 반응은 크게 달라진다.

마지막으로, 메시지를 전달한 뒤 피드백을 적극적으로 확인해야 한다. 일방적 전달로 끝내는 것이 아니라, 수신자가 올바르게 이해했는지를 확인하고 필요 시 설명을 보완함으로써 의사소통의 효과를 극대화할 수 있다.

둘째, 수신자의 책임이다. 효과적인 의사소통은 송신자뿐만 아니라 수신자의 태도와 반응에 의해 좌우된다. 수신자는 단순히 메시지를 전달받는 소극적 존재가 아니라, 적극적 참여자로서의 책임을 다해야 한다. 무엇보다 선입견이나 편견을 배제하고 열린 자세로 메시지를 수용해야 한다. 송신자에 대한 평가가 앞서거나, 개인적 경험에 기반한 고정관념이 작용하면 메시지의 본래 의도가 왜곡될 수 있다.

또한, 적극적 경청과 정확한 해독이 필요하다. 수신자는 전달된 내용을 자신의 관점에만 의존하지 않고, 송신자의 의도를 고려하여 이해하려는 노력이 요구된다.

더 나아가, 적절한 피드백 제공이 핵심이다. 수신자가 반응을 보이지 않거나 무관심한 태도를 보이면 송신자는 메시지가 제대로 전달되었는지 확신할 수 없다. 따라서 질문, 요약, 확인 등의 방식으로 피드백을 제공함으로써 의사소통의 완결성을 높일 수 있다.

결국 의사소통의 개선은 송신자와 수신자 어느 한쪽의 노력만으로는 충분하지 않다. 송신자는 명확하고 신뢰성 있는 메시지를 전달해야 하고, 수신자는 이를 열린 자세로 받아들이며 적극적인 반응을 보여야 한다. 이러한 상호적 노력이 이루어질 때, 조직 내 의사소통은 효율성과 효과성을 확보할 수 있으며, 나아가 조직 전체의 성과와 협력 분위기를 향상시키는 중요한 토대가 된다.

1. 송신자의 개선 방안

송신자는 의사소통의 출발점으로서, 메시지의 정확한 전달과 수신자의 이해를 책임지는 중요한 위치에 있다. 따라서 송신자의 의사소통 역량과 태도는 전체 의사소통의 성패를 좌우한다고 할 수 있다. 송신자가 의사소통 과정에서 고려해야 할 개선 방안은 다음과 같다.

첫째, 의사소통의 목표를 명확히 설정해야 한다. 의사소통 전에 메시지가 무엇을 목표로 하고 있는지를 분명히 하지 않으면, 전달되는 메시지는 방향성을 잃고 수신자에게 혼란을 줄 수 있다. 따라서 송신자는 의사소통의 목적에 따라 어떤 방식과 채널을 활용할지 신중히 선택해야 하며, 상황에 따라 설득, 정보 전달, 교육 등 목표를 구체적으로 명시하는 것이 필요하다.

둘째, 적절한 언어를 사용해야 한다. 송신자는 자신의 아이디어나 의도를 명확히 정리하고, 이를 구두·문서·행동 등 다양한 방식으로 표현할 수 있어야 한다. 여기서 적절한 언어란 단순히 단어의 나열을 의미하는 것이 아니라, 수신자가 쉽게 이해하고 확인할 수 있는 말, 제스처, 상징 등을 포함한다. 즉, 수신자의 수준과 배경을 고려하여 가장 이해하기 쉬운 형태로 메시지를 전달하는 것이 핵심이다.

셋째, 감정이입적 의사소통을 활용해야 한다. 송신자는 단순히 정보를 전달하는 데 그치지 않고, 수신자가 메시지를 어떻게 받아들이고 해석할 것인지를 충분히 고려해야 한다. 이를 위해 수신자의 준거 체계(가치관, 태도, 신념 등)를 이해하는 것이 중요하다. 이렇게 수신자의 입장을 고려한 감정이입적 의사소통은 불필요한 갈등을 줄이고 많은 장애 요인을 해소할 수 있는 효과적인 방법이다.

넷째, 송신자의 신뢰성을 확보해야 한다. 신뢰성은 의사소통의 핵심 조건으로, 송신자가 전달하는 메시지의 전문성, 일관성, 그리고 행동의 진정성에 의해 좌우된다. 즉 송신자가 해당 분야에 대한 전문적 능력을 갖추고 있으며, 그의 행동이 메시지와 일치할 때 수신자는 송신자를 더욱 신뢰하게 된다. 이는 결국 의사소통의 효과성을 높이는 중요한 요소가 된다.

다섯째, 피드백을 강화해야 한다. 의사소통은 일방향적 전달이 아니라 상호작용적 과정이다. 따라서 송신자는 수신자로부터 피드백을 받아 메시지가 올바르게 이해되었는지를 확인해야 하며, 필요할 경우 메시지를 보완하거나 수정해야 한다. 피드백 과정을 통해 의사소통의 완결성과 정확성이 보장된다.

여섯째, 신뢰와 개방성을 바탕으로 한 사회적 분위기를 조성해야 한다. 효과적인 의사소통은 송신자와 수신자가 상호 신뢰할 때 가능하다. 만약 불신이나 폐쇄적인 분위기 속에서 의사소통이 이루어진다면, 메시지는 왜곡되거나 무시될 수 있다. 따라서 송신자는 의사소통의 분위기를 신뢰와 협력의 기반 위에서 만들어 가야 한다.

일곱째, 적절한 매체를 선택해야 한다. 오늘날 조직에서 정보는 구두, 문서, 전자적 매체 등 다양한 경로를 통해 전달된다. 중요한 것은 매체 자체가 아니라, 의사소통의 목적과 상황에 따라 어떤 매체가 가장 효과적인지를 판단하는 것이다. 예컨대 긴급한 메시지는 구두 전달이 유리할 수 있으며, 공식적이고 기록이 필요한 메시지는 문서나 전자적 매체를 활용하는 것이 적절하다.

이와 같이 송신자는 의사소통 과정의 중심에서 메시지의 명확성, 신뢰성, 적합성을 확보하고, 피드백을 통한 상호작용을 강화함으로써 효과적인 의사소통을 실현해야 한다.

2. 수신자의 개선 방안

수신자는 단순히 메시지를 수동적으로 받아들이는 존재가 아니라, 의사소통의 성패를 좌우하는 적극적 역할을 담당한다. 아무리 송신자가 명확하고 설득력 있는 메시지를 보낸다 하더라도, 수신자가 이를 올바르게 이해하고 반응하지 못한다면 의사소통은 효과를 거둘 수 없다. 따라서 수신자는 경청과 이해, 그리고 피드백 제공을 통해 의사소통의 유효성을 높여야 한다. 구체적인 개선 방안은 다음과 같다.

첫째, 평가적 판단을 지양해야 한다. 성급한 판단이나 즉각적인 비판은 송신자의 메시지를 온전히 듣는 것을 방해할 뿐 아니라, 송신자를 방어적 태도로 몰아넣을 수 있다. 수신자는 판단을 유보하고 열린 태도로 메시지를 수용함으로써 송신자가 보다 자유롭게 자신의 생각과 감정을 표현할 수 있도록 도와야 한다. 이를 통해 의사소통의 과정에서 신뢰와 이해를 증진시키는 분위기를 조성할 수 있다.

둘째, 메시지의 전체 의미를 주의 깊게 들어야 한다. 의사소통에서 메시지는 단순한 사실이나 정보만이 아니라, 송신자의 감정적 요소를 동시에 포함하고 있다. 따라서 수신자는 메시지의 내용적 요소(무엇을 말하고 있는가)와 감정적 요소(어떤 태도와 감정을 담고 있는가) 모두에 귀 기울여야 한다. 이를 통해 송신자가 말하고자 하는 진정한 의미를 깊이 이해할 수 있으며, 나아가 의사소통의 정확성과 진정성을 확보할 수 있다.

셋째, 적극적인 반응 피드백을 제공해야 한다. 피드백은 송신자의 메시지가 수신자에게 어떻게 이해되고 있는지를 알려주는 중요한 과정이다. 수신자는 단순히 "알겠다"라는 표현에 그치지 않고, 송신자의 말의 요지를 반복하거나 요약해 주거나, 감정을 공감하는 방식으로 반응해야 한다. 예를 들어 "이 문제에 대해 많이 고민하신 것 같군요"와 같은 피드백은 송신자가 존중받고 있다고 느끼게 하며, 건설적인 대화를 이어갈 수 있도록 한다. 피드백은 방어적인 분위기를 완화시키고, 송신자와 수신자 간의 공통된 이해의 영역을 확보하는 데 기여한다.

이와 같이 수신자는 평가적 태도를 자제하고, 메시지의 전반적인 의미에 주의를 기울이며, 피드백을 통해 적극적으로 참여함으로써 의사소통의 효과성을 크게 높일 수 있다. 수신자가 이러한 역할을 충실히 수행할 때, 조직 내 의사소통은 단순한 정보 교환을 넘어 상호 신뢰와 협력을 강화하는 중요한 수단으로 기능할 수 있다.

CHAPTER

11

의사결정

section 01 의사결정의 개념

의사결정(decision making)이란 근본적으로 여러 대안들 중에서 하나를 선택(choice)하는 과정을 의미한다. 즉, 해결해야 할 문제가 존재할 때 가장 바람직한 해답을 찾아내는 과정이라고 정의할 수 있다. R. W. Mondy와 S. R. Premeaux는 의사결정을 "대안들을 탐색하고 평가하여 그중에서 하나를 선택하는 과정"으로 설명하였으며, K. M. Bartol과 D. C. Martin은 이를 "경영자가 조직의 문제를 찾아내고 이를 해결하려는 시도"라고 정의하였다. 다시 말해, 의사결정이란 일정한 목적 달성을 위해 두 개 이상의 대체안(alternatives) 가운데 가장 합리적이고 타당한 것을 선택하는 인간의 이성적 행위라 할 수 있다.

그렇다면 기업 경영에서 의사결정은 어떠한 의미를 지니는가? 최고경영자는 기업의 사명과 비전, 중장기적 목표를 무엇으로 설정할 것인가, 신규 사업이나 글로벌 시장에 진출할 것인가 등 조직의 존립과 미래를 좌우하는 의사결정 상황에 직면한다. 부문 경영자는 생산, 판매, 마케팅, 인사와 같은 각 기능 영역에서 계획을 수립하고 이를 실행하며 성과를 통제하는 과정에서 의사결정을 수행한다. 특히 디지털 기술 발전, ESG 경영, 글로벌 공급망의 불확실성과 같은 현대적 경영환경에서는 잘못된 의사결정이 단순한 성과 저하를 넘어 기업의 생존 자체를 위협할 수 있다. 따라서 경영자에게 의사결정이 중요한 이유는 다음과 같다.

첫째, 의사결정은 모든 경영활동의 출발점이자 핵심이다. 전략 수립, 자원 배분, 인적관리, 혁신활동 등 모든 경영활동은 의사결정을 기반으로 이루어지며, 올바른 결정 없이는 기대한 결과를 얻을 수 없다.

둘째, 의사결정은 모든 계층의 경영자에게 요구되는 일상적 과업이다. 최고경영자뿐 아니라 중간관리자, 일선 관리자 모두 크고 작은 의사결정 상황에 직면하며, 이러한 결정을 통해 조직 활동이 추진된다. 즉, 의사결정 없는 경영활동은 존재할 수 없다.

셋째, 의사결정은 조직 내부를 넘어 외부 이해관계자와 사회 전반에까지 영향을 미친다. 한 기업의 전략적 의사결정은 종업원과 고객뿐 아니라 협력업체, 지역사회, 국가경제, 나아가 글로벌 경제에도 직·간접적으로 파급효과를 미친다. ESG 경영과 지속가능성을 중시하는 오늘날, 의사결정의 사회적 책임성은 더욱 강조되고 있다.

넷째, 급격히 변화하는 경영환경에 대응하기 위해서는 합리적이고 과학적인 의사결정이 필수적이다. 4차 산업혁명과 디지털 전환, 지정학적 갈등, 기후 변화와 같은 요인들은 기업 환경을 불확실성과 복잡성으로 가득 차게 만들고 있다. 이는 마치 어디로 튈지 모르는 럭비공과 같아 예측 불가능성이 높다. 따라서 기업이 생존·성장하기 위해서는 데이터 분석, 인공지능, 시뮬레이션과 같은 과학적 도구를 활용하여 보다 체계적이고 합리적인 의사결정을 내려야 한다.

결국, 의사결정은 모든 경영자의 일상적 활동이며, 그 합리성과 적절성은 기업의 성과와 직결된다. 따라서 의사결정 능력은 경영자의 역량을 평가하는 핵심 기준이 된다. 또한 경영계층에 따라 의사결정의 유형과 책임의 범위는 차별화된다.

〈그림 11－1〉에서 보듯이, 하위경영층에서 최고경영층으로 올라갈수록 경영자의 책임과 의사결정의 무게는 더욱 커진다.

그림 11-1 계층에 따른 의사결정유형과 그 책임

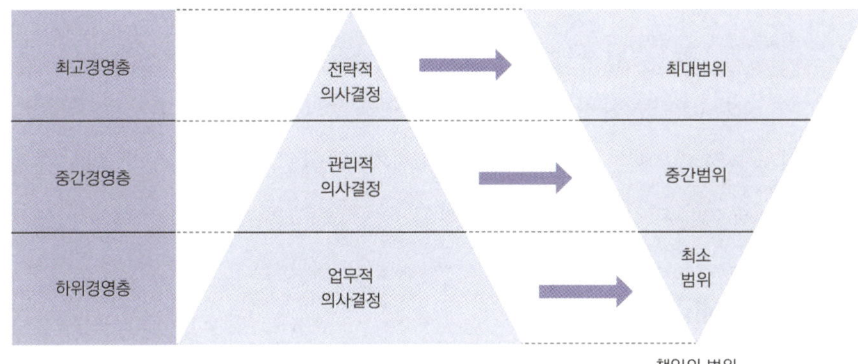

- 최고경영자는 기업 전체의 전략적 방향을 설정하고 조직의 미래를 결정하는 중대한 의사결정을 담당한다.
- 중간경영자는 최고경영자가 설정한 목표 범위 내에서 각 부문별 전술적 의사결정에 책임을 지며, 전략과 현장의 가교 역할을 수행한다.
- 하위경영자는 범위는 좁지만 구체적이고 일상적인 운영적 의사결정을 담당하며, 직접적인 성과와 밀접하게 연결된다.

section 02 의사결정의 특징과 원리

1. 의사결정의 특징

1) 경영관리의 중심문제

경영활동은 조직의 모든 계층과 모든 구성원이 일상적으로 수행하는 의사결정의 연속 과정이다. 따라서 의사결정은 단순한 관리기능 중 하나라기보다 경영관리 전반을 지탱하는 중심축이라고 할 수 있다. 계획 수립에서부터 조직화, 인사 관리, 지휘, 통제에 이르기까지 경영활동의 모든 기능은 결국 '무엇을 어떻게 할 것인가'를 선택하는 의사결정을 통해 구체화된다. 특히 불확실성이 커지고 변화가 가속화되는 오늘날의 경영환경에서는 신속하고 정확한 의사결정 없이는 조직의 생존 자체가 위협받는다. 따라서 의사결정은 경영관리의 중심문제이자 경영자의 핵심 역량으로 인식되고 있다.

2) 문제 해결의 과정

의사결정은 곧 문제 해결의 과정이다. 조직이 직면하는 문제란 단순히 위기 상황만을 의미하지 않고, 새로운 사업 기회나 개선의 여지 역시 포함된다. 따라서 의사결정은 기업 목표 달성을 위한 다양한 대안 중에서 최적의 해결책을 찾아내고 이를 실행하는 일련의 과정으로 이해할 수 있다. 예를 들어, 신제품을 출시할 것인지, 기존 제품을 개선할 것인지, 혹은 전혀 다른 시장을 개척할 것인지와 같은 선택은 모두 문제 해결형 의사결정이다. 이 과정에서 경영자는 분석적 사고와 창의적 사고를 동시에 발휘해야 하며, 이를 통해 조직은 변화하는 환경에 적응하고 새로운 성과를 창출할 수 있다.

3) 목적-수단 연쇄의 과정

의사결정은 단순히 여러 대안 중 하나를 택하는 행위로 끝나지 않는다. 먼저 문제를 발견하고, 그 원인을 파악하며, 관련 정보를 수집하고, 가능한 대체안을 탐색·비교한 뒤, 가장 적절한 수단을 선택하는 연속적 과정이다. 이때 선택된 수단은 다시 상위 목적을 달성하기 위한 단계적 수단으로 작용하게 되며, 궁극적으로는 조직의 비전과 목표 달성에 기여한다. 이러한 과정을 '목적－수단 연쇄의 과정'이라 부르며, 이는 경영 의사결정이 단편적인 행동이 아니라 지속적이고 누적적인 활동임을 보여준다.

4) 조직적 의사결정 과정

기업 활동은 여러 부문과 수많은 개인들의 협력 체계로 이루어지며, 그 성과는 부문별 의사결정이 얼마나 효과적으로 조화를 이루느냐에 달려 있다. 따라서 기업에서의 의사결정은 개인 차원을 넘어서는 집단적·조직적 의사결정이 주류를 이룬다. 특히 디지털 플랫폼, 빅데이터 분석, 협업 소프트웨어 등의 발전으로 현대 기업의 의사결정은 점점 더 네트워크 기반의 집단적 의사결정으로 변화하고 있다. 이는 구성원 각자의 정보와 지식을 효과적으로 공유·통합하여 집단 지성을 발휘할 수 있게 한다. 그러나 동시에 부문 간 이해관계 충돌이나 집단사고(groupthink)와 같은 새로운 문제도 발생할 수 있기 때문에 조직적 차원의 관리가 필수적이다.

5) 의사결정 변수의 다양성

현대 기업의 의사결정은 과거보다 훨씬 더 다양한 변수를 고려해야 한다. 단순히 재무적 성과나 비용 절감 차원에서만 결정하는 것이 아니라, 고객만족, 직원 복지, 사회적 책임, 환경적 지속가능성, 그리고 글로벌 이해관계자와의 관계까지 고려해야 한다. ESG(Environmental, Social, Governance) 경영이 중시되는 것도 이러한 맥락에서 이해할 수 있다. 또한 디지털 전환, 국제 정세, 공급망 위기, 기후 변화 등 외부 환경 변수의 변화 속도가 빠르고 불확실성이 높아 의사결정이 한층 더 복잡해지고 있다. 이러한 변수의 복잡성은 경영자가 과거보다 훨씬 더 폭넓은 시각과 융합적 사고를 요구받게 만든다.

6) 합리적 결정상의 제한성

이론적으로는 경영 의사결정이 합리성을 추구해야 하지만 실제 상황에서는 다양한 제약으로 인해 '완전한 합리성'은 달성하기 어렵다. 정보는 넘쳐나지만 필요한 정보를 선별하기가 어렵고, 그 신뢰성 또한 보장되지 않는다. 시간과 자원의 부족, 인간의 인지적 한계, 그리고 감정적·정치적 요인 또한 합리적 의사결정을 제약한다. 이러한 점에서 H. Simon이 제시한 '제한된 합리성(bounded rationality)' 개념은 여전히 유효하다. 즉, 경영자는 모든 가능성을 고려하여 최적해(optimal solution)를 찾기보다는 주어진 환경과 제약 속에서 만족할 만한 해(satisficing solution)를 선택하는 경우가 많다. 따라서 현대 경영에서의 합리적 의사결정은 '절대적 최선'이 아니라 '현실적 최선'을 지향하는 과정으로 이해하는 것이 타당하다.

2. 의사결정의 원리

경영활동에서 정확하고 완벽한 의사결정을 내리는 것은 사실상 불가능하다. 기업이 직면하는 경영환경은 끊임없이 변화하고 있으며, 정보는 불완전하고 시간과 자원은 제한적이기 때문이다. 따라서 경영자는 항상 불확실성과 위험 속에서 의사결정을 내릴 수밖에 없으며, 그 결과에 대한 기대수준의 합리적 설정이 필요하다. 이 때문에 의사결정을 내릴 때는 일정한 전제조건을 분명히 하고, 동시에 실제 적용 시 따를 수 있는 합리적 원리를 고려해야 한다.

1) 의사결정의 전제조건

(1) 주관적 요소

의사결정은 궁극적으로 인간 행동의 결과이므로 언제나 의사결정자의 주관적 요소가 개입된다. 개인의 가치관, 경험, 지식, 직관, 그리고 감정적 태도는 의사결정에 직·간접적으로 영향을 미친다. 특히 오늘날과 같이 불확실성이 높은 환경에서는 완벽한 정보에 기초한 합리적 선택보다, 의사결정자의 리더십과 직관적 통찰력이 더욱 중요해지는 경우가 많다.

(2) 목적의 설정

의사결정은 단순한 선택 행위가 아니라 구체적인 목적을 달성하기 위한 수단의 선택이다. 따라서 뚜렷한 목표가 설정되지 않은 상태에서 내린 결정은 방향성을 상실하게 되고, 조직의 자원과 에너지를 낭비하게 된다. 예컨대 단기적인 이익을 중시할 것인지, 장기적인 시장 점유율 확대를 우선할 것인지에 따라 선택되는 대안은 전혀 달라진다.

(3) 정황의 존재

의사결정은 항상 특정한 정황(context) 속에서 이루어진다. 동일한 의사결정이라도 시장 상황, 기술 수준, 경쟁자의 움직임, 사회적 분위기, 법·제도적 조건 등에 따라 그 결과는 달라질 수 있다. 따라서 의사결정은 추상적이거나 보편적인 차원에서 이루어지는 것이 아니라, 구체적인 경영상황을 전제로 한 상대적이고 상황의존적인 선택이라고 할 수 있다.

2) 의사결정 적용상의 원리

(1) 최적화의 원리

최적화의 원리란 여러 대체안 중에서 일정한 평가 기준에 따라 가장 유리하고 바람직한 선택을 추구하는 것이다. 이는 곧 '최적해(optimal solution)'를 도출하는 과정으로, 비용·효과 분석, 시뮬레이션, 수학적 모형, 빅데이터 분석 등 다양한 과학적 기법이 활용된다. 예를 들어, 생산 계획 의사결정에서 원재료 조달 비용과 생산 능력, 시장 수요를 동시에 고려하여 가장 효율적인 조합을 찾아내는 것은 최적화 원리의 대표적 적용 사례이다. 그러나 현실에서는 모든 변수를 고려할 수 없기 때문에 최적화는 이상적 모델로서의 의의를 가지며, 실제 적용에는 많은 한계가 따른다.

(2) 만족화의 원리

현실적으로는 완전한 최적화가 불가능하기 때문에, 경영자는 '만족할 만한 수준'을 기준으로 대안을 선택하는 경우가 많다. 이를 '만족화의 원리'라 하며, H. Simon의 제한된 합리성(bounded rationality) 이론과 맞닿아 있다. 만족화란 사전에 설정된 최소한의 목표 수준을 충족하는 대안을 선택하는 것으로, 비록 최선은 아닐지라도 현실적 제약 조건 속에서 실현 가능한 해답을 찾는 것을 의미한다. 예를 들어, 신제품 개발 프로젝트에서 시장 점유율 10%를 확보하는 것을 목표로 했다면, 가장 이상적인 대안이 아니더라도 해당 목표를 충족할 수 있는 방안이 선택될 수 있다. 이 원리는 불확실성이 크고 정보가 제한된 현대 경영환경에서 매우 중요한 의미를 지닌다.

정리해보면, 의사결정의 원리는 이상적인 최적화와 현실적인 만족화의 조화 속에서 발휘된다. 즉, 기업은 최적의 해를 추구하되, 환경적 제약 속에서 만족할 만한 대안을 선택할 수 있어야 하며, 이 균형적 접근이 현대 경영자의 핵심 역량이라 할 수 있다.

section 03 의사결정의 과정

1. 규범적 의사결정 모형

규범적 의사결정은 흔히 합리적·경제적 모델(rational-economic model)이라고 불린다. 이는 모든 상황에서 합리성과 완전성을 전제로 하기 때문에 현실보다는 이론적으로 이상적 의사결정의 모형이라 할 수 있다. 규범적 의사결정 모형은 경영자가 최적의 대안을 선택할 수 있다는 가정을 두고 있으며, 다음과 같은 세 가지 기본 전제에서 출발한다.

첫째, 인간은 경제적 존재로서 주어진 선택 상황에서 이윤이나 만족을 극대화하기 위해 합리적으로 행동한다. 다시 말해, 의사결정자는 가능한 선택 대안 가운데 자신에게 가장 큰 효용을 가져다주는 방안을 추구하는 합리적 경제인(homo economicus)으로 가정된다.

둘째, 의사결정자는 완전한 정보와 지식을 보유하고 있다고 본다. 그는 주어진 상황에서 가능한 모든 대체안을 알고 있으며, 각 대안이 초래할 수 있는 결과까지 정확하게 예측할 수 있다고 가정한다. 따라서 의사결정 과정에서 불확실성은 존재하지 않고, 모든 결과는 명확히 계산될 수 있다고 본다.

셋째, 의사결정자는 명확한 선호 체계와 우선순위를 가지고 있다. 즉, 각 대안이 초래하는 결과의 상대적 우위성을 평가하고, 그 결과들을 서열화하여 최적의 선택을 할 수 있다고 가정한다.

이와 같은 전제는 현실에서는 거의 불가능하지만, 의사결정의 절차를 체계적으로 설명하고 합리적 기준을 제시한다는 점에서 의의가 크다.

1) 문제의 인식과 평가 단계

규범적 의사결정 모형에서 첫 단계는 문제의 인식과 평가이다. 이는 가장 핵심적인 과정으로, 문제를 제대로 인식하지 못하면 이후의 모든 의사결정 과정이 잘못된 방향으로 흘러갈 수 있기 때문이다. 문제가 인식되는 것은 당연해 보이지만, 실제 조직에서는 그렇지 않은 경우가 많다. 예컨대 하급 관리자가 문제를 발견했더라도 상사의 질책이나 책임 추궁이 두려워 보고하지 않는다면, 중요한 문제가 은폐되어 관리자가 알지 못한 채 방치될 수 있다. 이처럼 의사결정자는 자신에게 직접적으로 드러나는 문제뿐 아니라 숨겨진 문제, 잠재된 문제까지 적극적으로 탐색해야 한다. 문제를 인식한 다음에는 문제의 평가 과정이 뒤따른다. 평가 과정에서 관리자는 두 가지 질문에 직면한다.

첫째, 해당 문제가 조직의 자원을 투입하여 해결할 만큼 충분히 중요한 문제인가?

둘째, 이 문제가 현실적으로 해결 가능한 성격을 가지고 있는가?

관리자는 한정된 능력과 자원 속에서 모든 문제를 동시에 해결할 수 없다. 따라서 반드시 우선순위를 설정하여 중요하고 시급한 문제부터 다루어야 한다. 또한 아무리 중요하더라도 현재의 기술, 인적 자원, 재무적 여건으로 해결할 수 없는 문제라면 선택에서 배제될 수밖에 없다. 즉, 이 단계에서 관리자는

'해결 가능한 문제 중 해결해야 할 가치가 높은 것'을 선별해야 하며, 이를 통해 한정된 조직 자원을 가장 효과적으로 배분할 수 있다.

2) 대체안의 탐색과 평가 단계

문제를 인식하고 그것이 충분히 중요하며 해결 가능한 것으로 평가되면, 다음 단계는 대체안(alternatives)의 탐색과 평가이다. 이는 의사결정 과정의 핵심 중 하나로, 최적의 해를 도출하기 위해 가능한 모든 해결책을 체계적으로 검토하는 단계라 할 수 있다. 우선 관리자는 대체안의 탐색 단계에 착수한다. 이때 가장 먼저 해야 할 일은 의사결정을 위한 정보 탐색의 목표를 명확히 설정하는 것이다. 어떤 원천에서 정보를 수집할 것인지, 그 원천이 제공할 수 있는 정보의 신뢰성과 유용성은 어느 정도인지를 평가해야 한다. 예컨대 내부 데이터베이스, 전문가의 자문, 시장 조사 보고서, 경쟁사의 사례 등 다양한 정보원이 존재할 수 있으며, 각각의 활용도와 한계가 있다. 또한 각 정보원에 접근하기 위해 필요한 비용과 시간도 추정해야 한다. 지나치게 많은 비용이나 시간이 소요된다면 오히려 의사결정의 기회 비용을 초래할 수 있기 때문이다. 마지막으로 중요한 것은 탐색의 종료 기준을 사전에 정하는 것이다. 무한히 정보를 수집할 수는 없으므로, 탐색을 언제 멈추고 평가 단계로 넘어갈지를 정해두어야 한다.

이후 관리자는 대체안의 평가 단계로 들어간다. 이 단계에서는 단순히 대체안을 나열하는 것에 그치지 않고, 각 대체안이 초래할 가능한 결과(outcomes)를 다각적으로 분석해야 한다. 특히 결과를 분석할 때는 다음과 같은 세 가지 과제가 포함된다.

첫째, 각 대체안이 가져올 수 있는 결과를 긍정적 측면과 부정적 측면 모두에서 인식해야 한다. 예를 들어 신제품을 출시하는 대체안은 매출 증대라는 긍정적 효과가 있지만, 초기 비용 부담이나 실패 가능성이라는 부정적 결과도 동시에 수반할 수 있다.

둘째, 각 결과의 가치(value)를 평가해야 한다. 동일한 성과라도 조직의 전략적 목표나 이해관계자들의 관점에 따라 가치는 다르게 평가될 수 있다. 따라서 평가 기준은 금전적 가치뿐만 아니라 고객만족, 사회적 신뢰, 장기적 성장 가능성 등 다양한 차원을 포함해야 한다.

셋째, 각 대체안이 실제로 특정한 결과를 초래할 개연성(probability)을 추정해야 한다. 이는 불확실성을 고려하는 과정으로, 의사결정자는 단순히 바람직한 결과를 상상하는 것이 아니라, 그 결과가 현실적으로 나타날 확률이 어느 정도인지를 합리적으로 평가해야 한다.

이와 같이 대체안의 탐색과 평가 단계는 의사결정의 질을 좌우하는 중요한 과정이다. 충분한 정보의 탐색과 객관적 평가가 이루어져야만 올바른 선택이 가능하며, 이 과정에서의 부실한 분석은 결국 잘못된 결정을 초래할 위험이 크다.

3) 대체안의 선택 단계

대체안이 탐색되고 각 결과가 충분히 평가되었다 하더라도, 최종적으로 하나의 대체안을 선택하는 과정은 여전히 의사결정에서 가장 어려운 단계이다. 그 이유는 조직의 자원이 한정되어 있으며, 각 대체안은 상충하는 장점과 단점을 동시에 지니고 있기 때문이다. 따라서 의사결정자는 단순히 평가된 정보를 종합하는 수준을 넘어, 위험과 불확실성을 감수하면서도 조직의 목표에 가장 부합하는 방안을 선택해야 한다. J. G. March와 H. A. Simon은 의사결정자가 직면하는 대체안을 다섯 가지 유형으로 분류하였다.

첫째, 훌륭한 대안(good alternative)은 긍정적 가치를 갖는 결과가 발생할 가능성이 높고, 동시에 부정적 가치를 갖는 결과가 발생할 가능성은 낮은 경우를 말한다. 예컨대, 신기술 도입을 통해 비용 절감과 품질 개선을 동시에 기대할 수 있으며 위험 요인도 낮은 경우가 이에 해당한다.

둘째, 미약한 대안(weak alternative)은 긍정적 결과도, 부정적 결과도 발생할 확률이 모두 낮은 경우이다. 이는 결과적으로 큰 효과를 기대하기 어렵고, 실행에 따른 의미 있는 변화도 가져오지 못할 가능성이 높다.

셋째, 혼합된 대안(mixed alternative)은 긍정적 결과와 부정적 결과가 동시에 높은 확률로 발생할 수 있는 경우이다. 예를 들어, 새로운 해외 시장에 진출하는 전략은 큰 성과를 가져올 수도 있지만 동시에 막대한 손실을 초래할 가능성도 높다는 점에서 혼합된 대안에 해당한다.

넷째, 빈약한 대안(poor alternative)은 긍정적 결과가 발생할 가능성은 낮고, 부정적 결과가 발생할 가능성이 높은 대안이다. 이는 실행 시 조직에 불리한 영향을 초래할 가능성이 크므로 가능한 한 배제하는 것이 바람직하다.

다섯째, 불확실한 대안(uncertain alternative)은 결과가 무엇인지, 혹은 각각의 결과가 발생할 상대적 확률이 어느 정도인지 평가할 수 없는 경우이다. 불확실한 대안은 특히 정보가 부족하거나 전례 없는 상황에서 자주 등장하며, 오늘날 급격히 변화하는 환경 속에서는 이러한 대안의 비중이 더욱 커지고 있다.

의사결정자는 이들 대체안을 비교·검토하는 가운데 다양한 난관에 직면한다. 예컨대, 하나의 훌륭한 대안과 다른 유형의 대안을 비교하는 상황이라면 선택이 비교적 용이하다. 그러나 동일한 수준의 위험을 지닌 두 개의 대안, 혹은 서로 다른 성격의 혼합된 대안과 불확실한 대안 사이에서 선택을 내려야 하는 경우에는 훨씬 더 신중한 분석과 판단이 요구된다. 따라서 대체안 선택 단계에서는 단순히 최적해를 찾는 것에 그치지 않고, 조직의 장기적 비전과 단기적 성과 간의 균형을 고려하는 한편, 위험 관리와 리스크 분산 전략을 병행하는 것이 필수적이다. 특히 최근의 경영 환경에서는 불확실성이 높아지고 있으므로, “가장 이상적인 대안”보다는 현실적으로 실행 가능하며 위험을 수용할 수 있는 대안을 선택하는 것이 중요하다.

4) 실행과 검토 단계

아무리 훌륭한 의사결정이라 하더라도 실행으로 옮겨지지 않으면 아무런 가치가 없다. 따라서 의사결정 과정에서 가장 중요한 것은 선택된 대안을 구체적인 행동으로 전환하는 단계이며, 이 과정에서 조직의 역량, 자원, 인력,

기술 등이 종합적으로 동원된다. 실행 단계는 단순한 지시와 수행을 넘어, 의사결정자가 의도한 목표를 실질적으로 달성하기 위한 전략적 관리 과정을 의미한다.

실행이 성공적으로 이루어지기 위해서는 첫째, 구체적인 실행 계획의 수립이 필요하다. 누가, 언제, 어떤 방법으로 결정을 실행할 것인지에 대한 역할과 책임을 명확히 해야 한다. 둘째, 자원 배분의 적절성이 뒷받침되어야 한다. 아무리 올바른 결정이라도 필요한 자원과 지원이 제공되지 않으면 실행이 지연되거나 실패할 가능성이 크다. 셋째, 실행 과정에서는 구성원들의 참여와 협조가 중요하다. 조직 구성원들이 의사결정의 목적과 필요성을 공감하지 못한다면 실행 단계에서 저항이나 소극적 태도가 발생할 수 있기 때문이다.

또한 실행 과정은 단순히 일회성으로 끝나지 않고, 반드시 검토와 피드백 과정이 병행되어야 한다. 즉, 설정된 목표와 실제 성과를 비교·분석하여 계획된 결과가 달성되었는지를 평가하고, 필요할 경우 수정이나 보완을 즉시 반영해야 한다. 경우에 따라서는 기존의 결정을 취소하거나 전면적으로 대체안을 재검토해야 할 수도 있다.

현대 경영 환경에서는 변화 속도가 빠르고 불확실성이 높기 때문에, 실행과 검토 단계는 일회적 평가가 아니라 지속적 모니터링과 학습의 과정으로 이해해야 한다. 의사결정의 실행 과정에서 얻어진 데이터와 경험은 단순한 성과 평가를 넘어, 향후 더 나은 의사결정을 내리기 위한 지식자산으로 축적된다.

따라서 실행과 검토 단계는 의사결정의 마지막 단계이자 동시에 다음 의사결정을 위한 출발점이다. 즉, 실행이 성공적으로 이루어지고 검토 과정을 통해 학습이 축적될 때 비로소 의사결정 과정 전체가 완결성을 갖게 된다.

2. 기술적 의사결정 모형

기술적 의사결정은 흔히 관리인 모형(administrative model) 또는 만족 모형(satisficing model)이라고 불린다. 규범적 의사결정 모형이 완전성과 합리성을 전제로 한 '이상적 의사결정'이라면, 기술적 의사결정은 인간의 한계와 실제 조직 환경을 반영한 '현실적 의사결정'에 해당한다. 이 모형은 다음과 같은 세 가지 기본 가정에 기초한다.

첫째, 의사결정자는 주어진 상황에서 최고의 결과를 극대화(maximization)하기보다는, 일정 수준에서 만족(satisfaction)할 수 있는 상태를 추구하는 관리인이다. 다시 말해 현실적으로 도달 가능한 '최적해'보다는 '만족할 만한 수준의 해답(satisficing solution)'을 선택한다.

둘째, 인간은 정보 능력의 한계와 시간적·자원적 제약 속에서 활동하기 때문에 제한된 합리성(bounded rationality)을 전제로 한다. 즉, 모든 대체안을 탐색하고 모든 결과를 예측할 수 있는 전능한 존재가 아니라, 불완전한 지식과 경험을 기반으로 의사결정을 내리는 존재라는 것이다.

셋째, 탐색 과정은 동시에 모든 대안을 검토하는 것이 아니라, 순차적(sequential)으로 이루어진다. 따라서 평가의 순서와 시점이 의사결정 결과에 영향을 미치게 된다. 먼저 발견한 대안이 수용 가능한 수준이라면, 더 나은 대안이 존재할 가능성이 있더라도 탐색을 중단하고 해당 대안을 선택하는 경향이 나타난다.

기술적 의사결정 모형에서 문제의 인식과 평가 단계는 규범적 의사결정 모형과 크게 다르지 않다. 다만 실제 적용 과정에서 정보 수집과 분석이 현실적으로 제한되기 때문에, 관리자는 문제를 있는 그대로 파악하기보다는 자신이 가진 인식의 틀과 조직 환경의 조건 속에서 문제를 해석하게 된다.

1) 대체안의 탐색과 평가 단계

이 단계에서 제한된 합리성의 원리가 본격적으로 작용한다. 의사결정자는 시간, 자원, 정보의 제약 때문에 모든 가능한 대체안을 탐색하지 못한다. 따라서 대체안 탐색은 부분적이며 불완전할 수밖에 없다. 실제로 관리자는 사전에 설정한 기준이나 목표 수준을 충족하는 대안이 발견되면 탐색을 멈추고, 해당 대안을 실행 가능한 안으로 채택하는 경우가 많다.

예를 들어, 새로운 설비 도입을 검토하는 상황에서 경영자가 수십 가지의 장비를 모두 조사하기보다는, 몇 가지 대표적 대안을 중심으로 비용, 성능, 납기와 같은 핵심 기준에 따라 평가를 내리고 만족할 만한 수준의 장비를 선택하는 것이다. 이는 최적안(optimal solution)을 찾기보다는 실행 가능하고 조직 상황에 부합하는 만족안(satisficing solution)을 채택하는 현실적 접근이다. 물론 최초의 수용 가능한 대안을 발견했다고 해서 탐색이 즉시 중단되는 것은 아니다. 관리자는 자신의 결정이 타당한지를 검증하기 위해 일정 부분 추가 탐색을 진행하기도 한다. 그러나 그 범위와 깊이는 제한적이며, 자원과 시간이 허용하는 선에서만 이루어진다.

요약해보면, 기술적 의사결정 모형은 실제 조직에서 가장 빈번히 나타나는 의사결정 형태로, 합리성의 제약을 인정하면서 현실적 조건 속에서 '만족할 만한 대안'을 선택하는 과정이라 할 수 있다.

2) 대체안의 선택 단계

기술적 의사결정 모형에서 대체안을 선택하는 과정은 규범적 의사결정에서처럼 복잡한 계산과 논리적 절차를 거치지 않는다. 실제로 대부분의 의사결정자는 각 대체안의 결과를 일일이 평가하거나, 모든 가능한 결과의 발생 확률을 면밀히 산출하지 않는다. 인간의 인지적 한계와 시간적 제약은 이러한 완전한 분석을 불가능하게 만들며, 이에 따라 실제 현장에서는 보다 단순화된 판단 기준을 활용하게 된다. 많은 연구는 사람들이 불확실성과 위험이 내재된 상황에서 의사결정을 할 때 종종 일관성 없는 선택을 한다는 사실을 보여준다. 또한 의사결정자들이 충분히 유용하고 이용 가능한 정보를 의도적으로 무시하거나, 혹은 부분적으로만 고려하는 경우도 빈번히 발생한다.

이는 방대한 정보량을 모두 처리하고 종합적으로 판단하는 일이 인지적 부담을 가중시키고 심리적 긴장을 초래하기 때문이다. 따라서 의사결정자는 이러한 부담을 줄이기 위해 단순화된 결정 전략을 선택하는데, 이 과정에서 특정 정보가 무시되거나 왜곡되는 문제가 나타난다. 결국 기술적 의사결정에서의 대체안 선택은 최적해의 탐색보다는, "만족할 만한 수준의 대안"(satisficing solution)을 신속히 수용하는 데 초점이 맞춰진다.

3) 실행과 검토 단계

의사결정은 선택에서 끝나는 것이 아니라, 실행과 검토를 통해 그 성과를 확인해야 비로소 완결된다. 따라서 일단 대체안이 선택되고 실행에 옮겨지면, 의사결정자는 그 결과가 의도한 목표를 제대로 달성하고 있는지 면밀히 검토해야 하며, 필요하다면 수정이나 변경 조치를 취해야 한다. 그러나 실제 연구 결과를 살펴보면, 많은 의사결정자들이 결정 이후의 검토 과정에서 충분히 신중하지 못한 모습을 보인다. 이는 실행 과정에 대한 지속적인 관찰이나 평가가 체계적으로 이루어지지 못하거나, 검토 과정에서 개인의 확증 편향(confirmation bias)과 같은 인지적 왜곡이 개입되기 때문이다. 즉, 이미 내린 결정을 정당화하려는 심리적 경향 때문에 잘못된 결과가 드러나더라도 이를 인정하지 않거나, 심지어는 문제를 외부 요인으로 돌리려는 태도가 나타날 수 있다. 따라서 효과적인 기술적 의사결정은 단순히 "만족할 만한 대안"을 선택하는 데 그치지 않고, 실행 이후에도 결과를 객관적으로 검토하고 개선하는 지속적 학습 과정이 병행될 때 비로소 그 가치가 완성된다.

section 03 집단의사결정의 장단점

1. 집단 의사결정의 의의

집단 의사결정이란, 하나의 의사결정 과정이 한 개인의 판단이나 능력에만 의존하지 않고 복수의 사람들에 의해 역할이 분담되고 조직적으로 수행되는 경우를 말한다. 즉, 집단 내 여러 구성원들이 참여하여 정보를 공유하고 다양한 대안을 모색하며 최적의 해결안을 도출해 가는 과정이라고 할 수 있다.

현대의 조직은 점차 복잡해지고 대규모화되며, 환경은 급격히 변화하고 국제화 또한 심화되고 있다. 또한 기업 경영에서 다루어야 할 문제는 전문성이 요구될 뿐 아니라, 상호 관련된 요소가 많고 정보 또한 방대하다. 이러한 현실은 자연스럽게 집단적 의사결정의 필요성을 높이고 있으며, 기업에서는 위원회(committee), 팀제(team system), 태스크 포스(task force) 등 다양한 집단 의사결정 형태를 활용하고 있다. 실제로 많은 종업원들이 업무 시간의 상당 부분을 집단 의사결정 활동에 할애하고 있다.

고전적 조직이론에서는 주로 전문가나 관리자, 즉 상위 계층의 경영자가 중심이 되어 중요한 의사결정을 담당하였다. 그러나 현대의 조직이론은 조직과 인간의 통합이라는 관점을 강조하면서, 종업원들의 의사결정 참여 기회가 확대되었다. 이는 단순히 민주적 운영을 지향하는 차원을 넘어, 의사결정 참여를 통해 구성원들의 의사소통이 활성화되고, 사기 앙양, 협동 의욕의 강화와 같은 긍정적인 효과를 얻을 수 있기 때문이다. 나아가 종업원들은 집단 의사결정 과정에 참여함으로써 자신이 존중받고 있다는 인식을 가지게 되고, 이는 곧 개인적 욕구의 충족과 직무만족으로 이어진다. 따라서 현대 조직에서는 집단적 의사결정 방식의 비중이 꾸준히 확대되고 있으며, 이는 조직 운영의 중요한 추세로 자리잡고 있다. 집단 의사결정의 특성을 개인 의사결정과 비교하면 〈표 11-1〉과 같다.

표 11-1 개인 의사결정과 집단 의사결정의 비교

요 인	개인 의사결정	집단 의사결정
• 문제나 과업이 유형 • 의사결정의 수용 • 해결안의 질 • 개인의 특성 • 의사결정의 분위기 • 가용시간의 양	• 창의성 또는 능률이 요구될 때 • 수용이 중요하지 않을 때 • 가장 훌륭한 구성원이 확인될 수 있을 때 • 개인들이 협력할 수 없을 때 • 분위기가 경쟁적일 때 • 비교적 시간적 여유가 없을 때	• 다양한 지식과 기술이 요구될 때 • 구성원들의 수용이 소중할 때 • 여러 구성원들이 해결안을 개선할 수 있을 때 • 구성원들이 함께 일한 경험을 갖고 있을 때 • 분위기가 문제해결에 지원적일 때 • 비교적 시간적 여유가 많을 때

〈표 11－1〉에서 알 수 있듯이, 개인 의사결정은 속도와 효율성이 필요한 경우에 강점을 가지는 반면, 집단 의사결정은 다양성과 창의성을 바탕으로 한 복잡한 문제 해결에 유리하다. 따라서 조직에서는 상황과 과업의 특성에 따라 두 방식의 장점을 적절히 활용할 필요가 있다.

2. 집단 의사결정의 효과

집단 의사결정은 혼자가 아닌 여러 구성원이 함께 참여한다는 점에서, 개인 의사결정과는 다른 특징과 효과를 나타낸다. 이는 긍정적인 효과와 부정적인 효과를 동시에 가져올 수 있으며, 집단의 특성과 의사결정 상황에 따라 그 결과는 크게 달라진다. 따라서 집단 의사결정의 장단점을 이해하는 것은 조직 운영에서 매우 중요한 과제라 할 수 있다.

1) 집단 의사결정의 장점

(1) 이해의 증진

집단 의사결정의 가장 큰 장점 중 하나는 구성원들의 이해 수준을 높일 수 있다는 점이다. 의사결정 과정에 직접 참여한 사람들은 단순히 결과만 전달받는 경우보다, 결정이 도출되기까지의 맥락과 논리를 깊이 이해하게 된다. 이러한 이해의 증진은 실제 실행 과정에서 불필요한 혼란이나 오해를 줄이고,

일관성 있는 행동을 가능하게 한다. 예를 들어, 신제품 개발에 관한 집단 의사결정에 참여한 연구원과 마케팅 담당자는 각자의 역할을 더욱 명확히 인식하게 되어, 실행 단계에서 보다 협력적인 태도를 보일 수 있다.

(2) 수용 가능성의 증대

집단 의사결정은 참여 과정 자체가 구성원들에게 심리적 만족을 제공한다. 즉, 자신의 의견을 제시하거나 타인의 의견을 비판·토론할 기회를 부여받은 구성원은 결과에 대해 높은 수용성을 보인다. 이는 '참여 효과(participation effect)'라고도 불리며, 의사결정 실행에 대한 저항을 크게 줄인다. 따라서 구성원들은 결정 사항을 단순히 외부의 지시로 받아들이는 것이 아니라, 스스로 기여한 결과물로 받아들이게 된다. 이는 곧 집단의 결속력을 높이고 실행의 효율성을 증진시키는 요인이 된다.

2) 집단 의사결정의 단점

(1) 목표의 변화

집단 의사결정에서는 다양한 의견과 이해관계가 충돌하는 과정에서 본래의 목표가 변질될 가능성이 있다. 특히 집단 내 세력 분포가 비슷하거나 강한 의견 대립이 있을 경우, 최선의 대안보다는 다수의 이해를 동시에 만족시키는 절충안(compromise)이 채택되기 쉽다. 이러한 과정은 때로는 조직의 전체적 목표보다는 특정 집단이나 개인의 이익을 우선시하는 결과를 초래할 수 있다. 예를 들어, 비용 절감이 최우선 과제인 상황에서 부서 간의 이해관계가 얽히면, 오히려 비용 증가를 초래하는 합의안이 선택될 수 있다.

(2) 패자에 대한 영향

집단 의사결정에서는 의견 대립이 불가피하며, 결과적으로 '승자'와 '패자'가 생길 수 있다. 특정한 대안이 채택되면 반대 의견을 낸 구성원들은 자신의 의견이 배제되었다는 인식 속에서 소외감이나 좌절감을 느낄 수 있다.

이는 구성원 간의 불필요한 갈등을 유발하고, 때로는 의사결정 과정에 참여하지 않으려는 태도로 이어질 수도 있다. 장기적으로는 집단의 응집력이 약화되고, 협력적 분위기 형성에도 부정적 영향을 미치게 된다.

정리해보면, 집단 의사결정은 다양한 정보와 지식의 공유, 높은 수용성, 집단적 책임 의식이라는 강점을 가지는 반면, 목표 변질, 절충적 결정, 패자 소외와 같은 문제점을 동시에 내포한다. 따라서 집단 의사결정의 효과를 극대화하기 위해서는 리더십의 조정 능력, 합리적 절차 설계, 공정한 참여 기회 보장 등이 필요하다.

3. 집단사고

집단 의사결정의 가장 큰 단점으로 꼽히는 것이 바로 집단사고(groupthink) 현상이다. 집단사고란 집단 의사결정 과정에서 외부의 압력이나 조직 내부의 응집력, 구조적 결함, 상황적 요인 등이 결합되어 나타나는 부정적 증상을 의미한다. 이는 집단이 합의를 지나치게 중시한 나머지 비판적 사고가 억제되고,

표 11-2 **집단사고의 원인, 현상, 결과**

집단사고 유발요인		
집단 응집성	집단 구조의 결함	상황 요인
1. 집단에 남아 있으려 함 2. 구성원 만족과 몰입	1. 외부로부터 고립 2. 독재적 리더십 3. 의사결정 절차, 규정의 부재 4. 구성원들이 모두 동질적임	1. 외부의 위협이 잠재 2. 자존심의 저하

⇩

집단사고 현상			
개인 정당성		집단 동조성	
• 취소불가능 • 도덕적 환상	집단역량의 과대평가	1. 반대안에 대한 자기검열 (반대안 제시를 망설임) 2. 만장일치의 환상 (만장일치가 좋다고 생각함)	획일성 추구
• 타 집단에 대한 편견 • 집단적 합리화	폐쇄적인 고립	3. 집단보호 (반대자에 대한 직접 압력) 4. 동조압력 (지시추종, 규범에 순종)	

⇩

의사결정에 미치는 영향
1. 대안들이 모두 발견, 제시되지 못함 2. 목표들이 모두 발견, 제시되지 못함 3. 선호하는 대안의 평가 불완전, 잠재적 위험성을 간과함 4. 일단 버려진 대안에 대한 재평가를 시도하지 않음 5. 빈약한 정보탐색 6. 유리한 정보만 선택, 나머지는 누락시킴 7. 상황대응계획과 수립을 못함

결과적으로 비합리적이고 위험한 의사결정으로 이어지는 폐단을 초래한다.

〈표 11－2〉에 정리된 바와 같이, 집단사고는 원인 → 현상 → 결과의 연쇄적 과정 속에서 발생한다.

유발 요인으로는 집단의 지나친 응집성, 외부로부터의 고립, 리더의 독재적 성향, 의사결정 절차의 부재, 외부 위협 상황 등이 있다. 이러한 요인은 집단 내에서 집단 역량의 과대평가, 동조 압력, 획일성 추구, 집단적 합리화와 같은 현상으로 이어진다. 결국 대안 탐색의 축소, 목표 설정의 미비, 정보 수집의 왜곡, 위험 요소 간과 등으로 귀결되며, 의사결정의 질을 크게 저하시킨다.

11 집단사고의 증상

(1) 집단에의 책임 전가(illusion of invulnerability)

집단 의사결정에 참여한 개인들은 집단이라는 이름에 기대어, 자신들의 결정에 대한 책임을 회피할 수 있다는 잘못된 환상을 갖는다. 이로 인해 지나치게 낙관적이고 위험 부담이 큰 결정을 내리는 경우가 많다. 예컨대, “위원회가 함께 결정했기 때문에 개인에게 책임은 없다”는 식의 태도가 전형적인 사례이다.

(2) 집단적 합리화(collective rationalization)

집단은 스스로의 입장을 정당화하려는 경향을 보인다. 자신들의 사고와 상반되거나 비판적인 정보는 타당성을 부정하고, 집단의 기존 입장을 고수한다. 이 과정에서 불리한 정보는 무시되며, 긍정적인 정보만 선택적으로 수용된다.

(3) 집단의 도덕성에 대한 맹목적 믿음 (belief in inherent morality of the group)

집단 구성원들은 집단의 입장이 본질적으로 도덕적이고 옳다고 굳게 믿는다. 이로 인해 반대되는 견해나 다른 집단의 주장은 악의적이거나 부도덕한 것으로 간주된다.

(4) 외부 집단에 대한 상동적 태도(stereotypes of out-groups)

다른 집단이나 개인의 주장을 고정관념적으로 바라보고 무시하는 태도를 보인다. 예를 들어, "그 집단은 항상 저런 식으로 말한다"는 편견적 태도로 인해 중요한 정보가 배제될 수 있다.

(5) 반대자에 대한 압력(direct pressure on dissenters)

집단 합의를 위협하는 반대 의견을 제시하는 사람에게 압력을 행사한다. 심한 경우 반대자는 집단의 단결을 해치는 방해자로 낙인찍히며, 불리한 상황에 몰려 의견 개진 자체를 포기하게 된다.

(6) 자기검열(self-censorship)

구성원들은 반대 의견을 가지고 있어도 집단 내 갈등을 피하거나 동요를 막기 위해 침묵을 지킨다. 이는 곧 다른 구성원들에게 만장일치의 착각을 심어주게 된다.

(7) 만장일치의 환상(illusion of unanimity)

자기검열로 인해 침묵하는 구성원들은 곧 집단의 결정에 동의하는 것으로 간주된다. 이러한 분위기는 "우리 집단은 모두 같은 생각을 한다"는 잘못된 확신으로 이어진다.

(8) 스스로를 집단의 보호자로 착각(self-appointed mindguard)

일부 구성원은 조직에 불리하거나 반대되는 정보를 걸러내는 역할을 자처한다. 이들은 마치 집단을 보호한다는 명분으로 비판적이고 불편한 정보를 배제함으로써, 오히려 의사결정의 왜곡을 심화시킨다.

요약해보면, 집단사고는 집단의 응집성과 합의 지향적 분위기가 과도할 때 발생하는 심리적·행동적 왜곡 현상이다. 이는 대안 축소, 정보 편향, 위험 간과라는 결과를 낳아, 조직의 성과를 위협한다. 따라서 경영자는 집단사고를 예방하기 위해 비판적 사고의 장려, 반대 의견의 제도적 보장, 외부 전문가 활용, 대안 검토 절차 강화 등의 노력이 필요하다.

2) 집단사고를 방지하기 위한 방안

집단사고를 예방하고 건전한 의사결정 과정을 보장하기 위해서는 의도적으로 다양한 견해가 존중되고, 비판적 사고가 장려되는 제도적 장치와 조직 분위기가 필요하다. 구체적인 방안은 다음과 같다.

첫째, 모든 구성원들이 자유롭게 의견을 제시하고 서로의 견해를 비판할 수 있는 개방적 분위기를 조성해야 한다. 이는 집단 내에서 침묵이나 동조 압력을 줄이고, 다양한 시각이 공유될 수 있도록 한다.

둘째, 상급자는 자신의 의도를 먼저 드러내지 않도록 주의해야 한다. 리더가 의사결정 초기에 선호를 드러내면 구성원들이 눈치를 보고 이에 맞추려는 경향이 강해져, 다양한 대안이 충분히 검토되지 못한다.

셋째, 동일한 문제를 하나의 집단에만 의존하지 않고 여러 개의 독립적인 집단에 맡겨, 다양한 해결책이 도출되도록 한다.

넷째, 집단을 2~3개의 소집단으로 분할하여 각 대안의 실행 가능성과 효과를 비교·평가하도록 하는 것도 효과적이다. 이를 통해 하나의 의견이 지배하는 것을 방지하고, 대안을 다각도로 검토할 수 있다.

다섯째, 구성원들로 하여금 집단에서 논의된 사항을 자기 부서의 동료들과 공유·토론하게 하고, 그 결과를 다시 의사결정 과정에 반영하도록 한다. 이는 집단 내의 시야를 넓히고 보다 현실적이고 다양한 관점을 반영하는 데 도움이 된다.

여섯째, 조직 외부의 전문가를 초빙하여 토론에 참여시키는 방법도 있다. 외부 전문가의 새로운 관점은 집단의 폐쇄성을 줄이고, 맹목적 합의로 흐르는 것을 예방한다.

일곱째, 의사결정 과정에서 최소한 한 명 이상에게는 '데빌스 애드버킷(Devil's Advocate, 비판자 역할)'을 맡겨야 한다. 이를 통해 의도적으로 반대 의견을 제시하게 함으로써, 집단이 간과할 수 있는 위험 요소를 드러낼 수 있다.

여덟째, 의사결정이 다른 조직과도 밀접히 관련된 경우, 상대 조직의 반응을 미리 조사하고 이에 대응할 수 있는 새로운 대안을 마련해야 한다. 이는 의사결정의 실효성과 실행 가능성을 높이는 데 필수적이다.

아홉째, 최종 결정을 내리기 전에는 예비적 합의사항(preliminary consensus)에 대해 구성원 각자가 충분히 의문점을 제기하고 재검토할 수 있는 기회를 제공해야 한다. 이러한 절차는 불완전한 합의가 최종 결정으로 굳어지는 것을 방지한다.

요약해보면, 집단사고 방지책의 핵심은 개방적이고 비판적인 토론을 보장하고, 다양한 대안을 다각도로 검토할 수 있는 절차를 제도화하는 것이다. 이를 통해 집단사고의 위험을 최소화하고, 합리적이고 창의적인 의사결정을 이끌어낼 수 있다.

4. 효과적인 집단 의사결정 기법

현대 조직에서는 집단의사결정이 점점 더 중요해지고 있으며, 이를 효율적으로 수행하기 위해 다양한 기법들이 개발·활용되고 있다. 집단의사결정 기법은 집단 구성원들이 보다 창의적이고 합리적으로 의견을 제시할 수 있도록 돕고, 동시에 집단사고와 같은 폐단을 방지하는 데 목적이 있다. 대표적인 기법으로는 상호작용 집단법, 브레인스토밍, 델파이 기법, 명목집단법(NGT) 등이 있다.

1) 상호작용 집단법

일반적으로 집단 의사결정이라 하면 가장 먼저 떠올리는 방식이 바로 상호작용 집단법(Interacting Group Method)이다. 이 방법은 집단 구성원들이 동일한 공간에 모여 서로 상호작용하며 의견을 교환하고, 그 과정에서 정보와 아이디어를 얻어 결정을 내리는 방식이다. 따라서 의사결정 과정은 단순히 개인의 판단이 아닌 집단 구성원 간의 토론과 논의를 통해 집단적 합의를 이끌어내는 특징을 지닌다.

상호작용 집단법은 특히 대안의 평가와 집단적 합의 도출에 효과적이다. 구성원들이 각자의 의견을 개진하고, 그 과정에서 다양한 시각이 교차되며 새로운 정보가 추가되기 때문에 의사결정의 폭이 넓어진다. 또한 서로 다른 경험과 지식을 가진 사람들이 토론에 참여함으로써 개별적으로는 떠올리기 어려운 결론에 도달할 수도 있다. 이러한 과정에서 나타나는 집단적 결합 효과를 흔히 의사결정의 시너지 효과(synergy effect)라고 한다.

그러나 이 방식은 새로운 아이디어 창출에는 다소 한계를 보일 수 있다. 집단 내 상호작용이 긍정적으로 이루어지지 못할 경우, 특정인의 발언이 지나치게 영향력을 행사하거나 권위적인 분위기 속에서 소수의견이 무시될 수 있다. 이 경우 구성원들의 창의적인 대안 제안이 억제되고, 결과적으로 획일적인 결론에 도달하는 경향이 생길 수 있다. 특히 상호작용 집단법은 집단사고(group think)의 위험을 내포하고 있다. 집단사고란 집단 구성원들이 만장일치나 조화를 지나치게 중시한 나머지 비판적 사고를 억제하고, 결과적으로 잘못된 결정을 내리는 현상을 의미한다. 따라서 상호작용 집단법을 활용할 때는 집단사고의 폐단을 예방할 수 있는 운영 장치가 필요하다. 예를 들어, 반대 의견을 적극적으로 제기할 수 있는 분위기를 조성하거나, 외부 전문가를 참여시켜 객관성을 확보하는 등의 노력이 필요하다.

결론적으로, 상호작용 집단법은 구성원들의 다양한 의견을 토대로 집단적 합의를 도출하는 데 유용한 기법이지만, 새로운 아이디어 창출이나 창의적 문제 해결이 목적인 경우에는 다른 기법(예: 브레인스토밍, 델파이 기법 등)과 병행하는 것이 바람직하다.

2) 브레인스토밍

브레인스토밍(brainstorming)은 일정한 주제를 중심으로 집단 구성원들이 자유롭게 의견을 제시하고, 창의적인 발상을 통해 새로운 아이디어를 도출하고자 하는 기법이다. 이 방법은 광고 전문가인 A. Osborn에 의해 처음 제안되었으며, “한 사람의 아이디어보다는 다수의 아이디어가 더 많고, 아이디어가 많을수록 질적으로 우수한 해결책이 도출될 가능성이 높다”는 기본 원리에 기초한다. 즉, 아이디어의 양이 질을 담보한다는 가정 아래, 자유로운 발언을 통한 창의적 사고 촉진을 목표로 한다.

브레인스토밍의 핵심은 비판의 유보에 있다. 참가자가 어떠한 발언을 하더라도 그 자리에서 즉각적으로 비판하거나 평가하지 않고, 가능한 한 많은 아이디어가 자유롭게 표출되도록 분위기를 조성해야 한다. 심지어 다소 엉뚱하거나 현실성이 떨어지는 아이디어라 할지라도 이를 출발점으로 하여, 토론을 통해 발전시키거나 합리적인 해결책으로 전환할 수 있다. 이러한 방식은 참가자들에게 심리적 안전감을 제공하여, 보다 독창적이고 혁신적인 발상을 유도한다.

운영 방법에 있어서 브레인스토밍은 보통 10명 내외의 소규모 집단이 적합하며, 진행 과정에는 토론을 조율하고 분위기를 이끌어가는 리더가 필요하다. 최종 결론은 상호작용 집단법과 마찬가지로 다수결에 의한 투표 또는 집단 합의(consensus)에 의해 도출될 수 있다. 최근에는 브레인스토밍의 단점을 보완한 변형 기법들이 활용되고 있다.

– **브레인라이팅**(brain writing): 언어 표현에 익숙하지 않거나 말하기를

끼리는 참가자들을 고려하여, 아이디어를 구두로 말하는 대신 글로 작성하여 공유하는 방식이다. 이로써 언어적 제약에서 오는 참여의 불균형을 완화할 수 있다.

– **전자 브레인스토밍**(electronic brainstorming): 정보통신기술을 활용한 방식으로, 동일한 장소에서 네트워크된 컴퓨터를 통해 각자가 자유롭게 의견을 입력하거나, 물리적으로 같은 장소에 모이지 않고 온라인 네트워크를 통해 실시간 또는 비동기적으로 참여할 수 있다. 전자 브레인스토밍의 장점은 익명성 보장, 참가자 수의 제약 없음, 아이디어의 자동 저장·검색 가능성 등이 있다. 이로써 참가자들은 평가에 대한 두려움 없이 자유롭게 의견을 개진할 수 있으며, 중복된 아이디어로 인한 시간 낭비도 줄일 수 있다.

이와 같이 브레인스토밍은 창의적 사고와 문제 해결을 위한 대표적 집단 의사결정 기법으로, 조직에서 새로운 아이디어 발굴, 신상품 개발, 문제 해결 방안 도출 등에 널리 활용되고 있다. 다만 아이디어를 실제로 선별하고 실행 가능한 방안으로 구체화하는 과정에서는 다른 보완적 기법(예: 델파이법, 명목 집단법 등)과 병행하는 것이 바람직하다.

3) 델파이법(Delphi Technique)

델파이법은 창의적이고 합리적인 의사결정을 돕기 위해 고안된 기법으로, 단 토론을 거치지 않고 전문가들의 독립적이고 무기명(無記名) 의견을 반복적으로 수렴·조정함으로써 합의를 도출하는 방법이다. 본래 미국 RAND 사의 연구진에 의해 미래 예측 및 군사·기술 분야의 정책결정을 목적으로 개발되었으나, 이후 경영학·행정학·사회과학 등 다양한 분야에서 활용되고 있다.

이 기법은 전문가들이 서로 영향을 주고받지 않도록 분리된 상태에서 의견을 제시하고, 이를 조정·재분석·피드백하는 과정을 반복한다는 점에서 특징적이다. 진행 단계는 다음과 같다.

① 문제가 명확하게 정의되면 해당 주제에 적합한 전문가 집단을 선발한다.

② 전문가들에게 개별적으로 문제를 제시하되, 한자리에 모일 필요는 없다.

③ 각 전문가는 독립적으로 응답하며, 자신의 의견을 제시하거나 문제 정의에 대해 비판과 제안을 덧붙이기도 한다.

④ 모든 의견은 조사본부에서 집계·정리된다.

⑤ 집계된 결과는 다른 전문가들의 조언과 함께 다시 각 전문가에게 피드백된다.

⑥ 전문가는 피드백을 참고하여 자신의 의견을 수정하거나 보완하고, 이를 다시 본부에 제출한다.

⑦ 이 과정은 의견이 수렴되거나 일정 수준의 합의가 형성될 때까지 반복된다.

델파이법의 장점은 두 가지로 요약된다.

첫째, 전문가들이 직접 대면하지 않기 때문에 위계·연령·권력의 영향 없이 자유롭게 자신의 의견을 제시할 수 있으며, 이는 집단사고(groupthink)의 위험을 효과적으로 줄여 준다.

둘째, 시간·비용을 크게 절약하면서도 세계 각지에 흩어져 있는 전문가들의 경험과 아이디어를 수집·통합할 수 있다. 예컨대, 정치적 제약, 이동의 어려움, 비용 문제 등으로 한자리에 모이기 힘든 경우에도 델파이법은 매우 유용하다.

그러나 단점도 존재한다. 가장 큰 문제는 전문가의 지속적인 협조이다. 여러 차례 반복 설문이 필요하기 때문에 응답자의 참여 의지가 약해지면 신뢰성 있는 결과를 얻기 어렵다. 또한 회신 지연, 반복 조사에 따른 피로감, 설문 문항 설계의 적절성 등이 결과에 영향을 줄 수 있다. 따라서 문제 설정의 매력성, 전문가의 흥미 유발, 적절한 보상 및 동기부여가 성공적 운영의 핵심이다.

오늘날에는 정보통신기술을 접목한 전자 델파이(e-Delphi)가 등장하여, 설문과 피드백 과정을 온라인으로 빠르게 진행할 수 있게 되었다. 이를 통해 설문 관리의 효율성을 높이고, 전 세계 전문가들이 보다 쉽게 참여할 수 있는 길이 열렸다.

4) 명목집단법(Nominal Group Technique: NGT)

명목집단법은 집단적 아이디어 도출과 의사결정을 위한 기법으로, 토론은 배제하지만 참여자들이 한자리에 모여 개별적으로 의견을 제시하고 투표를 통해 합의에 도달하는 방식이다. 델파이법과 달리 동일한 장소에 모여 진행된다는 점에서 차이가 있으며, '명목집단'이라는 이름은 형식상 모여 있으나 언어적 토론이 이루어지지 않는다는 의미에서 유래한다. 명목집단법의 절차는 다음과 같다.

(1) 개별 아이디어 작성

구성원들은 문제를 제시받은 후 일정 시간 동안 토론 없이 혼자서 생각하며 아이디어를 서면으로 기록한다. 이때 문제는 사전에 공지될 수도 있어, 참여자는 회의 전에 미리 구상할 수도 있다.

(2) 아이디어 제시 및 기록

각 구성원은 자신이 작성한 아이디어를 차례대로 제시하고, 회의 진행자는 이를 칠판이나 차트에 모두 기록한다. 특정 아이디어의 출처가 누구인지 드러나지 않도록 하며, 모든 아이디어가 공개될 때까지는 토론을 금지한다.

(3) 아이디어 명확화

제시된 아이디어 중 모호하거나 불명확한 것은 구성원의 설명을 통해 구체화하거나 수정한다. 단, 이 과정에서도 비판이나 논쟁은 허용되지 않는다.

(4) 무기명 투표 및 평가

최종적으로 구성원들은 모든 아이디어에 대해 무기명 투표를 실시한다. 보통은 선호도 순위를 매기고 점수를 부여하는 방식이 사용된다. 그 결과 가장 높은 점수를 얻은 아이디어가 집단의 공식 의사결정으로 채택된다.

이와 같은 과정을 거친 명목집단법은 제안되는 아이디어의 수와 독창성, 질적 우수성에서 상호작용 집단법보다 뛰어난 성과를 보인다. 특히 특정 개인의 발언력이나 위계적 지위에 의해 토론이 왜곡되는 문제를 방지할 수 있다는 장점이 있다. 명목집단법이 효과적으로 적용될 수 있는 상황은 다음과 같다.

- 새로운 사실이나 참신한 아이디어를 발견하고자 할 때
- 여러 정보를 종합하고 평가하여 특정 문제에 대한 합의를 도출하고자 할 때
- 최종 결정을 내려야 하는 상황에서 다수의 대안을 객관적으로 비교·선택해야 할 때

실행상의 유의점도 있다. 참가자는 최소 5~6명이 필요하며, 가장 효율적인 규모는 약 10명 정도로 알려져 있다. 참가 인원이 지나치게 많으면 아이디어 관리와 평가가 비효율적일 수 있다.

연구 결과에 따르면 명목집단법은 생산성이 가장 높고, 구성원의 만족도 또한 높은 기법으로 평가된다. 특히 델파이법과 마찬가지로 창의적 아이디어 도출에 효과적이며, 모든 구성원의 의견을 동등하게 반영할 수 있다는 점에서 특정 개인의 영향력을 최소화할 수 있다. 반면 브레인스토밍은 자유로운 분위기를 통해 창의적 발상을 촉진할 수 있으나, 토론 과정에서 아이디어가 왜곡되거나 소수 의견이 묵살될 수 있다는 한계를 갖는다. 따라서 집단 의사결정 기법을 종합적으로 비교할 때, 창의성과 공정성 측면에서는 델파이법과 명목집단법이 우수하며, 구성원의 참여 만족도 측면에서는 명목집단법이 가장 효과적이라고 할 수 있다.

PART 04

조직 수준의 행동

CHAPTER 12 조직문화
CHAPTER 13 조직개발과 조직혁신

CHAPTER

12 조직문화

section 01 조직문화란 무엇인가

1. 개념 및 특징

일반적으로 문화란 한 사회를 구성하고 있는 사람들이 공통적으로 지니고 있는 가치관, 신념, 이념, 관습, 지식, 기술 등을 포괄하는 종합적 개념이다. 문화는 단순히 눈에 보이는 행동양식만을 의미하는 것이 아니라, 사회 구성원의 사고방식과 행동기준을 결정하며 사회체계 전반을 형성하고 유지하는 근본적인 힘으로 작용한다. 따라서 문화는 구성원들의 행동을 이끌고 서로를 연결·조정하며, 사회 질서를 유지하는 중요한 토대라고 할 수 있다.

이러한 사회문화의 거시적 개념을 조직 수준에 적용한 것이 바로 조직문화(organizational culture)이다. 조직문화란 한 조직의 구성원들이 공유하는 가치관, 신념, 이념, 규범, 관습 등을 총칭하는 것으로, 조직의 정체성을 형성하고 구성원들의 행동과 의사결정에 영향을 미치는 기본적인 토대를 의미한다. 다시 말해 조직문화는 개별 구성원의 행동방식은 물론, 조직 전체의 행동 패턴에도 기본 전제로 작용하는 조직 고유의 집단적 정신적 자산이라고 할 수 있다.

학자들마다 조직문화의 정의에 다소 차이가 있지만, 공통적으로 강조하는 점은 조직 구성원들이 공유한다는 점, 그리고 그것이 조직 행동의 근간이 된다는 점이다. 즉 조직문화는 단순히 개인적 차원의 가치가 아니라 집단 전체가 공유하는 규범적 체계이며, 이를 통해 조직 내 의사결정, 인간관계, 업무 수행 방식 등이 일관된 방향으로 이루어진다. 조직문화의 주요 특징은 다음과 같다.

첫째, 무형적 성격을 가진다. 조직문화는 건물이나 제도처럼 유형적으로 드러나는 것이 아니라, 구성원들의 내면 속에 자리 잡은 관념적 체계이다. 그러나 비록 눈에 보이지 않더라도 그것은 구성원들의 사고, 언어, 행동 방식에 반영되어 가시적 결과로 드러난다. 예를 들어, 고객 중심을 중시하는 기업에서는 구성원들의 일상적 행동에서 고객 존중이 자연스럽게 표출된다.

둘째, 환경과의 상호작용 속에서 형성된다. 문화가 사회적 맥락 속에서 형성되듯이, 조직문화 또한 조직 내부적 요인(리더십, 조직구조, 구성원 특성)과 외부 환경적 요인(산업 특성, 경쟁 상황, 사회문화적 가치 등)과의 끊임없는 상호작용을 통해 발전한다. 따라서 조직문화는 단기간에 만들어지는 것이 아니라, 오랜 시간 동안 누적된 경험과 역사적 맥락을 반영하는 산물이다.

셋째, 학습되고 전수된다. 조직문화는 구성원들이 조직 내 문제를 해결하는 과정에서 형성된 바람직한 행동양식과 경험이 반복·공유되면서 자리 잡는다. 이러한 문화는 신입 구성원의 사회화 과정을 통해 지속적으로 학습되고 전수된다. 다시 말해, 조직문화는 구성원들의 행동 지침이자, 조직의 집단적 학습 결과라고 할 수 있다.

이와 같이 조직문화는 조직의 정체성과 구성원 행동을 설명하는 중요한 틀이며, 궁극적으로 조직의 성과와 존속에 결정적인 영향을 미친다.

2. 기능

조직문화는 단순히 조직의 배경적 요소에 머무르는 것이 아니라, 구성원들의 사고와 행동에 깊숙이 영향을 미치며 조직이 운영되는 방식 전반에 걸쳐 중요한 기능을 수행한다. 구체적으로 살펴보면 다음과 같다.

첫째, 구성원들에게 일체감을 부여하고 몰입을 증대시킨다.

조직문화는 조직 내에서 공유되는 가치와 규범을 통해 구성원들에게 소속감을 심어준다. 구성원들은 자신이 속한 조직이 가치 있고 의미 있는 집단이라고 인식할 때 자발적으로 과업 수행에 몰입하며, 이를 통해 심리적 보상과 만족을 얻게 된다. 또한 구성원들 간의 공통된 정체성과 연대감은 조직에 대한 헌신을 강화하여, 조직 전체의 응집력을 높이는 결과를 가져온다.

둘째, 조직의 핵심 가치를 강화하고 확산한다.

조직문화는 구성원들에게 보이지 않는 압력으로 작용하여 조직이 중요하게 여기는 가치와 규범을 받아들이도록 한다. 새로운 구성원은 조직문화의 사회화 과정을 거치면서 조직의 가치관과 신념을 자연스럽게 습득하게 되며, 이는 곧 바람직한 행동 기준으로 작용한다. 따라서 조직문화는 단순한 규범의 제시를 넘어, 구성원들의 행동을 조직의 목표와 일치시키는 강력한 통합 장치 역할을 한다.

셋째, 조직 내 의사소통을 촉진한다.

조직문화는 구성원들로 하여금 조직에서 발생하는 다양한 사건과 현상의 의미를 공통적으로 이해할 수 있도록 돕는다. 예컨대, 위기 상황에서 어떤 행동이 바람직한지, 새로운 전략을 어떻게 받아들여야 하는지에 대한 공통된 해석의 틀을 제공한다. 이는 조직 내 불필요한 혼란과 갈등을 줄이고, 신속하고 효율적인 의사소통을 가능하게 한다.

넷째, 구성원들의 행동을 통제하는 기준으로 작용한다.

문화는 사회 전체의 구성원들에게 일정한 규범을 제공하는 것처럼, 조직문화 역시 구성원들에게 바람직한 행동의 방향을 제시하고, 나아가 사고의 방식까지 제약한다. 공식적인 규칙이나 절차가 존재하지 않더라도 조직문화는 '이 상황에서 어떻게 행동해야 하는가'에 대한 암묵적 지침을 제공하여 강력한 비공식적 통제 메커니즘으로 기능한다.

이처럼 조직문화는 소속감 부여, 가치 확산, 의사소통 촉진, 행동 규제라는 네 가지 핵심 기능을 수행하며, 이는 조직의 안정적 운영과 장기적 성과 창출에 필수적인 기반이 된다. 따라서 경영자에게 있어 조직문화를 이해하고 관리하는 것은 단순한 선택이 아니라 필연적인 과제라 할 수 있다.

section 02 조직문화의 구성요소

조직문화를 올바르게 이해하기 위해서는 그것을 형성하는 기본적인 구성요소들을 살펴보는 것이 필요하다. 특히 조직문화 연구의 대표적인 학자인 E. H. Schein은 조직문화를 세 가지 수준(levels)으로 구분하였다. 그는 조직문화를 인위적 가공물(artifacts), 가치(values), 그리고 기본 가정(basic assumptions)이라는 세 가지 차원에서 설명하면서, 각 수준이 서로 긴밀하게 연결되어 조직문화라는 총체적 현상을 이룬다고 보았다.

1. 인위적 가공물

인위적 가공물(artifacts)이란 조직문화의 가장 표면적인 차원으로, 눈에 보이거나 귀로 들을 수 있지만 그 속뜻은 해석을 통해서만 파악할 수 있는 문화의 상징물을 말한다. 이는 구성원들이 공유하는 의식(ceremony), 이야기(stories), 심벌(symbols), 언어(language), 그리고 반복되는 행동 양식 등을 포함한다. 이러한 인위적 가공물은 단순한 외형적 표현이 아니라, 그 이면에 존재하는 가치(values)와 기본 가정(basic assumptions)이 반영되어 나타난 결과물이다.

1) 의식(Ceremony)

의식은 조직 내에서 특정한 시기와 맥락에 따라 반복적으로 이루어지는 상징적 행위로, 조직의 가치와 규범을 구성원들에게 각인시키는 역할을 한다.

그림 12-1 조직문화의 구성 요소

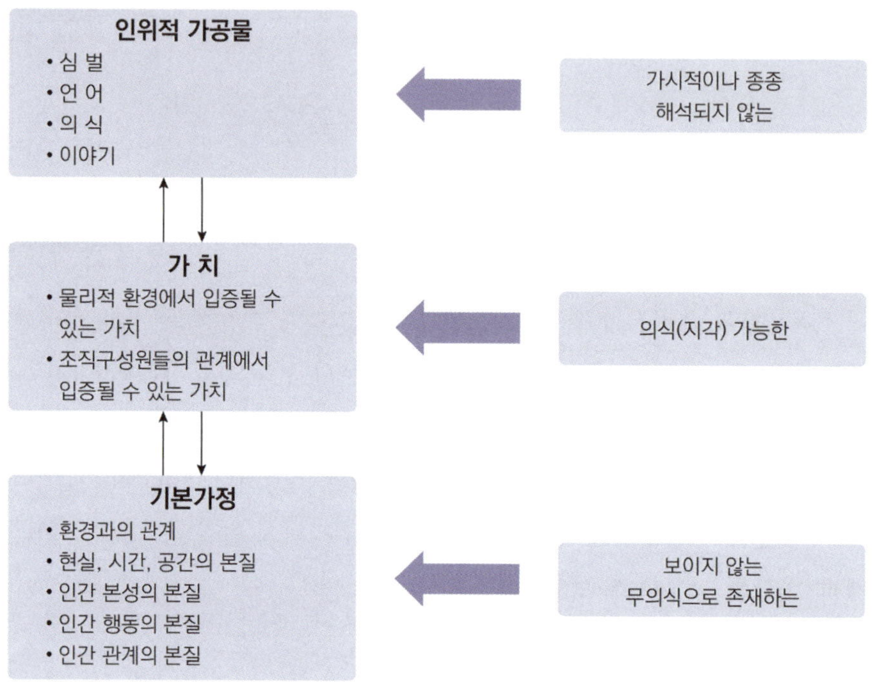

자료: R. L. Daft(1995), *Organization Theory and Design*, 5th edition, West Publishing Company, p. 334.

예컨대, 신입사원이 조직에 적응하는 과정을 돕는 통과 의식(rite of passage), 우수 성과를 기념하고 동기를 고취하기 위한 고양 의식(rite of enhancement), 조직 혁신과 변화 의지를 강조하는 개선 의식(rite of renewal), 그리고 전체 구성원의 결속력을 강화하기 위한 통합 의식(rite of integration) 등이 있다. 이처럼 의식은 단순한 행위가 아니라 조직문화의 핵심 가치를 상징적으로 체현하여 구성원들에게 공유시키는 장치로 기능한다.

2) 이야기(Stories)

조직에서 전해지는 다양한 이야기는 공식적인 규범을 넘어, 조직문화의 내면을 보여주는 중요한 매개체이다. 신입사원들에게는 조직의 전통과 규범을 이해할 수 있도록 돕는 이야기, 조직의 성과와 위기를 극복한 영웅담, 역사적 사건이나 기록적인 업적에 관한 신화적 서사 등이 전승된다. 이러한 이야기는 조직이 중요시하는 가치와 신념을 비공식적으로 교육하는 수단이며, 구성원들의 자부심과 정체성을 형성하는 데 중요한 역할을 한다.

3) 심벌(Symbols)

심벌은 언어적 설명 없이도 조직의 가치를 직관적으로 전달하는 무언의 메시지이다. 대표적으로 기업의 로고, 마스코트, 사훈, 브랜드 슬로건 등이 있으며, 이러한 심벌은 조직의 철학이나 핵심가치를 상징적으로 내포한다. 예를 들어, 애플(Apple)의 사과 로고는 '창의성과 혁신'을 상징하고, 나이키(Nike)의 '스우시(swoosh)'는 '도전과 역동성'을 표현한다. 이처럼 심벌은 구성원과 외부 이해관계자 모두에게 조직의 정체성과 가치를 시각적으로 전달하는 강력한 도구다.

4) 언어(Language)

조직 언어는 단순한 의사소통 수단을 넘어, 조직문화의 가치와 방향성을 담아내는 중요한 상징적 요소이다. 기업은 종종 슬로건이나 표어를 통해 자신들이 지향하는 가치를 명료하게 표현한다. 예컨대, 이마트의 "Every Day Low Price", 구글의 "Don't be evil", 삼성의 "Inspire the World, Create the Future" 등이 그러한 사례다. 이러한 언어는 구성원들에게 조직의 가치관을 빠르게 인식시키고, 고객들에게는 기업의 브랜드 이미지를 효과적으로 전달한다. 또한 조직 내부에서는 특정 용어나 은어가 구성원들 사이에서 공유되면서 소속감과 정체성을 강화하기도 한다.

정리해보면, 인위적 가공물은 가시적 표현이지만 그 자체로는 불완전한 문화의 표지판이다. 이를 통해 조직문화를 관찰할 수는 있으나, 그 속에 내재된 진정한 의미를 이해하기 위해서는 가치와 기본 가정의 차원까지 함께 분석해야 한다.

2. 가치(Values)

가치란 조직 구성원들이 "무엇을 해야 하는가, 무엇을 해서는 안 되는가"라는 질문에 답하는 내면적 신념 체계이다. 가치는 단순히 개인적 차원의 도덕이나 신념을 넘어, 조직의 목표와 방향성을 구체화하며 구성원들이 행동을 선택할 때 준거점이 된다. 가치는 크게 인지 가치(cognitive value)와 행동 가치(behavioral value)로 구분된다.

인지 가치는 구성원들이 이론적으로나 이상적으로 중요하다고 인정하고 수용하는 가치이다. 예컨대, "고객 최우선" 또는 "투명한 의사소통"이라는 명제는 조직 차원에서 인지 가치로 쉽게 채택된다.

행동 가치는 실제 구성원들의 일상적 행동과 의사결정 속에 반영되는 가치이다. 예를 들어, 고객 불만을 적극적으로 해결하기 위해 구체적인 서비스 행동을 취하거나, 내부 회의에서 자유로운 의견 개진을 장려하는 행위가 이에 해당한다.

문제는 이 두 가지가 항상 일치하지 않는다는 점이다. 즉, 인지 가치와 행동 가치 사이에 간극이 존재하면, 구성원들은 심리적 갈등과 불안정을 경험한다. 겉으로는 "고객 최우선"을 내세우지만 실제로는 내부 효율성을 더 중시하는 행동을 보인다면, 조직은 신뢰성을 잃게 되고 구성원들의 행동 역시 불안정해질 수 있다.

따라서 가치는 단순한 구호에 머물지 않고 실제 행동으로 연결될 때 진정한 힘을 발휘한다. 예컨대 구글의 "사용자 중심(User First)" 가치는 단순히 선언된 문구가 아니라, 검색 속도와 정보 접근성을 극대화하기 위한 실제 서비스 설계와 운영 원칙으로 구현된다.

3. 기본가정(Basic Assumptions)

기본가정은 조직문화의 가장 심층적인 층위로, 구성원들의 무의식적인 믿음과 전제를 의미한다. 이는 조직이 외부 환경을 어떻게 인식하고, 인간을 어떻게 바라보며, 인간관계와 권력 구조를 어떻게 규정하는지에 대한 가장 근본적인 사고방식을 담고 있다.

예컨대, "인간은 본질적으로 신뢰할 수 있는 존재인가?", "환경은 위협적인가, 아니면 기회의 장인가?", "권위와 의사결정은 위계적으로 이루어져야 하는가, 아니면 수평적 참여를 통해 가능해야 하는가?"와 같은 질문에 대한 조직 차원의 무의식적 답이 바로 기본가정이다. 기본가정의 특징은 다음과 같다.

첫째, 너무 당연하게 받아들여져서 의식적으로 문제 삼기 어렵다. 예를 들어, 수직적 문화가 강한 조직에서는 상급자의 지시는 곧 당연히 따라야 하는 것으로 여겨지며, 이에 대한 이견 제기는 상상조차 할 수 없는 경우가 많다.

둘째, 무의식적이기 때문에 구성원 스스로도 인식하지 못하는 경우가 많다. 따라서 문화 연구자는 관찰과 해석을 통해 기본가정을 추론해야 한다.

셋째, 변화에 대한 저항이 매우 크다. 기본가정은 조직 정체성과 깊이 연관되어 있어, 외부 환경이 급변한다 하더라도 이를 수정하거나 논의하기조차 꺼려하는 경향이 있다.

예를 들어, 서구 IT 기업들은 "인간은 창의적이고 자율적 존재"라는 기본가정을 전제로 하여 자율근무제, 자유로운 드레스 코드, 수평적 회의 문화를 발전시켰다. 반면 일부 전통적 기업에서는 "인간은 통제하지 않으면 효율적으로 움직이지 않는다"라는 기본가정을 가지고 있어 엄격한 규율과 위계적 보고 체계를 고수한다.

section 03 조직문화의 유형

조직문화의 유형을 구분하는 주요한 이유는, 조직이 어떠한 공유가치(shared values)를 가지고 있으며, 이 공유가치가 조직의 다른 부문 — 전략, 구조, 인사관리, 리더십 방식 등 — 과 얼마나 조화를 이루는가에 따라 성과가 달라지기 때문이다. 다시 말해, 조직문화는 단순한 배경적 요소가 아니라, 조직이 당면한 환경에 대응하여 성공하기 위해 무엇이 요구되는가를 구체화해 주는 핵심 요인이다.

현대 경영학에서 조직문화의 유형을 구분하는 접근은 다양하다. 일부는 조직 내부의 권력 분포와 의사결정 방식에 주목하고, 일부는 조직이 안정성과 혁신성 중 어디에 무게를 두는가에 따라 문화를 분류한다. 또 다른 연구는 조직문화가 구성원 간의 관계 중심인가, 과업 중심인가에 초점을 두기도 한다.

대표적으로, E. H. Schein, C. Handy, 그리고 Cameron & Quinn의 경쟁가치모형(Competing Values Framework: CVF) 등이 조직문화 유형을 설명하는 틀로 널리 활용된다.

셰인(Schein) 은 문화의 심층 구조(인위적 가공물-가치-기본가정)에 기반하여 조직이 중시하는 가치와 신념 체계를 분석한다. 핸디(Handy)는 조직문화를 권력문화, 역할문화, 과업문화, 개인문화 등 네 가지로 구분하여 각기 다른 권력 분포와 업무 방식의 차이를 설명하였다. 카메론과 퀸(Cameron & Quinn)은 조직의 효과성을 기준으로, 유연성 대 통제, 내부지향 대 외부지향의 두 축을 교차시켜 가족문화(Clan), 혁신문화(Adhocracy), 시장문화(Market), 위계문화(Hierarchy)의 네 가지 유형을 제시하였다.

이러한 구분은 단순히 학문적 분류에 그치지 않고, 조직이 현재 처한 환경과 전략적 과제에 맞추어 어떤 문화적 성격을 강화해야 하는지를 판단하는 데 활용된다. 예컨대, 혁신이 중요한 IT 기업은 창의성과 자율성을 중시하는 혁신문화가 성과로 이어질 가능성이 크고, 안정적이고 일관된 품질 관리가 중요한 제조업체는 위계문화가 적합할 수 있다. 따라서 조직문화의 유형은 조직 성과와 직결되는 전략적 자산이며, 구성원들의 행동을 이끌어내는 무형의 지침 역할을 한다.

1. Deal과 Kennedy의 유형

조직문화 연구의 선구자들인 T. E. Deal과 A. A. Kennedy는 기업의 사회문화적 환경과 산업 환경을 조직문화 형성의 핵심 요인으로 보았다. 즉, 기업은 환경 속에서 성과를 달성하기 위해 끊임없이 의사결정을 하게 되며, 이러한 과정에서 조직문화가 형성되고 정착된다고 설명하였다. 이들은 특히 두 가지 기준을 중심으로 조직문화를 분류하였다. 첫째, 기업이 성과 달성을 위하여 얼마나 모험적이고 위험 감수적인 활동을 하는가(risk－taking), 둘째, 그 활동의 결과로부터 얼마나 빠른 피드백을 받는가(speed of feedback)라는 기준이다. 이 두 축이 교차하면서 네 가지의 대표적인 조직문화 유형이 도출된다〈그림 12－2〉.

그림 12-2 Deal과 Kennedy의 조직문화 유형

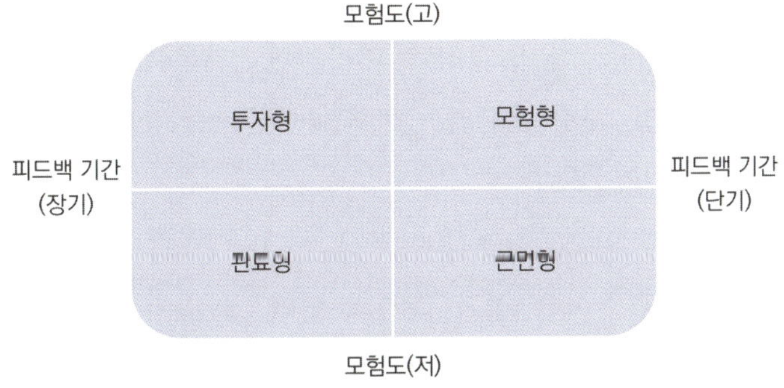

1) 모험형 문화(Tough-guy, macho culture)

모험형 문화는 고도의 모험성을 가지고 있으며, 규칙이나 질서보다는 결과 중심의 행동을 중시한다. 안일한 태도를 가장 큰 금기로 삼고, 실패 위험이 크더라도 과감하고 빠른 행동을 강조한다. 광고업, 영화산업, 전문 스포츠 분야처럼 즉각적 성과와 개인적 영웅주의가 두드러지는 조직에서 흔히 나타난다.

→ 장점: 빠른 의사결정, 도전적 성과 창출

→ 단점: 높은 스트레스, 실패 시 치명적 손실

2) 근면형 문화(Work hard/play hard culture)

근면형 문화는 큰 모험보다는 꾸준함과 성실성을 강조하며, 작은 성과를 지속적으로 축적해 나가는 형태이다. 피드백이 빠르게 제공되므로 구성원들은 끊임없는 노력을 통해 성취감을 얻는다. 판매 조직이나 서비스 산업처럼 치열한 경쟁 속에서 근면·성실한 태도가 강조되는 경우가 많다.

→ 장점: 지속적인 성과 축적, 팀워크 강화

→ 단점: 과도한 경쟁으로 인한 피로 누적

3) 투자적 문화(Bet-your-company culture)

투자적 문화는 장기적인 시각에서 큰 모험을 감수하며, 결과가 기업의 운명을 좌우할 정도로 중요한 결정을 내린다. 따라서 의사결정은 신중하고 보수적으로 진행되지만, 일단 결정이 내려지면 강한 확신과 집념으로 밀고 나간다. 항공우주산업, 대형 건설업, 석유화학산업처럼 장기간 투자 후 성과가 나타나는 분야에서 발견된다.

→ 장점: 장기적 안목, 전략적 안정성

→ 단점: 피드백이 느려 성과 측정의 어려움, 실패 시 막대한 손실

4) 관료형 문화(Process culture)

관료형 문화는 성과 그 자체보다는 과정과 절차에 초점을 둔다. 위험회피적이며 세심한 주의를 기울이는 특징이 있다. 은행, 공공기관, 보험업과 같은 분야에서 주로 나타나며, 체계적이고 안정적인 업무 수행이 가능하다. 그러나 피드백이 느리고 변화에 대한 적응이 더딜 수 있다.

→ 장점: 절차적 안정성, 리스크 관리 용이

→ 단점: 혁신성 부족, 유연성 결여

정리하면, Deal과 Kennedy의 네 가지 조직문화 유형은 기업이 직면한 환경적 특성과 전략적 요구를 반영한다. 따라서 기업은 자사의 산업 특성과 전략 방향에 맞는 문화 유형을 인식하고, 필요하다면 이를 보완하거나 변화시켜야 한다.

2. Harrison의 유형

조직문화에 대한 또 다른 구분 방식으로, R. Harrison은 공식화(formalization) 정도와 집권화(centralization) 정도라는 두 가지 축을 기준으로 조직문화를 네 가지 유형으로 나누었다. 여기서 공식화란 조직 내에서 구성원들의 행동과 상호관계가 규율, 규정, 절차 등에 의해 지배되는 정도를 의미하며, 집권화는 의사결정 권한이 상위계층에 집중되어 있는 정도를 뜻한다. 이 두 변수의 조합에 따라 조직문화는 관료형, 권력형, 행렬형, 핵화형으로 구분된다.

먼저, 관료형 조직문화는 높은 공식화와 높은 집권화를 특징으로 한다. 모든 역할이 명확히 구분되고 업무 절차가 체계적으로 규정되어 있으며, 조직은 마치 기계처럼 움직인다. 이러한 조직문화는 안정성과 예측 가능성을 확보할 수 있고 대규모 관리에 효율적이라는 장점이 있다. 그러나 지나친 규칙 중심의 운영은 혁신을 저해하고 환경 변화에 대한 적응력을 떨어뜨리는 단점도

그림 12.3 Harrison의 조직문화 유형

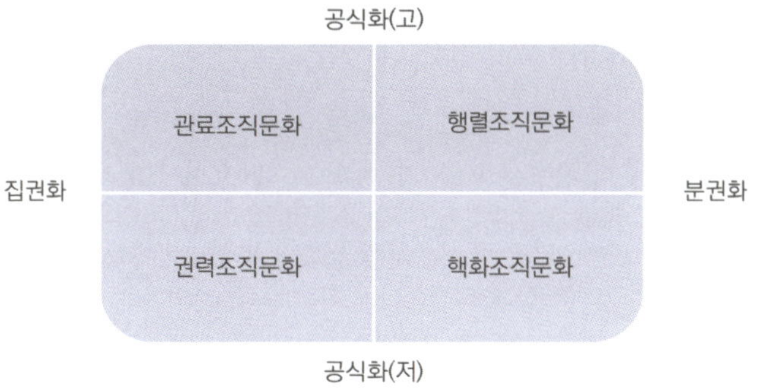

지닌다. 대기업의 관리 부서나 금융기관, 공공조직 등에서 쉽게 발견할 수 있는 유형이다.

둘째, 권력형 조직문화는 낮은 공식화와 높은 집권화가 결합된 형태이다. 강력한 리더나 소수의 핵심 인물이 중심이 되어 의사결정을 내리며, 구성원들의 역할은 상황에 따라 유동적으로 배정된다. 이러한 문화는 신속한 의사결정과 추진력을 가능하게 하지만, 특정 인물에게 권력이 집중됨으로써 독단적 운영과 불평등이 나타날 위험도 존재한다. 창업 초기의 벤처기업이나 오너 중심의 기업에서 자주 볼 수 있는 유형이다.

셋째, 행렬형 조직문화는 높은 공식화와 낮은 집권화를 기반으로 한다. 업무는 프로젝트나 과업을 중심으로 이루어지며, 구성원들은 서로 다른 전문 기능을 가진 팀으로 조직되어 협력한다. 이는 협업과 전문성을 강화하고 복잡한 문제 해결 능력을 높여주는 장점이 있다. 그러나 동시에 역할 충돌이 일어날 수 있고, 조정 비용이 증가하는 단점도 발생한다. IT 기업이나 연구개발 조직, 컨설팅 회사 등에서 흔히 찾아볼 수 있다.

마지막으로, 핵화형 조직문화는 낮은 공식화와 낮은 집권화를 특징으로 한다. 구성원들의 상호관계는 규칙이나 절차보다는 자발적인 관심과 협조를 바탕으로 형성되며, 공동 목표 달성을 위한 자율적 협력이 강조된다. 이러한 문화는 개인의 창의성과 자율성을 존중하여 혁신을 촉진하는 장점이 있으나, 통제 부족으로 인한 혼란이나 비효율이 나타날 수 있다. 스타트업, NGO, 혹은 연구 공동체와 같은 조직에서 종종 나타나는 유형이다.

결국 Harrison의 조직문화 유형은 조직의 권한 배분과 운영 방식에 따라 문화가 어떻게 달라질 수 있는지를 보여주는 틀이라고 할 수 있다. 조직은 환경과 전략, 성장 단계에 따라 서로 다른 문화 유형을 띠게 되며, 경영자는 조직이 처한 상황에 맞는 문화를 인식하고 필요에 따라 이를 보완하거나 변환할 수 있어야 한다.

3. Lundberg의 유형

C. C. Lundberg는 조직문화를 이해하는 핵심은 해당 문화권의 구성원들이 공유하는 지배적 인식구조에 있으며, 이러한 인식이 현실을 바라보는 관점에 따라 상이한 패턴으로 나타난다고 보았다. 그는 조직문화의 성격을 규정하는 두 가지 차원을 제시하였다.

첫 번째 차원은 현실을 어떻게 지각하는가에 관한 것이다. 조직 구성원들이 현실을 전체(wholeness)로 파악하는 경우와 부분(fragmentation)으로 파악하는 경우에 따라 구분된다. 전체적 지각을 기반으로 하는 문화에서는 구성원들이 조직을 통일된 하나의 시스템으로 인식하며, 모든 요소가 유기적으로 연결되어 있다는 사고가 지배적이다. 반면 부분적 지각을 중시하는 문화에서는 조직을 다양한 하위체계들의 집합으로 보고, 각각이 독립적인 현실을 지닌 복수의 구성체로 이해한다. 따라서 이 차원은 결과적으로 동질성(homogeneity)과 이질성(heterogeneity)으로 양극화된다. 동질성 문화 속에서 구성원들은 동일한 가치와 규범을 자연스럽게 받아들이고 이를 바람직한 것으로 간주한다. 반면 이질성 문화에서는 여러 이해관계와 관점이 공존하며, 조직을 다원적 실체로 인식하게 된다.

두 번째 차원은 시간적 지향성과 변화에 대한 태도를 기준으로 한다. 조직이 안정성을 유지하려는 성향이 강하면 항상성(homeostatic) 지향적이라고 하며, 이는 기존의 질서와 균형을 중시하는 보수적 문화로 나타난다. 반대로 조직이 변화를 추구하고 새로운 가능성에 적극적으로 대응하려는 경향을 가지면 무정형성(morphogenetic) 지향적이라고 한다. 이러한 문화에서는 기존 구조의 경직성을 탈피하고 혁신과 적응을 적극적으로 추구하는 태도가 두드러진다.

이 두 가지 차원 즉, 동질성 대 이질성과 항상성 대 무정형성을 교차시켜 보면, 네 가지 유형의 조직문화가 도출된다.

– 동질성–항상성 문화는 안정과 통합을 중시하며, 일사불란한 운영을

그림 12-4 Lundberg의 조직문화 유형

	항상성	무정형성
동질성	정태적 동질문화	변화적 동질문화
이질성	정태적 이질문화	변화적 이질문화

통해 내부 일체감을 강화한다.

- 동질성－무정형성 문화는 공통된 가치와 신념을 바탕으로 하되, 이를 변화와 혁신의 동력으로 활용하는 특징을 지닌다.
- 이질성－항상성 문화는 다양한 관점과 이해관계가 존재하지만 이를 일정한 규범과 절차를 통해 균형 있게 유지하려는 경향을 보인다.
- 이질성－무정형성 문화는 가장 역동적이고 다원적인 문화로, 조직 내 다양한 이해관계와 가치관이 변화와 혁신을 촉진하는 원동력으로 작용한다.

결국 Lundberg의 분류는 조직이 현실을 바라보는 인식의 틀과 변화에 대한 태도에 따라 서로 다른 조직문화가 형성될 수 있음을 보여준다. 이를 통해 경영자는 조직의 현 문화를 진단하고, 환경 변화와 전략적 필요에 맞추어 조직문화를 조정하거나 발전시킬 수 있는 방향을 모색할 수 있다.

4. Earnest의 유형

R. C. Earnest는 한 기업의 조직문화를 단일한 차원이 아니라 다차원적 성격을 지닌 것으로 보았다. 그는 조직문화가 형성되는 방향을 설명하기 위해 다섯 가지 핵심 요소(시장 지향성, 종업원 지향성, 문제해결 지향성, 기술혁신 지향성, 봉사·품질 지향성)를 제시하였다. 이들 요소가 어느 정도 강조되며 어떤 방향으로

그림 12-5 Earnest의 조직문화

전개되는가에 따라 기업의 조직문화가 달라진다고 본 것이다.

특히 Earnest는 조직문화를 설명하기 위해 두 가지 분석축을 제시하였다. 첫째는 행동(action) 차원이며, 이는 조직이 목표 달성을 위한 행동을 얼마나 적극적으로 또는 소극적으로 취하는가를 의미한다. 둘째는 인간(people) 차원으로, 조직이 구성원들을 대할 때 그들의 참여를 얼마나 존중하는가 혹은 비참여적으로 접근하는가를 나타낸다.

이 두 축을 교차시켜 보면 〈그림 12－5〉에서와 같이 하나의 조직문화격자(cultural grid)가 형성된다. 여기서 행동 차원은 조직문화의 경성(hard aspects), 즉 성과와 목표 달성에 직접적으로 관련된 측면을 반영하고, 인간 차원은 조직문화의 연성(soft aspects), 즉 인간관계, 참여, 협력 등과 같은 사회적·심리적 요소를 반영한다.

예를 들어, 행동 차원에서 적극적이고 인간 차원에서 참여적인 조직문화는 기술혁신 지향성이나 문제해결 지향성을 강하게 나타내며, 이는 변화와 도전에 대응하는 능력을 높인다. 반대로 행동 차원이 소극적이고 인간 차원이 비참여적인 경우는 시장 지향성이나 품질 지향성이 낮아지고 경직된 관료주의적 문화가 나타날 수 있다. 한편, 행동은 적극적이지만 인간 차원이 비참여적이라면 성과 달성에는 초점을 맞추지만 종업원의 사기와 협력이 저하될 위험이 크다. 반대로 행동은 소극적이지만 인간 차원이 참여적이라면 구성원의 만족은 높지만 외부 환경 변화에 대응하는 데 한계가 있을 수 있다.

Earnest의 유형은 기업 문화가 단순히 한 방향으로만 정의되지 않고, 행동 중심성과 인간 중심성이라는 두 가지 축의 조합에 따라 매우 다양한 형태로 나타날 수 있음을 강조한다. 따라서 경영자는 자사의 문화가 어떤 요소에 치중되어 있는지, 경성과 연성 요소 간의 균형이 적절한지 파악함으로써 전략적 과제를 수행할 수 있는 바람직한 문화 방향을 설정할 수 있다.

section 04 조직문화 형성의 영향 요소

기업은 독립적으로 존재하는 것이 아니라, 사회와 산업이라는 거대한 환경 속의 한 구성요소로 자리하고 있다. 따라서 기업의 조직문화는 사회적·산업적 맥락 속에서 형성되며, 이러한 외적 요인들뿐 아니라 기업 내부의 구조와 운영 방식, 구성원들의 특성 등과 같은 내적 요인에 의해서도 크게 영향을 받는다. 즉, 조직문화는 외부환경과 내부환경의 상호작용 속에서 끊임없이 형성·변화·발전하게 된다.

1. 외부환경적 영향 요소

시스템적 관점에서 기업은 독립적으로 존재하는 것이 아니라, 사회(society)와 산업(industry)이라는 상위 시스템의 일부로서 기능한다. 따라서 기업의 조직문화는 사회 전체의 가치와 규범, 그리고 해당 기업이 속한 산업 구조와 특성으로부터 직접적인 영향을 받는다. 즉, 조직문화는 사회와 산업이라는 외부환경적 요인들의 반영이자 산물이라고 할 수 있다.

1) 사회문화적 요소

사회는 기업 활동이 이루어지는 기본적인 장(field)을 제공하며, 그 속에 내재된 윤리·도덕적 가치, 관습, 가족제도, 정치제도, 법규, 경제체계, 기술수준, 교육환경 등은 조직문화 형성에 중요한 토대가 된다. 예를 들어, 우리나라의 전통적 사회문화는 가부장적 가족제도와 충·효 사상에 뿌리를 두고 있어 기업 내 권위적 위계체계, 연공서열 중심의 인사 관리, 인화(人和)와 조직 내 조화의 중시, 연장자와 상급자에 대한 존중과 복종심 등으로 나타나 왔다. 이는 한국 기업문화의 특징인 집단주의적 가치와 권위주의적 조직 풍토를 설명하는 중요한 배경이다.

또한, 정치와 경제적 요인 역시 기업문화에 직접적인 영향을 미쳐왔다. 우리나라의 경우, 전통적으로 중앙집권적인 정치체제와 정부 주도의 경제발전 정책은 기업이 스스로 자율적으로 운영되기보다는 강력한 국가의 정책적 방향과 규제 속에서 움직이는 경향을 강화하였다. 이에 따라 기업문화도 자연스럽게 집권화 경향과 관 주도적 기업행동이 일반적인 특성으로 자리 잡았다. 나아가 사회 전반의 교육 수준과 기술 수준은 조직이 지향하는 가치와 행동 양식에도 반영된다. 고도의 교육 수준은 구성원들로 하여금 전문성과 창의성을 중시하는 문화를 형성하도록 하고, 기술 발전은 혁신성과 변화 수용성을 조직문화의 핵심으로 자리 잡게 만든다. 따라서 사회문화적 요소는 조직문화의 기본적인 가치와 규범뿐 아니라, 조직이 환경 변화에 대응하는 방식까지도 결정짓는 중요한 외부 요인이라 할 수 있다.

2) 산업문화

산업은 기업체가 속해 있는 상위 시스템으로서, 각 산업이 지닌 고유한 특성과 문화는 개별 기업의 조직문화 형성에 직접적으로 반영된다. 즉, 산업문화는 기업의 행동양식과 가치체계의 틀을 규정하는 중요한 외부 요인이라 할 수 있다.

우선, 산업의 본질적 성격은 조직문화에 큰 영향을 미친다. 예를 들어, 제조업과 서비스업은 조직구조, 기술 활용, 경영관리 체계에서 근본적인 차이를 보인다.

제조업 내에서도 건설업, 섬유업, 반도체업, 식품업 등 업종에 따라 추구하는 가치와 행동 양태는 크게 다르다. 따라서 같은 기업이라 할지라도 속한 산업의 특성에 따라 조직문화의 성격이 달라질 수밖에 없다. 또한 상품과 고객의 성격은 산업문화를 규정하는 가장 기본적인 요소이다. 제조업과 서비스업, 금융업과 의료업 등은 제공하는 산출물이 다르고, 이를 소비하는 고객층 역시 다르기 때문에 기업이 지향하는 가치와 행동방식에도 차이가 발생한다. 예를 들어, 의료산업은 환자의 생명과 건강을 최우선 가치로 두는 반면, 패션 산업은 고객의 욕구 변화와 트렌드에 민감하게 대응하는 혁신성과 속도성을 중시한다.

기술과 기술 변화의 속도 또한 산업문화를 형성하는 핵심 요인이다. 반도체나 컴퓨터 제조업과 같은 첨단산업은 고도의 연구개발 역량과 대규모 자본 투자가 요구되며, 빠르게 변화하는 기술 환경 속에서 창의성·혁신성·도전정신이 강조된다. 반면, 식품산업이나 전통 제조업처럼 비교적 기술 변화가 적은 산업에서는 원가절감, 효율성, 안전성이 중요한 가치로 자리 잡는다. 즉, 기술 집약적 산업일수록 조직문화는 혁신·도전형으로, 전통적·안정적 산업일수록 보수·안정형으로 나타나는 경향이 있다.

마지막으로, 산업 구조와 수명주기도 산업문화의 중요한 결정 요인이다. 성장기나 개척기 단계의 산업에서는 진취적이고 개방적인 문화를 추구하는 반면, 성숙기나 쇠퇴기에 접어든 산업에서는 보수적이고 방어적인 성격의 문화가 나타난다. 예를 들어, 섬유산업이나 조선산업은 성숙기에 접어들면서 위험을 회피하고 안정적인 운영을 중시하는 문화를 발전시킨 반면, 바이오·AI와 같은 신산업은 모험성과 혁신성을 강조한다. 또한 정부와의 관계, 산업단체 활동 등도 산업문화의 중요한 구성 요소로 작용하여 기업의 의사결정 방식과 조직 운영에 영향을 미친다.

결국, 산업문화는 상품과 고객의 특성, 기술 수준과 변화 속도, 산업 구조와 생애주기라는 요소에 의해 규정되며, 이는 개별 기업의 조직문화 형성 과정에서 필수적으로 반영되는 중요한 요인이라 할 수 있다.

2. 내부환경적 영향요소

기업의 조직문화는 외부환경뿐만 아니라 기업 내부의 다양한 요인에 의해서도 형성된다. 내부 환경은 기업이 스스로 통제할 수 있는 영역이기 때문에, 조직문화의 성격과 방향은 기업의 리더십, 기술 수준, 인적자원의 특성, 제품의 시장 상황 등에 따라 뚜렷한 차이를 보인다.

1) 창업자와 중심인물의 역할

조직문화는 본질적으로 구성원들이 공유하는 가치와 신념의 체계이지만, 초기 단계에서는 창업자와 경영주 등 중심인물의 경영철학과 리더십에 의해 강하게 규정된다. 창업자는 기업의 목적과 존재 이유를 명확히 하고, 자신이 가진 가치관과 경영이념을 조직의 운영 원리로 제시한다. 예를 들어, 혼다자동차의 '개인존중' 정신은 창업자 혼다 소이치로의 신념에서 비롯된 것이며, IBM의 '고객 서비스 우선' 가치 역시 창업자 토마스 J. 왓슨의 경영철학에서 기인한다. 이처럼 중심인물의 가치관과 행동방식은 조직 내에서 제도화되고 전통화되면서 구성원들의 행동규범으로 자리 잡는다.

2) 기술과 인적자원

기술은 기업의 과업환경을 구성하는 핵심 요소이며, 구성원들의 사고방식과 행동양식에도 직접적인 영향을 미친다. 특히 생산기술과 정보기술은 기업성과와 직결되는 경영자원으로, 기술의 성격과 수준은 기업이 필요로 하는 인적자원의 역량과 구성에도 큰 변화를 가져온다. 예컨대, 첨단기술을 바탕으로 한 IT기업은 창의성과 혁신성을 중시하는 문화가 형성되는 반면, 전통 제조업은 숙련과 안정성을 중시하는 문화가 강조된다. 나아가 기술 수준이 높아지고 전문성이 요구될수록 구성원들의 자율성과 참여가 존중되는 개방적 조직문화가 나타날 가능성이 크다.

3) 제품수명주기

제품의 수명주기 역시 조직문화의 성격을 결정하는 중요한 요인이다. 제품이 도입기와 성장기에 있는 기업은 불확실성과 위험 속에서 새로운 가치를 창출해야 하므로 창업자나 중심인물의 경영이념을 바탕으로 도전적이고 혁신적인 문화를 형성하는 경향이 강하다. 반면, 제품이 성숙기나 쇠퇴기에 접어든 기업은 안정성과 효율성을 강조하게 되며, 이에 따라 조직문화도 점차 집권적·관료적·보수적인 성격으로 변한다. 즉, 제품수명주기는 기업의 전략적 선택뿐만 아니라 조직문화의 성격에도 직접적인 영향을 미치는 것이다.

정리해보면, 내부환경적 요인은 창업자의 경영철학, 기술과 인적자원의 특성, 제품수명주기와 같이 기업 내부에서 직접적으로 통제 가능한 요소들로, 조직문화의 방향과 성격을 규정하는 핵심 요인으로 작용한다 할 수 있다.

4) 조직 내부시스템

조직문화는 단순히 외부 환경이나 창업자의 철학에서만 비롯되는 것이 아니라, 조직 내부의 시스템과 운영 방식에서도 강하게 형성된다. 특히 McKinsey 컨설팅사가 제시한 7S 모형은 조직문화에 영향을 미치는 핵심 내부 요소를 설명하는 대표적인 틀로서, 조직문화를 이해하고 진단하는 데 널리 활용된다. 이 모형은 공유가치(shared values), 전략(strategy), 구조(structure), 관리 시스템(systems), 구성원(staff), 기술(skills), 리더십 스타일(style)의 일곱 가지 요소로 구성되며, 이들 간의 상호작용을 통해 조직의 독특한 문화가 만들어진다.

첫째, 공유가치는 조직문화의 근간을 이루는 핵심 요소이다. 이는 기업 구성원 모두가 공동으로 인식하고 수용하는 가치관과 이념, 기업의 목적과 전통적 신념을 의미한다. 공유가치는 나머지 모든 요소의 방향을 결정짓는 기준이 되며, 조직문화 형성의 중심축으로 작용한다.

둘째, 전략은 기업의 장기적 목표와 방향, 그리고 이를 달성하기 위한

그림 12-6 McKinsey사의 7s모형

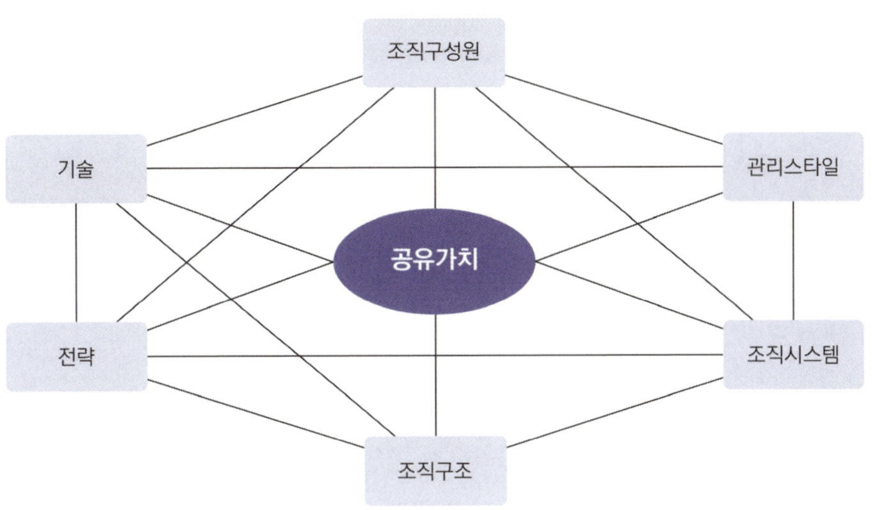

자료: T. J. Peters & R. M. Waterman, Jr.(1982), *In Search of Excellence*, New York: Harper & Row, p. 10.

자원의 배분 방식을 포함한다. 전략은 단순한 경영계획이 아니라 기업의 이념과 목적을 구체적으로 실행하는 수단으로서, 조직문화가 어떤 가치와 행동을 강화할 것인지를 결정한다.

셋째, 구조는 전략을 실현하기 위한 조직의 틀을 의미한다. 조직구조와 직무설계, 권한관계 및 방침 등이 포함되며, 이는 구성원들의 역할과 상호관계에 직접적인 영향을 미친다. 따라서 구조는 구성원들의 일상적 행동을 규율하는 틀이 되어 조직문화의 한 축을 이룬다.

넷째, 관리 시스템은 의사결정과 일상 운영을 가능하게 하는 제도와 절차를 포함한다. 보상제도와 인센티브, 경영정보 시스템, 목표 설정과 성과평가 시스템 등은 모두 기업의 기본가치와 전략적 방향을 반영하며, 조직문화가 일관되게 유지되도록 만든다.

다섯째, 구성원은 조직문화를 실제로 구현하는 주체이다. 조직의 인력구성, 전문성, 가치관, 동기와 태도는 기업이 지향하는 전략과 가치관에 의해 크게 영향을 받으며, 동시에 다시 조직문화의 형성에 기여한다.

여섯째, 기술은 단순히 생산 장비와 정보처리 시스템 같은 물리적 기술만이 아니라, 동기부여, 갈등관리, 변화관리, 예산관리 등 관리기술까지 포함한다. 이러한 기술은 기업 운영의 효율성을 높이고, 특정한 행동양식과 사고방식을 강화함으로써 조직문화에 반영된다.

마지막으로, 리더십 스타일은 조직문화의 형성과 유지에 결정적인 영향을 미친다. 리더십의 방식이 권위적이냐, 참여적이냐, 혹은 개방적이냐에 따라 조직의 분위기와 구성원들의 행동 패턴이 달라진다. 결국 리더십은 조직문화의 기조를 형성하는 가장 직접적인 요인 중 하나이다.

이 일곱 가지 요소들은 서로 독립적으로 작동하지 않고, 긴밀하게 연결되어 상호의존적 관계를 형성한다. 요소 간의 조화와 일관성이 높을수록 강력하고 뚜렷한 조직문화가 형성되며, 반대로 불일치가 클 경우 약하고 모호한 조직문화가 나타난다. 따라서 조직문화를 바람직한 방향으로 발전시키기 위해서는 이들 요소를 전체적으로 고려하고 균형 있게 관리해야 하며, 조직문화 분석 또한 개별적 접근보다는 전체적 관점에서 이루어져야 한다.

section 05 조직문화의 유지와 변화방법

조직문화는 조직 구성원들이 공유하는 가치관, 행동양식, 신념이 조직의 효과성을 높이고 성과 창출에 긍정적으로 작용할 때에는 지속적으로 유지·발전시켜야 한다. 그러나 기존의 문화가 시대적 변화와 환경적 요구에 부적합하거나 오히려 조직 성과를 저해할 경우에는 새로운 문화를 형성하고 정착시킬 필요가 있다. 따라서 조직문화의 관리란 단순히 '지속과 변화' 중 어느 하나만을 선택하는 것이 아니라, 상황에 맞게 유지와 변화를 균형 있게 적용하는 과정이라 할 수 있다. 이를 위해 다음과 같은 다섯 가지 방법이 고려될 수 있다.

첫째, 강화(reinforcement)이다.

조직 구성원에게 금전적 보상, 승진 기회, 인정감, 직무 만족, 동료의식 등을 부여함으로써 바람직한 행위 양식과 가치관을 강화해야 한다. 강화는 긍정적인 행동을 반복적으로 유도하고, 조직이 중시하는 문화적 가치를 구성원들이 자발적으로 실천하도록 만드는 효과적인 수단이다.

둘째, 사회적 규범형(social norms)이다.

조직 내에서는 일종의 학습이 이루어지는데, 특히 구성원들은 조직 내 지위가 높은 사람이나 리더의 행동을 관찰하고 이를 모방함으로써 조직문화를 습득한다. 또한 동료 구성원들이 가치를 두고 일하는 모습을 보면서도 많은 것을 배우게 된다. 따라서 조직문화를 유지하거나 새로운 문화를 창조하기 위해서는 모범적이고 가치 창조적인 리더십이 필수적이다. 리더가 바람직한 행동을 솔선수범할 때, 조직 전체가 이를 사회적 규범으로 받아들이고 새로운 문화 형성이 촉진된다.

셋째, 사회적 상호작용(social interaction)이다.

조직의 관리자와 구성원 간의 직접적이고 빈번한 상호작용은 문화의 전파와 유지에 핵심적인 역할을 한다. 회의, 면담, 사내 파티, 공식·비공식적 의사소통 기회 등 다양한 교류 활동을 통해 구성원들은 서로의 가치와 행동을 공유하며, 조직문화가 생활 속에서 자연스럽게 체득된다. 상호작용은 단순한 정보교환을 넘어 구성원 간 유대와 일체감을 강화하는 기능을 한다.

넷째, 선발과 훈련(selection & training)이다.

조직문화의 일관성을 유지하기 위해서는 기존의 문화에 쉽게 적응하거나 동조할 수 있는 인재를 선발하는 것이 중요하다. 동시에 기존 구성원들도 조직개발(OD)이나 교육훈련 과정을 통해 문화적 가치와 규범을 학습하고 강화해야 한다. 반대로 새로운 문화를 창출해야 하는 상황에서는 외부에서 신선한 가치관을 가진 인재를 적극적으로 채용하고, 새로운 훈련 프로그램을 통해 바람직한 문화 형성을 유도해야 한다.

다섯째, 현실검증 능력(reality testing)의 향상이다.

조직은 현재 내부에 어떤 문제가 존재하는지, 외부환경에서 어떤 변화가 발생하고 있는지, 그리고 조직과 환경이 어떠한 상호관계를 이루고 있는지를 정확히 인식하고 해석할 수 있어야 한다. 이러한 현실검증 능력이 뒷받침되어야 앞에서 언급한 강화, 사회적 규범, 상호작용, 선발과 훈련 등의 방법이 효과적으로 작동할 수 있다. 현실을 제대로 진단하지 못한다면, 아무리 훌륭한 문화 유지와 변화 전략이라도 실질적 성과를 얻기 어렵다.

CHAPTER

13

조직개발과 조직혁신

section 01 조직개발

'조직개발(Organizational Development: OD)'이라는 용어는 1950년대 후반에서 1960년대 초 미국에서 처음 사용되기 시작하였다. 조직개발은 학자와 실무가들에 의해 다양하게 정의되고 접근되어 왔지만, 공통적으로 급변하는 환경 속에서 조직이 생존과 성과를 유지·발전하기 위해 조직 전체의 적응능력과 유효성을 제고하는 과정으로 이해된다.

조직은 기술혁신, 시장 변화, 그리고 새로운 도전 과제에 직면할 때 이에 효과적으로 대응할 수 있는 적응능력이 필요하다. 이때 단순히 구조적 조정만으로는 한계가 있기 때문에, 개인의 신념과 가치관의 변혁까지 포함하여 조직 전체의 행동을 개선하려는 노력이 요구된다. 이러한 개선은 행동과학적 지식을 활용하여 개인의 목표와 조직의 목표를 통합하는 방식으로 이루어진다. 즉, 조직개발은 단순한 구조 개편이 아니라 조직의 행동, 태도, 가치관을 바꾸어 성과 향상과 유효성 제고를 동시에 추구하는 시스템적 개선(system improvement) 과정이라고 할 수 있다.

조직개발의 핵심은 명확한 목적의식에 기초한 자기평가와 계획적 변혁이다. 여기서 명확한 목적의식이란 무엇을, 어떻게, 왜 변화시켜야 하는지를 규정하는 것이며, 자기평가란 조직의 현상을 내부적으로 분석·진단하여 그 결과를 계획적 변혁에 연결시키는 과정을 뜻한다. 따라서 조직개발은 단발적인 활동이 아니라, 조직이 지속적으로 학습하고 스스로 혁신할 수 있도록 만드는 장기적 과정이다.

조직개발의 특징을 요약하면 다음과 같다.

- **계획적 · 장기적 접근**: 조직 전체를 대상으로 하며, 구조와 과정뿐 아니라 문화, 풍토, 전략 혁신과 밀접히 연관된다. 즉, 부분적 변화가 아니라 시스템적 변화를 지향한다.
- **최고경영층의 주도적 역할**: 조직개발은 최고경영층의 강력한 의지와 관리적 관심을 필요로 하며, 조직의 관리과정과 긴밀히 통합된 형태로 추진되어야 한다.
- **조직 사명과의 연계**: 조직개발은 단순히 효율성 개선이 아니라, 조직의 사명과 기업목적 달성 능력을 강화하는 데 초점을 둔다.
- **행동과학의 활용**: 심리학, 사회학, 경영학 등 행동과학적 지식을 바탕으로 인간의 태도, 행동, 성과를 개선하며, 구조와 과정의 혁신과 동시에 인간적 측면의 성장을 강조한다.
- **체험학습 중심**: 실제 상황 속에서의 학습과 행동 변화를 중시하며, 교육훈련을 통해 새로운 행동양식을 실천하도록 유도한다.
- **변혁촉진자의 지원**: 조직개발은 내 · 외부 전문가, 컨설턴트 또는 변혁촉진자의 조언과 지원을 받아 추진되는 경우가 많다.

이와 같이 조직개발은 급격히 변화하는 환경 속에서 조직이 단순히 '유지'가 아니라 지속적 발전과 혁신을 추구하도록 돕는 필연적 방법으로 자리잡고 있다.

1. 조직개발의 모형

조직은 본질적으로 안정성과 일관성을 지향하기 때문에, 새로운 변화가 추진될 경우 구성원들에게 심리적 불안과 혼란을 일으킬 수 있다. 변화는 기존의 과업 패턴을 흔들고 익숙한 질서를 위협하기 때문에, 구성원들은 자연스럽게 저항감과 비협조적 태도를 보이게 된다. 이러한 저항은 조직이 필요로 하는 변화를 추진하지 못하게 만들고, 결과적으로 조직은 외부 환경 변화에 대한 적응능력을 상실하게 되며, 점차 효율성 저하와 조직 침체라는 부정적 결과를 초래할 수 있다.

반대로, 경영층이 구성원의 심리적 반응을 충분히 고려하지 않은 채 일방적이고 독단적인 방식으로 변화를 단행하는 경우도 있다. 이때 구성원들의 강력한 저항에 부딪혀 변화는 실패로 끝나기 쉽다. 즉, 변화에 대한 참여 부족과 심리적 불안 해소 실패는 조직개발 실패의 중요한 원인이 된다. 이러한 문제를 예방하기 위해 조직개발은 변화의 과정에서 구성원의 적극적 참여를 강조한다. 즉, 구성원들이 스스로 변화의 필요성을 인식하고, 변화의 방법을 함께 모색할 수 있도록 함으로써, 변화로 인한 불안과 위협을 줄이고 수용성을 높인다. 나아가 단순히 표면적인 저항을 완화하는 데 그치지 않고, 구성원들의 잠재의식 속에 자리한 변화에 대한 거부감 자체를 개혁하는 데 초점을 둔다. 이는 조직개발이 단순한 제도 개편이 아니라 구성원의 가치관과 태도까지 변혁시키는 총체적 과정임을 의미한다.

따라서 조직개발은 급변하는 환경 속에서 조직의 유효성을 제고하기 위해, 계획적·체계적으로 구성원과 조직 전체를 변화시키는 기법이라 할 수 있다 이러한 변화는 즉흥적으로 이루어지는 것이 아니라, 체계적인 절차와 모형을 따라 진행된다.

조직개발의 과정과 기본 모형은 〈그림 13－1〉의 계획적 변화 과정 모형으로 설명된다. 이 모형의 이론적 토대는 사회심리학자 K. Lewin의 태도변화 3단계 이론(해빙 → 변화 → 재동결)에 두고 있다. Lewin은 개인의 태도 변화를 위해서는 먼저 기존의 고정관념을 해체하고, 새로운 행동을 학습하며, 마지막으로 그 행동을 안정화시키는 단계가 필요하다고 보았다. 조직개발 역시 이러한 개념을 조직 수준에 적용하여 해빙(현 상태 인식과 문제제기) → 변화(새로운 대안 탐색과 실행) → 재동결(새로운 행동의 정착과 제도화)의 과정을 거친다.

그림 13-1 계획적 변화과정 모형

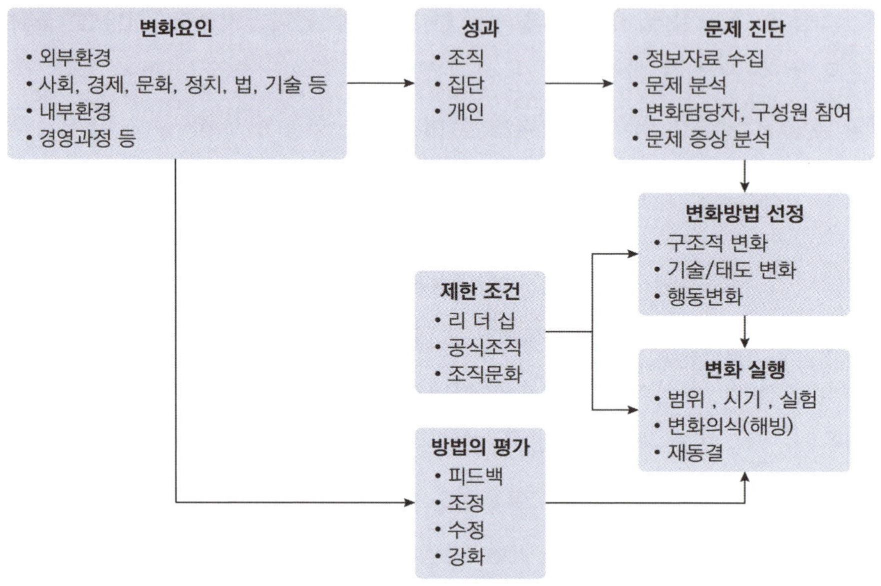

물론 실제 조직개발 과정은 상황과 환경에 따라 세부 절차가 달라질 수 있지만, 일반적으로는 다음과 같은 기본 단계들을 거친다.

- **문제 인식 및 진단**: 변화가 필요한 이유와 현재 상태의 문제점을 규명한다.
- **변화 계획 수립**: 목표와 방향을 설정하고, 구체적인 변화를 위한 전략과 방법을 설계한다.
- **구성원의 참여와 실행**: 구성원들이 변화 과정에 참여하여 실행에 동참하도록 유도한다.
- **피드백과 재평가**: 실행 결과를 점검하고 보완점을 수정한다.
- **재동결(정착)**: 새로운 제도와 행동방식을 조직문화와 규범으로 고착화시킨다.

조직개발의 계획적 변화과정은 문제를 발견하고 분석하는 단계에서부터 변화를 집행하고 그 성과를 평가·환류하는 단계에 이르기까지 일련의 과정을 포함한다. 이는 K. Lewin의 태도변화 모형을 기초로 하여 보다 구체적으로 발전된 절차로, 일반적으로 문제의 진단 → 변화계획의 수립 → 변화 집행 → 결과 평가라는 네 단계로 설명된다.

1) 문제의 진단 단계

이 단계에서는 먼저 조직 내에서 나타나는 성과 저하, 효율성 약화, 갈등, 의사소통 장애 등과 같은 문제의 증상(symptom)을 지각하는 것으로부터 출발한다. 문제의식은 상위 경영층이나 현장 관리자, 혹은 구성원들 스스로에 의해 제기될 수 있으며, 이를 해결하기 위해 변화 담당자(change agent)가 개입한다. 변화 담당자는 경영층과 협의한 후 문제집단의 관련 자료와 정보를 수집·분석하고, 해당 집단과 직접 만나 토의하며 자료를 피드백한다. 이러한 상호작용을 통해 공동의 문제 진단(problem diagnosis)이 이루어진다.

2) 변화계획의 수립 단계

문제가 진단되면, 그 원인을 구조적 측면, 기술적 측면, 그리고 구성원의 행동 측면에서 다각도로 분석한다. 이때 조직의 공식적 규정이나 관습적 제약조건 등 현실적 여건도 반드시 고려해야 한다. 이러한 분석을 바탕으로 변화 담당자는 문제집단 구성원들과 토의하여, 변화가 기대하는 목표 수준을 명확히 설정하고, 이를 달성하기 위한 구체적인 변화전략(change strategy)과 실행 계획을 수립한다. 이 과정 역시 변화담당자와 구성원이 함께 참여함으로써 계획의 현실성과 실행 가능성을 높인다.

3) 변화 집행 단계

이 단계는 계획된 전략과 방법을 실제로 실행에 옮기는 과정이다. 변화 담당자의 개입하에 구조적 변화, 직무 재설계, 교육·훈련 프로그램, 감수성 훈련, 팀 빌딩, 목표관리(MBO) 등 다양한 조직개발 기법이 적용된다. 집행의 구체적 형태와 강도는 해결해야 할 문제의 특성과 목표하는 성과의 수준에 따라 달라진다. 즉, 변화 집행은 단순한 제도 개선에 그치지 않고, 구성원의 태도와 행동 변화를 포함하는 총체적 개혁 과정으로 진행된다.

4) 결과 평가 단계

마지막으로, 집행된 변화의 성과와 효과를 주기적으로 측정·평가(evaluation)한다. 평가 결과는 변화 전략과 방법을 조정·수정하는 데 피드백으로 활용되며, 동시에 문제집단의 구성원들에게 환류되어 스스로의 변화를 강화하고 지속시키는 동기를 부여한다. 이러한 평가와 피드백 과정을 통해 조직은 변화가 정착될 수 있도록 관리하며, 필요 시 새로운 개선방안을 도입한다.

정리해보면, 조직개발의 계획적 변화과정은 단순히 제도를 고치는 수준을 넘어서, 문제의 인식과 진단 → 목표와 전략의 설정 → 실제적인 변화 집행 → 결과 평가와 피드백이라는 순환적이고 체계적인 과정을 통해 조직의 적응력과 유효성을 높이는 데 목적을 두고 있다.

2. 조직개발의 기법

조직개발(Organization Development, OD)의 기법은 조직이 직면한 문제를 해결하고, 조직 전체의 유효성과 적응성을 높이기 위한 체계적·계획적 접근 방법이다. 이는 단순히 구조적 개편이나 제도 개선에 그치지 않고, 조직을 구성하는 개인과 집단, 그리고 이들이 수행하는 과업과 과정 전반에 걸친 변화를 촉진하는 전략적 활동이다. 따라서 변화 담당자(consultant or change agent)는 문제집단의 성격, 현안의 특성, 조직문화적 배경 등을 고려하여 가장 적합한 개입방법을 선택하고 적용해야 한다.

이러한 기법들은 크게 개인 중심의 접근과 집단 중심의 접근, 그리고 과업(task) 중심 개입과 과정(process) 중심 개입으로 구분된다. 개인 차원의 접근은 자기인식과 역량 개발을 통해 행동 변화를 유도하는 데 초점을 두며, 집단 차원의 접근은 집단 간 상호작용과 협력을 통해 조직 전체의 변화를 촉진한다. 또한 과업 중심 개입은 주로 직무설계, 역할 분석, 목표관리 등 생산성과 직결되는 부분에 집중하는 반면, 과정 중심 개입은 대인관계, 의사소통, 집단 역학 등 인간관계와 심리적 요인을 강조한다.

1) 감수성 훈련

감수성 훈련(sensitivity training)은 조직개발의 대표적인 개입기법으로, 개인이 자신의 행동을 성찰하고 타인과의 상호작용에서 어떤 영향을 미치는지를 인식하게 하여 행동 개선을 유도한다. 이는 K. Lewin의 집단역학(group dynamics) 연구와 실험적 접근에서 출발하였으며, 개인의 가치의식과 행동양식이 변화해야 조직 차원의 변화를 촉진할 수 있다는 전제 위에서 발전하였다.

현대 조직에서 감수성 훈련은 단순한 개인의 자기반성 프로그램이 아니라, 자기인식(self-awareness), 타인 이해(interpersonal understanding), 집단 내 상호작용 분석(group process analysis), 그리고 학습된 경험을 실제 행동으로 전환하는 능력을 기르는 훈련으로 확장되었다. 특히 글로벌·다문화 환경, 원격근무 조직, 프로젝트 기반의 협업 환경에서 감수성 훈련은 조직의 신뢰 형성, 갈등 해소, 리더십 역량 강화에 효과적으로 응용되고 있다.

이 훈련은 일반적으로 10~20명 규모의 소집단을 단위로 하며, 참가자들이 대인관계 실험집단(interpersonal laboratory)이라는 안전한 학습 공간에서 상호작용을 경험하도록 한다. 훈련의 주요 내용은 다음과 같이 요약된다.

① 참가자 간 상호소개와 친밀감 조성 - 훈련 초기에는 서로 간의 긴장을 완화하고 심리적 안전감을 조성하여 개방적인 의사소통을 촉진한다.

② 행동과학 이론 교육 - 개인 및 집단행동의 기본 원리를 학습하여 실제 행동을 객관적으로 이해할 수 있는 틀을 제공한다.

③ 문제 상황을 통한 상호작용 경험 - 참가자들이 협력적으로 문제를 해결하는 과정에서 자연스럽게 행동과 태도의 차이를 인식하고 상호작용 역량을 강화한다.

④ 행동 피드백과 토의 – 상호작용 과정에서 관찰된 행동에 대해 동료로부터 직접적인 피드백을 받고 이를 토론함으로써 자기인식의 수준을 심화시킨다.

⑤ 경험-이론-피드백의 순환 반복 – 교육, 경험, 토의, 피드백 과정을 반복하여 행동 변화를 지속적으로 강화한다.

이러한 순환적 학습은 Lewin이 제시한 변화 과정, 즉 해빙(unfreezing)-변화(change)-재동결(refreezing) 단계와 연결된다. 참가자는 자신의 고정된 가치관과 행동양식을 해체하고, 새로운 행동 패턴을 실험하며, 이를 다시 조직 내에서 안정적으로 정착시키는 경험을 얻게 된다. 감수성 훈련의 효과성을 확보하기 위해서는 몇 가지 전제조건이 요구된다.

첫째, 참가자 스스로 변화의 필요성을 인식하고 개방적인 태도로 훈련에 임해야 한다. 또한 피드백을 비판으로 받아들이지 않고 학습 기회로 활용할 수 있는 성숙한 자세가 필요하다.

둘째, 감수성 훈련은 일부 개인이나 소규모 집단에 국한되어서는 안 되며, 조직문화 형성과 연계된 장기적 차원에서 추진되어야 한다. 일부 구성원만 훈련을 받게 되면 오히려 조직 내 갈등이나 괴리감을 초래할 수 있기 때문이다.

셋째, 훈련의 성과가 실제 조직 내에서 지속·정착되기 위해서는 인사관리 제도와 연결되어야 한다. 구체적으로는 성과평가, 보상체계, 승진제도, 경력 개발 프로그램과 유기적으로 결합되어야 하며, 그래야만 학습된 행동이 조직의 표준으로 내재화된다.

오늘날의 감수성 훈련은 단순히 집단 내 대면 훈련에 머물지 않고, 코칭 프로그램, 팀 빌딩 워크숍, 온라인 학습 플랫폼, 리더십 개발 과정으로 확대되고 있다. 예컨대 글로벌 기업에서는 가상 T–그룹(Virtual T–Group) 기법을 통해 온라인 환경에서 문화적 차이를 이해하고 원격 팀워크를 개선하는 데 활용하기도 한다. 또한 감수성 훈련은 조직 내 심리적 안전을 강화하고, 구성원 간 신뢰와 존중을 기반으로 한 협력 문화를 구축하는 데 중요한 역할을 한다.

따라서 감수성 훈련은 조직개발의 출발점이자 핵심 기반으로서, 개인의 성찰과 집단의 학습이 유기적으로 결합되는 경험을 제공한다. 이는 곧 조직 전체의 혁신 역량을 강화하고, 급변하는 환경 속에서 유연하고 지속가능한 조직문화를 구축하는 데 기여한다.

2) 경력생활 계획 개입법

조직에서 개인은 시간이 지남에 따라 성장과 성숙의 과정을 겪게 된다. 이 과정에서 개인의 목적이나 흥미, 가치관은 변화하며, 동시에 조직이 요구하는 직무와 과업도 끊임없이 변한다. 이러한 불일치는 종종 갈등을 야기하고, 결과적으로 개인의 성과 저하, 직무 불만족, 이직 의도 증가 등 부정적인 결과를 초래할 수 있다. 이를 예방하고 조직과 개인의 목표를 조화시키기 위해 등장한 것이 경력생활 계획 개입법(career life planning interventions)이다.

경력생활 계획 개입법의 목적은 두 가지로 요약할 수 있다. 첫째, 구성원 개개인의 직무와 조직에 대한 몰입 수준을 높이는 것이다. 둘째, 구성원 스스로가 자신의 강점과 약점을 인식하고 능동적으로 자기개발을 실천할 수 있도록 지원하는 것이다. 다시 말해, 조직은 구성원에게 단순히 직무를 부여하는 데 그치지 않고, 개인의 경력 목표가 조직의 발전 방향과 접점을 찾도록 돕는 역할을 수행한다. 이는 최근 강조되는 경력 주도성(career self-management) 및 심리적 계약(psychological contract) 개념과도 밀접하게 연결된다.

경력생활 계획은 보통 다음과 같은 단계로 구성된다. 먼저 개인이 자신의 현재 위치를 객관적으로 파악하고, 장래에 원하는 직무와 직위를 설정한다. 이어서 그 목표를 달성하기 위한 구체적인 계획을 수립하고, 실행 가능한 개발 전략을 설계한다. 이 과정은 종종 짝(pair) 학습이나 상호 협력적 토의 방식으로 진행되며, 구성원들이 서로 피드백을 주고받으면서 학습 효과를 강화한다. 이러한 참여적 접근은 개인의 자기인식(self-awareness)을 높일 뿐 아니라, 동료 간 신뢰와 상호 지원 문화를 형성하는 데도 기여한다.

특히, 경력생활 계획 개입법은 개인 차원의 자기개발뿐만 아니라, 개인의 잠재능력 발휘를 저해하는 조직 시스템을 개선하는 효과도 있다. 예컨대 승진 경로가 불명확하거나, 직무배치가 비효율적으로 이루어지는 경우, 경력개발 프로그램을 통해 문제를 발견하고 제도적 개선을 유도할 수 있다. 이는 곧 조직의 인적자원관리(HRM)와 전략적 인적자원개발(HRD)의 핵심 과제와도 직결된다. 경력생활 계획 개입법이 구성원에게 주는 구체적인 효과는 다음과 같다.

(1) 자아개념 정립

구성원은 자기 자신에 대한 성찰을 통해 "나는 누구인가, 나는 어떤 일을 잘할 수 있는가"에 대한 정체성을 명확히 한다. 이는 개인의 직업적 정체성(vocational identity)을 강화한다.

(2) 능력목록(skill inventory) 작성

자신이 보유한 지식, 기술, 역량을 체계적으로 점검하고 정리함으로써 현재의 경쟁력 수준을 파악할 수 있다. 이는 향후 교육훈련 계획 및 역량 개발 전략 수립의 기초 자료가 된다.

(3) 자아실현 목적 정립

조직 생활 속에서 단순한 생계 차원을 넘어, 개인이 추구하는 가치와 의미를 반영한 자아실현적 목표를 설정한다. 예컨대, 전문성 확보, 사회적 영향력 확대, 조직 내 리더십 발휘 등이 여기에 포함된다.

(4) 경력목적 및 진로 설정

개인은 구체적인 경력목표(career goals)를 수립하고, 그 목표에 도달하기 위한 실현 가능한 진로경로(career path)를 설계한다. 이는 장기적 경력계획(long-term career planning)과 단기적 실행계획(short-term action plan)으로 나누어질 수 있다.

(5) 자기개발 전략 수립

마지막으로 경력목적 달성에 필요한 학습, 훈련, 경험 축적 방법을 구체적으로 설정한다. 예컨대, 직무순환(job rotation), 멘토링(mentoring), 코칭(coaching), 교육훈련 프로그램 참여, 자격증 취득 등이 이에 해당한다.

현대 조직에서는 경력생활 계획 개입법이 단순히 개인 중심의 개발을 넘어 조직 차원의 전략적 인적자원관리(SHRM)와 긴밀히 연계되고 있다. 예를 들어, 글로벌 기업에서는 직원이 스스로 온라인 기반의 경력개발 포트폴리오(career portfolio)를 구축하고, AI 기반 경력 매칭 시스템을 통해 개인의 목표와 조직의 기회를 연결하는 사례가 증가하고 있다. 또한 ESG 경영의 확산에 따라, 조직은 단순히 단기성과를 추구하는 것이 아니라 구성원의 장기적 성장과 웰빙을 중시하며, 경력생활 계획을 인재 유지(retention)와 조직문화 개선의 중요한 수단으로 활용하고 있다.

3) 팀구축법

팀구축법(team building)은 집단의 효율성과 생산성을 극대화하기 위해 고안된 조직개발 기법으로, D. McGregor가 Union Carbide사의 컨설턴트로서 효과적인 관리집단(effective management group)을 형성하는 임무를 수행하면서 처음 적용한 것이 시초가 되었다. 감수성 훈련이 개인의 태도 변화와 자아인식을 강조하는 과정 중심의 접근이라면, 팀구축법은 보다 과업 지향적(task-oriented) 성격을 지니며, 그만큼 조직에서 직접적으로 활용하기에 안전하고 실천적인 방법으로 평가된다. 따라서 팀구축법은 감수성 훈련에서 얻을 수 있는 대인관계 개선 효과를 유지하면서도, 과업 수행과 성과 향상에 초점을 맞추고 있어 오늘날 다양한 조직에서 폭넓게 채택되고 있다.

팀구축법의 적용 대상은 매우 다양하다. 장기간에 걸쳐 유지되는 항구적 작업집단(permanent work team), 조직개편이나 합병으로 인해 새롭게 구성되는 출발단계의 작업집단(start-up teams), 그리고 특정 목적을 위해 한시적으로 운영되는 위원회나 프로젝트 팀과 같은 잠정적 작업집단(temporary task groups) 등이 포함된다. 즉, 팀구축법은 조직 내에서 발생하는 모든 형태의 집단을 대상으로 하며, 특히 협업이 필수적인 현대 조직 환경에서는 필수적인 개입방법으로 자리 잡고 있다.

팀구축법은 일반적으로 현재 집단의 성과와 생산성을 저해하는 요인을 규명하는 것에서 출발한다. 이 과정에서 다루어지는 주제는 폭넓으며, 예컨대 장비의 노후화나 불충분한 지원, 비효율적인 업무 절차, 역할과 책임의 불명확성, 권한 배분의 불균형, 그리고 과업 수행과 밀접하게 연관된 인간관계 갈등 등이 있다. 이러한 문제들을 집단 차원에서 개방적으로 토론한 뒤, 집단은 중요한 장애 요인에 대해 합의하고 이를 극복하기 위한 구체적 실행전략을 도출한다. 이어서 도출된 전략의 효과를 검토하는 평가 단계로 나아가는데, 이 과정에서는 실제 실행이 성공했는지, 추가로 보완해야 할 부분은 없는지 등이 중점적으로 다루어진다. 팀구축법의 장점은 다음과 같이 요약될 수 있다.

(1) 집단 문제점의 명확화와 진단

집단이 직면한 문제를 구체적으로 드러내고, 그 해결 가능성에 대해 구성원들이 지닌 지식과 창의성을 평가할 수 있다. 이는 문제 인식과 해결책 탐색을 동시에 촉진한다.

(2) 변혁목표와 행동 수준의 조정

조직 변화의 목표와 구체적 실행수준을 집단 전체가 공유하도록 하여, 변화에 대한 집단의 태도를 긍정적으로 전환한다. 이는 팀 내 저항을 줄이고 협력적 분위기를 조성하는 데 기여한다.

(3) 참여적이고 개발적인 분위기 조성

팀구축 과정은 위계적 지시가 아닌 참여적 대화를 통해 진행되므로, 구성원들은 자기 의견을 자유롭게 제시하며 학습과 혁신을 촉진할 수 있다.

이는 팀의 사기를 높이고 자발적 몰입을 유도한다.

(4) 의사소통과 문제 해결 능력의 향상

집단 구성원 간 원활한 의사소통을 통해 오해와 갈등을 줄이고, 협력적 문제 해결 과정을 경험하게 된다. 이러한 경험은 집단 내 협업 능력을 강화하고 지속적인 성과 향상으로 이어진다.

(5) 개별 구성원의 심리적 성장

팀구축 활동은 구성원들이 자신의 역할과 기여를 재인식하게 하여 심리적 성숙을 촉진하며, 동시에 대인관계 기술(interpersonal skills) 개선에도 도움을 준다. 이는 개인적 성장과 집단적 성과가 동시에 강화되는 결과를 낳는다.

그러나 팀구축법에도 한계가 존재한다. 첫째, 기존 연구가 주로 과정 변수(process variables)에 집중되어 있어, 구체적인 성과(outcome)에 대한 검증은 상대적으로 부족하다. 둘째, 외부 환경이나 조직 전체 수준의 성과에 미치는 효과가 충분히 입증되지 않았으며, 따라서 타당성이 낮아진다는 비판이 제기되기도 한다. 셋째, 팀구축법이 단발성 행사에 머물 경우 단기적 효과는 있을 수 있으나, 장기적으로 조직문화에 정착되지 못하는 한계를 보인다.

이러한 한계를 극복하기 위해 최근 조직에서는 팀구축법을 단순한 집단 활동이나 워크숍 차원에서 벗어나 지속적 피드백 시스템, 리더십 개발 프로그램, 성과관리 체계와의 연계를 통해 제도화하고 있다. 또한 원격근무와 하이브리드 근무 환경이 확산되면서, 온라인 기반의 팀구축(virtual team building) 기법이 새롭게 개발되고 있으며, 이는 디지털 협업 도구를 활용하여 공간적 제약을 극복하고 팀 응집력을 높이는 방향으로 진화하고 있다.

요약해보면, 팀구축법은 감수성 훈련과 유사한 개인·집단 관계 개선 효과를 제공하면서도, 과업 성과와 연결된 실천적 접근이라는 점에서 조직 개발의 핵심적 개입방법이다. 현대 조직에서는 이를 성과 중심·문화 중심·디지털 환경 적응 중심으로 재구성하여 활용함으로써, 지속 가능한 집단 성과와 협업 문화를 동시에 달성하고 있다.

4) 과정자문법

과정자문(process consultation)은 외부의 변화담당자(consultant)가 조직 내 집단이나 개인에게 직접적인 해답을 제공하는 것이 아니라, 그들이 스스로 문제를 이해하고 해결할 수 있도록 지원하는 활동을 말한다. 이는 단순한 문제 해결 기법을 넘어, 조직구성원들이 자신들의 상호작용 과정과 문제 해결 방식에 대한 인식을 확장하고, 스스로 바람직한 변화를 만들어낼 수 있는 역량을 기르는 데 초점을 두고 있다. E. H. Schein은 이를 "대상 조직의 환경에서 발생하는 과정 문제를 인식하고 이해하며, 그에 따라 효과적으로 행동할 수 있도록 돕는 변화추진자의 활동 집합"으로 정의하였다.

과정자문법의 궁극적 목적은 조직구성원으로 하여금 자신이 속한 조직이나 집단에서 일어나고 있는 의사소통, 권력과 영향력, 의사결정, 역할 분담, 갈등, 리더십 발휘 등의 다양한 과정(process)을 자각하도록 돕는 것이다. 이를 통해 구성원은 자신과 집단에 나타나는 문제를 단순히 외부적 요인으로 돌리지 않고, 내부적 상호작용과 행동양식의 개선을 통해 해결할 수 있는 자기 능력을 개발하게 된다. 즉, 과정자문법은 조직이 문제 상황에 직면했을 때, 단기적 처방에 머무르지 않고 조직 학습(organizational learning)과 자기 진단(self-diagnosis) 능력을 강화하는 장기적 접근이라고 할 수 있다. 과정자문법은 일반적으로 다음과 같은 단계를 거쳐 수행된다.

(1) 관계 설정

조직이 스스로 해결하기 어려운 문제를 인식하게 되면 변화추진자와 접촉하여 자문 관계를 형성한다. 이때 자문 범위, 계약 조건(업무내용·시간·보수) 등이 명확히 합의된다. 이는 신뢰 구축의 첫 단계로, 성공적인 자문 활동을 위한 필수적인 기초이다.

(2) 개입방법의 결정

변화추진자는 조직의 상황을 고려하여 어떤 방식으로 개입할지를 결정한다. 개입 장소, 형식, 빈도 등이 함께 논의되며, 조직의 현실에 맞게 개입이 설계된다.

(3) 자료 수집

관찰, 면접, 설문, 비공식 대화 등 다양한 방법을 통해 자료를 수집하고 예비적 진단을 수행한다. 이 과정에서 중요한 것은 단순히 문제 현상을 기록하는 것이 아니라, 조직구성원들의 사고방식, 의사소통 패턴, 집단 내 상호작용의 맥락을 파악하는 것이다.

(4) 개입 실행

논의 주제 설정(agenda setting), 자료 피드백, 자문 제공, 조직구조 개선 제안 등의 활동을 수행한다. 이 단계에서 변화추진자는 문제의 '정답'을 제시하기보다는, 조직구성원들이 스스로 문제를 인식하고 해결 방안을 탐색할 수 있도록 돕는 촉진자(facilitator)의 역할을 수행한다.

(5) 평가

자문 활동의 효과를 점검하고, 성과가 실제로 달성되었는지, 추가적 개입이 필요한지를 검토한다. 평가 단계에서는 조직의 학습 효과와 자기 진단 능력이 얼마나 강화되었는지가 핵심 지표가 된다.

과정자문법은 오늘날 조직이 직면하고 있는 복잡한 문제 상황(예컨대, 부서 간 갈등, 팀워크 저하, 변화 저항, 의사소통 단절, 리더십 위기)에 효과적인 개입방법으로 활용된다. 외부 컨설턴트가 개입하더라도, 문제 해결의 주체는 조직 구성원 자신이 되므로, 장기적으로 조직의 자율성과 학습능력을 강화하는 장점이 있다.

그러나 이 기법은 몇 가지 한계도 지닌다. 첫째, 참가자들이 다른 조직개발 기법처럼 직접적인 행동 변화를 경험하기보다는, 과정의 개선에 간접적으로 관여하기 때문에 성과 체감도가 낮을 수 있다. 둘째, 신뢰 구축과 학습 효과가 누적되기까지 2~3년 이상 지속적인 개입이 요구되는 경우가 많아, 노력과 비용이 많이 든다는 점이 단점으로 지적된다. 셋째, 외부 컨설턴트의 역량과 태도에 따라 효과가 크게 달라질 수 있어, 자문자의 전문성이 중요하다.

현대적 맥락에서 과정자문법은 단순히 오프라인 대면 자문에 머무르지 않고, 리더십 코칭, 갈등 중재, 팀 역동 분석, 온라인 협업 플랫폼의 활용 등으로 확장되고 있다. 예컨대, 글로벌 기업들은 원격근무 환경에서 팀 간 협업 문제를 해결하기 위해 가상 워크숍(virtual workshop)과 디지털 피드백 도구를 활용하여 과정자문을 수행한다. 또한 ESG 경영과 연계해, 조직문화 개선, 다양성 · 포용성 증진, 윤리적 의사결정 지원 등의 영역으로도 활용 범위가 확대되고 있다.

정리해보면, 과정자문법은 단기적 문제 해결보다 조직의 자기학습 역량과 장기적 발전 가능성을 중시하는 개입방법이다. 이는 조직구성원들이 문제를 외부 전문가에 의존하지 않고 스스로 진단 · 개선할 수 있도록 돕는다는 점에서, 현대적 조직개발의 핵심 가치와 맞닿아 있다.

5) 조사 · 연구 피드백기법

조사 · 연구 피드백기법(survey research and feedback)은 조직개발(OD)에서 가장 널리 활용되는 개입방법 중 하나로, 외부 변화담당자(consultant)와 조직 내부 구성원이 협력하여 자료를 수집·분석하고, 그 결과를 조직 구성원에게 다시 제공(feedback)함으로써 문제 인식과 개선 노력을 촉진하는 방법이다. 이 기법은 조직 전체 구성원이 객관적 자료에 기반해 현실을 진단하고, 스스로 개선방안을 도출하도록 돕는 집단 학습 과정이라 할 수 있다.

이 방법은 원래 미시간대학교(Michigan University)의 설문조사센터(Survey Research Center)에서 개발된 것으로, 주로 설문조사를 중심으로 수행된다. 설문지는 조직 내 리더십 스타일, 의사결정 과정, 의사소통 및 내부 조정 메커니즘, 조직 분위기(climate), 종업원 만족도(employee satisfaction) 등 광범위한 주제를 포함한다. 이와 같은 요소는 조직의 성과와 직접적으로 연결되어 있으면서도, 구성원 개개인이 주관적으로 체감하는 중요한 요인이기 때문에 진단 자료로서 큰 의미를 갖는다. 조사·연구 피드백기법은 일반적으로 다음과 같은 단계를 거쳐 수행된다.

제1단계: 예비단계

설문지 설계 및 조사 준비 과정으로, 최고경영층 또는 조직 내 주요 이해관계자들이 참여하여 조사 항목과 범위를 확정한다. 이 단계에서 경영진의 참여는 구성원들에게 조사 활동이 단순한 형식적 절차가 아니라, 실제로 조직 변화를 위한 중요한 과정임을 인식시킨다.

제2단계: 자료 수집

설문조사가 전 구성원을 대상으로 시행되며, 가능한 한 모든 집단과 계층이 참여하도록 한다. 이를 통해 조직 전체의 다양한 목소리를 반영할 수 있으며, 객관적이고 신뢰할 수 있는 데이터가 확보된다.

제3단계: 자료 분석 및 피드백 제공

수집된 자료는 외부 전문가나 독립된 분석팀에 의해 분석되고, 그 결과가 보고서 형태로 요약된다. 이후 최고경영층에서부터 작업집단, 더 나아가 개별 부서나 팀 단위에 이르기까지 단계적으로 피드백된다. 이 과정에서 중요한 것은 단순한 정보 제공을 넘어, 구성원들이 데이터를 통해 현재 조직의 문제를 직시할 수 있도록 돕는 것이다.

제4단계: 공동연구회(Workshop)와 개선계획 수립

각 관리자는 부하 직원과 함께 피드백 자료를 검토하며, 개선할 점과 실행 전략을 논의한다. 이때 외부 컨설턴트는 토론이 원활히 이루어지도록 조정하며, 개선 방안이 현실적이고 실행 가능한지 점검한다. 이러한 워크숍은 문제 해결에 대한 참여적 의사결정(participative decision-making)을 촉진하고, 조직 구성원들의 주인의식을 강화하는 효과가 있다. 조사·연구 피드백기법의 장점은 다음과 같다.

- **객관적 자료에 기반한 문제 인식**: 구성원들의 주관적 판단이 아닌, 실제 조사 데이터에 근거한 문제 파악이 가능하다.
- **조직 전 구성원의 참여**: 조사에 참여하고 피드백을 공유받음으로써 모든 구성원이 조직 변화 과정에 주체적으로 참여할 수 있다.
- **경영층과 현장 간의 소통 촉진**: 피드백 과정에서 상향식(bottom-up) 의견 전달이 가능해지며, 경영층과 현장 구성원 간의 인식 차이를 좁히는 데 도움이 된다.
- **지속적 학습 효과**: 조사와 피드백이 반복적으로 이루어질 경우, 조직은 스스로 학습하고 변화하는 능력을 축적하게 된다.

그러나 한계도 존재한다. 조사 설계가 부실하거나, 수집된 자료가 적절히 분석·활용되지 못할 경우 형식적 절차에 그칠 수 있다. 또한 피드백 이후 개선 실행으로 이어지지 않으면 구성원들의 신뢰를 잃을 수 있으며, 오히려 참여 의욕이 저하될 가능성도 있다. 따라서 이 기법의 성패는 경영진의 의지, 컨설턴트의 역량, 구성원의 참여 수준에 크게 좌우된다.

현대의 조사·연구 피드백기법은 디지털 기술과 결합하여 더욱 발전하고 있다. 예컨대, 온라인 플랫폼을 활용한 실시간 직원 인식 조사(pulse survey), AI 기반의 조직문화 분석, 데이터 시각화를 통한 투명한 결과 공유 등이 보편화되고 있다. 또한 단순히 만족도 조사에 그치지 않고, 참여도(engagement), 다양성·포용성(D&I), 조직 내 심리적 안전(psychological safety) 등 최신 경영 환경에 맞춘 항목들이 반영되고 있다.

결론적으로, 조사·연구 피드백기법은 조직개발에서 증거 기반 진단(evidence-based diagnosis)과 참여적 개선(participative improvement)을 가능하게 하는 핵심 도구이다. 이는 단순히 현상 파악을 넘어, 조직이 학습하는 시스템으로 진화할 수 있는 기반을 마련해 준다는 점에서 중요한 의의를 갖는다.

6) 그리드 조직개발

그리드 조직개발(grid organization development)은 R. Blake와 J. S. Mouton이 개발한 기법으로, 관리자의 리더십 유형을 체계적으로 진단하고 변화시키는 데 초점을 둔 조직개발 프로그램이다. 이 기법은 개인 성장(personal growth)과 조직 전체의 개발(organizational development)을 연결하는 집단 학습(group learning)의 형태로 전개되며, 관리자가 과업(task)과 인간관계(relationship)에 대해 보이는 관심 수준을 기준으로 관리유형을 분류한다.

Blake와 Mouton은 관리자의 행동을 격자(grid) 형태로 제시하였다. 한 축은 성과와 업적에 대한 관심(concern for production), 다른 한 축은 사람과 인간관계에 대한 관심(concern for people)을 나타낸다. 이 두 축이 교차하면서 다양한 관리 유형이 형성되며, 그중 과업과 인간관계 모두에 높은 관심을 보이는 9.9형 관리자가 이상적인 리더십 유형으로 제시된다. 그리드 조직개발은 바로 이러한 9.9형 관리자를 양성하기 위해 개인과 집단의 학습과정을 활용하는 기법이다.

그리드 조직개발은 단순히 개인의 관리 스타일을 파악하는 데 그치지 않고, 이를 조직 차원으로 확장하여 구성원들이 협력적으로 학습하고 조직문하를 개선하도록 한다. 즉, 개인적 리더십 변하를 조지저 유효성 향상으로 연결하는 교량적 역할을 한다는 점에서 의의가 크다. 이 기법의 주요 효과는 다음과 같이 요약할 수 있다.

(1) 생산성과 수익성의 증대

관리자가 과업과 인간 모두를 존중하는 리더십을 발휘할 때, 구성원들의 동기부여와 참여 수준이 높아져 성과와 수익성이 함께 향상된다.

(2) 관리 및 팀의 유효성 제고

그리드 조직개발은 집단학습을 통해 팀워크와 협력관계를 강화하며,

결과적으로 조직 전체의 유효성(organizational effectiveness) 증진에 기여한다. 이는 관리자의 리더십 변화가 곧 팀 차원의 협력 강화로 이어진다는 것을 의미한다.

(3) 관리 유형의 변화 촉진

참여자는 자신이 기존에 어떤 관리 유형을 보이는지를 진단받고, 이를 개선하여 이상적인 9.9형으로 발전할 수 있도록 학습한다. 이는 관리자의 인식과 행동방식에 장기적 변화를 가져오는 효과가 있다.

물론 그리드 조직개발은 비판도 존재한다. 일부 학자들은 이 기법이 연구 방법론적 타당성의 문제, 성과가 나타나기까지 장기간이 소요되는 점, 그리고 상당한 비용이 수반되는 점을 단점으로 지적하였다. 그러나 이러한 한계에도 불구하고, 다수의 연구자들은 그리드 조직개발이 실제 현장에서 조직 유효성을 향상시키는 데 기여해 왔음을 강조하며, 특히 리더십 개발 프로그램과 조직문화 개선 프로젝트에서 폭넓게 활용되어 왔다.

현대적 맥락에서 보면, 그리드 조직개발은 단순한 리더십 진단도구를 넘어 조직문화 혁신과 리더십 역량 강화를 위한 통합적 학습 프로그램으로 발전하고 있다. 글로벌 기업에서는 9.9형 리더십 모델을 기반으로 한 리더십 아카데미, 코칭 프로그램, 팀 성과 관리 교육 등을 운영하고 있으며, 최근에는 디지털 협업 환경과 다문화 팀 관리에도 적용되고 있다. 또한 ESG 경영, 다양성과 포용(Diversity & Inclusion), 심리적 안전(psychological safety) 등 현대 조직이 중시하는 가치들과 결합하여, 단순히 성과와 인간관계의 균형을 넘어 지속가능한 리더십으로 확장되고 있다.

요약해보면, 그리드 조직개발은 관리자의 리더십 유형을 진단하고 이상적 관리 유형으로 발전시킴으로써 조직 전체의 성과와 유효성을 높이는 개입 기법이다. 비록 비용과 시간이 요구되지만, 집단학습을 통해 개인과 조직을 동시에 변화시키는 점에서 여전히 조직개발의 중요한 도구로 활용되고 있다.

3. 조직개발의 효과분석

조직개발(Organization Development: OD)은 현대 조직이 변화와 혁신을 추구하는 데 있어 핵심적인 방법론으로 자리 잡아 왔다. 1960년대 이후 선진국을 중심으로 다양한 형태의 조직개발 기법이 적용되어 왔으며, 그 결과 조직개발의 효과성이 실증적으로 축적되었다. 따라서 조직개발의 효과를 과학적으로 분석하는 것은 단순한 평가 차원을 넘어, 조직개발이 조직성과에 어떻게 기여하는지를 설명하는 중요한 연구 과제가 된다. 조직개발 효과를 분석하기 위해서는 먼저 이에 작용하는 변수를 명확히 구분할 필요가 있다. 일반적으로 조직개발의 효과는 과정변수(process variables)와 성과변수(outcome variables)라는 두 가지 측면에서 평가된다. 과정변수는 조직구성원의 행동과 태도의 변화를 의미하며, 성과변수는 조직의 실질적 성과와 성과 지표에 미치는 영향을 가리킨다.

1) 조직개발 효과의 중요 변수

(1) 과정변수

과정변수는 조직개발 활동을 통해 나타나는 구성원 행동 및 심리적 변화를 설명한다. 구체적으로는 다음과 같은 요소들이 포함된다.

- **개방성(openness)**: 조직 내 의사소통이 수직적 지시 체계에 국한되지 않고, 구성원 간 자유롭고 수평적인 정보 교류가 가능해지는 정도를 말한다. 개방성이 높아질수록 상호 신뢰와 피드백 문화가 강화된다.
- **자아인식(self-awareness)**: 개인이 자신의 행동, 가치관, 의사결정 습관이 집단과 조직에 어떤 영향을 미치는지 성찰하는 능력이다. 이는 리더십 개발과 개인 성장의 기초가 된다.
- **동기부여와 영향력 행사(influence)**: 조직개발 개입을 통해 구성원들이 자신의 역할에 더 큰 의미를 부여하고, 다른 구성원에게 긍정적으로 영향을 미치는 정도를 말한다. 이는 조직 내 리더십의 질적 향상과

직결된다.

- **목표 지향성**(goal emphasis): 조직개발을 통해 개인과 집단이 보다 명확한 목표를 설정하고, 그 목표 달성을 위한 행동 일관성을 확보하는 정도를 의미한다.
- **의사결정**(decision-making): 참여적 의사결정이 확대되고, 구성원들의 의견이 경영 의사결정에 반영되는 수준을 가리킨다. 이는 집단 내 책임감과 몰입도를 높이는 데 기여한다.

이러한 과정변수들은 개인, 집단, 리더, 전체 조직 등 다양한 수준에서 동시에 작용하며, 인간 중심적 행동과 과업 중심적 행동 모두에 영향을 준다. 즉, 과정변수는 조직개발이 단순한 성과 향상을 넘어 조직문화와 행동방식의 근본적 변화를 이끄는 매개요소라 할 수 있다.

(2) 성과변수

성과변수는 조직개발이 조직의 실질적인 성과(outcome)에 미치는 영향을 평가하는 요소들이다. 이는 경영진이 조직개발 투자의 효과를 가늠하는 핵심 지표로 활용된다. 주요 성과변수는 다음과 같다.

- **원가**(cost)**와 이익**(profit): 조직개발을 통해 업무 프로세스가 효율화되고, 불필요한 비용이 절감되며, 결과적으로 수익성이 향상된다.
- **능률**(efficiency)**과 생산성**(productivity): 직무설계, 팀워크, 의사소통 개선 등이 결합되어 조직 전체의 산출 대비 투입의 비율이 높아진다.
- **이직률**(turnover)**과 결근율**(absenteeism): 조직개발은 구성원의 직무만족을 높이고 조직몰입을 강화하여, 불필요한 이직과 결근을 줄이는 효과를 가져온다. 이는 조직의 안정성과 지속성을 높인다.
- **직무만족**(job satisfaction): 조직개발은 구성원이 자신의 직무에서 의미와 성취감을 느끼도록 하며, 이는 장기적으로 조직 충성도와 성과 향상에 연결된다.

성과변수 역시 개인, 집단, 조직 전체 차원에서 나타날 수 있으며, 궁극적으로는 조직 유효성(organizational effectiveness)을 평가하는 기준이 된다. 정리해보면, 조직개발의 효과는 과정변수(구성원의 행동·태도 변화)와 성과변수(조직의 실질적 성과 변화)로 구분되며, 두 측면이 상호작용할 때 조직개발은 가장 큰 효과를 발휘한다. 과정변수가 변화의 심리적·행동적 기반을 마련한다면, 성과변수는 그 변화가 조직 전체의 성과 향상으로 연결되었음을 보여준다. 따라서 조직개발의 효과분석은 단순히 결과만 측정하는 것이 아니라, 과정과 성과를 함께 고려하는 종합적 평가체계로 접근해야 한다.

2) 효과 측정 상의 문제

조직개발(Organization Development: OD)의 궁극적 목적은 조직구성원의 행동 변화와 이를 통한 조직 성과 향상에 있다. 그러나 이러한 효과를 객관적으로, 그리고 정확하게 측정하는 것은 매우 어렵다. 이는 조직개발 활동이 본질적으로 장기적이며 복합적인 과정을 거치기 때문이다. 우선, 개인의 행동 변화는 감수성 훈련, 팀 구축, 과정자문과 같은 특정 조직개발 기법의 직접적 결과일 수 있으나, 동시에 개인의 자연적 성숙(natural maturation), 개인적 삶의 경험, 또는 조직 외부의 충격적 사건(예: 경기침체, 사회적 변화, 기술혁신) 등에 의해서도 발생할 수 있다. 이처럼 조직개발 이외의 요인이 측정 결과에 영향을 미치는 것을 오염효과(contamination effect)라 하며, 이는 효과 측정을 저해하는 주요 장애요소로 작용한다.

또한 개인과 집단의 행동 변화는 일정한 패턴으로 일어나지 않고, 급격한 변화, 점진적 변화, 후퇴를 동반한 변화, 파동적 변화 등 여러 형태의 발생 패턴을 보인다. 따라서 어느 시점에서 효과를 측정하느냐에 따라 결과는 크게 달라질 수 있다. 예컨대, 훈련 직후에는 긍정적 변화가 뚜렷하게 관찰되지만, 시간이 지남에 따라 효과가 희석되거나 다른 요인과 혼합되어 나타날 수 있다.

조직개발 효과 측정의 어려움은 장기적·종합적 개입일수록 더 심화된다. 예컨대, 그리드 조직개발이나 조직문화개발 프로그램과 같이 전사적이고 장기간에 걸친 변화 활동은, 그 결과가 조직의 전체 성과에 반영되더라도 이를 순수하게 조직개발의 효과로 분리해 내기가 사실상 불가능하다. 이는 조직 내부의 구조조정, 리더십 교체, 인사정책 변화, 시장 환경 변화 등 다양한 외부·내부 요인이 동시에 작용하기 때문이다.

따라서 이러한 상황에서는 효과 측정을 위한 통제집단(control group)의 설정이 필수적이다. 통제집단은 조직개발 개입을 받지 않은 비교대상 집단으로서, 조직개발의 순수한 효과를 파악하는 데 유용하다. 그러나 실제 조직 현장에서 통제집단을 운영하는 것은 현실적으로 매우 어렵거나 불가능한 경우가 많다. 조직 전체가 하나의 생태계로 작동하기 때문에 특정 집단만을 분리하여 실험적 조건을 적용하는 것이 조직 내 공정성과 윤리적 문제를 유발할 수 있기 때문이다. 결과적으로, 조직개발의 효과 측정은 다음과 같은 한계를 지닌다.

- **측정 시점의 문제**: 언제 효과를 측정하느냐에 따라 결과가 다르게 나타난다.
- **외부 변인의 개입**: 환경 변화, 개인적 경험 등 조직개발 외적 요인이 결과에 영향을 미친다.
- **장기적 개입의 복잡성**: 전사적·장기적 OD 프로그램일수록 효과를 순수하게 분리하기 어렵다.
- **통제집단 설정의 어려움**: 조직 내 현실적 제약으로 인해 실험적 설계가 제한된다.

요약해보면, 조직개발 효과의 측정은 과학적 타당성 확보가 쉽지 않은 과제이다. 따라서 연구자와 실무자는 단일 지표나 단기적 결과에만 의존하지 말고, 과정변수와 성과변수의 복합적 접근, 장기적 추적 조사(longitudinal study), 질적 자료와 양적 자료의 통합(mixed methods) 등을 활용하여 보다 다차원적이고 종합적인 효과 분석을 시도할 필요가 있다.

section 02 조직혁신

조직은 끊임없이 변화하는 외부 환경 속에서 존재하는 동태적(dynamic) 체제이다. 따라서 변화에 적응하거나 이를 능동적으로 극복하지 못하면 조직은 정체되거나 궁극적으로 소멸할 수밖에 없다. 이러한 점에서 조직혁신(organizational innovation)은 현대 조직의 생존과 발전을 위한 핵심 과제로 간주된다.

조직혁신에 관한 연구는 기술혁신, 마케팅, 경영전략, 기술관리, 조직이론 등 다양한 학문 분야에서 전개되어 왔으며, 그 결과 혁신의 개념은 연구자들의 관점에 따라 다양하게 정의되어 왔다. 예를 들어, P. F. Drucker는 혁신을 "기업가 고유의 도구로서, 기업가가 환경 변화를 사업이나 서비스 기회로 활용하기 위한 수단"으로 규정하였다. 이는 혁신을 기업가정신의 실현 수단으로 이해하는 대표적 관점이다. 반면, A. H. Van de Ven은 혁신의 본질을 개발과 실행 과정에 두고 "제도적 질서 속에서 상호작용하는 개인이나 집단이 새로운 아이디어를 개발하고 실행하는 것"으로 정의하였다. 이 정의는 혁신을 단순한 산출물이 아닌 사회적 관계 속에서 전개되는 상호작용적 과정으로 본다. 또한 M. A. West와 J. L. Farr는 혁신을 "개인, 집단, 조직 또는 사회에 유익한 새로운 아이디어, 과정, 제품, 절차를 역할 담당자나 조직이 의도적으로 도입하고 적용하는 행위"로 설명하며, 혁신의 유익성, 의도성, 실행 가능성을 강조하였다. 이와 같이 여러 학자들의 정의를 종합하면, 조직혁신이란 조직이 새로운 아이디어, 제품, 서비스, 제도, 프로그램, 과정 또는 정책을 스스로 창안·개발·실용화하거나, 이미 외부에서 개발된 것을 인지·도입·활용하는 일련의 행위라고 할 수 있다.

즉, 조직혁신은 단순히 새로운 아이디어를 만들어내는 것에 그치지 않고, 그것을 조직 활동과 제도 속에 실제로 적용하여 의미 있는 변화를 창출하는 과정을 포괄한다. 따라서 조직혁신은 아이디어의 창출 → 개발 → 도입 → 실행

→ 제도화라는 연속적 단계를 거치며, 조직의 성과와 지속가능성에 직접적으로 기여하는 중요한 관리 활동으로 이해될 수 있다.

1. 조직혁신의 특징

조직혁신은 단순히 새로운 아이디어를 창출하는 행위가 아니라, 그것을 조직의 제도와 활동에 실제로 적용하여 변화와 성과를 이끌어내는 복합적 과정이다. 따라서 조직혁신을 올바르게 이해하기 위해서는 그 주체, 동기, 목적, 내용, 과정 및 방법에 관한 특징을 체계적으로 고찰할 필요가 있다.

첫째, 조직혁신의 주체는 '조직'이다.

혁신의 아이디어를 제안하고 실행하는 주체는 개별 구성원이지만, 그 성과는 조직 차원에서 제도화되고 정착되어야 한다. 따라서 조직혁신은 개인적 창의성에 국한되는 것이 아니라, 조직 전체가 하나의 주체로서 혁신을 수용하고 이를 제도적으로 뒷받침할 때 의미가 있다. 이러한 점에서 조직혁신의 분석 단위는 조직 수준에 두어야 하며, 개인적 아이디어도 결국 조직적 맥락에서 실행 가능성과 영향력을 평가받는다.

둘째, 조직혁신은 계획적(planned)이고 의도적(intended) 동기를 갖지만, 비의도적 혁신도 존재한다.

많은 경우 조직혁신은 전략적 목표 달성을 위해 의도적으로 추진된다. 그러나 Drucker가 지적했듯이, 혁신은 때때로 사전 계획 없이 우연히 발생하기도 하며, 급격한 환경변화나 위기 대응의 결과로 촉발되기도 한다. 즉, 조직혁신은 의도적 전략과 환경적 우연이 함께 작용하는 복합적 현상이다.

셋째, 조직혁신의 목적은 다차원적이다.

혁신의 직접적 목적은 경제적 성과, 즉 원가 절감과 수익 증대에 있다. 그러나 조직구성원의 태도 변화, 동기부여, 행동 개선 등 행동적 목적, 그리고 사회적 인정이나 조직 이미지 제고와 같은 상징적 목적 역시 중요한 혁신의 성과이다. 후기 산업사회로 올수록 조직은 단순한 경제적·도구적 역할뿐 아니라, 사회 속 제도적 하위체계로서 정당성과 신뢰 확보라는 상징적 목적을 더욱 강조하게 된다. 따라서 조직혁신의 목적은 단순히 경제적 효율성에 국한되지 않고, 사회적·제도적 가치 창출까지 포괄해야 한다.

넷째, 조직혁신의 내용은 혁신 대상에 따라 달라진다.

기술혁신, 제품혁신, 서비스혁신, 관리혁신, 과정혁신 등 조직혁신은 특정 부문에 국한되지 않는다. 기술적 요소가 대상이면 기술혁신, 제품이나 서비스가 대상이면 제품혁신과 서비스혁신, 경영활동 전반이 대상이면 관리혁신, 그리고 운영 절차가 대상이면 과정혁신이 된다. 효과적인 조직 운영을 위해서는 이러한 혁신이 조직의 모든 영역에서 유기적으로 이루어져야 하며, 특정 혁신만 강조될 경우 다른 영역의 비효율이 발생할 수 있다. 따라서 조직혁신은 본질적으로 전면적이고 통합적인 혁신 활동이다.

다섯째, 조직혁신은 일정한 과정을 거쳐 전개된다.

혁신은 단번에 완성되는 사건이 아니라, 연속적 과정이다. 개인적 아이디어 창출에서 출발하여, 개발·제품화·실용화·확산으로 이어지며, 이 과정에서 조직 내외의 다양한 이해관계자가 참여한다. 일반적으로 조직혁신의 과정은 ① 아이디어의 창출과 개발 단계, 그리고 ② 채택과 실행 단계라는 두 축으로 설명할 수 있다. 오늘날에는 여기에 더해, 실행 후 성과를 제도화하고 지속 가능성을 확보하는 확산과 제도화 단계가 중요하게 논의된다.

조직혁신은 주체의 집단성, 의도성과 우연성의 공존, 경제적·행동적·상징적 목적의 다차원성, 대상 영역의 다양성, 과정의 단계성이라는 특징을 갖는다. 이러한 특징은 조직혁신이 단순히 새로운 것을 도입하는 행위가 아니라, 조직의 생존과 발전을 위한 전략적이고 제도적인 변화 과정임을 보여준다.

2. 조직혁신의 기법

현대 기업은 급변하는 환경 속에서 경쟁우위를 확보하고 생존하기 위해 끊임없는 혁신을 추구한다. 경영혁신, 업무개선, 효율화, 원가 절감 등의 노력은 더 이상 선택이 아니라 필수이며, 이러한 변화는 생산, 판매, 회계, 인사 등 조직의 모든 부문에서 나타난다. 따라서 조직혁신은 기업이 초일류(global excellence)를 지향하며 미래에 대비하는 핵심 경영전략으로 자리 잡고 있다.

대표적인 조직혁신 기법으로는 리엔지니어링(Reengineering), 벤치마킹(Benchmarking), 리스트럭처링(Restructuring), 다운사이징(Downsizing) 등이 있다. 이들 기법은 모두 급격한 환경 변화에 대응하기 위해 고안된 것으로, 조직의 구조와 프로세스를 근본적으로 재편함으로써 효율성과 효과성을 동시에 추구한다.

1) 리엔지니어링(Reengineering)

리엔지니어링은 1990년대에 M. Hammer와 J. Champy가 체계적으로 제시하면서 널리 확산된 개념으로, 기업의 성과를 획기적으로 향상시키기 위해 현대의 정보기술을 활용하여 업무 프로세스를 근본적으로 재설계하는 것을 의미한다. 이는 단순한 개선 활동이 아니라, 기존의 업무 흐름과 구조를 전면적으로 재검토하여 새로운 운영 체계를 구축하는 혁신적 접근법이다.

Hammer와 Champy는 리엔지니어링을 “이익, 품질, 서비스, 속도와 같은 기업의 핵심성과를 극적으로 향상시키기 위해 기업활동의 프로세스를 근본적으로 재검토하고 급진적으로 재설계하는 것”으로 정의하였다. 여기에는 다음과 같은 핵심적 요소가 포함된다.

(1) 기본적(Fundamental)

리엔지니어링은 기업 운영에 대해 가장 근본적인 질문부터 시작한다. 기업은 “무엇을 해야 하는가?”를 먼저 규정하고, 그 다음에 “어떻게 할 것인가?”를 결정해야 한다. 기존 관행이나 전통적 업무 방식을 전제로 삼지 않고, ‘현존하는 것’보다 ‘필수적인 것’에 집중한다는 점에서 본질적이다.

(2) 급진적(Radical)

리엔지니어링은 단순히 기존 제도를 조금 고치거나 부분적으로 개선하는 수준이 아니다. 낡은 구조와 절차를 완전히 버리고, 근본적으로 새로운 프로세스를 창조하는 것이 핵심이다. 따라서 이는 현상 유지나 점진적 변화와는 구분되는 급진적 혁신의 성격을 가진다.

(3) 극적(Dramatic)

리엔지니어링은 점진적인 성과 개선이 아니라, 성과의 획기적 도약을 추구한다. 예컨대 원가를 몇 퍼센트 줄이는 정도가 아니라, 절반 수준으로 절감하거나 고객 서비스 속도를 몇 배 이상 개선하는 식의 극적인 성과 향상을 목표로 한다. 따라서 리엔지니어링은 소규모 개선 프로젝트가 아니라, 조직 전체의 근본적 개혁이 필요할 때 적용된다.

(4) 프로세스(Process)

리엔지니어링의 중심은 프로세스 중심 사고이다. 프로세스는 "하나 이상의 입력을 받아 고객에게 가치 있는 결과를 산출하는 활동의 집합"으로 정의된다. 전통적으로 기업은 업무를 작은 단위로 세분화하여 각각 전문가에게 배정해 왔으나, 이는 전체 프로세스의 흐름과 고객 가치 창출을 간과하게 만들었다. 리엔지니어링은 개별 작업이 아닌 전체 프로세스의 최적화에 초점을 맞추며, 고객 중심의 가치 창출을 기준으로 업무를 재설계한다.

리엔지니어링은 단순한 절차 개선이 아니라, 기업이 새로운 경쟁 환경에 적응하고 성과의 질적 도약을 이룰 수 있도록 돕는 혁신 방법론이다. 오늘날 디지털 전환(Digital Transformation) 시대에는 ERP, 빅데이터, 인공지능(AI) 등 첨단 정보기술과 결합하여 디지털 프로세스 리엔지니어링으로 확장되고 있다. 예컨대 글로벌 기업들은 AI 기반 의사결정 지원 시스템을 도입하거나, 고객 맞춤형 서비스를 위한 데이터 기반 프로세스를 재설계하여 극적인 성과 개선을 이루고 있다. 리엔지니어링은 기본에 대한 성찰, 급진적 혁신, 극적인 성과, 프로세스 중심이라는 네 가지 핵심 요소를 특징으로 하며, 오늘날에도 조직 혁신의 대표적 기법으로 폭넓게 활용되고 있다.

2) 벤치마킹(Benchmarking)

벤치마킹은 조직이 성과를 개선하고 경쟁우위를 확보하기 위해 자사보다 우수한 기업이나 조직의 사례를 체계적으로 학습하고 이를 적용하는 혁신 기법이다. 단순히 외부의 모범 사례를 모방하는 수준이 아니라, 자사의 문제를 명확히 진단하고, 선진 사례를 관찰·분석하며, 그 결과를 바탕으로 개선안을 수립·실행한 뒤 다시 학습으로 환류시키는 순환적 과정을 포함한다. 따라서 벤치마킹은 특정한 정보를 얻는 활동을 넘어, 조직의 지속적인 학습과 개선 기회를 포착하는 전략적 도구로서 기능한다.

벤치마킹은 비교 대상과 범위에 따라 네 가지 유형으로 구분된다. 첫째, 내부적 벤치마킹은 동일 기업 내 부서나 지사 간의 비교를 통해 우수사례를 발굴하고 이를 확산시키는 방법이다. 자료 수집이 용이하고 대기업의 균형 발전에 유리하다는 장점이 있으나, 내부적 시각에 갇히거나 부문 간 갈등을 유발할 가능성이 있다. 둘째, 경쟁적 벤치마킹은 직접적인 경쟁 기업을 대상으로 수행되며, 자사가 직면한 문제 해결에 직접적인 통찰을 줄 수 있다. 그러나 경쟁 기업으로부터 정보를 얻기 어렵고, 윤리적 갈등이나 적대적

그림 13-2 벤치마킹 과정

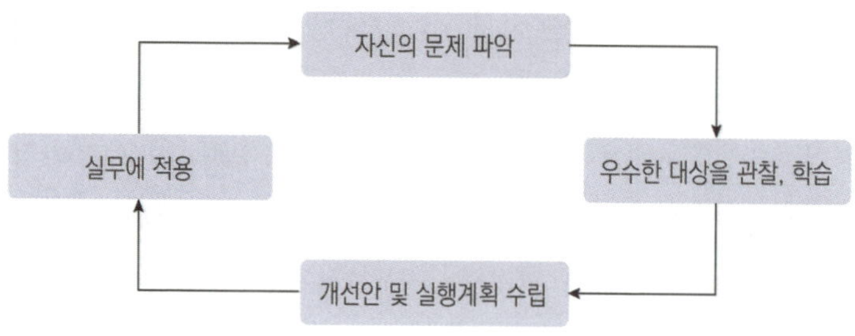

표 13-1 벤치마킹의 네 가지 종류

종류	비교연구대상	전형적인 사례	장 점	단 점
내부적 벤치마킹	같은 기업 내 다른 지역, 부서, 사업부, 국가 간의 활동	아봉 프로덕트, 제록스	• 자료수집이 용이함 • 다각화된 우량 기업의 경우 효과가 큼	• 편중된 내부 시각 우려
경쟁적 벤치마킹	고객을 공유하는 직접적 경쟁기업	LG화학과 Toyo	• 경영성과와 관련된 정보 입수가 가능 • 비교 가능한 업무/기술/정보 수집의 지속성	• 자료입수가 어려움 • 윤리적 문제의 발생 소지가 큼 • 적대적 태도
기능적 벤치마킹	제품, 서비스 및 프로세스에 있어 가장 우수한 실무를 보이는 조직 또는 기업	엘엘빈사와 제록스	• 혁신적인 실행을 발견할 가능성이 높음	• 환경의 차이로 실제 적용이 어려움
본원적 벤치마킹	사회와 문화의 차이 등 모든 것을 초월한 학습	삼성전자와 소니, 브리시티 텔레콤 등이 참여한 경영혁신 벤치마킹	• 프로세스는 물론 전력, 철학 등 근본적인 것을 학습	• 다소 비현실적

관계를 야기할 수 있다는 한계가 있다. 최근에는 직접적 경쟁보다는 잠재적 경쟁관계에 있는 기업이나 고객층이 다른 기업 간에 더 활발히 이루어지고 있다. 셋째, 기능적 벤치마킹은 산업의 경계를 넘어 특정 프로세스를 가장 잘 수행하는 조직을 대상으로 하는 방식으로, 혁신적 실행 방안을 학습할 수 있다는 장점이 있다. 다만 환경 차이로 인해 실제 적용이 어려운 경우가 많다. 넷째, 본원적 벤치마킹은 특정 프로세스에 국한되지 않고, 경영철학·전략·조직문화 등 보다 근본적 차원에서 학습하는 방식이다. 이는 단순한 모방이 아니라 정보 교류와 상호 학습의 성격이 강하며, 전략과 철학까지 학습할 수 있지만 다소 추상적이고 현실 적용성이 떨어지는 한계를 가진다.

벤치마킹의 의의는 크게 네 가지로 정리할 수 있다. 첫째, 우수 사례 도입을 통해 생산성·품질·고객 서비스 등 다양한 측면에서 성과 개선을 달성할 수 있다. 둘째, 단순한 모방이 아니라 외부의 장점을 자사 맥락에 맞게 변형·적용하는 과정을 통해 조직 학습 능력을 높인다. 셋째, 외부 시각을 받아들이면서 내부 구성원들이 변화의 필요성을 인식하도록 만드는 변화 촉매 역할을 수행한다. 넷째, 단기적인 개선을 넘어 장기적 경쟁 우위 확보를 위한 전략적 통찰을 제공한다는 점에서 중요한 의미가 있다.

오늘날 벤치마킹은 전통적인 기업 간 비교를 넘어, 글로벌 차원과 디지털 환경에서 새롭게 확장되고 있다. 글로벌 벤치마킹은 국경을 넘어 세계적 수준의 선진 사례를 학습하는 것이며, 디지털 벤치마킹은 빅데이터, 인공지능, ESG 경영 등 새로운 경영 패러다임 속에서 업계 최고 수준의 사례를 분석하고 이를 자사에 맞게 변용하는 과정이다. 또한 최근에는 경쟁을 넘어 협력적 학습을 강조하는 컨소시엄 벤치마킹(consortium benchmarking)도 확산되고 있어, 조직 간 상호 학습을 통해 혁신 생태계를 구축하는 방향으로 발전하고 있다.

결론적으로 벤치마킹은 단순한 모방이 아니라, 조직이 변화의 기회를 탐색하고 새로운 혁신 방향을 설정하며 학습 문화를 정착시키는 전략적 혁신 기법이다. 이를 통해 조직은 외부 환경 변화에 신속히 대응하고, 지속가능한 경쟁우위를 확보할 수 있게 된다.

3) 리스트럭처링(Restructuring)

기업은 시대적 경영환경 변화에 따라 생존과 성장을 위한 전략적 수단을 달리 추구해 왔다. 1960~70년대는 세계 경제가 본격적인 성장 궤도에 진입하면서 기업들은 규모 확대와 시장 점유율 제고에 주력하였다. 그러나 1980년대에 들어서는 공급 위주의 경제정책과 세율 인하로 인해 성장성보다는 수익성이 경영의 새로운 목표로 부상하게 되었으며, 기업들은 경쟁 압력을 완화하기 위해 의도적으로 부채 비율을 높이며 자산 확대 전략을 병행하였다. 이어 1990년대에 이르러서는 장기적인 경쟁우위 확보를 위해 기업 구조를 전면적으로 재검토하고 재편하는 필요성이 강조되었다. 이러한 흐름 속에서 등장한 개념이 바로 리스트럭처링(Restructuring)이다.

리스트럭처링은 단순한 구조조정을 넘어, 기업의 미래를 보장하고 경쟁우위를 확보하기 위해 사업 구조를 근본적으로 개혁하는 전사적 혁신 활동을 의미한다. 구체적으로는 기업이 다수의 사업부나 계열사를 보유한 경우, 환경 변화를 예측하여 어느 사업을 주력 사업으로 집중할 것인지, 어떤 사업을 축소·철수할 것인지, 또 어떤 신규 사업으로 진출할 것인지 전략적으로 결정한다. 아울러 중복 사업을 통합하거나 새로운 제휴를 통해 미래지향적 사업 포트폴리오를 재구성함으로써 기업의 장기적 생존 기반을 다지는 것이다.

리스트럭처링은 크게 적극적 구조조정과 수동적 구조조정으로 구분된다. 적극적 리스트럭처링은 국내외 기업과의 전략적 제휴, 공동사업 추진, 신기술 접목 등 사업 확장과 혁신을 목표로 한다. 반면 수동적 리스트럭처링은 성장성이 낮은 사업의 축소나 철수, 중복 사업 통폐합, 인력 감축, 부동산 매각 등 불필요한 자원의 정리와 효율화를 중심으로 이루어진다. 따라서 리스트럭처링은 단순히 부실 사업을 정리하는 것이 아니라, 기업의 중장기 비전과 전략적 방향성을 새롭게 제시하는 적극적 개혁 활동이라고 볼 수 있다.

리스트럭처링이 필요하게 된 배경에는 글로벌 경쟁 격화, 기술혁신의 가속화, 고객 요구의 다양화, 저성장 경제의 도래 등 환경적 요인들이 자리한다. 기존 전략과 업종으로는 더 이상 미래 경쟁력을 담보하기 어렵다는 인식이 확산되면서, 기업들은 선택과 집중의 원리에 입각해 사업구조를 재편하게 되었다.

리스트럭처링의 성격은 전략적 의사결정의 성격에 따라 구분할 수 있다.

첫째, M&A(인수·합병)에 의한 재무적 리스트럭처링은 규모의 경제 추구와 같은 외형적 성장에 중점을 두며, 이는 주식시장 침체기 등 재무적 압박 상황에서 자원 배분의 산물로서 일회적 성격의 의사결정에 해당한다.

둘째, 경영혁신 지향적 리스트럭처링은 저성장 시대와 무국경 경쟁 시대를 맞아 내부적 혁신을 통한 질적 성장을 도모하는 것으로, 자원 배분의 기준을 지속적·연속적으로 제시하는 성격을 갖는다. 전자가 외형적 성장 중심이라면, 후자는 내실 있는 성장을 추구한다는 점에서 구별된다.

따라서 리스트럭처링은 단순한 사업 정리나 구조조정이 아니라, 기업의

표 13-2 선택과 집중 전략으로서 리스트럭처링 활용 형태

	활성화 배경	실행 목적	전략적 의사결정의 성격
M&A에 의한 재무적 리스트럭처링	• 규모의 경제시대 • 주식시장의 침체	재무적 측면에서 외형적 성장 추구	• 자원배분의 산물 • 일회적 의사결정
경영혁신 지향 리스트럭처링	• 저성장시대의 도래 • 무국경 경쟁의 가속	내부적 경영혁신을 통한 질적 성장 추구	• 자원배분의 기준 제시 • 지속적·연속적 의사결정

자료: 매일경제신문, 1997. 8. 19.

미래상을 새롭게 설계하는 전략적 혁신 기법이다. 이는 기업이 변화무쌍한 환경 속에서 생존을 넘어 지속가능한 성장을 추구하기 위한 필수적인 선택이자, 장기적 경쟁우위를 확보하는 핵심 전략으로 자리 잡고 있다.

4) 다운사이징(Downsizing)

다운사이징은 원래 1980년대 초 미국 IBM Watson 연구소의 연구원 Henry Downsizing의 이름에서 비롯된 용어로, 초기에는 중앙집권적 대형 컴퓨터 체계에서 벗어나 최종사용자들에게 정보 주도권을 분산시키는 전산망 관리 방식에서 출발하였다. 이후 이 개념이 기업 경영에 적용되면서, 조직 내 불필요한 군살을 제거하고 과도하게 팽창된 기구와 인력을 합리적으로 축소하여 경쟁력을 강화하는 경영정책으로 발전하였다.

조직의 다운사이징은 흔히 단순한 기구 축소나 인력 감원으로 이해되지만, 단순한 원가 절감을 위한 미봉책이 아니라 장기적 경쟁력 확보를 위한 전략적 의사결정이라는 점에서 본질적인 차이가 있다. 즉, 불필요한 자원을 제거하고 조직을 유연화하여 환경 변화에 신속하게 대응할 수 있도록 만드는 것이 다운사이징의 핵심 목적이다.

첫째, 의도성(Intentionality)이다. 다운사이징은 조직이 외부 환경 변화에 수동적으로 대응하는 것이 아니라, 경영진이 의도적으로 기획·실행하는 과정이다. 따라서 단순히 시장 축소나 쇠퇴에 따른 규모 축소와는 구별된다.

둘째, 인력 감축을 포함하되, 그에 한정되지 않는다. 일반적으로 다운사이징은 불필요한 인원을 줄이는 과정을 포함하지만, 특정 부문에서는 신규 사업이나 제품 확대에 따라 인원이 늘어날 수도 있다. 그러나 전반적으로는 단위 산출량당 인력 투입이 이전보다 줄어드는 방향으로 추진된다. 즉, 인력 구조의 효율화가 본질이다.

셋째, 방어적 수단이자 공격적 전략이 될 수 있다. 위기 상황에 처한 기업이 생존을 위해 방어적으로 활용할 수도 있지만, 아무 문제가 없는 기업이 성과를 더 높이고 경쟁력을 강화하기 위해 전향적·공격적 수단으로 활용하기도 한다.

넷째, 업무 흐름에 구조적 변화를 가져온다. 인력이 줄어든 만큼 남은 구성원들은 동일한 업무량을 처리해야 하기 때문에, 업무 방식의 효율성 제고가 필수적이다. 이는 단순히 인력 감축을 넘어 업무 절차와 프로세스의 전환을 동반하게 되며, 결과적으로 조직 운영 전반에 변화를 촉진한다.

다운사이징은 단기적으로는 인건비 절감과 비용 효율성을 확보하는 효과가 있지만, 궁극적으로는 조직을 보다 슬림(slim)하고 유연(flexible)하게 만들어 변화하는 경영환경 속에서 신속히 대응할 수 있도록 한다는 점에서 중요한 의미를 가진다. 특히 글로벌 경쟁 심화, 기술혁신 가속, 고객 요구의 다양화 등 불확실성이 확대되는 환경에서, 다운사이징은 기업의 장기적 경쟁력 강화와 생존 전략으로 자리매김하였다.

그러나 다운사이징은 부정적 효과도 내포한다. 지나친 인력 감축은 구성원의 사기 저하, 조직 몰입 약화, 인적 자원 상실로 이어질 수 있으며, 잦은 구조조정은 조직 문화에 부정적 영향을 미칠 수 있다. 따라서 성공적인 다운사이징은 단순한 인력 감축이 아니라, 조직의 전략적 재설계와 인적 자원의 효율적 활용을 동시에 추구해야 한다.

결론적으로, 다운사이징은 비용 절감을 넘어, 경쟁력 강화를 위한 전략적 조직 혁신 기법이다. 이는 불필요한 자원을 제거하고 조직을 슬림화하여 효율성을 제고하는 동시에, 변화하는 환경에 적응할 수 있는 유연한 조직 구조를 확립하는 데 그 의의가 있다.

(1) 다운사이징의 필요성

오늘날 기업 환경은 과거 어느 때보다도 급격하고 불확실하게 변화하고 있다. 세계화와 정보화의 진전, 산업구조의 재편, 세계시장의 블록화, 그리고 지구환경 보호 문제 등은 기업으로 하여금 기존의 방식으로는 생존할 수 없다는 사실을 명확히 보여주고 있다. 특히 정보기술의 발전은 전통적인 산업의 경계를 허물고 새로운 경쟁구도를 형성하면서 기업들에게 끊임없는 적응과 혁신을 요구하고 있다. 이러한 시대적 상황을 두고 P. F. Drucker는 이를 "변혁의 시대"라고 규정하였으며, M. Hammer 역시 그의 저서 『리엔지니어링과 기업혁명』에서 앞으로의 시대를 3C, 즉 변화(Change), 경쟁(Competition), 고객(Customer)의 시대라고 지적하였다. 이는 곧 기업 경영환경이 더욱 급변하고, 경쟁의 강도가 심화되며, 고객의 중요성이 점점 더 강조되는 방향으로 발전할 것임을 의미한다.

따라서 기업은 변화하는 환경 속에서 단순히 효율성을 추구하는 차원을 넘어, 유효성(effectiveness)을 지향하는 전략적 지원 시스템을 구축해야 한다. 이는 과거 관리와 통제를 중심으로 한 전통적 조직운영 패러다임에서 벗어나, 보다 개방적이고 유연한 구조로 전환할 것을 요청한다. 즉, 기능 중심의 수직적·계층적 조직 구조에서 수평적 조직으로 변화하여 창의성과 혁신을 발휘할 수 있는 기반을 마련해야 한다. 또한 내부 지향적 관점에서 벗어나 고객 중심, 외부 중심으로 사고를 전환하고, 부서 간 벽을 허물어 원활한 의사소통과 협력을 촉진해야 한다.

궁극적으로 다운사이징은 단순한 감원 정책이 아니라, 급변하는 환경에 적응하고 기업의 생존을 담보하기 위한 조직 재설계 과정이라 할 수 있다. 조직 비효율을 제거하고, 전략과 유기적으로 연계된 구조를 마련하며, 고객 중심의 가치 창출을 통해 기업의 효율성과 유효성을 동시에 높이는 것이 다운사이징의 근본적인 필요성이다.

표 13-3 미래의 조직변화 방향

조직의 변화 방향	변화에 대한 기대가치 및 목적
환경변화에 적응하는 조직	조직 생존
고객 중시의 조직	내부보다는 외부 중시
부서 간 벽이 없는 조직	의사소통의 활성화 조직 비효율 제거
수평적 조직	창조성 발휘
전략과 연계된 조직	조직의 효율·유효성 제고

(2) 다운사이징의 유형

다운사이징은 실행 방식에 따라 크게 세 가지 유형으로 구분할 수 있다. 첫째, 인원감축형 다운사이징이다. 이는 가장 전통적이고 일반적인 형태로, 조기퇴직 프로그램, 정리해고, 재취업 알선, 자연 감원 등을 통해 인력을 직접적으로 줄이는 방식이다. 이러한 유형은 즉각적인 인건비 절감 효과를 가져오며, 조직이 위기 상황에 처해 있음을 구성원들에게 명확하게 인식시킬 수 있다는 장점이 있다. 그러나 동시에 숙련된 인력의 이탈로 인해 조직 내 핵심 지식이나 기술의 손실이 발생할 위험이 크고, 구성원들의 사기 저하와 불안감을 유발할 수 있다는 한계도 내포하고 있다.

둘째, 업무 재편성형 다운사이징이다. 이는 단순히 인원을 줄이는 데 그치지 않고, 기능이나 계층, 작업 집단, 부서, 혹은 불필요한 제품 라인 등을 제거함으로써 조직 구조 자체를 단순화하는 접근이다. 이 방식은 구조적 중복을 제거하고 효율성을 높이는 효과가 있으며, 단순한 인원감축보다 체계적이고 합리적인 조직 정비가 가능하다는 점에서 의의가 있다. 그러나 남은 구성원들에게 업무 부담이 과도하게 전가될 경우 피로감과 저항이 발생할 수 있으므로 신중한 설계가 요구된다.

셋째, 체계적 접근형 다운사이징이다. 이는 단순히 인력이나 구조를 줄이는 것에 그치지 않고, 조직문화·구성원의 태도·가치관 등 조직의 심층적 요소까지 변화시키는 접근이다. 즉, 다운사이징을 단순한 감량화 작업이 아니라 조직 전체의 체질을 개선하는 전략적 혁신 과정으로 인식하는 것이다. 이 경우

표 13-4 다운사이징의 세 가지 유형

구분	유형 I (인원감축)	유형 II (업무재편성)	유형III(체계적)
초점	인원감축	직무, 계층, 조직단위	문 화
제거의 대상	사람	업무	현상유지적 사고
실행시간	단기	중기	장기
효과	단기	중기	장기
예시	해고, 소모(attrition) 조기퇴직 등	• 기능부서 통합 • 조직단위 합병 • 직무 재디자인 • 조직계층 제거	

인적 자원의 재배치, 새로운 역량 개발, 변화 수용적 문화 조성 등이 함께 이루어져야 하며, 따라서 장기적이고 포괄적인 노력이 필요하다.

이와 같이 다운사이징은 개별적 형태로 활용되기도 하지만, 실제 조직 현장에서는 이들 방법이 통합적·복합적으로 적용되는 경우가 많다. 예컨대 인원 감축을 병행하면서 동시에 부서 통폐합이나 프로세스 단순화가 이루어지며, 장기적으로는 조직문화 개선과 가치 혁신으로 연결되는 것이다. 그러나 현실적으로 가장 많이 활용되는 방식은 여전히 인원감축형 다운사이징으로, 이는 그 즉각적 효과 때문이지만, 동시에 부정적 후유증을 남길 수 있어 신중한 균형이 필요하다.

(3) 다운사이징의 양면성

다운사이징은 조직의 효율성을 제고하기 위한 전략적 수단으로 긍정적 효과와 부정적 효과를 동시에 내포하고 있다. 먼저, 긍정적인 측면에서 다운사이징은 조직의 군살을 제거하여 간접비를 절감하고, 과도한 관료주의적 절차를 단순화하여 의사결정의 신속성을 높일 수 있다. 또한 부서 간 벽을 허물고 소통을 원활히 함으로써 효과적인 의사소통 체계를 구축할 수 있으며, 그 결과 생산성과 품질 향상, 고객 서비스 개선을 기대할 수 있다. 나아가 불필요한 자원을 줄이고 효율성을 강조하는 과정에서 구성원들이 위험을 감수하며 새로운 시도를 하려는 태도(risk taking)가 증대되는 효과도 나타날 수 있다. 이러한 관점에서 다운사이징은 자동차의 정기적인 정비나 인체의 불필요한 지방 제거와 같이, 조직의 건강성을 유지하기 위해 주기적으로 필요한 활동으로 이해되기도 한다.

그러나 부정적인 측면에서 보면, 다운사이징은 기대만큼의 성과를 내지 못하는 경우가 많다. 미국 경영자협회(AMA)가 1989년부터 1994년까지 다운사이징을 실시한 대기업을 대상으로 조사한 결과, 영업이익이 증가했다고 보고한 기업은 절반 정도(50.6%)에 불과했으며, 오히려 20% 이상은 영업이익이 감소했다고 응답하였다. 종업원 생산성 또한 증가·무변화·감소가 고르게 보고되었고, 무엇보다 종업원의 사기는 86% 이상의 기업에서 감소했다고 응답하여 다운사이징의 효과에 의문을 제기하게 한다.

이처럼 기대했던 성과가 나타나지 않는 이유는, 첫째, 다운사이징 자체가 비효율적으로 수행되어 의도한 비용 절감이나 효율성 제고를 달성하지 못했기 때문일 수 있다. 둘째, 다운사이징 과정에서 발생한 저항과 반감이 조직 몰입을 약화시키고 오히려 경쟁력 강화를 저해했기 때문이다.

특히 잘 알려진 부정적 효과로는 '생존자 증후군(survivor syndrome)'이 있다. 이는 감원 과정에서 살아남은 직원들조차 자신감과 자부심이 낮아지고 직무만족과 조직몰입이 떨어지며, 그 결과 태만·결근·이직이 증가하는 현상을 말한다. 또한 사기 저하로 인해 종업원 참여 프로그램에 대한 냉소와 참여도 저하가 나타나며, 결국 추가적인 비용을 초래하기도 한다.

이외에도 다운사이징은 신제품 개발 의지 약화라는 문제를 낳을 수 있다. 비용 절감 분위기가 조직 전반에 확산되면서 위험을 동반하는 창의적 계획은 외면되기 쉽고, 그 결과 혁신 역량이 약화된다. 또한 하위직 종업원에게 업무가 과중하게 배분되면서 산재사고가 증가하는 경향도 보고되고 있다. 더 나아가 감원을 통한 다운사이징에서는 오히려 핵심 인재가 이탈하는 문제가 발생할 수 있다. 이러한 인력들은 종종 조직에 꼭 필요한 기술과 지식을 보유하고 있기 때문에, 결국 기업이 그들을 더 높은 보수를 주고 컨설턴트로 다시 고용하는 역설적인 상황도 일어나곤 한다.

결국 다운사이징은 조직의 규모 축소에는 성공할 수 있지만, 핵심 인재 상실과 창의성·생산성 저하로 인해 경쟁력 강화에는 실패할 가능성이 높다. 따라서 다운사이징은 단순히 인력을 줄이는 수단이 아니라, 전략적 관점에서 조직의 역량을 어떻게 유지하고 강화할 것인가를 함께 고려해야 하는 복합적 과제라 할 수 있다.

조직행동론 강의 수강생 여러분께 드리는 인사

사랑하는 조직행동론 수강생 여러분,

한 학기 동안 조직행동론(Organizational Behavior) 을 함께 공부하며, 조직 속 인간의 행동을 어떻게 이해하고, 또 어떻게 변화시킬 수 있을지를 진지하게 고민해주셔서 진심으로 감사드립니다.

본 강의는 단순히 이론과 개념을 배우는 자리가 아니었습니다. 우리는 개인의 성격과 동기에서부터 집단의 의사소통과 팀워크, 그리고 조직문화와 리더십, 변화관리와 혁신에 이르기까지, 조직이라는 살아 있는 체제를 움직이게 하는 다양한 요인들을 탐구했습니다. 그 속에서 우리는 “사람”이라는 존재가 조직의 성과를 결정짓는 가장 중요한 자원임을 다시금 확인할 수 있었습니다.

앞으로 여러분이 어떤 조직, 어떤 자리에서 활동하든 이번 학기 동안 익힌 지식은 단순한 학문적 이해를 넘어 실제 현장에서 사람과 조직을 잇는 다리가 될 것입니다. 공정한 시각으로 동료를 바라보고, 신뢰를 바탕으로 협력하며, 변화를 두려워하지 않고 새로운 가능성을 만들어 가는 인재로 성장하길 기대합니다.

여러분이 만들어 갈 조직이 단순히 성과만을 추구하는 곳이 아니라, 존중과 협력, 성장과 배려가 공존하는 건강한 공동체가 되기를 진심으로 바랍니다. 한 학기 동안 열정적으로 참여해 주셔서 고맙습니다. 여러분의 앞날에 무궁한 발전과 행복이 함께하길 응원합니다.

경영학과 교수

경영학 박사

윤성두 드림

참고문헌

국내문헌

고재윤, 권영일, 이유양. (2011). 호텔기업의 경력개발제도가 종사원의 직무만족과 조직몰입에 미치는 영향. 한국호텔리조트학회지, 10(2), 41－53.

김대운, 이성연, 박유진 (역). (1989). 조직과 리더십. 형설출판사.

김문중. (1997). 경영학원론. 청목출판사.

김석회. (1995). 경영조직론. 무역경영사.

김성범. (1996). 조직행동론. 민영사.

박기동. (1994). 조직행동론. 박영사.

박내회. (1995). 조직행동론. 박영사.

박연호. (1989). 인간관계론. 박영사.

신유근. (1986). 조직행위론. 다산출판사.

신응섭 외 5인. (1997). 심리학개론. 박영사.

양창삼. (1994). 조직이론. 박영사.

오상락. (1996). 경영학원론. 박영사.

오세철. (1986). 조직행동. 박영사.

원종근. (1992). 국제경영학. 박영사.

유기현. (1994). 조직행동론. 무역경영사.

유기현. (1995). 전략경영론. 무역경영사.

유필화. (1995). 시장전략과 경쟁우위. 박영사.

윤성두. (2021), 노사관계론, 청목출판사.

윤성두. (2024), 농산업창업론, 청목출판사.

이관희, 김채겸. (1986). 조직경영의 이론과 실제. 박영사.

이덕효 외 2인. (1996). 마케팅. 경문사.

이상빈 (역). (1988). 산업·조직심리학. 유풍출판사.

이상수. (1995). 경영조직론. 호남대학교출판부.

이상수, 이상갑. (1995). 조직행위론. 진영사.

이장호. (1983). 심리학개론. 한국방송통신대학.

이장효. (1996). 국제경영전략. 박영사.

이재관. (1995). 의사결정과 경영과학. 박영사.

이재규. (1994). 최신경영정책론. 박영사.

이재규 외 4인. (1993). 경영정보시스템. 다산출판사.

이학종. (1986). MIS와 경영조직. 박영사.

이학종. (1995). 조직행동론. 세경사.

이학종. (연도 미상). 전략경영론. 무역경영사.

임익순. (1995). 현대경영학원론. 박영사.

임익순, 노영일. (1991). 현대경영학연습. 박영사.

임창희. (1996). 조직행동. 학현사.

장세진. (1996). 경영전략. 박영사.

정구현. (1982). 국제경영론. 박영사.

정량은. (1986). 심리학통론. 법문사.

조동성. (1993). 경영정책과 장기전략계획. 영지문화사.

조동성, 정몽준. (1986). 경영전략. 경문사.

추헌. (1995). 경영조직론. 박영사.

한국경영자총협회. (1992). 기업윤리.

한국경영학회. (1996). 한국의 기업윤리. 세경사.

한덕웅. (1985). 조직행동의 동기이론. 법문사.

외국문헌

Argyris, C. (1977). Organizational learning: A theory of action perspective. Addison−Wesley.

Barnard, C. I. (1938). The functions of the executive. Harvard University Press.

Daft, R. L. (2021). Organization theory and design (13th ed.). Cengage Learning.

Hackman, J. R., & Oldham, G. R. (1980). Work redesign. Addison−Wesley.

Herzberg, F., Mausner, B., & Snyderman, B. (1959). The motivation to work. Wiley.

Katz, D., & Kahn, R. L. (1978). The social psychology of organizations (2nd ed.). Wiley.

Maslow, A. H. (1943). A theory of human motivation. Psychological Review, 50(4), 370-396.

McGregor, D. (1960). The human side of enterprise. McGraw-Hill.

Mintzberg, H. (1979). The structuring of organizations. Prentice-Hall.

Robbins, S. P., & Judge, T. A. (2023). Organizational behavior (19th ed.). Pearson.

Schein, E. H. (2010). Organizational culture and leadership (4th ed.). Jossey-Bass.

Weber, M. (1947). The theory of social and economic organization (A. M. Henderson & T. Parsons, Trans.). Free Press. (Original work published 1922)

Argyris, C. (1977). Organizational learning: A theory of action perspective. Addison-Wesley.

Barnard, C. I. (1938). The functions of the executive. Harvard University Press.

Daft, R. L. (2021). Organization theory and design (13th ed.). Cengage Learning.

Hackman, J. R., & Oldham, G. R. (1980). Work redesign. Addison-Wesley.

Herzberg, F., Mausner, B., & Snyderman, B. (1959). The motivation to work. Wiley.

Katz, D., & Kahn, R. L. (1978). The social psychology of organizations (2nd ed.). Wiley.

Maslow, A. H. (1943). A theory of human motivation. Psychological Review, 50(4), 370-396.

McGregor, D. (1960). The human side of enterprise. McGraw-Hill.

Mintzberg, H. (1979). The structuring of organizations. Prentice-Hall.

Robbins, S. P., & Judge, T. A. (2023). Organizational behavior (19th ed.). Pearson.

Schein, E. H. (2010). Organizational culture and leadership (4th ed.). Jossey-Bass.

Weber, M. (1947). The theory of social and economic organization (A. M. Henderson & T. Parsons, Trans.). Free Press. (Original work published 1922)

찾아보기

ㄱ

ㄹ

ㅁ

ㅂ

ㅅ

ㅇ

ㅊ

ㅋ

ㅌ

ㅎ

윤성두

약력
경희대학교(경영학사)
단국대학교 대학원 경영학 석사과정(경영학석사)
가천대학교 대학원 경영학 박사과정(경영학박사)
충남대학교 대학원 농업기계공학과 박사과정(농업기계공학박사 수료)
현) 경희대학교 경영대학원 경영학과 교수
가천대학교 겸임교수
한국기업경영학회 상임이사
중소기업기술정보진흥원 평가위원
농림수산식품교육문화정보원 평가위원
한국농어촌경영연구원 원장
전) 신구대학교, 강동대학교, 동원대학교 등 겸임교수
전북 농업마이스터 대학 객원교수

저서
노사관계론(2021, 청목출판사)
농산업창업론(2024, 청목출판사)
신인적자원관리론(2026, 박영사)

조직행동론

초판발행 2026년 1월 30일

지은이 윤성두
펴낸이 안종만 · 안상준

편 집 전채린
기획/마케팅 정연환
표지디자인 BEN STORY
제 작 고철민 · 김원표

펴낸곳 (주) 박영사
서울특별시 금천구 가산디지털2로 53, 210호(가산동, 한라시그마밸리)
등록 1959. 3. 11. 제300-1959-1호(倫)
전 화 02)733-6771
f a x 02)736-4818
e-mail pys@pybook.co.kr
homepage www.pybook.co.kr
ISBN 979-11-303-9784-9 93320

정 가 30,000원